동북아역사 자료총서 30

舊唐書 外國傳 譯註 上

譯註 中國 正史 外國傳 10

동북아역사재단
NORTHEAST ASIAN HISTORY FOUNDATION

舊唐書 外國傳 譯註

간행사

동북아역사재단은 전통시대 중국의 정사(正史)에서 외국이나 인근 종족과 관련된 열전(列傳)을 추려 '외국전'으로 정의하고, 2007년부터 장기적으로 외국전 전체를 번역, 주석하여 역주서를 발간하는 일을 추진하고 있습니다. 이미 『사기(史記)』부터 『수서(隋書)』까지 두 차례에 걸쳐 출판하였고, 이번에 3차로 『구당서(舊唐書)』, 『신당서(新唐書)』, 『구오대사(舊五代史)』, 『신오대사(新五代史)』의 외국전을 역주하여 다시 6권으로 출판하게 되었습니다.

전한(前漢)의 『사기』 이래 중국의 왕조에서는 기전체(紀傳體) 형식으로 이전 왕조의 역사를 편찬하여 이를 정사라 하고, 중화민국(中華民國) 시기에 편찬된 『신원사(新元史)』까지 포함하여 '25사'라고 통칭하였습니다. 이들 정사에는 이웃 국가나 종족에 관한 기록이 별도의 열전으로 편제되어 있습니다. 열전의 명칭은 종족의 이름을 따서 붙이기도 하고, 지역적 구분에 따라 붙이기도 하고, 사방을 중국 중심의 관념체제로 이념화한 '사이(四夷)' 의식에 따라 붙이기도 하였습니다. '외국전'이라는 명칭은 『송사(宋史)』 이후 분명히 나타나지만, 이후에도 '외국'과 더불어 '사이', '만이(蠻夷)', '외이(外夷)'라는 명칭이 쓰였습니다.

중국 정사의 편찬 목적은 기본적으로 국가권력에 의한 통일적 역사인식의 확립에 있었기 때문에 그 체제와 내용에 중국 왕조의 입장이 강하게 반영되었습니다. 특히 외국이나 다른 종족과 관련된 부분은 철저하게 중국 왕조의 시각에서 정리되고 표현되었습니다. 이것은 외국전에 나타난 외국에 대한 인식이 단순히 당시의 실제적 상황만을 반영하는 것이 아니라, 중국 중심의 당위적 이념이 크게 반영되었음을 의미합니다. 그런 점에서 중국 정사 외국전은 중국 중심의 역사인식, 변경인식, 세계인식의 실체를 담고 있는 자료로 평가할 수 있습니다.

오늘날 동아시아에서 역사 귀속을 둘러싼 갈등이나 분쟁을 해소하고 상호 이해의 증진과 공동 발전의 기반을 마련하기 위해서는 상대방의 역사를 존중하면서 객관적 시각에서 역사 연구를 진행해야 할 것입니다. 그런데 역대 중국의 왕조들이 정사에 '외국전'을 두어 상대적으로 풍부한 기록을 남긴 데 비해, 인접 국가나 종족들은 그들 스스로의 입장에서 정리한 역사 기록을 충분히 남기지 못했습니다. 이런 점에서 중국 정사 외국전에 대한 정확한 이해와 연구는 전근대 동아시아 각국의 역사와 문화는 물론, 한중관계를 포함하여 다양한 층위의 동아시아 국제관계를 이해하는 데 절대적으로 중요한 의미를 지니고 있습니다.

역주 중국 정사 외국전은 바로 외국전에 실려 있는 외국의 실체에 대한 이해와 함께, 외국 인식의 이념적 원리와 구조를 정확히 파악하려는 목적에서 기획되었습니다. 아울러 다른 국가나 종족에 대한 서술을 통하여 중국 사서에 기록된 한중관계에 관한 내용이 어떠한 이념적 원리에 의해 서술되었는지 파악하려는 목적도 포함되어 있습니다. 한국사 특히 한국 고대사와 한중관계 연구에 매우 중요한 사료인 중국 정사 '조선전(朝鮮傳)'은 이미 국사편찬위원회에서 역주하여 출간하였습니다. 그러나 조선전만으로는 한중관계의 실체를 파악하기 어렵습니다. 중국 정사 외국전 전체의 맥락 속에서 조선전을 이해할 필요가 있으며, 그렇게 할 때 전근대 한국의 대외관계 및 한중관계의 실상을 보다 종합적으로 파악할 수 있을 것입니다.

국내외적으로 중국 정사 외국전에 대한 전체적인 역주는 처음으로 시도되는 일입니다. 중국 정사 외국전 기사의 방대한 분량과 원문의 난해함, 걸쳐 있는 시간적 길이와 공간적 폭을 생각할 때, 외국전 전체를 역주하는 것은 결코 용이한 일이 아닙니다. 처음인 만큼 번역상의 오류나 체제상의 미비점도 있을 것으로 생각합니다. 그렇지만 역주 중국 정사 외국전은 한문 원사료에 대한 가독성을 높이고 전근대 동아시아 여러 국가와 종족에 대한 전문 지식을 제공하여, 전문 연구자에게는 연구 분야의 확대와 연구 수준의 심화를 가능하게 하고, 일반 시민에게는 동아시아 각국의 역사와 문화 및 교류에 대한 보다 정확한 이해를 가능하게 할 것입니다.

중국 정사 외국전은 외국전 상호간에 내용적, 시대적, 지역적 연계성이 두드러져 그 역주에는 개별 작업과 더불어 공동 작업이 병행되어야 하며 그런 만큼 많은 시간과 노력을 필요로 합니다. 이러한 어려움에도 불구하고 외국전 역주에 참여해주신 학계 연구자들과 재단의 김정희 연구위원에게 진심으로 감사드립니다. 동북아역사재단은 역주 중국 정사 외국전이 중국의 역사인식과 세계인식 연구, 민족문제와 변경문제 연구, 전근대 동아시아 국제관계 연구 등 관련 분야의 연구기반 확충에 크게 기여할 것으로 기대하고, 학문적으로 수준 높은 역주가 이루어지도록 모든 노력을 다할 것입니다. 앞으로 더욱 좋은 역주가 이루어질 수 있도록 지속적인 관심과 격려를 부탁드리며, 이 역주서들이 학문 발전에 유용한 역할을 할 수 있기를 바라마지 않습니다.

2011년 4월 25일

동북아역사재단 이사장 정재정

舊唐書 外國傳 譯註

역자 서문

이 역주서는 전통시대 중국의 정사(正史)에서 외국이나 인근 종족과 관련된 열전을 추려 '외국전(外國傳)'으로 정의하고 번역 주해한 것이다. 『송사(宋史)』 이후 열전의 편명으로 분명히 나타난 「외국전」만이 아니라 지역, 종족명칭이 붙여진 모든 열전이 여기에 포함된다. 역대 중국 왕조에서는 기전체(紀傳體) 형식의 정사(正史)를 만들어 왔는데, 이것은 『사기(史記)』 이래 '25사(史)' 혹은 『청사고(淸史稿)』도 포함하면 '26사'로 근대까지 계속 이어진다. 이들 정사에는 대부분 인근의 종족이나 국가권력과의 관계에 대한 기록이 열전 가운데 편제되어 있다. 그리고 중국의 인접 국가나 종족들은 자신들에 의해 정리된 고대사 기록이 충분하지 못하여 중국 정사의 내용에 의존하여 역사를 복원하는 경우가 많았다. 우리나라에서도 『삼국사기』나 『삼국유사』의 찬술 때 이들 중국 정사를 이용하기도 하였고, 현재까지도 삼국시대 이전의 역사에 대해서는 중국 정사의 기록이 매우 중요한 사료로 간주되고 있다.

중국 정사들의 편찬동기나 과정은 시대별 편차가 없지 않지만, 결과적으로 국가권력에 의해서 최종적으로 정사로 흠정되었다. 이에 따라 『후한서』나 『진서』가 최종적인 정사로 뒤늦게 확정된 뒤 기왕에 편찬되었던 많은 사서들이 모두 인멸되어 버린 예에서 볼 수 있듯이, 정사의 편찬은 원칙적으로 국가권력에 의한 통일적 역사인식의 확립이라는 의미가 강하였다. 물론 위진남북조시대의 각 개별 왕조사와 함께 『남사』와 『북사』가 편찬되었고, 신·구의 『당서』와 『오대사』가 병존하기도 하지만, 이는 왕조적 관점에서

두 가지 정사가 모두 유용하다는 판단 때문이다.

그렇기 때문에 정사의 체제나 내용도 중국 왕조의 입장이 강하게 반영될 수밖에 없었다. 특히, 외국이나 다른 종족과 관련된 부분은 대상 종족의 선택, 그 호칭, 풍습이나 사회구조, 대외관계와 교류 등에 대해서 철저하게 중국 왕조의 시각에서 정리되고 표현되었다. 더욱이 정사라는 역사 서술 체제 자체가 시간과 공간적으로 '천하일가(天下一家)'의 왕조적 정통성을 확립하기 위한 이념적 역사 인식에 근거하였기 때문에, 중국의 다른 기록에 비해서도 중화주의(中華主義)적 관념이 더욱 두드러지는 것이 일반적이었다.

중국 정사 외국전은 초기에 '흉노(匈奴)', '남월(南越)', '오환(烏桓)' 등과 같이 종족단위, 혹은 '서역(西域)', '서남이(西南夷)', '동이(東夷)' 등 지역 관념에 입각하여 독립된 열전으로 편제되었다. 그러나 7세기 당왕조(唐王朝)에서 편찬된 정사에서는, 『진서(晉書)』「사이전(四夷傳)」, 『양서(梁書)』「제이전(諸夷傳)」, 『남사(南史)』「이맥전(夷貊傳)」, 『주서(周書)』「이역전(異域傳)」처럼 외국과 인근 종족을 통합적으로 파악하는 개념으로 편제되었다. 또 『수서(隋書)』에서는 「동이전(東夷傳)」, 「남만전(南蠻傳)」, 「서역전(西域傳)」, 「북적전(北狄傳)」으로 나누어 사방을 중국 중심의 관념체제로 이념화한 편제를 채택하였다. 이는 현실적으로 존재하는 대외관계의 실상보다는 천하질서를 당왕조 중심으로 이념화하여 파악하려는 의지의 표현이었다.

그러나 오대(五代)와 송초(宋初)에 편찬된 『구당서(舊唐書)』와 『신당서(新唐書)』에서는 중국 중심의 사이(四夷) 구분 외에 '돌궐(突厥)', '토번(吐藩)', '회골(回鶻)', '사타(沙陀)' 등이 별도의 열전으로 편제되었다. 이는 관념적인 사이의식(四夷意識)과 왕조의 현실적인 대외관계가 혼합된 의식을 반영한다. 특히 당왕조가 자기 중심의 천하질서를 강조한 것과는 달리, 오대와 송대에서는 국제질서의 현실을 인정하였기 때문에, 자신들의 관점에서 당대(唐代)를 서술하면서 나타난 절충적인 인식이었다.

민족국가적 의식이 강한 송대(宋代)에 들어서 현실적인 이해관계에 입각한 국제관계를 중시하였는데, 이를 반영한 것이 원대에 편찬된 『송사』였다. 여기에 처음으로 '외국전(外國傳)'이란 명칭으로 대외관계를 모두 포괄하는 체제가 나타나, 청초에 편찬한 『명사(明史)』에 이르기까지 정사의 일반적인 편제방식으로 지속되었다. '외국(外國)'이라는 표현은 『사기』에서부터 보이는데, 대체로 '이적(夷狄)', '만이(蠻夷)'와는 구분되는 국가 혹은 종족집단으로, 중국 왕조와 우호적인 관계를 유지하는 범위에 국한하여 사용되는 개념이었다. 적대적인 관계 혹은 전쟁 상황에서는 곧바로 '이적'으로 그 호칭이 변화되었다.

'외국'이라는 개념에는 예적(禮的) 관념도 포함되어 있었으므로, 외국도 만이와 동일하게 직공(職貢)의 주체로 파악되었다. 이는 국제관계의 현실 상황과 이념적인 천하질서의 개념을 이중적으로 설정하는 중화주의 관념의 독특한 수사(修辭)였다. 청대에 편찬된 『명사』에서는 유럽의 국가들도 대거 '외국전'에 포함되는데, 청말에 전통적인 천하질서의 관념과 현실적인 국제관계가 충돌하는 의례분쟁이 나타났던 것은 바로 '외국'에 대한 이러한 이중적 관념이 그 요인이었다.

물론, 이 와중에도 비교적 가치관념이 배제된 외국이라는 개념을 부정하는 기류도 나타났다. 화이(華夷) 관념을 특별히 강조한 구양수(歐陽修)에 의해 다시 편찬된 『신오대사(新五代史)』에서는 「사이부록(四夷附錄)」이라는 명칭으로 바뀌기도 한다. 또 명초에 편찬된 『원사(元史)』에서는 '외이전(外夷傳)'이라는 명칭을, 민국초에 편찬된 『청사고(清史稿)』에서는 '속국(屬國)'과 '번부(藩部)'의 개념을 채택하기도 하였다. 이들의 공통점은 한족의 민족적 위기가 커지거나 혹은 중화주의적 관념이 강조되는 시기에 편찬되었다는 점이다. 즉 한족의 위기가 확대되고 중화주의적 관념이 강조될 경우에 외국과 주변 종족에 대한 표현을 감정적으로 비하하는 경향이 확대되었다.

한편, 『송사』에서는 「외국전」 외에 「만이전(蠻夷傳)」이 별도로 설정되어 있는데, 여기에는 과거 '남만(南蠻)'의 후예인 운남(雲南)·귀주(貴州)·광서(廣西)의 여러 종족들이 포함되어 있다. 이들은 독자적인 정치체제를 확보하지 못하고 생활공동체 단위로 분산 거주하였고, 송왕조의 입장에서는 중앙조정에서 관장하는 국제교류가 아니라 지방조직에 의해 통제되어야 한다는 점에서 외국과 차이가 있었다. 이는 송대에 들어

독립된 정치체제가 확고해진 북방지역의 종족 상황과는 달리, 남방의 제종족은 종족적 통합이 확대되지 못한 현실을 반영하는 것이 분명하다. 그래서 역대로 남월, 서남이, 남만의 후예로 크게 만이(蠻夷)의 범주에 들어 있었지만, 송대에 독립적인 국가권력을 형성하였던 교지(交趾), 대리(大理) 등은 『송사』에서는 「외국전」에 포함되게 되었다.

『명사』에서는 이전에 「외국전」에 편제되어 있던 서역지역을 분리하여 별도로 「서역전」으로 편제하였다. 명대 들어 서역과의 관계에서 공식적인 교류와 관계가 축소되면서 나타난 변화를 반영하는 것이었다. 이와 함께 『송사』에서 「만이전」에 포함되었던 남방의 종족에 대한 기록을 위해 『명사』에서는 새로이 「토사전(土司傳)」을 설정하였다. 토사(土司)는 일정 지역 종족집단의 수령을 명조가 지방관으로 임명하는 제도로서, 결국 종족집단을 하급지방으로 포섭하여 더 적극적으로 통제하는 방식이었다. 이러한 통치 방식은 이미 남조 송(宋), 제(齊) 시기에 시행된 '좌군(左郡)', '좌현(左縣)'에서 그 기원을 찾을 수 있는데, 명대 들어 토사제도(土司制度)로 남방의 여러 민족에게 통일적으로 시행하였다. 이러한 정책의 변화가 반영된 정사의 편제는 『청사고』에서도 계승되었다.

이처럼 외국전의 편제가 해당 왕조의 다른 종족이나 국가에 대한 인식과 정책에 입각하기도 하였지만, 때로는 훗날 편찬 당시의 관념이 반영된 경우도 있었다. 이것은 외국전에 나타난 외국에 대한 인식이 단순히 당시의 실제적인 상황을 반영하는 것이 아니라, 중국 중심의 당위적 이념을 위해 편제되고 기술되었음을 의미한다.

그럼에도 이를 역주하고자 하였던 것은 정사에 나타나 있는 외국의 실체에 대한 이해와 함께 그 이념의 원리와 구조를 정확히 파악하려는 이유 때문이다. 즉 이 역주작업은 일차적으로 해당 종족에 대한 연구와 이해를 추구하는 것을 지향하지만, 한편으로 다른 국가와 종족에 대한 서술을 통하여 한중관계(韓中關係)에 대해 중국 사서에 기록된 내용이 어떠한 이념적 원리하에 서술되었는가를 파악하려는 목적도 있다. 따라서 가능하면 중국과 여타 국가나 종족의 관계에 주목하고 이를 서로 비교함으로써 한중관계의 본질과 특징을 규명할 수 있는 근거를 찾고자 한다.

중국 정사 외국전 모두에 대한 전체적인 역주는 기왕에 출간된 것이 확인되지 않는다. '25사' 중 『신원사(新元史)』를 제외한 '24사'가 『이십사사전역(二十四史全譯)』(北京漢語大詞典出版社, 2004)으로 번역되어 있지만 자세한 주석은 포함되어 있지 않다. 단 『사기』, 『한서』, 『후한서』가 별도로 역주본이 출간되어 있고, 고대를 중심으로 하여 「서역전」과 「흉노전」 등 부분적으로 중국, 일본 및 영어의 역주본이 나와 있다. 우리의 역주작업에서는 이들 역주본은 물론 기타 관련연구들은 가능하면 최대한 참고하여 최상의 역주가 되도록 노력하였다. 국내에서는 우리나라와 관련된 부분만을 모아서 『중국정사조선전역주(中國正史朝鮮傳譯註)』 전5책(국사편찬위원회, 1986~1990)이 출간되어 있다. 이는 매우 상세하게 주석하면서 번역하였기 때문에 여기에 포함된 부분은 이번 역주작업에서는 제외하였다.

이 역주작업은 사업의 목적에 부합하고 정확성을 확대하기 위해 원칙적으로 공동의 작업으로 진행되었다. 전체 사업의 1차 단계로 김정희, 김유철, 하원수의 책임하에 『사기』에서 『신오대사』까지를 그 범주로 하여, 역주원칙을 정하고, 편장별로 역주담당자를 선정 의뢰하였다. 그리고 일부분의 가역주(假譯註)를 통하여 문제점을 파악한 다음 역주원칙을 수정 확정하였다. 역주작업은 편장별 담당자에 의해 초벌 역주가 진행된 다음 동북지역과 서남지역으로 나누어 윤독을 통하여 정확성과 통일성을 기하려고 노력하였고, 최종적으로 하원수, 김유철, 김정희가 각각 교열하였다. 그렇지만 역주에 대한 최종적인 공과는 역주 담당자의 몫이다.

전체적인 역주는 다음의 원칙하에 진행하였다.

첫째, 역주작업은 외국전 전체를 철저히 자료에 근거하여 당시의 역사적 상황과 관념을 한글의 현대적 관념과 용어로 번역한다.

둘째, 역주의 텍스트는 원칙적으로 중화서국(中華書局)의 표점교감본(標點校勘本)을 저본으로 사용한다. 문장의 교감과 표점에 대해 견해를 달리할 경우, 주석을 통하여 이를 설명하도록 한다.

셋째, 역주 대상은 원칙적으로 모두 본문에 한정한다. 중화서국본에 나와 있는 주를 비롯하여 본문에 대한 이전의 주석은 역자의 주석에 포함하여 알기 쉽게 설명하고, 필요한 경우 주석의 원문을 제시하고 번역한다. 다만, 사실관계의 내용이 많이 포함된 『삼국지』 배송지(裴松之)의 주는 원문과 동일하게 역주한다.

넷째, 한자로 표시된 인명과 지명에 대해 번역문에서는 원문을 살리되 주석에서는 당시 현지 언어와 문자에 의한 표현과 발음을 복원하는 데 노력하여 한글 발음으로 적고 괄호 안에 로마자 알파벳으로 표기한다. 특히 지명은 현재의 지명으로 정확히 고증하도록 한다.

다섯째, 가능한 현대의 개념으로 번역하는 것을 원칙으로 하지만, 시대나 지역성이 분명하게 드러나는 특수 용어나 개념 그리고 표현법은 원래의 용어를 번역문에서 살리되 주석을 통하여 현대적 관점에서도 이해가 가능하도록 한다. 인명, 역사적 사건, 종족의 관직이나 사회조직, 풍속 등 주요사항에 대해서는 주석에서 전체적인 이해를 돕도록 설명한다.

여섯째, 중국의 문화나 국가권력의 입장에서 설정된 가치 관념이 반영된 표현들에 대해 번역에서는 원문에 충실하되, 주석을 통하여 그 실체를 설명하도록 한다. 특히 이들 종족들의 신화나 전설, 역사에서 중국 정사 외국전의 기술뿐만 아니라 그 종족 식자층까지도 중국의 고전에 입각하여 서술하는 경향이 자주 나타난다는 점에 주의하여, 이에 대한 역사적 실체를 가능한 한 확인하여 주석에서 설명하도록 한다.

일곱째, 외국전 이외에 다른 사서나 정사 내 다른 열전기록 등을 주석에서 보충하고 그 차이를 설명한다. 특히 해당 국가나 종족의 역사기록이나 고고유물을 최대한 검토하여 중국 정사 외국전이 갖는 한계를 넘어서는 이해를 추구한다. 이때 필요한 경우 다른 문헌의 원문을 전재하고 번역하도록 한다. 다만, 내용상 큰 차이가 없을 경우 번역을 생략할 수 있다.

여덟째, 역주는 철저하게 원문의 이해를 돕는 데 한정하고, 세밀한 사항에 대한 주관적 의견은 가능하면 배제한다. 다만, 학계에서 논란이 되는 문제는 대표적인 참고문헌과 함께 이를 소개한다.

아홉째, 각 편별로 해당 종족의 실상에 대한 간단한 소개, 편장 전체의 줄거리와 구성 그리고 저술과정의 특징, 이전 정사와 중복된 부분이나 차이, 사료적 가치 등을 설명하는 〈해제〉를 포함한다. 아울러 말미에 참고문헌을 덧붙이고, 〈연표〉와 〈세계표〉를 작성하여 본문의 이해를 돕도록 한다.

2011년 4월 12일

김유철 · 하원수 · 김정희

일러두기

1. 역주문의 순서는 저본의 문단 단위로 한문 원문을 앞에 두고 이어서 본문 역주를 배치한다.
2. 원문의 구두점은 중화서국 표점본의 체제를 따르되, 전각기호는 모두 반각기호와 띄어쓰기로, '°'은 '.'로, '、'는 '·'로 바꾼다. 서명과 인명에 대한 기호는 없앤다.
3. 번역은 직역을 원칙으로 하되, 문투를 어색하게 하지 않기 위하여 가급적 현대적 표현으로 바꾼다. 번역문에서 내용의 이해와 문맥의 순조로운 연결을 위해 말을 보충할 경우에는 [ ]에 넣어 처리하고, 부연설명일 경우에는 ( )에 넣는다.
4. 번역문의 문단은 기본적으로 저본에 따르지만, 한 문단이 너무 길어 읽기에 불편한 곳은 단락 전체의 내용 이해에 곤란을 주지 않는 범위 내에서 적절히 문단을 나눈다.
5. 번역문도 원본의 표점과 구두에 맞추는 것을 원칙으로 한다. 그러나 전체적인 문장의 가독성을 높이기 위해 필요에 따라 문장을 끊어 번역할 수 있다.
6. 모든 번역문은 한글을 원칙으로 한다. 다만, 인명, 지명, 국명, 서명, 개념어, 역사적 용어 등의 경우, 그 의미가 명확해질 수 있도록 ( )에 한자를 병기한다. 주석문의 경우 전문가를 대상으로 내용 이해에 중점을 두기 위해 국한문을 혼용한다.
7. 번역문과 주석문에서는 일반적으로 한글의 구두점을 사용한다. 서명은 『 』로, 편명은 「 」로 표기한다.
   예1) 『史記』「西南夷傳」, 편명 안에서 내용을 구분할 필요가 있을 때: 『史記』「西南夷傳」〈노래명〉 '노래구절'
   예2) 주석문의 사례: 원문은 '必'인데 안사고는 그 뜻이 '極'이라고 했다. 그에 따라 해석하였다 ([顔]師古曰, "必, 極也. 極保之也").
8. 번역문이나 주석문에서 황제나 인물 그리고 연호에 대해 그 생졸년이나 재위 기간 등을 ( )에 병기하여 이해를 돕는다.
   예) 광무제(光武帝: 劉秀, 전6~후57; 재위 25~57), 유흠(劉歆, ?~25), 영제(靈帝: 劉宏, 재위 168~189)
9. 왕조명(王朝名)은 번역문에서는 원문의 표현법을 따르고, 주석문에서는 前漢, 後漢, 曹魏, 孫吳, 蜀漢, 西晉, 東晉, 劉宋, 南齊, 梁, 陳, 北魏, 北周, 北齊로 통일한다.

10. 번역문의 숫자 표기방법은 일, 십 단위까지 구체적으로 나열되어 있을 경우 아라비아숫자로 표기하지만, 관용적이거나 포괄적인 범위를 나타내는 경우 원칙상 한글로 표기한다. (예: '천만인', '팔십만 병사', '천승지국')

11. 번역문에서의 연도 표시는 '본문의 연도표기법(서력기원)'으로 표기한다. 연월일(年月日)이 모두 나타날 경우 사료에 표시된 대로 음력을 그대로 표기하되, 정월, 이월, 시월 등의 표현으로 음력임을 나타낸다.

예) "건초(建初) 원년(76)", "원봉(元封) 6년(전15) 시월 5일", "영수(永壽) 3년(157, 후한 환제)"

12. 주석의 항목이 인명, 지명, 관명, 역사적 사건, 개념어 등 구체적인 용어에 해당될 경우, 이를 먼저 표기하고 쌍점을 찍은 뒤 설명하여 이해의 편의를 돕는다.

예) 吳起: 전국시대 군사전략가.

13. 주석과정에서 필요한 경우 과거 주석가들의 주석내용이나 다른 문헌을 소개하는데, 그 내용의 요점을 정리하여 설명한다. 자세한 소개가 필요하다고 판단하는 경우 원문과 함께 제시하고 번역문을 병기한다. 이때 보기 편하도록 괄호 안에 원문을 제시하거나 해설을 첨가할 수도 있다.

예1) 賨布: 李賢注에서는『說文解字』를 인용하여 南蠻의 賦라고 하고 있는데, 그 내용이 구체적으로 드러난 것은 晉代 戶調之式이다. 戶調之式에서는 "丁男之戶, 歲輸絹三匹, 緜三斤, 女及次丁男爲戶者半輸. 其諸邊郡或三分之二, 遠者三分之一. 夷人輸賨布, 戶一匹, 遠者或一丈."(『晉書』권26「食貨志」: 790)로 규정하고 있는데, 夷人賨布가 戶當 1匹이라고 하여, 賨布는 전국시대 이래 1匹로 고정된 것으로 보인다.

예2) 武谿: 李賢은『後漢書』다른 곳의 주석에서 武谿는 강이름으로, 辰州 盧谿縣에 있다고 하였다(『後漢書』권18「吳蓋陳臧列傳第」: 695). 史書에선 '武溪'라고도 표현되어 있는데, 武陵의 五溪 중의 하나이다. 五溪는 沅水유역의 雄溪, 樠溪, 辰溪, 酉溪, 武溪를 가리키는데, 蠻夷의 거주지로 이를 五溪蠻으로 불렀다(『南史』권79「夷貊」하〈荊雍州蠻〉: 1980).

14. 주석과정에서 다른 문헌을 인용하거나 참고문헌이 필요한 경우, 일반적으로 파악할 수 있는 방식으로 단순하게 병기하고 반드시 말미의〈참고문헌〉에 그 책의 자세한 서지사항을 밝힌다. 이때 쌍점(:) 뒤의 아라비아 숫자는 쪽수를 의미한다. 제자서나 유교 경전일 경우 권수와 쪽수를 생략한다. 다만, 사전이나 일반적인 공구서에 나와 있는 연대나 단순한 사실에 관한 설명은 특수한 내용이 아닌 경우 구체적 근거를 생략하되,〈참고문헌〉에는 그 책을 포함시킨다.

예) (方國瑜, 1927: 34~39), (內藤湖南, 1944: 55), (다니카와, 1988: 37~40), (디코스모 2005: 123), (Hartwell, 1977: 12), (『南史』권79「夷貊」하〈荊雍州蠻〉: 1980), (『鹽鐵論』권14「論功篇」, "刻骨卷木, 百官有以相記."), (『孟子』「梁惠王」)

차 례

• 회흘전

[하권 차례]

『구당서(舊唐書)』 외국전 해제

『구당서(舊唐書)』는 후진(後晉) 천복(天福) 6년(941) 고조(高祖) 석경당(石敬瑭)이 호부시랑(戶部侍郎) 장소원(張昭遠), 기거랑(起居郎) 가위(賈緯), 비서소감(秘書少監) 조희(趙熙), 이부랑중(吏部郎中) 정수익(鄭受益), 좌사원외랑(左司員外郎) 이위광(李爲光) 등에게 당사(唐史)의 편찬을 명하고, 재상 조형(趙瑩)에게 감수를 맡기면서 편찬되기 시작하였다. 편찬과정에서 장소원이 본기(本紀)를 담당하고, 가위가 무종(武宗) 회창(會昌) 이전의 본기와 열전을 보충하고, 조희(趙熙)가 윤문에 참여하였다. 편찬작업은 순조롭게 진행되어 4년만인 소제(少帝) 개운(開運) 2년(945)에 완성되었는데, 고조 무덕(武德) 원년(618)에서 애제(哀帝) 천우(天祐) 4년(906)까지 21대 289년의 역사를 정리하여, 본기 20권, 지(志) 30권, 열전 150권 도합 200권으로 이루어져 있다.

『구당서』의 편찬자가 유구(劉昫)로 알려져 있는 것은 『구당서』가 완성되었을 당시 그가 감수국사(監修國史)로 이를 소제에게 헌상했기 때문이며, 편찬작업에 직접 간여한 것은 아니었다. 서명은 원래 『당서(唐書)』였는데, 송대(宋代) 구양수(歐陽修)와 송기(宋祁)가 편찬한 『당서』와 구분하기 위해 각각 『구당서』와 『신당서』로 불렸다. 『신당서』가 편찬된 이후 『구당서』는 별로 유통되지 못하였는데, 명대(明代) 가정(嘉靖) 17년(1538) 복각되었지만 널리 유포되지 못하였다. 청 건륭(乾隆)연간 『구당서』가 다시 복각될 때, 잔결(殘缺)과 서로 차이가 나는 부분이 많아 보기가 어려웠는데, 청대 나사림(羅士琳) 등이 찬술한 『구당서교감기(舊唐書校勘記)』 66권이 출간되면서 문제가 많이 해소되었다. 이외에 청대 장도(張道)의 『구당서의의(舊唐書疑義)』, 잠건공(岑建功)의 『구당서일문(舊唐書逸文)』 등이 있다.

『구당서』는 일반적으로 정치적 안정이 이루어지지 않은 오대에 그것도 아주 짧은 시간에 편찬되었기 때문에, 체계적인 사료정리와 비판을 거쳐서 균형있고 일관된 체제와 정제된 문장을 갖추지 못하였다고 평가되고 있다. 이 때문에 송대에 들어와 『신당서』를 다시 편찬하는 빌미가 되었는데, 조익(趙翼)이 『이십이사차기(二十二史箚記)』에서 지적하였듯이, 특히 무종(武宗) 이전에는 기존의 실록과 국사가 남아 있어 이를 베낀 부분이 많다고 한다. 『사고전서총목제요(四庫全書總目提要)』에서 지적하였듯이 「순종기(順宗紀)」와 「헌종기(憲宗紀)」의 논찬은 각각 한유(韓愈)와 장계(蔣系) 글이란 것이 이를 바로 말해준다. 따라서 그 체제는 어느정도 갖추어져 있고 문장도 간명하게 정제되어 있지만, 많은 경우 동시대인의 서술이 가질 수밖에 없는 착오와 오류를 범하고 있다고 평가되고 있다.

그에 비해 무종 이후 시기의 경우 사관에 의해 정리 찬술된 사서(史書)가 없었던 탓에 정리되지 않는 조보(朝報)나 각종 문서를 체계적으로 검토하고 비판하지 못한 채로 그냥 채록하여 체제에 일관성이 없고 문장도 극히 잡다하다고 알려져 있다. 그렇지만 그러한 이유 때문에 많은 조령(詔令) 주소(奏疏) 서신(書信) 등 당시의 사료가 잘 보존되어 있고, 세세하게 서술된 내용이 그대로 남아있어, 역사적 사실에 대한 구체적인 정황이 잘 드러나 있다고 긍정적으로 평가되기도 한다. 송대 사마광(司馬光)이 『자치통감(資治通鑑)』을 편찬할 때 『신당서』 대신 전적으로 『구당서』에 근거하여 서술하였던 것은 원시자료를 잘 보존하고 있는 『구당서』의 장점을 중시한 실례이다.

『구당서』가 이처럼 짧은 시간에 완성될 수 있었던 것은 당대 사서 편찬의 체제가 확립되어 그 자료가 풍부하게 남아 있고 또 잘 정리되었기 때문이었다. 당 이전까지 사서는 개인의 의지와 역량에 따라 편찬된 것이 후에 조정에 의해 흠정되거나, 혹은 사서편찬이 필요한 시점에서 사관을 임명하여 사서를 편찬하는 것이 일반적이었다. 그러나 당대에는 사관(史館)이 상설화되어 평시에도 사료를 수집하고 정리하는 작업이 일상적으로 이루어졌다. 문하성(門下省) 산하에 기거랑(起居郎)과 기거사인(起居舍人)을 두어 매일 황제의 언행을 기록한 『기거주(起居注)』와 무측천(武則天) 장수(長壽) 2년부터 재상이 매월 국정의 전반적인 상황을 기록하여 사관에게 송부토록 하였던 『시정기(時政記)』가 그것이다. 『기거주』는 현재 『대당창업기거주(大唐創業起居注)』만 남아 있지만, 남북조시대에서 시행된 적이 있었고 수대(隋代) 기거사인(起居舍人)이 제도적으로 설치되었다.

이를 이어 당초 무덕(武德) 초에 비서성(祕書省) 저작국(著作局)에 예속되었다가, 정관(貞觀) 3년에 사관을 문하성의 북쪽에 두고 재상(宰相)이 감수토록 하였다. 대명궁(大明宮)이

완성되었을 때 중서성 남쪽에 위치하였는데, 개원(開元) 15년 재상 이임보(李林甫)가 사관을 감수하면서, 중서성이 조정의 중추적이고 비밀스런 활동을 하는 곳이기 때문에, 사실을 기록하는 사관이 그 근처에 있어야 한다고 하여 다시 상약국(尙藥局) 내약원(內藥院)이 있었던 중서성 남쪽에 자리잡게 되었다.

사관(史館)에서는 『기거주』와 『시정기』 외에 여러 관청으로부터 자료를 송부받아 사료를 축적하고 있었는데, 『당회요(唐會要)』 권63에 실려 있는 「제사응송사관사례(諸司應送史館事例)」에서는 당시 사관의 사료수집과정이 자세히 드러나 있다. 중서성, 태사(太史), 홍려시(鴻臚寺), 태상시(太常侍), 종정시(宗正侍)에서, 예부(禮部) 호부(戶部) 병부(兵部) 등의 중앙관서와 지방의 자사(刺史), 현령(縣令), 도독(都督), 도호(都護), 행군대총관(行軍大總管)에 이르는 모든 관부에서는 활동상황과 수집된 정보를 매월 보고토록 규정하고 있다.

사관에서는 이러한 정보 수집과 함께 이를 기반으로 사서를 직접 편찬하기도 하였는데, 『실록(實錄)』과 『국사(國史)』가 바로 그것이다. 실록은 황제가 바뀌면 이전 황제의 재위기간에 일어났던 역사적 사실을 모아 편년체로 정리되는 사서이다. 남조 주흥사(周興嗣)가 편찬하였다는 양무제(梁武帝)시대에 관한 『양황제실록(梁皇帝實錄)』이 그 기원으로, 당대에는 『신당서』 「예문지(藝文志)」에 따르면 고조(高祖)에서 무종(武宗)에 이르는 16대 황제 시기의 실록 25부 785권이 모두 갖추어져 있었다. 선종(宣宗)이후 5대에 대한 실록은 빠져 있다가 송대(宋代) 송민(宋敏)이 이를 보충하였다.

다음으로 『국사(國史)』는 실록을 근거로 기전체(紀傳體)로 편찬한 정사(正史)로서 당초부터 계속 편찬이 진행되어 있었다. 『사통(史通)』 「정사고금(古今正史)」에 다르면 정관(貞觀)초 요사렴(姚思廉)이 편찬한 30권의 기전(紀傳)을 시작으로, 현경(顯慶) 원년에는 장손무기(長孫無忌) 등이, 고종(高宗) 용삭(龍朔)연간에는 허경종(許敬宗)이 이를 증보하여 기전(紀傳) 100권을 찬술하였는데, 허경종은 처음으로 10지(志)의 기초를 잡았다. 무측천(武則天) 장수(長壽) 연간 우봉급(牛鳳及)이 고조 무덕연간부터 고종 홍도(弘道)연간까지의 기전(紀傳)을 다시 정리하였는데, 장안(長安)연간 우봉급의 『당서(唐書)』가 냉소적이고 괴이하며 허망한 발언을 기록하였고 사건을 서술함에 왜곡된 자료에 근거하고 있다고 하여, 무측천의 명에 의해 유지기(劉知幾)와 오긍(吳兢) 등에 의해 다시 기전(紀傳)이 편찬되기도 하였다.

『구당서』에서 비로서 체례(體例)가 갖추어졌다고 평가되어, 『구당서』 편찬에 많은 영향을 주었을 것으로 보이는 것이 위술(韋述)의 『국사(國史)』 113권과 『사례(史例)』 1권이다. 『구당서』「위술전」에는 소영사(蕭穎士)가 위술을 초주(蕉周)와 진수(陳壽)에 필적한다고 평한 것을 전하고 있는데, 실상 완성된 것은 아니었던 것으로 보인다. 원래 위술은 유방(柳芳)과 같은 직책에 있으면서 오긍(吳兢)이 편찬한 『국사(國史)』를 보충하였는데, 작업과 끝나기 전에 위술이 사망하여, 유방이 범례(凡例)를 서술하여 『당서(唐書)』 130권, 『당서서례목(唐書敍例目)』 1권을 완성하였다. 그 범위는 고조에서 건원(乾元) 연간에 이르렀는데, 『송사(宋史)』「예문지(藝文志)」에는 유방의 찬으로 되어있다.

이들 기록과 사서들은 『구당서』 편찬과정에서 중요한 근거가 되었을 것인데, 편찬 초기 찬자들은 이들 기록과 사서의 수집에 집중하였다. 『오대회요(五代會要)』 권18「전대사(前代史)」조에는 『당서(唐書)』 편찬의 칙령을 받은 조형(趙瑩)은 곧바로 당말 혼란으로 사관에 남아있는 자료들이 많이 누락되어 있어 신료(臣僚)들과 명유(名儒)로부터 이를 새로이 수집하여야 한다는 것을 강조하였다. 특히 무종(武宗), 선종(宣宗), 희종(僖宗), 의종(懿宗)의 실록은 찬술되었다는 소문은 들었으나, 유전(流傳)된 것을 보지 못하였다고 하면서 이를 전국에 수배할 것을 주장하고, 전국의 관료들에게 특히 회창(會昌) 연간 이후에 찬술된 전기(傳記)와 중서(中書), 은대(銀臺), 사관일력(史館日曆), 제칙책서(制勅册書) 등을 모아 사관(史館)으로 송부하도록 조치할 것을 청하였다. 편찬과정에서는 무종(武宗)까지만 실록이 남아 있어, 그 이후에 대해서는 먼저 유문(遺文)과 기구전설(耆舊傳說) 등을 모아 『당조보유록(唐朝補遺錄)』 65권을 완성하였다. 『구당서』가 무종 이전과 그 이후에 대한 찬술내용에 차이가 나타나는 것은 바로 이전에 편찬된 『실록』 『국사』의 참조 여부 때문이었다.

『구당서』에서 외국전에 속하는 열전은 전체가 7권 9편으로, 이전의 사서에 비해 양적으로도 늘었을 뿐 아니라, 편제방식에 있어서도 약간 차이가 있다. 당초(唐初)에 편찬되었던 『진서(晉書)』와 『수서(隋書)』에서는 모든 외국을 동서남북의 사이(四夷)로 구분하여, 중국 중심의 화이관(華夷觀)에 입각하여 외국을 파악하려는 의식을 보이고 있었다. 『구당서』에서도 역시 여러 종족을 지역별로 합하여 「남만서남만전(南蠻西南蠻傳)」 1권 「서융전(西戎傳)」 1권, 그리고 「동이전(東夷傳)」과 「북적전(北狄傳)」 각각 1편에 1권으로 편제하여, 전통적인 사이(四夷) 관념을 부분적으로 계승하고 있었다. 그러나 『구당서』에서는 「돌궐전(突厥傳)」 1권 2편, 「회흘전(回紇傳)」 1권, 「토번전(吐蕃傳)」 1권 2편의 경우처럼 하나의 민족을 독립된 권으로 편제하여 다른 사이전의 앞에 두었다. 이는 이들 세 민족이 당대 강력한 독립국가로 성장하여 당왕조와 전쟁과 회맹을 지속적으로 반복하는 등, 당조의 입장에서 그만큼 중요한 민족이라는 판단 때문인 것으로 보인다. 그렇지만 송대(宋代)에 편찬된 『신당서(新唐書)』에서는 「사타전(沙陀傳)」이 독립된 권으로 편제되었고, 남조(南詔)에 대한 내용이 「남만전」에 포함되기는 하였지만 2편으로 확대되었던 것과 비교해 보면, 이들 확보된 자료의 양이나 후진(後晉)시기 편찬자의 시각이 크게 영향을 미친 것으로 보인다.

한편 여러 민족이 합전된 사이전(四夷傳)에는 당조와 접경하고 있는 민족이나 국가 외에 직접적인 교류가 별로 많지 않았던 국가나 민족을 포함하고 있다. 「남만서남만전」에서는 임읍(林邑) 남조(南詔) 외에 반반(盤盤) 타원(陀洹) 가릉(訶陵) 등 동남아시아의 여러 국가가 포함되어 있고, 「서융전」에는 고창(高昌) 토욕혼(吐谷渾) 구자(龜茲) 외에 천축(天竺) 니파라(泥婆羅) 파사(波斯) 불름(拂菻) 등 인도와 서아시아, 유럽의 여러 국가가 포함되어 있다. 따라서 이들 민족에 대해서는 당과의 교류상황보다는 민족내원, 풍속, 제도 등의 설명이 주가 되어 있다.

이러한 내용들은 당대 사관에 모인 외국에 관한 정보에 의해 정리되었는데, 당대 사관(史館)의 자료수합과 정리 절차를 미루어 보면 대체로 두 방면에서 이루어졌다. 「제사응송사관사례」에 의하면, 번국(藩國)이 조공(朝貢)왔을 때, 홍려시에서는 번국의 토지, 풍속, 의복, 공물, 번국과의 거리, 번국지배자의 이름을 사관에 송부토록 하였다. 외국의 사신에 의해 가져온 정보가 하나의 중요한 내원이었는데, 직접적인 교류가 없었던 지역에 대한 내용이나, 사이(四夷) 분류상 조금 어색한 부분이 보이는 것은 정보를 제공한 외국의 영향때문인 것으로 보인다.

다른 한편으로 외국에서 당을 공격해 왔을 때는 중서성(中書省)과 병부(兵部), 그리고 현지의 지방관과 도독 군장(軍將)들이 상대에 대한 정보와 전투상황을 사관에 송부하도록 하였다. 이 역시 외국전 찬술에서 중요한 근거 자료로서, 전체적으로 『구당서』의 외국전이 국가와 민족별로 균형을 유지할 수 있었던 근거이기도 하다.

한편 『구당서』 편찬자들은 이민족의 도움을 받았던 후진(後晉)의 지식인으로서, 이민족에 대한 편견이나 멸시보다는 독자적인 민족이나 국가라는 의식을 가지고 있었다고 평가되기도 한다. 사서 전체에서 외국전이 차지하는 비중도 그렇거니와, 서술과정에서도 이민족에 대해 비하하는 내용이 없고 비교적 사실 중심으로 중립적으로 서술되어 있다는 것이다. 특히 당과 직접적인 전투를 진행하여 적대적인 감정이 강하였을 돌궐이나 회흘 토번 등에 대해서도 단순히 당왕조와의 사신교환과 책봉 그리고 전쟁관계를 기술하고, 첫머리에 민족의 형성과정, 풍속, 제도, 지도자 등에 대한 설명을 덧붙이고 있을 뿐이다. 더욱이 『구당서』 열전에는 울지경덕(尉遲敬德), 아사나사이(阿史那社爾), 계필하력(契苾何力), 흑치상지(黑齒常之) 등 이민족 인사들이 많이 입전되어 있는데, 이는 민족적 편견이나 차별의식이 그만큼 적었다는 것을 의미한다.

전체적으로 『구당서』 외국전은 일관된 원칙 아래 정보를 수집하여 서술되었고, 그 내용도 화이관념에 기반을 둔 중국 중심의 평가보다는 사실에 입각한 중립적인 묘사가 이루어지고 있다. 이는 『수서』 이래 국가간의 직접적인 교류가 많지 않던 지역의 민족이나 국가에 대한 기록이 많아진 것에서 보듯, 당대 대외교역의 발달에 따라 동남아시아, 서아시아, 유럽에 대한 정보와 지식이 크게 확대된 상황을 반영하는 것으로 보아도 좋을 것이다.

또한 「음악지」에는 고려(高麗), 천축(天竺), 고창(高昌), 구자(龜玆), 안국(安國) 등 7종의 이민족 악무(樂舞)가 소개되어 있다. 이는 당왕조가 소위 세계제국으로서 이민족에 대한 편견이 적고, 외래문화의 수용에 관용적인 개방적 의식이 강한 상황을 반영한다. 그만큼 당조에서는 정치적으로 직접적인 관계가 크지 않다고 하더라도, 상업과 문화적 교류가 확대되면서 다른 민족을 그 자체로 인식하는 관점이 확대되어 있었다. 특히 이민족과의 관계가 밀접하였던 후진(後晉)의 『구당서』 찬자들은 이를 자연스럽게 수용한 결과라고 할 수 있다.

구당서(舊唐書) 권194 상·하

돌궐전(突厥傳)

- 역주: 정재훈, 최진열
- 교열: 하원수, 김정희

「돌궐전(突厥傳)」 해제

『구당서(舊唐書)』 총 200권 중 외국에 관한 열전은 6권인데, 이 가운데 그 첫 자리를 차지하고 있는 것이 바로 「돌궐전(突厥傳)」이다. 뿐만 아니라 이것은 상·하 두 편으로 나뉘어질 만큼 방대한 분량을 차지하여, 마치 『한서』에서 「흉노전(匈奴傳)」이 차지하는 위상과 비슷하다. 이것은 『주서(周書)』와 『수서(隋書)』에 처음 정사에 입전(立傳)된 돌궐이 이 시기에 이르러 가장 중요한 주변 민족으로 급성장하였음을 뜻한다. 실제로 돌궐은 북방 유목민족의 역사에서 흉노와 필적할 정도로 중요한 의미를 지니는 것이다.

『구당서』 권194의 본전은 형식상 전반부의 <돌궐전>, 후반부의 <서돌궐전>과 사론(史論)으로 구성되어 있다. 그러나 <서돌궐전>의 뒷부분에는 돌기시(突騎施)의 역사를 담고 있기 때문에 실질적으로는 4개의 부분으로 나누어 볼 수도 있다. 본전의 구체적인 내용을 살펴보기 전에, 우선 돌궐과 서돌궐이라는 두 종족(種族)에 대한 설명이 필요할 듯하다.

돌궐은 투르크(Türk)의 음사(音寫)로서 6세기 초부터 8세기 중반까지 몽골고원과 알타이 산지 등 유라시아 초원지대를 지배했던 유목국가의 명칭이다. 돌궐의 유래와 관련하여 『주서』, 『수서』와 『북사(北史)』는 다양한 전설과 신화를 소개하고 있는데, 이리[狼]의 후손임을 자처하였다는 것이 공통점이다.

종족에 대해서도 여러 가지 학설이 분분하다. 남북조시대(南北朝時代)까지 몽골고원에 있었던 정령(丁零)과 칙륵(敕勒), 고차(高車), 철륵(鐵勒)과 동일시하는 견해와 흉노(匈奴)와 혈통상 관련 있다고 보는 주장이 병존한다. 그리고 백인종인 코카서스와 황인종인 몽골인종의 혼혈로 보는 입장, 기존의 북아시아 유목민의 후예 혹은 그 혼혈로 보는 설도 존재한다. 그러나 어느 것도 현재 학계의 통설이라고 하기는 어렵다. 그러나 9세기 중엽 이후 위구르 등 투르크계통의 여러 유목민 집단이 중앙아시아와 러시아초원, 중동과 이란 등지로 이주하면서 중앙아시아의 인종 분포가 바뀌었고, '투르크'가 광범위하게 존재하는 이 중앙아시아 기원의 유목민들을 대표하는 단어가 되었음은 분명하다.

『주서』, 『수서』, 『북사』에 기록된 돌궐의 풍습을 보면, 그 찬자들의 지적처럼 예전의 흉노와 마찬가지로 목축과 사냥을 하고 이동식 천막에 살면서 계절에 따라 이동하는 유목생활을 하였다. 또 피발(被髮)의 두발 형태, 좌임(左衽)으로 대표되는 복식(服飾), 수계혼(收繼婚, levirate) 제도 등이 모두 흉노나 선비(鮮卑) 등 북아시아 초원지대의 유목민들과 대체로 비슷하다. 그러나 화장(火葬)과 유가족의 얼굴에 상처를 내는 풍습, 무덤 주변에 돌을 늘어놓는 묘표(墓標) 등은 이들만의 고유한 특징이다.

서돌궐은 본래 돌궐제일제국(突厥第一帝國)에 속했으나, 7세기 초에 분열되어 갈라져 나왔다. 본전의 기록에 따르면, 이들은 돌궐과 풍습이 같으나 언어는 조금 달랐다고 한다. 실제로 카간(가한) 씨족(氏族)이 아사나씨(阿史那氏)인 것은 (동)돌궐과 같지만, 서돌궐의 지배를 받는 일부 유목민들이 혈통과 언어 면에서 동돌궐과 차이가 있었음은 인정된다.

본전의 전반부인 <돌궐전>은 전체의 66%정도를 차지하는데, 돌궐제일제국이 붕괴한 이후 동돌궐(東突厥, 혹은 北突厥이라고도 함)의 흥망성쇠에 대한 기록이다. 동돌궐은 630년에 당(唐)에 복속되어 약 50년간 당의 지배를 받았으나, 680년대에 당으로부터 독립하여 60여 년 동안 다시 제국을 건설하였다. 이를 돌궐제이제국(突厥第二帝國)이라고 한다. 본전은 바로 이 돌궐제일제국과 기미지배, 그리고 제이제국의 역사라고 할 수 있는데, 그 서술은 역대 가한과 당의 지배 아래에서 그 우두머리로 임명된 아사나씨 일족 인물을 중심으로 한다. 이 가운데서도 돌궐의 전성기와 멸망을 동시에 경험한 힐리가한(頡利可汗, ?~634, 재위 620~630) 시기와 돌궐제이제국의 전성기를 구가한 묵철가한(默啜可汗, ?~716, 재위 691~716), 비가가한(毗伽可汗, 685~734, 재위 716~734) 시기에 많은 지면이 할애되었다. 이는 힐리가한과 묵철가한, 비가가한 시기에 돌궐과 당 사이의 전쟁과 화친, 사신 파견과 조공 등 수많은 사건들이 발생했기 때문이기도 하다.

이밖에 돌궐이 당의 지배를 받았던 시기에 돌궐유민들을 통치했던 아사나사마(阿史那思摩)에 관한 기록이 다른 가한들보다 많은 점이 특이하다. 또 힐리가한이 죽은 후에 순사(殉死)한 토욕혼야(吐谷渾邪)의 일생에 상당한 분량을 할애한 것도 흥미롭다.

본전의 후반부인 <서돌궐전>은 전체의 32%정도 되는데, 서돌궐이 독립한 이후의 역사에 관한 기록이다. 여기에는 서돌궐의 지리적 분포와 풍속, 제도 등에 대하여서는 언급하지 않았는데, 이것은 아마 『수서』와 『북사』에 관련 기록이 이미 상세히 나오기 때문일 것이다. 그러나 이 안에는 당대(唐代) 서돌궐의 흥망만이 아니라 서돌궐의 지배를 받다가 나중에 독립한 돌기시의 역사도 포함되어 있다. <서돌궐전>의 분량만으로 보면, 전자가 전체의 25%이고, 후자가 7% 가량 된다.

서돌궐에 대한 서술은 통엽호가한(統葉護可汗)과 사발라질리실가한(沙鉢羅咥利失可汗) 시기를 자세히 설명하였다고 해도, 특정 가한에게 지면을 편중되게 할애하지 않았다. 이점이 「돌궐전」과 구별되는 두드러진 특징이다. 다만 아사나하로(阿史那賀魯)와 아사나미사(阿史那彌射), 아사나미사의 자손인 아사나원경(阿史那元慶)과 아사나헌(阿史那獻), 아사나보진(阿史那步眞)에 대해 비교적 상술하였는데, 이들은 서돌궐이 망한 후 당으로부터 가한과 도호(都護)의 관직을 받았던 인물들이었다. 서돌궐에 관한 기록의 1/3 가까이나 차지하는 이 내용은 본전이 얼마나 당의 입장에서 서술되었는지를 잘 보여준다고 하겠다.

돌기시에 대한 기록은 대부분 소록(蘇祿) 시기의 설명이라는 점이 특이하다. 그리고 본전의 마지막이자 그 후반부의 끝에 나오는 사론(史論)은 2% 정도로, "사신왈(史臣曰)"과 "찬왈(贊曰)"로 다시 구분된다. 비교적 긴 전자는 수대(隋代)부터 당 현종(玄宗)까지 발생한 돌궐(동돌궐)의 역사를 주요 사건 중심으로 간략하게 정리한 반면 서돌궐에 대해서는 아주 간단히 언급하는 데 그쳤다. 후자는 매우 짧은데, 주변의 다른 종족 창궐이 중국의 정치적 미숙 때문임을 지적하거나 혹은 경계하는 내용이다.

다음으로 본전의 특징을 살펴보면, <돌궐전>이나 <서돌궐전>이나 모두 당과의 외교관계가 관심의 초점이다. 돌궐과 서돌궐 자체의 역사보다 당과의 전쟁, 화친, 사신 교류에 대한 서술이 압도적으로 많다. 돌궐 문제와 관련된 신하들의 간언과 상소문 등을 자주 인용한 것은 그 좋은 예이다. 물론 이것은 정사 외국열전의 일반적인 특징이기도 하다. 그러나 『주서』와 『수서』, 『북사』에 이미 돌궐과 서돌궐의 풍습과 제도를 비교적 자세히 설명하였기 때문에, 이러한 본전의 서술을 이전 사서(史書)와의 연속성을 고려한 것으로 볼 수도 있다.

그러므로 돌궐과 서돌궐의 실상을 전면적으로 이해하기 위해서는 본전만으로는 불충분하다. 즉 여타 문헌들과 함께 검토할 필요가 있는데, 무엇보다 동일한 시기의 이들에 대한 기록인 『신당서(新唐書)』의 내용과 먼저 비교하지 않으면 안 된다. 예컨대 본전은 골돌록(骨咄祿)이 당의 지배를 벗어나 돌궐제이제국을 창업한 시점을 당 고종(高宗) 영순(永淳) 2년(683)이라고 한 반면, 『신당서』의 경우 영순 원년이라고 달리 기록하고 있는 것이다. 그리고 『통전(通典)』과 『당회요(唐會要)』 등 당대 당시의 문헌 또한 빠뜨릴 수 없는 사료로서 본전과 비교하는 것이 중요하다. 이러한 기록들은 그 내용이 대체로 비슷하지만, 표현의 방식이나 서술의 상략(詳略)에서 서로 다르기 때문이다.

이와 함께 특기할만한 사실은 본전에 등장하는 인물과 관련된 묘지명이나 비문의 존재이다. 『당대묘지휘편속집(唐代墓誌彙編續集)』에 실려 있는 아사나사마와 그 아내의 묘지명은 그 좋은 예이다. 아사나사마의 묘지명은 그를 '이사마(李思摩)'로 불렀는데, 이것은 그가 당 황실(皇室)의 성(姓)을 하사 받았기 때문이다. 또 주지하듯이 비가가한(毗伽可汗: 빌게카간)과 궐특근(闕特勤: 퀼테긴) 등의 고대 투르크어 비문이 현존하며, 이것과 본전의 비교는 돌궐의 역사를 연구하는 데 필수적인 일이다. 이를 통해 많은 돌궐 인명과 관명의 투르크어 표기를 복원할 수 있을뿐더러 사료의 부족을 보충할 수 있는 것이다. 사실 돌궐의 역사는 이러한 돌궐인들 자신의 기록을 바탕으로 하고 본전을 단지 참고 자료로만 이용하여 기술되어야 마땅하다고도 하겠다.

그렇다고 해서 본전의 사료적 가치를 홀시하여서는 안 된다. 특히 『구당서』의 특성상 원래의 공문서를 거의 그대로 전재(轉載)하였으므로, 그 사료의 원시성을 부정할 수 없기 때문이다. 고대 투르크어 문헌은 물론 중국의 여타 한문 기록들과 비교하면서 검토한다면, 본전 또한 돌궐과 서돌궐의 중요한 일차사료인 것이다.

「돌궐전(突厥傳)」 역주

突厥之始, 啓民之前, 隋書載之備矣, 祇以入國之事而述之.

돌궐(突厥)[1]의 시원[2]과 계민[가한](啓民可汗)[3] 이전 [시대의 내용]은 『수서(隋書)』[4]에

1) 突厥: 6세기 중반 柔然을 무너뜨리고 3세기에 걸쳐 중앙아시아 초원 지대를 호령했던 유목제국을 지칭한다. 突厥은 원래 그 국가의 中核集團이었던 阿史那氏가 속한 부락의 명칭에서 연원한 것으로 고대 투르크어로는 '투르크(Türk 또는 Türük)'의 음사이다. 한편 자신들이 제작한 비문에서는 스스로를 "쾩 투르크(Kök Türk)"라고 표현했다.

6세기 중엽 突厥은 알타이 산지에서 주변의 유목세력인 鐵勒을 병합하고 몽골 초원을 지배하던 유목국가인 柔然마저 격파한 다음에 유목국가를 건설했다(552년). 그 이후에 西魏·北周와 東魏·北齊로 분열된 北中國의 혼란한 상황을 이용해 中國을 압도하면서 동으로 大興安嶺산맥부터 서로 지금 우즈베키스탄의 초원지대에 있는 鐵門까지 세력을 확대해 遊牧帝國으로 발전할 수 있었다(突厥第一帝國 또는 突厥第一可汗國, 552~630). 하지만 6세기 말 동서로 분열되어 양자가 대결을 벌이게 됨에 따라 서서히 약화되었고, 그 결과 東突厥은 630년에, 西突厥은 657년에 각각 唐朝의 공격을 받아 붕괴되었다. 그 이후 東突厥 세력은 50여 년 동안 羈縻支配를 받다가 680년대 초에 다시 부흥해 몽골 초원을 차지하고 국가를 재건해 약 60여 년 정도 유지했다. 하지만 740년대 중반 계승 분쟁을 틈탄 투르크계 유목민[鐵勒]인 拔悉密(바스밀), 葛邏祿(카를룩), 迴紇(위구르)의 공격으로 붕괴되었다(突厥第二帝國 또는 突厥第二可汗國, 682~745). 그 다음 일부 세력이 迴紇에게 몽골 초원을 넘겨준 채 中國으로 내려와 살다가 安史의 난 시기(755~763)에 일시 부흥을 시도했으나 실패하고 약화되었다. 그 이후 突厥은 역사의 무대에서 더 이상 주도적인 역할을 하지 못하고 사라졌지만 그들의 움직임은 중앙아시아만이 아니라 그 주변 지역에서 투르크계 유목민들의 활약을 촉발했다는 점에서 큰 역사적 의미를 갖고 있다(薛宗正, 1992).

2) 突厥의 始原에 대해서는 『周書』, 『隋書』, 『北史』에 복잡한 신화 기록이 남아 있다. 그와 관련된 전반적인 연구사 정리에 대해서는 『周書』 卷50 「異域傳」 <突厥>과 『北史』 卷99 「突厥傳」 譯註에 정리된 자세한

기록되어서 오직 [본서에서는 당]나라가 들어선 이후의 일만 기록했다.

始畢可汗咄吉者, 啓民可汗子也. 隋大業中嗣位, 值天下大亂, 中國人奔之者衆. 其族強盛, 東自契丹·室韋, 西盡吐谷渾·高昌諸國, 皆臣屬焉, 控弦百餘萬, 北狄之盛, 未之有也, 高視陰山, 有輕中夏之志. 可汗者, 猶古之單于, 妻號可賀敦, 猶古之閼氏也. 其子弟謂之特勤, 別部領兵者皆謂之設, 其大官屈律啜, 次阿波, 次頡利發, 次吐屯, 次俟斤, 並代居其官而無員數, 父兄死則子弟承襲.

시필가한(始畢可汗)[5] 돌길(咄吉)은 계민가한의 아들이었다. [그는] 수 대업(大業)년간 중(609년)에 [가한의] 지위를 물려받았는데, 마침 천하가 크게 어지러워져 [그에게로] 도망간 중국 사람들이 많았다. [그로 인해] 그 족속이 강성하게 되어 동쪽으로 거란(契丹)[6]과 실위

설명과 함께 丁載勳의 연구(2007, 2009)를 참조.

3) 啓民可汗(재위 599~609): 突厥이 동서로 분열된 이후 東突厥의 가한으로 즉위했다. 이름은 染干인데, 이는 고대 투르크어로 '잠칸(Jamqan)'의 음사로 추정된다. 突厥의 제6대 可汗인 沙鉢略可汗의 아들로 그의 재위시기에 북방에 있으면서 차기 계승자인 突利可汗의 지위를 갖고 있었다. 이후 숙부인 都藍可汗이 즉위한 이후 계승 분쟁의 와중에 빠져들어 隋의 지원을 받아 제8대 可汗이 될 수 있었다. 그는 中國으로부터 意利珍豆啓民可汗으로 책봉되어 漠南에 거주하면서 中國과 긴밀한 관계를 유지했기 때문에 줄여서 啓民可汗이라고 불린다. 그의 책봉명은 고대 투르크어인 意利珍豆와 中國式 표현인 啓民이 혼용된 명칭으로 추정되나 확실한 음사는 알 수 없다. 다만 그 의미를 "意智健"이라고 한 『隋書』의 기록에서 可汗의 중요한 덕목인 賢(bilge)과 勇(alp)를 겸비했다는 것으로 이해할 수 있다. 『北史』에는 唐 太宗 李世民의 이름을 避諱해서 啓人可汗이라고 되어 있다.

4) 『隋書』 卷84 「北狄傳」 第49 <突厥>에는 突厥의 始原부터 啓民可汗에 이르는 시기까지의 기록을 담고 있고, 본서에는 그 이후 隋 大業年間 始畢可汗이 등극한 이후의 내용을 다루고 있다.

5) 始畢可汗(재위 609~619): 突厥의 제9대 可汗으로 이는 고대 투르크어로 '시비르 카간(Sibir qaghan)'의 음사로 추정된다. 즉위하기 이전의 이름이 咄吉嗣 또는 咄吉이었는데, 이는 고대 투르크어로 '툌리스(Tölis)'의 음사로 추정된다. 그는 啓民可汗(재위 599~609)의 아들로 隋 종실의 여자 義成公主와 결혼을 해 우호관계를 맺기로 했지만 이후에 雁門에서 隋 煬帝를 포위하기도 했다. 隋末 혼란기에 강성하게 되면서 617년에 唐을 도와 隋를 공격하기도 했다. 唐代에는 梁師道와 연합하고 劉武周를 도와 太原을 공격하기도 했다가 이후에 병사했다.

6) 契丹: 종족 명칭으로 음은 '거란'인데, 동몽골지역에 살던 고대 종족의 하나였다. 5세기 중엽부터 大興安嶺 남부 遼河 상류인 시라무렌[黃江] 유역에서 遊牧生活을 하면서 8부의 부락연맹체를 이루었다(李在成, 1996). 고대 투르크 비문에는 "키탄(Qïtaň)"이라고 되어 있다. 이후에 五代時代에 耶律氏를 중심으로

(室韋)[7]로부터 서쪽으로 토욕혼(吐谷渾)[8]과 고창(高昌)[9][과 같은] 여러 나라가 모두 [돌궐에] 신속해 기마궁사[控弦]가 100여 만이니 돌궐[北狄][10]이 이렇게 강성한 적이 [이전에]

세력화에 성공해 遼나라를 건설하고 만주와 몽골, 그리고 北中國 일부까지 지배해 이후에 中國을 표현하는 "Cathay"이라는 표현이 사용될 수 있도록 영향을 미쳤다.

※ 위의 키탄(Qïtañ)이라고 한 것에서 알 수 있듯이 고대 투르크 문자를 음사하는 기호인 'ï'는 원래 그 음이 '으'인데, '이'로 읽고 있다. 이것은 '으'로 읽어야 할 것이 관습적으로 '이'로 굳어진 경우가 많기 때문이다. 예를 들어 종족 명칭인 '키르기즈'는 원래 음사대로라면 '크르그즈(Qïrghïz)'라고 해야 되는데, 일반적으로 굳어진 표현인 키르기즈로 쓰고 있다. 이하에서도 이런 나름의 규칙을 적용해서 ï를 '이'로 읽었다. 하지만 전사된 ï의 표기를 참고해서 그 원음을 이해하기를 바란다.

7) 室韋: 종족 명칭으로『魏書』에는 "失韋"라고 되어 있다 北魏 시기부터 기록이 나오며, 5部로 나뉘어 興安嶺에서 발원하는 嫩江 및 黑龍江 남북 연안에 분포했다. 唐代에는 20部를 포괄했고, 그 중에 額爾古納河(에르구네 쿤) 일대의 蒙兀室韋는 蒙古 部落의 선조로 추정된다. 각 부락의 발전은 불균등했고, 개별 부락은 千戶 또는 몇 개의 千戶로 이루어져 있었으며, 首領은 莫賀咄(바가투르)이라고 불렀다. 北朝시대 이래로 중원지역과 긴밀한 관계에 있다가 突厥에 복속되었다. 契丹이 遼를 건국하는 과정에서 室韋의 일부가 그에 병합되었다(張久和, 1998).

8) 吐谷渾: 종족 명칭으로 음은 '토욕혼'이다. 달리 吐渾, 退渾이라고도 한다. 遼東鮮卑 徒河部 慕容氏에서 나왔다. 4세기 초 首領 吐谷渾이 部衆을 이끌고 서쪽으로 이동해 지금 青海省과 甘肅省 일대에 이르러 羌族과 混合했다. 손자 葉延時期 처음으로 吐谷渾을 姓氏와 族名, 혹은 國號로 삼았다. 정치적 중심지는 伏俟城(지금 青海湖 서쪽)에 있었다. 牧畜業에 종사했으며 狩獵과 農業도 겸했다. '青海驄'이란 良馬의 산지였다. 땅이 지금 青海省 黃河이남에 위치해 누차 南朝로부터 河南王으로 봉해졌기 때문에 그 種族을 '河南'이라고도 칭했다. 또 阿豺라는 이름의 首領이 있었기 때문에 西北諸族은 阿柴虜라고도 불렀다. 南北朝時代 누차 册封을 받았으며, 자주 北朝에 朝貢했다. 北魏 太武帝 太平眞君 6년(445) 서쪽으로 鄯善(지금 新疆維吾爾自治區 若羌 동북쪽)과 于闐(지금 新疆維吾爾自治區 和田일대)일대를 점거했다. 13대 군주 夸呂에 이르러 처음으로 可汗을 칭했다. 隋代에 煬帝의 공격을 받기도 해 약화되었다가 唐代에 이르러 부락이 分散되면서 소멸되었다(周偉洲, 1988; 池培善, 1981; 池培善, 1983).

9) 高昌: 타림 분지 동쪽 투르판(Turfan) 지방에 있었던 오아시스 국가였다. 이 지역은 원래 이란계통의 주민들이 거주했는데, 中國으로부터 且渠氏가 들어와 442년에 국가를 재건한 이후에 麴氏까지 다섯 왕조에 이르는 漢人王國(442~640)의 시대가 전개되었다. 그리고 640년 唐朝의 安西都護府가 설치되면서 中國의 직접 지배를 받다가 이후 840년대 回鶻(Uyghur)의 진출과 함께 13세기까지 高昌回鶻王國이 발전했다. 소규모의 오아시스국가였기 때문에 突厥 등의 유목세력 하에서 나라를 유지했는데 植民된 漢人이 왕국의 지도권을 장악하고, 정치, 사회제도에 中國의 제도를 도입해 한나라 문화와 페르시아풍의 문화가 혼재하는 독특한 문화권을 형성했다. 카라호토(Qara qoto)가 당시의 都城이었다. 아스타나(Astāna) 등의 고분군은 당시 漢人 관료의 묘역으로 이곳에서 대량의 漢文文書와 墓誌銘 등이 출토되었다. 또한 베제클릭 석굴, 토욕 석굴 등에서 고도로 발달된 종교문화를 엿볼 수 있다(伊瀨仙太郎, 1955).

10) 北狄은 突厥을 지칭하는 비칭이다.

없었다. [이로 인해 중국인들은] 음산(陰山)[11][에 사는 돌궐]을 높게 보고 [반면 돌궐인들은] 중국[中夏]을 가벼이 여기는 생각을 갖게 되었다.

[돌궐의] 가한(可汗)[12]은 옛날 [흉노의] 선우(單于)[13]와 같았고, 아내는 가하돈(可賀敦)[14]이라고 불렀는데 옛날 연지(閼氏)[15]와 같았다. 그 아들과 동생을 특근(特勤)[16]이라고 불렀고, 다른 부락[別部][17]에서 군대를 부리는 사람을 설(設)[18]이라고 하며 그 [아래의] 고위 관직[大官]은

---

11) 陰山: 陰山山脈을 지칭하는데, 지금 內蒙古自治區 중부에 위치한 산맥으로 大青山이라 불리는 고비 남부에 있는 일련의 산지를 부르는 명칭이다. 이곳은 遊牧民들의 주요한 거점의 하나로 역할 했기 때문에 유목민들만이 아니라 中國 역시 이 지역을 차지하고 세력을 확대하는 것을 막기 위해 지속적으로 노력했다(吉田順一, 1980). 저본에서는 陰山을 內蒙古를 중심으로 遊牧民들이 사는 草原을 의미하는 관용적인 표현으로 사용하고 있다. 달리 고대 투르크 비문에 "초가이 쿠즈(Chogh ai quzi)" 즉, '햇빛이 들지 않는 그늘진 곳'이라고 되어 있고, 이것은 한자로 음사로 總材山이라고 하기도 했다(K. Czegledy, 1962: 55~61; A. von Gabain, 1949: 34; 岩佐精一郎, 1936: 106~119; 岑仲勉, 1958: 306; R., Giraud, 1960: 169; 芮傳明, 1990: 153~160).

12) 可汗: 고대 투르크어로 '카간(qaghan)'의 음사이다. 그 음은 gh가 발음 되지 않아 '카안(qa'an) 또는 하안(ha'an)', '칸(qan) 또는 한(han)' 등으로 변화되기도 했다. 이것은 匈奴의 軍葬 칭호였던 單于의 권위가 약화되면서 더 이상 최고 君主로서의 권위를 갖는 명칭으로 사용되지 못하게 되면서 새롭게 柔然과 鮮卑 등에서 등장한 개념이다. 北魏 太武帝시대에 제작된 戛仙洞의 祭文에 拓跋部가 可寒이란 명칭을 사용했다는 점이 확인되고, 乞伏部도 자신의 君主를 可汗이라 칭했다고 한다(朴漢濟, 1988: 174~176). 몽골 초원의 遊牧國家에서 402년 柔然의 首領 社崙이 丘豆伐可汗을 처음으로 사용하면서 그 이후에 遊牧 君主 최고의 칭호로 계속 사용되었다.

13) 單于: 음은 '선우'이다. 匈奴 君主의 칭호였다. 이후 匈奴의 약화와 함께 각 지역의 소규모 군장들이 이 칭호를 사용해 더 이상 최고 君主로서의 권위를 갖는 명칭으로 사용되지 못하게 되면서 可汗(qaghan)으로 대체되었다.

14) 可賀敦: 突厥 君主인 可汗의 婦人을 칭하는 고대 투르크어로 '카툰(qatun)'의 음사이다. 달리 可敦이라고도 음사되기도 하는데, 그 용례는 이미 拓跋 鮮卑의 조상이 살았던 嘎仙洞 石壁 銘文에서도 확인된다(米文平, 1994: 52).

15) 閼氏: 음은 '연지(煙肢)'와 '알지' 두 가지가 있는데, 일반적으로 '연지'라 읽는다. 이것은 匈奴 君主의 妃(또는 妻)에 대한 칭호로 皇后라고 번역되기도 한다.

16) 特勤: 고대 투르크어로 '테긴(tegin 또는 tigin)'의 음사로, 저본처럼 特勒이라고 기록한 경우도 있는데, 이것은 필사 과정에서 잘못 기록한 것 때문이다. 주로 宗室의 子弟들에게만 부여된 관칭으로서 中國의 宗室諸王과 비슷한 개념이다. 北魏時代에도 直勤 혹은 直懃이 拓跋氏(元氏) 혹은 禿髮氏(源氏)의 이름 앞에 붙이는 예가 碑文 등에 많이 보는데(羅新, 2004: 24~38), 이것이 唐代 사료에 보이는 特勤(오르콘 비문의 tegin의 音譯)과 일치한다고 보고 훗날 몽골어 치긴(chigin)으로 변했다고 한 설명도 있다(Boodberg, 1936: 172).

17) 部落: 中國 기록에서 다른 종족 集團의 단위를 나타내는 일반적인 표현이다. 어떤 단위를 특정하기

굴률철(屈律啜),[19] 다음엔 아파(阿波),[20] 다음엔 힐리발(頡利發),[21] 다음엔 토둔(土屯),[22] 다음엔 사근(俟斤)[23] [등]이었는데, 모두 그 관직을 대대로 세습해 정해진 숫자가 없었고,[24] 아비

보다는 인류학적인 개념인 氏族, 部族, 내지는 部族聯合體 등과 같은 다양한 層次의 집단을 통칭한다. 이것을 氏族 내지는 部族 등으로 번역하기도 하나 집단의 규모와 상관없이 동일하게 사용되었기 때문에 간혹 혼란을 일으키기도 한다. 주로 氏族 정도 내지는 그 보다 좀 더 확대된 정도의 규모의 집단을 의미하는데, 경우에 따라서 中國의 기록에 자주 나오는 姓 내지 氏와 같은 단위를 표현하기도 한다.

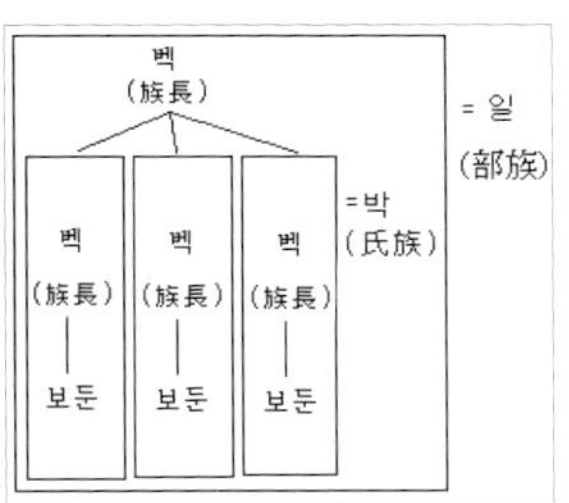

〈씨족 단위의 박(bagh)과 부족 단위의 일(il) 구조〉

突厥에는 일반적으로 氏族 단위를 지칭하는 '박(bagh)' 내부에 '보드(bod)'라는 작은 단위가 여러 개 묶인 '보둔(bodun)'이 존재했다. 보드는 大家族 내지는 親族 정도를 말하고, 보둔은 보드의 복수로 여러 개의 친족집단이 모인 단위 내에서 '피지배를 받는 백성' 내지는 그 구성원 정도를 의미한다. 박(bagh)의 구성원인 보둔에는 掠奪이나 戰爭 등으로 그 내부에 부용이 되어 있는 異族集團도 있었으나 기본적으로는 同族集團의 성격이 강했다. 즉, 공동의 조상을 가진 同族들로 구성된 氏族 단위이거나 아니면 그에 附庸하는 다른 종족들이 일부 포함된 하나의 聯合이면서 그의 행동 단위였다. 따라서 개별적인 遊牧地의 존재 즉, 分地는 일반적으로 이런 단위를 중심으로 정해졌다. 그리고 氏族 정도의 단위인 박(bagh)의 상위에는 그런 단위 몇 개가 모인 연합체인 '일(il)'이 있었는데, 이것은 편의상 部族(tribe)이라고 번역되기도 한다. 일(il)의 지도자는 박(bagh)과 마찬가지로 '벡(beg)'이라고 불렸다. 벡은 일반적으로 단위의 크기와 무관하게 酋長 또는 貴人을 의미했는데, 이것은 국가 권력이 임명하지 않은 '自然發生的인 酋長'으로 '氏族 내지는 部族 단위의 지도자'를 의미하는 보통명사로 사용되었다(丁載勳, 2003).

18) 設: 고대 투르크어로 '샤드(shad)'의 음사이다. 음역으로 察, 殺, 煞, 失 등의 다른 용례가 있다. 주로 軍政大權을 장악하고 있는 지위였다. 이들은 고위 관리로서 可汗이 직접 통치하지 않는 독자적인 영역을 통치했던 軍司令官 내지는 部族長의 개념으로 이해되기도 하는데, 可汗의 宗室들이 주로 이 지위를 차지했다(護雅夫, 1967: 358).

19) 屈律啜: 고대 투르크어로 '퀼뤽 초르(külüg chor)'의 음사다. 초르는 '이르킨(irkin)'과 마찬가지로 씨족장 정도의 위상을 갖거나 아니면 장군을 지칭하는 관칭으로 퀼뤽은 '힘에 센'이라는 형용적인 의미를 갖고 있다. 둘이 합쳐서 하나의 관칭이 된 것으로 보이는데, 일반적인 관칭의 용례는 아니다.

20) 阿波: 고대 투르크어로 '아파(apa)'의 음사이다. 이것은 단독으로 쓰이는 관칭이라기보다는 타르칸과 합쳐 군대를 총괄하는 사령관의 의미로 '아파 타르칸(Apa tarqan)'의 용례로 사용되는 것이 일반적이다.

21) 頡利發: 고대 투르크어로 '일테베르(ilteber 또는 elteber)'의 음사로 俟利發이라고 달리 음역되기도 한다. 柔然시대부터 존재했던 것으로 확인되는데, 그 지위는 部族長 정도였다(護雅夫, 1967: 427).

22) 吐屯: 고대 투르크어로 '토둔(todun)'의 음사로 다르게는 土屯發(todunbar)이라고도 한다. 주로 피정복 대상에 파견되어 徵稅를 하거나 간접 통치를 하는 역할을 담당했다.

23) 俟斤: 고대 투르크어로 '이르킨(irkin)'의 음사이다. 일반적으로 氏族長 정도의 위상을 갖고 있었다. 부락의 首領을 지칭하는 호칭으로 官名으로도 사용되었다가 후에는 轉化되어 契丹의 官名 夷離董이 되었다.

와 형이 죽으면 아들이나 동생이 [지위를] 이어받았다.[25)]

일반적으로 작은 종족 단위 추장의 명칭으로 氏族長 정도로 번역되기도 했다(護雅夫, 1967: 427).

24) 『周書』 등에서 突厥의 관칭이 28등급이었다고 되어 있는데, 『通典』에는 그와 달리 초기에 10등급의 관직이 있고, 그 명칭은 모습, 연령, 얼굴, 피부, 술과 고기, 그리고 짐승 등에서 유래했다고 되어 있다. 이로부터 초기에 10등급이 있다가 이후에 28등급으로 관제가 정비되었다는 추정해볼 수 있다. 따라서 그 변화를 비교해보면 그 특징과 유래를 이해할 수 있다. "土門遂自號伊利可汗, 後魏太武帝時, 蠕蠕主社崙已自號可汗, 突厥又因之. 猶古之單于也; 號其妻爲可賀敦, 亦猶古之閼氏也. 其子弟謂之特勤, 別部領兵者謂之設, 其大官屈律啜, 次阿波, 次頡利發, 次吐屯, 次俟斤. 其初, 國貴賤官號凡有十等, 或以形體, 或以老少, 或以顏色·鬚髮, 或以酒肉, 或以獸名. 其勇健者謂之始波羅, 亦呼爲英賀弗. 肥麤者謂之大羅便. 大羅便, 酒器也, 似角而麤短, 體貌似之, 故以爲號. 此官特貴, 惟其子弟爲之. 又謂老爲哥利, 故有哥利達官. 謂馬爲賀蘭, 故有賀蘭蘇尼闕, 蘇尼, 掌兵之官也. 謂黑色者爲珂羅便, 故有珂羅啜, 官甚高, 耆年者爲之. 謂髮爲索葛, 故有索葛吐屯, 此如州郡官也. 謂酒爲匐你熱汗, 熱汗掌監察非違, 釐整班次. 謂肉爲安禪, 故有安禪具泥, 掌家事如國官也. 有時置附鄰可汗, 附鄰, 狼名也, 取其貪殺爲稱. 亦有可汗位在葉護下者. 或有居家大姓相呼爲遺可汗者, 突厥呼屋爲遺, 言屋可汗也."(『通典』 卷197 「邊防」13 <突厥>: 5403~5404).

25) 突厥의 습속에 대해서는 『周書』와 『隋書』에 남아 있는 내용을 종합 정리한 『北史』의 기록에 자세한 내용이 남아 있다. 참고를 위해 『北史』의 내용을 인용해보면 다음과 같다. "其俗: 被髮左衽, 穹廬氈帳, 隨逐水草遷徙, 以畜牧射獵爲事, 食肉飮酪, 身衣裘褐. 賤老貴壯, 寡廉恥, 無禮義, 猶古之匈奴. 其主初立, 近侍重臣等輿之以氈, 隨日轉九回, 每回臣下皆拜, 拜訖乃扶令乘馬, 以帛絞其頸, 使纔不至絕, 然後釋而急問之曰: "你能作幾年可汗?" 其主旣神情瞀亂, 不能詳定多少. 臣下等隨其所言, 以驗修短之數. 大官有葉護, 次設, 次特勤, 次俟利發, 次吐屯發, 及餘小官, 凡二十八等, 皆世爲之. 兵器有角弓·鳴鏑·甲·矟·刀·劍. 佩飾則兼有伏突. 旗纛之上, 施金狼頭. 侍衛之士, 謂之附離, 夏言亦狼也. 蓋本狼生, 志不忘舊. 善騎射, 性殘忍. 無文字, 其徵發兵馬及諸稅雜畜, 刻木爲數, 幷一金鏃箭, 蠟封印之, 以爲信契. 候月將滿, 轉爲寇抄. 其刑法: 反叛·殺人·及姦人之婦·盜馬絆者, 皆死; 淫者, 割勢而腰斬之; 姦人女者, 重責財物, 卽以其女妻之; 鬥傷人者, 隨輕重輸物, 傷目者償以女, 無女則輸婦財, 折支體者輸馬; 盜馬及雜物者, 各十餘倍徵之. 死者, 停屍於帳, 子孫及親屬男女各殺羊·馬, 陳於帳前祭之, 遶帳走馬七匝, 詣帳門以刀剺面且哭, 血淚俱流, 如此者七度乃止. 擇日, 取亡者所乘馬及經服用之物, 幷屍俱焚之, 收其餘灰, 待時而葬. 春夏死者, 候草木黃落; 秋冬死者, 候華茂, 然後坎而瘞之. 葬日, 親屬設祭及走馬·剺面如初死之儀. 表爲塋, 立屋, 中圖畫死者形儀, 及其生時所戰陣狀, 嘗殺一人, 則立一石, 有至千百者. 又以祭之羊·馬頭, 盡懸之於標上. 是日也, 男女咸盛服飾, 會於葬所, 男有悅愛於女者, 歸卽遣人聘問, 其父母多不違也. 父·兄·伯·叔死, 子·弟及姪等妻其後母·世叔母·嫂, 唯尊者不得下淫. 移徙無常, 而各有地分. 可汗恒處於都斤山, 牙帳東開, 蓋敬日之所出也. 每歲率諸貴人, 祭其先窟. 又以五月中旬, 集他人水拜祭天神. 於都斤西五百里有高山迥出, 上無草樹, 謂爲勃登凝梨, 夏言地神也. 其書字類胡, 而不知年曆, 唯以草青爲記. 男子好樗蒲, 女子踏鞠, 飮馬酪取醉, 歌呼相對. 敬鬼神, 信巫覡, 重兵死, 恥病終, 大抵與匈奴同俗."

高祖起義太原，遣大將軍府司馬劉文靜聘于始畢，引以爲援．始畢遣其特勤康稍利等獻馬千匹，會于絳郡，又遣二千騎助軍，從平京城．及高祖卽位，前後賞賜，不可勝紀．始畢自恃其功，益驕踞，每遣使者至長安，頗多橫恣，高祖以中原未定，每優容之．武德 元年，始畢使骨咄祿特勤來朝，宴于太極殿，奏九部樂，賚錦綵布絹各有差．二年二月，始畢帥兵渡河至夏州，賊帥梁師都出兵會之，謀入抄掠，授馬邑賊帥劉武周兵五百餘騎，遣入句注，又追兵大集，欲侵太原．是月，始畢卒，其子什鉢苾以年幼不堪嗣位，立爲泥步設，使居東偏，直幽州之北，立其弟俟利弗設，是爲處羅可汗．

고조(高祖)[26]가 태원[군](太原郡)[27]에서 의[병]을 일으켰을 때, 대장군부(大將軍府)의 사마(司馬)[28]인 유문정(劉文靜)[29]을 시필[가한]에게 보내 도움을 끌어내려고 했다. [이에] 시필

26) 唐 高祖(566~635; 재위 618~626): 이름은 李淵으로 籍貫은 隴西郡 成紀縣(지금 甘肅省 通渭縣 동북)이었는데, 후에 狄道(지금 甘肅省 臨洮縣)로 옮겼다. 涼武昭王 李暠의 7代孫이라 자칭했다. 혹자는 본래 趙郡 사람이라 하고, 혹자는 塞北의 사람이라고도 한다. 祖父 李虎는 西魏 八柱國의 하나였으며 大野氏로 賜姓되었다. 北周시대 唐國公으로 追封되었고, 楊堅이 宰相이 되어 다시 本姓을 회복했다. 父 李昞은 北周의 柱國大將軍을 역임했고 唐國公을 襲爵했다. 李淵은 長安에서 태어났으며, 7세에 唐國公의 작위를 세습했다. 隋 初 千牛備身에 보임되었다. 大業년간에 譙州·隴州·岐州 등지의 刺史를 지냈으며 滎陽과 樓煩의 太守를 역임했다. 大業 11년(615)에 山西河東慰撫大使에 임명되어 毋端兒의 난을 진압했다. 大業 13년(617)에 太原留守에 임명되었다. 같은 해 오월 작은 아들 李世民, 晉陽令 劉文靜 등과 起兵해 副留守 王威와 高君雅를 살해하고 서쪽으로 진군해 關中을 도모했다. 십일월에 長安을 점령해 代王 楊侑를 天子로 옹립하고(恭帝), 義寧으로 연호를 바꾸었다. 이듬해 오월 楊侑를 폐위하고 자립해 武德으로 改元하고 唐朝를 건국했다. 武德律을 반포해 均田令과 租庸調法을 시행했다. 또 軍府를 설치하고 郡縣制를 州縣制로 바꾸었으며 開元通寶를 발행했다. 武德 7년(624)에 전국을 평정했다. 武德 9년(626)에 玄武門의 變이 발생한 후 강제로 退位당해 太上皇이라 칭해졌다. 貞觀 9년(635) 五月에 병으로 長安의 大安宮에서 죽었다. 十月 獻陵(지금 陝西省 三原縣 동쪽)에 매장되었다. 廟號는 高祖이며, 諡號는 大武皇帝, 尊號는 神堯大聖大光孝皇帝였다.

27) 太原郡: 원래 戰國時代에 설치되었고 漢代, 西晉시대까지 유지되었다. 北魏時代에 國에서 郡으로 바뀌었다. 隋 開皇 3년(583)에 并州로 바뀌었다가 大業 3년(607)년에 환원되었다. 관할 구역은 지금 陽曲, 交城, 平遙, 和順 사이의 晉中 지역이었다.

28) 司馬: 北周와 隋代 勳官이 幕府를 열 때 그 軍府에 둔 관리였다. 지위는 長史 다음으로 군무를 담당하며 本府의 무직을 관리했다.

[가한]이 그의 특근 강초리(康稍利)[30] 등을 보내 말 천 필을 바치며 강군(絳郡)[31]에서 만났고, 또한 2천 명의 기병을 보내 군대를 도와 함께 경성(京城)[32]을 평정하는데 따라갔다. 그리고 고조가 즉위하기 앞뒤로 [그에게] 상을 내려준 것이 기록할 수 없을 정도였다. 시필[가한]이 그 공을 스스로 믿고 더욱 교만하게 되어 매번 사자를 장안(長安)[33]으로 보냈는데, 그들 대부분이 교만 방자했으나 고조가 중원을 아직 모두 평정하지 못한 까닭에 매번 그들을 우대

---

29) 劉文靜(568~619): 唐代 宰相으로 字가 肇仁이었다. 스스로 彭城사람이라고 했는데, 대대로 京兆 武功에서 살았다. 할아버지인 懿가 北周의 石州刺史였고, 父 韶은 隋代에 전투 중에 죽어 儀同三司로 추증되었다. 아버지를 이어 어렸을 때 儀同三司가 되었다. 재능이 많아 隋末에 晉陽令이 되었다가 晉陽宮監 裴寂과 친해 唐公 李淵과 봉기를 했다. 그 공으로 大丞相府司馬가 되었고, 光祿大夫, 魯國公이 되었다. 唐高祖 즉위 이후에 納言이 되었다. 薛擧를 진압해 民部尙書, 陝東道行帶左僕射가 되었다. 武德 2년(619)에 秦王을 따라 長春宮에 진주해 모반 죽임을 당했다(『舊唐書』 卷57 「劉文靜傳」: 2289~2290).

30) 康稍利: 중앙아시아의 소그디아나[昭武九姓]에서 온 소그드 인의 하나로 추정된다. 소그드 인들은 자신의 출신 지명에 따라서 姓을 표기하는 것이 그들의 습속이었는데, 康은 사마르칸드(Samarkand) 출신을 나타냈다. 그리고 稍利는 '수리카(Surika)' 또는 '소그드(Sogd)'의 음사로 추정된다. 그의 존재를 통해 당시 突厥에 봉사하던 소그드 인이 唐朝와의 교섭에 참여했음을 확인할 수 있다. 당시 중앙아시아의 교역에 활동하고 있었던 소그드 상인들은 자신들의 이익을 확대하기 위해 유목 정권과 결합해 中國과의 교섭에 적극 참여하고 있었기 때문이다(羽田亨, 1957).

31) 絳郡: 隋 大業 3년(607) 絳州가 바뀌어 설치되었다. 治所가 正平縣(지금 山西省 新絳縣)에 있었다. 관할구역은 지금 山西省 襄汾, 翼城, 稷山, 新絳, 曲沃, 絳縣, 聞喜, 垣曲 등지였다. 唐代 武德 元年(618)에 絳州로 바뀌었다.

32) 京城: 隋代의 수도였던 大興城을 지칭하는데, 唐代에는 長安이라고 했고, 일반적으로 京師라고 한다(아래 주 참조).

33) 長安: 隋唐의 수도로 그 이전에 前漢, 新, 前趙, 前秦, 後秦, 西魏, 北周의 都城이었으며 後漢 獻帝 초기와 西晉 愍帝시기의 임시 수도였다. 지금 陝西省 西安市의 서북쪽에 있었다. 前漢 高帝 5년(전202)에 長安縣이 설치되고 高帝 7년(전200)에 長安縣에 定都했다. 惠帝 시기에 65里의 성곽을 쌓았는데, 斗城이라 불렸다. 漢代 長安城은 지금 陝西省 西安市 서북 13里 떨어진 곳에 있었다. 隋唐 長安城은 隋 開皇 2년(582)에 漢 長安 故城의 동남쪽에 새로 건설된 都城이었는데, 大興城이라 불렸다. 大興城은 주위가 67里인데 지금 西安城과 성의 동쪽, 남쪽, 서쪽 일대에 해당한다. 開皇 3년(583)에 이곳에 천도했다. 唐代에 長安城으로 개칭되었으며 京城으로도 불렸다. 天寶 元年(742)에 西京으로 改稱되었고 至德 2년(757)에 中京으로 개칭되었으며, 上都로도 불렸다. 上元 2년(761)에 다시 西京이라 불렸다. 天祐 元年(904)에 洛陽으로 천도한 이후 城의 백성과 건물이 거의 훼손되었고 舊城 북쪽에 新城을 改築하니 이것이 지금 西安城이다. 五代 後唐이 이곳을 陪都로 삼았고 唐末 黃巢와 明末 李自成의 농민군이 이곳을 도읍으로 정하기도 했다. 前漢·隋·唐이 長安에 도읍을 정했기 때문에 國都의 뜻으로 사용되기도 했다(세호 다쓰이코, 2007).

하며 받아주었다. 무덕(武德) 원년(618)에 시필[가한]이 골돌록특근(骨咄祿特勤)[34]을 시켜 조정에 들어오자 [황제가] 태극전(太極殿)[35]에서 연회를 베풀었는데 구부악(九部樂)[36]을 연주하고 비단, 베, 명주 등을 등급에 따라 내려주었다.

[무덕] 2년(619) 이월에 시필[가한]이 군대를 이끌고 황하를 건너 하주(夏州)[37]에 이르자 적의 두령 양사도(梁師道)[38]가 군대를 보내 [그와] 만나 [당의 경내로] 쳐들어가 약탈할 것을 모의했고, [시필가한이] 마읍[군](馬邑郡)[39] 도적 두령 유무주(劉武周)[40]에게 5백 명의 기병을 주어 구주[산](句注山)[41]로 들어가게 하며 또한 추격 병력을 크게 모아 태원으로 쳐들어가려고 했다. 이 달에 시필[가한]이 죽었으나 그의 아들 십발필(什鉢苾)[42]이 나이가 어려 [가한

34) 骨咄祿特勤: 고대 투르크어로 '쿠틀룩 테긴(Qutluq tegin)'의 음사이다. 정확하게 어떤 인물인지는 알 수 없으나 종실의 고위 인물로 추정된다.

35) 太極殿: 唐代 長安城의 皇宮인 太極宮의 正殿이다. 皇帝가 외국 사절을 맞이하는 공식적인 장소로 역할했다.

36) 九部樂: 隋代에 大宴會에서 연주하기 위해 정리가 된 아홉 가지 음악이다. 그 내용은 清商伎, 西涼伎, 天竺伎, 高麗伎, 胡旋舞, 疏勒伎, 龜茲伎, 安國伎, 康國伎 등이었다. 이후에 唐代에 十部樂으로 발전했는데, 그것은 燕樂伎, 清商伎, 西涼伎, 天竺伎, 高麗伎, 疏勒伎, 龜茲伎, 安國伎, 康國伎, 高昌伎 등이었다.

37) 夏州: 北魏 太和 11년(487) 統萬鎭이 승격되어 설치되었다. 治所가 化政郡 巖綠縣(唐代에 朔方으로 개칭되었고, 지금 陝西省 靖邊縣 북쪽 白城子)에 있었다. 隋 大業 3년(607) 朔方郡으로 바뀌었다. 貞觀 2년(628)에 다시 설치되었고, 관할 구역은 지금 陝西省 靖邊縣 북쪽 紅柳河 유역과 內蒙古自治區 杭綿旗, 烏審旗 등지였다. 天寶 元年(742)에 朔方郡으로 바뀌었다가 乾元 元年(758)에 환원되었다.

38) 梁師都(?~628): 隋末 봉기를 일으켰던 수령의 하나로 夏州 朔方(지금 陝西省 橫山 서쪽) 사람이었다. 그는 집안이 대대로 豪族이었다. 일찍이 鷹揚郎將이 되었고 大業 말기에 봉기를 해 스스로 大丞相을 칭했다. 延安 등의 땅을 차지한 다음에 황제를 칭하고 국호를 梁으로, 연호를 永隆이라고 했다. 唐軍에게 패배하자 突厥을 끌어들여 입관을 했으나 성공하지 못했다. 이후에 突厥로 도망갔다가 貞觀 2년(628)에 唐軍이 그를 진압하는 과정에서 堂弟 洛仁에게 피살되었다(『隋書』 卷43 「楊子崇傳」: 1215).

39) 馬邑郡: 隋 大業 3년(607)에 朔州가 바뀌어 설치되었다. 治所가 善陽縣(지금 山西省 朔州市)에 있었다. 관할 구역은 지금 山西省 五寨縣과 恒山 이북, 內蒙古自治區 岱海, 黃旗海 이남 지역이었다. 武德 4년(621)에 朔州로, 天寶 元年(742)에 馬邑郡으로 바뀌었으나 영역은 축소되었다. 乾元 元年(758)에 환원되었다.

40) 劉武周(?~622): 隋末 봉기를 일으켰던 수령의 하나로 河間 景城(지금 河北省 交河縣) 사람이었다. 그는 원래 馬邑校尉였다가 大業 13년(617)에 太守 王仁恭을 죽이고 수만의 군대를 모아 天子를 자칭하고 百官을 설치했다. 突厥과 결탁해 雁門, 樓煩, 定襄 등을 점거하고 突厥로부터 定襄可汗의 칭호를 받았다. 이후에 太宗에게 패배해 突厥에 망명했다(『隋書』 卷4 「煬帝紀」: 92).

41) 句注山: 雁門에 있는 산으로 陘嶺 또는 西陘山라고도 불렸는데, 古代 9塞 중의 하나였다. 山西省 代縣의 서북쪽에 위치하고 있었다. 이 산에서 雁門郡의 명칭이 유래했다.

의] 지위를 잇는 것을 감당할 수 없어 [그를] 니보설(泥步設)[43]로 삼아 동쪽의 땅에 살게 했는데 마침 [그 땅이] 유주(幽州)[44]의 북쪽에 있었고, 그 동생인 사리불설(俟利弗設)[45]이 즉위하니 이가 바로 처라가한(處羅可汗)[46]이 되었다.

處羅可汗嗣位, 又以隋義成公主爲妻, 遣使入朝告喪. 高祖爲之擧哀, 廢朝三日, 詔百官就館弔其使者, 又遣內史舍人鄭德挺往弔處羅, 賻物三萬段. 處羅此後頻遣使朝貢. 先是, 隋煬帝蕭后及齊王暕之子政道陷于竇建德, 三年二月, 處羅迎之, 至于牙所, 立政道爲隋王. 隋末中國人在虜庭者, 悉隸于政道, 行隋正朔, 置百官, 居于定襄城, 有徒一萬. 時太宗在藩, 受詔討劉武周, 師次太原, 處羅遣其弟步利設率二千騎與官軍會. 六月, 處羅至并州, 總管李仲文出迎勞之, 留三日, 城中美婦人多爲所掠, 仲文不能制. 俄而處羅卒, 義成公主以其子奧射設醜弱, 廢不立之, 遂立處羅之弟咄苾, 是爲頡利可汗.

42) 什鉢苾: 고대 투르크어로 '이쉬바라(Ishbara)'의 음사로 추정된다. 그는 東突厥 始畢可汗의 아들로 이후에 삼촌인 頡利可汗(재위 620~630)과 계승 분쟁을 벌인 突利可汗(Tölis qaghan)이었다. 그는 이후 唐朝와 결탁해 頡利可汗을 공격해 東突厥을 붕괴시키는데 결정적인 역할을 했다.

43) 泥步設: 고대 투르크어로 '이둑 샤드(Ïdugh shad)'의 음사로 추정되는데, '성스러운 장군'이라는 의미를 갖고 있다.

44) 幽州: 前漢 13刺史部의 하나로 10개의 郡國을 감찰하기 위해 설치되었다. 後漢時代 감찰구역에서 지방최고 행정구역으로 바뀐 후 치소가 薊縣(지금 北京城 서남쪽)에 있었다. 後漢時代의 관할 구역은 서쪽으로 지금 山西省 陽高縣, 남쪽은 대략 戰國 燕나라의 남쪽 경계, 북쪽은 지금 河北省 承德市와 遼寧省 建昌縣 이북, 동쪽으로는 遼寧省 寬甸縣과 撫順市 以東 지역이었다. 西晉時代에 지금 遼寧省 일대를 떼어내 平州가 설치되었고 치소가 涿縣(지금 河北省 涿州市)에 있었다. 北魏 시기에 치소가 薊縣로 바뀌었다. 隋 大業 초기에 다시 涿縣으로 바꾸었다. 武德 元年(618)에 다시 설치되었는데, 관할 구역은 지금 北京市와 通縣, 房山區, 大興縣과 天津市 武淸縣, 河北省 易縣, 永淸縣, 安次縣 등이었다.

45) 俟利弗設: 고대 투르크어로 '일테베르 샤드(Ilteber shad)'의 음사이다. 그는 이후에 處羅可汗(Chor qaghan)이 되었다(아래 주 참조).

46) 處羅可汗(재위 619~620): 東突厥 啓民可汗의 둘째 아들로 突厥의 제10대 可汗이었다. 원래는 俟利弗設이었다. 그는 형인 始畢可汗(재위 614~619)을 이어 조카 突利可汗을 대신해 可汗이 되었다. 處羅可汗은 고대 투르크어로 '초르 샤드(Chor qaghan)'의 음사이다. 그는 건국 초기 세력이 강하지 못했던 唐朝와 대결을 벌이며 세력을 확대하다가 병으로 죽었다.

처라가한이 [가한의] 지위를 잇고 또한 수나라의 의성공주(義成公主)[47]를 아내로 삼고서 사신을 보내 조정에 들어와 상이 났음을 알렸다. 고조가 [시필가한의] 죽음을 애도해 사흘 동안 정사를 보지 않고 조칙을 내려 백관들에게 객관에 가 돌궐 사자에게 조문하게 하고, 또한 내사사인(內史舍人)[48] 정덕정(鄭德挺)을 처라[가한]에서 가서 조문하며 비단 3만 단을 [장례용 물품으로] 주라고 했다. 처라[가한]은 이후에 빈번히 사신을 보내 조공했다.

이전에 수 양제(煬帝)[49]의 소[황]후(蕭皇后)[50]와 제왕(齊王) [양]간(楊暕)의 아들 [양]정도(楊政道)[51]가 두건덕(竇建德)[52]에게 잡혀 있었는데, [무덕] 3년(620) 이월에 처라[가한]이

---

47) 義成公主: 隋代 종실의 여자로 義城公主라고도 했다. 開皇 18년(598)에 突厥의 啓民可汗과 결혼했다(『隋書』 卷51 「長孫晟傳」: 1333).

48) 內史舍人: 內史省에 속한 관리로 품계는 正六品上이었다. 隋代에 처음 설치되었을 때에는 정원이 8명이었다. 開皇 3년(583)에 품계가 從五品으로 올라갔고, 大業 3년(607)에는 정원이 4명으로 줄었다가 12년(616)에 內書舍人으로 바뀌었다. 武德 元年(618)에 다시 설치되었다가 3년(620)에 명칭이 中書舍人으로 바뀌었다.

49) 隋 煬帝(569~618, 재위 604~618): 이름은 廣인데, 다른 이름은 英이었다. 文帝의 둘째 아들로 開皇 元年(581)에 晉王으로 봉해졌다. 이후 武衛大將軍, 上柱國, 雍州牧, 內史令을 거쳤다. 8년(588)에 陳나라를 공격하기 위해 行軍元帥가 되어 원정을 총지휘를 해서 멸망시키고 太尉, 揚州總管이 되었다. 이후 太子 勇을 폐위되자 태자가 되어 즉위했다. 大業律을 반포하고, 州를 郡으로 개편하며 古制에 따라 度量衡을 바꾸고, 과거제를 개선했다. 洛陽 건설, 大運河, 長城 수축 등 토목 공사를 벌였고, 재위 기간 동안 8차례에 걸쳐 대규모 순행을 했다. 특히, 高句麗 원정의 실패로 인해 일어난 農民 蜂起로 인해 체제가 와해되자 그를 피해 江都로 내려갔다가 宇文化及에게 살해되었다(丁載勳, 2004).

50) 蕭皇后: 煬帝의 皇后로 後梁 明帝 蕭巋의 딸이었다. 처음에 외가에서 자라다가 文帝가 晉王의 妃를 간택하는데 吉하다고 해 선택되어 皇后가 되었다. 煬帝 사후에 宇文化及을 따라 서쪽으로 돌아오다가 패하자 竇建德에게 갔다가 이후에 突厥로 들어갔다. 貞觀 4년(630) 突厥이 패배하자 京師로 돌아올 수 있었다(『隋書』 卷36 「煬帝蕭皇后傳」: 1111).

51) 楊政道: 齊王 楊暕의 아들로 大業 말에 宇文化及을 따라 河北에 왔다. 武德 2년(619)에 竇建德에게 격파당해 그에게 들어가 鄖公이 되었다가 그의 할머니 蕭后와 함께 處羅可汗에게 가서 隋王이 되었다. 貞觀 4년(630) 李靖이 突厥의 頡利可汗을 격파할 때 唐朝에 들어와서 尙衣奉御를 除授받았다.

52) 竇建德(573~621): 隋末 봉기를 일으켰던 수령의 하나로 淸河 漳南(지금 山東省 武城 동북쪽) 사람이었다. 大業 7년(611)에 高鷄泊의 수령 高士達에게 투항해 隋朝에 봉기를 했는데, 공을 세워 지위가 높아졌다. 高士達이 죽은 다음에 10만을 이끄는 수령이 되었다. 大業 13년(617)에 스스로 長樂王을 칭했고 丁丑이라고 개원한 다음에 信都, 淸河 등의 鎭을 함락하고 河間에서 隋나라 군대를 격파했다. 그 이후에 河北의 경계를 통제할 수 있게 되었다. 14년에 夏王으로 개칭한 다음에 五鳳이라고 연호를 정하고 樂壽에 도읍을 정했다가 이듬해에 洺州(지금 河北省 永年 동북)에 도읍을 했다. 이후에 宇文化及을 잡아 죽이고 王世充과 긴밀한 관계를 맺어 李世民이 王世充을 공격하자 그를 돕다가 패배해 長安에서

[그들을] 맞이해 아정(牙庭)[53]에 오게 되자 [양]정도를 세워 수왕(隋王)으로 삼았다. [그 다음에] 수나라 말기에 돌궐의 아정[虜庭]에 머물고 있었던 중국 사람을 모두 [양]정도에 속하게 해 수나라의 역법[正朔]에 따르고 백관을 두어 정양성(定襄城)[54]에 살도록 했는데, 그 무리가 만 명이나 되었다.

이 때 태종(太宗)[55]이 아직 황제로 즉위하기 전으로,[56] 유무주를 토벌하라는 명령을 받고 군대를 태원에 주둔하게 하자 처라[가한]이 그의 동생 보리설(步利設)[57]에게 2천 명의 기병을 이끌게 해서 관군과 대응하도록 했다. 유월에 처라[가한]이 병주(幷州)[58]에 도착하자 총관(總管)[59] 이중문(李仲文)[60]이 나아가 맞이해 [그를] 위로하고 했는데, [처라가한이] 사흘을 머무

죽임을 당했다(『隋書』 卷85 「宇文化及傳」: 1892).

53) 牙庭: 可汗이 머무는 천막으로 突厥의 朝廷을 의미한다. 고대 투르크어로는 '오르두(Ordu)'라고 했다.

54) 定襄城: 隋 大業 초에 雲州가 바뀌어 설치되었다. 定襄郡의 치소로 大利縣(지금 內蒙古自治區 和林格爾縣 서북 土城子鄉 古城)이었다. 定襄郡의 관할 구역은 지금 內蒙古自治區 呼和浩特, 和林格爾, 武川, 卓資 등의 지역과 淸水河縣의 부분 지역이었다. 唐初에 폐지되었다.

55) 唐 太宗(599~649; 재위 626~649): 唐朝 제2대 황제로 高祖 李淵의 둘째 아들이었다. 이름이 李世民이었다. 隋末 아버지를 따라 太原에서 기병해 長安을 점령했다. 武德 元年(618) 尙書令에 임명되고 秦王에 봉해졌다. 각지에 할거하던 薛仁杲·劉武周·王世充·竇建德·劉黑闥 등을 격파했다. 武德 9년(626) 玄武門의 변을 일으켜 즉위했다. 房玄齡·杜如晦·魏徵 등을 宰相으로 임명했고, 隋가 망한 것을 거울로 삼아 간언을 받아들여 인재를 등용했으며, 吏治에 힘썼다. 이처럼 宣政을 베풀어 사회가 안정되고 경제가 발전했는데, 이를 소위 '貞觀之治'라 한다. 貞觀 4년(630) 東突厥을 평정하자 西北 遊牧民들이 '天可汗'이라 칭했다. 이후 吐谷渾과 高昌을 평정하고 吐蕃과 평화를 유지했다. 중기 이후 전쟁이 많아 점차로 賦役이 늘어났으며 스스로 교만해져 直臣을 멀리했다. 붕어한 이후에 昭陵(지금 陝西省 禮泉縣)에 매장되었으며, 諡號는 文皇帝였다.

56) 저본은 "時太宗在藩"인데, 太宗이 즉위 전에 秦王으로 있던 시기를 지칭한다.

57) 步利設: 고대 투르크어로 '뵈리 샤드(Böri shad)'의 음사한 것인데, 뵈리가 親衛部隊를 의미한다는 점에서 突厥의 군주인 可汗을 지키는 親衛部隊의 長으로 추정된다.

58) 幷州: 前漢 武帝 시기에 설치한 13刺史部의 하나로 太原·上黨·雲中·定襄·雁門·代郡 등 여섯 郡을 관할했다. 관할 구역은 지금 山西省 대부분과 河北省 및 內蒙古自治區의 일부였다. 後漢時代 治所가 晉陽縣(隋代 太原縣으로 개칭, 지금 山西省 太原市 서남 古城營)에 설치되었다. 이후 관할 구역은 확대되어 西河·五原·朔方·上郡을 더 거느리게 되었고, 代郡은 거의 관할하지 않았다. 이 당시 관할은 山西省 대부분과 陝西省 북부, 內蒙古 狼山·陰山 이남 지역이었다. 後漢末 관할 구역은 축소되었다가 建安 18년(213)에 冀州에 합병되었다. 三國 曹魏 黃初 元年(220)에 다시 설치되었다가 이후 관할 구역이 점차로 축소되었다. 唐代의 관할 구역은 지금 山西省 陽曲縣 이남, 文水縣 이북의 汾水 중류와 그 동쪽 지역이었다. 開元 11년(723)에 太原府로 승격되었다.

59) 總管: 軍事 統帥로서 北周, 隋唐代 원정을 할 때 임시로 군대를 통솔하는 지휘관이었다. 武德 7년(624)에

르면서 성 안에 있는 아름다운 부인들을 대부분 잡아갔음에도 [이]중문이 제지하지 못했다. 얼마 되지 않아 처라[가한]이 죽자 의성공주가 그의 아들 오사설(奧射設)[61]이 [용모가] 추하고 [몸이] 약했기 때문에 [그를] 폐한 다음 세우지 않고 마침내 처라[가한]의 동생 돌필(咄苾)을 세우니 이 사람이 힐리가한(頡利可汗)[62]이 되었다.

頡利可汗者, 啓民可汗第三子也, 初爲莫賀咄設, 牙直五原之北. 高祖入長安, 薛擧猶據隴右, 遣其將宗羅㬋攻陷平涼郡, 北與頡利連結. 高祖患之, 遣光祿卿宇文歆齎金帛以賂頡利. 歆說之, 令絶交於薛擧. 初, 隋五原太守張長遜因亂以其所部五原城隸於突厥. 歆又說頡利遣長遜入朝, 以五原地歸于我. 頡利並從之, 因發突厥兵及長遜之衆, 並會於太宗軍所. 武德三年, 頡利又納義成公主爲妻, 以始畢之子什鉢苾爲突利可汗, 遣使入朝, 告處羅死, 高祖爲之罷朝一日, 詔百官就館弔其使.

힐리가한은 계민가한의 셋째 아들로 이전에 막하돌설(莫賀咄設)[63]이 되어 아정을 오원[군](五原郡)[64]의 북쪽에 두었다. 고조가 [수나라의 수도였던] 장안에 들어간 이후에도 설거

諸州總管을 都督으로 바꾼 이후에 출정하는 指揮官을 總管이라고 칭했다.

60) 李仲文: 唐初의 大臣으로, 隋末에 鄗(지금 河北省 高邑)에서 봉기해 唐朝에 투항한 이후에 太常少卿이 되었다.

61) 奧射設: 處羅可汗의 아들인데, 재능이 뛰어나지 못하다고 해서 可汗이 되지 못했다. 고대 투르크어로 '우스 샤드(Us shad)'의 음사로 추정되는데, 그 의미는 '지혜로운 장군'이다.

62) 頡利可汗(?~634, 재위 620~630): 동돌궐의 마지막 可汗으로, 이는 고대 투르크어로 '일릭 카간(Ilig qaghan)'의 음사이다. 그는 啓民可汗의 세 번째 아들로 이름이 咄苾이었다. 본래 莫賀咄設(바가투르 샤드)로 五原에 주둔하고 있다가 處羅可汗을 이어 武德 3년(620)에 즉위했다. 唐初에 반란 세력들과 연계를 가지면서 唐朝를 압박하기도 하다가 武德 말기에는 대규모 공격을 해 貞觀 元年(627)에 太宗과 渭水之盟을 맺어 관계를 회복하기도 했다. 그 이후 내부의 반란을 진압하는 과정에서 조카 突利可汗과 갈등을 빚어 唐朝에 칭신을 하게 되었다가 끝내 唐朝의 대대적인 공격을 받아 사로 잡혀 長安에 왔다. 이로 인해 東突厥은 붕괴되어 唐朝의 羈縻支配를 받았다. 長安에 살면서 右衛大將軍으로 관직을 받았는데, 貞觀 8年(634)에 병으로 죽었다. 사후에 歸義王으로 추증되고 시호를 荒이라고 했다.

63) 莫賀咄設: 고대 투르크어로 '바가투르 샤드(Baghatur shad)'의 음사이다.

64) 五原郡: 隋 大業 元年(605)에 豊州가 바뀌어 설치되었다. 治所가 九原縣(지금 內蒙古自治區 烏拉特前旗 동남 黑柳子鄉 三頂房村 古城 또는 五原縣 서남쪽)에 있었다. 관할구역은 內蒙古自治區 後套 이동, 陰山 이남, 包頭市 이서와 達拉特, 准噶爾旗 지역이었다. 隋末에 폐지되었다.

(薛擧)[65]가 여전히 농우(隴右)[66]를 차지하고 그의 장군(將軍)[67]인 종라후(宗羅喉)[68]를 보내 평량군(平涼郡)[69]을 공격해 함락하면서 북쪽으로는 [돌궐의] 힐리[가한]과 연합했다. 고조가 [이런 움직임을] 걱정해서 광록경(光祿卿)[70] 우문흠(宇文歆)[71]을 보내 금과 비단을 힐리[가한]에게 주었다. [우문]흠이 [힐리가한을 설득해] 설거와 교류를 끊게 만들었다.

이전에 수나라의 오원태수(五原太守) 장장손(張長遜)[72]은 전란이 일어나자 자신이 관할하

---

65) 薛擧(?~618): 隋末 봉기를 일으켰던 수령의 하나로 河東 汾陽(지금 山西省 萬榮 서남쪽) 사람이었다. 金城(지금 甘肅省 蘭州市)으로 옮겨 살았는데, 재산이 아주 많았다. 金城府校尉가 되었다가 大業 13년(617) 그의 아들 薛仁杲와 봉기해 西秦霸王이라고 칭했고 秦興이라고 연호를 정했다. 얼마 지나지 않아 隴西의 각 군을 장악하고 10여만의 군대를 거느렸다. 얼마 지나지 않아 황제를 칭하고 天水(지금 甘肅省)를 도읍으로 삼았다. 이듬해 죽자 薛仁杲가 그를 이었으나 패배해 唐에 항복했다(『舊唐書』 卷55 「薛擧傳」: 2245).

66) 隴右: 隴山 서쪽 지역의 범칭이다. 옛날에는 서쪽을 '右'로 칭했기 때문에 생긴 이름이다. 대략 지금 甘肅省 隴山과 六盤山 以西지역과 黃河 以東지역에 해당한다.

67) 將軍: 고급 무관의 통칭으로 고급 문관을 卿이라고 통칭한 것과 비슷한 용례이다. 전쟁터에서는 부대의 작전을 지휘 통솔하는 임무를 맡았다.

68) 宗羅喉: 薛仁杲의 副將으로 일찍이 太宗이 이끄는 唐軍과 함께 싸워 패하자 唐朝에 투항했다(『舊唐書』 卷2 「太宗紀」: 24).

69) 平涼郡: 五胡十六國 前秦시기에 설치되었다. 治所가 平涼城(지금 甘肅省 平涼市 서북)에 있었는데, 北魏 時代에 치소를 鶉陽縣(지금 甘肅省 花亭縣 西馬峽)으로 옮기고 涇州에 속하게 했다. 관할지역은 지금 甘肅省 花亭, 平涼의 서남과 동남부 일대였다. 隋初에 폐지되었다가 大業 3년(607)에 原州를 바뀌었다. 이 때 治所가 平高縣(지금 寧夏回族自治區 固原縣)에 있었다. 관할 구역은 寧夏 同心縣의 남부와 甘肅省 平涼市 지역이었다. 武德 초에 다시 原州라 했다. 天寶 元年(742)에 다시 平涼郡으로 바뀌었다가 乾元 元年(758)에 환원되었다.

70) 光祿卿: 南朝이래 光祿勳이 바뀌어 설치되었는데, 隋唐代에도 그대로 이어졌다. 주로 궁궐 문의 관리와 내부에서 사무를 담당했고, 품계가 從三品이었다.

71) 宇文歆: 隋唐時代의 관리로 武德 元年(618)에 都水監으로 突厥에 파견되어 突厥과 薛擧가 연합하는 것을 막기 위해 노력했고, 이후에 右衛將軍이 되었다. 劉武周가 공격할 때 幷州에 있던 李元吉에 가있다가 패배해 京師로 돌아와 죄를 물어 죽임을 당할 뻔하다가 李綱의 변호로 방면되었다. 武德 4년(621)에 李世民을 따라 王世充을 토벌하는데 공을 세워 洪州總管이 되었다. 이듬해에 군대를 이끌고 三觀山에서 突厥을 격파했다(『舊唐書』 卷62 「李綱傳」: 2374).

72) 張長遜(?~637): 雍州 櫟陽 사람으로 隋代에 里長이 되어 陳을 평정하는데 공을 세웠다. 이후 五原郡 通守에 이르렀다. 隋末에 突厥에 붙어 割利特勤이 되었으나 이후에 唐朝에 투항해 五原太守가 되었다. 얼마 지나지 않아 豐州總管이 되었고, 薛擧를 진압한 공으로 巴國公에 봉해졌다. 이후 遂州總管 등의 관직을 역임했는데, 그는 부임지에서 곳에서 정사를 잘 처리했다고 한다(『舊唐書』 卷57 「張長遜傳」: 2301).

는 오원성(五原城)[73]을 돌궐에 [바쳐] 예속하게 했다. [이에 우문]흠이 다시 힐리[가한]이 [장]장손을 보내 조정에 들어올 것과 오원 땅을 우리나라에 되돌려 줄 것을 청했다. 힐리[가한]은 모든 것을 [우문흠의 간청에] 따랐기 때문에 돌궐 군대와 [장]장손의 백성을 일으켜 태종의 군대가 있는 곳에서 대적하게 했다. 무덕 3년(620) 힐리[가한]이 다시 의성공주를 맞아들여 아내로 삼고, 시필[가한]의 아들 십발필(什鉢苾)을 돌리가한(突利可汗)[74]으로 삼으며 사신을 보내 조정에 들어와 처라[가한]의 죽음을 고하자 고조가 하루 동안 정무를 보지 않고 조칙을 내려 백관을 객관으로 보내 그 사신에게 조문하게 했다.

頡利初嗣立, 承父兄之資, 兵馬強盛, 有憑陵中國之志. 高祖以中原初定, 不遑外略, 每優容之, 賜與不可勝計, 頡利言辭悖傲, 求請無厭. 四年四月, 頡利自率萬餘騎, 與馬邑賊苑君璋將兵六千人共攻雁門, 定襄王李大恩擊走之. 先是漢陽公瓌·太常卿鄭元璹·左驍衛大將軍長孫順德等各使于突厥, 頡利並拘之, 我亦留其使前後數輩, 至是爲大恩所挫, 於是乃懼, 仍放順德還, 更請和好, 獻魚膠數十斤, 欲令二國同於此膠. 高祖嘉之, 放其使者特勤熱寒·阿史德等還蕃, 賜以金帛.

힐리[가한]이 즉위한 지 얼마 되지 않았을 때, 아버지와 형의 자산을 이어 받아 병마가 강성해서 중국을 침범하고자 하는 야망을 갖게 되었다. 고조는 중원을 안정시킨 지 얼마 되지 않아 밖을 도모할 수 없[는 상황이]어서 매번 우대하며 받아주어 [돌궐에] 물자를 셀 수 없이 주었기 때문에 힐리[가한]의 말은 [더욱] 오만 방자해졌으며 [달라고] 요구해 청한 것[이 과도해]도 만족하지 않았다.

[무덕] 4년(621) 사월 힐리[가한]이 스스로 만여 명의 기병을 이끌고 마읍의 도적 원군장(苑君璋)[75]이 거느린 6천 명과 함께 안문[현](雁門縣)[76]에 쳐들어오자 정양왕(定襄王) 이대은

73) 五原城: 지금 內蒙古自治區 烏拉特前旗 동남쪽 黑柳子鄉 三頂房村 古城 또는 五原縣 서남쪽에 있었던 九原縣의 치소였다.

74) 突利可汗: 東面可汗 즉, 차기 계승권을 갖고 있는 第二可汗이었다. 이는 고대 투르크어로 '툴리스 카간(Tölis qaghan)'의 음사이다. 匈奴시대의 左賢王과 동일한 역할을 했다.

75) 君璋: 隋나라 말기 馬邑의 豪强으로 劉武周와 함께 군대를 이끌고 쳐들어왔다가 실패했다. 劉武周 사후에 突厥이 그를 大行臺로 삼아 劉武周의 군대를 통솔하게 하나 얼마 지나지 않아 唐朝의 압박을 받게

(李大恩)[77]이 [그들을] 격파해 도망하게 만들었다. 이전에 한양공(漢陽公) [이]괴(李瑰)와 태상경(太常卿)[78] 정원숙(鄭元璹),[79] 좌효위대장군(左驍衛大將軍)[80] 장손순덕(長孫順德)[81] 등이 각각 돌궐에 사신으로 가자 힐리[가한]이 그들을 모두 억류했고, 우리나라 역시 그의 사신을 전후로 여러 명을 잡아놓았는데, [이]대은이 [돌궐의 공격을] 좌절시키자 [힐리가한이] 두려워하며 바로 [장손]순덕을 놓아주어 돌아오게 하고 다시 화해할 것을 청하며 어교(魚膠) 수십 근을 바치고 두 나라가 이 아교처럼 단단하게 되기를 바란다고 [말]했다. 고조가 [이를] 가상하게 여겨 그 사자인 특근열한(特勤熱寒)[82]과 아사덕(阿史德)[83] 등을 돌궐로 돌

되자 투항했다. 다시 突厥 頡利可汗 귀순할 때 다시 항복해 安州都督, 芮國公으로 봉해졌고, 食邑을 五百戶 받았다(『舊唐書』 卷92 「苑君璋傳」: 3804).

76) 雁門縣: 隋 開皇 18년(598)에 太子 楊廣의 이름을 諱해 廣武縣이 바뀌어 설치되어 代州의 관할 하에 있었다. 治所가 山西省 代縣에 있었다. 大業 3년(607)에 鴈門郡의 관할로 바뀌었다가 武德 元年(618)에 代州의 관할로 바뀌었다. 이후 玄宗 天寶 元年(742) 鴈門郡으로 관할이 다시 바뀌었다가 乾元 元年(758)에 代州로 환원되었다.

77) 李大恩: 唐의 宗室로 代州總管으로 突厥을 격파하는데 공을 세웠다.

78) 太常卿: 兩漢魏晉南北朝 前期 太常의 존칭이었다가 南朝 梁代에 정식 명칭이 되어 12경의 하나가 되었다. 宗廟園陵, 祭禮禮樂, 天文術數, 學校 등을 담당했고, 明堂, 二廟, 太史, 太祝, 廩犧, 太樂, 鼓吹, 乘黃, 北館, 典客館等令, 丞及陵監, 國學과 轄律都尉, 總章校尉監 등을 관리했다. 隋唐代에는 품계가 正三品이었다.

79) 鄭元璹: 唐代 관리로 外交官으로 활동했다. 隋代 아버지의 공으로 沛國公을 물려받고 右武侯將軍이 되었고, 다시 莘國公으로 봉해졌다. 大業년간에 文城郡(지금 山西省 吉縣)太守로 있다가 李淵이 봉기하자 참여해 太常卿, 參旗將軍이 되었다. 軍法에 정통을 했고, 突厥과의 외교 교섭에 참여했다가 몇 년 구금되었다가 돌아와 鴻臚卿이 되었다. 이후에도 공을 세워 沛國公이 되었다. 죽은 이후에 簡이라는 시호를 받았다(『舊唐書』 卷62 「鄭元璹傳」: 2379).

80) 左驍衛大將軍: 左驍衛의 장관으로 품계는 正三品이었다. 前漢 武帝 시기에 驍騎將軍이 있었는데, 이후의 王朝들에서도 설치되었다. 隋 煬帝 시기에 左右備身府를 左右驍騎衛로 改稱되고 각각 大將軍과 將軍을 설치되었다. 唐代에는 이를 左右驍衛大將軍으로 바뀌었다. 光宅 元年(684)에 左右武威衛大將軍이 되었다가 神龍 元年(705)에 원래의 명칭으로 환원되었다.

81) 長孫順德: 唐初의 將軍으로 文德順聖皇后와 長孫無忌의 族叔이었다. 일찍이 隋末에 隋右勳衛로 高句麗 원정을 피해 太原에 숨었다가 高祖, 太宗과 친하게 되어 봉기 시에 군대를 모집하고 전공을 세웠다. 高祖가 즉위한 이후에 左驍衛大將軍이 되었고, 薛國公에 봉해졌다. 武德 9년(626) 玄武門의 변에 참여했으나 뇌물 사건이 발생해 제명되었다가 다시 澤州刺史가 되었다. 하지만 면직되었고 죽은 이후에 荊州都督으로 추증되고 襄이라는 시호를 받았다. 다시 貞觀 13년(639) 邳國公으로 봉해졌다가 永徽 5년(654)에 開府儀同三司로 추증되었다(『舊唐書』 卷58 「長孫順德傳」: 2308).

82) 特勤熱寒: 特勤의 지위를 갖고 있는 것으로 보아 突厥 宗室의 일원임에 틀림없으나 그의 정확한 음사는 알 수 없다.

려보내면서 금과 비단을 내려주었다.

五年春，李大恩奏言突厥飢荒，馬邑可圖．詔大恩與殿內少監獨孤晟帥師討苑君璋，期以二月會于馬邑，晟後期不至，大恩不能獨進，頓兵新城以待之．頡利遣數萬騎與劉黑闥合軍，進圍大恩，王師敗績，大恩歿于陣，死者數千人．六月，劉黑闥又引突厥萬餘騎入抄河北，頡利復自率五萬騎南侵，至于汾州，又遣數千騎西入靈·原等州，詔隱太子出豳州道，太宗出蒲州道以討之．時頡利攻圍并州，又分兵入汾·潞等州，掠男女五千餘口，聞太宗兵至蒲州，乃引兵出塞．

[무덕] 5년(622) 봄에 이대은이 [조정에] 돌궐이 굶주리고 황폐했기 때문에 마읍 [공격]을 도모할 수 있다고 아뢰었다. [이에 황제가] 조칙을 내려 [이]대은에게 전내소감(殿內少監)[84] 독고성(獨孤晟)[85]과 함께 군대를 지휘해 원군장을 토벌하도록 해서 [그들이] 두 달 안에 마읍에서 만나기로 했는데, [독고]성이 기일을 넘겨도 오지 못하자 [이]대은이 홀로 나아가지 못하며 신성(新城)[86]에 군대를 주둔시키고 [그를] 기다렸다. 힐리[가한]이 수만의 기병을 보내 유흑달(劉黑闥)[87]과 군대를 합쳐 나아가서 [이]대은을 포위하자 당나라 군대[王師]가 패배해 [이]대은이 진중에서 죽었으며 죽은 사람도 수천 명이나 되었다.

83) 阿史德氏: 突厥 내부 씨족의 하나로서 君主氏族인 阿史那氏와 半族集團을 이루는 姻戚氏族이었다. 唐朝의 羈縻支配 과정에서 성장해서 이후 唐朝에 반란을 일으켜 突厥이 부흥하는데 결정적인 기여를 했을 뿐만 아니라 그 이후에도 姻戚氏族으로 중요한 역할을 담당했다. 저본에서는 姓만 기록하고 이름은 생략한 것으로 보인다.

84) 殿內少監: 隋代에 皇帝의 生活과 起居 事務를 담당하는 官廳인 殿內省의 次官으로, 품계는 從四品이었다. 이후에 관서의 명칭이 殿中省으로 바뀌었다.

85) 獨孤晟: 唐初의 殿內少監으로 李大恩과 突厥을 공격했다가 도중에 突厥과 맹약하고 오히려 李大恩이 이끄는 唐軍을 궤멸시켰다(『舊唐書』 卷194上 「突厥傳」上: 5155).

86) 新城: 지금 山西省 朔州市 서남쪽에 위치했다.

87) 劉黑闥(?~623): 隋末唐初에 반란을 일으킨 수령의 하나였다. 貝州 漳南 사람으로 평소에 竇建德과 친하게 지냈다. 郝孝德을 따라 도둑질을 했고, 李密의 裨將이 되었다가 패해 王世充에게 잡혔다. 그의 騎將이 되었으나 竇建德에게 가서 將軍이 되고 漢東郡公으로 봉해졌다. 武德 4년(621)에 竇建德이 실패한 이후에 大將軍을 칭하면서 河北을 점거하고 漢東王을 칭했다. 李建成에게 패배해 遼陽으로 도망을 갔다가 武德 6년(623)에 부하에게 잡혀 洺州에서 죽임을 당했다(『舊唐書』 卷55 「劉黑闥傳」: 2258).

유월에 유흑달이 다시 돌궐 기병 만여 명을 끌어들여 하북(河北)[88]을 노략질하자 힐리[가한]이 다시 몸소 5만 명의 기병을 이끌고 남쪽으로 침범해 분주(汾州)[89]에 이르렀고, 다시 수천의 기병을 보내 영주(靈州)[90]와 원주(原州)[91] 등까지 들어오자 [고조가] 조칙을 내려 은태자(隱太子)[92]를 빈주도(豳州道)에서 나아가고 태종을 포주도(蒲州道)에서 나아가 토벌하게 했다. 이 때 힐리[가한]이 병주를 포위 공격하며 또한 군대를 나누어 분주와 노주(潞州)[93] 등으로 들어와 남녀 5천여 명을 잡았는데, 태종의 군대가 포주에 도착했다는 [소식을] 듣고 바로 군대를 물려 장성 [밖]으로 나갔다.

---

88) 河北: 黃河가 彎曲한 以北의 땅을 지칭하는데, 지금 內蒙古自治區 중앙부에 위치한 초원지역이다. 그 남쪽 오르도스[河套]는 河南이라고 했다.

89) 汾州: 北魏 太和 12년(488)에 설치되었다. 治所가 蒲子城(지금 山西省 隰縣)에 있었다. 관할 구역은 山西省 汾陽, 孝義, 靈石, 蒲縣, 鄕寧, 五寨縣의 이서 지역이었다. 치소를 孝昌년간에 西河縣(지금 山西省 汾陽縣)으로 옮겼고, 北齊시대에 南朔州로 바뀌었다. 武德 3년(620) 浩州가 바꾸어 汾州가 되었으며 치소가 隰城縣(지금 汾陽縣)에 있었다. 天寶 元年(742)에 西河郡으로 바뀌었다가 乾元 元年(758)에 환원되었다.

90) 靈州: 北魏 孝昌년간에 설치되었고 治所가 舊薄骨律鎭에 있었다. 北周 시기에 回樂縣이 설치되어 州의 치소가 되었다. 隋 大業 3년(607)에 靈武郡이 바뀌어 설치되었다. 武德 元年(618)에 靈州로 바뀌었다. 관할 구역은 지금 寧夏回族自治區 中衛, 中寧縣 이북 지역이었다. 開元 이후에 朔方節度使의 관할 하에 있었다. 天寶 元年(742)에 靈武郡이 되었다가 乾元 元年(758)에 환원되었다.

91) 原州: 北魏 正光 5년(524)에 설치되었다. 治所는 高平郡(西魏時代에 高平縣으로 改稱되었으며 지금 寧夏回族自治區 固原縣에 해당)에 있었다. 관할구역은 지금 寧夏回族自治區 固原縣과 甘肅省 平涼市 일대에 해당한다. 隋 大業 3년(607)에 州가 廢置되고 平涼郡으로 바뀌었다. 唐初 다시 原州로 설치되었다. 天寶 元年(742)에 다시 平涼郡으로 바뀌었다가 乾元 元年(758)에 환원되었다. 廣德 元年(763)에 吐蕃에 점령되었다. 貞元 19년(803)에 治所를 平涼縣(지금 甘肅省 平涼市)으로 옮겼다. 元和 3년(808)에 또 治所를 臨涇縣(지금 甘肅省 鎭原縣)으로 옮겼다가 大中 3년(849)에는 平高縣으로 옮겼다. 廣明년간 이후에 다시 治所를 臨涇縣으로 옮겼다.

92) 隱太子: 高祖의 長子 李建成(589~626)을 지칭한다. 아버지가 隋 大業 13년(617)에 거병을 했을 때 左領軍大都督으로 동생 李世民과 함께 左右軍을 지휘해 長安을 탈환했다. 武德 元年(618)에 皇太子가 되었지만 이후에 동생과 경쟁을 벌이다가 626년 玄武門의 變으로 李世民(太宗)에게 죽임을 당했다. 시호가 隱이라 隱太子라고 불렸다.

93) 潞州: 北周 宣政 元年(578)에 설치되었고, 治所가 襄垣縣(지금 山西省 襄垣縣 북쪽)에 있었다. 이후 隋 開皇년간에 치소를 壺關縣(지금 山西省 壺關縣 동남쪽)으로 옮겼고, 大業 초기에 上黨郡으로 바뀌었다. 武德 元年(618)에 환원되면서 치소가 上黨縣(지금 山西省 長治市)에 있었다. 관할 구역은 지금 山西省 長治市와 武鄕, 沁縣, 襄垣, 黎城, 屯留, 潞城, 平順, 長子, 壺關, 그리고 河北省 涉縣 등지였다. 天寶 초에 다시 上黨郡으로 바뀌었다가 乾元 元年(756)에 환원되었다.

七年八月，頡利·突利二可汗擧國入寇，道自原州，連營南上，太宗受詔北討，齊王元吉隷焉．初，關中霖雨，糧運阻絕，太宗頗患之，諸將憂見於色，頓兵於豳州．頡利·突利率萬餘騎奄至城西，乘高而陣，將士大駭．太宗乃親率百騎馳詣虜陣，告之曰：「國家與可汗誓不相負，何爲背約深入吾地？我秦王也，故來一決．可汗若自來，我當與可汗兩人獨戰；若欲兵馬總來，我唯百騎相禦耳．」頡利弗之測，笑而不對．太宗又前，令騎告突利曰：「爾往與我盟，急難相救，爾今將兵來，何無香火之情也？亦宜早出，一決勝負．」突利亦不對．太宗前，將渡溝水，頡利見太宗輕出，又聞香火之言，乃陰猜突利，因遣使曰：「王不須渡，我無惡意，更欲共王自斷當耳．」於是稍引卻，各斂軍而退．太宗因縱反間於突利，突利悅而歸心焉，遂不欲戰．其叔姪內離，頡利欲戰不可，因遣突利及夾畢特勤阿史那思摩奉見請和，許之．突利因自託於太宗，願結爲兄弟．思摩初奉見，高祖引升御榻，頓顙固辭，高祖謂曰：「頡利誠心遣特勤朝拜，今見特勤，如見頡利．」固引之，乃就坐，尋封思摩爲和順王．

[무덕] 7년(624) 팔월 힐리와 돌리 두 가한이 거국적으로 [군대를 동원해] 쳐들어왔는데, 길이 원주로부터 이어진 군영이 남에서 올라가자 태종이 조칙을 받아 북쪽을 토벌했고, 제왕(齊王) [이]원길(李元吉)[94]이 그의 아래에 있었다. 이전에 관중(關中)[95]에 장맛비가 내려

94) 李元吉(603~626): 高祖의 네 번째 아들로 어렸을 때 자는 三胡였다. 아버지가 隋 大業 13년(617)에 거병을 했을 때 太原을 지키고 있었다. 武德 元年(618)에 齊王, 幷州總管으로 임명되었다. 2년에는 劉武周의 공격을 받자 太原을 버리고 長安으로 들어왔다가 다시 李世民과 함께 王世充 등을 정벌하는데 성공했다. 太子 李建成과 함께 李世民과 권력 투쟁을 벌였으나 626년 玄武門의 變에서 李世民(太宗)에게 죽임을 당했다. 海陵郡王으로 추증되었고, 시호는 剌였다. 다시 巢王으로 봉해졌기 때문에 巢剌王이라고 불렸다(『舊唐書』 卷64 「高祖二十二子」 <巢王元吉>: 2420~2422).

95) 關中: 동쪽으로 函谷關, 남쪽으로 武關, 서쪽으로 散關, 북쪽으로 蕭關 등의 關 사이에 있는 땅을 말한다. 關中의 지역적 범위에 관해 몇 가지 설이 있다. 첫째, 戰國末 函谷關 以西의 秦國의 故地를 지칭하는 지역이다. 이 경우 巴蜀도 포함한다. 지금 河南省 靈寶縣 서쪽부터 陝西省 전부와 甘肅省 동부, 四川省을 포괄한다. 둘째, 函谷關 서쪽 지역이다. 지금 河南省 靈寶縣 以西와 秦嶺 以北, 甘肅省 동부, 寧夏回族自治區 동남부, 陝西省 북부 지역을 가리킨다. 셋째, 지금 陝西省 關中 平原 지역이다. 넷째, 戰國 秦國의 函谷關 以西의 지역이다. 즉, 지금 河南省 靈寶縣 以西와 陝西省 關中 분지이다. 이 가운데 첫째를 제외한 나머지 세 개의 지리적 범위는 별 차이가 없는데, 이것이 일반적으로 사용되는 關中의 범위이다.

군량의 운송이 두절되자 태종이 그것을 걱정했는데, 여러 장수들도 [걱정하는] 기색을 얼굴에 드러내며 군사들을 빈주에 주둔시켰다. 힐리[가한]과 돌리[가한]이 만여 명의 기병을 이끌고 갑자기 [빈주]성의 서쪽에 도착해 지대가 높은 곳에 올라 진영을 갖추자 [당나라의] 장수와 병사들이 크게 놀랐다. 태종이 바로 몸소 백 명의 기병을 이끌고 돌궐의 진영에 가서 [돌리가한과 힐리가한에게] 말했다. "우리나라와 가한은 서로 배신하지 않기로 약속했는데, 어찌 약속을 저버리고 우리 땅 깊숙이까지 들어왔는가? 내가 진왕(秦王) [이세민(李世民)][96]이다. 왔으니 한 번 겨루어보자. 가한이 만약 스스로 나온다면 나는 가한과 둘이서만 싸울 것이다. 만약 병마를 모두 데리고 온다고 해도 나는 오직 백 명의 기병만으로 상대를 할 것이다." 힐리[가한]이 그[의 허실]을 헤아릴 수 없자 웃으면서 답을 하지 않았다.

태종이 다시 앞으로 [나아가] 기병을 시켜 돌리[가한]에게 알려 말했다. "네가 이전에 나와 동맹을 맺어 급한 어려움이 있을 때 서로 돕기로 했는데, 네가 지금 군대를 이끌고 왔으니 어찌해서 서약을 했던 정[香火之情]이 없어진 것인가? 마땅히 빨리 나와서 [나와] 승부를 한 번 겨루어보자!" 돌리[가한]도 대응을 하지 않았다. 태종이 앞으로 [나아가] 도랑물을 건너려고 하자 힐리[가한]이 태종이 가볍게 나오는 것을 보고, 또한 향화지정(香火之情) 운운하는 말을 듣고 바로 [마음] 속으로 돌리[가한]을 질투하며 [태종에게] 사신을 보내 말했다. "[진]왕은 도랑을 건너지 마시오. 나는 나쁜 뜻이 없소이다. 다시 왕[과 약속]을 깬 것이 마땅했는지 따져보고자 할 뿐입니다." 이에 조금 있다가 [돌궐이 군대를] 물리자 각각 군대를 거두어 물러났다.

태종이 돌리[가한]에 대해 반간계를 쓰자 돌리[가한]이 기쁜 마음으로 [당조에] 투항할 마음을 갖게 되어 마침내 싸우려고 하지 않았다. 그 숙부와 조카의 분열로 인해 힐리[가한]이 싸우고자 했으나 싸울 수 없게 되었기 때문에 돌리[가한]과 협필특근(夾畢特勤)[97] 아사나사마(阿史那思摩)[98]를 [당조에 들여] 보내 [황제를] 알현하고 화친을 청해 허락을 받았다. 돌리

96) 秦王은 唐 太宗(599~649; 재위 626~649) 李世民이다. 이것은 皇帝로 즉위하기 이전 王號였다.

97) 夾畢特勤: 고대 투르크어로 '챠비쉬 테긴(Chabish tegin)'의 음사로 추정되고 이는 '名聲이 있는 테긴'을 의미한다.

98) 阿史那思摩(?~647): 東突厥의 宗室로 唐朝로부터 성을 받아 李思摩라고도 한다. 處羅可汗, 頡利可汗時期에 용모가 胡人(소그드 인)처럼 생겨 族類가 아니라는 의심을 사서 군대를 통솔하는 設(샤드)이 되지 못했다. 武德 초기에 여러 차례 조공을 하기 위해 唐朝에 와서 和順郡王으로 봉해졌다. 唐朝가 貞觀 4년(630)에 東突厥을 무너뜨리고 난 다음 사로잡혔으나 太宗이 그의 충성심을 높이 사서 化州刺史로

[가한]이 스스로도 태종에게 의지하려 했기 때문에 형제 관계를 맺고자 했다. [아사나]사마가 이전에 [황제를] 알현할 때 고조가 어좌까지 올라오라고 했는데, [그가] 머리를 조아리며 극구 사양하자 고조가 말했다. “힐리[가한]이 진정한 마음으로 [협필]특근을 보내 알현하게 했는데, 지금 [협필]특근을 보니 마치 힐리[가한]을 보는 것과 같구나.” [고조가] 극구 [아사나 사마를] 끌어당겨오자 와서 앉았고, 얼마 지나지 않아 [아사나]사마를 봉해 화순왕(和順王)으로 삼았다.

八年七月, 頡利集兵十餘萬, 大掠朔州, 又襲將軍張瑾于太原, 瑾全軍並沒, 脫身奔於李靖. 出師拒戰, 頡利不得進, 屯于并州. 太宗帥師討之, 次蒲州, 頡利引兵而去, 太宗旋師. 九年七月, 頡利自率十餘萬騎進寇武功, 京師戒嚴. 己卯, 進寇高陵, 行軍總管左武候大將軍尉遲敬德與之戰于涇陽, 大破之, 獲俟斤阿史德烏沒啜, 斬首千餘級. 癸未, 頡利遣其腹心執失思力入朝爲覘, 自張形勢云:「二可汗總兵百萬, 今已至矣.」太宗謂之曰:「我與突厥面自和親, 汝則背之, 我實無愧. 又義軍入京之初, 爾父子並親從我, 賜汝玉帛, 前後極多, 何故輒將兵入我畿縣? 爾雖突厥, 亦須頗有人心, 何故全忘大恩, 自誇強盛. 我當先戮爾矣.」思力懼而請命, 太宗不許, 縶之於門下省.

[무덕] 8년(625) 칠월에 힐리[가한]이 병사 10여만을 모아 삭주(朔州)[99]를 크게 약탈하고 또 태원에서 장군 장근(張瑾)을 습격하자 [장]근의 전군이 모두 죽고 [장근이] 몸만 [빠져

삼고 頡利可汗의 부락을 통솔하도록 했다. 639년 突厥의 반란 이후에 懷化郡王이 되어 部落들을 河北(지금 오르도스 북방)으로 이동시켜 다스릴 수 있었다. 貞觀 17년(643) 내부의 반란을 통제하지 못하게 되자 다시 長安으로 도망쳐왔다. 太宗이 高句麗를 정벌하러 遼東에 갔을 때 활에 맞아 京師로 옮겨진 이후에 얼마 지나지 않아 죽었다. 兵部尙書, 夏州都督로 추증되고 昭陵에 배장되었다(『舊唐書』 卷194上 「突厥傳」 上: 5163).

99) 朔州: 北齊 天保 6년(555)에 설치되었고 治所가 新城縣(지금 山西省 朔州市 서남쪽)에 있었다. 8년(557)에 치소를 招遠縣(隋代에 善陽縣으로 개칭되었는데, 지금 朔州市)으로 옮겼다. 隋 大業 3년(607)에 馬邑郡으로 바꾸었다가 武德 4년(621)에 환원되었다. 天寶 元年(742)에 馬邑郡으로 바뀌었다가 乾元 元年(758)에 朔州로 환원되었다. 관할 구역은 지금 山西省 朔州市와 應縣, 山陽, 神池, 五寨, 偏關, 河曲縣 등지였다.

나와] 이정(李靖)[100]에게로 달아났다. [이정이] 출병해 전투를 벌이자 힐리[가한]이 더 이상 진군하지 못하고 병주에 주둔했다. 태종이 군대를 이끌고 가서 토벌하여 포주에 주둔하자 힐리[가한]이 군대를 물려 돌아갔고 태종 역시 군대를 돌렸다.

[무덕] 9년(626) 칠월에 힐리[가한]이 몸소 10여만의 기병을 이끌고 무공[현](武功縣)[101]으로 쳐들어오자 경사(京師)가 경계를 삼엄하게 했다. [힐리가한이] 기묘일[24일]에 나아가 고릉[현](高陵縣)[102]을 노략질하자 행군총관(行軍總管)[103] 좌무후[위]대장군(左武候衛大將軍)[104] 울지경덕(尉遲敬德)[105]이 [그들과] 경양[현](涇陽縣)[106]에서 싸워 대파하고 사근(俟

---

100) 李靖(571~649): 唐初의 名將으로 京兆府 三原縣(지금 陝西省 三原縣 동북쪽) 사람이었다. 本名은 藥師였다. 文武를 겸비해 韓擒虎와 楊素, 牛弘의 주목을 받았다. 大業末 馬邑郡丞이 되어 江都에 李淵의 반란 음모를 고하러 가다가 長安에서 길이 막혀 李淵에게 사로잡혔다. 李世民의 탄원으로 풀려나서 李世民의 幕府에 들어가 王世充 평정에 참가했다. 武德 4년(621) 行軍總管으로 李孝恭을 따라 蕭銑을 격파하고 輔公祏를 대파하는 등 江南을 평정했다. 貞觀 3년(629) 李世勣과 함께 東突厥을 격파하고 이듬해 頡利可汗을 사로잡았다. 尙書右僕射로 승진했으나 足疾 때문에 致仕를 청했다. 太宗은 2~3일에 한번 中書門下에 이르러 政事를 平章하라고 詔書를 내렸기 때문에 平章政事의 명칭이 유래했다. 貞觀 9년(635) 吐谷渾을 평정하고 衛國公에 봉해졌으며 초상화가 凌烟閣에 보존되었다. 저서에는 兵書『六軍鏡』3卷이 있으나 亡佚되었고,『李衛公兵法』이『通典』에 산견되는데, 일설에는 위작이라고도 한다.『全唐文』에 3편의 문장이 남아있다(『舊唐書』卷67「李靖傳」: 2475).

101) 武功縣: 武德 초에 稷州에 縣이 설치되었고, 貞觀 元年(627)에 稷州가 폐지되면서 雍州(지금 陝西省 西安)에 속하게 되었다. 武則天 天壽 2년(691)에 다시 縣城에 稷州가 설치되었다가 大足 元年(701)에 폐지되고 雍州에 속하게 되었다. 治所가 지금 陝西省 武功 서북쪽과 漆水河에 西岸의 舊 武功鎭이었다.

102) 高陵縣: 戰國時代 秦 孝公시기에 설치되었는데, 治所가 지금 陝西省 高陵縣城 서남쪽으로 1리 떨어진 곳에 있었다. 前漢時代에는 左馮翊에 소속되었다. 曹魏 黃初 元年(220)에 高陸縣으로 바뀌었다. 隋 大業 2년(606)에 다시 환원되어 3년에 京兆郡에 소속되었다. 唐代에는 京兆府에 소속되었다.

103) 行軍總管: 隋唐時代 특정한 軍事的 의도를 갖고 파견한 야전 부대를 '行軍' 혹은 '行營'이라 지칭했다. 여기에 總管을 두어 總司令官으로 삼았는데, 中唐 이후에는 招討使 혹은 都統, 元帥라고 불렀다. 總管이 지휘하는 行軍 여러 개를 총지휘하는 將領을 行軍大總管이라 불렀다.

104) 左武候衛大將軍: 左武候衛의 長官으로 품계는 正三品이었다. 左武候衛는 원래 隋代에 左右武候府의 하나로 설치되었는데, 각각 大將軍과 將軍가 통할했다. 宮禁과 京城의 巡警을 관장했으며, 天子의 車駕의 前驅와 後衛에 충임되었다. 唐初 左右武候衛府로 改稱되었고, 龍朔 2년(662)에 左右金吾衛로 改名되면서大將軍 1명과 將軍 2명을 두었다.

105) 尉遲敬德(585~658): 唐初의 將軍으로 朔州 善陽(지금 山西省 朔縣) 사람이었다. 大業末에 高陽에서 종군을 했는데, 용감하다고 누차 朝散大夫에 제수 되었다. 劉武周의 偏將이 되어 宋金剛과 함께 남침을 해 晉州 澮州를 함락했다. 武德 3년(621), 太宗의 공격을 받아 패전한 이후 투항해 右一府統軍으로 王世充을 공격했고, 그 이후에도 竇建德 등의 진압에도 참여했다. 武德 9년(626) 玄武門의 변에서

斤) 아사덕오몰철(阿史德烏沒啜)[107]을 잡고 천여 명을 참수했다. 계미일[28일]에 힐리[가한]이 그의 심복인 집실사력(執失思力)[108]을 입조(入朝)시켜 [당조의 상황을] 정탐하고 스스로 허장성세를 부리며 말했다. "두 가한이 백여만의 군대를 지휘해 지금 이미 이곳에 와 있습니다." 태종이 말했다. "나는 돌궐과 얼굴을 맞대고 화친을 하고자 했는데, 너희가 바로 배반을 했으니 내가 실로 부끄러워할 것이 없다. 또한 [우리가 일으킨] 의군(義軍)이 수도에 들어왔을 초기에 너희 [가한] 부자가 친히 우리를 따라왔으므로 너희들에게 옥과 비단을 계속 아주 많이 내려주었는데, 어떤 까닭에 바로 군대를 거느리고 우리의 수도 인근의 현을 침입했단 말이냐? 너희가 비록 돌궐이지만 역시 사람의 마음을 갖고 있을 것인데, 어떤 이유로든 크나큰 은혜를 잊고 스스로 강성하다고 자랑한다면 내가 먼저 너희들을 도륙해 버릴 것이다." [집실]사력이 두려워서 살려달라고 하자 태종이 허락하지 않고 그를 문하성(門下省)[109]에 잡아두었다.

太宗與侍中高士廉・中書令房玄齡・將軍周範馳六騎幸渭水之上, 與頡利隔津而語, 責以負約, 其酋帥大驚, 皆下馬羅拜. 俄而衆軍繼至, 頡利見軍容大盛, 又知思力就

李世民의 즉위를 도왔고, 이후에 涇州道行軍總管, 襄州都督 등을 역임했다. 말년에 方術에 빠져 후세에 사람들이 그를 門神의 하나로 숭배했다(『舊唐書』 卷68 「尉遲敬德傳」: 2495).

106) 涇陽縣: 五胡十六國 前秦의 皇始 2년(352)에 池陽縣이 나뉘어 설치되었는데, 扶風郡의 屬縣이었다. 治所는 지금 陝西省 涇陽縣 동남쪽 30里 떨어진 故縣村에 해당한다. 北魏時代에는 咸陽郡의 屬縣이었다. 太平眞君 7년(446)에 廢置되었고 宣武帝 景明初에 다시 설치되었다. 隋 開皇 3년(583)에 治所를 지금 涇陽縣으로 옮겼으며, 雍州에 소속되었다. 大業初에는 京兆郡에, 唐代에는 京兆府에 소속되었다.

107) 阿史德烏沒啜: 突厥 내의 有力氏族의 하나인 阿史德氏族의 酋長이었다. 그의 위상이 俟斤(irkin)이었다는 점에서 부락의 장, 즉 酋長이었음을 알 수 있다. 烏沒啜는 고대 투르크어로 '욀뮈쉬 초르(Ölmüsh chor)'의 음사로 추정된다.

108) 執失思力: 突厥 酋長으로 貞觀年間에 隋 蕭后와 함께 唐朝에 투항해 左領軍將軍이 되었다. 高祖의 딸 九江公主와 결혼을 해 駙馬都尉가 되었다. 이후 죄를 지어 嶲州로 유배를 갔다가 돌아와 歸州刺史가 되었다가 죽었다(『新唐書』 卷110 「諸夷蕃將」 <執失思力>: 4116).

109) 門下省: 魏晉南朝時代에 門下의 여러 省을 총칭하는 명칭이었다가 隋 大業 3년(607)에 5성의 하나로 설치되었다. 역할은 諫諍과 政令 審議를 담당했다. 武德 3년(620) 皇帝의 명령을 최종적으로 심의하는 기구로 尙書, 中書省과 함께 3성의 하나로 자리매김하게 되었다. 軍國政務를 처리하고 中書省에서 초안한 詔令 등을 심의해 尙書省에서 집행하도록 하는 역할을 담당했다. 長官은 侍中이었다.

拘，由是大懼．太宗獨與頡利臨水交言，麾諸軍卻而陣焉．蕭瑀以輕敵固諫于馬前，上曰：「吾已籌之，非卿所知也．突厥所以掃其境內，直入渭濱，應是聞我國家初有內難，朕又新登九五，將謂不敢拒之．朕若閉門，虜必大掠，強弱之勢，在今一舉．朕故獨出，以示輕之；又耀軍容，使知必戰．事出不意，乖其本圖，虜入旣深，理當自懼．與戰則必克，與和則必固，制服匈奴，自茲始矣.」是日，頡利請和，詔許焉，車駕卽日還宮．乙酉，又幸城西，刑白馬，與頡利同盟于便橋之上，頡利引兵而退．蕭瑀進曰：「初，頡利之未和也，謀臣猛將多請戰，而陛下不納，臣以爲疑．旣而虜自退，其策安在?」上曰：「我觀突厥之兵，雖衆而不整，君臣之計，唯財利是視．可汗獨在水西，酋帥皆來謁我，我因而襲擊其衆，勢同拉朽．然我已令無忌·李靖設伏於幽州以待之，虜若奔還，伏兵邀其前，大軍躡其後，覆之如反掌矣．我所以不戰者，卽位日淺，爲國之道，安靜爲務，一與虜戰，必有死傷；又匈虜一敗，或當懼而修德，結怨於我，爲患不細．我今卷甲韜戈，啗以玉帛，頑虜驕恣，必自此始，破亡之漸，其在茲乎! 將欲取之，必固與之，此之謂也.」九月，頡利獻馬三千匹，羊萬口，上不受，詔頡利所掠中國戶口者悉令歸之．

태종이 시중(侍中)[110] 고사렴(高士廉),[111] 중서령(中書令)[112] 방현령(房玄齡),[113] 장군(將

110) 侍中: 門下省의 長官으로 품계는 正三品이었다. 隋代에는 納言, 侍內로 불리다가 唐代에 다시 설치되었고, 인원은 두 명이었다. 中書, 尙書省 長官과 같은 宰相으로 국정을 논의하는데 참여했다.

111) 高士廉(577~647): 唐初의 관리로 渤海郡 蓨縣(지금 河北省 景縣) 사람으로 이름은 儉이고, 字는 行이었다. 高敬德의 아들로 隋末에 일찍이 治禮郞이 되었다가 朱鳶主簿로 강등되었다. 武德 5년(622)에 唐朝에 귀순해 雍州治中이 되었다. 長孫無忌 등과 함께 玄武門의 變을 모의해 右庶子가 되었다. 貞觀 초기에 侍中이 되었다가 益州大都督府長史로 옮겼다. 이후 吏部尙書가 되어 許國公이 되었다. 貞觀 12년(638) 尙書右僕射가 되었다. 죽어 시호를 文獻이라 했고 昭陵에 배장되었다. 令狐德棻 등과 함께 『貞觀氏族志』를 편찬했다觀氏族志』를 편찬했다(『舊唐書』 卷65 「高士廉傳」: 2441).

112) 中書令: 中書省의 長官으로 품계는 正三品이었다. 魏晉시대 中書監과 中書令이 설치되었다. 隋代에는 內史令 혹은 內書令으로 칭해졌으며, 武德 3년(620)에 中書令이라고 바꾸었고 정원은 2명이었다. 機密에 참여하고 朝政을 議決해 宰相의 지위에 있었으며 '令公'으로 존칭되었다. 玄宗때 쉽게 신하들에게 제수하지 않았으며, 大曆 2년(767) 正二品으로 品階가 상승해 명예직으로 특별한 자격이 있는 사람에게만 제수되었다. 이로 인해 中書令의 역할은 실제로 中書侍郞이 담당했다. 龍朔 2년(662) 西臺右相으로 개칭되었다가 咸亨 元年(670) 이전으로 복귀되었다. 光宅 元年(684) 內史로 바뀌었다가 神龍 元年

軍) 주범(周範)[114]과 함께 여섯 기(騎)를 몰아 [현무문을 나가][115] 위수(渭水)[116]가에 가서 힐리[가한]과 강을 사이에 두고 대화를 나누는데 약속을 깬 것을 책망하자 그 추장[酋帥]들이 크게 놀라 모두 말에서 내려 줄을 서서 절을 했다. [게다가] 얼마 지나지 않아 [당나라의] 여러 부대가 계속 도착하자 힐리[가한]이 군대의 모습이 크게 성한 것을 보았으며, 또한 [집필]사력이 바로 구금되었다는 사실을 알고서 이 때문에 크게 무서워했다. 태종이 홀로 힐리[가한]과 위수를 사이에 두고 서로 말을 주고받자 예하의 여러 부대는 물러나 진을 쳤다. 소우(蕭瑀)[117]가 태종이 적을 가볍게 여기자 말 앞에서 간언을 했다.

[이에] 황제가 말씀을 했다. "짐이 생각하였던 것은 경이 알고 있는 것과 다르다. 돌궐이

---

(705) 원래의 명칭으로 환원되었다. 開元 元年(713) 紫微令으로 改稱했다가 開元 5년(717) 다시 회귀했다. 天寶 元年(742) 右相으로 改稱했다가 至德 2년(757) 환원되었다.

113) 房玄齡(579~648): 唐初의 宰相으로 字가 喬(달리는 이름이 喬이고 字가 玄齡이라고도 한다)였다. 齊州 臨淄(지금 山東省 淄博) 사람이었다. 학문을 좋아해 五經에 통달했으며 隋에서 涇陽令을 지냈다. 唐이 關中을 차지한 이후에 李世民에게 귀부해 秦王府記室參軍이 되어 臨淄侯로 책봉되었다. 李世民을 도와 皇帝에 즉위하게 했고, 貞觀 元年에 中書令이 되어 邗國公으로 봉해졌다. 이후에 尙書右僕射, 監修國史가 되었다. 20여 년 동안 杜如晦와 함께 중요 宰相으로 활동했다. 이후에 梁國公으로 봉해졌다. 일찍이 『晉書』 편찬에 참여했다. 죽은 다음에 太尉, 幷州都督로 추증되었고 시호를 文昭라고 했다. 昭陵에 배장이 되었다(『舊唐書』 卷66 「房玄齡傳」: 2459).

114) 周範: 唐初의 將軍으로 달리 周紹范이라고도 한다. 汝南 安成(지금 河南) 사람이었다. 太宗 初에 太原에 주둔해 突厥의 공격에 대비했고, 貞觀年間에는 殿中大監, 左屯衛大將軍를 지냈으며 太宗을 따라 원정에 참여하기도 했다. 進國公으로 봉해졌고, 죽은 다음에 시호를 敬이라고 했다.

115) 『新唐書』의 기록에서 보충했다.

116) 渭水: 甘肅省 渭源縣 남쪽 鳥鼠山에서 발원해 동쪽으로 흘러가는 黃河의 支流이다. 동쪽으로 隴西, 武山, 甘谷, 天水 등 縣과 市를 지나와서 陝西省 중부를 가로로 관통한다. 남쪽에서 斜水, 澇水, 豊水, 滻水, 灞水를 받아들이고 북쪽에서 涇水, 洛水와 합류해 지금 潼關縣에서 黃河로 흘러들어간다. 총연장이 787km 정도이다.

117) 蕭瑀(575~648): 唐初의 宰相으로 南蘭陵(지금 江蘇省 常州 서북쪽) 사람이었고, 字는 時文이었다. 後梁 明帝의 아들로 新安王으로 봉해졌다. 누이가 煬帝의 황후가 되자 隋나라의 외척으로 內史侍郎과 河池郡守를 역임했다. 大業 13년(617)에 李淵이 長安에 들어오자 항복해 宋國公, 民部尙書에 임명되었다. 武德 元年(618)에 內史令으로 정무를 총괄했다. 王世充 진압에 참가해 尙書右僕射가 되었다. 太宗이 즉위하자 尙書左僕射가 되었는데, 판단이 분명하고 의론이 정연하나 마음이 편벽되어 다른 사람의 말을 잘 받아들이지 않았다. 貞觀 20년(646) 太宗에게 쫓겨나 商州刺史로 좌천되었다. 다시 宋國公으로 봉해졌고, 이후에 太宗을 따라 玉華宮(지금 陝西省 銅川 북쪽)에 갔다가 죽었다(『舊唐書』 卷63 「蕭瑀傳」: 2397).

그 [나라] 안의 [군대를] 모두 끌어 모아 바로 위수 가까지 들어올 수 있었던 것은 분명 우리나라가 처음에 안으로 어지러웠고 짐이 또한 천자로 즉위한 지 얼마 되지 않아 감히 자신들을 막아내지 못할 것이라고 여겼기 때문이다. 짐이 만약 문을 닫고 [나오지 않으면] 돌궐은 반드시 [우리를] 크게 약탈을 할 것이니 기세가 강하냐 약하냐는 지금 [짐이] 한 번의 행동을 어떻게 하느냐에 달려 있다. 짐이 이런 이유로 혼자 나아가 [돌궐을] 손쉽게 생각하는 것처럼 보이려 한 것이고, 또한 군대의 위용을 잘 갖춰 반드시 싸우려고 한다는 점을 알게 하려고 한 것이다. [이렇게 하면] 일이 [힐리가한의 생각과] 다르게 전개되어 그들의 본래 계획을 어그러뜨릴 수 있는데, 돌궐이 이미 [중국 내지로] 깊이 들어왔으니 이치상 스스로 두려워할 것이다. [그러므로 지금] 그들과 싸우면 반드시 이기고 그들과 화친을 해도 [우리에게 유리하여] 튼튼할 터이니, 돌궐[匈奴][118]을 제압해 복종시키는 것은 이로부터 시작할 수 있을 것이다." 이 날 힐리[가한]이 화친을 청하자 [황제가] 조칙을 내려 허락하라고 하고 황제[車駕]는 그날 궁으로 돌아왔다.

을유일[30일]에 다시 [황제가] 성의 서쪽으로 가서 백마를 잡아 힐리[가한]과 편교(便橋)[119] 부근에서 동맹을 맺고 힐리[가한]이 군대를 물려 돌아갔다. 소우가 나아가 말했다. "이전에 힐리[가한]이 화친을 하려고 하지 않자 모신과 맹장들이 대부분 싸울 것을 청했는데, 폐하께서만 그것을 받아들이지 않으셨기 때문에 소신은 [그 뜻을] 의심했습니다. [그러나] 돌궐이 결국 스스로 물러났으니 이런 [묘책이] 어디에 또 있을 수 있겠습니까?" 황제가 말했다. "짐이 돌궐의 군대를 보니 백성은 많으나 잘 정비되어 있지 않고 군신들의 생각은 오직 재물의 이익만을 따지고 있다. [힐리]가한만이 홀로 강 서쪽에 있는데, 여러 추장들이 모두 와서 짐에게 인사하니 짐이 이를 틈타 그 백성들을 습격하면 기세가 썩은 가지를 부러뜨리는 것과 같았을 것이다. 그래서 짐이 이미 [장손]무기(長孫無忌)[120]와 이정에게 유주에 복병을

118) 匈奴는 北方의 遊牧民을 호칭하는 일반적인 표현으로 사용되었는데, 저본에서는 突厥을 지칭한다.

119) 便橋: 便門橋를 말하는데, 지금 陝西省 咸陽市 남쪽 渭水 위에 있었던 다리였다. 漢 長安城 서쪽에 있는 문이 便門이라 이름이 붙게 되었다. 前漢 武帝 建元 3年에 처음 건설되었다.

120) 長孫無忌(?~659): 唐初의 宰相으로 字는 輔機이고, 河南 洛陽 사람이었다. 조상이 北魏의 황족으로 그 자신의 太祖 長孫皇后의 오라버니였다. 일찍부터 太宗과 친해 원정을 할 때 比部郎中을 역임했고, 上黨縣公으로 봉해졌다. 武德 9년(626) 玄武門의 變에서 太宗을 도와 左武候大將軍이 되었고, 尙書右僕射, 司空, 司徒 등의 직을 맡았으며 趙國公에 봉해졌다가 太子太師가 되었다. 房玄齡 등과 함께 唐律을 제정했다. 貞觀 23년(649)에 褚遂良, 房玄齡 등과 함께 고명을 받아 高宗을 즉위하게 했고 太尉, 同中書

두고 기다리라고 명령을 해두니 돌궐이 만약 도망해 돌아간다면 복병이 그 앞을 요격하고 대군이 그 뒤를 좇는 것은 손바닥을 뒤집는 것과 같[이 쉬울 것이]다. 짐이 싸우지 않은 것은 즉위한 지 며칠 되지 않았으며 나라를 다스리는 도리를 행하고 안정에 힘써야 하기 때문이고, [또한] 한 번 돌궐과 싸우게 되면 반드시 죽고 다치게 되기 마련일 것이고 또한 돌궐[匈奴]이 패한다면 그들은 당연히 두려워하며 덕을 닦아도 우리에게 원한을 품게 되어 근심이 적지 않게 될 것이기 때문이다. 짐이 지금 군대를 거두어 싸우지 않고 옥과 비단으로 [그들을] 유혹하면 우둔한 돌궐의 교만함과 방자함이 반드시 이로부터 시작될 것이니 [그들이] 멸망하는 점진적인 [과정이] 여기에 있는 것이다! '장차 가지려 한다면 반드시 [먼저] 주어야 한다'는 말이 이를 이르는 것이다." 구월에 힐리[가한]이 말 3천 필, 양 만 마리를 바쳤는데, 황제가 받지 않으며 조칙을 내려 힐리[가한]이 잡아간 중국의 호구를 갖고 있는 사람들을 모두 돌려 보내라고만 했다.

貞觀元年, 陰山已北薛延陀·迴紇·拔也古等餘部皆相率背叛, 擊走其欲谷設. 頡利遣突利討之, 師又敗績, 輕騎奔還. 頡利怒, 拘之十餘日, 突利由是怨望, 內欲背之. 其國大雪, 平地數尺, 羊馬皆死, 人大飢, 乃懼我師出乘其弊, 引兵入朔州, 揚言會獵, 實設備焉. 侍臣咸曰:「夷狄無信, 先自猜疑, 盟後將兵, 忽踐疆境. 可乘其便, 數以背約, 因而討之.」太宗曰:「匹夫一言, 尚須存信, 何況天下主乎! 豈有親與之和, 利其災禍而乘危迫險以滅之耶? 諸公爲可, 朕不爲也. 縱突厥部落叛盡, 六畜皆死, 朕終示以信, 不妄討之, 待其無禮, 方擒取耳.」

정관(貞觀) 원년(627) 음산(陰山) 북쪽에 있던[121] 설연타(薛延陀),[122] 회흘(迴紇),[123] 발야

門下三品이 되었다. 이후 高宗이 武后를 세우는 것을 반대하다가 黔州로 유배되어 죽임을 당했다(『舊唐書』卷65「長孫無忌傳」: 2446).

121) 당시 薛延陀, 迴紇, 拔也古 등이 陰山 북쪽에 있었다는 표현보다 그들이 漠北, 즉 지금 몽골공화국의 항가이산맥 주변에 있었다고 하는 편이 더 정확할 것이다. 왜냐하면 당시 突厥이 그 남쪽에 위치하고 있었기 때문이다.

122) 薛延陀: 종족 명칭으로 고대 투르크계 유목민인 鐵勒의 하나였다. 고대 투르크어로 '시르 타르두쉬(Sir Tardush)'의 음사로 추정된다. 달리 薛延陁라고도 음사되기도 한다. 이들은 주로 톨강 우안, 오르콘강

고(拔也古)[124] 등 나머지 부락(部落)들이 연이어 배반해 [돌궐의] 욕곡설(欲谷設)[125]을 공격해 패주시켰다. 힐리[가한]이 돌리[가한]을 보내 토벌했으나 군대가 다시 패배해 [돌리가한만이] 경장한 채 말을 타고 도망쳐 돌아왔다. 힐리[가한]이 화가 나서 [그를] 십여 일 동안 가두어 두었기 때문에 돌리[가한]이 이로 인해 원망하며 마음속으로 배반하고자 했다. [마침] 그 나라에 큰 눈이 와서 평지에 쌓인 눈이 몇 척이나 되자 양과 말이 모두 죽고 사람들은

상류, 후누이강 상류에서 남으로 항가이산맥에 이르는 지역에 살았다가 隋代에 金山 南麓으로 이주했다. 遊牧을 생업으로 삼았으며 西突厥에 복속되어 지냈는데, 그 과정에서 鐵勒 중에서 비교적 강력한 집단의 하나로 성장했다. 본래 匈奴單于 賀剌頭의 후손이었다고 하는데, 前燕 慕容儁 재위시기에 薛部와 雜居했고, 薛과 延陀(延陁)의 두 部가 합쳐 薛延陀로 불리게 되었다고 한다. 可汗을 배출하는 지배집단은 壹利吐氏이었는데, 대대로 强族이었다. 柔然이 멸망한 후 모두 突厥에 속했는데, 部落이 中分되어 鬱督軍山에 있던 일파는 동쪽의 始畢可汗에게 속했고, 貪汗山에 있던 집단은 서쪽의 葉護에게 소속되었다. 貞觀 2년(628)에 추장 夷男이 부락 7만여 家를 이끌고 東突厥에 귀부했다. 이듬해(629년)에 夷男은 太宗에게 可汗으로 책봉되었다. 東突厥이 멸망하자 옛 東突厥의 漠北 故地를 모두 점령했고 薛延陁汗國을 세웠다. 이후 唐帝國과 끊임없이 마찰을 빚었고, 貞觀 20년(646)에 唐朝가 薛延陀의 內亂을 이용해 迴紇 등과 연합해 그들을 멸망시키고 그 거주지에 羈縻府州를 설치했다(段連勤, 1988: 398~399).

123) 迴紇: 종족 명칭으로 고대 투르크계 유목민인 鐵勒의 하나였다. 唐代 이전에는 袁紇, 혹은 韋紇로, 唐代에는 迴紇(回紇: 『新唐書』) 혹은 迴鶻(回鶻: 『新唐書』)이라고 음사되었다. 이는 고대 투르크어로 기록된 'Uyghur 또는 Uighur'의 음사인데, 음운학적으로 '우이구르'로 읽는 것이 타당하나 관습적으로 '위구르'라고 읽는다. 현재 中國에서는 維吾爾로 음사한다. 그 의미는 기존 연구에서 '聯合' '結合' 등으로 해석하기도 하는데(劉義棠, 1977: 3~60), 근거가 충분한 것은 아니다. 迴紇은 중앙아시아 초원에 넓게 퍼져 유목생활을 하는 투르크계 부락의 일원으로 南北朝시대부터 독자적 움직임이 中國에 포착되기 시작했다. 이후 점차 독자세력화를 도모하기도 하고 몽골 초원을 지배했던 柔然 내지는 突厥에 복속되기도 했다. 唐代에 들어서면서 唐朝와 협조 관계를 맺으면서 발전하기 시작해 8세기 중반에는 遊牧帝國을 건설했다. 이 즈음에는 주로 몽골 초원의 북방에 있는 셀렝게강 주변에 거주하고 있었다(段連勤, 1988: 403).

124) 拔也古: 종족 명칭으로 고대 투르크계 유목민인 鐵勒의 하나였다. 고대 투르크어로 '바야르쿠(Bayarïqu)'의 음사인데, 『新唐書』에는 "拔野古"라고 달리 표기했다. 지금 몽골공화국의 케룰렌강과 內蒙古自治區의 후룬 호 사이에 살았던 것으로 보이는데, 용맹하고 騎射에 능했으며 遊牧을 생업으로 삼았다. 僕骨의 동쪽 경계에 위치하며 精兵은 만여 명이었다. 땅은 풀이 풍부해 사람들이 모두 부유했다. 木脚을 착용하고 얼음 위에서 사슴을 좇아 사냥했고, 아울러 耕種과 사냥을 주업으로 삼았다. 나라에는 좋은 말이 많았으며, 鐵도 생산되었다. 風俗은 鐵勒과 같았으나 言語는 조금 달랐다(段連勤, 1988: 401~402).

125) 欲谷設: 頡利可汗의 아들인데, 그의 관칭은 고대 투르크어로 '위게 샤드(Üge shad)'의 음사로 추정된다.

크게 굶주리게 되었는데,[126] 바로 우리 군대가 그 어려움을 틈타 [공격]할까 두려워하며 군대를 이끌고 삭주로 들어와 겉으로 몰이사냥을 한다고 말하면서 실은 [당나라의 공격에] 대비했다.

시신(侍臣)들이 모두 말했다. "이적(夷狄)들은 믿을 수 없으니 먼저 스스로 의심을 품고 동맹을 맺은 다음에도 군대를 이끌고 홀연히 변경을 넘어 옵니다. [그들은] 그의 편함만을 위해 여러 번 약속을 어겼기 때문에 토벌해야만 합니다." 태종이 말했다. "필부의 한 마디도 모름지기 신용을 지켜야 하는데, 어찌 천하의 주인인 짐은 어떻[게 어길 수 있]겠는가! 어찌 친하다고 해 화해를 했는데, 그의 재난을 이용해 위급함을 틈타 [그들을] 없앨 수 있겠는가? 여러분[諸公]들이 그렇게 하자고 해도 짐은 그렇게 할 수 없다. 돌궐 부락이 반란을 일으켰다가 다 없어지고 모든 가축[六畜][127]들이 죽어도 짐은 끝까지 신의를 보여줄 것이며 망령되게

126) 몽골 초원의 自然災害는 열악한 자연 환경을 극복하면서 가축을 길러야 하는 유목민들에게 치명적인 영향을 끼쳤다. "큰 눈이 내려 양과 말이 많이 얼어 죽어 사람들이 굶게 되었다."는 기록에서 알 수 있듯이 초원에서 발생하는 재해는 가축의 폐사와 함께 목민들의 기근을 유발시켜 유목 경제 자체의 와해를 가져올 수 있었다. 여기에서 특기하고 있는 자연재해인 暴雪(白災)은 겨울 내지는 겨울에서 봄으로 넘어가는 계절에 나타났다. 폭설은 많은 눈이 초지를 덮어 먹을 것을 잃은 가축들을 아사시킴으로써 유목민들의 생존을 위협했다. 특히, 지역적으로 북위 41도 이북으로 해발 2500~3000미터 이상의 지역에서 빈발하는 폭설은 몽골 초원 어디에서든지 발생할 가능성이 있었기 때문에 특히 위협적이었다. 게다가 폭설의 발생은 주기적이기도 하지만 예측이 거의 불가능한데다가 한파, 눈보라와 동반되었기 때문에 어려움을 더욱 가중시켰다. 그리고 이런 가축의 폐사와 목민의 기근은 면역력 약화와 연결되어 전염병의 창궐을 가져와 유목사회의 와해를 보다 가속시키기도 했다. 또한 遊牧民들이 특히, 자연재해에 쉽게 노출될 수밖에 없었던 가장 큰 이유는 遊牧이 겨울에 乾草를 마련한다거나 畜舍를 설치해 가축을 추위와 재해로부터 방어하지 못하는 열악한 상황에서 나타나는 생활양식이었기 때문이다. 그 외에도 초원에서 발생하는 자연 재해의 종류는 가뭄[黑災], 한파(寒波), 폭설(暴雪: 白災) 등이 가장 대표적이고, 늑대의 습격(狼害: 겨울철 늑대들이 가축을 공격하는 것)과 가축 전염병 등이 있었다. 그 중에서도 초지에 가장 심각한 영향을 미친 것은 여름철의 가뭄[黑災]과 겨울철의 폭설[白災], 그리고 가축 전염병[疫]이었다. 이런 심각한 몽골 초원의 자연 재해는 대체적으로 3년에 한 번을 小災, 5년에 한 번을 中災, 10년에 한 번을 大災라고 할 정도로 주기적이고 반복적으로 발생했다. 따라서 이런 자연재해의 반복적인 발생은 유목국가의 존립을 결정하는 중요한 요소의 하나로 작용했다. 특히, 유목국가의 말기에 재해가 집중해 유목사회를 와해시켰다는 기록이 많이 남아 있는데, 이것은 자연재해에 대한 대응 능력이 약화되면서 내적인 분열이 나타났음을 반영한다. 突厥의 경우에도 자연재해의 발생은 각 부족들의 독자적인 움직임을 초래해 제국의 분열과 약화를 가져오는 요인의 하나로 작용했다(額爾敦布和, 1988: 146).

127) 六畜은 모든 가축을 의미한다. 遊牧의 대상이 되는 가축은 발굽을 갖고 있는 초식성의 '有蹄類'로,

토벌하지 않고 무례[하게 잘못하는 것]을 기다려서야 [군대를 내어 그들을] 잡아버릴 것이다."

二年, 突利遣使奏言與頡利有隙, 奏請擊之, 詔秦武通以并州兵馬隨便應接. 三年, 薛延陀自稱可汗于漠北, 遣使來貢方物. 頡利始稱臣, 尚公主, 請修婿禮. 頡利每委任諸胡, 疏遠族類, 胡人貪冒, 性多翻覆, 以故法令滋彰, 兵革歲動, 國人患之, 諸部攜貳. 頻年大雪, 六畜多死, 國中大餒, 頡利用度不給, 復重斂諸部, 由是下不堪命, 內外多叛之. 上以其請和, 後復援梁師都, 詔兵部尚書李靖・代州都督張公謹出定襄道, 并州都督李勣・右武衛將軍丘行恭出通漢道, 左武衛大將軍柴紹出金河道, 衛孝節出恆安道, 薛萬徹出暢武道, 並受靖節度以討之. 十二月, 突利可汗及郁射設・蔭奈特勤等並帥所部來奔.

[정관] 2년(628) 돌리[가한]이 사신을 보내 힐리[가한]과 틈이 벌어졌다고 말하면서 [그를] 공격하기를 주청하자 [황제가] 조칙을 내려 진무통(秦武通)[128]에게 병주의 병마를 거느리고 상황에 따라 대처하라고 했다. [정관] 3년(629) 설연타가 고비 북쪽[漠北]에서 가한을 스스로 칭하고 사신을 보내와 토산품을 바쳤다. 힐리[가한]이 비로소 신하를 칭하며 공주와 결혼해 사위의 예를 갖출 것을 청했다. 힐리[가한]이 매번 여러 호인(胡人)[129]들에게 [정사를] 맡겨

양, 염소, 소, 낙타, 말, 순록, 산양 등이 가장 중요한 가축이었다. 몽골 초원에서는 이 중에서도 순록과 산양을 제외하고 다섯 가지의 가축을 가장 중요하게 여겼다. 그 중에서도 중요도에 따라 말, 소, 낙타, 양, 염소 등으로 나열할 수 있다. 말과 소, 그리고 양과 염소 등이 가장 기본적인 가축인데, 습기가 상대적으로 높아 덜 건조하고 풀이 풍부한 지역에서는 소의 사육 비중이 높고, 고비를 중심으로 한 지역에서는 다른 지역에 비해 낙타, 그리고 북부 산악지역에서는 일부 이끼를 주로 먹는 순록을 사육하기도 한다.

128) 秦武通: 唐初의 將軍으로 일찍이 太宗을 수행해 宋金剛을 공격하는 등 활약을 했다(『舊唐書』 卷2 「太宗本紀」上: 25).

129) 胡人: 여기에서는 중앙아시아 오아시스지역인 소그디아나[昭武]에서 온 사람을 가리킨다. 원래 胡는 匈奴를 지칭하는 표현으로 사람을 의미하는 'qun' 또는 'hun'의 음사로 이해되었지만 이후에 북방의 다른 족속과 서방의 오아시스지역에서 온 외국인을 통칭하는 말 즉 非中國人의 의미로 주로 사용되었다. 4~5세기경부터 北朝의 안정과 함께 中國에 진출해 교통로 상의 식민취락을 건설하면서 적극적으로 활동을 한 소그드 인을 지칭하는 표현으로 정착되었다. 달리 胡客, 商胡, 胡商 등의 구체적인 표현이 나오기도 하는데, 中國에서는 소그드 인을 총칭해 昭武九姓이라고 했다(森安孝夫, 2007: 108).

자신의 족속들을 멀리하게 되자 호인들은 이익을 탐하고 성정이 대부분 변덕스러워 법령이 날로 번잡하게 되었는데, 매년 군대마저 움직이자 국인(國人)들이 걱정하며 여러 부락이 떨어져나갔다.

연이어 몇 년 동안 큰 눈이 내려 모든 가축이 대부분이 죽어 나라에는 큰 기근이 들었지만 힐리[가한]은 쓸 만큼 주지 않고 다시 거듭 여러 부락으로부터 [조세를] 거두어들였기 때문에 부하들이 명령을 감당하지 못하고 안팎으로 대부분 반발을 했다. 황제가 그들이 화친을 청하면서 뒤로 다시 양사도를 돕자 조칙을 내려 병부상서(兵部尙書)[130] 이정과 대주도독(代州都督)[131] 장공근(張公謹)[132]을 정양도(定襄道)에서, 병주도독 이적(李勣)[133]과 우무위장군(右武衛將軍)[134] 구행공(丘行恭)[135]을 통한도(通漢道)에서, 좌무위대장군(左武衛大將軍)[136] 시

130) 兵部尙書: 兵部의 長官으로 품계는 正三品이었다. 曹魏에서는 五兵尙書를 두어 軍事를 관장하게 했다. 西晉時代에는 七兵尙書, 그 이후에 역대에 걸쳐 五兵尙書가 설치되었다. 隋代에도 兵部가 설치되어 尙書가 長官이었는데, 唐代에서도 그대로 이어받았다. 龍朔 2년(662)에 司戎太常伯으로 改稱되었다. 光宅 元年(684)에는 夏官尙書로 바뀌었다가 天寶 11년(752)에 武部尙書로 다시 바뀌었다. 하지만 모두 오래지 않아 원래의 명칭인 兵部尙書로 환원되었다. 兵部는 兵部·職方·駕部·庫部 4司를 관할했으며 武官의 인사와 羣賊, 軍訓, 器仗 등의 관리를 맡았다.

131) 代州: 隋 開皇 5년(585)에 肆州가 改置되어 설치되었다. 治所는 廣武縣(開皇 18년에 雁門縣으로 改名했는데, 지금 山西省 代縣)에 있었다. 大業 3년(607)에 雁門郡으로 改稱되었고, 武德 元年(618)에 환워되었다. 이후 玄宗 天寶初에 다시 雁門郡으로 바뀌었다가 乾元 元年(758)에 환원되었다. 관할구역은 지금 山西省 代, 繁時, 原平, 五臺 등의 縣이었다.

132) 張公謹: 唐初의 將軍으로 字는 弘愼이고 魏州 繁水(지금 河北省) 사람이었다. 일찍이 王世充 밑에서 洧州長史가 되었다. 武德 元年(618)에 唐朝에 귀부해 鄒州別駕, 右武候長史가 되었다. 李勣이 그를 太宗에게 천거해서 조정에 들어올 수 있었고, 玄武門의 變 이후에 左武候將軍이 되었다. 貞觀 초에 代州都督이 되어 李靖을 도와 突厥을 공격해 頡利可汗을 격파함으로써 鄒國公으로 승진했다가 襄州도독이 되었다(『舊唐書』 卷68 「張公謹傳」: 2506).

133) 李勣: 唐初 將軍이며 宰相으로 曹州 離狐(지금 山東省 東明) 사람이었다. 본래의 姓은 徐氏이고 이름은 世勣(太宗의 이름을 忌諱해 世를 뺐다)이었다. 隋末에 李密의 밑에 있다가 武德 2년(619)에 唐朝에 귀순해 黎陽總管, 上柱國, 萊國公이 되었다. 얼마 지나지 않아 右武候大將軍, 曹國公에 봉해졌다. 武德 4년(621)과 7년(625) 사이에 王世充, 竇建德 등을 격파하고, 太宗 초에는 幷州都督으로 李靖과 함께 突厥을 격파하는데도 큰 공을 세웠다. 貞觀 15년(641)에 兵部尙書가 되었다. 武德 17년(643)에 太子詹事兼左衛率이 되었고, 그 이듬해 高句麗 원정을 위한 遼東道行軍大總管이 되었다. 高宗 즉위 이후에는 尙書左僕射, 司空, 太子太師 등을 역임했고, 죽은 다음에 太尉로 추증되어 昭陵에 배장이 되었다(『舊唐書』 卷67 「李勣傳」: 2477).

134) 右武衛將軍: 右武衛의 次官으로 품계는 從三品이었다. 隋代에 '武'字가 들어가는 명칭을 취해 軍府에

소(柴紹)[137]를 금하도(金河道)에서, 위효절(衛孝節)[138]를 긍안도(恆安道)에서, 설만철(薛萬徹)[139]을 창무도(暢武道)에서 각각 나아가 공격하게 했는데, [그들 모두를] [이]정이 지휘해서 [힐리가한을] 토벌하게 했다. 십이월에 돌리가한과 욱사설(郁射設),[140] 음내특근(蔭奈特勤)[141] 등이 모두 예하의 부락을 이끌고 도망쳐왔다.

四年正月，李靖進屯惡陽嶺，夜襲定襄，頡利驚擾，因徙牙於磧口，胡酋康蘇密等遂以隋蕭后及楊政道來降．二月，頡利計窘，竄于鐵山，兵尚數萬，使執失思力入朝謝

붙였는데, 左武衛府와 右武衛府가 있었으며 大將軍과 將軍이 두어졌다. 唐初에도 隋의 제도를 이어받았고, 光宅 元年(684)에 左右鷹揚衛로, 神龍 元年(705)에 左右武衛로 개칭되었다. 宮廷의 警衛를 관장했다.

135) 丘行恭: 唐初의 將軍으로 河南 洛陽 사람이었다. 용감하고 활쏘기에 능했다. 大業 말기에 형인 丘師利와 함께 岐州와 雍州에서 사람을 모아 활동을 하다가 秦王 李世民에게 투항해 光祿大夫로 임명되었다. 이후 공을 많이 세워 左衛將軍이 되었다. 貞觀년간에 형과 어머니의 장지를 두고 싸움을 벌여 庶民이 되었다가 高宗 시기에 大將軍, 冀州와 陝州 등의 刺史가 되었다. 사후에 昭陵에 배장이 되었다(『舊唐書』 卷59 「丘行恭傳」: 2326).

136) 左武衛大將軍: 左武衛의 長官으로 품계는 正三品이었다.

137) 柴紹: 唐代의 駙馬로 將軍이었다. 字는 嗣昌이고, 晉州 臨汾사람이었다. 어려서 재빠르고 힘이 좋아 關中에서 任俠으로 이름을 떨쳤다. 隋 元德太子의 千牛備身이 되었다. 高祖가 그의 딸을 시집보냈는데, 바로 平陽公主였다. 隋末 반란시기에 右領軍大都督府長史가 되었고, 이후 領馬軍總管을 겸임했다. 이후에 공을 세워 右光祿大夫를 제수 받았다. 武德 元年(618) 左翊衛大將軍이 되어 太宗과 함께 여타 세력들을 진압함으로써 霍國公으로 册封되었고, 右驍衛大將軍이 되었다. 吐谷渾, 党項 등을 토벌했고, 貞觀 元年(626)에 右衛大將軍이 되었다. 2년에 梁師道를 夏州에서 격파해서 左衛大將軍으로 옮겼고, 華州刺史가 되었다. 7년에 鎭軍大將軍, 行右驍衛大將軍을 가하고 譙國公으로 책봉되었다. 12년에 병으로 죽자 荊州都督 추증되고 시호를 襄이라고 했다(『舊唐書』 卷58 「柴紹傳」: 2314).

138) 衛孝節: 貞觀 초기에 幽州都督로서 恆安道行軍總管가 되어 突厥 공격에 참여했다.

139) 薛萬徹: 唐代의 駙馬로 將軍이었다. 涿郡太守였던 薛世雄의 아들로 아버지는 본래 敦煌 사람으로 雍州 咸陽(지금 陝西省 咸陽市)으로 이주했다. 隋末唐初에 형 萬均과 함께 高祖에게 투항을 해서 형 萬均은 上柱國, 永安郡이 되었고, 그는 車騎將軍, 武安縣公이 되었다. 이후 突厥을 정벌한 공으로 總軍을 제수받고 작이 郡公이 되었다. 右衛將軍, 蒲州刺史 등을 역임했다. 이후 夷狄을 도와 薛延陀를 격파한 다음에 左衛將軍이 되었고 丹楊公主와 결혼해 駙馬都尉가 되었다. 高宗 永徽 2년(651)에 寧州刺史가 되었다가 모반사건으로 죽임을 당했다(『舊唐書』 卷69 「薛萬徹傳」: 2517).

140) 郁射設: 고대 투르크어로 '위즈 샤드(Yüz shad)'의 음사로 추정된다.

141) 蔭奈特勤: 고대 투르크어로 '인니 테긴(Yini tegin)'의 음사로 추정된다.

罪，請擧國內附．太宗遣鴻臚卿唐儉・將軍安修仁持節安撫之，頡利稍自安．靖乘間襲擊，大破之，遂滅其國．頡利乘千里馬，獨騎奔于從姪沙鉢羅部落．三月，行軍副總管張寶相率衆奄至沙鉢羅營，生擒頡利送于京師．太宗謂曰：「凡有功於我者，必不能忘，有惡於我者，終亦不記．論爾之罪狀，誠爲不小，但自渭水曾面爲盟，從此以來，未有深犯，所以錄此，不相責耳.」仍詔還其家口，館於太僕，廩食之．頡利鬱鬱不得志，與其家人或相對悲歌而泣．帝見羸憊，授虢州刺史，以彼土多獐鹿，縱其畋獵，庶不失物性．頡利辭不願往，遂授右衛大將軍，賜以田宅．五年，太宗謂侍臣曰：「天道福善禍淫，事猶影響．昔啓民亡國奔隋，文帝不吝粟帛，大興士衆，營衛安置，乃得存立，旣而強盛，當須子子孫孫思念報德．纔至始畢，卽起兵圍煬帝於雁門，及隋國將亂，又恃強深入，遂使昔安立其家國者，身及子孫，並爲頡利兄弟之所屠戮．今頡利破亡，豈非背恩忘義所致也!」八年卒，詔其國人葬之，從其俗禮，焚屍於灞水之東，贈歸義王，謚曰荒．其舊臣胡祿達官吐谷渾邪自刎以殉．

[정관] 4년(630) 정월에 이정이 악양령(惡陽嶺)[142]으로 나아가 주둔했다가 밤에 정양을 습격하자 힐리[가한]이 놀라 두려워 아장(牙帳)[143]을 적구(磧口)[144]로 옮겼고, 호인 추장[胡酋][145] 강소밀[146] 등이 마침내 수나라 소황후와 양정도와 함께 와서 항복했다. 이월에 힐리[가한]이 계책이 없어 철산(鐵山)[147]에 숨어 있는데, 군사가 여전히 수만이었으나 [거짓으로],

142) 惡陽嶺: 지금 山西省 平魯縣 서북쪽에 위치하고 있는 고개로 定襄 古城의 남쪽에 위치하고 있었다고 한다.

143) 牙帳은 '可汗이 머무는 천막'으로 突厥의 朝廷을 의미한다. 고대 투르크어로는 '오르두(Ordu)'라고 했다. 주로 몽골 초원의 중심지인 외튀켄 땅 즉, 항가이산맥 북사면 오르콘강 유역의 초원 지역에 있었다(丁載勳, 2006).

144) 磧口: 고비의 입구를 지칭하는데, 지금 內蒙古自治區의 烏拉特中旗 또는 達爾罕茂明安聯合旗 경계에 있다.

145) 胡酋는 胡人(소그드 인) 部落의 酋長을 지칭한다. 胡人에 대한 설명을 참조.

146) 康蘇密: 唐初의 蕃將으로 康蘇蜜이라고도 한다. 본래는 突厥의 大酋였는데, 貞觀 4년(630)에 李靖이 突厥을 격파하고 頡利可汗을 사로잡자 隋나라 蕭皇后를 데리고 당나라에 귀순해서 尙衣奉卿을 제수받았다. 이후에 雲麾將軍으로 승진했고 骨利幹에 사신으로 파견되기도 했는데, 名馬를 받아와서 太宗을 크게 기쁘게 했다. 저본에서 胡酋라고 한 것에서 소그디아나[昭武九姓]의 오아시스 도시인 사마르칸드(Samarkand) 출신의 인물로 추정된다.

집실사력을 시켜 조정에 들어와 사죄하며 나라를 들어 내부하기를 청했다. 태종이 홍려경(鴻臚卿)[148] 당검(唐儉)[149]과 장군 안수인(安修仁)[150]에게 [부]절(符節)을 갖고 안무하게 하자 힐리[가한]이 조금 안정되었다. [이]정이 그 틈을 타서 습격해 크게 격파하고 마침내 그 나라를 멸망시켰다. 힐리[가한]만이 천리마를 타고 홀로 종질(從姪)[151]인 사발라[설](沙鉢羅設)[152]의 부락으로 도망갔다. 삼월에 행군부총관(行軍副總管) 장보상(張寶相)이 무리를 이끌고 갑자기 사발라[설]의 진영에 와서 힐리[가한]을 사로잡아 경사로 보냈다.

태종이 말했다. "[짐은] 무릇 짐에게 공을 세운 사람은 반드시 잊지 않지만 짐에게 잘못을 한 사람은 끝까지 기억하지 않는다. 너희의 죄상을 따져보면 진실로 적지 않으나 위수에서 일찍이 얼굴을 맞대고 맹약을 맺었으니 이때부터 아직 깊이 [잘못을] 범한 바가 없기 까닭에 이를 참작해서 서로를 책망하지 말자." 바로 [황제가] 조칙을 내려 그 가구(家口)를 돌려주고

---

147) 鐵山: 지금 河北省 臨城縣 서남쪽에 위치하고 있는데, 산의 색깔이 철과 같아 이름을 갖게 되었다고 한다.

148) 鴻臚卿: 鴻臚寺의 장관으로 品階는 從三品이었다. 鴻臚寺는 北齊時代에 처음으로 붙여졌으며 漢代부터 大行令 혹은 大鴻臚라고 불렸다. 隋 文帝 開皇 3년(583)에는 廢置되었으나 開皇 12년(592)에 다시 설치되었다. 龍朔 2년(662)에 鴻臚寺가 同文寺로 개칭되었다가 咸亨初에 환원되었다. 光宅 元年(684)에 司賓寺로 改稱되었다가 神龍初에 환원되었다. 典客과 司儀 두 部署를 관할했는데, 외국의 사절을 접대하고 凶儀를 관장했다.

149) 唐儉(578~656): 唐初의 大臣으로 字는 茂約이고, 幷州 晉陽(山西省 晉陽) 사람이었다. 北齊 尙書左僕射 邕의 손자였는데, 아버지 鑒은 隋에서 戎州刺史를 지냈다. 일찍부터 아버지 鑒과 高祖가 친분이 있어 그를 도왔다. 大將軍府에서 記室參軍이 되었고, 太宗이 渭北道行軍元帥가 되었을 때 司馬로 京城을 평정해 光祿大夫, 相國府記室 등이 가해지고 晉昌郡公으로 책봉되었다. 武德 元年(618)에 內史舍人이 되었다가 바로 中書侍郎, 散騎常侍로 옮겼다. 獨孤懷恩의 반란을 진압하고 天策府長史로 승진했으며 莒國公에 봉해졌다. 貞觀 초에 突厥에 출정해 民部尙書가 되나 죄를 지어 光祿大夫로 좌천되었다. 죽어 開府儀同三司, 幷州都督으로 추증되었고 昭陵에 배장되었으며 시호를 襄이라고 했다(『舊唐書』 卷58 「唐儉傳」: 2305).

150) 安修仁: 唐初의 將軍으로 涼州(지금 甘肅省 武威) 사람이었다. 조상들은 그 지역에서 유력자였다. 大業 말에 같은 동향 사람인 李軌 등과 함께 반란을 일으켜 戶部尙書에 임명되었다. 하지만 李軌와 갈등을 벌인 이후에 그를 잡아 唐朝에 투항한 공으로 左武候大將軍, 申國公으로 책봉되었다. 貞觀 4년(630)에 突厥에 대한 공격에 참여했다(『舊唐書』 卷55 「李軌傳」: 2249).

151) 저본에서는 阿史那蘇尼失이 頡利可汗의 從姪이라고 되어 있으나 다른 기록에 따르면 阿史那蘇尼失은 啟民可汗의 母弟라고 되어 있다. 여기에서 從姪이라고 한 것은 阿史那蘇尼失의 아들로 頡利可汗을 사로잡아 唐朝에 투항한 阿史那忠을 지칭한 것으로 보인다(『舊唐書』 卷59 「阿史那蘇尼失傳」: 3290).

152) 沙鉢羅設: 고대 투르크어로 '이쉬바라 샤드(Ishbara shad)'의 음사이다.

태복[시](太僕寺)[153]에 안치해 관청에서 먹을 것을 제공하도록 했다. 힐리[가한]이 답답하고 기분이 좋지 않아 식구들과 마주하여 슬프게 노래하며 울기도 하였다. 황제가 [힐리가한이] 야위어가는 것을 보고 괵주[154]자사(虢州刺史)로 제수했는데, 그 땅에는 노루와 사슴이 많아 그를 마음대로 사냥할 수 있게 함으로써 그 본래의 습성을 잃지 않게 했다. 힐리[가한]이 사양하며 가기를 원하지 않자 마침내 [그에게] 우위대장군(右衛大將軍)[155]에 제수하고 땅과 저택을 하사했다.

[정관] 5년(631) 태종이 시신들에게 말했다. "하늘의 이치[天道]는 착한 사람에게는 복을 주고 음탕한 자에게는 화를 주니 일[은 이런 이치]에 영향을 받는다. 예전에 계민[가한]이 나라가 망해 수나라에 도망쳐오자 [수]문제(隋文帝)[156]가 곡식과 비단을 아끼지 않았고, 군사

153) 太僕寺: 秦漢時代에는 太僕이 설치되어 輿馬에 관한 사무를 관장했다. 後漢時代에는 未央區令·長樂廏令이 있어 車馬를 관장했다. 西晉時代에 太僕이 설치되었는데 이후 각 왕조마다 설치와 廢置를 반복했다. 南朝 梁은 太僕卿을 두었는데 이후에도 계속되었다. 太僕寺는 乘黃·典廏·典牧·車府 등의 署와 諸牧監을 관할했다. 卿과 小卿이 長官과 次官이었으며 邦國의 廏牧과 車輿의 政令을 관장했다. 龍朔 2년(662)에 司馭寺로 改名되었다가 咸亨 元年(670)에 원래의 명칭으로 환원되었다. 光宅 元年(684)에 司僕寺로 바뀌었다가 神龍 元年(705)에 환원되었다.

154) 虢州: 원래 隋末 義寧 元年(617)에 郡으로 설치되었다가 武德 元年(618)에 州로 바뀌었다. 치소가 盧氏縣(지금 河南省 盧氏)에 있었다. 관할 구역은 지금 河南省 盧氏, 欒川 지역이었다. 貞觀 8년(634)에 鼎州가 폐지되면서 그 땅이 편입되었고, 虢州는 弘農縣(지금 河南省 靈寶)로 옮겼다.

155) 右衛大將軍: 右衛의 長官으로 품계는 正三品이었다. 前漢時代에 衛將軍, 曹魏 말기에 中衛將軍이 설치되었다. 西晉初에는 中衛將軍을 左衛將軍과 右衛將軍으로 나뉘어 宿衛營의 병사들을 관장했다. 北齊時代에 左衛將軍과 右衛將軍이 左廂과 右廂을 나뉘어 관장했다. 隋初에 左右衛가 설치되었는데, 煬帝시기에 左右翊衛로 改名되었다가 唐初에 左右衛府로 바뀌었다. 龍朔 2년(662)에는 '府'字가 생략되었다. 右衛府에는 大將軍 1명과 將軍 2명이 있었으며 宮廷의 警衛를 統領했다. 右衛는 親·勳·翊五府와 武安·武成 등 50府의 병사를 관장했다. 府兵制 폐지 이후에도 左右衛의 명칭은 살아남았다.

156) 隋 文帝(재위 581~604): 隋나라를 건국한 楊堅의 諡號로 廟號는 高祖였다. 後漢의 학자이자 정치가 楊震의 자손으로 西魏 12大將軍 한 사람인 隋國公 楊忠의 아들이었다. 弘農郡 華陰縣(陝西省 渭南縣) 출신이라고 하나 사실은 漢人이 아니고 鮮卑이거나 鮮卑와의 혼혈인 武將 집안 출신인 듯하다. 西魏를 이은 北周에서 아버지의 공으로 높은 지위에 올랐는데, 그의 딸이 北周 宣帝의 妃가 되자 外戚으로 정치적 실권을 장악했다. 580년 宣帝의 아들 靜帝가 어린 나이로 즉위하자 靜帝의 輔政이 되어 정사를 좌우했다. 581년 靜帝로부터 禪讓을 받아 隋나라를 세우고, 長安(지금 陝西省 西安市)을 수도로 정해 大興城이라 했다. 開皇律令을 제정해 제도를 정비하고, 科擧制를 실시해 귀족세력을 억제하는 등 中央集權制를 강화했다. 그가 정한 官制, 均田制, 府兵制 등은 唐나라 律令의 기초가 되었다. 589년 南朝 陳나라를 평정해 통일했고 突厥을 압박하고, 高句麗를 침공하기도 했다. 皇太子 勇을 폐하고 둘째아들

와 백성을 크게 일으켜 위(衞)를 만들고 편하게 해주자 비로소 살 수 있었으며 바로 강성하게 되어 대대손손 [문제의] 은덕에 보답하려고 생각했다. [그럼에도] 얼마 지나지 않아 시필[가한]의 시대에 이르러 군대를 일으켜 안문에서 [수]양제를 포위했고, 수나라가 장차 어지럽게 되자 또한 그 강함만을 믿고 깊이 쳐들어와 결국 이전에 그 가족과 나라를 안전하게 세워주게 한 사람 자신과 그 자손마저 모두 힐리[가한]의 형제에게 죽임을 당하게 되었다. 지금 힐리[가한]이 깨져서 망하게 된 것이 어찌 은혜를 배신하고 이를 망각해 초래한 것이 아니라고 할 수 있겠는가!"

[정관] 8년(634)에 [힐리가한이] 죽자 조칙을 내려 그 국인(國人)들로 하여금 장사지내라고 했는데 그 습속의 예에 따라 시신을 파수(灞水)[157]의 동쪽에서 태웠다.[158] 그를 귀의왕(歸義王)이라고 추증하고 시호를 황(荒)이라고 했다. [힐리가한의] 옛 신하 호록달관(胡祿達官)[159] 토욕혼야(吐谷渾邪)[160]가 스스로 목숨을 끊어 순사(殉死)했다.

渾邪者, 頡利之母婆施氏之媵臣也, 頡利初誕, 以付渾邪, 至是哀慟而死. 太宗聞而

廣을 太子로 세웠다가 병사했다(丁載勳, 2001).

157) 灞水: 陝西省에서 발원해 渭水로 흘러들어가는 지류 하천이다.

158) 突厥의 장례 습속은 『北史』 「突厥傳」에 다음과 같이 소개되어 있다. "죽은 사람의 시신을 천막 안에 놓고 자녀와 친척 남녀들이 양과 말을 잡아 천막 앞에 펼쳐놓고 제사를 지내고 [모두] 천막을 둘러싸고 천막을 돌며 말을 일곱 번 달리고 문 앞에 와서 칼로 얼굴을 그어 피와 눈물이 같이 흘러내리게 하기를 일곱 번하고 멈추었다. 이에 날짜를 잡아서 죽은 이가 타던 말과 물품 등을 시신과 모두 태워 그 남은 재를 모아 장례를 지냈다. 봄과 여름에 죽은 이는 나무와 풀이 누렇게 시들기를 기다렸고, 가을과 겨울에 죽은 이는 꽃이 무성해지기를 기다렸다가 그 연후에 구덩이를 파고 묻었다. 장사지내는 날에는 친족들이 제사를 차리고 말을 타고 얼굴을 그으며 처음 죽은 이를 제사지낼 때의 예와 똑같이 했다. 무덤의 곁에는 집을 지어 그 안에 집을 지은 다음에 죽은 사람의 모습과 살아 있을 때 겪었던 전투의 모습을 그려놓았다. 일찍이 한 사람을 죽였으면 하나의 돌을 세웠는데, [그 개수가 많으면] 천백에 이른 경우도 있었다. 또한 양과 말머리로 제사를 지내고 그것을 표지 위에 걸어두었다. 이 날 남녀가 모두 옷을 갖추어 입고 장례를 치르는 곳에 모이는데, 남자가 좋아하는 여자가 있으니 돌아가서 사람을 보내 결혼을 청하면 그 부모가 대부분 거절하지 않았다." 이상과 같이 突厥에서 火葬을 한 것은 조로아스터교의 영향을 받은 것으로 추정된다(蔡鴻生, 1998: 135).

159) 胡祿達官: 고대 투르크어로 '퀼뤽 타르칸(Külüg tarqan)'의 음사로 '힘센 장군'을 의미한다. 타르칸은 異性 출신의 將軍 칭호로 쓰였다.

160) 吐谷渾邪: 타르칸의 지위를 갖고 있었다는 사실로부터 將軍 정도의 지위를 갖고 있었다고 추정된다.

異之, 贈中郎將, 仍葬於頡利墓側, 樹碑以紀之.

[토욕]혼야는 힐리[가한]의 어머니 파시씨(婆施氏)[161]의 가신[媵臣][162]이었고, 힐리[가한]이 처음 태어나자 [토욕]혼야에게 맡겨 [키우게 했]는데, 이때 애통해 하면서 [스스로 목숨을 끊어] 죽었다. 태종이 [이 소식을] 듣고 기이하게 생각하고 [토욕혼야에게] 중랑장(中郎將)[163]을 추증하고 힐리[가한]의 묘 옆에 묻히도록 하고 비문을 세워 [그 일을] 기록하게 했다.

突利可汗什鉢苾者, 始畢可汗之嫡子, 頡利之姪也. 隋大業中, 突利年數歲, 始畢遣領其東牙之兵, 號爲泥步設. 隋淮南公主之北也, 遂妻之. 頡利嗣位, 以爲突利可汗, 牙直幽州之北. 突利在東偏, 管奚·霫等數十部, 徵稅無度, 諸部多怨之. 貞觀初, 奚·霫等並來歸附, 頡利怒其失衆, 遣北征延陀, 又喪師旅, 遂囚而撻焉.

돌리가한 십발필은 시필가한의 적자(嫡子)이며 힐리[가한]의 조카였다. 수 대업년간 중에 돌리[가한]이 나이를 먹게 되자 시필[가한]이 그를 동쪽 아장[東牙]의 병력을 통솔하도록 하며 니보설(泥步設)이라고 불렀다. 수나라의 회남공주(淮南公主)[164]가 북쪽으로 [피난]오자 마침내 [그녀를] 아내로 삼았다. 힐리[가한]이 자리를 이어받자 [대신] 돌리가한이 되어 아장을 유주의 북쪽에 두었다. 돌리[가한]은 동쪽의 치우친 [땅]에 있으면서 해(奚)[165]와 습(霫)[166]

161) 『新唐書』에는 '婆施'로 되어 있다.

162) 媵臣은 주인의 딸이 시집갈 때 데리고 오는 奴婢 혹은 신하를 지칭한다.

163) 中郎將: 唐代 武官의 명칭으로 品階는 正四品下였다. 唐代 左右衛의 親衛·勳衛·翊衛 3衛 5府와 諸衛의 翊府, 太子左右率府의 親衛·勳衛·翊衛 3衛 3府에 매 府마다 각각 中郎將 1명을 두었다. 또 左右監門衛와 千牛衛, 羽林軍에도 中郎將이 설치되었는데 지위는 將軍의 다음이었다. 永徽 3년(652)에 諸衛의 中郎將이 旅賁으로 개칭되었다가 다시 中郎將의 환원되었다.

164) 淮南公主: 隋나라의 공주로 突厥 突利可汗에게 시집을 갔다.

165) 奚: 동부 몽골지역에 거주하던 종족의 하나로 南北朝時代에는 庫莫奚라고 불렀다. 隋代에는 奚라고 불렀는데, 원래 東胡가 원류였던 것으로 추정된다. 주로 潢水(지금 시라무렌) 유역에 거주했고, 동으로는 契丹과 서로는 突厥, 남으로는 白狼河, 북으로는 霫과 접해 있었다. 처음에는 突厥에 속해 있다가 이후에 세력이 강해졌다. 다섯 개의 큰 部落으로 이루어져 있었다(李在成, 1996). 契丹과 연칭이 되는데, 비문에는 거란과 타타비(tatabï)가 같이 동부 몽골에 살던 유목세력으로 늘 같이 칭해진다는 점에서

등의 수십 부락을 관할했는데,[167] 세금을 징수하는 것이 법도가 없어 여러 부락이 대부분 원망을 했다. 정관년간 초기에 해와 습 등이 모두 [당조에] 귀부해 오자 힐리[가한]이 [그가] 백성을 잃은 것에 노해 북쪽으로 [설]연타를 정벌하라고 보냈으나 또 [패해] 군대를 잃고 [도망와] 결국 [힐리가한에게] 잡혀 채찍질을 당했다.

突利初自武德時, 深自結於太宗, 太宗亦以恩義撫之, 結爲兄弟, 與盟而去. 後頡利政亂, 驟徵兵於突利, 拒之不與, 由是有隙. 貞觀三年, 表請入朝, 上謂侍臣曰:「朕觀前代爲國者, 勞心以憂萬姓, 世祚乃長; 役人以奉其身, 社稷必滅. 今北蕃百姓喪亡, 誠由其君不君之故也. 至使突利情願入朝, 若非困迫, 何能至此? 夷狄弱則邊境無虞, 亦甚爲慰, 然見其顚狽, 又不能不懼, 所以然者, 慮己有不逮, 恐禍變亦爾. 朕今視不能遠見, 聽不能遠聞, 唯藉公等盡忠匡弼, 無得惰於諫諍也.」突利尋爲頡利所攻, 遣使來乞師, 太宗謂近臣曰:「朕與突利結爲兄弟, 不可以不救.」杜如晦進曰:「夷狄無信, 其來自久, 國家雖爲守約, 彼必背之. 不若因其亂而取之, 所謂取亂侮亡之道.」 太宗然之. 因令將軍周範屯太原以圖進取, 突利乃率其衆來奔, 太宗禮之甚厚, 頻賜以御膳. 四年, 授右衛大將軍, 封北平郡王, 食邑封七百戶, 以其下兵衆置順·祐等州, 帥部落還蕃. 太宗謂曰:「昔爾祖啓民亡失兵馬, 一身投隋, 隋家竪立, 遂至強盛, 荷隋之恩, 未嘗報德. 至爾父始畢反爲隋家之患, 自爾已後, 無歲不侵擾中國. 天實禍淫, 大降災變, 爾衆散亂, 死亡略盡. 旣事窮後, 乃來投我, 我所以不立爾爲可汗者, 正爲啓民前事故也. 改變前法, 欲中國久安, 爾宗族永固, 是以授爾都督. 當須依我國法, 整齊所部, 不得妄相侵掠, 如有所違, 當獲重罪.」五年, 徵入朝, 至并州, 道病卒, 年二十九. 太宗爲之擧哀, 詔中書侍郎岑文本爲其碑文, 子賀邏鶻嗣.

그와 동일한 것으로 이해하기도 한다(禹悳燦, 1997).

166) 霫: 동부 몽골 북부에 거주하던 종족의 하나로 隋代에 潢水(지금 시라무렌) 유역의 북부에 거주했으며 狩獵을 주로 했다. 동으로 靺鞨, 서로 突厥, 남으로 契丹, 북으로 烏洛候와 접해 있었다. 산으로 둘러싸인 興安嶺산맥에 사는 종족으로 수렵을 주로 하였다. 이후 남하해 시라무렌을 건너 奚에 속하게 되었다.

167) 『新唐書』에서는 突利可汗이 관할한 부락을 契丹과 靺鞨이라고 했다.

돌리[가한]이 일찍이 무덕년간(618~626)부터 스스로 태종과 관계를 맺고자 했고, 태종 역시 은의로서 [그를] 다독이자 형제의 맹약을 맺고 돌아갔다. 이후에 힐리[가한]이 다스리는 것이 어지럽게 되면서 돌리[가한]에게 급히 병력을 징발하려고 했으나 거절하고 주지 않았기 때문에 틈이 벌어졌다.

정관 3년(629)에 [돌리가한이] 표를 올려 조정에 들어올 것을 청하자 황제가 시신들에게 말했다. "짐이 이전에 나라를 다스린 자들을 보건데, 만약 마음을 써서 만백성을 걱정하면 나라의 수명이 오래갔지만 [반대로] 사람을 부려 자신만을 받들게 하면 반드시 사직이 망했다. 지금 돌궐[北蕃]의 백성들이 [나라를] 잃고 망한 것은 진실로 그 임금이 임금 노릇을 [제대로] 하지 못했기 때문이다. 돌리[가한]이 진정으로 조정에 들어오기를 원하게 만든 것도 만약 [그가] 곤궁하지 않았다면 어찌 이렇게 될 수 있었겠는가? 이적(夷狄)이 약하게 되면 변경에 걱정이 없게 되므로, [이것이 짐에게] 또한 심히 위로가 되지만, 그들이 망하는 것을 보고 [짐] 또한 걱정하지 않을 수 없는데, 왜냐하면 자신도 [제대로 된 임금 노릇에] 미치지 못할까 우려되고 [마찬가지] 화란(禍亂)이 생길까 두렵기 때문이다. 짐이 지금 보아도 멀리 볼 수 없고 들어도 멀리 들을 수 없어 오직 공들의 충의와 원조에 의지하고자 하니 [모두] 게으르게 굴지 말고 다투어 논의를 하도록 하라."

돌리[가한]이 얼마 있지 않아 힐리[가한]에게 공격을 받아 사신을 보내 군대를 구하자 태종이 근신들에게 말했다. "짐이 돌리[가한]과 형제 관계를 맺었기 때문에 [그를] 구하지 않을 수 없다." 두여회(杜如晦)[168]가 나아가 말했다. "이적(夷狄)이 신용이 없다는 것은 그 유래가 오래 되었으니 [우리]나라가 비록 약속을 지킨다고 하더라도 그들은 약속을 반드시 어길 것입니다. [그들을 돕는 것은] 그들의 어지러움을 이용해 그들을 망하게 하는 것만 못합니다. 즉, [이것은] 어지러워지면 취하고 망하면 업신여기는 것과 같은 이치입니다." 태종은 [두]여회의 주장이 옳다고 여겼다. 그래서 장군 주범(周範)을 태원에 주둔하게 함으로써 나아가

---

168) 杜如晦(585~630): 唐初의 宰相으로 字는 克明이고, 京兆 杜陵(지금 陝西省 西安市) 사람이었다. 일찍부터 영민해 隋代에 관리를 하기도 했으나 물러났다가 李世民에게 발탁되었다. 이후에 秦王府兵曹參軍이 되었다가 陝西總管府長史가 되었다. 이후 李世民과 함께 여러 세력을 격파해 공을 세웠고, 玄武門의 變에 참여해 太子左庶子가 되었다가 바로 兵部尙書, 蔡國公으로 봉해졌다. 貞觀 2년(628)에 檢校侍中, 吏部尙書, 總監東宮病魔 등을 맡았다가 그 이듬해 長孫無忌를 대신해 尙書右僕射가 되어 宰相 房玄齡과 함께 정사를 맡았다. 貞觀년간에 律令制度 등을 정비하는 일에 참여했다. 죽은 다음에 司空으로 추증되었고 昭陵에 배장되었다(『舊唐書』 卷66 「杜如晦傳」: 2467).

취하게 하자 돌리[가한]이 바로 그 백성을 이끌고 도망쳐 왔고, 태종이 아주 후하게 예로써 [그를] 접대하며 천자의 음식을 빈번히 내려주었다.

[정관] 4년(630)에 [돌리가한에게] 우위대장군에 제수하고 북평군왕(北平郡王)으로 봉하고 7백호의 식읍을 주면서 그 휘하의 병사와 백성을 순주(順州)[169]와 우주(祐州)[170] 등에 안치하고 부락을 거느리고 돌궐[蕃]로 돌아가라고 했다. 태종이 말했다. "이전에 너희 할아버지인 계민[가한]이 병마를 잃고 몸뚱이 하나만을 수나라에 의탁했는데, 수나라[隋家]에서는 그를 [가한으로] 세워 마침내 강성하게 되어 수나라의 은혜를 입고도 일찍이 덕을 보답한 적이 없었다. 너의 아비인 시필가한에 이르러서는 도리어 수나라의 걱정거리가 되었고, 그로부터 중국을 침범하지 않은 해가 없었다. 하늘은 실로 탐욕스런 사람에게 화를 내리기 때문에 재난과 이변이 크게 일어나 너희의 백성들이 흩어지고 어지럽게 되어 거의 전부 죽은 것이다. [네가] 이미 일이 터져 곤궁하게 된 이후에 와서야 투항하니, 짐이 너를 가한으로 세워줄 수 없는 것은 바로 계민[가한]의 전례가 있기 때문이다. 이전 [왕조의] 법을 바꾸어 중국을 오래 안정되게 하고 너희 종족도 영원히 한결같게 만들기 위해 너에게 도독(都督)[171]을 제수하노라. 마땅히 우리나라의 법에 의거해 관할하는 부락[의 질서]를 바로잡을 것이고 망령되이 침략하지 못하게 할 것이니, [네가] 만약 [이를] 어긴다면 마땅히 중죄를 받게 될 것이다."

[정관] 5년(631)에 [태종이 돌리가한을] 조정에 들어오라고 부르자 병주에 도착했다가 도중에 병으로 죽었는데, 나이가 29세였다. 태종이 [그를 위해] 애도하고 조칙을 내려 중서시랑(中書侍郎)[172] 잠문본(岑文本)[173]에게 돌리[가한]을 위해 비문을 쓰게 하고 돌리[가한]의 아

---

169) 順州: 貞觀 6년(632)에 羈縻州로 설치되었다. 치소가 營州 남쪽 五柳城(지금 遼寧省 朝陽市 남쪽)에 있다가 이후에 幽州城(지금 北京 서남쪽)으로 옮겼다. 天寶 元年(742)에 順義郡으로 개명되었다가 乾元 元年(758)에 환원되었다.

170) 祐州: 그의 위치에 대한 기록이 확실하지 않다. 실제 羈縻州였다면 代州와 夏州 사이에 위치했을 것이고, 그 관할은 오르도스(河套) 동북쪽에 있는 勝州都督府(治所가 지금 內蒙古自治區 準格爾旗 동북쪽 黃河 남안에 있는 十二連城古城에 있었다)에 속했을 것이라고 추정된다(岩佐精一郎, 1936: 83).

171) 都督: 武官의 官名이다. 曹魏 黃初 3년(222)에 처음으로 설치되었으며 諸州의 軍事를 관장했다. 후에 大都督이 설치되면서 권력과 임무가 더욱 重해졌다. 兩晉南北朝時代에도 여전히 설치되었으며, 刺史와 太守가 겸직하면서 지위가 점차 낮아졌다. 北周에는 大都督·都督·帥都督의 지위가 있었는데, 군대를 통솔하는 軍官의 명칭으로 지위가 낮았다. 隋 煬帝 시기에 校尉, 旅帥, 隊正으로 바뀌었다. 唐初에는 大都督府와 都督府를 설치한 다음 上, 中, 下의 三等으로 나누었으며 각자 都督 1명을 두어 諸州의 兵馬와 鎭戍, 양식, 무기 등을 관장하게 했다. 이후에 節度使가 설치되면서 都督의 역할을 대신했다.

들 [아사나]하라골(阿史那賀邏鶻)174)에게 그 지위를 잇게 했다.

突利弟結社率, 貞觀初入朝, 歷位中郎將. 十三年, 從幸九成宮, 陰結部落得四十餘人, 并擁賀邏鶻, 相與夜犯御營, 踰第四重幕, 引弓亂發, 殺衛士數十人. 折衝孫武開率兵奮擊, 乃退, 北走渡渭水, 欲奔其部落. 尋皆捕而斬之, 詔原賀邏鶻, 流于嶺外.

돌리[가한]의 동생인 [아사나]결사솔(阿史那結社率)175)이 정관 초에 조정에 들어와 관직을 두루 거쳐 중랑장의 지위에 올랐다. [정관] 13년(639) 황제의 구성궁(九成宮)176) 행차에 따라갔다가 몰래 부락과 결탁해 40여 명을 [자기편으로] 얻은 후에 [아사나]하라골을 옹립하고 밤에 황제가 묵는 곳을 범하기 위해 네 번째 장막을 넘어 활을 당겨 어지럽게 쏴서 위사(衛士)177) 수십 명을 죽였다. 절충[도위](折衝都尉)178) 손무개(孫武開)179)가 병사를 이끌고 힘을

172) 中書侍郎: 隋代에는 內史侍郎이라고 했다가 武德 3년(620)에 中書侍郎으로 바뀌었고, 中書省 次官의 역할을 했다. 인원은 2명으로 품계는 正四品이었는데, 機密에 참여하고 朝政을 議決하는 宰相의 지위에 있었다. 高宗 이후에는 西臺侍郎, 鳳閣侍郎, 紫微侍郎이라고 불렸고, 中書令이 주로 명예직으로 바뀌면서 그 일을 대신하게 되자 中書省의 일을 관장했다. 大曆 2년(767)에 품계가 正三品이 되었다.

173) 岑文本(595~645): 唐初의 宰相으로 字는 景仁이고 南陽 棘陽(湖北省 江陵) 사람이었다. 隋末에 蕭銑이 반란을 일으켰을 때 中書侍郎이라 되었다. 그가 패배한 이후에 唐朝에 귀부해 荊州別駕가 되었다. 이후 李孝恭을 따라 輔公祏을 진압해 行臺考功郎中이 되었다. 貞觀 元年(618)에 秘書郎 兼直中書省을 제수 받았다. 문재가 뛰어나 李靖이 그를 中書舍人으로 발탁했고, 이후에 中書侍郎이 되었다. 令狐德棻과 함께 『周書』를 편찬하는데 참여를 했다. 史書를 찬수한 공으로 江陵縣子가 되었다. 18년(636)에 中書令이 되었다. 太宗을 따라 高句麗 원정에 참여를 했다가 병을 죽었다. 侍中, 廣州都督으로 추증되어 昭陵에 배장이 되었다(『舊唐書』 卷72 「岑文本傳」: 2535).

174) 阿史那賀邏鶻: 突利可汗 什鉢苾의 아들로, 고대 투르크어로 '카라 퀼(Qara kül)'의 음사로 추정된다. 그는 頡利可汗과 갈등을 빚은 다음에 唐朝에 투항했다.

175) 阿史那結社率: 頡利可汗과 갈등을 빚어 唐朝에 투항했던 突利可汗 阿史那什鉢苾의 동생으로 조카인 阿史那賀邏鶻을 可汗으로 추대하고 太宗을 범하려고 했다가 죽임을 당했다.

176) 九成宮: 唐代 離宮의 하나로 唐代 關內道 岐州 麟游縣(지금 陝西省 麟游) 서쪽으로 5리 떨어진 곳에 있었다. 隋末에 廢宮되었다가 貞觀 5년(631)에 萬年宮으로 재건되고, 乾封 2년(667)에 다시 九成宮으로 바뀌었다. 주로 皇帝들의 여름 피서지로 사용되었다.

177) 衛士는 府兵을 말한다.

178) 折衝都尉: 唐代 折衝府의 長官이었다. 隋代부터 唐初까지 軍府의 長官을 驃騎將軍(혹은 車騎將軍), 鷹揚郎將, 統軍이라고 불렀다. 貞觀 10년(636)에 처음으로 折衝都尉라고 改名되었고 軍府는 折衝府라고

다해 격퇴하자 [아사나]결사솔이 바로 물러나 북쪽으로 위수를 건너 그 부락으로 도망가고자 했다. [하지만] 바로 모두 사로잡혀 목을 베어 죽임을 당했고, [황제가] 조칙을 내려 [아사나] 하라골만 사면해 영외(嶺外)[180]로 유배를 보내라고 했다.

頡利之敗也，其部落或走薛延陀，或走西域，而來降者甚衆．詔議安邊之術．朝士多言突厥恃強，擾亂中國，爲日久矣．今天實喪之，窮來歸我，本非慕義之心．因其歸命，分其種落，俘之河南兗·豫之地，散居州縣，各使耕織，百萬胡虜可得化爲百姓，則中國有加戶之利，塞北可常空矣．唯中書令溫彥博議請準漢建武時置降匈奴於五原塞下，全其部落，得爲捍蔽，又不離其土俗，因而撫之，一則實空虛之地，二則示無猜心．若遣向河南兗·豫，則乖物性，故非含育之道．太宗將從之．祕書監魏徵奏言：「突厥自古至今，未有如斯之破敗者也，此是上天勦絕，宗廟神武．且其世寇中國，百姓冤讎，陛下以其降伏，不能誅滅，卽宜遣還河北，居其故土．匈奴人面獸心，非我族類，強必寇盜，弱則卑服，不顧恩義，其天性也．秦·漢患其若是，故發猛將以擊之，收取河南，以爲郡縣，陛下奈何以內地居之．且今降者幾至十萬，數年之間，孳息百倍，居我肘腋，密邇王畿，心腹之疾，將爲後患，尤不可河南處也.」溫彥博奏曰：「天子之於物也，天覆地載，有歸我者則必養之．今突厥破滅之餘，歸心降附，陛下不加憐愍，棄而不納，非天地之道，阻四夷之意，臣愚甚謂不可．遣居河南，所謂死而生之，亡而存之，懷我德惠，終無叛逆.」魏徵又曰：「晉代有魏時胡落，分居近郡，平吳已後，郭欽·江統勸武帝逐出塞外，不用欽等言，數年之後，遂傾瀍·洛．前代覆車，殷鑒不遠，陛下必用彥博之言遣居河南，所謂養獸自遺患也.」彥博又曰：「聞聖人之道，無所不通，古先哲王，有教無類．突厥餘魂，以命歸我，我援護之，收居內地，稟我指麾，教以禮法，數年之後，盡爲農民，選其酋首，遣居宿衛，畏威懷

바뀌었다. 上府 折衝都尉의 품계는 正四品上, 中部는 從四品下, 下部는 正五品下였다. 본부 府兵의 훈련과 무기, 양식의 조달, 점검, 宿衛, 征役 등의 사무를 맡았다.

179) 孫武開: 折衝府의 將領인데, 정확하게 누구인지 알 수 없다.

180) 嶺外: 唐代에는 지금 廣東, 廣西, 海南과 越南 북부지역을 지칭하는 명칭이다. 왜냐하면 中國의 입장에서 嶺南은 五嶺의 밖에 위치하고 있다고 생각했기 때문이다. 달리는 嶺表라고도 한다.

德，何患之有？ 光武居南單于於內郡，爲漢藩翰，終乎一代，不有叛逆.」 彦博旣口給，引類百端，太宗遂用其計，於朔方之地，自幽州至靈州置順·祐·化·長四州都督府，又分頡利之地六州，左置定襄都督府，右置雲中都督府，以統其部衆．其酋首至者皆拜爲將軍·中郎將等官，布列朝廷，五品以上百餘人，因而入居長安者數千家．自結社率之反也，太宗始患之．又上書者多云處突厥於中國，殊謂非便，乃徙於河北，立右武候大將軍·化州都督·懷化郡王思摩爲乙彌泥孰俟利苾可汗，賜姓李氏，率所部建牙於河北．

힐리[가한]이 패망한 이후에 그 부락은 혹은 설연타로 달아나거나 혹은 서역(西域)[181]으로 달아났는데, [그 중에서 중국으로] 항복해온 자가 가장 많았다. [이에 황제가] 조칙을 내려 변경을 안정시킬 수 있는 계책을 논의하라고 했다. 조정의 대신들은 대부분 [다음과 같이] 말했다. "돌궐이 스스로 강성함으로 믿고 중국을 어지럽힌 지 오래 되었습니다. 지금 하늘이 정말 [돌궐을] 없애자 궁해져 와서 우리나라에 귀순했으나 본래부터 올바르게 살려는 마음이 없었습니다. [따라서] 귀환 명령에 따라 그 종족 부락을 나누어 하남[도](河南道)[182]의 연[주](兗州),[183] 예[주](豫州)[184]의 땅에 옮겨 주현(州縣)에 흩어져 살게 하고 각자 농사와

181) 西域은 中國의 서쪽 지역을 뜻하는데, 시대에 따라 그의 지리적 범위가 달라졌다. 이 용어는 『漢書』에 처음으로 나타나며, 원래 동투르키스탄, 즉 지금 新疆維吾爾自治區에 있는 타림 분지에 산재해 있던 오아시스 도시국가들을 지칭했다. 그 이후 中國人의 서방에 관한 지식이 확대되면서 그 지역 범위도 인도에서 로마까지 확대되었다. 그 의미는 일반적으로 넓게는 서투르키스탄, 서아시아, 소아시아, 때로는 인도까지 포함했다. 일반적으로 동투르키스탄과 서투르키스탄을 합친 중앙아시아, 특히 동투르키스탄을 가리키는 말이다. 지금은 中國 중심적이고 지역적인 범주가 모호하다는 이유로 잘 사용되지 않고 있다. 다만 원문과 번역문의 西域은 타림 분지 일대의 오아시스 지역과 알타이산맥 일대의 중앙아시아지역을 포함한다.

182) 河南道: 貞觀 元年(627)에 설치되었는데, 관할 구역은 지금 河南省과 山東省 黃河 故道의 이남과 江蘇省, 安徽省 淮河 이북지역이었다. 開元 21년(733) 河南道採訪處置使의 치소가 汴州(지금 河南省 開封)에 설치되었고, 같은 해 東都 부근 지역에 都畿道가 설치되면서 영역이 축소되었다가 乾元 元年(758)에 폐지되었다.

183) 兗州: 前漢 武帝 元封 5년(전106)에 처음 설치되었으며, 13刺史部의 하나였다. 현재의 山東省 서남부와 河南省 동부에 해당했다. 後漢時代에는 昌邑縣(지금 山東省 鉅野縣 동남)에 治所를 두었다. 魏晉時代에는 治所를 廩丘(지금 山東省 鄆城縣 서쪽 60里)로 옮겼으며, 관할구역은 점차 축소되었다. 南朝 宋시기

길쌈을 해 백만의 돌궐인들[胡虜]을 백성으로 삼을 수 있다면 중국에는 호구를 늘리는 이익이 있고 장성 북쪽을 늘 비게 할 수 있을 것입니다."

다만 중서령 온언박(溫彥博)[185]만이 [후]한 [광무제] 건무(建武)년간(25~220)에 항복한 흉노(匈奴)[186]를 오원새(五原塞)[187] 부근에 두었던 선례를[188] 따라, 그들의 부락을 보전하고 그들을 변경의 방패[捍蔽]로 삼으며 또한 그들의 습속[土俗]에서 벗어나지 않게 위로하고

에는 治所를 瑕丘城(隋代에 瑕丘縣이 설치되었으며, 지금 山東省 兗州市에 해당)으로 옮겼다. 隋 大業 2년(606)에 魯州로 改稱되었다가 武德 5년(622)에 환원되었다. 唐代 兗州의 관할구역은 지금 山東省 濟寧, 曲阜, 泰安, 萊蕪, 汶上, 寧陽, 泗水, 鄒城 등 市와 縣의 지역에 해당한다.

184) 豫州: 前漢 武帝시기에 처음 설치되었으며, 13刺史部의 하나였다. 관할구역은 현재의 淮河 이북 伏牛山 동쪽의 河南省 동부와 安徽省 북부에 해당한다. 後漢時代의 治所는 譙縣(지금 安徽省 亳州市)에 있었다. 曹魏 治所를 安城縣(지금 河南省 正陽縣 동북 南汝河 西南岸)으로 옮겼다. 西晉時代에 治所를 陳縣(지금 河南省 淮陽縣)으로 옮겼다. 永嘉의 난 이후 五胡十六國과 南北朝時代에는 治所와 관할구역이 자주 변했으며, 심지어 僑州로 설치되기도 했다. 北周시대에 舒州로 改稱했다가 隋初에 환원되었다. 大業初에 蔡州로 改名되었다가 따로 洛陽縣에 豫州가 설치되었다가 大業 3년 다시 河南郡으로 바뀌었다. 唐初에 다시 豫州가 설치되었고, 治所가 汝陽縣(지금 河南省 汝南縣)에 있었다. 寶應初에 蔡州로 改稱되었다.

185) 溫彥博: 唐初의 大臣으로 字는 大臨이고, 幷州 祁縣(지금 山西省 祁縣) 사람이었다. 隋 開皇 말기에 對策 高第로 文林郎, 直內史省으로 제수되었다. 隋末에 幽州總管 羅藝引의 司馬가 되었고, 항복한 이후에 總管府長史, 西河郡公이 되었다. 이후에 中書舍人이 되었다가 侍郎으로 옮겼다. 武德 8년(625)에 突厥에 대한 공격 과정에서 포로가 되어 陰山에 잡혀 있었다. 太宗이 즉위한 이후에 비로소 풀려나 돌아왔다. 中書令이 되었고, 이후 突厥이 항복하자 그들을 오르도스 지역으로 이주시킬 것을 강력하게 주장했다. 虞國公으로 작으로 올랐고, 尙書右僕射를 했다. 사후에 昭陵에 배장되었다(『舊唐書』 卷91 「溫彥博傳」: 3782).

186) 匈奴: 기원전 3세기 말 몽골 초원을 통일하고 북아시아 최초로 유목국가를 건설해 발전했다. 그 이후에 漢나라와 대결과 和親을 되풀이 하다가 내분으로 기원후 1세기경에 남북으로 분열되었고, 내부적인 갈등의 증폭과 漢나라의 羈縻政策으로 인해 국가가 붕괴되었다. 그 이후에 주요 세력은 中國 북방으로 내려와 南匈奴를 형성해 三國時代까지 中國의 藩屛으로 존재했고 西晉이 종언을 구하는 永嘉의 喪亂을 계기로 시작된 五胡十六國時代에 漢과 前趙, 北涼 등을 건설하면서 활동하기도 했다. 따라서 匈奴는 그 국가가 붕괴되어 역사적 작용이 소멸된 이후에도 여전히 북아시아 遊牧民族의 典型으로 여타 유목민과 비교 대상이 되었을 뿐만 아니라 심지어 그들을 지칭하는 일반적인 표현으로 사용되었다(사와다 이사오, 2007).

187) 五原塞: 五原郡의 楡林塞로 지금 內蒙古自治區 包頭市 서북쪽 지역이다. 일설에는 지금 內蒙古自治區 河套(오르도스) 동북쪽에 위치했다고도 한다.

188) 後漢初에 南匈奴의 醢落尸逐鞮單于(呼韓邪單于, 재위: 48~56) 比가 그 部衆을 거느리고 五原郡에 내려와 있었던 일을 지칭한다.

어루만진다면, 첫째 빈 땅을 채울 수 있고, 둘째 [돌궐을] 의심하는 마음이 없다는 것을 보여줄 수 있을 것이라는 의견을 주청했다. [또한 그는] 만약 [돌궐을] 하남[도]의 연주와 예주로 보낸다면 그들의 천성을 어그러뜨리는 것이라 그들을 보듬어 키우는 도리가 아니라고 말했다. 태종이 그[의 의견]을 따르려고 했다.

[그러자] 비서감(祕書監)[189] 위징(魏徵)[190]이 아뢰어 말했다. "돌궐은 예로부터 지금까지 이번처럼 깨지고 패한 적이 없었는데, 이는 하늘이 [그들의] 소굴을 절멸시킨 것이고 종묘의 신령스런 힘[이 그렇게 한 것]입니다. 또한 그들이 대대로 중국을 노략질해 백성들에게 원수가 되었는데 폐하께서는 그들이 항복하자 죽일 수 없어서 바로 하북(河北)으로 돌려보내 그 옛 땅에 살게 하는 것이 옳다고 하십니다. 돌궐[匈奴][191] 사람들은 인면수심(人面獸心)이라 우리와 같은 족속의 종류가 아니니 강하면 반드시 약탈과 도둑질을 하고, 약하면 비굴하게 굴복하면서도 은혜와 옳음을 생각하지 않는 것이 그들의 천성입니다. 진(秦)나라와 한나라가 그들의 천성이 그와 같음을 걱정했기 때문에 용맹한 장수를 보내 [그들을] 격파하고 하남(河南)[192]을 점령해 군현으로 만들었는데, [그와 달리] 폐하께서는 어찌해 내지에 그들을 살게 하려고 하십니까? 또 지금 항복한 사람들이 거의 10만에 이르는데 몇 년 내에 바로 그들이 백배로 늘어나 우리의 곁[肘腋]에 살게 되면 경기지역[王畿]과 가까워 없애기 어려운 우환이 되어 장차 훗날의 화근이 될 것이니 더욱더 그들을 하남에 살게 해서는 절대로 안 됩니다."

189) 祕書監: 隋代에 著作과 太師를 통솔하는 역할을 했다. 품계가 正三品이었다가 大業 3년(607)에 從三品으로 바뀌었고, 이름도 秘書令이라고 했다. 武德 초에 秘書監으로 이름이 바뀌었다. 龍朔 2년(662)에 蘭臺太史가 되었다가 咸亨 元年(670)에 환원되었다. 天授 초에는 麟臺監이 되었다가 神龍 元年(705)에 원래대로 바뀌었다.

190) 魏徵(580~643): 唐初의 名宰相으로 字는 玄成이고, 魏州 曲城(河北省 館陶) 사람이었다. 아버지 長賢은 北齊의 屯留令이었으나 어려 고아가 되어 出家해 道士가 되었다. 이후 隋末에 瓦墹軍에 참가해 李密을 돕다가 패배하자 唐에 투항하나 竇建德에게 잡혀 起居舍人이 되었다. 이후 唐朝에 들어와 太子洗馬가 되었고, 太宗이 즉위한 이후에는 諫議大夫가 되었다. 貞觀 3년(629)에 秘書監, 7년(633)에 侍中이 되었는데, 太宗에게 直諫을 하기로 유명했다. 修史에 참가한 공으로 鄭國公에 봉해졌다(『舊唐書』 卷71 「魏徵傳」: 2545).

191) 匈奴는 일반적으로 북방의 유목민족을 지칭하는 표현으로 여기에서는 突厥로 번역했다.

192) 河南: 黃河 남쪽 지역을 지칭한다. 지금 內蒙古의 河套(오르도스) 즉, 지금 內蒙古自治區 伊克昭盟 일대이다. 河南은 과거 秦나라의 蒙恬이 匈奴를 몰아내고 黃河 이남의 땅을 회복한 다음에 성곽을 쌓고 백성을 이주시킨 다음에 이곳을 '新秦'이라고 했다. 漢 武帝시대에도 이곳을 '新秦中'이라 불렀는데, 여기에서도 이 지역을 지칭한다.

온언박이 아뢰어 말했다. "천자는 만물을 하늘처럼 덮을 수 있고 땅처럼 실을 수 있어야 하니 우리에게 귀순하는 자는 반드시 키워주어야 합니다. 지금 파멸되고 남은 돌궐의 백성이 마음을 돌려 항복했는데, 폐하가 만약 불쌍히 여기지 않고 버리고 받아들이지 않는다면 천지의 도[를 따른 것]이 아니므로, 사이(四夷)의 뜻을 막는 것은 어리석은 제 소견으로는 매우 잘못되었다고 생각합니다. [그들을] 보내 하남에 살게 하는 것은 소위 죽은 것을 살리고 망한 것을 다시 존속하게 하는 것이라고 말씀 드릴 수 있으니 [그렇게 하면 그들이] 우리의 은덕을 생각하고 끝내 반역하지 않을 것입니다."

위징이 다시 말했다. "[서]진(西晉)시대에도 [조]위(曹魏)시기처럼 흉노 부락[胡落]을 [내]군(內郡)[193] 가까운 곳에 살게 했는데,[194] 오(吳)나라를 평정한 이후에 곽흠(郭欽)[195]과 강통(江統)[196]이 [진(晉)] 무제(武帝)[197]에게 [이들을] 장성 밖으로 축출할 것을 권했으나, [곽]흠 등의 말을 듣지 않아 수년 후에 결국 [흉노가] 전[수](瀍水)[198]와 낙[수](洛水)[199][인근의 땅]을 함락했습니다.[200] 전대에 이런 예가 있고 그런 교훈도 멀지 않으니 폐하께서 반드시

193) 郡은 中國의 內郡을 지칭한다.

194) 南匈奴가 내부하자 曹魏에서 5부를 설치해서 오르도스 지역에 거주하도록 한 것을 말한다. 이를 五部匈奴라고 지칭한다(內田吟風, 1975: 263~305).

195) 郭欽: 西晉시대에 後漢 이래 中國 내지에 들어와 살던 여러 족속들이 반란을 일으키게 되자 侍御史(일설에는 御史大夫)였던 郭欽이 吳나라를 평정하고 三國을 통일한 기세를 살려 北郡을 토벌할 것을 주장하나 받아들여지지 않았다. 하지만 그 이후 실제 그의 우려처럼 西晉이 내지에 있던 여러 종족들에 대한 통제가 실패함으로써 나라가 망하게 되었다는 점에서 유명하게 되었다.

196) 江統(?~310): 西晉時代의 관리로 字는 應元, 濟陽 考城(지금 河南省 民權 東北) 사람이었다. 江祚의 아들로 亢父男의 작을 이었고, 山陰令을 제수받았다. 이후에 中郞, 太子洗馬 등을 역임한 다음에 博士, 尙書郞을 거쳐 黃門侍郞, 散騎常侍가 되었다. 永嘉 4년(310)에 成皐로 피난을 와서 병으로 죽었다. 內徙된 여러 다른 족속들의 위협에 대한 저술인 「徙戎論」으로 유명하다(『晉書』 卷56 「江統」: 1529).

197) 西晉 武帝(236~290): 司馬炎로 三國을 통일하고 晉나라를 건국했다. 河內 溫縣(지금 河南省 溫縣 서남) 사람으로 字는 安世이고, 司馬昭의 장자였다. 西晉은 曹魏와 달리 사치스런 기풍을 일소하고 검약한 분위기를 세웠으며 宗室에게 분봉을 하는 封建制를 실시했다. 하지만 이런 그의 조치가 皇權의 약화를 초래해 내지로 들어온 여러 족속들이 반란을 일으켜 왕조가 붕괴되는 결과를 초래했다. 廟號는 世祖였다.

198) 瀍水: 河南省 洛陽 서북을 흘러가는 강이다. 원래 河南省 孟津 서북에서 발원해 동남으로 흘러가서 洛陽의 동쪽에서 洛水와 합류를 한다.

199) 洛水: 陝西省 洛南縣 洛源鄕의 木岔溝에서 발원해 盧氏縣, 洛寧縣, 宜陽縣, 洛陽市 등을 경유하고, 偃師縣 楊村 부근에서 黃河로 흘러들어가는 강이다. 이후에는 伊洛河라고도 불렸는데, 총연장이 453km 정도이다.

[온]언박의 말을 따라 [돌궐을] 하남에 살게 하신다면 [이것은] 바로 짐승을 길러 자신[의 옆]에게 근심을 남겨두는 것과 같은 것입니다."

[온]언박이 다시 말했다. "듣건대 성인의 도는 통하지 않는 것이 없고, 옛날의 현명한 [선]왕(先王)은 가르침에 구분을 두지 않았습니다. 돌궐의 남은 무리[餘魂]들이 목숨 때문에 우리에 귀순하니 우리가 [그들을] 도와주고 보살피며 거두어 내지에 살게 하면서 우리의 뜻을 품게 하고 예법으로 가르친다면 몇 년 후에는 모두 농민이 되고, 그 추장을 뽑아 보내 숙위(宿衛)로 살게 하면 위엄을 두려워하며 덕을 품게 될 것이니 어찌 걱정이 있을 수 있겠습니까? [후한(後漢)] 광무[제](光武帝)[201]가 남선우(南單于)[202]를 내군(內郡)[203]에 살게 해 한나라의 번병(藩屛)[204]으로 삼았으나 한 세대가 지나도록 반역이 없었습니다."

[온]언박이 이미 능란한 언변으로 여러 가지 예를 들어 설명하자 태종이 마침내 그의 계책을 써서 삭방(朔方)[205]의 땅에 유주에서 영주(靈州)에 이르기까지 순[주](順州), 우[주](祐州),

---

200) 南匈奴의 수령이었던 劉淵이 西晉에 반기를 들고 漢(이후에 前趙)을 건립한 것을 말한다.

201) 後漢 光武帝(전6~57; 재위 25~57): 新末 南陽郡 蔡陽縣(지금 湖北省 棗陽縣 서남) 사람으로 이름은 秀, 字는 文叔이었다. 형인 劉縯과 함께 綠林軍에 가담했고, 劉玄(更始帝)이 稱帝한 이후에 太常 偏將軍이 되었다. 更始 元年(23) 王鳳의 군대와 함께 昆陽에서 승리해 王莽의 주력군을 격파했다. 劉縯이 권력 투쟁에서 피살되자 스스로를 감추어 更始帝의 신임을 얻었다. 후에 河北에 파견되어 관리들과 豪族들의 지지를 획득하고 王郞 등을 진압했다. 蕭王으로 봉해진 후 更始帝와 단절하고 25년 鄗(지금 河北省 柏鄕縣 북쪽)에서 稱帝해 年號를 建武라 했다. 즉위 초 賦稅와 요역을 감면하고 吏員을 줄였으며, 奴婢를 석방하고 수리시설을 확충하는 등 선정을 베풀었다. 功臣들을 죽이지 않고 爵位와 祿을 후히 주는 대신 정치에 간여하지 못하게 했고 外戚과 宦官의 정치 간여를 금지했다. 400여 개의 縣을 없애고 內郡의 지방군대를 없앴으며 郡都尉를 폐지해 지방의 병권을 약화시켜 중앙이 직접 통할하는 군대를 확대했다. 廟號는 世祖였다.

202) 南單于: 南匈奴의 單于라는 뜻이다. 匈奴는 45년 전후 單于 계승분쟁 이후 南匈奴와 北匈奴로 분열되었고, 48년에 比가 자립하자 50년에 아들이 後漢에 들어와 복속되었다. 後漢은 항복한 南匈奴 8部 4~5만 명을 西河郡과 北地郡·朔方郡·五原郡·雲中郡·定襄郡·雁門郡·代郡 등지에 이주시켜 분산해 배치했다. 그리고 使匈奴中郎將을 두어 匈奴를 감독하게 했다. 南匈奴의 單于는 매년 새해 첫날 朝貢해 億萬에 이르는 賞賜를 받았다(사와다 이사오, 2007: 194~198). 이후에 單于의 권력은 약화되었고, 내적으로 반란이 자주 일어나 피살되기도 했다.

203) 內郡은 장성 이내에 있는 郡을 지칭한다.

204) 藩屛은 원래의 뜻은 '울타리와 병풍'으로, '皇帝를 둘러싸고 守護하는 防禦幕의 역할을 하다'로 해석할 수 있다.

205) 朔方: (1) 北方을 지칭한다. (2) 漢代 설치된 郡名이었다. 元朔 2年에 설치되어 밑에 10개의 縣이 있었고 治所는 朔方縣이었다. 지금 內蒙古自治區 河套 서북부와 後套지역에 위치하고 있었다.

화[주](化州),[206] 장[주](長州)[207] 네 개 주에 도독부(都督府)를 두고, 힐리[가한]의 땅을 여섯 개의 주로 나누어 동쪽[左]에는 정양도독부(定襄都督府),[208] 서쪽[右]에는 운중도독부(雲中都督府)[209]를 설치해 부락의 백성을 통솔하게 했다.[210] 그 추장 중에서 들어온 자들에게 장군

---

206) 化州: 羈縻州의 하나로 원래는 北開州였는데, 貞觀 7년(633)에 설치되었다가 8년에 化州로 바뀌었다. 治所가 德靜縣(지금 陝西省 楡林 서쪽 경계)에 있었다. 貞觀 13년(639)에 폐지되었다가 이후에 이 땅은 復州에 소속되었다.

207) 長州: 羈縻州의 하나로 貞觀 7년(633)에 설치되었고, 治所가 長澤縣(지금 內蒙古自治區 鄂托克前旗 동남 城川鄉 古城)에 있었다. 貞觀 13년(639)에 폐지되었다.

208) 定襄都督府: 貞觀 4년(630)에 突厥 頡利可汗의 左部에 설치되었다. 治所가 寧朔縣(지금 陝西省 靖邊縣 동쪽)에 있었다. 阿史德州, 執失州, 蘇農州, 拔延州 등을 통할했다. 관할 구역은 지금 內蒙古自治區 二連浩特市로부터 集寧市로 이어지는 선의 동쪽과 동쪽으로 烏珠穆沁旗에서 阿巴哈納爾旗, 太僕寺旗로 이어지는 지역의 서쪽과 지금 몽골공화국과의 접경 지역이었다. 龍朔 3년(663)에 남쪽 땅이 桑乾都督府에 속하게 되었다가 이후에 폐지되었다.

209) 雲中都督府: 貞觀 4년(630)에 突厥 頡利可汗의 右部에 설치되었다. 治所는 雲中의 古城(北魏의 雲中郡 治所였던 盛洛城이며, 지금 內蒙古自治區 和林格爾縣 서북 土城子鄉의 古城)에 있었다. 舍利州, 阿史那州, 綽州, 思壁州, 白登州 등을 통할했다. 관할구역은 지금 內蒙古自治區 陰山과 河套일대였다. 龍朔 3년(663)에 雲中都護府로 改稱되었다.

210) 기존의 연구에서 突厥에 대한 羈縻府州의 설치 시점에 대해 많은 논의가 있었는데, 이는 사료의 불확실한 기록과 관련되었다. 저본의 기록과 달리 『資治通鑑』에 630년 突利可汗의 지배지역인 靈州와 幽州 사이의 지역을 順, 佑, 化, 長州로 나누어 都督府를 설치하고, 頡利可汗의 지배지역에 定襄과 雲中都督府를 두어 지배하도록 했다는 기록이 문제가 되었다(『資治通鑑』 卷193, 唐紀 9, 太宗 貞觀四年 四月條: 6077). 이런 사료의 혼란과 그를 검증하려는 시도는 일찍이 岩佐精一郎이 定襄과 雲中都督府의 설치시기를 의심해 630년에는 順州 등 4개의 都督府를 둔 것일 뿐, 定襄, 雲中都督府가 설치된 것은 阿史那思摩가 漢南에 돌아간 이후인 640년이라고 논증한 것에서 시작되었다(岩佐精一郎, 1936: 79~91), 그 이후에 中野醇子는 6개의 羈縻州가 설치되어 雲中, 定襄都督府에 예속된 것을 640년이라고 보았으며(中野醇子, 1988: 9), 石見清裕는 貞觀 7~8년경에 唐의 突厥對策이 종결되면서 塞外에 定襄과 雲中都督府가 설치되었고, 이후 漠北에 문제가 생기면서 다시 貞觀 23년(649)에 定襄, 雲中都督府가 11州로 재편성된 것이라는 의견을 제시하기도 했다(石見清裕, 1987: 15~16). 아울러 630년에 설치한 州들을 모두 內地에 속한 것이라고 보고, 실질적인 羈縻府州가 설치된 시점을 薛延陀 붕괴 이후 647년에 漠北의 투르크계 부족에 대한 羈縻府州가 최초였다고 한 주장도 있다(金浩東, 1993: 151). 그와 달리 설치 시점을 640년 阿史那思摩가 漢南으로 복귀한 시기로 볼 수도 있지만 內地化 정책의 포기와 함께 이전 突厥帝國의 정치질서를 회복하는 방향으로 이루어졌다는 점에서 그렇게 보기도 어렵다. 게다가 '羈縻支配體制'의 가장 중요한 관건은 羈縻府州의 설치가 그 근간을 이루었지만 그 보다 唐朝의 원칙적인 입장을 반영하는 都護府의 설치를 중요하게 보아 647년 燕然都護府와 그 예하에 羈縻府州를 설치한 것을 羈縻支配體制의 시작으로 볼 수도 있다. 왜냐하면 西北民族의 자치적인 질서를 인정하면서도 唐朝가

과 중랑장 등의 관직을 주어 조정[의 조회]에서 늘어서게 했는데, 5품 이상의 [관리가] 백여 명이었으며 그로 인해 장안에 들어와 살게 된 사람이 수천 가에 이르렀다.

[정관 13년(639)에 아사나]결사솔의 반란이 발생한 이후에야 태종이 비로소 [돌궐의 위협을] 걱정했다. 또한 상소하는 사람 대다수가 돌궐을 중국에 살게 하는 것이 모두 편안하지 않다고 말했기 때문에 [돌궐을] 하북으로 이주시키고 우무후[위]대장군(右武候衛大將軍)[211] 화주도독(化州都督) 회화군왕(懷化郡王) [아사나]사마(阿史那思摩)를 을미니숙사리필가한(乙彌泥孰俟利苾可汗)[212]으로 삼고 이씨(李氏)로 성을 내려주면서 그의 부락을 데리고 가서 하북에 아정을 세우게 했다.

思摩者，頡利族人也．始畢·處羅以其貌似胡人，不類突厥，疑非阿史那族類，故歷處羅·頡利世，常爲夾畢特勤，終不得典兵爲設．武德初，數來朝貢，高祖封爲和順郡王．及其國亂，諸部多歸中國，唯思摩隨逐頡利，竟與同擒．太宗嘉其忠，除右武候大將軍·化州都督，令統頡利舊部落於河南之地，尋改封懷化郡王．

[아사나]사마는 힐리[가한]의 친척(族人)이었다. 시필[가한]과 처라[가한]은 그의 용모가 호인(胡人)[213]과 유사하고 돌궐과 같지 않아 아사나[씨](阿史那氏)[214]의 피를 이어받은 친족

그것을 통제하고, 그를 바탕으로 안정적인 체제를 유지하려는 지향이 바로 唐代 '羈縻支配體制'의 특징이었기 때문이다(丁載勳, 1995: 13~14). 따라서 기존의 논의 과정에서 630년에 羈縻府州가 설치되었다는 기록이 틀렸다는 점은 밝혀졌지만 여전히 어느 시점을 설치 시작으로 볼 것인가 하는 점에 대해서는 많은 검토가 필요하다.

211) 右武候衛大將軍: 右武候衛의 長官으로 품계는 正三品이었다. 右武候衛는 원래 隋代에 左右武候府의 하나로 설치되었고, 각각 大將軍과 將軍이 있었다. 宮禁과 京城의 巡警을 관장했으며, 天子의 車駕의 前驅와 後衛에 충임되었다. 唐初에 左右武候衛府로 改稱되었다. 龍朔 2년(662)에 左右金吾衛로 改名되었고 大將軍 1명과 將軍 2명을 두었다.

212) 乙彌泥孰俟利苾可汗: 고대 투르크어로 '일 에트미쉬 이둑 빌게 카간(il etmish ïdugh bilge qaghan)'으로 음사이고, 그 의미는 '나라를 세운 신성하고 현명한 카간'으로 추정된다.

213) 여기에서는 코카사스 인종 즉, 白人種의 특징이 많은 소그드 인을 지칭한다. 胡人에 대한 설명을 참조.

214) 阿史那氏: 突厥의 君主인 可汗을 배출한 氏族으로 그 국가의 核心集團이었다. 突厥 건국 신화 기록에 따르면 원래 母系의 姓이었다가 이후에 君主를 배출하는 氏族의 姓으로 발전했다고 한다. 그 어원에 대해서는 설명이 다양한데, 그 중에서 대표적인 것은 突厥 건국 신화 내용에 따라 '뛰어오르다'는

의 무리[族類]가 아니라고 의심했기 때문에 처라[가한]과 힐리[가한의 재위] 시기에 늘 협필특근이었음에도 끝내 군대를 관장하는 설(設)이 되지 못했다.[215] 무덕년간 초기(624년)에 [아사나사마가] 여러 차례 조공하러 오자 고조가 [그를] 화순군왕으로 책봉했다. 그리고 그 나라가 어지럽게 되자 여러 부락이 대다수 중국에 귀순했는데, 오직 [아사나]사마만이 힐리[가한]을 쫓아갔다가 끝내 [힐리가한과] 함께 사로잡혔다. 태종이 그의 충성스러움을 가상히 여겨 우무후[위]대장군 화주도독을 제수하고 힐리[가한이 거느렸던] 옛 부락을 하남의 땅[216]에서 통솔하게 하고 얼마 후에 회화군왕으로 바꾸어 봉해주었다.

及將徙於白道之北，思摩等咸憚薛延陀，不肯出塞，太宗遣司農卿郭嗣本賜延陀璽書曰：「突厥頡利可汗未破已前，自恃強盛，抄掠中國，百姓被其殺者不可勝紀．我發兵擊破之，諸部落悉歸化．我略其舊過，嘉其從善，並授官爵，同我百僚，所有部落，愛之如子，與我百姓不異．但中國禮義，不滅爾國，前破突厥，止爲頡利一人爲百姓之害，所以廢而黜之，實不貪其土地，利其人馬也．自黜廢頡利以後，恆欲更立可汗，是以所降部落等並置河南，任其放牧，今戶口羊馬日向滋多．元許冊立，不可失信，卽欲遣突厥渡河，復其國土．我策爾延陀日月在前，今突厥理是居後，後者爲小，前者爲大．爾在磧北，突厥居磧南，各守土境，鎭撫部落．若其踰越，故相抄掠，我卽將兵各問其罪．此約旣定，非但有便爾身，貽厥子孫，長守富貴也．」於是命禮部尙書趙郡王孝恭齎書就思摩部落，築壇於河上以拜之，并賜之鼓纛．突厥及胡在諸州安置

의미의 ash-ashin 또는 '산을 가로지르다'는 의미의 'ashmak'으로 보는 입장이다. 그 밖에도 투르크어의 'ashina' 즉, '우애가 있는', '서로 좋아하는' 등의 의미로 해석하기도 한다(劉義棠, 1990: 474). 그와 달리 동부이란어의 '가치 있는', '고귀한' 등의 의미와 연결을 짓기도 한다(薛宗正, 1992: 47). 이런 해석의 차이는 突厥의 族源을 몽골계통인 투르크냐 아니면 이란계통인 사카의 후예로 볼 것인가와 관련된 문제였다. 기존 연구에서는 아직까지 명쾌한 결론이 없이 논쟁 상태에 있다.

215) 『新唐書』에는 이 구절 앞에 "父曰咄六設. 始, 啓民奔隋, 磧北諸部奉思摩爲可汗, 啓民歸國, 乃去可汗號. 性開敏, 善占對, 始畢 · 處羅皆愛之."라고 되어 있다. 그리고 이 뒷부분에는 "故歷處羅 · 頡利世, 常爲夾畢特勤, 終不得典兵爲設."이라고 되어 있는데, 『新唐書』에는 "然以貌似胡, 疑非阿史那種, 故但爲夾畢特勤, 而不得爲設."이라고 되어 있다. 『新唐書』와 대조하면 저본의 "常爲夾畢特勤, 終不得典兵爲設."이라고 한 부분은 阿史那思摩가 병권을 장악하지도, 設이 되지도 못했다는 의미로 해석된다.

216) 저본은 '河南'인데 河套, 즉 黃河 이남의 오르도스 지역을 지칭한다.

者, 並令渡河北, 還其舊部. 又以左屯衛將軍阿史那忠爲左賢王, 左武衛將軍阿史那泥孰爲右賢王以貳之.

그리고 [아사나사마 등 돌궐인들을] 장차 백도[천](白道川)[217]의 북쪽으로 옮겨 살게 하려고 했으나 [아사나]사마 등이 모두 설연타를 꺼려 장성 밖으로 나가려고 하지 않자 태종이 사농경(司農卿)[218] 곽사본(郭嗣本)을 보내 [설]연타에게 새서(璽書)를 하사해 말했다.

"돌궐의 힐리가한이 망하기 전에 스스로 강성함을 믿고 중국을 노략질했는데, 그에게 살해된 백성들이 수를 셀 수 없을 정도로 많았다. 짐이 군사를 일으켜 [힐리가한을] 격파하자 여러 부락들이 모두 [중국으로] 돌아왔다. 짐이 그들의 과거 잘못을 가볍게 여기고 그들이 선함에 따른 것을 가상하게 여겨 모두에게 벼슬과 작위를 내려 짐의 모든 신하[百僚]들과 같게 [대우]했으며 [그들이] 차지하고 있는 부락을 마치 자식처럼 아끼는 것을 짐의 백성들과 다르지 않게 했다. 그런데 중국은 예의가 있어 너희 나라를 없애지 않았으나, 앞서 돌궐을 격파한 것은 오직 힐리[가한] 한 사람이 백성들에게 해가 되었기 때문에 [그를] 폐하고 내쫓은 것일 뿐 실제로 그의 땅을 탐내지 않고 [도리어 돌궐] 사람과 말을 이롭게 하고자 한 것이었다. 힐리[가한]을 내쫓은 다음부터 늘 다시 가한을 세우고자 했고, 이 때문에 항복한 부락 등을 모두 하남에 두고 [가축을] 풀어 키우게 하자 오늘날 인구[戶口]와 양, 말 등이 날로 크게 늘어났다. 원래 책립을 허락하였으므로 신의를 잃을 수 없어, 이제 돌궐을 보내 황하를 건너 다시 그들의 땅을 회복하게 하고자 한다. 짐이 너희 [설]연타를 책봉한 시기가 먼저이고 지금 돌궐을 처리한 것은 그 뒤의 일이며, [또] 돌궐[後者]은 작고 설연타[前者]는 크다. [그러므로] 너희 [설연타]는 고비 북쪽[磧北][219]에 있고 돌궐은 고비 남쪽[磧南][220]에 살면서, 각자 영토

---

217) 白道川: 지금 內蒙古自治區 呼和浩特市와 土黙特左旗 등지에 펼쳐져 있는 초원을 지칭한다. 이곳은 원래 고비 남북 지역에서 가장 비옥한 초원지대로 북방 遊牧民들의 주요한 거주지로서 漠南의 중심지였다.

218) 司農卿: 司農寺의 長官으로 품계는 從三品이었다. 秦代에 治粟內史가 있어 곡식과 재화를 맡아 처리했다. 前漢 景帝시기에 大司農으로 개칭되었고, 武帝 시기에 大司農으로 바뀌었다. 이후 역대 왕조에서 大司農으로 불렸다. 南朝 梁代에 司農寺가 설치되고 卿이 長官이 되었다. 北周시대에 司農上士가 설치되었다. 隋唐時代에 司農寺가 설치되어 卿과 少卿이 長官과 次官이 되었다. 역할은 전국 倉儲의 政令을 관장하는 일이었다. 龍朔 2년(662)에 司稼寺로 개칭되고 卿이 正卿으로 바뀌었다가 咸亨 元年(662)에 환원되었다. 上林·太倉·鉤盾·都官 등의 署와 太原倉·永豐倉 등 諸倉, 司竹·溫泉湯 등 諸監을 관할했다.

의 경계를 지키며 부락을 다스리도록 해라. 만약 그 [영토의 경계]를 뛰어넘어 고의로 상대방을 노략질한다면 짐이 바로 군대를 이끌고 [가서] 각각 그 죄를 물을 것이다. 이런 약속이 이미 확정되었으니, 너희 몸이 편안해질 뿐만 아니라 너희 자손들에도 오랫동안 부귀(富貴)를 누릴 수 있을 것이다."

이때 예부상서(禮部尙書)[221] 조군왕(趙郡王) [이]효공(李孝恭)[222]에게 명해 서신을 갖고 [아사나]사마 부락에 가서 황하 곁에 단(壇)을 쌓고 절하도록 하면서 아울러 [그에게] 북과 독(纛)을 내려주도록 했다. [그와 함께] 돌궐과 여러 주(州)에 안치되어 있었던 호[인](胡人)들에게도 모두 황하 북쪽[河北]으로 건너가 그 옛 부락에 돌아가라고 명령했다. 또 좌둔위장군(左屯衛將軍)[223] 아사나충(阿史那忠)[224]을 좌현왕(左賢王),[225] 좌무위장군(左武衛將軍)[226]

---

219) 磧北: 고비 북방 지역인데, 지금 몽골공화국(外蒙古라고 칭하기도 한다)을 지칭한다. 달리 漠北이라고도 한다.

220) 磧南: 고비 남방 지역인데, 지금 內蒙古自治區로 漠南이라고도 한다. 달리 漠南이라고도 한다.

221) 禮部尙書: 禮部의 長官으로 품계는 正三品이었다. 『周禮』「春官」에 의하면 大宗伯이 建邦의 天神·人鬼·地祇의 禮를 맡았다. 曹魏시기에도 祠部曹가 설치되었다. 東晉時代에 처음으로 祠部尙書를 두었고, 北魏時代에 儀曹尙書라 칭했다. 北齊時代에는 또 祠部尙書라 칭해 祠部·主客·虞曹·屯田·起部의 5曹를 담당했다. 北周시대에 禮部中大夫였고, 隋代에 禮部尙書로 명칭을 바뀌고 禮儀·第四·貢擧 등의 사무를 맡으며 禮部·祠部·主客·膳部의 4曹를 맡았다. 龍朔 2년(662)에 司禮太常伯으로 바뀌었다가 咸亨 元年(670)에 환원되었다. 光宅 元年(684)에 春官尙書로 바뀌었다가 神龍 元年(705)에 환원되었다.

222) 李孝恭(591~640): 高祖의 族姪이었다. 李淵이 長安을 점령한 후 山南道招慰大使가 되어 巴蜀을 돌아다니며 30여 州를 공략하는데, 水陸 12總管을 통솔해 蕭銑을 평정함으로써 荊州大總管에 임명되었다. 후에 襄州道行臺尙書左僕射가 되어 사신을 보내 嶺南의 49州를 招誘했다. 行軍元帥가 되어 輔公祏를 격파한 후 揚州大都督이 되었다. 貞觀년간 禮部尙書로 임명되고 河間郡王에 봉해졌다. 죽은 후 獻陵에 배장이 되었고 초상이 凌烟閣에 걸렸다(『舊唐書』 卷60 「宗室 河間王 孝恭傳」: 2347).

223) 左屯衛將軍: 左屯衛의 次官으로 품계는 從三品이었다. 隋初에 左領軍府가 설치되었고, 隋煬帝시기에 左屯衛로 改稱되고 大將軍과 將軍 등이 설치되었다. 唐代에 그대로 이어졌으나 龍朔 2년(662)에 右威衛로 개칭되고, 光宅 元年(684)에 左豹韜衛로, 神龍 元年(705)에 左威衛로 바뀌었다. 左屯衛에는 長官인 左屯衛大將軍 1명과 次官인 左屯衛將軍 2명이 있었으며, 翊一府와 翊二府, 宣陽 등 50개의 折衝府를 관할하며 나누어 宿衛했다.

224) 阿史那忠: 阿史那蘇尼失의 아들로 賜名되어 阿史那忠이 되었다. 字는 義節이었다. 청렴하고 성실했는데, 頡利可汗을 사로잡아 中國에 들어온 功으로 左屯衛將軍이 되었고, 宗室의 딸 定襄縣主와 결혼을 했다. 阿史那思摩가 突厥의 可汗이 되자 左賢王으로 고비 남부의 초원으로 돌아갔으나 머물기를 원하지 않고 돌아와 薛國公에 봉해졌고, 左武衛大將軍이 되었다. 48년 동안 宿衛를 해 잘못이 없었기 때문에 漢代 匈奴에서 투항한 金日磾에 비교되었다. 사망 이후에 鎭軍大將軍으로 추증되었고, 시호를 貞이라고

아사나니숙(阿史那泥孰)[227]을 우현왕(右賢王)[228]으로 삼아 [아사나사마를] 보좌하게 했다.

薛延陀聞太宗遣思摩渡河北, 慮其部落翻附磧北, 預蓄輕騎, 伺至而擊之. 太宗遣敕之曰:「擅相侵者, 國有常刑.」延陀曰:「至尊遣莫相侵掠, 敢不奉詔. 然突厥翻覆難信, 其未破前, 連年殺中國人, 動以千萬計. 至尊破突厥, 須收爲奴婢, 將與百姓, 而反養之如子, 結社率竟反, 此輩獸心, 不可信也. 臣荷恩甚深, 請爲至尊誅之.」時思摩下部衆渡河者凡十萬, 勝兵四萬人, 思摩不能撫其衆, 皆不愜服. 至十七年, 相率叛之, 南渡河, 請分處於勝·夏二州之間, 詔許之. 思摩遂輕騎入朝, 尋授右武衛

했으며 昭陵에 배장이 되었다(『舊唐書』 卷109 「阿史那忠傳」: 3290).

225) 左賢王: 匈奴에서 單于 다음으로 높은 벼슬이었다. 국가의 동쪽에 있으며 太子가 左賢王을 맡았다. 匈奴에서는 현명함을 '屠耆'라 불렀기 때문에 左賢王을 左屠耆王이라고도 했으며 萬騎를 지휘했다(『史記』 卷110 匈奴列傳: 2890). 西晉末, 五胡十六國時代에는 여러 다른 족속의 君主나 君主의 후계자에게 준 칭호가 되었다. 突厥시기에는 左賢王과 右賢王이란 칭호를 사용하지 않고, 대신 야브구나 샤드 등의 관명을 사용했다. 따라서 唐이 左賢王의 칭호를 突厥에게 준 것은 잘못이라고 볼 수도 있으나 관습적으로 可汗의 다음의 지위를 갖고 있는 존재 정도로 사용된 것이었다고 볼 수 있다. 아마도 고대 투르크어로는 '퇼리스 샤드(tölis shad)'를 하사한 것을 中國式으로 기록한 것으로 추정된다.

226) 左武衛將軍: 左武衛의 次官으로 품계는 從三品이었다. 隋代에 '武'字가 들어가는 명칭을 취해 軍府에 붙였는데, 左武衛府와 右武衛府가 있었으며 大將軍과 將軍이 두어졌다. 唐初에는 隋의 제도를 이어받았다. 光宅 元年(684)에 左右鷹揚衛로, 神龍 元年(705)에 다시 左右武衛로 개칭되었다. 宮廷의 警衛업무를 관장했다.

227) 阿史那泥孰: 泥孰은 고대 투르크어로 '이둑(Ïduq)'의 음사로 추정된다. 그 역시 이름을 받아 阿史那忠이 되기 때문에 左賢王이었던 阿史那忠과 동일한 인물로 볼 수 있다는 점에서 이것은 기록상의 오류로 보인다. 따라서 전자의 阿史那忠과 阿史那泥孰이 두 사람인가 한 사람인가 하는 문제는 저본에 그에 대한 자세한 기록이 없고, 단지 『新唐書』에서 "右賢王阿史那泥孰, 蘇尼失子也. 始歸國, 妻以宗女, 賜名忠."라고 한 것에 의거해 阿史那忠과 동일인이라고 판단할 수밖에 없다.

228) 右賢王: 匈奴 官制에서 左賢王 다음으로 높은 벼슬이었다. '右'字가 들어간 右谷蠡王·右大將·右大都尉·右大當戶·右骨都侯와 함께 국가의 서쪽에 배치되었으며, 萬騎를 통솔했다. 杉山正明은 左賢王이 單于의 太子가 임명되는데 비해 右賢王은 單于와 父子관계가 아니기 때문에 사실상 신하들 중에서 최고의 벼슬이라고 보았다(杉山正明, 1999: 144). 하지만 저본에서 기록한 右賢王의 칭호는 突厥人들이 사용한 관명은 아니었다. 太宗이 이런 칭호를 突厥人에게 준 것은 잘못된 것이라고 볼 수도 있으나 관습적으로 可汗 다음으로 左賢王 다음의 지위를 갖고 있는 존재라는 의미로 사용되었다고 보는 것이 타당하다. 아마도 고대 투르크어로 '타르두쉬 샤드(tardush shad)'를 中國式으로 기록한 것이라고 추정된다.

將軍，從征遼東，爲流矢所中，太宗親爲吮血，其見顧遇如此．未幾，卒于京師．贈兵部尙書·夏州都督，陪葬昭陵，立墳以象白道山，詔爲立碑於化州．

설연타는 태종이 [아사나]사마를 보내 황하 북쪽으로 건너가도록 한다는 말을 듣고 그의 부락이 오히려 고비 북쪽[의 설연타]에 귀순할 것이라고 생각해 미리 경무장 기병[輕騎]들을 준비해 올 것을 기다렸다가 공격했다. 태종이 설연타에게 칙서를 내려 말했다. "마음대로 침범하는 자에게는 나라에서 일정한 형법으로 다스릴 것이다." [설]연타가 다음과 같이 대답했다. "지존(至尊)[229]께서 [사신을] 보내 누구도 서로 침범하고 약탈하지 말라고 하셨으니 감히 조서를 받들지 않을 수 없습니다.[230] 그러나 돌궐은 번복(飜覆)[231]을 일삼아 믿기 어렵고 그들이 패하기 이전에 해마다 중국인을 죽였는데, 그 수가 천(千)과 만(萬)으로 헤아렸습니다. 지존께서 돌궐을 격파한 다음 마땅히 거두어 노비로 삼아 장차 백성들에게 주었어야 하셨는데, 오히려 그들을 자식처럼 키우셨으나 [아사나]결사솔[과 같은 자]가 마침내 반란을 일으킨 것처럼 이런 짐승과 같은 마음을 갖고 있는 무리는 믿을 수 없습니다. 소신이 받은 은덕이 아주 깊으니, 지존을 위해 [돌궐을] 토벌해버리기를 청합니다."[232] 이때 [즉 정관 15년(641)]에[233] 황하를 건넌 [아사나]사마 휘하의 부락 백성이 대략 10만 명이고 정예병사[勝兵][234]가 4만 명이었는데, [아사나]사마가 능히 그 백성을 위무할 수 없었고 모두 흔쾌히 따르려고도 하지 않았다.

[정관] 17년(643)에 이르러 [부락 수령들이] 서로 [백성들을] 이끌고 [아사나사마에게] 반란을 일으켜 남쪽으로 황하를 건너 승[주](勝州)[235]와 하[주] 두 주(州) 사이[의 땅]에 나누어

229) 至尊은 더할 수 없이 존귀하다는 뜻인데, 문맥상 唐 太宗을 높여 부른 칭호였다.

230) 저본과 달리『新唐書』에서 "及使者至, 乃謝曰:「天子詔毋相侵, 謹頓首奉詔. ……」"라고 한 것에서 알 수 있듯이 薛延陀가 太宗의 조칙을 받아들였다고 이해하는 것이 보다 타당하다.

231) 飜覆은 이미 한 말이나 결정, 판단 등 고치거나 바꾸어 처음과 다른 내용으로 만드는 것을 의미한다.

232) 저본은 "臣荷恩甚深, 請爲至尊誅之」"인데,『新唐書』에는 "後有亂, 請終爲陛下誅之."이라고 되어 있다.

233)『新唐書』에는 阿史那思摩가 黃河를 건너 陰山일대로 이주한 시기가 貞觀 15년(641)이라고 했다.

234) 勝兵은 병사에 충당해 전쟁에 참전할 수 있는 정예 병사를 지칭한다.

235) 勝州: 隋 開皇 20년(600)에 雲州가 나뉘어 설치되었다. 治所는 楡林縣(지금 內蒙古自治區 準格爾旗 동북 黃河 남안의 十二連城 古城)에 있었다. 楡林, 富昌, 金河 등 3縣을 관할했고, 관할구역은 지금 內蒙古自治區 準格爾旗, 達拉特旗, 伊金霍洛旗, 東勝市, 黃河 東岸의 托克托 일대였다. 大業 2년(607)에

거처하기를 청하자 조칙을 내려 허락하라고 했다. [아사나]사마가 드디어 경무장하고 말을 타서 조정에 들어오자[236] 바로 우무위장군을 제수했고, 요동(遼東)[237] 정벌[238]에 따라갔다가 날아온 화살에 맞자 태종이 친히 [아사나사마의 상처에서] 피를 빨아주니 그가 받은 예우가 이와 같았다. 오래 지나지 않아 경사에서 죽었다.[239] [황제가 그를] 병부상서 하주도독(夏州都督)[240]에 추증하고 소릉(昭陵)[241]에 배장(陪葬)하면서 백도산(白道山)[242]을 본떠 무덤을 만들게 했고 조칙을 내려 화주(化州)에 그의 비석을 세우게 했다.[243]

榆林郡으로 개칭되었다가 貞觀 3년(629)에 환원되었다. 天寶 元年(742)에 榆林郡으로 개칭되었다가 乾元 元年(758)에 환원되었다. 관할구역이 점차 축소되어 후에는 黃河 西岸의 땅을 관할했다. 五代 後梁 貞明 2년(916)에 遼가 振民軍을 격파하고 勝州의 民을 모두 河東으로 遷徙해 廢置되었다. 西夏시대에 또 설치되었으나 이후에 廢置되었다.

236) 저본에는 阿史那思摩가 入朝한 이유를 기록하지 않았으나 『唐會要』에는 휘하의 무리들을 잃었던 이유를 기록하고 있다. (『唐會要』 卷94 「北突厥」: 2003, "俟利苾有衆十萬, 不能撫御, 悉南渡河, 請處勝・夏之間, 許之. 羣臣言: '陛下方遠征遼左, 而置突厥於河南, 距京師不遠, 豈得不爲後患?' 上曰: '夷狄亦人, 以德治之, 可使如一家. 且彼不北走延陀而歸我, 其情可見.' 俟利苾旣失衆, 輕騎入朝.").

237) 遼東: (1) 郡名이다. 戰國 燕의 장수 秦開가 東胡를 격파한 후에 설치되었다. 秦漢時代의 治所가 襄平縣(지금 遼寧省 遼陽市)에 있었다. 관할구역이 지금 遼寧省 大凌河 동쪽 지역에 해당한다. 遼水의 동쪽 지역에 있었기 때문에 지어진 이름이다. (2) 北燕시기에 지금 遼寧省 서부 지역에 遼東郡이 설치되었는데, 北齊시기에 廢置되었다. 저본과 번역문에서는 (1)의 뜻도 가능하고 遼東 자체를 高句麗의 對稱으로도 볼 수 있다.

238) 저본은 '從征遼東'인데, 이것은 唐 太宗의 高句麗 親征을 지칭한다.

239) 저본은 "未幾, 卒于京師."인데, 『新唐書』에는 "還, 卒京師."라고 되어 있다.

240) 夏州都督: 夏州都督府의 長官이었다. 夏州都督府는 貞觀 2년(628)에 설치되었으며, 治所가 夏州(지금 陝西省 靖邊縣 西北의 白城子)에 있었다. 夏州, 綏州, 銀州 등 세 州를 관할했다. 貞觀 4년(630)에 東突厥의 땅인 定襄都督府와 雲中都督府를 추가로 관할했다. 永徽년간 이후 雲中都督府가 單于都護府에 속하게 되면서 內遷한 薛延陀와 迴紇의 부족을 夏州 境內에 寄治해 설치한 達州, 安化州, 寧朔州, 僕固州 등 4개의 羈縻都督府를 관할했다. 天授년간 이후 또 境內에 寄治한 党項과 吐谷渾의 羈縻府州를 관할했다. 聖曆 元年(698)에 鹽州를 추가로 관할했다.

241) 昭陵: 太宗의 陵墓로 唐代 京畿道 京兆府 醴泉縣(지금 陝西省 醴泉縣) 동북 20여㎞ 떨어진 九嵕山 위에 있다. 貞觀 10년(636)에 陵墓를 축조되기 시작해 貞觀 23년(649)에 太宗을 이곳에 장사지냈다.

242) 白道山: 지금 內蒙古自治區 呼和浩特 서북쪽에 있는 산 이름이다.

243) 『新唐書』에는 저본에 없는 阿史那泥孰에 대한 설명이 있다. "右賢王阿史那泥孰, 蘇尼失子也. 始歸國, 妻以宗女, 賜名忠. 及從思摩出塞, 思慕中國, 見使者必流涕求入侍, 許之." 및 "思摩旣不能國, 殘衆稍稍南度河, 分處勝・夏二州. 帝伐遼, 或言突厥處河南, 邇京師, 請帝無東. 제왈: '夫爲君者, 豈有猜貳哉! 湯・武化桀・紂之民, 無不遷善, 有隋無道, 擧天下皆叛, 非止夷狄也. 朕閔突厥之亡, 內河南以振贍之, 彼不近走延陀

先是，貞觀中，突厥別部有車鼻者，亦阿史那之族也，代爲小可汗，牙在金山之北．頡利可汗之敗，北荒諸部將推爲大可汗，遇薛延陀爲可汗，車鼻不敢當，遂率所部歸於延陀．爲人勇烈，有謀略，頗爲衆附．延陀惡而將誅之，車鼻密知其謀，竄歸於舊所，其地去京師萬里，勝兵三萬人，自稱乙注車鼻可汗．西有歌羅祿，北有結骨，皆附隷之．自延陀破後，遣其子沙鉢羅特勤來朝，貢方物，又請身自入朝．太宗遣將軍郭廣敬徵之，竟不至，太宗大怒．貞觀二十三年，遣右驍衛郎將高偘潛引迴紇·僕骨等兵衆襲擊之．其酋長歌邏祿泥孰闕俟利發及拔塞匐處木昆莫賀咄俟斤等率部落背車鼻，相繼來降．永徽 元年，偘軍次阿息山．車鼻聞王師至，召所部兵，皆不赴，遂攜其妻子從數百騎而遁，其衆盡降．偘率精騎追車鼻，獲之，送于京師，仍獻于社廟，又獻于昭陵．高宗數其罪而赦之，拜左武衛將軍，賜宅於長安，處其餘衆於鬱督軍山，置狼山都督以統之．車鼻長子羯漫陀先統拔悉密部．車鼻未敗前，遣其子菴鑠入朝，太宗嘉之，拜左屯衛將軍，更置新黎州以統其衆．

이전에 정관년간(627～649) 중엽에 돌궐의 다른 부락(別部) [추장]인[244] 차비(車鼻)[245] 역시 아사나의 족속으로 대대로 소가한(小可汗)[246]이었는데, 아[장](牙帳)이 금산(金山)[247]

而遠歸我，懷我深矣，朕策五十年中國無突厥患.' 思摩衆旣南，車鼻可汗乃盜有其地."

244) 저본의 '突厥別部有車鼻者'에서 '車鼻'는 突厥의 別部 명칭처럼 보이지만, 다음 구절에 '亦阿史那之族也，代爲小可汗'이라고 하여 사람처럼 기술했다. 본문에서는 '車鼻'를 인명으로 보아 突厥別部의 우두머리로 번역했다.

245) 車鼻: 고대 투르크어로 '챠비쉬(Chabish)'의 음사이다. 그는 원래 突利(퇼리스) 部落 사람으로 이름은 斛勃이었다.

246) 小可汗: 大可汗 이외에 突厥 내부에 각 방향에 따라 東, 西, 南. 北面에 각각 小可汗이 있었다.

247) 金山: 지금 몽골 초원 서부를 북서쪽에서 남동쪽으로 뻗어 내려간 알타이산맥을 지칭한다. 알타이는 원래 고대 투르크어로 '알튠(altun)'의 '알(al)'이 '아주 붉은 빛'을, '툰(tun)'이 '구리[銅]'을 나타낸다. 따라서 '알튠(altun)'은 바로 원래 '아주 붉은색의 銅'을 의미했고, 고대 투르크인들은 이를 '黃金'을 가리키는 것으로 사용했다. 여기에서 그의 번역인 金山의 명칭이 유래했다. 한자어로는 阿爾泰山이라고 음사하기도 한다.

몽골 초원의 서부 경계이며 준가르 분지의 북부 경계가 되고, 북서부는 서시베리아의 저지로 이어진다. 러시아, 몽골, 中國에 걸쳐 있으며 전체 길이가 약 2,000㎞로 러시아(소비에트) 알타이, 몽골 알타이, 고비 알타이로 이루어져 있다. 이 산록으로부터 시베리아와 몽골 초원을 가로지르는 이르티쉬강, 오브의 북쪽에 있었다. [이전 정관 4년에] 힐리가한이 패하자 북방의 초원[北荒]에 살던 여러 부락들이 [그를] 대가한(大可汗)[248]으로 추대하려고 했으나 마침 설연타가 가한이 되자 차비가 감히 당해내지 못하고 마침내 부락민들을 이끌고 [설]연타에 귀부했다. [차비는] 사람됨이 용맹하고 씩씩하며 모략(謀略)이 있어서 자못 백성들이 모여들었다. [설]연타가 [그를] 싫어해 장차 [그를] 죽이려고 하자 차비가 몰래 그 계획을 알아채고 옛 땅으로 숨어서 돌아갔다. 그 땅은 경사로부터 만 리나 떨어진 곳에 있었고, 정예병사가 3만 명이라 스스로 을주차비가한(乙注車鼻可汗)[249]이라 칭했다.[250] [그의] 서쪽에는 가라록(歌羅祿)[251]이 있었고, 북쪽에는 결골(結骨)[252]이 있었는데, 모두 [그에게] 귀순해 속했다.

강, 셀렝게강 등이 발원한다. 이 알타이 지역은 고대로부터 초원길을 따라 동서의 문화가 교류하면서 발전했던 지역으로 파지리크 유적 등 많은 騎馬遊牧文化가 발전한 이래 지속적인 유목민들의 활동 무대였고, 나아가 突厥이 이곳에서 발원해 중앙아시아의 초원을 통일하는 거대한 국가로 발전하는 등 몽골 초원 서부의 중심 지역이었다.

248) 大可汗: 突厥帝國 내부의 최고 통치자를 지칭한다. 여기에서는 몽골 초원을 중심으로 북아시아의 최고 지배자를 의미하는 것으로 사용되었다.

249) 乙注車鼻可汗: 고대 투르크어로 '이둑 챠비쉬 카간(ïduq chabish qaghan)'의 음사로 추정된다.

250) 저본에서는 그가 돌아간 곳을 '舊所'라고 해 특정한 지명을 언급하지 않았으나, 『唐會要』에서는 金山 이북이라고 했다(『唐會要』 卷94 「北突厥」: 2003, "二十一年冬十一月, 突厥車鼻遣使入貢. 車鼻本頡利同族, 頡利敗, 諸部欲立之. 薛延陀方強, 不敢當, 率衆歸之. 延陀因其有勇略, 恐爲後患, 欲殺之. 車鼻逃, 建牙金山之北, 餘衆稍歸之.").

251) 歌羅祿: 종족 명칭으로 고대 투르크어로 '카를룩(Qarluq)'의 음사이다. 달리 葛邏祿 또는 葛羅祿 등으로 음사된다. 고대 투르크계 부락[鐵勒]의 하나로서 알타이산지 주변과 서쪽의 카자흐 초원지역에 거주했다. 크게 두 개의 집단으로 구성되어 있었는데, 알타이산맥을 중심으로 동부는 突厥의 지배를 받다가 唐朝의 羈縻支配 아래에서 狼山州가 설치되었다. 서부의 집단은 세 개의 부락으로 구성되어 있었기 때문에 고대 투르크 비문에서는 "위치 카를룩(Üch Qarluq)" 즉, 三姓葛邏祿이라고 기록되었다. 세 부락은 탈라스강과 알타이 산지에서 유목을 하던 謀落(고대 투르크어로 '불락(Bulagh)'의 음사 추정)과 그의 남쪽인 지금 新疆維吾爾自治區 塔城 부근에서 유목을 하던 踏實力, 그리고 알타이산맥 서쪽에 있다가 이후 점차 서쪽으로 이주해 중앙아시아로 옮아간 熾俟 등이었다. 그의 추장을 葉護(야브구)라고 했다. 突厥이 붕괴된 이후 迴紇이 세력을 확대하자 일부는 그에 속했지만 나머지 三姓葛邏祿은 몽골 초원 서부에서 세력을 확대하면서 독자세력을 형성하고 있었다. 그 이후 回鶻과 대결을 벌이기도 하면서 세력을 형성하다가 回鶻이 붕괴한 이후 그들과 일부가 결합해 이후 카라한조를 성립시키는데 가담하기도 했다. 13세기 西遼(카라 키타이)와 몽골의 지배를 받으면서 역사에서 사라졌다(薛宗正, 1991).

252) 契骨: 종족 명칭으로 고대 투르크어로 '키르기즈(Qïrghïz)'의 음사이다. 匈奴의 북방에 있었다고 하는 堅昆, 鬲昆이 키르기즈의 가장 오래된 음사로 추정한다. 남북조시대에는 結骨, 契骨 등으로 唐代에는

[당나라가 설]연타를 격파한 이후에 [정관 21년(647)에[253] 차비가한이] 아들 사발라특근(沙鉢羅特勤)[254]을 보내 조정에 들어와 토산품을 바치면서 또한 [가한이] 몸소 조정에 들어오기를 청했다. 태종이 장군 곽광경(郭廣敬)을 보내 [차비가한을] 불러들이려 했으나 결국 오지 않았기 때문에 태종이 크게 노했다.[255]

정관 23년(649)에 우효위랑장(右驍衛郎將)[256] 고간(高侃)을 보내 몰래 회흘(迴紇)과 복골(僕骨)[257] 등의 병사들을 끌어들여 [차비가한을] 습격했다. 그[에 속해 있었던 가라록과 처목곤]의 추장(酋長) 가라록니숙궐사리발(歌邏祿泥孰闕俟利發)[258]과 발새복처목곤막하돌사근

黠戛斯, 紇扢斯로도 기록되었다. 고대 투르크 비문에도 "키르기즈"가 등장한다. 주요한 거주 구역은 몽골의 北西 지역으로 예니세이강 상류 지역이라고 한다. 원래의 주민은 주로 사카계통의 종족으로 추정되고 鐵鑛 산지로 발달된 금속 문명을 갖고 있었다. 늦어도 6세기 후반 무렵에 突厥이 등장하면서 문화적으로 체질적으로 투르크화가 급속히 진행된 것으로 보인다. 唐代에는 이들을 지배하기 위해 일시적으로 堅昆都護府가 명목적으로 설치되기도 했다. 突厥과 廻紇時代에 사얀산맥 북방에 존재하면서 그의 지배를 받기도 하고 또한 독자적인 움직임을 보이기도 하다가 840년대 回鶻을 무너뜨렸으나 몽골 초원을 통치하지 않고 다시 예니세이강 유역으로 물러나 그 이후까지 하나의 세력으로 존재했다(薛宗正, 1996).

253) 『新唐書』에는 貞觀 21년(647)의 일로 기록하고 있다.

254) 沙鉢羅特勤: 고대 투르크어로 '이쉬바라 테긴(Ïshbara tegin)'의 음사이다.

255) 『新唐書』에는 車鼻可汗이 조정에 들어올 뜻을 지니지 않자 唐의 右屯衛郎將 韓華가 葛邏祿과 모의해 車鼻可汗을 공격하려고 했다가 韓華와 安調遮가 피살당해 唐 太宗이 怒했던 이유를 구체적으로 기록했다.

256) 右驍衛郎將: 右驍衛翊府郎將의 약칭이었다. 唐代 兵制에서는 左右驍衛의 翊府에 左右郎將 각각 1명을 두게 했다. 中郎將의 아래에 있었으며 中郎將을 보좌해 本部 軍兵의 宿衛를 관장했다.

257) 僕骨: 종족 명칭으로 고대 투르크계 유목민인 鐵勒의 하나였다. 달리 僕固라고도 한다. 이는 고대 투르크어로 '뵈귀(Bögü)'의 음사로 추정된다. 지금 몽골공화국 톨강의 북쪽에 살았다. 習俗은 突厥과 거의 같았다. 多藍葛 동쪽 경계에 거주했으며, 精兵이 만여 명이었다. 同羅와 이웃하며 우호적이었으며 몽골 초원의 가장 북쪽 지역에 거주했다. 唐初에는 鐵勒 15部의 하나였고, 후에 迴紇 外九部의 하나가 되었다. 처음에는 突厥에 役屬하다가 후에 薛延陀에 附屬되었다. 薛延陀가 멸망한 후에 金微州가 설치되고 首領 歌濫拔延이 右武衛大將軍 金微府都督으로 임명되었다. 후에 突厥이 흥기하자 唐에 반기를 들고 突厥에 귀부했다. 하지만 다시 開元 초에 수령 僕固設支가 2천 帳을 거느리고 唐나라에 항복했다. 그의 아들 僕固懷恩은 安史의 난을 평정하는데 공을 세워 朔方節度使 河北副元帥에 임명되었으며 大寧郡王에 봉해졌다. 하지만 兎死狗烹을 당해 廣德 元年(763)에 반기를 들어 迴紇에 귀부했다. 唐末에는 僕固俟이 西遷한 迴鶻(迴紇)의 한 일파였는데, 吐蕃을 격파하고 정권을 세웠는데, 역사에서는 이를 '高昌回鶻'이라고 한다.

258) 歌邏祿泥孰設俟利發: 고대 투르크어로 '카를룩 이둑 샤드 일테베르(Qarluq ïdugh shad ilteber)'의 음사이다. 명칭으로 보아 歌邏祿의 추장으로 보인다.

(拔塞匐處木昆莫賀咄俟斤)[259] 등이 부락을 이끌고 차비[가한]을 배반해 서로 이어 와서 항복했다.

영휘(永徽) 원년(650)에 [고]간의 군대가 아식산(阿息山)[260]에 머무르고 있었다. 차비[가한]은 당나라의 군대[王師][261]가 도착하자 그 부락의 병사들을 소집했음에도 모두가 달려오지 않자 결국 그의 처자와 따르는 수백 명의 기병만을 데리고 달아났고 그 백성들은 모두 [당나라에] 항복했다. [고]간이 정예 기병을 이끌고 차비[가한]을 추격해 사로잡아 경사로 보내자 바로 사묘(社廟)에 바쳤다가 다시 소릉에도 바쳤다. 고종(高宗)[262]은 일일이 그 죄를 따졌으나 용서한 다음에 좌무위장군으로 삼아 장안에 저택을 내려주었으며 그의 남은 백성들을 울독군산(鬱督軍山)[263]에 살도록 조치하고 낭산도독[부](狼山都督府)[264]을 두어 통제

---

259) 拔塞匐處木昆莫賀咄俟斤: 고대 투르크어로 '바쉬 벡 카뭉덴 바가투르 이르킨(Bash beg Qamungden baghatur irkin)'의 음사로 추정된다. 西突厥을 구성하고 있었던 十姓의 하나로 동부의 咄陸 부락 處木昆의 추장으로 보인다.

260) 阿息山: 몽골 초원 서부 알타이산맥에 위치한 봉우리의 하나로 추정되나 정확한 위치는 알 수 없다.

261) 저본은 '王師'인데, 이는 임금이 거느린 군대라는 뜻이며, 突厥 등을 자신의 臣下 혹은 諸侯國이라고 간주해 사용했다. 번역문에서는 이를 원래의 뜻인 '唐軍'으로 옮겼다.

262) 唐 高宗(628~683; 재위 649~683): 唐朝 제3대 황제로 이름은 李治, 字는 爲善, 小字는 雉奴이며, 太宗의 아홉 번째 아들로 長孫皇后의 소생이었다. 성격이 유약한 편이었다. 貞觀 5년(631) 晉王에 봉해졌고, 貞觀 17년(643) 太子가 되었다. 貞觀 23년(648) 즉위해 永徽로 開元했다. 永徽 2년(651) 新律(永徽律)을 반포하고, 永徽 4년(653) 『律疏』를 訂定했다. 永徽 6년(655) 王皇后를 폐하고 武后를 세웠으며, 그로 인해 褚遂良 등 원로대신을 쫓아냈다. 顯慶 5년(660) 병이 심해 武后에게 정치를 위임함에 따라 이후 정치적으로 허수아비가 되었다. 재위 중 西突厥을 평정하고 高句麗를 멸망시켰으며, 安西四鎭을 파하는 등 대외적인 확대를 보여주었다. 乾陵(지금 陝西省 乾縣 서북)에 장사지냈으며, 諡號는 天皇大帝였다.

263) 鬱督軍山: 고대 투르크어로 '외튀켄(Ötüken) 산'의 음사이다. 고대 투르크 비문에는 "외튀켄 이쉬(ötüken yïsh)"로 기록되어 있는데, 경우에 따라서는 "외튀켄 땅"이라는 의미를 갖고 있는 "외튀켄 예르(Ötüken yer)"라고 표현되기도 한다. 이것은 꼭 산지를 의미하는 것만이 아니라 일정한 범위의 지역을 의미하는 것으로 보인다. 왜냐하면 몽골 초원은 해발 고도가 높아서 대부분 산지이기 때문이다. 中國 기록에서는 이에 대한 음사가 아주 다양하게 나타나는데, 於都斤(『周書』「突厥傳」, 『通典』卷196, 『北史』卷99, 『通志』卷200), 都斤(『隋書』「突厥傳」, 『新唐書』「突厥傳」, 『資治通鑑』卷175, 『太平寰宇記』卷194), 度斤(『隋書』「突厥傳」, 『資治通鑑』卷197), 烏德鞬(『新唐書』「回鶻傳」, 『舊唐書』「李勣傳」), 烏德健(『舊唐書』「迴紇傳」), 尉都健(『舊唐書』「鐵勒傳」), 烏特勒(『唐會要』卷72), 烏都鞬(『唐會要』卷73), 鬱督軍(『唐會要』卷73), 烏羅德鞬(『唐會要』卷96), 烏德健(『唐會要』卷98, 『太平寰宇記』卷199), 烏德建(契苾明碑), 烏德犍(『資治通鑑』卷215), 乞督軍(『資治通鑑綱目』), 德建(『册府元龜』卷986) 등이

하도록 했다. 차비[가한]의 장자 갈만타(羯漫陀)[265]는 이전에 발실밀(拔悉密)[266] 부락을 통할했다. 차비[가한]이 패하기 이전에 아들 암삭(菴鑠)[267]을 보내 조정에 들어오자 태종이 [그를] 어여삐 여겨 좌둔위장군으로 삼고 다시 신려주(新黎州)[268]를 두어 그 백성을 거느리게 했다.

그것이다.

이 산은 突厥이 聖山으로 여기는 곳으로 과거부터 遊牧世界의 中心地로 이해되었다(山田信夫, 1989: 64.; 護雅夫, 1967: 24~9.; 吉田順一, 1980: 48~61; S, G. Kliashtornyi, 1954: 34). 그곳의 구체적인 위치는 지금 몽골공화국 타미르강(Tamir)과 오르콘강(Orqon)이 발원하는 항가이(Hangai)산맥지역의 어느 곳 내지는 항가이산맥의 최고봉우리의 하나로 추정되기도 했다. 하지만 그 보다는 동쪽으로 오르콘강이 흘러가고 서쪽으로 후누이강(Qunui), 그리고 남쪽으로 타미르강이 흘러가는 중간에 위치한 삼각형 모양의 산지 가운데 해발 2294미터의 칭겔테이(Chingeltei) 봉을 중심으로 여러 개의 봉우리가 이어진 산지로 추정된다. 이 봉우리를 중심으로 약간 높은 서북쪽에 비해 동남쪽으로는 구릉이 나지막이 뻗었고, 그 사이 사이에 오르콘강의 많은 지천이 동쪽과 동남쪽으로 흘러가고 있고 그 남쪽은 항가이산맥 북사면으로 넓게 펼쳐져 있는 곳에 초원이 있다는 점에서 유목민들이 계절 이동을 하면서 거주하기에 좋은 입지 조건에 부합한다. 이곳은 突厥의 중심지였던 호쇼 차이담(Qosho Chaidam)과 回紇(回鶻)시대의 수도였던 카라 발가순(Qara balghasun), 그리고 몽골 제국의 수도인 카라코룸(Qara qorum) 역시 인근에 위치하고 있다는 점 역시 이상과 같은 추정을 가능하게 한다(정재훈, 2006: 12).

264) 狼山都督府: 高宗 永徽 元年(650) 葛邏祿 右廂 部落에 설치되었으며 瀚海都督府에 소속되었다. 治所가 지금 몽골공화국 서쪽 일대였다. 顯慶 3년(658)에 狼山州로 개칭되었다.

265) 羯漫陀: 突厥 車鼻可汗의 아들인데, 확실한 음사는 알 수 없다.

266) 拔悉密: 종족 명칭으로 고대 투르크어로 '바스밀(Basmïl)'의 음사이다. 鐵勒의 한 부족으로 瑤臺에는 拔思母라고 불리기도 했다. 원주지는 항가이산맥 북사면 지역의 몽골 초원에 거주했는데, 바이칼 호의 남쪽, 結骨의 동남쪽에 있었다. 突厥이 吐屯을 파견해 이들을 통제했는데, 점차 서쪽으로 이주해 몽골 초원 서부지역에 있었던 乙毗車鼻可汗에게 속했다. 貞觀 23년(649)에 그 吐屯達官 肥羅察이 부락을 이끌고 唐朝에 항복해왔기 때문에 그 이후에 羈縻支配를 받게 되었다가 突厥이 부흥하자 다시 복속되었다. 開元 4년(716)에 突厥第二帝國의 제2대 可汗 黙啜의 사망 이후에 내분이 일어나자 北庭都護府 관할 구역으로 이주해 突厥을 공격하다가 開元 7년(719)에 다시 突厥에게 패배해 그에 복속되었다. 開元 29년(741)에 突厥이 내란에 빠지자 阿史那施가 可汗을 칭하고 突厥을 타도하나 그와 연합했던 迴紇에게 패배해 세력이 약화되었다. 그 이후에 迴紇에 복속되어 그의 일원이 되었다.

267) 菴鑠: 突厥 車鼻可汗의 孫子인데, 이름의 확실한 음사는 알 수 없다.

268) 新黎州: 지금 몽골공화국 서북부에 위치하고 있었다. 永徽 元年(650)에 突厥 車鼻可汗의 소속 부락에 설치되었는데, 처음에 翰海都護府에 소속되었다. 顯慶년간 다시 燕然都護府에 소속되었다가 總章 2년(669)에 安北都護府에 소속되었다.

車鼻旣破之後，突厥盡爲封疆之臣，於是分置單于·瀚海二都護府．單于都護領狼山雲中桑乾三都督·蘇農等一十四州，瀚海都護領瀚海金微新黎等七都督·仙萼賀蘭等八州，各以其首領爲都督·刺史．高宗東封泰山，狼山都督葛邏祿社利等首領三十餘人，並扈從至嶽下，勒名於封禪之碑．自永徽已後，殆三十年，北鄙無事．

차비[가한]이 이미 망한 다음 돌궐이 모두 중국 땅[封疆][269]의 신하가 되었고, 이에 [그의 땅에] 선우(單于)[270]와 한해(瀚海)[271] 두 도호부(都護府)를 나누어 두었다. 선우도호[부]는 낭산과 운중(雲中), 상건(桑乾)[272]의 세 도독[부]와 소농[주](蘇農州)[273] 등 14개 주를, 한해도호[부]는 한해(瀚海)[274]와 금미(金微),[275] 신려(新黎) 등 7개의 도독[부]와 선악주(仙萼州),[276]

269) 封疆은 中國의 지배 영역을 의미한다.

270) 單于大都護府: 麟德 元年(664)에 雲中都護府가 바뀌어 설치되었다. 治所는 지금 內蒙古自治區 和林格爾縣 서북의 土城子 古城이다. 單于都護府는 歸航한 突厥部落에 설치된 漢南의 雲中都督府, 定襄都督府, 呼延都督府, 桑乾都督府를 관할했다. 관할구역은 동쪽으로 大洛泊(지금 內蒙古自治區 克什克騰旗 서쪽의 達里諾爾), 灤河의 서쪽에 이르며, 奚, 契丹과 접하고 서쪽으로 安西都護府의 경계와 접하며 북쪽으로 大漠 및 翰海都護府와 접했으며 남쪽으로 陰山과 河西回廊의 북쪽에 이르렀다. 調露 元年(679)에 突厥의 여러 부락이 반란을 일으켜 다시 突厥이 나라를 세우자 單于都護府의 관할 하에 있었던 여러 府州를 상실하게 되었다. 이에 都護가 鎭守使로 바뀌었으며 景龍 2년(708)에 河北에 三受降城을 쌓아 북쪽으로 3백 리의 땅을 개척함으로써 突厥을 陰山의 북쪽에서 막고자 했다. 開元 2년(714)에 다시 單于都護府가 설치되었고 都護가 鎭守使를 겸하게 했으나 朔方節度使의 지휘를 받도록 했다. 乾元년간 이후에는 振武節度使가 겸해 관할했다(劉統, 1998).

271) 瀚海都護府: 翰海都護府라고도 한다. 龍朔 3년(663)에 燕然都護府를 바꿔 설치되었다. 治所는 지금 몽골공화국 서남 오르콘강 上流의 서안(지금 하라호린 서북)에 있었다. 관할구역은 지금 몽골공화국과 러시아 시베리아 남부였다. 總章 2년(669)에 安北都護府로 개칭되었다.

272) 桑乾都督府: 龍朔 3년(663) 定襄都督府가 나뉘어 설치되었고, 單于都護府에 소속되었다. 朔方縣(지금 陝西省 靖邊縣 동북쪽 白城子)에 설치되었다. 郁射州, 藝失州, 卑失州, 叱略州를 거느렸다. 관할 구역은 지금 內蒙古自治區 烏蘭察布盟 동쪽 경계, 錫林郭勒盟 남쪽 경계, 克什克騰旗達里諾爾 일대였다. 이후에 폐지되었다.

273) 蘇農州: 唐代에 설치된 羈縻州였다. 治所는 지금 陝西省 북쪽에 있었다.

274) 瀚海都督府: 貞觀 21년(647)에 鐵勒 部落의 하나인 迴紇에 설치된 羈縻府로 燕然都護府에 소속되었다. 治所는 지금 몽골공화국 서남 오르콘강 상류 西岸 하라호린 서북에 있었다. 세력은 지금 셀렝게강에서 남쪽으로 薛延陀가 牙帳을 세운 지금 항가이산맥 북사면(외튀켄 산지) 일대까지 확장되었다.

275) 金微都督府: 貞觀 21년(647)에 鐵勒 부락의 하나인 僕骨에 설치된 羈縻府로 燕然都護府에 소속되었다.

하란주(賀蘭州)[277] 등 8개의 주를 통할했고, 각각 그 수령을 도독(都督)과 자사(刺史)[278]로 삼았다.[279] 고종이 동쪽으로 태산(泰山)[280]에 봉선(封禪)[281]했는데, 낭산도독 갈라록사리(葛邏祿社利)[282] 등 수령 30여 인이 모두 [태종을] 호종(扈從)해 [동]악(東嶽) 아래까지 와서 [봉선의식에 참여한 후에] 봉선을 기념한 비석에 [그들의] 이름이 새겼다. [이로 인해] 영휘년간(650~655) 이후 거의 30년 동안 북쪽 변방[北鄙][283]에는 아무 일도 없게 되었다.

調露 元年, 單于管內突厥首領阿史德溫傅·奉職二部落始相率反叛, 立泥孰匐爲可汗, 二十四州並叛應之. 高宗遣鴻臚卿蕭嗣業·右千牛將軍李景嘉率衆討之, 反爲溫

그 땅은 지금 몽골공화국 헨티 以北과 오논강 상류부터 러시아 시베리아 남부 일대에 해당했다. 總章 2년(669)에 安北都護府에 소속되었다.

276) 仙萼州: 永徽 元年(650) 혹은 이전에 설치된 羈縻州로 燕然都護府에 소속되었다. 治所는 지금 몽골공화국 서부 셀렝게강 중류 지역에 있었다. 山娥河(지금 몽골공화국 셀렝게강)에 설치되어 붙여진 이름이다. 總章 2년(669)에 安北都護府에 예속되었다가 이후에 廢置되었다.

277) 賀蘭州: 貞觀년간 迴紇의 歸附한 部落에 설치된 羈縻州였다. 故地는 지금 內蒙古自治區 阿拉善盟에 해당했다. 州의 治所는 涼州의 境內에 있었다. 처음에 燕然都護府에 소속되었다가(647~663) 總章 元年(668)에 涼州都督府에 속하게 되었다.

278) 刺史: 秦代에 처음 설치되었으며 郡을 감독했다. 漢 武帝 시기 처음으로 13部刺史를 두어 6개 조항에 따라 각 州를 감찰했다. 후에 州의 長官이 되었다. 三國부터 南北朝時代에 각 州에 대개 刺史가 설치되었으며 일반적으로 都督을 겸임했다. 隋唐時代에 刺史는 한 州의 行政長官이 되었는데 그 지위는 郡守와 비슷하게 지위가 점차 낮아졌다.

279) 『新唐書』에는 雲中都護府 등의 改稱에 대한 내용이 기록되어 있다. "麟德初, 改燕然爲瀚海都護府, 領回紇, 徙故瀚海都護府於古雲中城, 號雲中都護府, 磧以北蕃州悉隸瀚海, 南隸雲中. 雲中者, 義成公主所居也, 頡利滅, 李靖徙突厥羸破數百帳居之, 以阿史德爲之長, 衆稍盛, 卽建言願以諸王爲可汗, 遙統之. 帝曰: '今可汗, 古單于也.' 乃改雲中府爲單于大都護府, 以殷王旭輪爲單于都護."

280) 泰山: 太山이라고도 한다. 지금 山東省 泰安市 북쪽에 있다. 東岳, 岱山, 岱岳, 岱宗이라고도 한다. 帝王이 이곳에서 封禪의 大禮를 행했다.

281) 封禪: 封은 옥으로 만든 판에 願文을 적어 돌로 만든 상자에 봉한 다음에 天神에게 비는 일이었고, 禪이란 土壇을 만들어 地神에게 비는 일이었다. 최초로 封禪을 한 皇帝는 秦始皇帝로 전219년 泰山(지금 山東省 중부에 있는 산)의 山頂에서 하늘에 제사지내고, 부근의 梁父라는 작은 동산에서 땅에 제사지냈다. 이후 역대 皇帝들이 그에 따라 제사를 지냈다.

282) 葛邏祿社利: 葛邏祿 部落의 酋長으로 고대 투르크어로 '카를룩 일리(Qarluq ili)'의 음사로 추정된다.

283) 저본의 '北鄙'는 북쪽의 변두리의 뜻을 지니지만, 문맥상 唐의 북변을 총칭한다.

傳所敗, 兵士死者萬餘人. 又詔禮部尚書裴行儉爲定襄道行軍大總管, 率太僕少卿李思文·營州都督周道務等統衆三十餘萬, 討擊溫傳, 大破之, 泥孰匐爲其下所殺, 并擒奉職而還. 永隆 元年, 突厥又迎頡利從兄之子阿史那伏念於夏州, 將渡河立爲可汗, 諸部落復響應從之. 又詔裴行儉率將軍曹繼叔·程務挺·李崇直·李文暕等討之. 伏念窘急, 詣行儉降. 行儉遂虜伏念詣京師, 斬于東市. 永淳二年, 突厥阿史那骨咄祿復反叛.

조로(調露) 원년(679)에 선우[도호부가] 관내에 있던 돌궐 수령(首領) 아사덕온박(阿史德溫博)과 [아사덕]봉직(阿史德奉職)[284]의 두 부락[285]이 비로소 잇달아 반란을 일으켜 [아사나]니숙복(阿史那泥孰匐)[286]을 가한(可汗)으로 옹립하자 24주가 모두 [당나라에] 반기를 들어 호응했다. 고종은 홍려경 [선우대도호부 장사(長史)][287] 소사업(蕭嗣業)[288]과 우천우[위]장군(右千牛衛將軍)[289] 이경가(李景嘉)를 보내 군대를 이끌고 토벌하도록 했으나 도리어 [아사

284) 阿史德氏 출신의 인물인 阿史德溫博과 阿史德奉職의 이름은 中國式으로 보이는데, 이는 唐朝의 羈縻支配를 받으면서 이름을 中國式 갖게 되었음을 보여준다.

285) 阿史德氏族은 唐朝의 羈縻支配를 받으면서 定襄都督의 역할을 담당하면서 세력을 확대할 수 있었으나 670년대말 唐朝의 突厥에 대한 갑작스런 內地化 정책에 반발해 반란을 일으켰다(丁載勳, 1994).

286) 阿史那泥熟匐: 고대 투르크어로 '이둑 벡(ïdugh beg)'의 음사인데, '성스런 추장'이라는 의미이다. 그는 雲中都督府에 속해 있었던 阿史那州의 酋長 정도의 위상을 갖고 있었던 것으로 추정된다. 그는 雲中都督府에서도 세력을 확보하지 못하고 있다가 과거 突厥의 君主氏族 阿史那氏族이었기 때문에 阿史德氏族이 주도한 突厥 復興運動에서 可汗으로 추대되었다. 이상과 같이 唐朝에 대한 突厥의 도전이 阿史德氏族 중심으로 이루어진 것은 唐朝의 羈縻支配 과정에서 阿史那氏族이 약화되는 등 내적인 세력관계의 변화를 반영하는 것이다(丁載勳, 1994).

287) 『新唐書』에는 蕭嗣業의 관직이 單于大都護府 長史였다고 되어 있다.

288) 蕭嗣業: 唐初의 관리로 어려 祖姑 隋 煬帝의 皇后를 따라 突厥로 망명했다. 후에 唐에 돌아와 鴻臚卿兼單于都護府長史를 역임했다. 突厥의 반란을 평정했을 때 군대가 패해 貴州로 유배되었다.

289) 右千牛衛將軍: 右千牛衛의 次官으로 품계가 從三品이었다. 千牛衛는 後漢時代 千牛備身이 설치되어 御刀를 쥐고 侍衛하게 했던 것에서 유래했다. 隋代에 左右領左右府가 설치되고 각각 大將軍 1명과 將軍 2명이 侍衛와 兵仗의 공급을 관장했다. 隋 煬帝시기에 左右備身府로 개칭되었다. 唐代에 左右領左右府로 改稱되었다가 顯慶 5년(660) 左右千牛府, 龍朔 2년(662)에 左右奉宸衛로 바뀌었다. 神龍 元年(705)에 左右千牛衛로 개칭되었다. 右千牛衛에는 大將軍 1명과 將軍 2명이 두어졌으며, 職掌은 隋代와 같았다.

덕]온박에게 패해 죽은 병사가 만여 인이나 되었다.[290)]

또한 [황제가] 조칙을 내려 예부상서 배행검(裴行儉)[291)]을 정양도행군대총관(定襄道行軍大總管)[292)]으로 삼아 태복소경(太僕少卿)[293)] 이사문(李思文)[294)]과 영주도독(營州都督)[295)]

---

290) 『唐會要』에는 唐軍이 패배한 상황에 대해 자세하게 기록하고 있다(『唐會要』 卷94 「北突厥」: 2003, "調露 元年十月, 單于大都護府突厥阿史德溫傳·奉職二部俱反, 立阿史那泥熟匐爲可汗, 二十四州酋長皆叛, 衆數十萬. 遣蕭嗣業等討之, 屢捷. 會大雪, 突厥襲其營, 爲虜所敗."). 저본보다 『唐會要』의 기록이 했다.

291) 裴行儉(619~682): 唐代 장군으로 絳州 聞喜縣 사람이고, 字는 守約이었다. 門蔭으로 弘文生이 되었고, 貞觀中 明經科에 급제해 左屯衛倉曹參軍이 되었다. 高宗때 武后를 세우는데 반대해 西州長史로 좌천되었다. 麟德 2년(665) 安西都護로 발탁되었고, 總章 2년(669) 司列少常伯(吏部侍郎)이 되어 관리 선발제도를 개혁했다. 李敬玄과 함께 인사문제를 10여 년 동안 관장하며 능력이 있다는 평판을 들었다. 調露 元年(679) 西突厥이 침입하자 군대를 이끌고 가서 진압하고 페르시아 왕자와 함께 귀국했으며, 西突厥 十姓可汗 阿史那都支를 생포해 碎葉城에 비석을 세운 다음 돌아왔다. 東突厥이 공격하자 定襄道行軍大總管이 되어 18만을 이끌고 東突厥을 평정했다. 인물을 보는 능력이 있어 그가 추천한 程務挺, 王方翼, 李多祚, 黑齒常之 등이 모두 일대의 名將으로 활동했다. 草書에 능했으며, 저서에는 『草字雜體』, 『選譜』 등이 있고 文集 20卷이 있었으나 모두 亡佚되었다(『舊唐書』 卷84 「裴行儉傳」: 2801).

292) 行軍大總管: 隋唐時代 특정한 軍事的 목적으로 파견한 야전 부대를 '行軍' 혹은 '行營'이라 지칭했다. 여기에 總管을 두어 총사령관으로 삼았는데, 總管이 지휘하는 行軍 여러 개를 총지휘하는 將領을 行軍大總管이라 불렀다. 中唐이후에는 招討使 혹은 都統, 元帥라고 불렀다.

293) 太僕少卿: 太僕寺의 次官으로 品階는 從四品下였다. 西周時代에 太僕下大夫가 있었고, 秦漢時代에는 太僕이 설치되어 輿馬에 관한 사무를 맡았다. 後漢時代에는 未央廐令·長樂廐令이 설치되어 車馬를 담당했다. 西晉時代에도 太僕이 설치되었는데 이후의 각 王朝에서도 設置와 廢置를 반복했다. 南朝梁代에 太僕卿이 설치되었고 이후에도 계속되었다. 唐代의 太僕寺는 乘黃·典廐·典牧·車府 등의 署와 諸牧監을 관할했다. 卿과 少卿이 長官과 次官이었으며 邦國의 廐牧과 車輿의 政令을 관장했다. 龍朔 2년(662)에 司馭寺로 改名했다가 咸亨 元年(670)에 원래대로 바뀌었다. 光宅 元年(684)에 司僕寺로 바뀌었다가 神龍 元年(705)에 환원되었다.

294) 李思文: 唐代의 장군으로 曹州 離狐縣(지금 山東省 東明縣 동남쪽) 사람이었다. 高宗 儀鳳년간 太僕少卿을 역임했고, 調露년간에는 裴行儉 등과 함께 군사 30만을 이끌고 突厥의 반란을 진압하러 출정해 大破하고 阿史德溫博 등을 사로잡은 다음에 潤州刺史로 전임되었다. 光宅 元年(684)에 조카인 徐敬業(혹은 李敬業)이 기병해 武則天에 반기를 들자 사신을 보내 朝廷에 이를 보고했다. 徐敬業이 潤州를 공격하자 그는 군사를 이끌고 城을 굳게 지켜 항복하지 않았다. 城이 함락된 후 徐敬業에게 사로잡혀 구금되었다가 徐敬業의 반란이 평정된 후에 풀려났다. 垂拱 元年(685)에 李思文의 충성이 朝廷에 알려져서 緣坐罪를 면하고 司僕少卿에 임명되었고 姓을 武氏로 바꾸었다(『舊唐書』 卷93 「李勣傳」 <李思文>: 3824).

295) 營州: 北魏 太平眞君 5년(444)에 설치되었고, 治所가 龍城縣(지금 遼寧城 朝陽市)에 있었다. 관할 구역은 지금 遼寧省 서남부 大凌河, 小凌河, 六股河, 女兒河 유역 일대였다. 永安 말년에 폐지되었다가 東魏

주도무(周道務)[296] 등을 거느리고 30여 만을 이끌고 [아사덕]온박을 공격하라고 해 크게 격파하자 [아사나]니숙복이 그 부하에게 살해되었고, 아울러 [배행검은 아사덕]봉직을 사로잡아 돌아왔다.[297] 영륭(永隆) 원년(680)에 돌궐은 또 힐리[가한의] 종형(從兄)의 아들인 아사나복념(阿史那伏念)[298]을 하주(夏州)에서 맞아들여 [황]하를 건너가 가한으로 옹립했는데, 여러 부락이 다시 이에 호응해 따랐다. [황제가] 또 조칙을 내려 배행검에게 장군(將軍) 조계숙(曹繼叔)[299]과 정무정(程務挺),[300] 이숭직(李崇直), 이문간(李文暕)[301] 등을 이끌고 가서 토벌하

天平 초에 다시 설치되었고, 그 이후에 관할이 축소되었다. 隋 大業 초에 폐지되었다가 唐初에 다시 설치되었다. 萬歲通天 元年(696)에 漁陽縣(지금 天津市 薊縣)으로 치소를 옮겼다. 開元 5년(717)에 치소를 柳城(龍城)으로 옮겼다가 天寶 元年(742)에 柳城郡으로 바뀌었다. 乾元 元年(758)에 환원되었다가 이후에 폐지되었다.

296) 周道務: 唐代의 장군으로 汝南郡 安成縣(지금 河南省에 속함) 사람이었다. 左屯衛大將軍 周紹範의 아들이었다. 부모가 일찍 사망해 강보에 있을 때 功臣의 자식으로서 宮中에서 양육되었다가 나이 14세가 되자 出宮할 수 있었다. 太宗의 딸인 臨川公主와 결혼해 駙馬都尉에 拜授되었다. 高宗시기 營州都督 檢校左驍衛大將軍에 임명되고 譙郡公에 봉해졌다. 調露 元年(679)에 裴行儉을 따라 突厥을 공격하려 出征해서 突厥을 대파했다. 사후 謚號는 襄이었다.

297) 『新唐書』에는 저본 보다 裴行儉이 突厥을 진압하는 과정이 자세하게 기록되어 있다. "更拜禮部尙書裴行儉爲定襄道行軍大總管, 率太僕少卿李思文・營州都督周道務・西軍程務挺・東軍李文暕, 士無慮三十萬, 捕擊反者. 詔右金吾將軍曹懷舜屯井陘, 右武衛將軍崔獻屯絳・龍門. 明年, 行儉戰黑山, 大破之, 其下斬泥孰匐, 以首降, 禽溫傅・奉職以還, 餘衆保狼山. 始虜未叛, 鳴鵽羣飛入塞, 吏曰: '所謂突厥雀者, 南飛, 胡必至.' 比春還, 悉墮靈・夏間, 率無首, 泥孰果亡. 狼山衆掠雲州, 都督竇懷哲・右領軍中郎將程務挺逐出之."

298) 阿史那伏念: 中國式 이름으로 추정되는데, 원래의 이름은 알 수 없다. 그는 원래 突厥 可汗氏族인 阿史那氏族의 일원으로 반란의 구심점이 되었으나 실패했다.

299) 曹繼叔: 唐代의 將軍으로 貞觀년간에 右驍衛將軍에 임명되었다. 貞觀 21년(647)에 郭孝恪 등과 함께 군대를 이끌고 龜兹(지금 新疆省 庫車縣)를 토벌해 多褐城에서 龜兹國王을 대파하고 군공을 세웠다. 후에 韓威와 함께 龜兹國相 那利를 격파하고 모두 사로잡았다. 永徽 3년(652)에 嶲州道行軍總管에 임명되어 남방 蠻 胡叢과 東鲁 등 여러 부락의 반란을 평정하고 많은 말과 소를 획득했다. 龍朔년간에 左武衛將軍에 임명되었다. 永隆 元年(680)에 裴行儉 등과 함께 군대를 이끌고 突厥을 토벌했고, 이에 阿史那伏念이 唐에 귀순했다.

300) 程務挺: 唐代의 장군으로 洺州 平恩縣(지금 河北省 邱縣 서남쪽) 사람이었다. 唐初의 名將 程名振의 아들이었다. 어려서 아버지를 따라 從軍해 勇力으로 이름을 날렸고 右領軍衛中郎將에 임명되었다. 高宗 永徽년간 裴行儉을 따라 突厥의 阿史那伏念을 토벌한 공으로 右衛將軍으로 승진하고 平原郡公에 봉해졌다. 永淳 2년(683)에 白鐵余를 평정해 左驍衛大將軍 檢校左羽林軍에 임명되었다. 嗣聖初(684)에 武則天의 밀지를 받들어 군사들을 이끌고 궁궐에 들어가 中宗을 폐하고 睿宗을 옹립했다. 이듬해에 左武衛大將軍 單于道安撫大使의 신분으로 突厥을 撫御하러 가자 突厥이 그를 두려워해 감히 침입하지

라고 했다. [아사나]복념은 궁박하고 급하게 되자 [배]행검에게 가서 항복했다. [배]행검이 마침내 [아사나]복념을 사로잡아 경사에 보내자 동시(東市)[302]에서 베었다.[303] 영순(永淳) 2년(683)에 돌궐 아사나골돌록(阿史那骨咄祿)[304]이 다시 반발해 반란을 일으켰다.

骨咄祿者, 頡利之疏屬, 亦姓阿史那氏. 其祖父本是單于右雲中都督舍利元英下首領, 世襲吐屯啜. 伏念旣破, 骨咄祿鳩集亡散, 入總材山, 聚爲群盜, 有衆五千餘人. 又抄掠九姓, 得羊馬甚多, 漸至強盛, 乃自立爲可汗, 以其弟默啜爲殺, 咄悉匐爲葉護. 時有阿史德元珍, 在單于檢校降戶部落, 嘗坐事爲單于長史王本立所拘縶, 會骨咄祿

못했다. 후에 徐敬業의 반란이 발생하자 그 黨人 唐之奇, 杜求仁 등과 친하다는 이유로 裴炎에게 모함을 당해 구금되어 軍中에서 참수되었다(『舊唐書』 卷83 「程務挺傳」: 2784).

301) 李文暕: 唐 宗室이며, 李神符의 아들이었다. 일찍이 幽州都督에 임명되고 魏國公에 봉해졌다. 武則天 垂拱년간 어떤 사건에 연루되어 藤州別駕로 좌천되었다가 誅殺되었다.

302) 東市: 長安城 내에 있었던 두 곳의 상업 구역의 하나로 지금 西安市 交通大學 구역이 그 故址이다. 西로는 平康과 宣陽坊, 東으로 道政과 常樂坊, 北으로 勝業坊, 南으로 安邑坊과 접해 있었다. 東西南北이 600步이고 사면에 각각 두 개의 문이 있었는데, 定四面의 거리가 각각 100보였다. 北街는 皇城의 남쪽의 大街와 연결되었고, 東으로는 春明門과 연결되었다. 시장 내에는 220개의 行이 있었다.

303) 『新唐書』에는 저본 보다 자세하게 突厥의 반란을 진압하는 내용이 기록되어 있다. "永隆中, 溫傅部又迎頡利族子伏念於夏州, 走度河, 立爲可汗, 諸部響應. 明年, 遂寇原・慶二州. 復詔行儉爲大總管, 以右武衛將軍曹懷舜・幽州都督李文暕副之. 諜者紿言伏念・溫傅保黑沙, 飢甚, 可輕騎取也. 懷舜獨信之, 輕兵倍道至黑沙, 乃不見虜, 得薛延陀餘部, 降之; 引還至長城, 遇溫傅與戰, 所殺相當. 行儉兵壁代之陘口, 縱反間, 故伏念・溫傅相貳, 因遣兵擊伏念, 敗之. 伏念走, 與懷舜遇, 行且戰一日, 爲伏念所破, 棄軍奔雲中, 士爲虜所乘, 死不可算, 皆南首仆. 懷舜殺牲與伏念盟, 乃免. 伏念益北, 留輜重妻子保金牙山, 以輕騎將襲懷舜, 會行儉遣部將掩得其輜重, 比還, 無所歸, 乃北走保細沙. 行儉縱單于鎮兵躡之, 伏念意王師不能遠, 不設備, 及兵至, 惶駭不得戰, 遂遣使間道詣行儉, 執溫傅降, 行儉虜之, 送京師, 斬東市."

304) 阿史那骨咄祿(재위 683~692): 突厥第二帝國의 건국자로서 突厥의 君主氏族인 阿史那 집안 출신으로 이름이 骨咄祿이었다. 『資治通鑑』에서는 骨篤祿이라고도 했는데, 모두 고대 투르크어로 '쿠틀룩(Qutlugh)'의 음사로 '하늘로부터 축복을 받은'이라는 의미이다. 그는 唐朝의 지배 하에서 '토둔 초르(Todun chor, 저본에서는 吐屯啜, 반면 『新唐書』에서는 吐屯이라고 기록)'의 직책을 갖고 있었는데, 정확하게 어떤 역할을 했는지는 분명하지 않다. 680년대 초 突厥의 두 차례에 걸친 唐朝에 대한 復興運動이 실패한 이후에 阿史德元珍의 도움을 받아 漠南에서 부흥에 성공하고 687년에 고비를 건너 북방의 迴紇을 비롯한 九姓을 복속시킴으로써 突厥을 완전하게 부흥시켰다. 그는 즉위한 이후에 詰跌利施可汗이라 칭했는데, 이것은 '일테리쉬 카간(Ilterish qaghan)'의 음사로서 '나라를 세운 군주'라는 의미였다.

入寇，元珍請依舊檢校部落，本立許之，因而便投骨咄祿．骨咄祿得之，甚喜，立爲阿波達干，令專統兵馬事．

골돌록(骨咄祿)이란 자는 힐리[가한]의 먼 친속[疏屬]이며 또한 성(姓)이 아사나씨(阿史那氏)였다. 그의 할아버지는 본래 선우[도호부 휘하의] 우부(右部) 운중도독(雲中都督)인 사리원영(舍利元英)[305] 휘하의 수령으로 대대로 토둔철(吐屯啜)[306]을 이어받았다. [아사나]복념이 이미 패망하자 [아사나]골돌록이 망해 흩어진 무리들을 긁어모아 총재산(總材山)[307]에 들어가 [백성을] 끌어 모아 도적떼[羣盜]가 되어 무리가 5천여 명이 있었다.[308] 또한 구성(九姓)[309]을 약탈해 얻은 양과 말을 아주 많이 얻어 점차 강성하게 되자 바로 스스로 가한이

---

305) 舍利元英: 突厥 주요 씨족의 하나인 舍利氏의 추장으로 雲中都督이었는데, 都督府 내에서 기존 阿史那氏을 대신에 唐朝의 지원을 받으면서 세력을 확대했다. 반대로 定襄都督府에서는 阿史德氏가 阿史那氏를 대신해 세력을 형성하고 있었다. 이런 羈縻支配時期 唐朝의 지원에 의한 突厥 내부의 세력 관계에 변화가 있었음에도 불구하고 武則天이 羈縻支配의 여러 종족들에 대한 강경한 內地化 정책을 시행한 것에 반발함에 따라 결국 阿史德氏가 阿史那氏를 추대하고 突厥을 부흥시켰다(丁載勳, 1994).

306) 吐屯啜: 고대 투르크어로 '토둔 초르(Todun chor)'의 음사이다. 『新唐書』에는 "吐屯"이라고 되어 있는데, 이 기록이 정확한 것으로 보인다. 吐屯과 啜은 개별적인 관칭이다.

307) 總材山: 고대 투르크 비문에 "초가이 쿠즈(Chogh ai quzi)" 즉, '햇빛이 들지 않는 그늘진 곳'이라는 의미를 갖고 있는 陰山山脈을 투르크어로 번역한 것을 다시 한자로 음사한 것이다. 이곳은 漠南地域의 중심지로 突厥이 復興運動을 일으켰을 때에도 그 근거지가 되었다. 지금은 大青山이라 불리는데 고비 남부에 있는 일련의 산지를 부르는 명칭이다. 이하의 연구에서는 中國 기록에 나오는 總材山과 碑文의 내용이 동일했다는 점을 증명했다(K. Czegledy, 1962: 55~61; A. von Gabain, 1949: 34; 岩佐精一郎, 1936: 106~19; 岑仲勉, 1958: 306; R. Giraud, 1960: 169; 芮傳明, 1990: 153~160).

308) ≪퀼 테긴 비문≫동면 11행~13행에는 骨咄祿의 부흥 과정에 대해 비록 수사적인 표현이기는 하나 처음에 17명의 군사와 함께 반란을 일으켰고, 그 소식을 듣고 사람이 70명으로 늘어났다가 이후 700명까지 늘어났다고 설명했다.

309) 九姓: 九姓鐵勒 또는 鐵勒九姓의 준말이다. 몽골 초원에 살던 투르크 연합체라는 의미로서 고대 투르크 비문에서는 이들을 "토쿠즈 오구즈(Toquz Oghuz)"라고 기록하고 있는데, 이것은 '아홉 개의 부락으로 구성된 오구즈'라는 의미이다. 하지만 실제 鐵勒을 구성하는 부락의 숫자가 아홉을 넘고 또한 아홉이 실수라기보다 많다는 의미로도 해석된다는 점에서 이를 '많은 투르크계 부족들'이라고 보는 것이 타당할 것이다. 토쿠즈 오구즈의 구성 문제는 이후 迴紇이 突厥을 대체하고 새로운 국가를 건설하는 과정에서 나타나는 九姓迴紇과의 상관 관계 즉, 위구르시대 비문에서 "토쿠즈 오구즈"와 같이 나오는 "온 위구르(On Uyghur: 열 개의 위구르)"가 어떤 관계를 갖고 있었는가 하는 점에 대해 많은 논쟁이

되었으며,[310] 그의 동생 묵철(默啜)[311]을 살(殺)[312]로 삼고, 돌실복(咄悉匐)[313] 역시 엽호(葉護)[314]로 삼았다.

이 때 아사덕원진(阿史德元珍)[315]이란 자가 선우[도호부]에서 항호(降戶) 부락을 임시로

전개되었다. 이것은 원래 토쿠즈 오구즈의 일원이었던 廻紇이 정치적으로 세력을 확대해 오히려 토쿠즈 오구즈를 포함하는 국가를 건설함에 따라 그 구성 내용이 변화했다고 이해되고 있다(丁載勳, 1999).

310) ≪퀼 테긴 비문≫東面 10행~11행에는 "위에 있는 투르크의 하늘(神)과 튀르크의 신성한 땅, 물의 정령들이 이렇게 말했다. '그들은 튀르크 백성이 사라지지 말기를' '백성이 되기를'이라고 하고 나의 아버지 일테리쉬 카간을 나의 어머니 일 빌게 카툰을 天頂으로부터 잡아서 더 위로 들어올렸다."라고 可汗로 즉위하게 되는 것을 정당화하고 있다. 이렇게 骨咄祿이 자립해 일테리쉬 카간이 되면서 獨立의 명분을 위와 같이 선언했음을 보여준다.

311) 默啜(재위 692~716): 突厥第二帝國의 2대 可汗으로 건국자 骨咄祿의 동생이었다. 默啜은 고대 투르크어로 '벡 초르(Beg chor)'의 음사인데(S.G. Kliashtornyi, 1954: 35), 경우에 따라서는 이를 '뵈귀 초르(Bögü chor)'의 음사로 보기도 한다(O.F. Sertkaya, 1977: 31; 薛宗正, 1992: 463). 이는 관칭이었는데, 可汗이 된 이후에도 지속적으로 비하하는 차원에서 唐朝에서 계속 사용되었다. 그의 본명에 대해서는 薛宗正이 『突厥集史』下(岑仲勉, 1958: 809~825)에 실려 있는 「毗伽公主墓誌拓本校注」를 근거로 그의 본명을 阿史那環라고 추측했는데 정확한 것은 아니다. 반면에 고대 투르크 비문에서는 "카프간 카간(Qapghan qaghan)"이라고 지칭하고 있다. 여타 기록에서 그의 구체적인 명칭을 정확하게 확인할 수 없고, 또한 카프간 카간이라는 비문의 명칭도 구체적으로 默啜을 지칭하는 것인 지에 대해 논란이 있으나 대개 默啜을 카프간 카간으로 보고 있다(D. Sinor, 1954: 178; 澤田勳, 1983: 80~85). 이런 명칭이외에도 唐側의 기록에는 默啜可汗, 또는 714년 玄宗에게 올린 表에서 자칭해 乾和永清大駙馬天上得果報天男 突厥聖天骨咄祿可汗이라고 하는 등 다양한 이름이 唐側의 記錄에 남아있다(『册府元龜』卷979, 「外臣部 和親 2」: 11499).

312) 殺: 고대 투르크어로 '샤드(shad)'의 음사로 원래 군사 지휘관을 의미했다. ≪퀼 테긴 비문≫東面 13행에서 퇼리스와 타르두쉬 백성들을 조직했다고 했다는 기록에 의거해보면 그가 동부의 통치자 즉, 퇼리스 샤드(Tölis shad)였다는 것을 알 수 있다는 점에서 그의 준말로 추정된다.

313) 咄悉匐: 고대 투르크어로 '퇼리스 벡(Tölis beg)'의 음사이다. 그는 초대 可汗 骨咄祿의 아들로 默啜의 동생이었다. 그의 비문이 현재 남아 있는데, 그것을 일반적으로 발견된 지명에 따라 ≪옹긴 비문≫이라고 한다. 그에 따르면 그의 관칭은 "이쉬바라 타르칸(Ishbara tarqan)"이었던 것으로 추정된다(澤田勳, 1983: 703).

314) 葉護: 고대 투르크어로 '야브구(yabghu)'의 음사로 원래 서부의 최고 통치자를 일반적으로 통칭했다. ≪퀼 테긴 비문≫東面 13행에서 퇼리스와 타르두쉬 백성들을 조직했다고 했다는 기록에 의거해보면 그가 서부의 통치자 즉, 타르두쉬 야브구(Tardush yabghu)가 되었다는 것을 알 수 있다는 점에서 그의 준말로 추정된다.

315) 阿史德元珍: 突厥第二帝國 건설의 一等功臣으로 이후에도 계속 突厥의 킹메이커로서 중요한 역할을 담당했다. 그는 唐朝의 羈縻支配 과정에서 세력화했던 阿史德氏族의 일원으로 두 차례에 걸친 阿史德氏

맡고[檢校][316] 있었고, 일찍이 한 사건에 연루되어 선우[도호부의] 장사(長史)[317]인 왕본립(王本立)[318]에게 체포되었는데, 이 때 [아사나]골돌록이 침입해 약탈함에 [아사덕]원진이 옛 부락을 맡기를 청하자 [왕]본립이 허락했으나 바로 [아사나]골돌록에게 투항해버렸다. [아사나]골돌록이 [그를] 얻자 아주 기뻐하며 아파달간(阿波達干)[319]으로 삼아 병마(兵馬)의 사무를 전적으로 맡게 했다.

永淳二年, 進寇蔚州, 豐州都督崔智辯擊之, 反爲賊所殺. 文明 元年, 又寇朔州, 殺

族 주도가 반란이 실패한 이후 阿史那骨咄祿을 추대해 부흥에 성공했을 뿐만 아니라 그 이후 默啜과 毗伽可汗의 즉위에도 중요한 역할을 했다. 中國 기록에서 阿史德元珍이라고 한 인물과 지금 몽골공화국 바인 초크토에서 발견된 ≪톤유쿠크 碑文≫의 주인공인 "暾欲谷(빌게 톤유쿠크: Bilge Tonyuquq)"의 동일인 여부는 비문이 발견된 이래 비상한 관심을 끌면서 많은 연구가 진행되었다. 그 중에서 ≪퀼테긴 碑文≫에서 突厥이 羈縻支配下에서 자신의 이름을 버리고 唐의 이름을 가졌지만 復興以後에 다시 突厥의 이름을 갖게 되었다는 기록을 바탕으로, 처음에는 元珍과 같이 기록되었지만 이후에는 톤유쿠크와 같은 투르크식 이름으로 기록되었다고 설명되었다. 그 이유로 Toñuquq가 ton+yuquq의 합성어로 ton은 '최초의' '첫 번째의'를 yuquq는 '존중하는' 또는 '귀중한'과 같은 의미를 갖고 있어서 ton은 元과 yuquq는 珍에 상응해 Toñuquq = 元珍이라고 한 논증(Kliashtornyi, S. G., 1954: 30~31)을 통해 양자의 동일인 여부가 분명해졌다(丁載勳, 1994: 31~44).

316) 檢校: 詔書로 除授하지만 정식으로 임명하지 않는 관직을 지칭한다. 東晉時代에 처음으로 지방을 감찰하는 檢校御史가 설치되었다. 唐初에는 임시적으로 某官을 代理하는 성질을 지녔다. 唐中期 이후 中書令과 侍中 등 宰相의 虛銜을 지방의 節度使에게 하사하며 恩寵을 과시했다. 조정에서 임직하는 진짜 宰相과 구분하기 위해 관명 앞에 '檢校' 2字를 붙였다. 檢校는 玄宗 이후에 실제로 加官이 되었으며 實權을 갖지 못했다.

317) 長史: 秦代에 처음 설치되었다. 前漢時代 丞相과 太尉, 御史大夫의 府에 설치되었고 여러 史의 우두머리 역할을 하며 本府의 사무를 총괄했다. 후세에 諸官과 州郡에도 설치되었다. 權任이 重했기 때문에 長官을 대신해 軍政 사무를 처리했다. 中唐 이후 幕職官이 크게 성해 長史의 지위가 점차 가벼워져서 대개 閑散의 직책으로 바뀌었다.

318) 王本立: 唐代의 官吏로 高宗시기에 벼슬이 戶部尙書에 이르렀다.

319) 阿波達干: 고대 투르크어로 '아파 타르칸(Apa tarqan)'을 음사한 것으로 '군을 총괄하는 최고 사령관'을 의미한다. 이것은 그가 骨咄祿을 可汗으로 추대하고 실질적으로 復興運動을 주도하면서 군권을 장악하고 있었음을 보여준다. ≪톤유쿠크 碑文≫ 제I비문 서면 6행에서 톤유쿠크는 자신을 건국 초기에 '보일라 바가 타르칸(Boyla bagha tarqan)'이라고 지칭하고 있다. 이런 차이로 인해 양자가 다른 인물이라는 주장이 나오기도 했으나 이것은 처음 아파 타르칸이라고 했다가 이후에 다른 명칭으로 바뀐 것을 비문을 작성을 즈음에 이후의 칭호로 표기하면서 생긴 문제로 보인다.

掠人吏，則天詔左武威衛大將軍程務挺爲單于道安撫大使以備之．垂拱二年，骨咄祿又寇朔·代等州，左玉鈐衛中郎將淳于處平爲陽曲道總管，與副將中郎將蒲英節率兵赴援，行至忻州，與賊戰，大敗，死者五千餘人．三年，骨咄祿及元珍又寇昌平，詔左鷹揚衛大將軍黑齒常之擊卻之．其年八月，又寇朔州，復以常之爲燕然道大總管，擊賊於黃花堆，大破之，追奔四十餘里，賊衆遂散走磧北．右監門衛中郎將爨寶壁又率精兵一萬三千人出塞窮追，反爲骨咄祿所敗，全軍盡沒，寶壁輕騎遁歸．初，寶壁見常之破賊，遽表請窮其餘黨，則天詔常之與寶壁計議，遙爲聲援．寶壁以爲破賊在朝夕，貪功先行，又令人出塞二千餘里覘候，見元珍等部落皆不設備，遂率衆掩襲之．旣至，又遣人報賊，令得設備出戰，遂爲賊所覆，寶壁坐此伏誅．則天大怒，因改骨咄祿爲不卒祿．元珍後率兵討突騎施，臨陣戰死．骨咄祿，天授中病卒．

영순 2년(683)에 [아사나골돌록이] 울주(蔚州)[320]로 나아가 약탈하자[321] 풍주도독(豐州都督) 최지변(崔智辯)[322]이 이를 공격하다가 오히려 적에게 죽임을 당했다.[323] 문명(文明) 원년(684)에도 [아사나골돌록이] 삭주를 공격해 백성들과 관리를 죽이거나 사로잡아가자 [무]측천(武則天)[324]이 조칙을 내려 좌무[위]위대장군(左武威衛大將軍)[325] 정무정을 선우도안무대

320) 蔚州: 北魏 永安년간에 懷荒(지금 河北省 張北縣)과 御夷(지금 赤城縣 북쪽) 두 곳의 鎭에 설치되었다. 그 다음에 치소를 지금 山西省 平遙縣 서북쪽에 옮겼다가 北周시대에 靈丘縣(지금 山西省 靈丘縣)으로 옮겼다. 隋 大業년간에 폐지되었다가 武德 6년(623)에는 다시 설치되었다. 치소가 陽曲縣(지금 山西省 太原市 북쪽 陽曲鎭)에 있다가 이듬해 繁畤縣(지금 繁畤縣 서쪽)으로 옮겼다. 8년(625)에 秀容縣 북쪽 恒州城(지금 忻州市 서북)으로 치소를 옮겼다. 貞觀 5년(631)에 치소를 靈丘縣으로, 開元 초에 다시 安邊縣(지금 河北省 蔚縣)으로 옮겼다.

321) 저본에서는 永淳 2년의 일이라고 기록했으나,『唐會要』에서는 弘道 元年의 일이라고 했다(『唐會要』 卷94 「北突厥」: 2004, "宏道 元年二月, 突厥寇定州, 圍單于都護府. 五月, 寇蔚州.").

322) 崔智辯(?~683): 唐代 관리로 滑州 永昌縣(지금 河南省 延津縣 동북) 사람이었다. 高宗시기에 豐州都督과 洮州都督을 역임했다. 永淳 2년(683)에 突厥이 蔚州(지금 河北省 靈丘縣)을 공격하자 군대를 이끌고 朝那山에서 공격했으나 패해 살해되었다.

323)『新唐書』에서는 저본과 달리 突厥이 침입한 지역과 지방관의 명칭을 달리 기록하고 있다. 또 저본에서는 崔智辯이 살해당했다고 했지만『新唐書』에서는 崔智辯이 사로잡혔다고 했다. "乃寇單于府北鄙, 遂攻幷州, 殺嵐州刺史王德茂, 分掠定州, 北平刺史霍王元軌擊卻之. 又攻嬀州, 圍單于都護府, 殺司馬張行師, 攻蔚州, 殺刺史李思儉, 執豐州都督崔知辯."

사(單于道安撫大使)로 삼아 [침입에] 대비하게 했다. 수공(垂拱) 2년(686)에 [아사나]골돌록이 또한 삭[주]와 대[주](代州) 등 주를 공격하자 [이에] 좌옥검위중랑장(左玉鈐衛中郎將)[326] 순우처평(淳于處平)을 양곡도총관(陽曲道總管)으로 삼아 부장(副將)인 중랑장 포영절(蒲英節)과 함께 군사들을 이끌고 구원하러 달려가게 해서 군대가 흔주(忻州)[327]에 이르렀고, 적과 싸워 크게 패해 죽은 병사들이 5천여 명이나 되었다.

[수공] 3년(687)에 [아사나]골돌록과 [아사덕]원진이 또 창평[현](昌平縣)[328]을 침입해 노략질하자 [무측천이] 조칙을 내려 좌응양위대장군(左鷹揚衛大將軍)[329] 흑치상지(黑齒常之)[330]에게 [그들을] 격퇴해 물리치게 했다. 그 해 팔월에 [아사나골돌록이] 다시 삭주를

---

324) 武則天(624~705; 재위 690~705): 武后, 혹은 則天武后로 불린다. 并州 文水縣(지금 山西省 文水 동쪽) 사람이었다. 武士彠의 딸로 지혜가 많았고 文史를 겸했다. 14세 때에 太宗의 才人이 되었다가 太宗이 죽자 感業寺에 들어가 비구니가 되었다. 永徽初 高宗이 다시 宮으로 불러 昭義로 삼았다. 永徽 6년(655) 皇后가 되고 顯慶 5년(660) 高宗의 병이 중하자 國政을 처리했다. 上元 元年(674) 天后라 칭했다. 高宗이 죽고 中宗이 즉위하자 皇太后가 되어 臨朝稱制했다. 中宗을 폐위하고 睿宗을 세운 후 국정을 혼자 처리했다. 天授 元年(690) 국호를 周라 하면서 聖神皇帝라 칭하고 이름을 曌로 改名했다. 재위기간 중 정적을 진압하고 酷吏를 등용해 밀고를 크게 장려했으며, 宗室과 舊臣을 크게 탄압했다. 전후 『氏族志』를 『姓氏錄』으로 바꾸어 5品이상의 官을 士流로 편입시켰으며, 殿試와 武擧를 실시해 인재를 발탁했다. 佛教를 일으키고 明堂을 만들었으며 員外試官을 설치했다. 농업을 중시해 호구를 증가시킴으로써 경제를 발전시켰다. 말년에 병이 중하게 되자 張柬之등이 정변을 일으켜 中宗을 복위시켰다. 사후 高宗과 乾陵에 합장되었으며, 諡號는 則天大聖皇后였다. 『全唐文』에 99편의 글과 『全唐詩』에 46수의 詩가 전한다.

325) 『新唐書』에는 右武威[衛]將軍이라고 되어 있다.

326) 左玉鈐衛中郎將: 武則天 光宅 元年(684)에 左右領軍衛가 左右玉鈐衛로 바뀌어 그 휘하에 있던 翊府中郎將이 개칭되었으나 神龍 元年(705)에 환원되었다. 左玉鈐衛中郎將은 소속 軍兵을 거느리고 宿衛에 참여했다.

327) 忻州: 隋 開皇 18년(598)에 설치되었고, 治所는 秀容縣(지금 山西省 忻州市)에 있었다. 『元和郡縣圖志』에 의하면 州 경계에 忻川口가 있어 붙여진 이름이다. 大業 2년(606)에 廢置되었고 武德 元年(618)에 환원되었다. 관할구역은 지금 山西省 忻州市와 定襄縣에 해당한다. 天寶 元年(742)에 定襄郡으로 改稱되었고 乾元 元年(758)에 환원되었다.

328) 昌平縣: 前漢時代에 처음 설치되었고, 治所는 지금 北京城 昌平縣 동남쪽에 있었는데, 上谷郡의 屬縣이었다. 後漢時代에는 廣陽郡에 속했고, 후에 燕國에 소속되었다. 北魏 初期 廢置되었다가 東魏 天平년간 다시 설치되었다. 治所를 지금 昌平縣 서남 古城으로 옮겼고, 平昌郡에 소속되었다. 隋代에는 涿郡에, 唐代에는 幽州에 소속되었다. 五代 後唐시기 治所를 지금 縣 서쪽으로 옮겼다.

329) 『新唐書』에는 右鷹揚衛大將軍이라고 되어 있다.

330) 黑齒常之(630~689): 百濟人으로 驍勇하고 謀略이 있었다. 百濟에서 達率 겸 郡將(唐의 刺史에 해당함)

노략질하자 [무측천이] 다시 [흑치]상지를 연연도대총관(燕然道大總管)으로 삼아 [토벌에 나서게 했고, 흑치상지가] 황화퇴(黃花堆)[331]에서 적을 공격해 크게 격파했고, 도망가는 적을 40여 리 추격하자 적의 무리가 드디어 고비 북쪽[磧北]으로 흩어져 달아났다.[332] 우감문위중랑장(右監門衛中郎將)[333] 찬보벽(爨寶璧)[334]은 또 정예의 군사[精兵] 만 3천 명을 이끌고 장성 밖으로 나가 [적을] 추격했다가 도리어 [아사나]골돌록에게 패해 전 부대가 모두 몰살당했으며 [찬]보벽만이 경무장하고 말을 달려 도망치듯 돌아왔다. 이전에 [찬]보벽은 [흑치]상지가 적을 격파하는 것을 보고 표(表)를 올려 몸소 그 나머지 무리[餘黨]를 [추격하기를] 청했는데, [무]측천이 조칙을 내려 [흑치]상지와 [찬]보벽이 서로 의논하고 멀리서 성원(聲援)[335]하라고 했다. [찬]보벽은 적을 하루 정도면 격파할 수 있다고 생각하고 군공을 탐내 먼저 행군했으며, 또 사람을 보내 장성 너머 2천여 리 밖까지 가서 적의 동태를 염탐하게 했는데, [아사덕]원진 등의 부락이 모두 대비를 갖추지 못했다는 [보고를] 받고 바로 군대를 이끌고 습격했다. [하지만 찬보벽의 군대가 적의 진영에] 이르자 [찬보벽은] 사람을 보내 적에게 [자신이 왔다는 사실을] 알려주고 출전할 준비를 갖춘 다음에 나가라고 명령을 했다가

을 역임했다. 顯慶 5년(600) 蘇定方이 이끄는 唐軍에 저항하다가 龍朔 3년(663)에 唐에 투항해 左領軍員外將軍에 제수되었다. 儀鳳 3년(678)에 李敬玄 휘하에서 종군해 吐蕃을 공격했고, 軍功을 세워 左武衛將軍 兼檢校左羽林軍으로 발탁되었다. 開耀 元年(681)에 河源軍經略大使에 拜授되었고 吐蕃을 良非川(지금 靑海省 동부)에서 패퇴시켰고 병사들을 두어 鎭戍하고 봉수대 70여 所를 설치했으며 營田 5천여 頃을 경작해 매년 백여만 석을 수확했다. 河源軍에서 7년 동안 주둔하는 동안 吐蕃이 두려워해 감히 변경을 범하지 못했다. 嗣聖 元年(684)에 左武衛大將軍으로 승진하여 檢校左羽林軍을 겸했다. 垂拱 2년(686)에 突厥의 변경 침입을 막아 燕國公에 봉해졌다. 이듬해에 또 다시 突厥을 격파했으나 部將 爨寶璧이 공을 탐내 가벼이 전진해 전군이 覆沒했다. 永昌 元年(689)에 酷吏 酒興이 모반한다고 무고해 하옥된 이후 스스로 목을 매서 죽었다(『舊唐書』 卷109 「黑齒常之」: 3294).

331) 黃花堆: 黃瓜堆라고도 하는데, 지금 山西省 應縣 서북 30里 黃花嶺에 있었다. 黑齒常之가 突厥의 군대를 격파한 곳이었다. 또 元和 4년(809)에 沙陀部의 우두머리 朱邪執宜이 神武川의 黃花堆에 웅거했다.

332) 저본에는 垂拱 3년(687) 八月의 사건이라고 했는데, 『唐會要』에는 七月에 阿史那骨篤祿이 朔州를 침공했다고 기록되어 있다(『唐會要』 卷94 「北突厥」: 2004, "嗣聖四年七月, 骨篤祿寇朔州, 武后遣黑齒常之等擊之, 骨篤祿散走磧北.").

333) 右監門衛中郎將: 右監門衛의 將領이었다. 唐代에는 左右監門衛에 각각 4인을 두어 宮殿의 諸門과 城門의 守衛와 출입의 조사를 관장했다. 지위는 右監門衛將軍의 아래였다.

334) 爨寶璧: 唐代 將軍으로 武則天시기에 右監門衛中郎將이 되었다. 垂拱 3년(687)에 突厥을 黑齒常之와 함께 격파하나 말을 듣지 않다가 대패해 참수되었다.

335) 聲援은 士氣나 氣勢를 북돋아 주는 응원이나 援助를 뜻한다.

결국 적에게 [오히려] 패배했고, [찬]보벽은 이 전투[의 패전]에 연루되어 죽임을 당했다. [무]측천은 크게 노해 골돌록[의 이름을] 불졸록(不卒祿)이라고 고치게 했다. [아사덕]원진은 이후에 병사를 이끌고 돌기시(突騎施)[336]를 토벌하다가 전장에서 죽었다.[337] 골돌록은 천수(天授)년간(690~691)에 병으로 죽었다.

默啜者, 骨咄祿之弟也. 骨咄祿死時, 其子尙幼, 默啜遂簒其位, 自立爲可汗. 長壽二年, 率衆寇靈州, 殺掠人吏. 則天遣白馬寺僧薛懷義爲代北道行軍大總管, 領十八將軍以討之, 旣不遇賊, 尋班師焉. 默啜俄遣使來朝, 則天大悅, 冊授左衛大將軍, 封歸國公, 賜物五千段. 明年, 復遣使請和, 又加授遷善可汗.

묵철(默啜)은 골돌록의 아우였다. 골돌록이 죽었을 때 그의 아들들이 아직 어렸기 때문에 묵철이 결국 가한의 자리를 빼앗아 자립해 가한이 되었다.[338] 장수(長壽) 2년(693)에 무리를

---

336) 突騎施: 西突厥에 속한 종족의 하나로 고대 투르크어로 '투르기쉬(Türgish)'의 음사이다. 唐이 阿史那賀魯를 평정한 이후 突騎施의 索葛莫賀部에 嗢鹿州都督府, 阿利施部에 潔山都督府를 두어 安西都護府에 예속되었는데, 武則天시기부터 강성해지기 시작했다. 聖曆년간(698~700)에 突騎施의 首領 烏質勒이 碎葉川(지금 키르기즈스탄의 추강 유역)으로 牙帳을 옮기고 이를 '大牙'라 칭했으며, 伊麗水(지금 일리하 유역)에 '小牙'를 두었다. 突騎施 蘇祿이 可汗이 된 후에 내부에서 분열이 일어나 烏質勒의 아들 娑葛의 후예라 자칭하는 사람들로 구성된 黃姓과 蘇祿의 部로 구성된 黑姓으로 나뉘어 서로 대립했다. 玄宗 開元년간 이전에는 黃姓이 강성했고, 開元년간 이후에는 黑姓이 흥했다. 누차 唐에 사신으로 보내자 唐에서 그 우두머리를 可汗으로 삼았다. 肅宗 至德년간 이후부터 쇠퇴하기 시작해 黃姓과 黑姓이 모두 자립해 可汗을 옹립했고 서로 공격했다. 代宗 大曆년간 이후 葛邏祿이 추강 유역을 거점으로 강성하게 되자 그에 役屬하게 되었다.

337) 저본의 기록은 "元珍後率兵討突騎施, 臨陣戰死."인데, 『新唐書』에는 "俄而元珍攻突騎施, 戰死."라고 기록되어 있다. 元珍의 사망에 대한 기록은 阿史德元珍과 暾欲谷의 동일인 여부에 관한 연구에서 두 사람이 다르다는 것을 보여주는 가장 중요한 증거였다. 하지만 이 기록은 정확한 것이 아니라고 설명되었다. 이것은 오히려 그가 이후에 唐朝에 알려지지 않고 주로 漠北에서 활동함에 따라 더 이상 기록이 없었던 탓이라는 것이다. 즉, 그의 사망 소식은 와전일 뿐 그 이후에도 元珍이 지속적으로 활동했다고 보는 것이 일반적이다(丁載勳, 1994: 103). 왜냐하면 697년 突厥에 파견된 唐의 使臣인 田歸道를 默啜이 죽이려는 것을 제지한다거나 혹은 唐에 그의 아들을 파견했다는 元珍 관련 기록이 그 뒤에도 보이기 때문이다(『資治通鑑』 卷206, 唐紀22, 則天后 神功 元年 三月條: 6515; 『冊府元龜』 卷544, 「諫諍部」: 6522).

338) 默啜이 骨咄祿을 이어 可汗이 될 수 있었던 것은 遊牧國家의 특수성에 기인했다. 定住國家에 비해

이끌고 영주(靈州)를 침입해 백성들과 관리를 살해하고 약탈했다.339) [사성 11년(694) 삼월에340) 무]측천이 백마사(白馬寺)341)의 승려 설회의(薛懷義)342)를 대북도행군대총관(代北道行軍大總管)으로 삼아 18명의 장군을 거느리고 묵철을 토벌하게 했으나, 적을 만나지 못하자 바로 군대를 돌려 되돌아왔다.343) 묵철은 이어 사신을 보내와 조정에 들어왔는데, [무]측천이 매우 기뻐하며 좌위대장군(左衛大將軍)344)을 제수하고345) 귀국공(歸國公)에 책봉했으며 재

발달된 行政, 官僚體系가 존재하지 않았던 遊牧國家에는 可汗의 個人的인 能力을 강조하는 '適任者相續制'가 적용되었기 때문이다. 즉 復興 初期부터 동부의 책임자(퇼리스 샤드)로 활동하고 있었던 默啜은 나이가 어린 默棘連에 비해 可汗이 될 수 있는 요건을 더 잘 갖추었던 것이다. 실제 이런 형제상속의 예는 과거 第一帝國時期에서도 여러 번에 걸쳐 나타났다(金浩東, 1989: 302~303). 따라서 마치 가한의 자리를 찬탈한 것처럼 적은 이 기록은 사실과 다르다. 이 상속이 아무런 문제가 없이 이루어졌다는 점은 빌게 카간이 ≪퀼 테긴 비문≫ 동면 16행에서 默啜의 可汗繼承을 "그 祖法(törü)에 따라 나의 삼촌이 카간이 되었다"라는 언급에서도 잘 나타나고 있다.

339) 저본에는 "默啜者, 骨咄祿之弟也. 骨咄祿死時, 其子尙幼, 默啜遂簒其位, 自立爲可汗. 長壽二年, 率衆寇靈州, 殺掠人吏."라고 되어 있는데, 『新唐書』에는 "默啜自立爲可汗, 簒位數年, 始攻靈州, 多殺略士民."이라 되어 있다. 전자는 默啜의 개인 이력을 상세하게 설명한 반면, 후자는 默啜의 靈州 침입에 비중을 두었다.

340) 『唐會要』에는 嗣聖 11년(694) 三月에 僧 薛懷義를 보내 默啜을 토벌했고, 嗣聖 12년 十月에 默啜이 사신을 보내 항복을 청했다고 되어 있다(『唐會要』 卷94 「北突厥」: 2004, "十一年三月, 復遣僧懷義討默啜° 十二年十月, 默啜遣使請降.").

341) 白馬寺: 지금 河南省 洛陽市 東郊에 있는 사찰이다. 後漢 明帝가 밤에 金人의 꿈을 꾸었는데 정수리에 흰 빛이 있어 使者 蔡愔과 秦景 등에게 佛法을 求하기 위해 西行하도록 했다. 그들이 月氏에서 天竺에서 온 迦葉摩騰과 竺法蘭을 만나 螢平 10년(67)에 함께 洛陽으로 돌아올 때에 白馬를 타고 불경과 불상을 싣고 와서 인도식 건축물을 모방해 당시 洛陽城 서쪽에 세웠다. 이 사원이 中國 佛寺의 효시가 되었다.

342) 薛懷義(?~695): 唐代의 승려로 京兆府 鄠縣(지금 陝西省 戶縣) 사람이었고, 本姓은 馮, 이름은 小寶였다. 洛陽에서 약을 팔아 생계를 꾸렸는데, 高祖의 딸 千金公主의 시중을 들다가 千金公主가 그를 武后에게 바쳐 그 애인이 되었다. 승려가 되어 法名을 懷義라 하고 姓을 薛氏로 바꾸었다. 禁中에 출입하면 權臣 武承嗣 등이 예를 갖추어 섬겼으며 百官의 위에 있었다. 垂拱 元年(685) 白馬寺主가 되었고, 후에 行軍大總管이 되어 突厥을 격파했다. 載初 元年(690) 右衛大將軍 鄂國公에 제수되었다. 승려 法明등과 함께 『太雲經』을 바쳤는데, 武則天이 彌勒의 하생이며, 唐을 대신해 세상의 주인이 된다고 해서 총애를 받았지만 후에 교만하고 불순하게 굴어 죽임을 당했다(『舊唐書』 卷183, 「薛懷義」: 4741).

343) 원정 내용이 『新唐書』에는 저본보다 더 자세하게 기록되어 있다. "武后以薛懷義爲朔方道行軍大總管, 內史李昭德爲行軍長史, 鳳閣鸞臺平章事蘇味道爲司馬, 率朔方道總管契苾明・鴈門道總管王孝傑・威化道總管李多祚・豐安道總管陳令英・瀚海道總管田揚名等凡十八將軍兵出塞, 雜華蕃步騎擊之, 不見虜, 還." 이라 했다. 또한 저본의 '則天'을 '武后'로 고쳐 격하시키고 있다.

344) 左衛大將軍: 左衛의 長官으로 품계는 正三品이었다. 前漢時代에 衛將軍이 설치되었고 曹魏 말기에 中衛

물 5천 단(段)을 내려주었다.[346] 이듬해(695년) [삼월]에[347] 다시 사신을 보내 화친을 청하자 또 덧붙여 천선가한(遷善可汗)을 제수했다.

萬歲通天 元年, 契丹首領李盡忠·孫萬榮反叛, 攻陷營府, 默啜遣使上言:「請還河西降戶, 卽率部落兵馬爲國家討擊契丹.」制許之. 默啜遂攻討契丹, 部衆大潰, 盡獲其家口, 默啜自此兵衆漸盛. 則天尋遣使冊立默啜爲特進·頡跌利施大單于·立功報國可汗. 聖曆 元年, 默啜表請與則天爲子, 并言有女, 請和親. 初, 咸亨中, 突厥諸部落來降附者, 多處之豐·勝·靈·夏·朔·代等六州, 謂之降戶. 默啜至是又索此降戶及單于都護府之地, 兼請農器·種子, 則天初不許. 默啜大怨怒, 言辭甚慢, 拘我使人司賓卿田歸道, 將害之. 時朝廷懼其兵勢, 納言姚璹·鸞臺侍郎楊再思建議請許其和親, 遂盡驅六州降戶數千帳, 并種子四萬餘碩·農器三千事以與之, 默啜浸強由此也.

만세통천(萬歲通天) 원년(696)에 거란(契丹)의 수령 이진충(李盡忠)[348]과 손만영(孫萬

將軍을 두었다. 西晉初 中衛將軍을 左衛將軍과 右衛將軍으로 나누어 宿衛營의 병사들을 관장하게 했다. 北齊時代에 左衛將軍과 右衛將軍이 左廂과 右廂을 나누어 관장했다. 隋初에 左右衛가 설치되었고, 煬帝 시기에 左右翊衛로, 唐初에 左右衛府로 改稱했다가 龍朔 2년(662)에 '府'字가 생략되었다. 左衛府에는 大將軍 1명과 將軍 2명을 두었으며 宮廷의 警衛를 統領했다. 左衛는 親·勳·翊五府와 武安·武成 등 50府의 병사를 관장했다. 府兵制 폐지 이후에도 左右衛의 명칭은 살아남았다.

345) 冊授는 3品 이상의 관원을 임명할 때 칭하는 용어였다. 5品 이상의 관원을 임명할 때에는 '制授', 6品이하의 관원을 임명할 때에는 '敕授'라고 칭했다(『資治通鑑』 卷210 「唐紀·睿宗下」 景雲 元年(710): 6660, "舊制, 三品以上官冊授, 五品以上制授, 六品以下敕授, 皆委尙書省奏擬, 文屬吏部, 武屬兵部, 尙書曰中銓, 侍郎曰東西銓.").

346) 『新唐書』에는 저본에 해당하는 내용이 없다.

347) 『唐會要』에서는 聖歷 元年 三月의 일이고, 또한 和親을 위해 사신을 보냈다는 저본과 달리 默啜이 사신을 파견한 이유가 通婚에 있었다고 했다(『唐會要』 卷94 「北突厥」: 2004, "聖歷 元年三月, 默啜請爲其女求婚, 武后遣閻知微等冊爲遷善可汗.").

348) 李盡忠(?~696): 契丹의 추장으로 孫萬榮의 인척이었다. 唐朝로부터 松漠都督에 임명되었다. 萬歲通天 元年(696) 孫萬榮과 함께 반란을 일으켜 營州都督을 살해하고 無上可汗을 자칭했다. 여러 차례 唐兵을 패배시켰으나 얼마 되지 않아 죽었다.

榮)[349]이 [당조를] 배반하고 반란을 일으켜 영[주도독]부(營州都督府)을 공격해 함락하자 묵철이 사신을 보내 아뢰었다. "청컨대 하서(河西)[350]의 항호를 돌려보내주신다면 부락의 병사들과 말을 이끌고 당나라를 위해 거란을 공격해 토벌하겠습니다." [무측천이] 조칙을 내려 허락했다. 묵철이 드디어 거란을 공격해 토벌하자 [거란의] 부락 백성들이 크게 무너졌고 거란의 가구(家口)를 거의 모두 사로잡아 묵철은 이로부터 병사와 백성들이 점차 많아지게 되었다.

[무]측천은 바로 사신을 보내 묵철을 특진(特進)[351] 힐질리시대선우(頡跌利施大單于) 입공보국가한(立功報國可汗)[352]으로 책봉했다. 성력(聖曆) 원년(698)에 묵철이 표를 올려 [무]측천에게 아들이 되고, 아울러 딸이 있어 [당의 왕(王)에게 시집보내] 화친을 하고 싶다고 청했다. 이전에 함형(咸亨)년간(670~673)에 [당조에] 와서 항복해 귀부한 돌궐의 여러 부락을 대부분 풍주(豐州)[353]와 승주, 영주, 하주, 삭주, 대주 등 여섯 주에 [나누어] 살게 했는데, 이를 항호(降戶)라 불렀다. 묵철이 이때가 되자 다시 항호와 선우도호부의 땅을 요구하면서 아울러 농기구와 종자를 [달라고] 요청했으나,[354] [무]측천이 처음에 허락하지 않았다.[355]

---

349) 孫萬榮(?~697): 契丹의 酋長으로 垂拱初에 唐朝로부터 右玉鈐衛將軍 歸誠州刺史에 제수되었다. 萬歲通天 元年(696) 매제 松漠都督 李盡忠과 함께 營州都督을 살해하고 起兵했다. 李盡忠은 無上可汗을 자칭했다. 무리가 수만에 이르러 수차례 唐將을 패배시켰다. 李盡忠이 죽은 후 무리를 이끌고 冀州와 幽州를 함락시켰으나 이듬해 奚와 突厥이 후방을 공격하자 달아나다가 家奴에게 살해되었다.

350) 河西는 여기에서 豐州, 勝州, 靈州, 夏州, 朔州, 代州 등을 지칭한다.

351) 特進: 唐代 文散官의 하나로 品階는 正二品이었다. 원래 漢代에 諸候 가운데 功德이 뚜렷한 자들이 이 관직에 임명되었고, 지위는 三公 다음이었다. 魏晉南北朝時代에도 이런 官名을 두었다. 隋 文帝가 特進을 散官으로 삼았고, 煬帝 역시 설치했다.

352) 頡跌利施大單于 立功報國可汗: 고대 투르크어와 한자식의 용어가 섞여져 있는 책봉명으로 두 가지가 동일한 의미로 겹쳐진 것으로 보인다. 고대 투르크어로 '일테리쉬 大單于·立功報國 카간(Ilterish 大單于·立功報國 qaghan)'의 음사로 '공을 세워 나라에 충성한 북방 최고의 군주'라는 의미이다.

353) 豐州: 隋 開皇 5년(585)에 永豐鎭이 승격되어 설치되었다. 治所는 九原縣(지금 內蒙古自治區 烏拉前旗 서북 小召鄕 土城村의 古城인데, 혹자는 五原縣 서남 黃河의 北岸이라고도 한다)에 있었다. 관할 구역은 지금 內蒙古自治區 오르도스 서북부와 이북 일대에 해당한다. 大業初 五原郡으로 改稱되었다가 후에 폐치되었다. 貞觀 4년(630)에 다시 설치되었으나 貞觀 11년(637)에 廢置되었고, 貞觀 23년(649)에 다시 설치되었다. 永徽 4년(653)에는 九原縣이 州의 治所가 되었다. 天寶 元年(742)에 九原郡으로 改稱되었고 乾元 元年(758)에 환원되었다.

354) 『新唐書』에는 "粟田種十萬斛, 農器三千具, 鐵數萬斤"라고 默啜이 요구한 구체적인 내용이 적시되어 있다.

355) 저본은 "默啜至是又索此降戶及單于都護府之地, 兼請農器·種子, 則天初不許."인데, 『新唐書』에는 "默啜

묵철은 크게 원망하고 노여워하며 말을 아주 오만하게 하면서 당나라의[356] 사자 사빈경(司賓卿),[357] 전귀도(田歸道)[358]를 억류하고 죽이려고까지 했다. 이때 조정에서는 그 군대의 기세를 두려워해 납언(納言)[359] 요숙(姚璹)[360]과 난대시랑(鸞臺侍郎)[361] 양재사(楊再思)[362]가

又請粟田種十萬斛, 農器三千具, 鐵數萬斤, 后不許, 宰相李嶠亦言不可."라고 되어 있다.

356) 저본은 "我"라고 되어 있는데, 唐나라를 지칭한다. 이하 唐나라를 지칭하는 "我"는 번역문에서 일률적으로 '唐나라'로 번역했다.

357) 司賓卿: 鴻臚卿의 異稱이었다. 司賓寺의 長官으로 품계는 從三品이었다. 武則天 光宅 元年(684)에 鴻臚寺를 司賓寺로 고치고 鴻臚卿을 司賓卿으로 개칭되었다. 神龍 元年(705)에 원래의 명칭으로 바뀌었다.

358) 田歸道(?~706): 唐代의 관리로 祖籍은 雍州 長安縣이었다. 明經 出身이었다. 長壽년간 벼슬해 左衛郎將에 이르렀다. 聖曆 元年(698)에 突厥의 默啜이 화의를 청하자 司賓卿이 되어 單于都護府(지금 內蒙古自治區 和林格爾縣)에 가서 응대했다. 이때 默啜의 六胡州와 單于都護府를 突厥에 돌려달라는 요구를 거절하여 억류되었다. 그 후 曉諭하고 오래지 않아 唐으로 되돌아 온 그는 武則天에게 邊防의 강화를 주청했다. 이후 夏官侍郎으로 승진했고, 오래지 않아 左金吾將軍 司膳卿 兼押千騎가 되어 玄武門에서 宿衛를 했다. 神龍 元年(705)에 張柬之, 敬暉 등이 張易之 형제를 살해하고자 田歸道에게 병사들을 빌려줄 것을 요청했으나 거절했고, 張易之 형제가 살해된 후 張敬暉가 살해하려고 한 것을 피해 집으로 돌아갔다. 中宗시기에 太僕少卿과 殿中少監, 右金吾將軍 등을 역임했다. 사후에 原國公으로 追封되고, 謚號를 烈이라고 했다. 開元년간에 그의 아들 田賓庭이 光祿卿에 이르렀다(『舊唐書』 卷185上 「田歸道傳」: 4794).

359) 納言: 武則天 재위시대 侍中의 異稱이었다. 侍中은 본래 秦漢時代에는 少府의 屬官이었으나 魏晉시대 점차 貴重하게 되고 南朝 劉宋때 機要를 담당하기 시작했다. 隋初 納言이라 칭하고 大業 12년(616)에 侍內로 고쳤으며 武德初에 다시 納言으로 바꾸었다가 武德 5년(622) 侍中으로 고쳐져 五代까지 계속되었다. 門下省의 長官으로 制敕의 封駁을 담당했다. 中書省의 長官인 中書令과 공동으로 軍國大政을 논의해 宰相의 지위에 있었다. 2명을 두었으며 品階는 正三品이었다. 玄宗때부터 쉽게 제수되지 않았다. 大曆 2년(787) 正二品으로 品階를 올린 이후 우대하는 將帥와 大臣들에게 주는 명예직으로 바뀌었다. 이후 중요한 일은 門下省의 門下侍郎이 처리했다. 龍朔 2년(662) 東臺左相으로 바뀌었다가 咸亨 元年(670) 원래의 명칭으로 환원되었다. 光宅 元年(684) 鸞臺納言으로 改稱했다가 神龍 元年(705) 원래의 관명으로 되돌아갔다. 開元 元年(713) 黃門監으로 바뀌었다가 改元 5년(717) 원래의 명칭으로 환원되었다. 天寶 元年(742) 左相으로 바뀌었다가 至德 2년(757) 원래대로 환원되었다.

360) 姚璹(632~705): 唐代의 관리로 雍州 萬年縣 사람이고, 字는 令璋이었다. 永徽년간에 明經科에 합격해 太子宮門郎에 제수되었다. 『瑤山玉彩』의 편찬에 참여했고, 책이 완성된 후 秘書郎이 되었다. 中書舍人을 역임했고, 武則天이 臨朝稱制한 후 夏官侍郎이 되었다가 桂州都督府長史로 좌천되었다. 후에 天官侍郎, 文昌左丞 同平章事를 거쳤다. 如意 2년(693) 宰相에게 『時政記』를 편찬할 것을 주청했다. 納言, 益州長史, 地官尙書, 天官尙書를 역임하고 長安년간에 죽었다(『舊唐書』 卷89 「姚璹傳」: 2902).

361) 鸞臺侍郎: 門下侍郎의 異稱이었다. 秦漢時代에 黃門侍郎으로 天子의 近侍之官이었다. 後漢時代에는 給事黃門侍郎이라 칭했다. 魏晉南北朝時代에는 지위가 점차 올라가 門下省의 次官이 되었다. 隋 煬帝시기에 '給事'字를 없애고 黃門侍郎이라 칭했다. 唐 龍朔 2년(662)에 東臺侍郎으로 개칭되었다가 光宅 元年

그와의 화친을 허락할 것을 청해 결국 [묵철에게] 6주(六州)의 항호 수천 장(帳)[363]을 모두 몰고 가게 했고, 또한 종자 4만여 석(碩)과 농기 3천 사(事)를 주어서 묵철이 이때부터 점차 강성하게 되었다.

其年, 則天令魏王武承嗣男淮陽王延秀就納其女爲妃, 遣右豹韜衛大將軍閻知微攝春官尙書, 右武威衛郎將楊齊莊攝司賓卿, 大齎金帛, 送赴虜庭. 行至黑沙南庭, 默啜謂知微等曰:「我女擬嫁與李家天子兒, 你今將武家兒來, 此是天子兒否? 我突厥積代已來, 降附李家, 今聞李家天子種末總盡, 唯有兩兒在, 我今將兵助立.」遂收延秀等, 拘之別所, 僞號知微爲可汗, 與之率衆十餘萬, 襲我靜難及平狄·淸夷等軍, 靜難軍使左玉鈐衛將軍慕容玄崱以兵五千人降之. 俄進寇嬀·檀等州, 則天令司屬卿武重規爲天兵中道大總管, 右武威衛將軍沙吒忠義爲天兵西道前軍總管, 幽州都督張仁亶爲天兵東道總管, 率兵三十萬擊之. 右羽林衛大將軍閻敬容爲天兵西道後軍總管, 統兵十五萬以爲後援. 默啜又出自恆岳道, 寇蔚州, 陷飛狐縣. 俄進攻定州, 殺刺史孫彥高, 焚燒百姓廬舍, 虜掠男女, 無少長皆殺之. 則天大怒, 購斬默啜者封王, 改默啜號爲斬啜. 尋又圍逼趙州, 長史唐波若翻城應之, 刺史高叡抗節不從, 遂遇害. 則天乃立廬陵王爲皇太子, 令充河北道行軍大元帥, 軍未發而默啜盡抄掠趙·定等州

(684)에 鸞臺侍郞으로 개칭되었으나 모두 오래되지 않아 환원되었다. 天寶 元年(742)에 門下侍郞으로 改稱되었다. 大曆 2년(787) 正三品으로 승격되어 사실상 門下省의 長官이 되었고, 이후 중요한 일은 門下省의 門下侍郞이 처리했다. 따라서 이후 門下侍郞은 대개 同中書門下平章事를 겸임해 사실상 宰相이 되었다.

362) 楊再思(?~709): 武則天과 中宗시대의 宰相으로 鄭州 原武縣(지금 河南省 原陽縣 서북) 사람이었다. 明經出身이며 일찍이 玄武縣尉와 天官員外郞, 左右肅政臺御史大夫 등의 직책을 역임했다. 武則天 延載元年(694)에 鸞臺侍郞 同鳳閣鸞臺平章事에 임명되어 宰相이 되었다. 聖曆 2년(699)에 宰相에서 면직되고 左肅正臺御史大夫에 임명되었다. 長安 4년(704)에 다시 宰相으로 등용되어 左肅正臺御史大夫 兼內史가 되었다. 中宗이 즉위한 후 戶部尙書 兼中書令을 거쳐 侍中으로 전임되었고 鄭國公에 봉해졌다. 景龍 3년(709)에 尙書右僕射 光祿大夫에 임명되었다. 사후 特進 幷州大都督으로 追贈되었으며 昭陵에 陪葬되었다(『舊唐書』 卷90 「楊再思傳」: 2918).

363) 帳: 牧民의 거주 단위인 天幕을 의미하는데, 戶口의 단위로 사용되었다. 목민들은 대개 核家族을 이루었으므로 1落은 5명 정도였다. 달리 落이라고도 한다.

男女八九萬人，從五回道而去，所過殘殺，不可勝紀．沙吒忠義及後軍總管李多祚等皆持重兵，與賊相望，不敢戰．河北道元帥納言狄仁傑總兵十萬追之，無所及．

그 해(698년)에 [무]측천이 위왕(魏王) 무승사(武承嗣)[364]의 아들인 회양왕(淮陽王) [무]연수(武延秀)[365]에게 [묵철가한의] 딸을 비(妃)로 삼게 하고, 우표도위대장군(右豹韜衛大將軍)[366] 염지미(閻知微)[367]를 임시 춘관상서(春官尙書)[368]로 [또] 우무위위랑장(右武威衛郎將)[369] 양제장(楊齊莊)[370]을 임시 사빈경(攝司賓卿)으로 삼아 많은 금백(金帛)을 갖고 돌궐 아정[虜庭][371]으로 운반해 가게 했다.

---

364) 武承嗣(?~698): 武則天의 조카로 并州 文水縣 사람이었다. 文明 元年(684) 禮部尙書에서 太常卿 同中書門下三品이 되어 朝政에 참여했다. 武后에 복종하지 않는 李氏子孫과 大臣들을 제거할 것과 武氏조상을 王으로 봉하고 宗廟를 세울 것을 청했다. 후에 魏王에 봉해졌다. 鳳閣舍人 張嘉福을 사주해 자신을 皇太子로 삼아달라고 주청하게 했으나 狄仁杰 등의 반대로 성공하지 못했다. 宰相의 직책에서 파직되자 울분으로 죽었다(『舊唐書』 卷183 「武承嗣傳」: 4727).

365) 武延秀(?~710): 武則天의 外孫이며 武承嗣의 次子였다. 『舊唐書』에는 "武延壽"로 되어 있다. 武周時代에 淮陽王으로 봉해져 명을 받들어 突厥에 가서 和親 협상을 했으나 黙啜에게 냉대를 받았다. 中宗시기에 京師로 돌아와 桓國公에 봉해졌고 左衛中郎將에 임명되었다. 후에 安樂公主와 결혼해 벼슬이 太常卿兼右衛將軍이 되었다. 武周를 부흥할 뜻을 가졌으나 韋后가 피살되면서 역시 肅章門에서 참수되었다(『舊唐書』 卷183 「武承嗣傳」: 4734).

366) 右豹韜衛大將軍: 右威衛大將軍의 異稱이었다. 右豹韜衛(右威衛)의 長官으로 품계는 正三品이었다. 隋初에 左右領軍府가 설치되었는데, 隋 煬帝시기에 左右屯衛로 改稱되었고 각각 大將軍과 將軍을 두었다. 唐代에도 이를 이어받았다. 龍朔 2년(662)에 左右威衛로 개칭되고 光宅 元年(684)에 左右豹韜衛로 개칭되었다가 神龍 元年(705)에 다시 左右威衛로 바뀌었다. 각각 大將軍 1명과 將軍 2명이 統領했으며, 翊一府와 翊二府, 宣陽 등 50部의 병사를 지휘했다.

367) 閻知微(~698): 閻立德의 손자로 雍州 萬年縣(지금 陝西省 西安市) 사람이었다. 관직이 右豹韜衛將軍에 이르렀다. 武則天 시기에 攝春官尙書가 되어 武延秀를 호송해 突厥에 갔다가 그를 도와 唐朝를 공격하는데 협조를 했으나 돌아와서 죽임을 당했다.

368) 春官尙書는 禮部尙書를 지칭한다. 禮部尙書에 대한 설명을 참조.

369) 右武威衛郎將: 右武威衛의 將領으로 右武威衛 휘하 翊府의 次官이었다. 府兵을 관장해 宿衛를 맡았다. 右武威衛는 右驍衛의 별칭이었다. 漢武帝 시기에 驍騎將軍이 있었는데, 이후의 王朝에서도 설치되었다. 隋 煬帝 시기에 左右備身府가 左右驍騎衛로 改稱되고 각각 大將軍과 將軍이 설치되었다. 唐代에는 이를 左右驍衛大將軍으로 고쳤다. 光宅 元年(684)에 左右武威衛大將軍으로 고쳤다가 神龍 元年(705)에 환원되었다. 右武衛 휘하에는 翊府가 있었는데, 中郎將 1명과 左右郎將 1명씩이 설치되었다.

370) 『新唐書』에는 "楊鸞莊"이라고 되어 있다.

일행이 흑사[성](黑沙城)[372]에 있는 남쪽 아정[南庭][373]에 이르렀을 때 묵철이 [염]지미 등에게 말했다. "내 딸을 이씨 집안[李家][374]인 천자의 아들[天子兒]에게 시집보내는 줄 알았는데 너희들이 지금 무씨 집안[武家][375]의 아이를 데리고 오니, 이 아이는 천자의 아이인가 아닌가? 우리 돌궐은 대대로 이씨 집안에 항복해 귀순했는데 지금 이씨 집안 천자의 후예[376]가 다 없어졌고 오직 두 아들만이 있다고 하니[377] 내가 병사들을 이끌고 [두 아들을 황제로] 옹립하는 것을 도울 것이다."

[그렇게 얘기하고 묵철이] 결국 [무]연수 등을 잡아 다른 곳에 구금하면서 [염]지미를 가한으로 옹립했고,[378] 그와 함께 무리 10여만을 이끌고 당나라의 정난[군](靜難軍)[379]과 평적[군](平狄軍),[380] 청이군(淸夷軍)[381] 등을 습격하자 정난군사(靜難軍使) 좌옥검위장군(左玉鈐衛將軍)[382] 모용현즉(慕容玄崱)이 병사 5천 명을 이끌고 항복했다. 이윽고 [돌궐 군대가]

---

371) 저본은 "虜"인데, 虜는 본래 '오랑캐'를 지칭하는 단어로 문맥상 突厥을 지칭하기 때문에 突厥이라고 번역했다.

372) 黑沙城: 고비 남부의 중심지로 이전에 突厥이 復興運動을 일으켰을 때 근거지가 되었다. 고대 투르크어로 '카라 쿰(Qara Qum)'의 음사인데, '검은 사막'을 뜻했다. 즉, 고대 투르크어를 한자로 음사한 것이다. 고대 투르크 비문에서도 이를 "카라 쿰"이라고 기록하고 있는데, 中國 기록과의 동일 여부는 다음의 연구를 통해 밝혀졌다(K. Czegledy, 1962: 55~61; A. von Garbain, 1949: 34; 岩佐精一郎, 1936: 106~19; 岑仲勉, 1958: 306; R. Giraud, 1960: 169; 芮傳明, 1990: 153~160).

373) 南庭: 유목민들의 여름 거주지[夏營地]를 말한다. 주로 고비 북방 소위 외튀켄 산지 즉, 항가이산맥 북사면의 오르콘강 상류 지역으로 추정된다. 반면 고비 남부에 있는 陰山山脈지역은 冬營地로 추정된다. 突厥時代에 군주들이 고비를 중심으로 계절 이동을 했다고 했는데, 이것은 匈奴時代에도 비슷하다고 한다.

374) 唐의 皇室이 李氏였기 때문에 默啜이 '李家'라 지칭했다.

375) 武則天이 세운 周의 皇室 姓이 武氏였기 때문에 默啜이 '武家'라 칭했다.

376) 種末은 血胤 혹은 後裔의 뜻이었다.

377) 저본은 "唯有兩兒在"인데, 武則天에게 쫓겨난 아들 中宗과 睿宗을 지칭한다.

378) 저본은 '僞號知微爲可汗'인데, '僞'字를 사용한 것은 可汗의 임명권이 皇帝에게 있음에도 默啜이 자기 멋대로 閻知微를 可汗으로 임명했기 때문이다. 번역문에서는 단순히 '옹립하다'로 번역했다.

379) 靜難軍: 唐代 軍鎭으로 지금 陝西省 綏德縣 서쪽에 위치하고 있었다.

380) 平狄軍: 唐代 軍鎭으로 天授 2년(691)에 神武軍을 바꿔 설치되었다. 朔州에 속했고, 治所는 지금 山西省 朔州市 동북쪽으로 30里 떨어진 馬邑村에 있었다. 大足 元年(701)에 大同軍으로 改稱되었다.

381) 淸夷軍: 唐代 軍鎭으로 垂拱년간에 설치되었는데, 지금 河北省 懷來縣 동남의 옛 懷來(지금 水庫에 매몰됨)에 있었다. 城南의 淸夷水 때문에 붙여진 이름으로 長安 2년(702)에 嬀州 懷來縣의 治所가 되었다가 후에 廢置되었다.

규주(嬀州)[383]와 단주(檀州)[384] 등의 주로 나아가 침입하자 [무]측천이 사속경(司屬卿)[385] 무중규(武重規)[386]를 천병중도대총관(天兵中道大總管), 우무위위장군(右武威衛將軍)[387] 사타충의(沙吒忠義)[388]를 천병서도전군총관(天兵西道前軍總管), 유주도독(幽州都督)[389] 장인

---

382) 左玉鈐衛將軍: 左玉鈐衛의 次官으로 품계는 從三品이었다. 左玉鈐衛는 본래 左領軍衛였다. 領軍은 後漢末 曹操가 설치했으며, 후에 中領軍으로 改稱되었다. 曹魏가 처음으로 領軍將軍을 설치해 禁軍을 통솔하게 했으며 이후 각 왕조에서도 領軍將軍이 설치되었다. 北齊에서는 領軍府를 설치하고 領軍大將軍이 領軍府를 관장하게 해 모든 禁衛官兵을 관할했다. 隋는 左右領軍府로 나눠 長史를 두어 관리했으며, 12軍의 籍賬과 差科, 詞訟등을 관장하게 했다. 隋 煬帝가 이를 左右屯衛로 바꾸었는데, 唐代에 원래의 명칭으로 환원되면서 별도로 左右領軍衛가 설치되어 각각 大將軍 1명과 將軍 2명을 두어 관할하게 했다. 翊一府와 翊二府, 萬敵, 萬年 등 60개의 折衝府를 관장했다. 龍朔 2년(622)에는 左右戎衛로, 咸亨元年(670)에 左右領軍衛로, 光宅 元年(684)에 左右玉鈐衛로 개칭되었다가 神龍 元年(705)에 원래의 명칭으로 바뀌었다. 左玉鈐衛는 光宅 元年부터 神龍 元年까지 22년간 사용된 명칭이다.

383) 嬀州: 貞觀 8년(634)에 北燕州가 바뀌어 설치되었는데, 治所는 懷戎縣(지금 河北省 涿鹿縣 서남)에 있었다. 長安 초에 治所를 지금 懷來縣 동남쪽 舊懷來로 옮겼다. 관할 구역은 지금 河北省 張家口市와 懷來, 赤城, 崇禮, 張北, 懷安, 涿鹿縣 등의 땅이었다. 天寶 元年(742)에 嬀川郡으로 개칭되고 乾元 元年(758)에 嬀州로 환원되었다. 五代 後晉시대에는 契丹의 영토가 되어 可汗州로 바뀌었다.

384) 檀州: 隋 開皇 16년(596)에 설치되었는데, 治所는 燕樂縣(지금 北京市 密雲縣 동북)에 있었다. 大業 3년(607)에 安東郡으로, 武德 元年(618)에 檀州로 개칭되어 治所를 密雲縣(지금 河北省 密雲縣)으로 옮겼다. 天寶 元年(742)에 密雲郡으로 바꾸었다가 乾元 元年(758)에 환원되었다. 관할 구역은 지금 北京市 密雲·懷柔·平谷 등 縣이었다.

385) 司屬卿: 司屬寺의 長官으로 품계는 從三品이었다. 원래의 명칭은 宗正寺였으나 光宅 元年(684)에 司屬寺로 改稱되면서 司屬卿이라 불려졌다. 神龍 元年(705)에 이전의 명칭으로 바뀌자 司屬卿이 宗正卿으로 바뀌었다.

386) 武重規: 武周時代의 大臣으로 武則天의 조카이며, 武仁範의 아들이었다. 武周시대에 高平郡王에 봉해졌다가 이후에 汴州刺史와 鄭州刺史에 임명되었으나 부임하지 않고 먼저 사람들에게 州解를 세우도록 했다. 이로 인해 武則天의 노여움을 사서 廬州刺史로 좌천되었다. 이후에 天兵中道大總管에 임명되어 沙吒忠義와 함께 突厥을 토벌했다. 左金吾衛大將軍과 衛尉卿 등을 역임했다

387) 右武威衛將軍: 右武威衛의 次官으로 품계는 從三品이었다. 漢 武帝 시기에 驍騎將軍이 있었는데, 이후의 王朝에서도 설치되었다. 隋 煬帝 시기에 左右備身府가 左右驍騎衛로 改稱되고 각각 大將軍과 將軍이 설치되었다. 唐代에 左右驍衛로 바뀌었다. 光宅 元年(684)에 左右武威衛로 바뀌었다가 神龍 元年(705)에 환원되었다.

388) 沙吒忠義: 唐代 名將으로 睿宗, 武則天, 中宗 시기에 河北道總管, 朔方軍總管, 靈武軍大總管, 右武衛大將軍 兼清邊中道前軍總管 등을 역임했다. 오랫동안 변방에서 鎭戍하며 突厥과 오랫동안 전투를 벌여 혁혁한 공을 세웠다.

389) 幽州都督府: 唐代의 軍管區 명칭으로 高祖 武德 元年(618)에 幽州總管府가 설치되어 幽州, 平州, 易州,

단(張仁亶)[390]과 [이다조(李多祚][391]를 천병동도총관(天兵東道總管)으로 각각 임명해 군사 30만을 거느리고 공격하라고 명령했다. 우우림위대장군(右羽林衛大將軍)[392] 염경용(閻敬容)을 천병서도후군총관(天兵西道後軍總管)에 임명해 군사 15만을 거느리고 뒤에서 돕게 했다. 묵철은 또 긍악도(恆岳道)로부터 나와 울주를 노략질하고 비호현(飛狐縣)[393]을 함락했다. [묵철은] 이어 정주(定州)[394]로 나아가 공격해 [정주]자사 손언고(孫彥高)[395]를 살해하고

檀州, 燕州, 北燕州, 營州, 遼州 등 8州를 관할했다. 治所는 幽州였다. 武德 6년(623)에 總管府를 大總管府로 개칭되었고 39州를 관할했다. 武德 7년(624)에 幽州大都督府로 개칭되었으나 9년(626)에 다시 幽州都督府로 강등되었으며, 幽州·平州·景州·瀛洲·東鹽州·滄州·蒲州·蠡州·北義州·瀛洲·營州·平州·檀州·縣主·北燕州 등 17州를 관장했다. 開元 13년(725)에 大都督府로 승격되었다.

390) 張仁亶(?~714): 唐代 재상으로 華州 下邽縣(지금 陝西省 渭南縣) 사람이었다. 원래 이름은 仁亶이었으나 睿宗의 이름을 避諱해 仁愿이라 했다. 文武에 재간이 있어 武周時代에 殿中侍御史와 侍御史, 右肅正臺中丞, 檢校幽州都督, 幷州大都督府長史 등을 역임했다. 中宗과 武則天의 칭찬을 들었고, 中宗 神龍 2년(706)에 左屯衛大將軍 兼檢校洛州長史로 승진했다. 이듬해에 沙吒忠義를 대신해 朔方軍總管이 되어 突厥을 격파하고 黃河 북안에 三受降城을 쌓았으며 300里의 땅을 개척한 후 돌아왔다. 景龍 2년(708)에 宰相이 되어 左衛大將軍 同中書門下三品에 임명되었고 韓國公에 봉해졌다. 睿宗 景雲 元年(710)에 兵部尙書로서 致仕했다. 開元 2년(713)에 죽어 太子少保로 追贈되었다.

391) 『新唐書』에는 저본에 없는 李多祚가 추가되어 있다. "右羽林大將軍閻敬容·李多祚爲天兵西道後軍總管, 兵亦十五萬."

392) 右羽林軍大將軍: 右羽林軍 혹은 右羽林衛의 長官 혹은 최고 사령관으로 품계는 正三品이었다. 前漢 武帝 太初 元年(전104)에 建章營騎가 설치되었는데 후에 羽林騎로 改名되었다. 宣帝시기에 羽林中郎將과 羽林左右監이 설치되어 모두 光祿勳에 소속되었다. 西晉時代에는 羽林監만 설치되었으며 이후 각 왕조에서 이를 이어받았다. 隋 煬帝시기에 左右領軍府가 左右屯衛로 改稱되면서 거느리는 병사들을 羽林이라 했다. 唐代에 左右屯衛가 左右威衛로 바뀌고 별도로 左右屯營이 설치되었다. 龍朔 2년(662)에 左右屯營이 左右羽林軍으로 改稱되었다. 天授 2년(691)에 左右羽林衛로, 후에 다시 左右羽林軍으로 改稱되었다. 右羽林軍에는 大將軍 1명과 將軍 3명을 두어 長官과 次官으로 삼아 병사들을 통솔하게 했다.

393) 飛狐縣: 隋 仁壽 元年(601)에 廣昌縣이 바뀌어 설치되었는데, 易州에 소속되었다. 治所는 지금 河北省 淶源縣에 있었다. 『元和郡縣圖志』에 의하면 縣의 북쪽에 있는 飛狐口의 명칭을 따서 縣名으로 삼았다. 大業 初 上谷郡에 속했고 隋末에 廢置되었다. 武德 6년(623)에 다시 설치되었고 易州 遂城縣(지금 徐水縣 서북)에 寄治되었다가 貞觀 5년(631)에 옛날의 治所로 돌아갔다.

394) 定州: 北魏 天興 3년(400)에 安州가 바뀌어 설치되었다. 治所가 盧奴縣(지금 河北省 定州市로 北齊에 이곳을 安喜縣으로 바꾸었다)에 있었다. 관할 구역은 지금 河北省 滿城縣 이남, 安國市과 饒陽縣 이서, 井陘縣과 藁城과 辛集市 이북의 땅이었다. 이후에 점차 축소되었고, 隋 大業 3년(607)에 博陵郡으로, 9년(613)에 高陽郡으로 또 바뀌었다. 武德 4년(621)에 定州로, 天寶初에 博陵郡으로 바뀌었다가 乾元初 定州로 환원되었다.

백성들의 집[廬舍]를 불사르고 태웠으며 남녀를 사로잡아 갔는데, 나이의 많고 적음을 가리지 않고 모두 죽여버렸다. [무]측천이 크게 노해 묵철을 참하는 자를 왕(王)으로 봉하겠노라고 상을 걸었고, 묵철의 칭호를 참철(斬啜)이라고 바꾸었다.[396] 이어 [묵철이] 또한 조주(趙州)[397]를 포위해 핍박하자 [조주]장사 당파약(唐波若)[398]이 도리어 성을 버리고 묵철의 군대에 호응하려 했으나 [조주]자사 고예(高叡)[399]가 항거해 절개를 지키고 [명령을] 따르지 않다가 마침내 살해당했다.[400]

[무]측천은 이에 여릉왕(廬陵王)[401]을 황태자(皇太子)로 삼고 하북도행군대원수(河北道行軍大元帥)를 맡도록 명령했으나 군대가 아직 출발하기 전에 묵철이 조주와 정주 등지의 남녀 8~9만 명을 모두 노략질하고 잡아 오회도(五回道)[402]를 따라 가면서 지나가는 곳마다 잔인하게 학살하니 [그 피해를] 모두 기록할 수 없을 정도였다.[403] [전군총관인] 사타충의와 후군

---

395) 孫彦高(?~698): 唐代의 관리로 杭州 富陽縣(지금 浙江省 富陽縣) 사람이고, 尙書左丞相 등을 역임했다.

396) 저본은 "則天大怒, 購斬默啜者封王, 改默啜號爲斬啜."인데, 『新唐書』에는 "后怒, 下詔購斬默啜者王之, 更號曰斬啜."이라 했다.

397) 趙州: 北齊時代에 殷州가 바뀌어 설치되었다. 治所는 廣阿縣(지금 河北省 隆堯縣 동쪽의 舊城)에 있었다. 『元和郡縣圖志』에 의하면 趙國의 명칭을 따서 지은 이름이다. 隋 開皇년간에 欒州라 했다가 다시 趙州로 바뀌었다. 武德 元年(618)에 治所를 柏鄕縣(지금 河北省 柏鄕縣)으로 옮기고 武德 4년(621)에 다시 平棘縣(지금 趙縣)으로 옮겼다. 天寶初에 趙郡으로 개칭되었다가 乾元 初에 趙州로 바뀌었다. 관할구역은 지금 河北省 寧晉, 元氏, 趙縣, 贊皇, 高邑, 欒城, 臨城, 柏鄕 등 縣과 隆堯縣의 일부에 해당한다.

398) 唐波若(?~698): 唐代의 관리로 禮部尙書 唐儉의 아들이었다. 唐盤若이라고도 한다. 武周 시기에 趙州長史를 역임했다. 聖曆 初 突厥이 趙州를 포위했을 때에 突厥에 내응했다. 후에 조정에 돌아와 극형에 처해지고 家口 역시 籍沒되었다.

399) 高叡(?~698): 隋代 名相 高熲의 손자로 京兆府 萬年縣(지금 陝西省 西安市) 사람이었다. 明經出身으로 通義縣令과 桂州都督, 趙州刺史 등을 역임했다. 武則天 聖曆 元年(698)에 突厥이 趙州를 침입하자 城을 굳게 지키다 성이 함락된 후에도 굴하지 않고 죽었다. 武則天이 그를 위해 탄식하며 冬官尙書로 추증했고, 시호는 節이었다(『舊唐書』 卷187上 「忠義上 高叡傳」: 4877).

400) 『新唐書』에는 저본에 없는 突厥의 相州 침입 기사와 沙吒忠義·李多祚·福富順의 總管 임명 기사가 추가되어 있다. "虜圍趙州, 長史唐波若應之, 入殺刺史高叡, 進攻相州. 詔沙吒忠義爲河北道前軍總管, 李多祚爲後軍總管, 將軍嵎夷公福富順爲奇兵總管, 擊虜."

401) 廬陵王: 이름은 李顯인데, 中宗을 지칭한다. 中宗에 대한 자세한 설명을 참조.

402) 五回道: 지금 河北省 易縣 서쪽 滿城縣이 접한 五回山에서 유래한 지명이다.

403) 『新唐書』에는 저본 보다 行軍의 構成 내용이 자세하게 기록되어 있다. "時中宗還自房陵, 爲皇太子, 拜行軍大元帥, 以納言狄仁傑爲副, 文昌右丞宋玄爽爲長史, 左肅政臺御史中丞霍獻可爲司馬, 右肅政臺御史中丞吉頊爲監軍使, 將軍扶餘文宣等六人爲子總管. 未行, 默啜聞之, 取趙・定所掠男女八九萬悉阬之, 出五回道

총관 이다조(李多祚)[404] 등이 모두 중병(重兵)을 거느렸으나 적들과 대치하고 서로 바라볼 뿐 감히 싸우려 하지 않았다. 하북도원수(河北道元帥) 납언 적인걸(狄仁傑)[405]이 병사 10만을 이끌고 묵철을 추격했으나 미치지 못했다.

二年, 默啜立其弟咄悉匐爲左廂察, 骨咄祿子默矩爲右廂察, 各主兵馬二萬餘人. 又立其子匐俱爲小可汗, 位在兩察之上, 仍主處木昆等十姓兵馬四萬餘人, 又號爲拓西可汗, 自是連歲寇邊. 久視 元年, 掠隴右諸監馬萬餘匹而去. 制右肅政御史大夫魏元忠爲靈武道行軍大總管以備之, 又命安北大都護相王旦爲天兵道元帥, 統諸軍討擊, 竟未行而賊退.

[성력] 2년(699)에 묵철은 그의 아우 돌실복을 좌상찰(左廂察),[406] 골돌록의 아들 묵구(默矩)[407]를 우상찰(右廂察)[408]로 삼아 각각 병마(兵馬) 2만여 명을 관장하게 했다.[409] 또 그의

去, 所過人畜・金幣・子女盡剽有之, ……"

404) 李多祚(?~707): 唐代의 蕃將으로 靺鞨 출신이었다. 그는 驍勇하고 전쟁에 능했고, 軍功을 세워 右鷹揚衛大將軍에 임명되었다. 武則天 시기 孫萬榮의 난을 토벌해 右羽林大將軍으로 승진했다. 그후 北門의 衛兵을 30여 년 동안 통솔하면서 皇宮을 保衛하는 중요한 將領이 되었다. 神龍 元年(705) 정월 張柬之의 정변에 참가해 武則天이 하야하도록 핍박했다. 中宗이 복위한 후 遼陽郡王에 봉해지고 食實封 800戶를 받았다. 후에 節愍太子 李重俊과 함께 騎兵해 武三思를 살해했는데, 玄武樓 아래에 이르렀다가 좌우에게 살해되고 家產도 적몰되었다. 睿宗 景雲初 官爵이 복귀되었다(『舊唐書』卷109「李多祚傳」: 3296).

405) 狄仁傑(630~700): 唐代의 재상으로 并州 太原縣 사람이고, 字는 懷英이었다. 高宗때 明經科에 급제해 汴州參軍이 되었고, 儀鳳中 大理丞이 되어 해마다 17,000인의 사건을 판결했는데, 공평하다는 평가를 받았다. 侍御史, 度支郎中, 寧州刺史, 冬官侍郎, 江南巡撫使, 文昌左丞, 豫州刺史 등을 거쳐 天授 2년(691) 地官侍郎 同平章事가 되었다. 來俊臣의 모함으로 하옥되어 彭澤令으로 좌천되었다가 魏州刺史·幽州都督을 지냈다. 神功 元年(697) 鸞臺侍郎 同平章事, 納言, 內史를 역임해 河北道行軍元帥가 되어 突厥의 공격을 저지했다. 張柬之, 姚崇, 桓彥範, 敬暉 등 일대의 명신을 추천했고, 武后가 武三思를 太子로 삼으려 할 때 廬陵王을 太子로 삼도록 해 唐朝의 命運을 이어가게 했다. 睿宗 시기에 梁國公으로 追封되었다. 文集 10卷이 있었다고 하나 없어졌고, 『全唐文』에 9편의 글과 『全唐詩』에 1수의 詩가 실려 있다(舊唐書』卷89「狄仁傑傳」: 2885).

406) 左廂察: 고대 투르크어로 '툴리스 샤드(Tölis shad)'의 음사로 帝國의 동부를 다스리는 역할을 담당했다. 이전에 타르두쉬 야브구에서 퇼리스 샤드로 바뀌었음을 알 수 있다. 廂과 察은 뜻과 음사를 동시에 한 것이다.

아들 복구(匐俱)[410]를 소가한(小可汗)[411]으로 삼았는데, 그 지위가 두 찰(察)보다 위에 있었고 처목곤(處木昆)[412] 등 십성(十姓)[413]의 병마 4만여 명을 관장하게 하면서 또한 척서가한(拓西可汗)[414]이라 칭하는 등 [내적인 체제 정비를] 했고, 이로부터 해마다 북변에 침입해 노략질을 했다.

구시(久視) 원년(700)에 농우(隴右)에 있던 제감(諸監)[415]의 말 만여 필을 약탈해 돌아갔다. [무측천은] 제(制)를 내려 우숙정[대]어사대부(右肅政臺御史大夫)[416] 위원충(魏元忠)[417]

---

407) 默矩: 고대 투르크어로 '뵈귀(Bögü)'의 음사로 추정된다. 突厥을 재건한 骨咄祿의 아들로 이후에 突厥의 세 번째 可汗으로 즉위해 毗伽可汗(빌게 카간)이라고 불린다. 다음의 毗伽可汗에 대한 설명을 참조.

408) 右廂察: 고대 투르크어로 '타르두쉬 샤드(Tardush shad)'의 음사로 帝國의 서부를 다스리는 역할을 담당했다.

409) 『新唐書』에는 "默啜負勝輕中國, 有驕志, 大抵兵與頡利時略等, 地縱廣萬里, 諸蕃悉往聽命."라는 내용이 추가되어 있다.

410) 匐俱: 고대 투르크어로 '뵈귀(Bögü)'의 음사인데, 移涅可汗(이날 가한: Ïnal qaghan)이라고 불렸다.

411) 이런 책봉은 默啜이 과거 東突厥에서 시행했던 小可汗 제도를 다시 부활시켜 그의 아들을 차기 계승자로서 자리매김하려는 구상을 반영한다.

412) 處木昆: 西突厥 咄陸 부락의 하나였다. 『北史』「鐵勒傳」에 나오는 蒙陳 부락과 동일한 것으로 고대 투르크어로 '카뭉덴(Qamungden)'의 음사로 추정되기도 한다. 대체적으로 과거 月氏의 후예로 알려져 있지만 이후에 투르크화해서 투르크계 종족의 하나로 분류된다. 주로 지금 新疆維吾爾自治區 塔城 주변에서 거주했다(薛宗正, 1992: 315).

413) 十姓: 西突厥 주요한 10개의 부락을 지칭하는데, 실제적으로는 8개의 족속으로 구성되어 있었다. 고대 투르크어로 '온 오크(On oq)' 즉, 열 개의 화살[十箭]을 지칭한다. 달리 十說이라고도 한다. 크게 두 부분으로 나뉘었는데, 左廂에는 五咄六部落 즉, 處木昆闕啜, 胡祿屋闕啜, 攝舍提暾啜, 突騎施賀邏施啜, 鼠尼施處半啜이 있었고, 右廂에는 五弩失畢 즉, 阿悉結闕俟斤, 哥舒闕俟斤, 拔塞干暾沙鉢俟斤, 阿悉結泥熟俟斤, 哥舒處半俟斤이 있었다. 이들은 碎葉(지금 키르기즈스탄의 토크막(Toqmaq)지역)을 중심으로 동서로 나뉘어져 거주했다(內藤みどり, 1988).

414) 拓西可汗: 突厥이 서방으로 진출을 통해 과거 西突厥의 영역을 차지하려고 하는 노력을 반영한다. 실제 이 무렵 突厥은 唐朝와 우호적인 관계를 확보한 다음 西突厥에 대한 진출을 본격화하고 있었다.

415) 저본의 諸監은 馬, 牛, 羊 등의 목축을 담당하는 牧監 혹은 監牧을 지칭한다. 牧監은 太僕寺에 소속되었다. 唐代에는 隋代의 典牧署와 牛羊署의 직무로 나뉘어 설치되었다. 사육하는 말 5천필 이상을 上監, 3천 필 이상을 中監, 3천 필 이하를 下監이라 했다. 주요 관리로는 監, 副監, 丞, 主簿, 牧尉, 牧長 등이 있었다.

416) 右肅政臺御史大夫: 御史大夫의 별칭으로 품계는 從三品이었다. 光宅 元年(684)에 御史臺가 左肅政臺로 바뀌고 또 右肅政臺가 增置되었다. 神龍 元年(705)에 左右御史臺로 개칭되고 각각 御史大夫와 御史中丞을 두어 長官과 次官으로 삼았다. 左肅政臺는 百官의 감찰을 맡았고, 右肅政臺는 州縣의 감찰을 담당했다.

을 영무도행군대총관(靈武道行軍大總管)으로 임명해 [돌궐의 침입에] 대비하게 했으며 또 안북대도호(安北大都護)[418] 상왕(相王) [이]단(李旦)[419]을 천병도[대]원수(天兵道大元帥)로 삼으라고 명령하고 여러 부대[諸軍]를 통솔해 [돌궐을] 토벌해 공격하게 했으나 결국 실행하기도 전에 적이 물러나 버렸다.[420]

長安三年, 默啜遣使莫賀達干請以女妻皇太子之子, 則天令太子男平恩王重俊·義興王重明廷立見之. 默啜遣大臣移力貪汗入朝, 獻馬千匹及方物以謝許親之意. 則天讌之於宿羽亭, 太子·相王及朝集使三品以上並預會, 重賜以遣之. 中宗卽位, 默啜又寇靈州鳴沙縣, 靈武軍大總管沙吒忠義拒戰久之, 官軍敗績, 死者六千餘人, 賊遂進

延和 元年(712)에 右肅政臺를 廢置했다가 先天 2년(713) 二月에 설치되었으나 十月에 다시 없어졌다.

417) 魏元忠(?~707): 唐代 宰相으로 宋州 宋城縣(지금 河南省 商丘 남쪽) 사람이었다. 원래의 이름은 眞宰였다. 처음에 太學生이 되었다가 吐蕃 대책으로 秘書丁字 監察御史가 되었고, 이후에 殿中侍御史로 승진했다. 武則天 司刑正이 되었다가 洛陽令으로 옮겼다. 이후 모함으로 세 번이나 유배를 갔다가 聖曆 2년(699)에 鳳閣侍郎 同鳳閣鸞臺平章事 檢校并州長史가 되었다. 또 左肅正臺御史大夫 겸 檢校洛州長史가 되었다. 突厥과 吐蕃의 도발에 대응했는데, 이후에 모함으로 瑞州高要尉로 좌천되었다. 中宗 복위 이후에 衛尉卿同中書門下三品으로 中書令이 되었고, 齊國公으로 봉해졌다. 安樂公主가 皇太女가 되는 것을 반대해서 左僕射가 되었다. 景龍 元年(707)에 太子 李重俊이 기병했을 때 宗楚客의 모함을 받아 忠州務川尉로 좌천되었다가 죽었다(『舊唐書』 卷92 「魏元忠傳」: 2945).

418) 安北大都護: 安北都護府의 長官이었다. 安北都護府는 總章 2년(669)에 翰海都護府가 개칭되어 설치되었다. 治所는 몽골공화국의 서남 오르콘강 상류의 西岸이며 항가이 산의 東端에 있었다. 磧北의 鐵勒諸部에 설치된 羈縻府州를 통할했으며, 관할구역은 지금 몽골과 러시아의 시베리아 남부에 해당했다. 垂拱 2년(686)에 漠南으로 治所를 옮기는 등 여러 차례 이동이 있었다. 처음에는 同城(지금 內蒙古自治區 額濟納旗 남쪽)과 西安城(지금 甘肅省 民樂縣 서북쪽)에 있었고 후에 雲中城(지금 內蒙古自治區 和林格爾縣 서북), 西受降城(지금 內蒙古自治區 烏拉特中旗 서남쪽)에 있었다. 開元과 天寶년간에는 또 中受降城(지금 內蒙古自治區 包頭市 서남쪽의 黃河 北岸), 橫塞軍(지금 內蒙古自治區 烏拉特中旗 서북 陰山 北麓), 天安軍(이후에 天德軍으로 개칭, 지금 內蒙古自治區 烏拉特前旗 동북쪽)에 治所가 있었다. 至德년간 중엽에 鎭北都護府로 바꾸었다가 建中년간에 廢置했다.

419) 李旦은 이후에 睿宗(662-716; 재위 684~690, 710~712)이 되는 李旭輪이다.

420) 『唐會要』에는 저본의 久視 元年의 침입 기사가 보이지 않지만 大足 2년(702)과 神龍 2년(706)의 침입 기사가 있다(『唐會要』 卷94 「北突厥」: 2005, "大足二年正月, 默啜寇鹽·夏, 遂寇并州, 遣薛季昶等禦之. 神龍二年十二月, 默啜寇鳴沙, 進寇原·會等州, 掠隴右牧馬萬餘匹而去. 詔訪羣臣禦寇計策.").

寇原·會等州, 掠隴右群牧馬萬餘匹而去, 忠義坐免. 中宗下制絕其請婚, 仍購募能斬獲默啜者封國王, 授諸衛大將軍, 賞物二千段. 又命內外官各進破突厥之策. 右補闕盧俌上疏曰:

장안(長安) 3년(703)에 묵철은 사신 막하달간(莫賀達干)[421]을 보내 딸을 황태자의 아들에게 시집보내기를 청하자 [이에 무]측천이 태자의 아들인 평은왕(平恩王) 이중준(李重俊)[422]과 의흥왕(義興王) 이중명(李重明)[423]에게 명령해 조정에 들어와 알현하게 했다. 묵철은 대신(大臣) 이력탐한(移力貪汗)[424]을 보내 조정에 들어오게 하며 말 천 필과 토산품을 바쳐 화친의 허락에 감사의 뜻을 표했다. [무]측천은 [이력탐한에게] 숙우정(宿羽亭)에서 잔치를 베풀어 주었는데, 태자와 상왕, 3품 이상의 조집사(朝集使)[425]가 모두 잔치에 참여하도록 했으며, 거듭 이력탐한에게 [재물을] 내려준 다음 돌려보냈다.

[705년] 중종(中宗)[426]이 즉위하자 묵철이 또한 영주 명사현(鳴沙縣)[427]을 침입했는데,[428]

---

421) 莫賀達干: 고대 투르크어로 '바가 타르칸(bagha tarqan)'의 음사이다.

422) 李重俊(?~707): 中宗의 셋째 아들로 後宮 소생이었다. 武則天 시기에 義興郡王에, 神龍 元年(705) 衛王으로 봉해지고 洛州牧에 제수되었다가 이듬해 太子가 되었다. 韋后의 소생이 아니었기 때문에 武三思, 安樂公主, 武崇訓에게 능욕을 당했다. 安樂公主가 太子를 폐하고 자신을 皇太女로 삼아줄 것을 청했다. 神龍 3년(707) 李多祚등과 함께 조서를 위조해 군대를 동원해 武三思와 崇訓 부자와 黨羽 10여 인을 죽였으나 패배해 부하에게 살해되었다. 睿宗 때에 節愍으로 謚號가 추증되고 定陵에 陪葬되었다(『舊唐書』 卷86 「高宗中宗諸子 節愍太子重俊傳」: 2837).

423) 李重明에 대해서는 정확한 기록이 없다. 다만 『舊唐書』 卷86 「高宗中宗諸子傳」에 따르면 平恩郡王이 李重福이고 義興郡王이 李重俊이었다는 점에서 잘못된 기록이다.

424) 移力貪汗: 고대 투르크어로 '일릭 타르칸(Ilig tarqan)'의 음사로 추정된다.

425) 朝集使: 隋唐時代에 각 州에서 중앙정부에서 거행하는 歲初 元日 등 重大한 朝會에 참가하는 관원으로 地方行政長官을 대표해 皇帝의 大典에 朝賀를 했다. 都督 혹은 州刺史나 長史, 別駕, 司馬 등이 번갈아 참석했다.

426) 唐 中宗(656~710): 唐代 제4대 皇帝로 이름은 李顯이었다. 高宗의 일곱 번째 아들로 武則天의 소생이었다. 다른 이름은 哲이었다. 永隆 元年(680)에 태자로 봉해져 弘道 元年(683)에 高宗이 병사하자 즉위하나 이듬해 이월 폐위되어 廢陵王이 된 다음에 房州(지금 湖北省 房縣)에 옮겨가 있었다. 聖曆 元年(698) 다시 太子가 되어 神龍 元年(705) 丁月에 군사 정변을 통해 복위되었다가 二月에 국호를 唐으로 환원시켰다. 재위 기간 동안 정사에 관심이 없었고, 景龍 4년(710) 유월에 韋后와 安樂公主에게 독살되었다. 定陵(지금 陝西省 富平 북쪽)에 안장하였다.

영무군대총관(靈武軍大總管) 사타충의가 이에 맞서 싸운 지 오래되었으나 관군(官軍)이 패하기를 거듭해 죽은 자가 6천여 명이나 되었다. 적이 마침내 원[주](原州)와 회[주](會州)[429] 등의 주로 나아가 공격해 농우에 있던 여러 목장[羣牧]의 말 만여 필을 약탈해 가버리자 사타충의가 [패전의 죄로 직에서] 면직되었다.

중종이 돌궐이 혼인을 청한 것을 그만두며 묵철을 참해 목을 가져올 수 있는 사람을 국왕(國王)[430]에 봉하고 제위(諸衛)[431]의 대장군(大將軍)[432]으로 임명하며 재물 2천 단을 주겠다고 상을 거는 제를 내렸다. 또 내외의 관리[內外官][433]에게 각자 돌궐을 격파할 수 있는 방책을

---

427) 鳴沙縣: 隋 開皇 19년(599)에 설치되었으며, 環州의 治所였다. 治所가 지금 寧夏回族自治區 中寧縣 동북의 鳴沙鎭에 있었다. 大業 3년(607)에 靈武郡에 속했고, 唐代에는 靈州에 소속되었다. 神龍 2년(706) 겨울에 治所를 廢豐安城(지금 寧夏回族自治區 中寧縣 서북쪽 石空堡 부근)으로 옮겼다가 大中 3년(849)에 舊址로 돌아갔다.

428) 『唐會要』에 의하면 神龍 2년(706)의 일이었다(『唐會要』 卷94 「北突厥」: 2005, "神龍二年十二月, 默啜寇鳴沙, 進寇原·會等州, 掠隴右牧馬萬餘匹而去. 詔訪羣臣禦寇計策.").

429) 會州: 西魏 廢帝시기에 설치되었고, 治所는 會寧縣(지금 甘肅省 靖遠縣 동북쪽)에 있었다. 北周 保定 2년(562)에 會寧防으로, 隋 開皇 元年(581)에 會寧鎭으로, 武德 2년(619)에 西會州로 改置되었다가 貞觀 8년(634)에 粟州로, 같은 해에 또 會州로 개칭되었다. 관할구역은 지금 甘肅省 靖遠, 景泰, 會, 寧夏의 海原 등 縣이었다. 天寶初에 會寧郡으로 改稱되었다가 乾元初에 환원되었다. 廣德 2년(764)에 吐蕃에 점령되자 그 이후 廢置되었다.

430) 國王: 燕王 혹은 秦王처럼 王앞에 一字의 지명이 붙는 王號를 지칭한다. 唐代에는 皇帝의 아들, 즉 親王만 一字王으로 책봉되었다(崔珍烈, 2007). 이외에 一字王은 찬탈의 이전 단계에 해당한다. 저본과 번역문처럼 一字王인 國王으로 봉한다는 것은 해당 인물을 최고로 대우한다는 의미를 함축하고 있다.

431) 諸衛: 唐代 府兵을 통솔해 長安을 지키며 宿衛했던 군사조직을 총칭한다. 12衛 혹은 16衛라고 부른다. 隋代에는 北周의 제도를 이어받아 12府를 두어 禁衛의 병력을 통솔했다. 隋 煬帝시기에 12府를 增置해 12衛와 4府를 두었는데 합쳐 16衛府(습관상 16衛)라 불렀다. 12衛는 左右翊衛, 左右驍衛, 左右武衛, 左右屯衛, 左右候衛, 左右禦衛였다. 4府는 左右備身府, 左右監門府였다. 武德 7년(624)에 左右衛, 左右驍衛, 左右領軍衛, 左右武候衛, 左右監門衛, 左右屯衛, 左右領屯衛를 14衛府를 정했다. 龍朔 2년(662)에 高宗이 百官의 명칭을 고칠 때에 정식으로 16衛를 두었고 명칭은 변경이 있었다. 唐代의 16衛는 일반적으로 左右衛, 左右驍衛, 左右武衛, 左右威衛, 左右領軍衛, 左右金吾衛, 左右監門衛, 左右千牛衛를 지칭한다. 監門衛와 千牛衛를 제외한 기타 12衛는 諸軍府를 거느리고 上番해 宿衛하는 府兵을 나누어 관리했다. 左右監門衛와 左右千牛衛는 府兵을 거느리지 않았다. 각 衛에 大將軍 1명과 將軍 2명을 설치해 長官과 次官으로 삼았다.

432) 12衛 내지는 16衛의 大將軍은 正三品의 職事官이었다.

433) 저본은 內外官인데, 唐代의 內外官은 두 가지 뜻으로 사용되었다. 첫째는 중앙정부의 관리[京官]과 지방관[外官]이고, 둘째는 宦官과 朝官(外朝官)이었다. 문맥상 전자에 가깝다.

진언하라고 했다. 우보궐(右補闕)[434] 노보(盧俌)가 [다음과 같이] 상소해 말했다.

臣聞有虞咸熙, 苗人逆命, 殷宗大化, 鬼方不賓, 則戎狄交侵, 其來遠矣. 漢高帝納婁敬之議, 與匈奴和親, 妻以宗女, 賂以鉅萬, 冒頓益驕, 邊寇不止. 則遠荒之地, 凶悍之俗, 難以德綏, 可以威制, 而降自三代, 無聞上策. 今匈奴不臣, 擾我亭障, 皇赫斯怒, 將整元戎. 臣聞方叔帥師, 功歌周雅, 去病耀武, 勳勒燕山, 則萬里折衝, 在於擇將. 春秋謀元帥, 取其說禮樂·敦詩書. 晉臣杜預射不穿札, 而建平吳之勳, 是知中權制謀, 不在一夫之勇. 其蕃將沙吒忠義等身雖驍悍, 志無遠圖, 此乃騎將之材, 本不可當大任. 且師出以律, 將軍死綏. 秦克長平, 趙括受戮, 胡去馬邑, 王恢坐誅, 則棄軍有刑, 古之常典. 近者鳴沙之役, 主將先逃, 輕挫國威, 須正邦憲. 又其中軍旣敗, 陣亂矢窮, 義勇之士, 猶能死戰, 功合紀錄, 以勸戎行, 賞罰旣明, 將士盡節, 此擒敵之術也.

"신이 듣건대 [당]우(唐虞)가 계셔서 모두가 잘 살 수 있었으나 묘인(苗人)[435]이 명을 거슬렀고,[436] 은(殷)나라의 임금이 널리 덕화를 베풀었으나 귀방(鬼方)[437]이 신속하지 않았던 것처럼 융적(戎狄)이 번갈아 침입한 것은 그 내원이 오래되었습니다. 한(漢)나라[438]의 고제(高帝)[439]가 누경(婁敬)[440]의 주장을 받아들여 흉노와 화친하고 [유씨(劉氏)] 종실의 딸을

434) 右補闕: 中書舍人, 諫議大夫, 拾遺 御史와 함께 淸要職에 속하는 출세의 주요 보직으로 품계는 從七品上이었다. 武則天 垂拱 元年(685)에 설치되었는데, 國政의 과실을 취해 補正한다는 뜻을 지녔다. 左補闕 2명은 門下省에, 右補闕 2명은 中書省에 소속되었다. 주로 供奉과 諷諫을 맡았고 乘輿를 扈從했다. 또 內供奉이 설치되었는데, 정원의 숫자에는 제한이 없이 재능이 있는 자를 뽑아 임명했다. 補闕은 『封氏見聞記』에 의하면 가장 이상적인 官歷으로 進士에 급제한 후 校書郎(從九品下)→畿縣의 縣尉(正九品下)→監察御史(正八品上)→補闕(從七品上)→員外郎(從六品上)→中書舍人(正五品上)→中書侍郎(正四品上→正三品)의 과정을 밟는 것을 이상적인 승진 코스로 보았다. 中書侍郎은 唐後期에 正三品이며 사실상 中書省의 長官이었고 同中書門下平章事를 겸임해 宰相이었다(유원적, 1989: 240~241).

435) 苗人: 三苗라고 하며 지금 湖南省과 湖北省, 江西省, 安徽省 일대에 흩어져 살던 종족을 지칭한다.

436) 『史記』「五帝本紀」에 의하면 舜 임금시기에 三苗가 江淮와 荊州에서 여러 차례 반란을 일으켰다.

437) 鬼方: 殷(商) 시기 북방의 유목민 집단으로 匈奴의 선조라고 하나 정확하지는 않다.

438) 漢: 전202년부터 전220년까지 中國을 지배하던 왕조였다. 王莽의 찬탈 기간을 계기로 前漢과 後漢으로 나뉜다. 220년 獻帝가 曹조에게 禪讓해 망했다.

[흉노 묵특선우의] 아내로 삼게 하고 거만(鉅萬)[의 재물]을 주었음에도[441] 묵특[선우](冒頓單于)[442]는 더욱 교만해져 변경의 노략질을 그치지 않았습니다. 그래서 변방의 황량한 땅은 흉악하고 사나운 습속이 있기 때문에 덕으로도 부드럽게 만들기 어려워 위엄으로만 제압을 할 수 있습니다. 그래서 삼대(三代)[443]이래로 [이것 보다 나은] 상책(上策)을 들어본 바가 없습니다. 지금 돌궐(匈奴)이 신속하지 않고 우리의 정장(亭障)[444]을 소란스럽게 만들어 황제

---

439) 前漢 高帝: 漢나라를 건국한 劉邦(전256~전195)의 시호로 廟號는 高祖였으며 달리 高皇帝라고도 한다. 秦나라 말기 泗水 沛縣(지금의 江蘇省 지역) 사람으로 字는 季였다. 일찍이 亭長을 맡고 있다가 秦 二世皇帝 元年(전209)에 陳勝 吳廣의 봉기에 호응해 沛公이라고 칭했다. 項羽가 진나라의 주력 부대와 대결을 벌일 때 穎川, 南陽을 거쳐 關中으로 들어갔다. 전206년에 咸陽을 함락시키고 진나라의 법을 폐지하고 關中의 父老와 法三章을 약속했다. 이후에 項羽가 입관하자 그를 감당하지 못하고 복속되어 그로부터 漢王의 칭호를 얻고 漢中으로 들어갔다. 이후 項羽와 4년간 대결을 벌어 垓河에서 격파하고 칭제했다. 漢나라를 세우고 수도를 長安에 세웠다. 건국 이후에는 제도를 완비하고 전후의 사회적 안정을 꾀했을 뿐만 아니라 異姓 諸侯의 세력을 약화시키기 위해 노력했다.

440) 婁敬: 前漢 齊나라 사람으로 劉敬이라고도 한다. 漢 高帝 5년(전202) 劉邦이 雒陽을 수도로 삼는다는 소문을 듣고 戍卒로서 알현해 關中에 定都해야 하는 이점을 말하자 劉邦이 바로 長安으로 천도할 것을 결정했다. 劉氏 성을 내렸으며 郎中으로 임명되고 奉春君에 봉해졌다. 高帝 7년(전200) 匈奴를 공격할 때 사신으로 파견되어 돌아와 匈奴를 공격하지 말라고 보고했으나 高祖가 듣지 않다가 白登山에서 포위되었다. 그는 匈奴와 화친할 것을 주장하고 匈奴에 가서 조약을 맺었다. 그 다음에 돌아와 과거 戰國時代의 貴族들을 제압하기 위해 10만여 명을 關中에 徙民하게 하라고 하는 등 强幹弱枝 政策을 추진하는데 기여했다(『史記』 卷99 『劉敬叔孫通傳』: 2715~2720).

441) 前漢 高祖 劉邦은 匈奴를 공격하기 위해 親征에 나섰으나 匈奴의 冒頓單于에게 패해 白登山에서 포위되었다. 劉敬이 화친을 주장하고 陳平의 탈출 계략 덕분에 冒頓單于는 포위를 풀고 물러났다. 高祖는 冒頓單于와 전198년에 화친조약을 맺었다. 이때의 조문을 보면 ① 漢 皇室의 여인을 單于의 閼氏로 바치고, ② 매년 漢은 匈奴에게 솜, 비단, 술, 쌀 등을 바치며, ③ 漢의 皇帝와 匈奴의 單于가 兄弟의 맹약을 맺어 화친한다.

442) 冒頓單于(재위 전209년~전174년): 음은 묵특 또는 묵돌 등으로 읽기도 하는데, 묵특으로 읽는 것이 일반적이다. 冒頓의 의미는 투르크 또는 몽골어로 영웅을 지칭하는 '바가투르(*baghatur*)' 내지는 몽골어의 神聖을 지칭하는 '보구드(*boghud*)' 등으로 해석되기도 한다. 그는 전209년에 아버지인 匈奴의 초대 頭曼單于를 살해하고 스스로 單于가 되었다. 이후 내정을 갖춘 다음 東胡와 月氏 등 인근 부족을 격파하고 오르도스의 樓煩과 白羊 등을 병합했다. 그리고 秦나라가 확보했던 河南 지역을 다시 차지하는 등 세력을 크게 발전시켰다. 나아가 북방의 예니세이강 상류의 丁零과 서북방의 堅昆 등도 복속시켰다. 이를 통해 몽골 초원을 중심으로 중앙아시아를 지배하는 거대한 유목제국을 건설했다. 漢나라와 싸워 이긴 이후에 화친을 통해 더욱 세력을 확대하는 등 匈奴帝國의 성립과 발전에 결정적인 역할을 했다.

443) 三代는 夏와 殷(商), 周 세 왕조를 지칭한다.

444) 亭障은 변방에 외적을 막기 위해 설치한 방어시설의 명칭이다.

께서 노여워하시니 장차 군대[元戎]을 정비해야만 할 것입니다. 신이 듣건대 방숙(方叔)445)이 군대를 지휘하자 그 공을 『시경(詩經)』446) 「소아(小雅)」[周雅]에서 노래했고, [곽]거병(霍去病)447)이 뛰어난 무공(武功)을 세우자 그 공훈을 연산(燕山)448)에 새겼던 것처럼 바로 만리(萬里) [밖에서] 적의 창끝을 막아 지키는 것은 장수를 [잘] 고르는 데에 달려 있습니다. 『춘추(春秋)』449)에서 원수(元帥)를 논할 때에 『예기(禮記)』450)와 『악경(樂經)』451)을 말할 수 있는 사람과 『시경』과 『서경(書經)』452)에 능한 사람을 얻어야 한다고 했습니다. [서]진(西晉)453)의 신하였던 두예(杜預)454)는 활을 쏘아도 얇은 나무쪽[札]조차 뚫지 못했지만 오(吳)

---

445) 方叔: 周 宣王시기의 賢臣으로 荊蠻을 평정했다.

446) 詩經: 春秋時代 孔子가 中原 各國의 詩歌를 모아 엮은 책이었다. 周初부터 春秋初期까지 305편을 수록했다. 내용상 風·雅·頌 셋으로 분류되는데, 雅는 다시 大雅와 小雅로 나뉘었다. 風(國風이라고도 함)은 여러 나라의 민요로 주로 남녀 간의 정과 이별을 다룬 내용이 많다. 雅는 공식 연회에서 쓰는 儀式歌였다. 頌은 宗廟의 제사에서 쓰는 樂詩였다.

447) 霍去病(전140~전117): 前漢의 將軍으로 河東 平陽 사람이었다. 大將軍 衛靑의 누이 衛少兒의 아들이었다. 18살에 侍中이 되었고, 元朔 6年에 驃騎校尉가 되어 大將軍을 따라 匈奴를 격파하는 큰 공을 세워 冠軍侯가 되었다. 元狩 2年 봄에 驃騎將軍이 되어 萬騎를 이끌고 隴西에서 나아가 匈奴를 격파하고 여름에 대규모로 匈奴를 공격해 큰 승리를 거두었다. 匈奴 토벌에 나간 일이 여섯 번이었는데, 정예부대를 이끌고 大軍보다 먼저 적진 깊숙이 쳐들어가는 전법을 썼다. 漢나라의 영토 확대에 지대한 공을 세워 衛靑과 함께 大司馬가 되었으나 그 권세는 衛靑을 능가했다고 한다. 그러나 불과 24세에 죽자 武帝가 크게 슬퍼하며 長安 근교의 茂陵에 무덤을 지어 주었다. 일찍이 霍去病이 대승리를 거둔 祁連山의 형상을 본 따서 그의 무공을 기렸다. 그의 무덤 앞에는 匈奴를 밟고 선 石馬가 있다. 諡號는 景桓侯였다.

448) 燕山: 河北省 동북부에 위치한 燕山山脈이다. 潮白河 河谷의 동쪽부터 玉田縣과 豊潤縣 동쪽을 거쳐 山海關에서 바다로 들어간다. 동서 방향이며 길이는 수백리, 해발고도는 400~1,000m이다.

449) 『春秋』: 魯 隱公부터 哀公까지 242년(전722~전481) 동안의 역사를 시간의 순서대로 편년체로 기록한 책이다. 모두 11卷으로 이루어져 있다.

450) 『禮記』: 『周禮』·『儀禮』와 함께 三禮라고 한다. 戴德이 정리한 것을 『大戴禮記』, 戴聖이 정리한 것을 『小戴禮記』라고 한다. 전자는 오늘날 40편밖에 그 내용을 알 수 없고 일반적으로 『禮記』는 戴聖이 엮은 『小戴禮記』를 지칭한다. 『禮記』는 曲禮, 檀弓, 王制, 月令, 禮運, 禮器, 明堂, 學記, 樂記, 祭法, 祭儀, 冠儀, 婚儀, 鄕飮儀, 射儀 등 모두 49編이다. 주로 禮의 이론 및 실제를 논했다. 『禮記正儀』는 後漢 鄭玄의 注와 唐 孔穎達의 疏로 구성되었으며, 『禮記』의 주석서로 통용되었다.

451) 『樂經』: 본래 六經의 하나였으나 현존하지 않는다. 音樂에 관한 내용을 정리한 책이다.

452) 『書經』: 尙書 혹은 書라고도 불린다. 모두 20卷 58篇으로 구성되었다. 堯와 舜부터 周까지 政事에 관한 문서를 수집해 편찬한 책이다.

453) 西晉(265~420): 曹魏 咸熙 2년(265) 司馬炎이 魏의 禪讓을 받아 稱帝하고 국호를 晉이라 했으며, 洛陽(지금 河南省 洛陽市 동쪽)에 도읍했다. 4인의 皇帝가 재위했고, 52년간 존속했다.

나라[455]를 평정하는데 공훈을 세웠는데, 이는 주장(主將)이 세운 계획이 한 지아비의 용기에 그치지 않음을 보여줍니다. 번장(蕃將)[456]인 사타충의 등은 몸은 비록 강하고 단단하지만 심원한 전술에 뜻을 두지 않았는데, 이는 [그들이] 기병(騎兵) 장수의 재목에 불과할 뿐 본래의 큰 임무를 감당할 수 없었기 때문입니다.

또한 군사가 출정할 때에는 [군]율(軍律)에 따라야 하기 때문에 군대가 [싸움에] 져서 물러난다면 장수는 마땅히 벌을 받아야 합니다. [따라서] 진(秦)나라가 장평(長平)[457][의 전투]에서 이기자 조괄(趙括)[458]이 주륙(誅戮)되었고,[459] 흉노[胡][460]가 마읍[현](馬邑縣)[461]을 떠

---

454) 杜預(222~285): 曹魏, 西晉시대의 관리로 京兆郡 杜陵縣(지금 陝西省 西安市 동남쪽) 사람이며, 字는 元凱였다. 魏 幽州刺史 杜恕의 아들이며, 司馬昭의 매제였다. 尙書郎으로 起家했으며 西晉 泰始년간에 守河南尹, 秦州刺史, 度支尙書를 역임했다. 7년 동안 度支尙書로 근무하면서 능력을 발휘해 '杜武庫'라고 불렸다. 咸寧 4년(278)에 鎭南大將軍 都督荊州諸軍事에 임명되었고 이듬해에 王濬 등과 함께 表를 올려 吳나라를 공격할 것을 주청했다. 咸寧 6년(280)에 江陵을 점령했고, 王濬이 武昌에서 강을 타고 建業(지금 江蘇省 南京市)으로 바로 진격하자 孫皓가 항복했다. 후에 吳를 멸한 功으로 當陽縣侯에 봉해졌다. 吳를 평정하고 襄陽으로 돌아와 수리시설을 수축하고 灌漑해 田 만여 頃을 개간했다. 또 楊口(지금 湖北省 漢水 南岸)를 열고 夏水를 巴陵까지 끌어들여 漕運을 가능하게 했다. 만년에 經籍연구에 몰두해 스스로 左傳癖이라 칭했다. 저서로는『春秋左氏經傳集解』,『春秋釋例』,『盟會圖』,『春秋長曆』,『女記贊』등이 있다. 후에 司隸校尉로 임명되어 洛陽으로 부임하다가 鄧縣에서 병으로 죽었다.

455) 吳(222~280): 三國時代 江南에 세워진 王朝로 孫吳 혹은 東吳라고 한다. 222년 吳王 孫權이 세웠다. 黃龍 元年(229)에 孫權이 武昌(지금 湖北省 武漢市)에서 稱制하고 국호를 吳라 했다. 이어 建業(지금 江蘇省 南京市)로 遷都했다. 지금 長江중하류와 남쪽으로 福建, 兩廣, 베트남 북부를 지배했다. 孫皓 天紀 4년(280)에 西晉에게 망했다. 4명의 皇帝가 재위했고 59년 동안 존속했다.

456) 蕃將은 唐代 異民族 출신의 將軍들을 지칭한다.

457) 長平: 戰國時代 趙나라의 땅으로 지금 山西省 高平市 서북 20里 王報村에 해당한다. 戰國末 秦나라와 趙나라가 전투를 벌인 장소로 유명하다.

458) 趙括: 趙의 名將인 馬服君 趙奢의 아들이었다. 병법에 능했지만 趙奢는 그가 武將의 능력이 부족하다고 여겼다. 秦의 군대가 趙를 공격했을 때에 廉頗 대신 사령관이 되어 出征했으나 秦의 將軍 白起가 奇兵을 보내 유인하자 정예부대를 이끌고 출전했다가 복병에 걸려 전사하고 趙는 45만의 군사를 잃었다.

459) 長平의 전투라고 한다. 秦나라의 군대가 韓나라의 上黨郡을 공격하자 上黨郡守가 趙나라에 항복하면서 秦나라와 趙나라의 전쟁으로 확전되었다. 전265에 秦나라의 昭襄王이 군대를 보내 趙나라를 공격하자 趙나라는 廉頗에게 막게 했다. 廉頗는 지구전을 펴서 秦나라의 전진을 막았다. 이에 秦나라의 丞相 范雎가 간첩을 보내 秦나라를 격파할 장수는 趙括이라고 헛소문을 내며 이간질시키자 趙나라 왕이 廉頗대신 趙括을 사령관으로 임명했다. 이에 昭襄王은 白起를 上將軍으로 삼아 秦나라 부대를 지휘하게 했다. 白起는 적을 유인하고 趙나라 군대를 양분시키고 결사대를 조직해 싸운 趙括을 죽였다. 이에 趙나라 군대 40만 명이 투항했으나 白起는 이들을 전부 생매장시키고 240명만 돌려보냈다. 이 전투로

나자 왕회(王恢)[462]가 죄를 받아 주살된 것처럼[463] 바로 군대를 버린 것에 대해 형벌을 받는 것은 예로부터의 일상적인 법규[常典][464]입니다. 가까이로는 명사(鳴沙)의 전투에서 주장이 먼저 달아나 나라의 위신이 쉽게 꺾였으니 마땅히 국가의 법률로 바로잡아야 합니다. 또한 그 중군(中軍)이 이미 패해 진영이 어지럽고 화살이 다해 궁한데도 불구하고 의롭고 용맹한 병사가 오히려 능히 목숨을 버리면서까지 전쟁에 임하니 [그] 공을 기록함으로써 전쟁을 독려할 수 있는 것처럼 상과 벌이 명확해야만 장수와 병사(將士)들이 절개를 다할 것이니, 이것이 [바로] 적을 잡을 수 있는 방법이 될 것입니다.

臣聞以蠻夷攻蠻夷, 中國之長算, 故陳湯統西域而郅支滅, 常惠用烏孫而匈奴敗. 請購辯勇之士, 班·傅之儔, 旁結諸蕃, 與圖攻取, 此又掎角之勢也. 臣聞昔置新秦以

모두 45만 명의 趙나라 병사가 참수되거나 포로로 잡혔다.

460) 저본의 漢代 기록에 나오는 '胡'는 匈奴를 지칭한다. 이것은 이후에 소그드 인을 지칭하는 '胡' 내지는 소그디아나[昭武九姓]를 지칭하는 '胡國'과는 다른 용례이다.

461) 馬邑縣: 前漢時代에 雁門郡의 屬縣이었다. 지금 山西省 朔縣 일대이다. 顏師古는 注에서 "秦代에 이 지역에 城을 쌓았는데 번번이 무너졌다. 그런데 어느 말이 반복해서 [특정지역을] 빙빙 돌며 뛰어다니자, 父老가 특이하게 생각해 그곳에 築城했고, 그 이름을 馬邑이라고 했다"라는 『晉太康地記』의 기록을 수록했다. 新나라 시기에는 章昭라고 改稱되기도 했다.

462) 王恢(?~전133): 前漢시대 燕의 사람이었다. 수차례 邊吏가 되어 匈奴의 상황에 밝았다. 武帝 초기에 大行이 되었다. 建元 6년(전135) 閩越王 郢이 南越을 공격하자 大農令 韓安國과 함께 豫章과 會稽에서 閩越을 공격했다. 匈奴가 화친을 구하자 朝廷羣臣들이 찬성했으나 혼자 반대했다. 元光 2년(전133) 雁門郡 馬邑縣(오늘날 山西省 朔縣) 豪族 攝壹이 王恢를 통해 匈奴單于를 유인해 격파하자고 상주하자 出兵을 적극 주장했다. 이에 韓安國 등과 함께 30만을 이끌고 馬邑 근처의 골짜기에 매복하고 攝壹에게 單于를 馬邑으로 유인하게 했으나, 單于가 이를 눈치 채고 돌아가자 성과 없이 돌아왔다. 이 죄로 하옥되어 죽었다.

463) 前漢 武帝는 王恢의 건의를 받아들여 匈奴를 유인한 후 습격하려는 계획을 세웠다. 전133년에 馬邑에 사는 聶壹에게 匈奴를 馬邑으로 유인하도록 하자 匈奴의 單于가 騎兵 10만을 이끌고 武州塞로 들어왔다. 漢은 30여 만 군사를 馬邑 근처에 잠복시키고 御史大夫 韓安國을 총지휘관으로 삼아 單于를 공격하게 했으나 匈奴의 單于가 의심하고 후퇴함으로써 漢의 계획이 실패로 끝났다. 이때 王恢는 代郡에서 진격해 匈奴의 보급부대를 공격하기로 했으나 진격을 하지 않았다는 죄명으로 사형을 당했다(『史記』 卷110 「匈奴列傳」: 2905).

464) 常典은 常例 즉, 고정된 법전 혹은 제도를 지칭한다.

實塞下，宜因古法，募人徙邊，選其勝兵，免其行役，次廬伍，明教令，則狃習戎事，究識夷險，其所虜獲，因而賞之．近戰則守家，遠戰則利貨，趨赴鋒鏑，不勞訓誓，朝賦「楊柳」，夕歌杕杜，十年之後，可以久安．

신이 듣건대, 만이(蠻夷)가 [다른] 만이를 공격하게 하는 것이 중국의 좋은 계략이기 때문에 진탕(陳湯)[465]이 서역(西域)을 통할하자 질지[선우](郅支單于)[466]가 멸망했고, 상혜(常惠)[467]가 오손(烏孫)[의 군대][468]를 이용하자 흉노가 패퇴했습니다. 청컨대 말 재주가 있고

465) 陳湯(?～전6?): 前漢 山陽郡 瑕丘縣(오늘날 山東省 兗州 동쪽) 사람으로 字는 子公이었다. 元帝때 郎으로 천거되어 수차례 外國으로 나가고자 했다. 建昭 3년(전36)에 西域副校尉가 되어 西域都護 甘延壽와 함께 조서를 위조해 城郭諸國의 군대를 동원해 康居를 공격하고 郅支單于를 주살했다. 關內侯에 봉해졌으며 射聲校尉에 임명되었다. 成帝 初 丞相 匡衡이 조서를 위조해 군대를 동원한 점을 들어 탄핵하자 면관되었고, 康居王子가 가짜임이 밝혀져 작위를 박탈당해 士伍가 되었다. 후에 大將軍 王鳳의 從事中郎이 되어 幕府의 일을 모두 결정했다. 鴻嘉 2년(전19) 成帝가 昌陵을 罷하는 조서를 내렸을 때 陵에 徙民한다고 말해 大司馬衛將軍 王商에게 탄핵되었다. 뇌물을 받은 일이 발각되어 庶人이 되어 敦煌으로 옮겨졌다. 후에 長安으로 돌아와 成帝·哀帝 재위 사이에 죽었다(『漢書』 卷70 「傳常鄭甘陳段傳」 <陳湯>: 3007).

466) 郅支單于(?～전36; 재위 전54～전36): 虛閭權渠單于의 아들로 이름은 呼屠吾斯이었다. 前漢 宣帝 五鳳 2년(전56) 匈奴 單于 계승분쟁을 틈타 자립해 아우인 呼韓邪單于와 대립했다. 2년 후 呼韓邪單于를 격파하고 單于庭을 차지하게 되면서 南匈奴와 비교해 이를 北匈奴라 했다. 하지만 얼마 지나지 않아 呼韓邪單于가 漢의 원조를 받아 공격하자 패배해 서쪽으로 달아나 烏孫, 堅昆, 丁零 등을 정복했다. 元帝 初元 4년(전45) 漢의 사자를 살해하고 呼韓邪單于의 습격을 두려워해 康居로 도망가 康居王과 혼인 관계를 맺고 賴水 유역에 도읍을 정하고 郅支城을 쌓았다. 建昭 3년(전36) 漢 西域都護 甘延壽와 副校尉 陳湯의 공격을 받아 郅支城에서 죽었다.

467) 常惠: 前漢時代의 將軍으로 太原郡 사람이었다. 어려서 집이 가난했는데, 蘇武를 따라 匈奴에 갔다가 그곳에서 10여 년 동안 억류되었다. 昭帝 때에 귀환해 光祿大夫로 제수되었다. 宣帝 本始 2년(전72) 烏孫公主가 구조를 바라는 上書를 보내자 烏孫에 사신으로 파견되었다. 漢이 5명의 將軍이 통솔하는 大軍을 출동시켰을 때, 常惠는 校尉가 되어 烏孫의 군대를 지휘했다. 이후 常惠는 匈奴의 單于 父行과 名王 騎將 이하 3만 9천 여 명의 首級을 얻어 귀환했고 長羅侯로 봉해졌다. 후에 蘇武를 대신해 典屬國, 右將軍 등으로 임명되어 外國 관련 일에 공로를 세웠고 元帝 때 사망했다(『漢書』 卷70 「傳常鄭甘陳段傳」 <常惠>: 3003).

468) 烏孫: 고대 종족의 명칭이다. 漢代로부터 南北朝時代 초기에 걸쳐 天山山麓의 일리 계곡, 이식 쿨 근처, 시르다리야 상류 등지에서 유목 생활을 했다. 그 인종에 대해서는 사카, 투르크 등 다양한 견해가 있으나 대체적으로는 이들의 혼혈 종족일 것으로 추정된다. 이들은 원래 河西走廊에서 月氏 등과 함께

용기가 있는 사람에게 상을 내걸면 반[초](班超)[469]와 부[개자](傅介子)[470]가 옆으로 여러 종족[諸蕃]들과 결탁해 더불어 공격해 얻는 것을 도모할 것이니 이는 또한 양자가 서로 응하는 모양새입니다. 신이 듣건대 옛날에 신진[중](新秦中)[471]을 설치해 장성 부근을 충실하게 한 것처럼 마땅히 옛 법도[古法]에 따라 사람들을 모집해 변경으로 이주시키고 그 정예 병사를 가려 뽑아 그 행군의 역[行役]을 면제시켜 주며 여오(廬伍)[472]에 머무르게 하면서 교령(敎令)을 밝게 한다면 전쟁에 관한 일들을 바로잡고 익힐 수 있으며, 평탄함과 험함을 숙지하게 해 그 사로잡은 것으로 상을 받을 수 있게 할 수 있을 것입니다. 가까이에서 싸우면 집을 지킬 수 있고, 멀리서 싸우면 재화를 얻을 수 있는데, 창과 화살을 좇아가서 힘들이지 않고도 맹서를 가르칠 수 있다면 아침에 '양류(楊柳)'의 부(賦)를 지으며 [출정했다가] 저녁에 체두(杕杜)[473]를 노래[하며 개선]할 수 있을 것이고, 10년 이후까지도 오랫동안 평안하게 될 수 있을 것입니다.

거주하면서 그의 지배를 받다가 匈奴의 공격을 받아 서쪽의 일리 계곡과 이식 쿨 주변 지역 등으로 옮겨가 살았다. 그 이후 세력화하면서 동쪽으로는 匈奴와 西北으로는 康居라는 유목민, 그리고 서쪽으로는 安息 등과 접했다. 君長이 살던 곳을 赤穀城이라고 했는데, 이식 쿨 근처에 있었다. 이들은 張騫의 여행 이후에 漢나라에 알려져 그와 혼인관계를 맺으면서 匈奴를 견제하기도 했다(王明哲·王炳華, 1983: 1~2).

469) 班超(32~102): 後漢의 將軍으로 右扶風 安陵縣 사람이었다. 班彪의 아들, 班固의 아우였다. 蘭臺令史에 임명되어 永平 16년(73) 竇固를 따라 匈奴를 공격해 전과를 올렸다. 이후에 황제의 명령을 받들어 吏士 36인을 거느리고 西域으로 出使했다. 鄯善과 于闐에서 匈奴의 使者를 살해해 匈奴의 통제를 없앴고, 親匈奴派 疏勒王을 제거하고 親漢派를 세웠다. 章帝 初 北匈奴의 공격을 막아내고 章和 元年(87)부터 永元 6년(94)까지 車師·焉耆·龜茲 등의 난을 평정하고 月氏의 침입을 격퇴해 동서교통로를 열었다. 후에 甘英을 大秦(로마제국)에 보내 條支國에 이르렀으나 돌아왔다. 永元 3년(91) 西域都護에 임명되고 후에 定遠侯에 봉해졌다. 西域에서 31년 동안 활약했으며, 永元 14년(102) 洛陽으로 돌아와 얼마 후 죽었다(『後漢書』 卷47 「班梁列傳」 <班超>: 1571~1586).

470) 傅介子(?~전65): 前漢 北地郡 義渠 사람이었다. 昭帝 元封년간 駿馬監이 되어 말을 구하려 大宛으로 갔다가 조서를 받들어 樓蘭·龜茲가 漢의 사자를 살해한 것을 책망하고 龜茲에서 匈奴의 사자를 죽였다. 돌아와 中郞, 平樂監을 지냈다. 후에 大將軍 霍光이 그를 파견하자 명을 받들어 諸國에 賞賜하러 왔다고 말하고 樓蘭에 이르러 樓蘭王 安을 죽이고 돌아왔다(『漢書』 卷70 「傅常鄭甘陳段傳」 <傅介子>: 3001).

471) 新秦中: 秦始皇이 蒙恬을 보내 匈奴를 몰아내고 河南의 造陽 북방에 있는 천여 里의 좋은 땅을 얻은 다음에 이곳에 성곽을 쌓아 백성들을 옮겨 살도록 하고 新秦이라고 했다. 일반적으로 河南이라고 했다.

472) 廬伍는 군대의 편제로 편성된 居民을 지칭한다.

473) 『詩經』 「國風 唐風」에 있는 詩이다.

臣聞漢拜郅都，匈奴避境；趙命李牧，林胡遠竄．則朔方之安危，邊城之勝負，地方千里，制在一賢．其邊州刺史不可不愼擇，得其人而任之．蒐乘訓兵，屯田積粟，謹設烽燧，精飾戈矛，來則懲而禦之，去則備而守之，此又古之善經也．去歲亢陽，天下不稔，利在保境，不可窮兵．使內郡黔黎，各安其業，擇其宰牧，輕其賦徭，事無過擧，爵不以私．愛人之財，節其徭役；惜人之力，不廣臺榭．察地利天時以趨耕穫，命秋獮冬狩以教戰陣．則數年之後，有勇知方，帑藏山積，金革犀利．然後整六軍，絕大漠，雷擊萬里，風掃二庭，斬蹛林之酋，懸街之邸，使百蠻震怖，五兵載戢，則上合天時，下順人事．理內以及外，綏近以來遠，以惠中國，以靜四方．臣少慕文儒，不習軍旅，奇正之術，多媿前良，獻替是司，輕陳瞽議．

신이 듣기에 한(漢)나라가 질도(郅都)[474]를 [안문태수(雁門太守)로] 임명하자 흉노가 국경을 피하게 되었고,[475] 조(趙)나라[476]가 이목(李牧)[477]에게 [북변을 지키도록] 명하자 임호(林胡)[478]가 멀리 숨어버렸습니다.[479] 그렇게 되자 삭방(朔方)의 안위(安危)와 변방 성채의 승부

474) 郅都: 前漢의 관리로 河東郡 楊縣 사람이었다. 文帝시기에 郞이 되었고 景帝 시기에 中郞將과 濟南太守, 中尉, 雁門太守를 역임했다. 성품이 강직하고 皇帝에게 直諫해 竇太后의 신임을 얻었다. 전형적인 酷吏이지만 사람됨이 용감하고 기개가 있었으며 공정하고 청렴했다. 그러나 후에 景帝의 아우 臨江王을 조사하다가 자살하게 해 竇太后의 미움을 사서 살해되었다.

475) 평소 郅都의 기개를 알고 있었던 匈奴는 郅都가 雁門太守가 되어 郅都가 변경을 지키러 오자 雁門에서 철수해 郅都가 죽을 때까지 雁門에 접근하지 않았다. 또한 匈奴가 郅都를 본뜬 목각 인형을 만들어 騎馬兵들에게 달리면서 쏘게 했으나 아무도 맞추지 못할 만큼 郅都를 두려워했다고 한다(『史記』 卷122 「酷吏傳」 <郅都>: 3133~3134).

476) 趙: 戰國七雄의 하나였다. 趙襄子가 대부 韓氏·魏氏와 힘을 합쳐 晉나라의 智伯을 물리친 후 나라를 삼분했다. 이후 周 威烈王 23년(전403)에 三家가 諸侯로 정식 승인되었다. 이후 趙나라는 지금 山西省 중부·북부와 河北省의 서남부를 지배했으며 수도는 邯鄲이었다. 武靈王이 유목민들의 胡服과 騎射를 받아들여 군사력이 강화했다. 전265년에 長平의 전투에게 秦나라에 패해 큰 타격을 입었고 결국 전228년에 망했다.

477) 李牧: 戰國時代 趙의 名將이었다. 오랫동안 趙나라의 변경을 수비해 東胡, 林胡, 匈奴 등을 물리쳤다. 秦나라 군대를 대패시킨 공으로 武安君에 봉해졌다. 하지만 전229년에 郭解의 모함을 받아 억울하게 죽임을 당했다.

478) 林胡: 고대 종족 명칭으로 林人, 儋林이라고도 했다. 樓煩, 東胡와 함께 이들을 三胡라고 했다. 戰國時代 지금 山西省 朔縣에 거주했다. 목축과 수렵에 종사했고, 말 키우는데 능숙했다. 기원전 7세기 중반

(勝負), [그리고] 지방(地方) 천리(千里)가 [모두] 한 명의 현인에게 의지하게 되었습니다. [따라서] 그 변방의 주 자사는 신중히 고르지 않을 수 없으니 그에 [맞는] 사람을 얻어 일을 맡겨야만 합니다. 전차를 점검하고 병사를 훈련시키고, 둔전(屯田)[480]해 곡식을 비축하고, 부지런하게 봉수[대](烽燧臺)를 설치하고, 무기[戈矛]를 잘 수리해두었다가 [적이] 오면 혼내주고 막으며 [적이] 가면 [체제를] 갖추고 지키는 이것이 바로 또 옛날부터의 좋은 본보기이라고 할 수 있습니다.

지난 해 가뭄[旱災]이 들어 천하의 곡식이 익지 않았음에도 [그로 인해 얻은] 이익이 변경을 막는데 도움이 되었고 병사들도 궁핍하지 않게 할 수 있었습니다. 내군(內郡)의 뭇 백성들로 하여금 각자 자기의 생업을 편하게 하며, 그의 재상(宰相)과 지방관[481]을 골라 부역(賦役)을 줄여 일이 잘못 없이 거행되고 작[위](爵位)를 사사로이 쓰지 않게 해야만 합니다. 백성들의 재물을 아끼고 그의 요역 [역시] 줄여 주어야 합니다. 백성들의 재물을 아껴 망루[臺榭][482]을 넓히지 말아야 합니다. 땅의 이로움과 하늘의 때를 살펴 경작과 수확[483]에 힘쓰게 하고, 가을과 겨울에 사냥하라고[484] 명령해서 전쟁의 진법을 가르쳐야 합니다. 그렇게 하면 수년 후에 용맹하고 지혜로운 방책이 생기며 창고의 재물[帑藏][485]이 산처럼 쌓여 병기와 갑주[金革]가 견고해지고 날카롭게 될 수 있습니다. 그런 후에 육군(六軍)을 정비해 고비[大漠]를 막아낸다면 벼락은 만리까지 치게 되고 바람은 두 [아]정을 쓸어버릴 수 있을 뿐만 아니라 대림(蹛

晉나라의 북변에 거주하고 있다가 기원전 5~3세기 燕나라의 북변으로 이주했다. 다시 晉나라의 북변으로 이주했는데, 趙나라의 肅侯(재위 전349~전326)가 군대를 보내 荏(山西省 북부)에서 대패시켰고, 武靈王이 전306년에 대파하자 그에 복속되어 공물을 바쳤다. 趙나라 孝成王(재위 전265~전244)이 李牧을 시켜 匈奴 10여만 기를 격파할 때 이들 역시 완전히 복속되었다가 그 이후 소멸되었다.

479) 李牧은 들에 가축과 사람들을 남겨 두고 거짓으로 패하는 척하며 匈奴를 유인해 匈奴 騎兵 10만 명을 죽이는 승리를 거두었다. 이후 東胡를 쳐부수고 林胡를 항복시켰다(『史記』 卷81 「廉頗藺相如列傳」: 2450).

480) 屯田은 주로 변방에 병사들을 주둔시킨 후 직접 농사짓게 하는 방식을 말한다.

481) 저본은 '宰牧'인데, 宰相과 州牧을 지칭한다. 唐 前期 지방행정구역은 (道)-都督府-州-縣이므로 州牧은 州刺史가 어울리지만 번역문에서는 地方官이라고 의역했다.

482) 臺榭은 望樓를 지칭한다.

483) 耕穫은 곡식과 채소를 재배하는 일과 거둬들이는 일을 총칭한다.

484) 저본은 '秋獮冬狩'인데, '獮'는 가을 사냥, '狩'는 겨울 사냥을 의미했다. 따라서 '秋獮'와 '冬狩'는 동어반복이다. 번역문에서는 이를 동어반복을 피해 가을과 겨울의 사냥이라고 번역했다.

485) 帑藏은 內帑庫에 보관된 財物을 말한다.

林)[486]의 추장을 죽여 고가(藁街)의 저택에 [그 머리를] 메달아 모든 주변 종족[百蠻]들을 놀라게 할 수 있어 모든 무기[五兵][487]를 거두어들일 수 있다면 위로는 천시(天時)에 부합하고 아래로는 인사(人事)에 따르게 되는 것입니다. 안을 가지런하게 만들어 바깥까지 미치게 만들고, 가까운 곳을 편안하게 해서 먼 곳[의 이민족]을 오게 만드는 것이 중국에 혜택을 주는 것이고 사방(四方)에 안정을 가져다주는 것입니다. 소신은 젊어 문유(文儒)[488]를 흠모해 군대의 일을 익히지 못해 기이하거나 좋은 술책은 대부분 이전의 현인들[과 비교하면] 부끄러우나 폐하께 좋은 일을 하도록 권하고 나쁜 일을 하지 못하도록 간언하는 일을 맡아 경솔하게 어리석은 논의를 말씀드렸을 뿐입니다."

上覽而善之. 默啜於是殺我行人假鴻臚卿臧思言. 思言對賊不屈節, 特贈鴻臚卿, 仍命左屯衛大將軍張仁亶攝右御史臺大夫, 充朔方道大總管以禦之. 仁亶始於河外築三受降城, 絕其南寇之路.

황제가 [상소를] 읽어보고 좋다고 여겼다. [하지만] 묵철은 이에 당나라 사신[行人][489] 임시 홍려경[假鴻臚卿] 장사언(臧思言)[490]을 죽였다. [황제가 장]사언이 적을 대면하면서 절개를 굽히지 않았다고 특별히 홍려경[의 벼슬]을 추증했고, 바로 좌둔위대장군(左屯衛大將軍)[491] 장인단에게 우어사대대부(右御史臺大夫)[492]를 겸임하게 했으며 삭방도대총관(朔方道大總

---

486) 蹛林은 匈奴가 祭典을 벌이기 위해 벌이는 장소 내지는 행사를 지칭하는데, 여기에서는 몽골 초원을 지칭한다.

487) 五兵은 다섯 가지 무기를 지칭하는데, 戈, 殳, 戟, 酋矛, 夷矛 혹은 弓, 殳, 矛, 戈, 戟을 말한다. 일설에는 刀, 劍, 矛, 戟, 矢라고도 한다.

488) 文儒은 撰述에 종사하는 儒者, 禮樂과 敎化를 추구하는 儒生, 文士 등을 의미한다.

489) 行人은 『周禮』「秋官」에 大行人과 小行人이 있어 朝覲과 聘問을 관장했다. 漢代에는 大鴻臚라 했으며 후에 大行令이라 改稱되었다. 唐代에는 鴻臚卿을 지칭했는데, 對外使節을 총칭하는 것으로 쓰였다.

490) 臧思言(?~707): 中宗 神龍 元年 假鴻臚卿이 되어 突厥에 出使했다가 默啜에게 살해되었다.

491) 左屯衛大將軍: 左屯衛의 長官으로 품계는 正三品이었다. 隋初 左領軍府가 설치되었다가 隋煬帝가 左屯衛로 改稱되면서 大將軍과 將軍 등의 관직을 두었다. 唐代에도 이를 그대로 이어받았다가 龍朔 2년(662)에 右威衛로 개칭되고, 光宅 元年(684)에 左豹韜衛로, 神龍 元年(705)에 左威衛로 고쳤다. 左屯衛에는 長官인 左屯衛大將軍 1명과 次官인 左屯衛將軍 2명이 있으며, 翊一府와 翊二府, 宣陽 등 50개의 折衝府를 관할하며 나누어 宿衛했다.

管)에 충임해 [돌궐을] 방어하라고 했다. [장]인단은 처음으로 항하 북쪽[河外]에 세 곳의 수항성(受降城)[493]을 쌓아 [돌궐이] 남쪽으로 침입하는 길을 끊었다.[494]

睿宗踐祚, 默啜又遣使請和親, 制以宋王成器女爲金山公主許嫁之. 默啜乃遣其男楊我支特勤來朝, 授右驍衛員外大將軍. 俄而睿宗傳位, 親竟不成.

예종(睿宗)[495]이 즉위한 이후 묵철이 다시 사신을 보내 화친을 청하자[496] 송왕(宋王) 이성기(李成器)[497]의 딸을 금산공주(金山公主)[498]로 삼아 [묵철에게] 시집보낼 것을 허락했다.

492) 右御史臺大夫: 右御史臺의 長官으로 품계는 從三品이었다. 右御史臺는 지방의 州縣을 감찰했다.

493) 三受降城: 中宗시기에 설치된 세 곳의 요새로 東受降城, 中受降城, 西受降城을 말한다.
東受降城은 朔方總管 張仁愿이 쌓았다. 지금 內蒙古自治區 托克托 서남 黃河 東岸에 있었는데, 關內道 豊州에 속해 있었다.
中受降城은 원래 拂雲司가 있던 곳으로 神龍 3년(707) 朔方總管 張仁愿이 쌓았다. 지금 內蒙古自治區 包頭市 서남쪽 昆都侖江이 黃河로 합류하는 곳 서쪽에 위치하고 있었는데, 黃河를 건너는 중요한 지점이었다. 開元 2년(714)부터 天寶 8년(749)까지 安北都護府가 위치하고 있었다.
西受降城은 神龍 3년(707) 朔方總管 張仁愿이 쌓았다. 지금 內蒙古自治區 杭錦後旗 북쪽 烏加河 북안에 있었다. 開元 초에 黃河로 파괴되었다가 이후에 그 동쪽에 새로운 성채를 세웠다. 乾元 이후에 天德軍을 이곳으로 옮겼다. 元和 8년(813)에 성 남쪽을 黃河 물이 파괴해 天德軍을 大同川의 서쪽으로 옮겼다.

494) 『新唐書』에는 저본에 없는 "久之, 以唐休璟代屯."이라는 구절이 기록되어 있다.

495) 唐 睿宗(662~716): 唐朝 제5대 황제로 字가 旭輪이었으며 이후에 이름을 旦으로 바꾸었다. 高宗의 여덟째 아들로 武則天 소생이었다. 학문을 좋아했고 초서와 隸書에 능했으며 文字와 訓詁를 좋아했다. 처음에 殷王에 봉해졌다가 相王, 豫王으로 徙封되었다. 嗣聖 元年(684) 武則天이 臨朝稱制하며 中宗을 폐위한 후 帝位에 옹립되지만 政事에 간여하지 못했다. 天授 元年(690) 武則天이 國號를 周라고 고치자 皇嗣가 되고 武氏로 賜姓되었다. 聖曆 元年(698) 武則天이 廬陵王(中宗)을 太子로 옹립하자 다시 相王으로 봉해졌다. 神龍 元年(705) 中宗이 다시 즉위하자 司徒 右羽林衛大將軍에 제수되었다. 武則天 시기부터 中宗 때까지 정변이 많이 일어났으나 恭儉해 양보하고 물러나 화를 면했다. 景雲 元年(710) 韋后가 中宗을 독살하자 臨淄王 李隆基가 韋后 등을 죽이고 다시 옹립되지만 정권은 太子 李隆基와 太平公主가 장악하고 있었다. 先天 元年(712) 玄宗에게 讓位하고 太上皇이라 자칭하고 大政만 처결했다. 이듬해 玄宗이 太平公主일파를 주살하자 玄宗에게 정권을 돌려주었다. 붕어 이후에 橋陵에 묻혔으며, 시호는 大聖貞皇帝였다가 이후에 賢眞大聖大興孝皇帝로 바뀌었다.

496) 『唐會要』에 의하면 景雲 2년(711) 正月의 일이었다(『唐會要』 卷94 「北突厥」: 2005, "景雲二年正月, 默啜遣使請和親, 遣和逢堯使突厥. 逢堯說默啜曰: '處密・堅昆聞可汗結婚於唐, 皆當歸附, 何不襲唐冠帶, 使之聞之?' 默啜許諾, 明日, 幞頭紫衫, 再拜稱臣.").

묵철이 이에 아들 양아지특근(楊阿支特勤)[499]을 보내 조정에 들어오자 [그에게] 우효위원외대장군(右驍衛員外大將軍)[500]을 제수했다.[501] 바로 예종이 황제의 자리를 [현종에게] 넘겨주게 됨에 따라 화친이 결국 이루어지지 못했다.[502]

初, 默啜景雲中率兵西擊娑葛, 破滅之. 契丹及奚自神功之後, 常受其徵役, 其地東西萬餘里, 控弦四十萬, 自頡利之後最爲強盛, 自恃兵威, 虐用其衆. 默啜旣老, 部落漸多逃散. 開元二年, 遣其子移涅可汗及同俄特勤·妹婿火拔頡利發石阿失畢率精騎圍逼北庭. 右驍衛將軍郭虔瓘嬰城固守, 俄而出兵擒同俄特勤于城下, 斬之. 虜因退縮, 火拔懼不敢歸, 攜其妻來奔, 制授左衛大將軍, 封燕北郡王, 封其妻爲金山公主, 賜宅一區, 奴婢十人, 馬十匹, 物千段. 明年, 十姓部落左廂五咄六啜·右廂五弩失畢五俟斤及子婿高麗莫離支高文簡·跌跌都督跌跌思泰等各率其衆, 相繼來降, 前後總萬餘帳. 制令居河南之舊地; 授高文簡左衛員外大將軍, 封遼西郡王; 跌跌思泰爲特進·右衛員外大將軍兼跌跌都督楊阿支特勤督, 封樓煩郡公. 自餘首領封拜賜物各有差. 默啜女婿阿史德胡祿俄又歸朝, 授以特進. 其秋, 默啜與九姓首領阿布思等戰于磧北, 九姓大潰, 人畜多死, 阿布思率衆來降.

497) 李成器(679~742): 睿宗의 큰아들로 이름은 憲이었다. 永平郡王에 봉해졌다가 文明 元年(684) 睿宗 즉위 후 太子가 되었다. 天授 元年(690) 皇孫으로 改稱되었다. 唐隆 元年(710) 宋王으로 봉해졌다. 睿宗이 복위하자 太子의 자리를 아우 李隆基(玄宗)에게 양보했다. 雍州牧, 揚州大都督, 太子太師, 尚書左僕射, 岐州刺史, 澤州刺史, 太尉를 지냈으며, 寧王에 봉해졌다. 玄宗과 우애가 있었으며 朝政에 간여하지 않고 사람들과 교제하지도 않아 玄宗의 신임을 얻었다. 사후 惠陵(지금 陝西省 蒲城縣)에 묻혔다. 謚號는 讓皇帝였다(『舊唐書』 卷95 「睿宗諸子 讓皇帝憲傳」: 3009).

498) 金山公主: 唐朝의 和蕃公主로 宋王 李成器의 딸로 睿宗 즉위 초에 默啜에게 시집가려고 하다가 和親이 깨져서 혼사가 성사되지 않았다.

499) 楊阿支特勤: 고대 투르크어로 '양아즈 테긴(Yangaz tegin)'의 음사로 추정된다.

500) 右驍衛員外大將軍: 唐代에 右驍衛에 大將軍 한 명을 두었다. 員外大將軍은 편제 이외의 官員이며 員外官이라 불린다. 閑散官과 勳臣을 안배하기 위해 사용되며 正員官 봉록의 1/2를 주었다. 일반적으로 右驍衛의 사무에 관여하지 않았다.

501) 『新唐書』에는 楊阿支特勤의 入朝와 官爵 사여 기록이 없다.

502) 『新唐書』에는 저본의 기록과 달리 "會左羽林大將軍孫佺等與奚戰冷陘, 爲奚所執, 獻諸默啜, 默啜殺之, 更以刑部尚書郭元振代休璟."이라고 되어 있다.

이전에 묵철은 경운(景雲)년간(710~711)에 병사들을 이끌고 서쪽으로 [돌기시 부락의 추장인] 사갈(娑葛)[503]을 공격해 격파하고 멸망시켰다. 거란과 해(奚)가 신공(神功)년간(697) 이후부터 늘 그에게 역(役)을 징발 당했고, 그의 땅이 동서로 만여 리이고 기마궁사가 40만 명이 되어서 힐리[가한] 이후에 가장 강성하게 되자 [묵철은] 스스로 군세를 믿고 그 백성들을 학대하고 부려먹었다. 묵철이 늙게 되자 부락이 점차 많이 달아나 흩어지게 되었다.

개원(開元) 2년(714)에 [묵철이] 그의 아들 이날가한(移涅可汗)[504]과 동아특근(同俄特勤),[505] 매제(妹婿) 화발힐리발(火拔頡利發) 석아실필(石阿失畢)[506]에게 정예 기병을 이끌고 북정[도호부](北庭都護府)[507]를 포위하게 해 핍박했다. 우효위장군(右驍衛將軍)[508] 곽건관(郭虔瓘)[509]이 성을 굳게 지키다가 바로 [성 밖으로] 병사를 내서 동아특근을 성 아래에서 사로잡은 다음에 죽였다. 돌궐[虜][510]은 이로 인해 후퇴해 위축되었으며, 화발[힐리발석아실

---

503) 娑葛(재위 706~711): 突騎施의 추장으로, 고대 투르크어로 '사칼 초르(Saqal chor)'의 음사였다. 그의 아버지 烏質勒을 이어 추장이 되자 비로소 可汗을 칭했다. 그 다음에 西突厥 阿史那忠節과 지속적으로 갈등을 빚다가 景龍 3년 唐朝로부터 賀獵毗伽欽化可汗으로 책봉되고 守忠이라는 이름을 받았다. 이로서 突騎施汗國의 존재가 唐朝로부터 인정받게 되었고, 突厥과 대립 관계가 설정되었다.

504) 移涅可汗: 고대 투르크어로 '이날 카간(Inal qaghan)'의 음사이다. 默啜의 長子로 拓西可汗의 역할을 맡았다.

505) 同俄特勤: 고대 투르크어로 '통아 테긴(Tonga tegin)'의 음사이다.

506) 火拔頡利發 石阿失畢: 火拔頡利發는 관직명으로 고대 투르크어로는 '퀼베르 일테베르(Külber ilteber)'의 음사로 추정되고, 石阿失畢은 이름으로 추정되나 정확한 음사는 알 수 없다.

507) 北庭都護府: 貞觀 14년(640) 四月에 西突厥 泥伏沙鉢羅葉護 阿史那賀魯가 무리를 거느리고 귀부하자 그 땅에 庭州가 설치되어 部衆이 안치되었다가 바로 廢置되었다. 顯慶 3년(658)에 다시 설치되었다. 武則天 長安 2년(702)에 庭州城에 北庭都護府가 설치되어 突騎施, 堅昆, 斬啜 등 西突厥 부락을 통솔했다. 昆陵都護府와 濛池都護府와 6개의 都督府와 10개의 州, 瀚海·天山·伊吾 등 3軍을 거느렸다. 관할구역은 남쪽으로는 天山, 북쪽으로는 金山, 동쪽으로는 蒲類海, 서쪽으로는 西海(지금 아랄해)에 이르렀다. 肅宗 上元 元年(760)에 吐蕃에게 함락되었다.

508) 右驍衛將軍: 右驍衛의 次官으로 品階는 從三品이었다. 前漢 武帝 시기에 驍騎將軍이 있었는데, 이후의 王朝에서도 설치되었다. 隋 煬帝 시기에 左右備身府가 左右驍騎衛라고 改稱되고 각각 大將軍과 將軍을 두었다. 唐代에는 左右驍衛로 바뀌었다. 光宅 元年(684)에 左右武威衛로 고쳤다가 神龍 元年(705)에 환원되었다.

509) 郭虔瓘: 唐代 將軍으로 齊州 歷城縣(지금 山東省 濟南市) 사람이었다. 玄宗 開元 초 右驍衛將軍 兼北庭都護에 임명되었다. 突厥의 同俄特勤을 살해한 공으로 冠軍大將軍, 行右驍衛大將軍에 拜授되었다. 오래지 않아 安西副大都護 攝御史大夫 四鎭經略安撫使로 전임되었으며 潞國公에 봉해졌다. 후에 벼슬이 右威衛大將軍에 이르렀다(『舊唐書』 卷103 「郭虔瓘傳」: 3187).

필]은 [패전의 책임에] 두려워 감히 귀국하지 못하고 그의 아내와 함께 [당나라로] 도망왔고, [당조에서 그를] 좌위대장군에 제수하고 연북군왕(燕北郡王)에 봉했으며 그의 아내를 금산공주(金山公主)에 봉하고 저택 한 채와 노비 10명, 말 10필, 재물 천 단을 내려주었다.[511]

이듬해(715)에 십성부락(十姓部落)의 좌상(左廂) 오돌륙(五咄六)의 [다섯 명의] 철(啜)[512]들과 우상(右廂) 오노실필(五弩失畢)의 다섯 명의 사근(俟斤)[513]과 사위 고[구]려(高句麗) 막리지(莫離支)[514] 고문간(高文簡),[515] 협질도독(跌跌都督)[516] 협질사태(跌跌思泰)[517] 등이 각자 그의 백성을 이끌고 잇달아 [당나라에] 와서 항복했는데, 전후 모두 만여 장에 이르렀다.[518] [황제가] 조칙을 내려 하남의 옛 땅에 거주하라고 했고, 고문간을 좌위원외대장군(左衛員外大將軍)[519]에 제수하고 요서군왕(遼西郡王)에 봉했으며, 협질사태를 특진 우위원외대장

---

510) 저본에는 "虜"인데, 突厥의 卑稱으로 사용된 것이다. 번역문에서는 突厥이라 번역했다.

511) "開元 二年"부터 "物千段"까지 저본의 내용은 『新唐書』에 없다.

512) 五咄六은 處木昆闕啜, 胡祿屋闕啜, 攝舍提暾啜, 突騎施賀邏施啜, 鼠尼施處半啜 등으로 모두 啜(초르)의 지위를 갖고 있었다.

513) 五弩失畢은 阿悉結闕俟斤, 哥舒闕俟斤, 拔塞干暾沙鉢俟斤, 阿悉結泥熟俟斤, 哥舒處半俟斤 등으로 모두 俟斤(이르킨)의 지위를 갖고 있었다.

514) 莫離支: 高句麗시대에 최고의 관직이었다. 6세기 후반 무렵 國事를 총괄하는 관직으로 성립되었으나, 淵蓋蘇文의 집권 이후 정치와 군사 권력을 장악하고 국정을 전담하는 최고의 관직이 되었다.

515) 高文簡: 高句麗의 莫離支로 있다가 668년에 망한 뒤 유민 집단을 이끌고 突厥에 이주해 默啜의 사위가 되어 '高麗王 莫離支'라 칭했다. 그 뒤 突厥에서 默啜의 사망으로 계승 분쟁이 일어나자 高拱毅의 이끈 유민 집단과 함께 715년 唐朝에 투항했다. 玄宗으로부터 집과 말 등을 하사받고 左衛大將軍과 遼西郡王에 봉해졌으며, 719년에는 처 阿史那氏가 遼西郡夫人으로 봉해졌다.

516) 跌跌都督: 唐朝의 羈縻支配 아래에서 鐵勒의 하나로 고대 투르크어로 '에디즈(Ediz)'로 추정되는 부락에 설치된 都督이었다.

517) 跌跌思泰: 에디즈 종족의 추장으로 추정되나 이름의 정확한 음사는 알 수 없다. 默啜 사후에 唐朝에 귀순했다.

518) 『新唐書』에는 高文簡과 思太 등이 十姓部落左廂五咄六啜 및 右廂五弩失畢五俟斤과 별도로 항복했으며, 후자 집단만의 합계가 萬餘 帳이라고 되어 있다. "十姓左五咄陸·右五弩失畢俟斤皆請降, 葛邏祿胡屋鼠尼施三姓·大漠都督特進朱斯·陰山都督謀落匐雞·玄池都督蹋實力胡鼻率衆內附, 詔處其衆於金山. 以右羽林軍大將軍薛訥爲涼州鎮軍大總管, 節度赤水·建康·河源等軍, 屯涼州, 以都督楊執一副之; 右衛大將軍郭虔瓘爲朔州鎮軍大總管, 節度和戎·大武·并州之北等軍, 屯并州, 以長史王晙副之. 撫新附, 檢鈔暴. 默啜屢擊葛邏祿等, 詔在所都護·總管掎角應援. 虜勢寖削. 其婿高麗莫離支高文簡, 與跌跌都督思太, 吐谷渾大酋慕容道奴, 郁射施大酋鶻屈頡斤·苾悉頡力, 高麗大酋高拱毅, 合萬餘帳相踵款邊."

519) 左衛員外大將軍: 唐의 兵制에서는 左右衛에 각각 大將軍 1명을 두었는데, 員外大將軍은 정식 편제 이외

군(右衛員外大將軍)[520] 겸 협질도독으로 삼고 누번군공(樓煩郡公)으로 봉했다. 남은 수령들에게 각각 차등을 두어 관직을 제수하고 작위를 봉하며 재물을 내려주었다. 묵철의 사위 아사덕호록(阿史德胡祿)[521]이 얼마 지나지 않아 또 조정에 귀부하자 특진을 제수했다.[522]

그 해 가을 묵철과 구성(九姓)의 수령 [중 하나인] 아포사[힐리발](阿布思頡利發)[523] 등이 고비 북쪽에서 싸워 구성이 크게 패해 흩어지고 사람과 가축이 많이 죽게 되자 아포사가 백성을 이끌고 와서 [당나라에] 항복했다.[524]

四年，默啜又北討九姓拔曳固，戰于獨樂河，拔曳固大敗．默啜負勝輕歸，而不設備，遇拔曳固迸卒頡質略於柳林中，突出擊默啜，斬之，便與入蕃使郝靈荃傳默啜首至京師．骨咄祿之子闕特勤鳩合舊部，殺默啜子小可汗及諸弟并親信略盡，立其兄左賢王默棘連，是爲毗伽可汗．

의 官員이었다. 員外官에 속하며 일반적으로 사무를 처리하지 않고 다만 正員官 봉록의 1/2를 받았다. 唐代에 冗員 혹은 勳臣을 安置하기 위한 制度였다. 품계는 正三品이었다.

520) 右衛員外大將軍은 左衛員外大將軍의 설명을 참조.

521) 阿史德胡祿: 고대 투르크어로 '퀴뤽(külüg)'의 음사이다.

522) 『新唐書』에는 "引拜文簡左衛大將軍・遼西郡王, 思太特進・右衛大將軍兼跌跌都督・樓煩郡公, 道奴左武衛將軍兼刺史・雲中郡公, 鶻屈頡斤左驍衛將軍兼刺史・陰山郡公, 苾悉頡力左武衛將軍兼刺史・鴈門郡公, 拱毅左領軍衛將軍兼刺史・平城郡公, 將軍皆員外置, 賜各有差."라고 돌궐에서 투항한 인물들에 대해 상세하게 기록되어 있다. 저본에는 없으나, 『唐會要』에는 開元 3년 默啜이 다시 北庭을 포위했고 玄宗은 薛訥을 보내 토벌하게 했다고 되어 있다(『唐會要』 卷94 「北突厥」: 2005, "開元三年, 默啜旣請和稱臣, 至是復圍北庭. 九月, 遣薛訥討之.").

523) 阿布思頡利發: 아부스(Abus)종족의 추장인데, 고대 투르크어로 '아부스 일테베르(Abus ilteber)'의 음사이다. 저본에는 阿布思로 되어 있는데, 이는 阿布思頡利發이 잘못 기록된 것으로 보인다. 그는 742년에 돌궐이 내분에 휩싸이게 되자 唐朝에 투항해 番將으로 활약했다. 唐朝로부터 李獻忠으로 賜名과 奉信王으로 책봉을 받는 등 높은 대우를 받았다. 그리고 자신의 部落兵을 이끌고 749년 吐蕃의 石堡城을 공격하는 등 서부 전선으로 이동해 활약했다. 751년 安祿山이 契丹에게 패배한 이후 東北에 대한 군사력 강화가 절실하게 되자, 朔方節度副使로 임명되어 동부 전선으로 이동했다가 바로 安祿山과 대립하고 그에 반발해 漠北으로의 복귀를 시도했다. 하지만 753년 五月 迴紇에게 패배해 그에 복속되었다.

524) 『新唐書』에는 "默啜討九姓, 戰磧北, 九姓潰, 人畜皆死, 思結等部來降, 帝悉官之. 拜薛訥朔方道行軍大總管, 太僕卿呂延祚・靈州刺史杜賓客佐之, 備邊. 詔金山・大漠・陰山・玄池都督等共圖取默啜, 班賞格, 賜物諭之."라고 당시 상황이 상세히 기록되어 있다.

[개원] 4년(716)에 묵철이 또한 북쪽으로 구성 발예고(拔曳固)[525]를 토벌하는데, 독락하(獨樂河)[526]에서 싸워 발예고를 대패시켰다. 묵철은 승리에 취해 가볍게 [무장과 호위를 하고] 돌아오는 [도중에 수비군을] 두지 않았다가 발예고의 병졸 힐질략(頡質略)을 버드나무 숲[柳林][527]에서 만났고, [힐질략이] 갑자기 나와 묵철을 공격해 죽인 다음 곧 입번사(入蕃使) 학영전(郝靈荃)과 함께 묵철의 수급을 경사에 전달했다. 골돌록의 아들 궐특근(闕特勤)[528]이 옛 부락을 규합해 묵철의 아들인 소가한[529]과 [그의] 여러 아우들, 그리고 친신(親信)을 거의 모두 살해하고, 그의 형인 좌현왕 묵극련(默棘連)[530]을 옹립하니 이 사람이 비가가한(毗伽可汗)[531]이 되었다.

毗伽可汗以開元四年卽位，本蕃號爲小殺．性仁友，自以得國是闕特勤之功，固讓之，闕特勤不受，遂以爲左賢王，專掌兵馬．是時奚·契丹相率款塞，突騎施蘇祿自立爲可汗，突厥部落頗多攜貳，乃召默啜時衙官暾欲谷爲謀主．初，默啜下衙官盡爲闕特勤所殺，暾欲谷以女爲小殺可敦，遂免死，廢歸部落，及復用，年已七十餘，蕃人甚敬伏之．

비가가한이 개원 4년(716)에 즉위했는데, 본래 돌궐[本蕃][532]에서 [그를] 소살(小殺)[533]이

525) 저본의 다른 부분에서는 "拔也古"로 되어 있는데, 拔曳固와 拔野古는 고대 투르크어로 '바야르쿠(Bayarïqu)'의 동일한 음사일 뿐이다.

526) 獨洛河: 獨洛水, 獨樂水, 獨邏河, 毒樂河 등으로도 표기된다. 지금 몽골공화국의 톨강(Tola, 혹은 Tula, Tughla라고도 씀)을 지칭한다. 몽골 초원의 중앙 북부를 흘러가는 셀렝게강 지류 가운데 하나다.

527) 『新唐書』에는 "大林"이라고 되어 있다.

528) 闕特勤(686~731): 고대 투르크어로 '퀼 테긴(Kül tegin)'의 음사인데, 고대 투르크 비문에는 "퀼 티긴(Kül tigin)"으로 기록되기도 한다. 그는 突厥을 재건한 骨咄祿의 둘째 아들로 默啜 사후 정변을 일으켜 형을 默棘連을 추대해 즉위하게 만들었다.

529) 拓西可汗을 지칭한다.

530) 默棘連: 다르게는 默矩라는 이름을 갖고 있었다. 아래의 毗伽可汗에 대한 설명 참조.

531) 毗伽可汗(685~734): 고대 투르크어로 '빌게 카간(Bilge qaghan)'의 음사이다. 그의 사후에 쓰인 ≪빌게 카간 비문≫에는 그의 이름이 "텡그리데 볼미쉬 튀르크 빌게 카간(Tengride bolmish Türk bilge qaghan)"이라고 되어 있는데, '하늘(神)에서 만들어진 투르크의 현명한 군주'라는 의미이다.

532) 本蕃은 突厥을 지칭하는데, 突厥이란 표현을 사용하지 않기 위해 사용한 것이다.

라고 불렀다. 성품이 인자하고 우애가 있었는데, 자신이 나라를 얻은 것이 궐특근의 공이라고 생각해 진실로 [궐특근에게 가한의] 자리를 양보했으나 궐특근이 받지 않자 결국 [궐특근을] 좌현왕으로 삼고 병마를 전담해 관장하도록 했다. 이 때 해와 거란이 서로 [백성을] 이끌고 장성 안으로 들어왔고, 돌기시의 소록(蘇祿)[534]도 자립해 가한이 되었으며, 돌궐의 부락 다수가 이반할 마음을 갖게 되자 묵철 시기의 아관(衙官)[535] 돈욕곡(暾欲谷)[536]을 불러들여 참모로 삼았다. 이전에 묵철 휘하의 아관들이 모두 궐특근에게 살해되었는데, 돈욕곡은 자신의 딸 [파복(婆匐)][537]이 소살의 가돈(可敦)[538]이었기 때문에 마침내 죽음을 면하고 면직되어

---

533) 小殺: 고대 투르크어로 '퀴췩 샤드(Küchük shad)'의 음사로 '어린 내지는 작은 장군'이라는 의미이다. 그는 默啜의 휘하에서 右廂察(타르두쉬 샤드)로서 역할을 담당하고 있었는데, 이를 지칭한다. 본서에서는 계속적으로 毗伽可汗을 小殺로 표기하고 있는데, 이것은 默啜이라고 표기한 것과 마찬가지로 突厥의 君主를 비칭하려는 中國의 입장이 반영된 것이다.

534) 蘇祿: 원래 突騎施의 부락인 車鼻施(Chabish)의 酋長으로 突騎施의 可汗인 沙葛이 突厥에게 죽임을 당한 이후에 突騎施를 재건했다. 고대 투르크어로 '수릭(Sulïgh)'의 음사로 추정되는데, 이것은 관칭으로 군대를 통할하는 統領을 의미했다. 이것은 그가 자립하기 이전에 西突厥의 十姓(十箭)을 통할하는 大首領이라고 했던 그의 칭호와 관련되었다고 추정된다. 그는 716년 默啜이 사망한 이후에 자립해 可汗을 칭했고, 唐朝로부터 左羽林大將軍, 金山道經略大使 突騎施都督 忠順可汗으로 봉해졌다. 阿史那懷道의 딸인 交河公主와 결혼했다. 그 외 突厥, 吐蕃과도 혼인 관계를 맺었다. 처음에 碎葉에 도읍을 했다가 이후에 탈라스로 이동했다. 이후 아랍[大食] 세력의 동진에 맞서 대결을 벌었으나 패배를 했고, 이후 唐朝와도 사이가 좋지 않아 北庭 등을 공격했으나 역시 패했다. 그 이후 세력이 약화되어 738년에 부하인 莫賀達干에게 죽임을 당했다.

535) 暾欲谷은 默啜시기에 '보일라 바가 타르칸(Boyla bagha tarqan)'의 지위에 있었다.

536) 暾欲谷: 고대 투르크어로 '톤유쿠크(Tonyuquq)'의 음사이다. 그가 남긴 ≪톤유쿠크 비문≫에는 자신의 이름을 "빌게 톤유쿠크(Bilge Tonyuquq)"으로 기록하고 있다. 여기에서 빌게 즉, '현명하다'는 것을 수식어로 쓰인 것인데 자신의 실제 이름으로 호칭한 것인지는 정확하지 않으나 고유명사로 이해하는 것이 일반적이다(O.F. Sertkaya, 1979: 288~92).

빌게 톤유쿠크는 비문을 남겼는데, 몽골공화국 수도 울란바토르에서 50km 떨어진 바인 초크토에서 발견되어 ≪바인 초크토 비문≫이라고도 한다. 약간 둥글게 다듬어진 하얀 빛이 도는 화강암으로 이루어진 두 개의 비석으로 구성되어 있다. 비석의 높이는 첫 번째가 1.7m, 두 번째가 1.6m이고, 첫 번째에 35행, 두 번째 비석에 27행이 새겨져 있다. 내용의 구성은 첫 번째 비문에서 서면(7행)-남면(10행)-동면(7행)-북면(11행), 두 번째 비문에서 서면(9행)-남면(6행)-동면(8행)-북면(4행)의 순서로 이루어져 있다. 현재 비문의 모습은 다음에 제시한 비문 사진 참조.

537) 『新唐書』에는 "婆匐"이라고 되어 있다.

538) 可敦: 고대 투르크어 '카툰(qatun)'의 음사이다. 카툰은 카간(qaghan)의 아내를 뜻한다. 달리 "可賀敦"이라고 음사되기도 한다.

부락으로 돌아가 있다가 다시 기용되었고, 나이가 이미 칠십여 세여서 돌궐사람[蕃人]들이 그를 몹시 받들어 복종했다.

俄而降戶阿悉爛·跌跌思泰等復自河曲叛歸. 初, 降戶南至單于, 左衛大將軍單于副都護張知運盡收其器仗, 令渡河而南, 蕃人怨怒. 御史中丞姜晦爲巡邊使, 蕃人訴無弓矢, 不得射獵, 晦悉給還之, 故有抗敵之具. 張知運旣不設備, 與降戶戰于青剛嶺, 爲降戶所敗, 臨陣生擒知運, 擬送與突厥, 朔方總管薛訥率兵追討之. 賊至大斌縣, 又爲將軍郭知運所擊, 賊衆大潰, 散投黑山呼延谷, 釋張知運而去. 上以張知運喪師, 斬之以徇. 小殺旣得降戶, 謀欲南入爲寇, 暾欲谷曰:「唐主英武, 人和年豐, 未有間隙, 不可動也. 我衆新集, 猶尙疲羸, 須且息養三數年, 始可觀變而擧.」小殺又欲修築城壁, 造立寺觀, 暾欲谷曰:「不可. 突厥人戶寡少, 不敵唐家百分之一, 所以常能抗拒者, 正以隨逐水草, 居處無常, 射獵爲業, 又皆習武. 強則進兵抄掠, 弱則竄伏山林, 唐兵雖多, 無所施用. 若築城而居, 改變舊俗, 一朝失利, 必將爲唐所併. 且寺觀之法, 教人仁弱, 本非用武爭強之道, 不可置也.」小殺等深然其策.

얼마 지나지 않아 항호 아실란(阿悉爛)[539]과 협질사태 등이 다시 하곡(河曲)에서 [당나라를 배반하고] 반란을 일으켜 돌아갔다. 이전에 [돌궐]항호가 남쪽으로 선우[도호부]에 [도망]가자 좌위대장군 선우부도호(單于副都護) 장지운(張知運)이 항호들의 무기와 의장[器仗]을 모두 압수하고 황하를 건너 남쪽으로 가게 하자 돌궐사람[蕃人]들이 원망하며 노여워했다. 어사중승(御史中丞)[540] 강회(姜晦)[541]가 순변사(巡邊使)[542]가 되자 돌궐 사람들이 [강회에

539) 阿悉爛: 고대 투르크어로 '아르슬란(Arslan)'의 음사인데, '사자'를 뜻한다.

540) 御史中丞: 관직명으로 漢魏 이후 御史臺의 長官이었다. 隋代 長官을 御史大夫로 바꾸고 별도로 治書侍御史를 두어 次官으로 삼았다가 高祖가 治書侍御史를 中丞으로 바꾸어 御史大夫의 官僚규찰을 돕도록 했다. 中唐이후 御史大夫를 대개 임명하지 않으면서 자리가 비워져 御史中丞이 실제로 御史臺의 사무를 처리해 權任이 더욱 무거워졌다. 또 觀察使 등이 御史中丞의 직함을 겸임했다. 정원을 두 명 두었으며, 隋代에 品階가 從五品이었다가 唐初 正五品上으로 승격되었고, 會昌 2년(842)에 다시 從三品下로 승격되었다. 龍朔 2년(662) 司憲大夫로 개칭되었다가 咸亨 元年(670) 원래의 명칭으로 환원되었다.

541) 姜晦: 唐代의 관리로 秦州 上邽縣(지금 甘肅省 天水縣) 사람이었다. 姜皎의 동생으로 開元初 御史中丞에 발탁되었고, 吏部尙書로 승진했다가 후에 좌천되어 海州刺史로 관직을 마쳤다.

게] 활과 화살이 없어 사냥을 할 수 없다고 호소했고, [강]회가 [그들에게] 모두를 되돌려 주라고 했기 때문에 적에게 대항할 도구를 갖추도록 했다. 장지운은 여전히 방비를 하고 있지 않다가 [돌궐]항호와 청강령(青剛嶺)[543]에서 싸워 항호에게 패했고 [항호들이] 전투에 나가 [장]지운을 사로잡아 돌궐에 보내자 삭방총관 설눌(薛訥)[544]이 병사들을 이끌고 추격해 그들을 토벌했다. 적들이 대빈현(大斌縣)[545]까지 왔다가 다시 장군 곽지운(郭知運)[546]에게 공격을 받아 적의 무리가 크게 무너져 흩어졌기 때문에 흑산(黑山) 호연곡(呼延谷)[547]에서 투신하자 장지운을 풀어주고 [도망]가버렸다. 황제가 장지운이 군대를 잃었다고 [목을] 베서 널리 [그의 잘못을] 알렸다.[548]

소살이 항호를 얻자 남쪽으로 들어가 [당나라를] 침입하려는 계획을 세웠다. 돈욕곡이 말했다. "당나라의 군주가 영특하고 용감하며 사람들은 화합하고 해마다 풍년이 들어 틈이 보이지

---

542) 巡邊使: 唐 中期에 설치되었는데, 변경의 鎮戍와 방어수비의 상황을 관장했다. 늘 설치되는 것은 아니고 他官이 겸직했다.

543) 青剛嶺: 고개의 이름으로 지금 甘肅省 環縣 서북쪽에 위치하고 있다.

544) 薛訥(649~720): 唐代 將軍으로 絳州 龍門縣(지금 山西省 河津縣) 사람이었다. 薛仁貴의 아들로 처음에 藍田令이 되었다. 그 후 突厥이 河北을 침략할 때 左武威衛大將軍 安東道經略에 임명되었다. 그리고 幽州都督 兼安東都護에 임명되었다가 이어 并州大都督府長史로 전임했다. 오랫동안 邊將으로 임직하면서 누차 戰功을 세웠다. 開元 2년(714) 六月 杜賓客 등과 군대 2만을 이끌고 契丹을 토벌해 灤河에서 대패했다. 하지만 十月에 군대를 이끌고 吐蕃과 洮水 부근에서 전투해 크게 승리를 거두었다. 左羽林軍大將軍에 보임되었으며 平陽郡公에 봉해졌다. 또 涼州鎮軍大總管에 임명되었다가 나이가 들어 致仕했다. 開元 8년(720)에 병에 걸려 72세의 나이로 죽었다(『舊唐書』 卷93 「薛訥傳」: 2983).

545) 大斌縣: 北魏 神龍 元年(518)에 설치되었으며, 安定郡의 治所였다. 治所는 지금 陝西省 子洲縣 서쪽에 있었다. 隋代에는 雕陰縣에 속했고, 唐 武德 7년(624)에 治所가 魏平城(지금 子長縣 남쪽)으로 이동했다. 貞觀 2년(628)에 또 治所를 지금 子洲縣 서쪽 西魏時代의 大斌縣古城 서쪽 5里 떨어진 곳으로 옮겼다.

546) 郭知運(667~712): 唐代 將軍으로 瓜州 晉昌縣(지금 甘肅省 玉門縣 서북) 사람이었다. 字는 逢時였다. 騎射에 능하고 膽略이 있었다. 처음에 秦州 三度府果毅로 戰功을 세워 左驍衛中郎將 瀚海軍經略使로 승진했으며 檢校伊州刺史 兼伊吾軍使으로 전임되었다. 開元초 郭虔瓘을 따라 突厥을 北庭에서 격파했으며 右武衛將軍으로 발탁되었다. 이후 누차 吐蕃과의 전쟁에서 승리해 左武衛大將軍으로 승진했다. 사후 涼州都督에 追贈되었다(『舊唐書』 卷103 「郭知運傳」: 3189).

547) 呼延谷: 黑山을 지칭한다. 지금 內蒙古自治區 包頭市 서북쪽에 있다. 調露 元年(679)에 裴行儉이 突厥을 대파한 장소였다.

548) 『新唐書』에는 저본에 해당하는 내용이 없고, 大臣 思太 등이 두 개의 부대로 나누어 북쪽으로 달아났으며, 王晙이 그 左隊를 격파했다는 기록만 있다. "思太等分爲二隊北走, 王晙又破其左隊."

않으니 [군대를] 움직일 수 없습니다. 우리 백성들은 새로 모였고 아직 피로하고 나약하니 모름지기 3년 혹은 수년 동안 쉬어 기른 이후에 비로소 변화를 지켜본 다음에 일을 일으킬 수 있을 것입니다." 소살이 또한 성벽(城壁)을 수축하고 절과 도관을 만들려고 하자 돈욕곡이 말했다. "안됩니다. 돌궐의 인구는 적어서 당나라의 백분의 일에도 대적할 수 없고, 그런 까닭에 [우리나라가] 늘 대항할 수 있는 것은 바로 풀과 물을 쫓아 다녀 사는 곳이 일정하지 않으며 사냥을 업으로 삼고 또한 모두가 무예를 익히는 것에 있습니다. 강하면 병사들을 진군시켜 노략질하면 되고 약하면 산림에 숨고 엎드려 [버티면] 당나라 병사들이 비록 많더라도 어찌할 수가 없을 것입니다. 만약 성을 쌓고 거주한다면 옛 풍속을 바꾸는 것으로 하루아침에 이점을 잃게 되니 반드시 장차 당나라에 병합되고 말 것입니다. 또한 불교와 도교[寺觀][549]의 법은 사람의 성품을 어질고 약하게 만들어 본래 무를 사용해 강함을 다투는 방책이 아니라 [절과 도관을] 설치해서는 안 됩니다."[550] 소살 등은 그의 계책에 깊게 동의했다.[551]

八年冬, 御史大夫王晙爲朔方大總管, 奏請西徵拔悉密, 東發奚·契丹兩蕃, 期以明年秋初, 引朔方兵數道俱入, 掩突厥衙帳於稽落河上. 小殺聞之, 大恐. 暾欲谷曰: 「拔悉密今在北庭, 與兩蕃東·西相去極遠, 勢必不合. 王晙兵馬, 計亦無能至此. 必若能來, 候其臨到, 卽移衙帳向北三日, 唐兵糧盡, 自然去矣. 且拔悉密輕而好利, 聞命必是先來, 王晙與張嘉貞不協, 奏請有所不愜, 必不敢動. 若王晙兵馬不來, 拔悉密獨至, 卽須擊取之, 勢易爲也.」 九年秋, 拔悉密果臨突厥衙帳, 而王晙兵及兩蕃不至. 拔悉密懼而引退, 突厥欲擊之, 暾欲谷曰: 「此衆去家千里, 必將死戰, 未可擊也, 不如以兵躡之.」 去北庭二百里, 暾欲谷分兵間道先掩北庭, 因縱卒擊拔悉密之還衆, 遂散走投北庭, 而城陷不得入, 盡爲突厥所擒, 并虜其男女而還. 暾欲谷迴兵,

549) 저본의 寺觀은 佛寺와 道觀을 합칭한 것이다. '寺'는 불교사원인 절, '觀'은 도교사원인 道觀을 지칭한다. 저본과 번역문에서는 사원보다 佛敎와 道敎로 해석하는 것이 문맥상 적합하다.

550) 이상의 내용에서 毗伽可汗의 질문에 답하면서 暾欲谷이 경계하려고 했던 것은 당시 주변으로부터 강력한 도전을 받고 있는 위기상황을 타개하고 내적인 체제를 정비하기도 전에 정주적인 요소를 먼저 수용하려고 한 것에 대한 반대였을 뿐이었다(丁載勳, 1994: 52~53).

551) 『新唐書』에는 저본과 달리 突厥이 사신을 보내 화친을 청했지만 唐 玄宗이 이를 거부했다고 되어 있다. "默棘連當其策, 卽遣使者請和. 帝以不情, 答而不許."

因出赤亭以掠涼州羊馬. 時楊敬述爲涼州都督, 遣副將盧公利·判官元澄出兵邀擊之. 暾欲谷曰:「敬述若守城自固, 卽與連和; 若出兵相當, 卽須決戰. 我今乘勝, 必有功矣.」公利等兵至刪丹, 遇賊, 元澄令兵士揎臂持滿, 仍急結其袖, 會風雪凍烈, 盡墜弓矢, 由是官軍大敗, 元澄脫身而走. 敬述坐削除官爵, 白衣檢校涼州事. 小殺由是大振, 盡有默啜之衆. 俄又遣使請和, 乞與玄宗爲子, 上許之. 仍請尙公主, 上但厚賜而遣之.

[개원] 8년(720) 겨울에 어사대부(御史大夫)[552] 왕준(王晙)[553]을 삭방[도]대총관으로 임명했는데, [왕준이] 서쪽의 발실밀(拔悉密)과 동쪽의 해와 거란 두 종족을 징발해 내년 가을 초를 작전 시기로 삼아 삭방(朔方)의 병사들을 끌어들여 여러 길로 [나누어] 함께 들어가 계락하(稽落河)[554] 부근에서 돌궐의 아장(衙帳)[555]을 포위할 것을 아뢰어 청했다.[556]

소살이 [이 소식을] 듣고 크게 두려워하자 돈욕곡이 말했다. "발실밀은 지금 북정[도호부]에

552) 御史大夫: 唐代 御史臺의 長官으로 품계는 從三品이었다. 邦國의 刑憲典章의 政令을 관장하고 백관을 糾察했으며 府庫의 出納을 감독했다. 御史大夫 아래에 臺院과 殿院, 察院이 나뉘어 설치되었다. 臺院에는 侍御史를 설치해 중앙관청의 百官을 탄핵하는 일을 맡게 했다. 殿院에는 殿中侍御史를 두어 朝儀와 朝會, 郊祀를 관장하고 京師를 순시해 皇帝의 존엄을 유지하도록 하는 일을 맡겼다. 察院에는 監察御史를 두어 지방 관리를 감찰했다. 高宗 시기에 御史臺를 憲臺, 御史大夫를 大司憲, 御史中丞을 司憲大夫로 바꾸었다. 武周시대에 肅政臺로 바뀌었으며, 후에 左肅政臺와 右肅政臺로 나뉘었으나 후에 御史臺로 바뀌었다.

553) 王晙: 唐代 將軍으로 景城縣(지금 河北省 交河縣) 사람이었다. 일찍이 殿中侍御史를 거쳐 中宗 景隆初 桂州都督 隴右羣牧使에 임명되었다. 일찍이 吐蕃의 침입을 격파했고 후에 突厥을 토벌하는데 공을 세웠으며 朔方行軍大總管으로 승진하고 淸源公에 봉해졌다. 兵部尙書 同中書門下三品, 朔方軍節度使 등을 역임했다(『舊唐書』 卷111 「王晙傳」: 4153).

554) 稽落河: 지금 몽골공화국 항가이산맥 북사면에서 북으로 흐르는 오르콘강의 지류로 突厥의 牙庭이 있었던 호쇼 차이담 인근의 하천으로 추정된다.

555) 衙帳은 보통 牙帳이라고 표기한 것이 일반적이다.

556) 『新唐書』에는 저본과 달리 唐朝의 원정 준비를 자세하게 소개하고 있다. "俄下詔伐之, 乃以拔悉蜜右驍衛大將軍金山道總管處木昆執米啜·堅昆都督右武衛大將軍骨篤祿毗伽可汗·契丹都督李失活·奚都督李大酺·突厥默啜子左賢王墨特勒·左威衛將軍右賢王阿史那毗伽特勒·燕山郡王火拔石失畢等蕃漢士悉發, 凡三十萬, 以御史大夫·朔方道大總管王晙統之, 期八年秋並集稽落水上, 使拔悉蜜·奚·契丹分道掩其牙, 捕默棘連."

있고 두 종족과는 동서로 너무 멀리 떨어져 있기 때문에 힘을 반드시 합칠 수 없습니다. 왕준의 병마도 생각해보면 또한 이곳에 올 수 없습니다. 반드시 올 수 있다고 하더라도 그들이 가까이 오기를 살폈다가 오면 아장을 북쪽으로 사흘[걸리는] 거리[의 땅으]로 옮기면 당나라 병사들이 식량이 바닥나 자연히 물러날 것입니다. 또 발실밀은 가벼워 이익을 좋아하니 명령을 듣고 반드시 먼저 올 것이고, 왕준과 장가정(張嘉貞)[557]이 화합하지 않아 주청(奏請)하는 바가 마음에 들지 않으면 반드시 감히 움직이려고 하지 않을 것입니다. 만약 왕준의 병마가 오지 않고 발실밀이 혼자서 온다면 바로 발실밀의 군대를 격파하고 잡아 형세를 쉽게 만들 수 있을 것입니다."

[개원] 9년(721) 가을에 발실밀은 과연 돌궐의 아장까지 왔으나 왕준의 병사들과 [거란과 해] 두 종족이 도착하지 못했다. 발실밀이 두려워 물러나 돌아가려고 하자 돌궐[의 비가가한]이 이를 격파하려고 함에 돈욕곡이 [말리면서] 말했다. "이 무리들은 집까지의 거리가 천리라 [공격하면] 반드시 죽기 살기로 싸울 것이기 때문에 공격할 수 없습니다. 병사들을 이끌고 뒤좇아 가는 것만 못합니다." 북정[도호부]에서 2백 리 떨어진 곳에서 돈욕곡은 병사들을 나누어 샛길로 가게 해서 먼저 북정[도호부]를 포위한 다음 병졸들을 풀어 회군하는 발실밀의 돌아오는 무리들을 공격하게 함으로써 [발실밀의 무리들이] 마침내 흩어져 도망해 북정[도호부]로 들어가고자 했으나 이미 성이 함락되어 들어갈 수 없게 되어 돌궐에게 모두가 사로잡혔고 [돌궐은] 아울러 그의 남녀마저 사로잡은 다음에 돌아올 수 있었다.

돈욕곡이 군대를 돌려 적정(赤亭)[558]을 나아가서 양주(涼州)[559]의 양과 말을 노략질했다.

---

557) 張嘉貞(666~729): 唐代 관리로 蒲州 猗氏縣(지금 山西省 臨猗縣) 사람이었다. 明經出身으로 武周시기에 平鄕縣尉를 역임했다. 張循憲의 추대로 武則天이 파격적으로 監察御史에 임명되었다. 中書舍人, 秦州都督, 幷州長史를 역임했다. 정치를 행할 때에 청렴하고 엄해 吏民들의 존경을 받았다. 玄宗 開元初에 忻州刺史에 임명되었다. 開元 8년(720)에 宰相으로 발탁되어 中書侍郎 同中書門下平章事에 임명되었다. 후에 銀靑光祿大夫에 加官되었고 中書令에 임명되었다. 開元 11년(723)에 幽州刺史로 좌천되지만 이후에 工部尙書, 鄭州刺史를 역임하고 河東侯에 봉해졌다. 사후 益州大都督에 추증되었으며 시호는 恭肅이었다(『舊唐書』 卷99 「張嘉貞傳」: 3090).

558) 赤亭은 여러 곳에 있으나 暾欲谷이 지나간 곳은 지금 甘肅省 山丹縣에 위치한 곳으로 추정된다.

559) 涼州: 前漢 元封 5년(전106)에 13州의 하나로 설치된 이래 治所를 달리해가며 改廢되었다. 後漢시대 治所는 隴縣(지금 甘肅省 張家川回族自治縣)에 있었고, 曹魏 黃初년간에는 姑臧縣(지금 甘肅省 武威市)으로 옮겼다. 魏晉시대에는 관할지역이 축소되어 지금 甘肅省 黃河 以西 지역에 한정되었다. 五胡十六國시대에는 前涼, 後涼, 北涼이 모두 여기에서 건국되었다. 隋 大業初에 武威郡으로 개정되었다가 武德

이때 양경술(楊敬述)이 양주도독(涼州都督)이었는데, 부장(副將) 노공리(盧公利)와 판관(判官)[560] 원징(元澄)을 보내 군대를 내서 [돈욕곡 무리를 막고] 공격하게 했다. [이 때] 돈욕곡이 말했다 "[양]경술이 만약 성을 지키고 스스로를 굳게 잠그고 있다면 바로 [그와] 화해를 할 것이지만 만약 [그가] 병사를 출동시켜 서로 맞부닥치게 된다면 결전을 벌여야 할 것입니다. 저는 지금 승리[한 기세]에 편승해서 반드시 공을 세울 수 있을 것입니다." [노]공리 등의 군사들이 산단[현](刪丹縣)[561]에 이르러 적을 만나자 원징이 병사들에게 팔을 걷고 활시위를 당기도록 하다가 급하게 소매를 묶도록 했는데, 마침 눈보라로 얼고 찢어져[562] 모두가 활과 화살을 [땅에] 떨어뜨렸기 때문에 관군이 대패했고 원징은 몸만 빠져나와 도망가야 했다. [양]경술은 패전의 책임을 지고 관작을 삭탈 당해 백의(白衣)[563]를 입고 양주[도독의] 사무를 대리[檢校]했다. 소살은 이로 말미암아 [세력을] 크게 떨치게 되었고, 묵철의 백성들을 모두 차지하게 되었다. [소살은] 바로 다시 사신을 보내 화친을 청하고며 현종(玄宗)[564]의 아들이

2년(619)에 涼州로 다시 바뀌었다. 관할 구역은 甘肅 永昌縣 동쪽에서 天祝藏族自治縣의 서쪽 일대였다. 天寶 元年(742)에 武威郡으로 바뀌었다가 乾元 元年(758)에 涼州로 환원되었다. 廣德 2년(764) 吐蕃에게 빼앗겼다. 咸通 2년(861) 張義潮가 한차례 수복했다가 北宋 天聖 6년(1028)에 西夏의 수중으로 넘어가 西涼府라 불렸다.

560) 判官: 唐代 使府에 설치된 幕職이었다. 採訪, 節度, 觀察, 招討, 經略, 防禦, 團練, 支度, 營田, 監軍 등의 使職에 설치되었고, 使府의 일상 사무를 처리했다. 권력과 임무가 중해 幕府에서 上佐의 지위에 있었고, 심지어 留後로 충임이 되기도 했다. 五代때에는 州郡의 일을 처리해 州府의 職官이 되었다.

561) 刪丹縣: 前漢 武帝 시기에 설치되었고 張掖郡에 소속되었다. 三國, 西晉, 南北朝, 隋代에도 존속했다. 唐 武德 2년(619)에 李軌를 평정하고 刪丹縣을 甘州에 속하게 했다. 이전의 治所는 지금 甘肅省 山丹縣에 있었다.

562) 저본은 "烈"인데, 의미상 "裂"이 어울린다. 번역문에서는 "裂"의 뜻으로 번역했다.

563) 당시 白衣는 백성들이 입는 옷이었고 관리들은 각종 색깔의 비단옷을 입었기 때문에 白衣를 입고 벼슬자리에 있는 것은 관리들에게 큰 모욕이었다.

564) 唐 玄宗(685~762; 재위 712~756): 唐朝의 제6대 황제로 이름은 李隆基였다. 睿宗의 셋째 아들로 楚王에 봉해졌다가 臨淄王으로 改封되었다. 騎射에 능하고 音律·曆象·書法에 능통했다. 景雲 初 太平公主와 함께 韋后와 그 일당을 소탕하고 睿宗을 복위시켰으며, 太子로서 朝政에 참여했다. 先天 元年(712) 즉위한 이듬해 太平公主와 그 일당을 숙청했다. 開元년간 姚崇·宋璟·張九齡등을 宰相으로 삼아 諫爭을 받아들이고 賞罰을 명확히 했으며, 冗官을 없애고 토지와 호구를 파악하고 수리시설을 확충, 수리하는 등 선정을 베풀었다. 開元년간 사회 안정과 경제 발전, 문화 번영, 國勢의 강성을 '開元之治'라 한다. 그러나 天寶년간 이후 점차 교만해 楊貴妃를 총애하고 李林甫와 楊國忠을 宰相으로 등용해 정치가 부패했다. 安史의 난이 일어나자 天寶 15년(756) 유월 蜀으로 도망갔으며, 칠월 太子 李亨이 靈武에서 즉위한 후 太上皇으로 칭했다. 至德 2년(757)末 蜀에서 長安으로 돌아와 興慶宮에 유폐되었다가 죽었

될 것을 청하자 황제가 허락해주었다. 바로 공주와의 혼인도 청했으나 황제가 다만 후한 하사품을 주고 돌려보냈다.

十三年, 玄宗將東巡, 中書令張說謀欲加兵以備突厥, 兵部郎中裴光庭曰:「封禪者告成之事, 忽此徵發, 豈非名實相乖?」說曰:「突厥比雖請和, 獸心難測. 且小殺者仁而愛人, 衆爲之用; 闕特勤驍武善戰, 所向無前; 暾欲谷深沉有謀, 老而益智, 李靖·徐勣之流也. 三虜協心, 動無遺策, 知我舉國東巡, 萬一窺邊, 何以禦之?」光庭請遣使徵其大臣扈從, 則突厥不敢不從, 又亦難爲舉動. 說然其言, 乃遣中書直省袁振攝鴻臚卿, 往突厥以告其意. 小殺與其妻及闕特勤·暾欲谷等環坐帳中設宴, 謂振曰:「吐蕃狗種, 唐國與之爲婚; 奚及契丹舊是突厥之奴, 亦尚唐家公主; 突厥前後請結和親, 獨不蒙許, 何也?」袁振曰:「可汗旣與皇帝爲子, 父子豈合爲婚姻?」小殺等曰:「兩蕃亦蒙賜姓, 猶得尚主, 但依此例, 有何不可? 且聞入蕃公主, 皆非天子之女, 今之所求, 豈問眞假, 頻請不得, 實亦羞見諸蕃.」振許爲奏請, 小殺乃遣其大臣阿史德頡利發入朝貢獻, 因扈從東巡.

[개원] 13년(725)에 현종이 동쪽으로 순행(巡幸)하려고 해서 중서령 장열(張說)[565]이 군대를 더해 돌궐을 대비하고자 하는 모의를 하자 병부랑중(兵部郎中)[566] 배광정(裴光庭)[567]이

다. 泰陵에 장사지냈으며 시호는 至道大聖大明孝皇帝였다.

565) 張說(667~731): 唐代의 宰相으로 河南郡 洛陽縣 사람이었다. 字는 道濟 혹은 說之였다. 武則天때 對策賢良方正으로 乙等이 되어 太子校書郎에 제수되었고 『三教珠英』의 편찬에 관여했다. 鳳閣舍人으로 발탁되었으나 張易之가 魏元忠을 무고할 때 魏元忠을 변호해 欽州로 귀양을 갔다. 中宗 즉위 후 兵部侍郎 弘文館學士가 되었고, 景雲 2년(711) 中書侍郎 同平章事 兼修國史가 되었다. 玄宗 즉위 후 太平公主 토벌의 공으로 中書令 燕國公에 제수되었다. 開元 7년(719) 檢校幷州大都督府長史 兼天平軍大使가 되어 同羅 등을 위무해 北邊을 안정시켰다. 이후 兵部尙書, 朔方軍節度使, 右丞相 兼中書令 集賢院學士 知院事를 역임했다가 宇文融의 括戶에 반대해 관직을 그만두었다. 開元 18년(730) 다시 尙書左丞相으로 복직했다. 문장에 능해 당시 朝廷의 주요 조서와 문서를 모두 작성해 許國公 蘇頲과 함께 '燕許大手筆'로 불렸다. 저서에는 『張燕公集』(혹은 『張說之文集』이라 함) 25卷이 있다(『舊唐書』 卷97 「張說傳」: 3049).

566) 兵部郎中: 兵部頭司의 長官으로 품계는 從五品上이었다. 高祖가 兵曹郎을 바꾸어 설치했는데, 정원이 2명이었다. 唐 중기에 司戎大夫, 夏官郎中, 武部郎中으로 바뀌기도 했다.

567) 裴光庭(674~732): 唐代의 관리로 絳州 聞喜縣(지금 山西省 聞喜縣 동북쪽) 사람이었다. 字는 連城이며,

말했다. "봉선(封禪)이라는 것은 [하늘에] 고하는 의식인데, 갑자기 이때에 [군사들을] 징발한다면 어찌 명목과 실질이 서로 어그러지는 것이 아니라고 하겠습니까?" [이에 장]열은 말했다. "돌궐이 이전에 비록 화친을 청했으나 [그들의] 짐승과 같은 속셈은 헤아리기 어렵습니다. 또 소살이란 자는 인자해 사람들을 아끼니 백성들이 [그를] 위해 일하려고 합니다. 궐특근은 날래고 용맹하며 싸움을 잘하니 [그가] 향하는 곳에는 대적할 자가 없습니다. 돈욕곡은 매우 주도면밀하고 지모가 있어 늙었다고 하나 더욱 지혜로워 이정(李靖)과 서적(徐勣)[568]와 같은 인물입니다. 세 놈이 마음을 모은다면 [군대를] 움직임에 실수가 없을 뿐만 아니라 우리가 거국적으로 동쪽으로 순행하는 것을 알아채고 만일 변방을 엿본다면 어떻게 그를 막을 수 있겠습니까?" [배]광정이 [돌궐에] 사신을 보내 돌궐의 대신을 징발해 [현종을] 호종하게 하면 돌궐이 감히 따르지 않을 수 없을 것이고 또한 [군사를] 일으켜 움직이기도 어려울 것이라고 청했다. [장]열도 그의 말이 옳다고 여겨 중서직성(中書直省)[569] 원진(袁振)에게 홍려경을 대리하게 해 돌궐에 가서 그 뜻을 전하게 했다.

소살과 그의 아내, 그리고 궐특근과 돈욕곡 등이 아장 안에 둘러 앉아 잔치를 벌이며 [원]진에게 말했다. "토번(吐蕃)[570]은 개와 같은 놈인데도 당나라[唐國]는 그들과 혼인을 맺었소이

裴行儉의 아들이었다. 武則天 시기에 太常丞을 역임했고, 開元 初에 右率府中郎將, 兵部郎中 등을 역임했다. 開元 13년(725)에 中書令 張說에게 간언해 突厥使臣을 징발해 泰山 순행에 동반하도록 해 諸蕃君長들을 농락했다. 開元 17년(729)에 中書侍郎 同中書門下平章事에 임명되고 黃門侍郞, 侍中 兼吏部尙書, 弘文館學士를 역임했다. 『瑤山往則』, 『維城前軌』 각 1卷을 찬수해 표를 올려 바쳤다. 玄宗은 皇太子에게 光順門에서 裴光庭과 만나도록 해 그의 諷戒를 존중하는 뜻을 보였다(『舊唐書』 卷84 「裴光庭傳」: 2807).

568) 徐勣: 李世勣(594~669) 혹은 李勣이라고 한다. 曹州 離狐縣(지금 山東省 東明) 사람으로 滑州 衛南으로 徙居했다. 本姓은 徐, 이름은 世勣, 字는 懋功이었다. 武德初 李氏로 賜姓되었고, 永徽中 이름을 勣이라고 바꿨다. 大業末 瓦崗軍에 투신했다가 후에 李密을 主로 삼고 黎陽倉을 습격했다. 武德初 李密을 따라 唐에 투신해 黎州總管 右武候大將軍 曹國公에 제수되었다. 李世民을 따라 竇建德과 王世充을 평정했으며, 劉黑闥·徐圓郞·輔公祏등과의 전쟁에도 참여했다. 太宗 즉위 후 幷州都督이 되었고, 貞觀 4년(630) 李靖과 함께 突厥을 격파했다. 貞觀 11년(637) 英國公에 봉해지고 兵部尙書에 임명되었다가 朔州道行軍總管이 되어 薛延陀 등을 토벌했다. 晉王 李治가 태자가 된 후 太子詹事 左衛率 同中書門下三品이 되었고, 高宗 즉위 후 宰相이 되었다. 高宗이 王皇后를 폐하고 武后를 세우려 할 때 소극적으로 동의했다. 總章 元年(668) 高句麗에 대한 원정에 참여했다. 사후에 昭陵에 배장이 되었다(『舊唐書』 卷67 「李勣傳」: 2483).

569) 中書直省: 唐代에 他官 혹은 낮은 관직에 있는 관원이 中書省의 사무를 兼領할 때 中書直省이라 칭했다.

570) 吐蕃: 음은 티베트(Tibet)로 추정되고, 그 당시 기록에는 퇴퓌트(Tüpüt)라고 되어 있다. 7세기부터

다. 해와 거란은 예전부터 돌궐의 종[奴]이었는데 역시 당나라 집안의 공주와 결혼했소이다. 돌궐은 계속 화친을 맺고자 청했음에도 유독 허락을 얻지 못하는 것은 무슨 까닭이오?" 원진이 대답했다. "가한이 이미 황제와 아들이 되었는데, 부자지간이 어찌 혼인할 수 있단 말입니까?" 소살 등이 "거란과 해[兩蕃][571]가 또한 [은혜를] 입어 [당 황실의] 성(姓)을 하사받고도 오히려 공주와 결혼했는데,[572] 다만 이런 예에 따른다면 어찌 안 된다고 할 수 있겠습니까? 또 듣건대 거란과 해[蕃]에 들어간 공주가 모두 천자의 딸이 아니라고 하니, 지금 구하는 것도 어찌 진짜와 가짜를 물어볼 필요가 있겠소? 여러 번 청했지만 얻지 못하니 실로 또한 여러 종족[諸蕃]에게 수치스러운 일이 아닐 수 없소이다." [원]진이 [소살을 위해] 주청하겠다고 하자 소살이 바로 대신 아사덕힐리발(阿史德頡利發)[573]을 보내 조정에 들어가 토산품을 바쳤고, 이로 인해 [현종의] 동순을 따라가게 되었다.

玄宗發都, 至嘉會頓, 引頡利發及諸蕃酋長入仗, 仍與之弓箭. 時有兎起於御馬之前, 上引弓傍射, 一發獲之. 頡利發便下馬捧兎蹈舞曰:「聖人神武超絕, 若天上則不知, 人間無也.」上因令問飢否, 對曰:「仰觀聖武如此, 十日不食, 猶爲飽也.」自是常令突厥入仗馳射, 起居舍人呂向上疏曰:

9세기까지 티베트 고원에 존재했던 나라였다. 일반적으로 吐蕃이라 불리는데 이는 스스로를 '大蕃'이라고 자칭했기 때문이다. 隋代 雅隆 部落聯盟이 발전해 나라가 되었다. 贊普 松贊干布時期에 蘇毗와 羊同 등의 부락을 정복하고 티베트 고원을 통일해 라싸에 도읍을 정했다. 文字를 만들고 법률과 군사제도를 정비했으며 도량형을 통일해 贊普를 중심으로 한 중앙집권국가를 세웠다. 貞觀 14년(640) 唐朝에서 文成公主를 松贊干布에게 시집을 보냈고, 景龍 3년(709)에 金城公主를 贊普 棄隷蹜贊에게 시집을 보내 양국 간의 우호 관계를 맺었다. 安史의 난이 발생한 이후 吐蕃은 唐의 변방이 空虛해진 틈을 타서 隴右 등지를 공격했다. 贊普 赤松德贊 시기에 西域과 河隴 지역을 지배했으며, 唐朝와 불시에 충돌해 한차례 唐의 수도 長安을 점령하기도 했다. 9세기 중기 贊普 達摩가 죽은 이후 통치 집단이 분열하면서 와해되었다. 松贊干布 이후 吐蕃의 贊普는 9代 218년에 걸쳐 재위했다. 吐蕃은 農牧業을 위주로 삼았고 手工業도 매우 발달했으며 唐과 경제와 문화의 교류에 힘쓰기도 했다(佐藤長, 1977; 薛宗正, 1997).

571) 兩蕃은 奚와 契丹을 지칭함.

572) 奚와 契丹의 首領들은 唐 皇室의 姓인 李氏가 賜姓되어 唐 皇室과 同姓이 되었기 때문에 同姓不婚의 원칙에 따라 唐나라 皇室의 公主와 결혼할 수 없다고 한 것이 突厥人의 비판 내용이었다.

573) 阿史德頡利發: 阿史德氏族의 酋長으로 추정되는데, 이는 部族長 정도의 위상을 갖고 있는 일테베르(ilteber)의 지위를 갖고 있었기 때문이다.

현종이 도성을 출발해 가회돈(嘉會頓)에 이르러 [아사덕]힐리발과 여러 종족의 추장들을 불러 친위부대[仗]에 넣은 다음에 활과 화살을 주었다. 이때 어마(御馬)의 앞에 토끼가 튀어나오자 황제가 활을 당겨 옆을 쏴서 한 발로 맞춰 잡았다. [아사덕]힐리발은 곧 말을 내려 토끼를 잡은 다음 춤을 추며 말했다. "성인(聖人)[574]의 신기로운 무용은 너무도 뛰어나시니, 만약 하늘 위에서라면 모를까 인간 세상에서는 [이처럼 뛰어난] 것이 없는 바입니다." 황제가 명령을 내려 배가 고프냐고 묻자 [아사덕힐리발이] 대답해 말했다. "이처럼 성명(聖明)과 무공(武功)이 있으신 군주를 우러러 뵈오니, 열흘 동안 먹지 않아도 배부른 것 같사옵니다." 이후는 돌궐을 친위부대에 넣어 말을 타고 활을 쏘게 하니, 기거사인(起居舍人)[575] 여향(呂向)[576]이 다음과 같이 상소했다.

臣聞鴟梟不鳴, 未爲瑞鳥, 猛虎雖伏, 豈齊仁獸, 是由醜性毒行, 久務常積故也. 今夫突厥者, 正與此類, 安忍殘賊, 莫顧君親. 陛下持武義臨之, 修文德來之, 旣慴威靈, 又沐聲教, 以力以勢, 不得不庭, 故稽顙稱臣, 奔命遣使. 陛下乃能收其傾效, 雜以從官, 赴封禪之禮, 參玉帛之會, 此德業自盛, 固不可名焉. 因復詔許侍遊, 召入禁仗, 仰英姿之四照, 送神藝之百發, 恩意俱極, 誠無得踰焉. 乃更賜以馳逐, 使操弓矢競飛鏃於前, 同獲獸之樂, 是屑略太過, 未敢取也. 雖聖胸豁達, 與物無猜, 而愚心徘徊, 與時加慄. 儻此等各懷犬吠, 交肆盜憎, 荊卿詭動, 何羅竊至, 暫逼嚴蹕, 稍冒清塵, 縱卽殪玄方, 墟幽土, 單于爲醢, 穹廬爲污, 何塞過責? 特願陛下勿復親近, 使知分限, 待不失常, 歸於得所, 以謂迴兩曜之鑒, 祛九宇之憂, 孰不幸甚!

"신이 듣건대 올빼미(鴟梟)[577]는 울지 않아도 상서로운 새가 되지 못하고, 사나운 호랑이가

574) 聖人은 皇帝를 지칭한다.

575) 起居舍人: 隋代에 처음 설치되었으며, 品階는 從六品上이었다. 唐代 中書省에 起居舍人 2명을 두었다. 起居注를 관장하며 皇帝의 언행을 기록해 역사 편찬의 자료를 남겼다.

576) 呂向: 唐朝의 大臣으로 呂岌의 아들이었다. 字는 子回이고 涇州人이었다. 草隷에 능해 "連錦書"라고 불렸다. 玄宗시기에 翰林學士兼集賢院校理가 되었고, 工部侍郎을 역임했다. 『文選五臣注』를 저술하는 데 참여했다(『新唐書』 卷202 「呂尙傳」: 5758).

577) 鴟梟은 올빼미를 말한다.

비록 엎드려 있다고 하더라도 어진 짐승[仁獸]과 같게 될 수 없는 것은 나쁜 성정과 나쁜 행실을 오랫동안 힘써서 평소에도 쌓여있기 때문입니다. 지금 무릇 돌궐 놈들은 바로 이런 종류라 쉽게 동정심 없이 상해를 가하며, 누구도 임금과 부모를 돌아보지 않습니다. 폐하께서 무의(武義)를 갖고 대하시며 문덕(文德)[578]을 닦게 하자 이미 위령(威靈)[579]을 두려워하게 되었으며 또한 음악과 교화로 다스리고 힘과 세(勢)를 사용하자 조정에 오지 않을 수 없었기 때문에 땅에 이마를 대고 절하며 신하를 칭하고 [폐하의] 명령에 바쁘게 사신을 보냅니다. 폐하께서는 이에 능히 [힘을] 기울어 [그들이] 바치는 것을 거두어 들여 모두 수행하는 관리들에게 주어 봉선의 예에 달려가도록 하고 회맹[玉帛之會][580]에 참여하게 했으니 이는 덕의 공업(功業)이 스스로 번성하는 것이라 정말로 말할 필요도 없을 것입니다. 이로 인해 다시 [돌궐인들이 폐하를] 모시고 여행하는 것을 허락하고 [그들을] 불러 황제의 의장(儀仗)에 넣도록 명령해 영명하고 위무가 있는 [황제의] 자태가 사방에 비추는 것을 우러르게 하며 신기로운 기예(神藝)가 사방으로 피어나도록 보낸다면 은혜로운 [황제의] 뜻이 모두 극에 다다르게 되니 진실로 이보다 좋은 것이 없을 것입니다. 이에 다시 [그들에게 화살과 활을] 내려주셔서 말을 달려 좇게 하고 [그들이] 활과 화살을 잡고 다투어 앞에 날아가는 화살촉을 좇도록 하시어 짐승을 잡는 즐거움을 함께 누리신 것이 거의 모두 너무 지나치시니 그렇게 하지 않는 것이 좋을 듯합니다. 비록 폐하의 성정이 활달하셔서 [저들과] 함께 [사냥을] 하시는 것을 의심하시지 않으시나 [소신의] 어리석은 마음은 심란해져 시간이 갈수록 [걱정하는 마음에] 오싹합니다. 혹시라도 이들이 각각 짐승과 같은 마음을 품고 서로 미워함을 드러내 형경(荊卿)[581]처럼 몰래 암살을 획책하고 하라(何羅)처럼 몰래 와서 갑자기 황제의 행차[蹕]를 위협한다면 바로 현방(玄方)[582]을 없애고 유토(幽土)를 폐허로 만든 다음에 선우를 잡아 젓갈을 담고[583] 궁려(穹廬)[584]를 짓밟는다고 하더라도 어찌 새외에서 저지른 잘못을 꾸짖을 수 있겠습니까? 특히, 원컨대 폐하께서는 다시 [돌궐을] 친하게 대하지 마시고 [그들로 하여

578) 文德은 禮樂과 教化를 말한다.

579) 威靈은 神靈 혹은 神靈의 위력을 말한다.

580) 玉帛之會: 會盟을 할 때 갖고 오는 예물이 玉과 帛이었기 때문에 會盟을 지칭하는 명칭이 되었다.

581) 荊卿은 荊軻로 戰國時代 燕나라의 刺客으로 秦始皇을 암살하려다가 실패했다.

582) 玄方은 北方을 지칭한다.

583) 醢는 사람을 죽여 인체를 젓갈로 담거나 그렇게 하는 형벌을 말한다.

584) 穹廬는 모직펠트로 만든 천막을 의미하는데, 그 형태가 하늘처럼 둥글게 생겨서 그렇게 이름이 붙었다.

금] 일정한 한도가 있음을 알게 하신다면 [그들을] 대하는데 상례를 잃지 않고 그들에게 맞는 곳으로 돌아가게 할 수 있을 것이니 이렇게 하면 해와 달이 [빛을] 비추며 제대로 돌게 되고 세상[九宇]의 걱정이 사라지게 되어 그 누가 불행이 심하다고 할 수 있겠습니까!"

上納其言, 遂令諸蕃先發. 東封迴, 上爲頡利發設讌, 厚賜而遣之, 竟不許其和親.

황제가 그의 말을 받아들여 드디어 여러 족속들에게 먼저 출발하라고 명령하셨다. 동쪽으로 봉선이 끝나고 돌아와 황제가 [아사덕]힐리발을 위해 잔치를 열어주고 후히 재물을 내려주어 돌려보냈으나 결국 그와의 화친은 허락하지 않았다.

十五年, 小殺使其大臣梅錄啜來朝, 獻名馬三十匹. 時吐蕃與小殺書, 將計議同時入寇, 小殺并獻其書. 上嘉其誠, 引梅錄啜宴於紫宸殿, 厚加賞賚, 仍許於朔方軍西受降城爲互市之所, 每年齎縑帛數十萬匹就邊以遺之. 二十年, 闕特勤死, 詔金吾將軍張去逸·都官郎中呂向齎璽書入蕃弔祭, 并爲立碑, 上自爲碑文, 仍立祠廟, 刻石爲像, 四壁畫其戰陣之狀. 二十年, 小殺爲其大臣梅錄啜所毒, 藥發未死, 未討斬梅錄啜, 盡滅其黨. 旣卒, 國人立其子爲伊然可汗. 詔宗正卿李佺往申弔祭, 并冊立伊然, 爲立碑廟, 仍令史官起居舍人李融爲其碑文. 無幾, 伊然病卒, 又立其弟爲登利可汗.

[개원] 15년(727)에 소살은 그 대신(大臣) 매록철(梅錄啜)[585]을 조정에 들어오게 해 좋은 말 30필을 바쳤다. 이때 토번이 소살에게 편지를 보내 동시에 [당나라를] 침입할 것을 모의하려고 했는데, 소살이 그 편지도 같이 바쳤다. 황제가 소살의 순수한 마음을 가상히 여겨 매록철을 불러 자신전(紫宸殿)[586]에서 잔치를 열어주고 후히 상과 하사품을 더해 주었고, 바로 삭방

585) 梅錄啜: 고대 투르크어로 '부의룩 초르(Buyïruq chor)'의 음사이다. 조정 내에서 내정에 참여하는 직분과 함께 군사적인 역할을 하는 두 가지의 관칭을 갖고 있다는 점에서 突厥 조정 내에서 최고위직의 관리였던 것으로 추정된다. 이런 점에서 大臣과 동일한 개념이었다.

586) 紫宸殿: 長安城 大明宮 內朝 正殿으로 大明宮의 중앙부에 위치하고 있었다. 紫宸門 안으로 60미터 떨어져있다. 이곳에서 皇帝는 일상적인 업무를 보고 신하들의 의론을 들었다. 유지는 지금 西安 北郊 含元殿

군(朔方軍)[587]의 서수항성(西受降城)[588]을 호시(互市) 장소로 삼도록 하며 매년 비단[縑帛] 수십만 필을 갖고 변경에 가서 그들에게 주라고 했다.

[개원] 20년(732)에 궐특근이 죽자 [황제가] 조칙을 내려 금오[위]장군(金吾[衛]將軍)[589] 장거일(張去逸)[590]과 도관랑중(都官郎中)[591] 여향에게 새서를 갖고 돌궐에 들어가 궐특근을 조문하고 제사지내게 하면서 비석을 세웠는데, 황제께서 친히 비문(碑文)을 지었고,[592] 또한

村 서쪽 大明宮 유지 내에 있다.

587) 朔方軍: 唐代 方鎭의 하나로 靈鹽, 靈武, 靈州라고도 했다. 開元 9년(721)에 처음 설치되었으며 玄宗 시기의 邊防 10節度使의 하나였다. 治所는 靈州(지금 寧夏回族自治區 吳忠市 북쪽)에 있었다. 처음의 관할구역은 넓었으나 후에 점차 축소되어 오랫동안 지금 寧夏回族自治區 일대를 관할했다. 光啓 3년(887) 후에 韓遵과 韓遜 등이 할거했다. 五代 後唐 天成 4년(929)에 後唐에게 합병되었다(李鴻賓, 2000).

588) 西受降城: 神龍 3년(707) 朔方總管 張仁愿이 쌓았다. 지금 內蒙古自治區 杭錦後旗 북쪽 烏加河 북안에 있었다. 開元 초에 黃河로 파괴되었다가 이후에 그 동쪽에 새로운 성채를 세웠다. 乾元 이후에 天德軍을 이곳으로 옮겼다. 元和 8년(813)에 성 남쪽을 黃河 물이 파괴해 天德軍을 大同川의 서쪽으로 옮겼다.

589) 金吾衛將軍: 金吾衛의 次官으로 품계는 從三品이었다. 金吾는 漢代 中尉를 改稱한 것이었다. 본래 秦나라는 中尉를 두어 京師를 방어하게 했는데, 前漢 太初 元年(전104)에 執金吾로 명칭이 바뀌었다. 後漢末 曹操가 다시 中尉로 바꾸었으나 西晉初에 廢置되었다. 隋代에 左右武候府가 설치되었고 각각 大將軍과 將軍을 두어 宮禁과 京城의 巡警을 담당하게 했고 天子 車駕의 前驅와 後衛를 담당하게 했다. 隋 煬帝 시기에 左右候衛로, 唐初에 左右武候衛府로 바뀌었다. 龍朔 2년(662)에 左右金吾衛로 바뀌어 각각 大將軍 1명과 將軍 2명을 두었다. 左金吾衛의 역할은 隋代와 같았다.

590) 張去逸: 南陽郡 西鄂縣(지금 河南省) 사람으로 肅宗 張皇后의 生父이었다. 玄宗 시기에 太僕卿과 金吾將軍을 역임했다. 開元 20년(732)에 闕特勤이 죽자 玄宗이 璽書를 가지고 突厥에 들어가 弔祭하는 사신으로 파견되었다. 肅宗이 즉위한 후 左僕射에 추증되었다.

591) 都官郎中: 隋代에 都官侍郎을 설치해 都官曹의 長官으로 삼았다. 煬帝시기에 都官郎이라 했는데, 武德 3년(620)에 都官郎中, 龍朔 2년(662)에 司僕大夫라 개칭되었다가 咸亨 元年(670)에 원래대로 환원되었다. 직책은 都官員外郎과 같았다.

592) 唐朝의 지원을 받아 쓴 비문을 ≪퀼 테긴 비문≫이라고 하는데 퀼 테긴의 사후 732년 팔월 21일에 건립되었다. 이 비문과 함께 그로부터 1.1km 떨어진 곳에 있는 ≪빌게 카간 비문≫(735년 건립)과 함께 그 소재지 지명에 따라 ≪호쇼 차이담 비문≫ 또는 ≪오르콘 비문≫이라고도 한다. 본 비문은 재질이 좋지 않은 대리석에 쓰여 있는데, 높이가 3.75m 정도이고 폭은 동·서면의 아래가 1.32m, 위가 1.22m이고, 북·남면은 아래가 46cm, 위가 44cm이다. 서면은 漢文으로 쓰여 있고 나머지 면은 고대 투르크 문자로 되어 있다. 비문 내용의 구성은 한문 번역인 서면을 제외하고 남면(13행) – 동면(40행) – 북면(13행) – 북동면(1행) – 남동면(1행) – 남서면(1행) – 서면(2행)의 순서로 이루어져 있다.

〈闕特勤 頭象〉

사묘(祠廟)를 세워 돌을 깎아서 상(像)[593]을 만들고 네 벽면에는 궐특근이 전쟁과 진영에 있었던 모습을 그리게 했다.[594]

[개원] 22년(734)에 소살이 대신 매록철에게 독살되었는데, 약이 퍼졌으나 죽기 전에 먼저 매록철을 토벌해 참하고 그의 일당을 다 죽였다. [그가] 돌아가자 국인(國人)들이 그의 아들을 세워 이연가한(伊然可汗)[595]으로 삼았다. [황제가] 조칙을 내려 종정경(宗正卿)[596] 이전(李佺)에게 가서 조문하게 했고, 아울러 이연[가한]을 책립했으며 [소살을] 위해 비석과 사묘(祠廟)를 세워주고,[597] 사관(史官)인 기거사인 이융(李融)에게 그 비문을 지으라고 했다. 오래되지 않아[598] 이연[가한] 역시 병으로 죽자 다시 그의 아우를 세워 등리가한(登利可汗)[599]이 되었다.

登利者, 猶華言果報也. 登利年幼, 其母卽暾欲谷之女, 與其小臣飫斯達干姦通, 干

---

593) 闕特勤의 두상은 비문과 함께 건립된 祠堂 遺構에서 발굴이 되어 지금 몽골공화국 역사박물관에 보관되어 있다. 위의 사진 참조.

594)『新唐書』에는 默棘連이 이후 청혼한 내용이 있다. "默棘連請昏旣勤, 帝許可, 於是遣哥解栗必來謝, 請昏期."

595) 伊然可汗(재위 734~741): 突厥第二帝國의 제5대 가한으로 빌게 가한의 아들이었다. 고대 투르크어로 '이넬 카간(Inel qaghan)'의 음사로 추정된다.

596) 宗正卿: 원래는 宗室의 존칭으로 쓰이다가 北魏에서 처음으로 宗正卿이 되었다. 隋唐代에 宗正寺의 長官이었다. 宗正寺卿이라고 불리기도 했다. 원래 설치될 때에는 1명이었다. 隋代 文帝時期에는 正三品이었다가 煬帝가 이를 從三品으로 바꾸었고, 唐代에도 유지되다가 玄宗이 正三品으로 바꾸었다. 龍朔 2년(662) 司宗卿이라 개칭되었다가 咸亨 元年(670)에 환원되었다. 武則天 光宅 元年(684)에 司屬卿이라 했으나 神龍 元年(705)에 다시 설치되었다. 宗正寺의 長官으로 皇室과 宗族의 사무 및 寶牒, 屬籍을 관장했다. 開元 25년(737) 이후에 宗廟, 陵臺, 崇賢署를 관장했다.

597) 唐朝의 지원을 받아 쓴 비문을 ≪빌게 카간 비문≫이라고 한다. 이 비문은 빌게 카간의 사후 734년 십일월 25일에 건립된 비석에 남아 있다. 퀼 테긴 비문과 함께 그로부터 1.1km 떨어진 곳에 위치하고 있는데, 지명에 따라 ≪호쇼 차이담 비문≫ 또는 ≪오르콘 비문≫이라고도 한다. 본 비문은 재질이 좋지 않은 대리석에 쓰여 있어, ≪퀼 테긴 비문≫보다 약간 더 크나 보존 상태가 나쁘기 때문에 내용 판독이 어렵다. 원래 파괴되어 부러진 상태로 누워 있었는데, 최근에 복원 작업이 진행되었다. 서면은 漢文으로, 나머지 면은 고대 투르크 문자로 되어 있다. 비문의 내용 구성은 漢文飜譯인 서면을 제외하고 북면(15행) – 동면(41행) – 남동면(1행) – 남면(5행) – 남서면(1행) – 서면(9행)의 순서로 이루어져 있다. 북면은 마지막 7행을 제외하면 퀼 테긴의 비문과 동일한 내용이고, 남면의 내용 역시 동일하다. 동면의 경우에 2~24행이 약간의 차이가 있으나 내용이 퀼 테긴 비문의 동면 1~30행과 거의 일치한다.

預國政, 不爲蕃人所伏. 登利從叔父二人分掌兵馬, 在東者號爲左殺, 在西者號爲右殺, 其精銳皆分在兩殺之下. 二十八年, 上遣右金吾將軍李質齎璽書冊立登利爲可汗. 俄而登利與其母誘斬西殺, 盡併其衆, 而左殺懼禍及己, 勒兵攻登利, 殺之, 自立, 號烏蘇米施可汗. 左殺又不爲國人所附, 拔悉密部落起兵擊之, 左殺大敗, 脫身遁走, 國中大亂. 西殺妻子及默啜之孫勃德支特勤·毗伽可汗女大洛公主·伊然可汗小妻余塞匐·登利可汗女余燭公主及阿布思頡利發等, 並率其部衆相次來降. 天寶 元年八月, 降虜至京師, 上令先謁太廟, 仍於殿庭引見, 御華蕚樓以宴之, 上賦詩以紀其事.

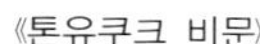
《톤유쿠크 비문》

《퀼 테긴 비문》

《빌게 카간 비문》

598) 伊然可汗의 사망 연대와 관련해, 저본에서 "無幾, 伊然病卒, 又立其弟爲登利可汗."하고 한 것과 『新唐書』에서 "伊然可汗立八年, 卒. 凡遣使三入朝. 其弟嗣立, 是爲苾伽骨咄祿可汗, 使右金吾衛將軍李質持册爲登利可汗."이라 한 기록 내용을 비교해보면, 저본에는 빌게 카간이 죽은 다음 바로 병으로 죽었다고 한 반면에 『新唐書』에는 8년이 지난 741년에 죽었다고 되어 있다. 이런 기록의 차이는 다른 방증자료의 부족으로 해결되지 않고 인용하는 사람에 따라 다르게 이용되고 있다(『舊唐書』 卷194上 「突厥」上: 5177). 하지만 片山章雄이 迴紇時代의 ≪타리아트 碑文≫을 통해 검토함으로써 『新唐書』와 『資治通鑑』의 기록이 실제에 가깝고 『唐會要』나 저본은 잘못된 것이라고 논증했다(片山章雄, 1984: 33). 따라서 『新唐書』의 기록에 의거해 伊然可汗이 등극한 지 8년이 되는 741년에 카간이 죽고 그 이후에 登利可汗이 즉위했다고 보는 것이 타당할 것이다(『新唐書』 卷215下 「突厥」 下: 6054~6055).

599) 登利可汗: 고대 투르크어로 '텡그리 카간(Tengri qaghan)'의 음사인데, 唐朝의 책봉명이다. 突厥에서는 '빌게 쿠틀룩 가한(Bilge qutlugh qaghan)'이라고 불렸다. 毗伽可汗의 어린 아들로 형 伊然可汗이 죽은 다음에 즉위했다.

등리(登利)는 중국어[華言]의 과보(果報)와 [의미가] 같다.[600] 등리가 나이가 어려서 등리가한의 어머니,[601] 즉 돈욕곡의 딸이 그 소신(小臣) 어사달간(飫斯達干)[602]과 간통하고 국정에 간여하게 되자 돌궐 사람들이 복종하지 않았다. 등리는 종숙부(從叔父) 두 사람에게 병마를 나누어 맡게 했는데, 동쪽에 있는 자를 좌살(左殺),[603] 서쪽에 있는 자를 우살(右殺)[604]이라 불렀고, 그의 정예(精銳)가 모두 두 살(殺)의 휘하에 나뉘어져 있었다.

개원 28년(740)에[605] 황제는 우금오[위]장군(右金吾衛將軍)[606] 이질(李質)[607]에게 새서를 가지고 가서 등리를 가한으로 책립하게 했다.[608] 얼마 지나지 않아 등리[가한]과 그의 어머니가 서살(西殺)[609]을 유인해 베고 그의 백성을 모두 병합하자 좌살이 화가 자기에게 미칠까 두려워해 군대를 보내 등리[가한]을 공격해 죽이고 [자신이] 자립해 오소미시가한(烏蘇米施可汗)[610]이라 불렀다. [하지만] 좌살 또한 국인들이 따르지 않고 발실밀 부락이 군대를 일으켜

---

600) 登里는 고대 투르크어의 '텡그리(tengri)'의 음사로 '하늘' 또는 '神'을 의미한다는 점에서 중국어로 '果報' 즉, '幸運' 또는 '因果應報의 결과'이라고 한 의미와 직접적으로 연결시키기 어렵다. 오히려 그와 연결해 "하늘(神)이 준 幸運"이라는 의미로 해석될 수 있는데, 그렇다면 이것은 고대 투르크어의 '쿠트(qut)'라는 단어와 연결된다.

601) 登利可汗의 어머니이자 毗伽可汗 可敦의 이름은 婆匐 또는 婆閨이라고 기록되어 있는데, 이는 고대 투르크어로 '바림 카툰(Barïm qatun)'의 음사로 추정된다(『新唐書』 卷215下, 「突厥 下」: 6054).

602) 飫斯達干: 고대 투르크어로 '위즈 타르칸(Yüz tarqan)'의 음사로 추정된다.

603) 左殺: 고대 투르크어로 '퇼리스 샤드(Tölis shad)'의 음사이다. 그의 이름은 判闕特勤(판 퀼 테긴, Pan kül tegin)이었다.

604) 右殺: 고대 투르크어로 '타르두쉬 샤드(Tardush shad)'의 음사이다.

605) 연대 상의 착오가 있는데, 『新唐書』에서 册封이 開元 30년(742)의 일이라고 한 것이 정확하다.

606) 右金吾衛將軍: 右金吾衛의 次官이며 品階는 從三品이었다.

607) 李質: 蔣國公 李懷讓의 아들이었다. 玄宗 시기에 右金吾衛將軍을 역임했다. 開元 28년(740)에 명을 받들고 璽書를 휴대한 후 突厥에 사신으로 파견되었다.

608) 『新唐書』에는 저본과 달리 登利可汗의 책봉 관련된 내용이 자세하게 기록되어 있다. "伊然可汗立八年, 卒. 凡遣使三入朝. 其弟嗣立, 是爲苾伽骨咄祿可汗, 使右金吾衛將軍李質持册爲登利可汗. 明年, 遣使伊難如朝正月, 獻方物, 曰「禮天可汗如禮天, 今新歲獻月, 願以萬壽獻天子」 云."

609) 西殺은 右殺을 지칭한다.

610) 烏蘇米施可汗: 고대 투르크어로 '오즈미쉬 카간(Ozmïsh qaghan)'의 음사이다. 그는 『新唐書』에 따르면 判闕特勤의 아들로서 아버지 사후에 可汗으로 추대되었다. 그 후에 漠南으로 내려와 활동을 하다가 迴紇의 骨力裴羅와 그의 아들 磨延啜의 공격을 받아 743년에 죽임을 당했다. 본서에서 判闕特勤이 오소미시가한이라고 한 기록은 착오로 보이고, 『新唐書』의 기록이 보다 정확한 것으로 추정된다. 구체적인 내용은 아래의 주 611)을 참조.

공격하자 좌살이 크게 패해 몸만 빠져 나와 달아나서 나라가 크게 어지러워지게 되었다.611) 서살의 처자와 묵철의 손자인 발덕지특근(勃德支特勤),612) 비가가한의 딸인 대락공주(大洛公主),613) 이연가한의 소처(小妻)인 여새복(余塞匐),614) 등리가한의 딸인 여촉공주(余燭公主), 아포사힐리발(阿布思頡利發)615) 등이 모두 그 부락 백성들을 이끌고 차례대로 와서 항복했다.616)

천보(天寶) 원년(742)617) 팔월에 항복한 돌궐 사람들이618) 경사에 오자 황제가 먼저 [그들을] 태묘(太廟)619)에 고하게 한 다음에 전정(殿庭)에서 만났고 화악루(華萼樓)620)에 행차해

---

611) 『新唐書』에는 左殺이 살해된 이후의 상황이 자세하게 기록되어 있다. "左殺者, 判闕特勒也, 遂立毗伽可汗子, 俄爲骨咄葉護所殺, 立其弟, 旋又殺之, 葉護乃自爲可汗. 天寶初, 其大部回紇・葛邏祿・拔悉蜜並起攻葉護, 殺之, 尊拔悉蜜之長爲頡跌伊施可汗, 於是回紇・葛邏祿自爲左右葉護, 亦遣使者來告. 國人奉判闕特勒子爲烏蘇米施可汗, 以其子葛臘哆爲西殺. 帝使使者諭令內附, 烏蘇不聽, 其下不與, 拔悉蜜等三部共攻烏蘇米施, 米施遁亡. 其西葉護阿布思及葛臘哆率五千帳降, 以葛臘哆爲懷恩王."

612) 勃德支特勤: 고대 투르크어로 '베디즈 테긴(Bediz tegin)'의 음사로 추정된다.

613) 大洛公主: 고대 투르크어로 '탈루이 공주(Talui)'의 음사로 추정된다.

614) 余塞匐: 고대 투르크어로 '위즈 벡(Yüz beg)'의 음사로 추정된다.

615) 阿布思頡利發: 아부스(Abus) 부락의 추장 즉, '일테베르(ilteber)'의 음사이다. 742년에 돌궐이 내분에 휩싸이게 되자 唐朝에 투항해 番將으로 활약했던 阿布思頡利發은 唐朝로부터 李獻忠으로 賜名과 奉信王으로 책봉을 받는 등 높은 대우를 받았다. 그리고 자신의 部落兵을 이끌고 749년 吐蕃의 石堡城을 공격하는 등 서부 전선으로 이동해 활약했다. 751년 安祿山이 契丹에게 패배한 이후 東北에 대한 군사력 강화가 절실하게 되자 朔方節度副使로 임명되어 동부 전선으로 이동했다. 하지만 바로 節度使인 安祿山과 대립했다가 그에 반발해 漠北으로의 복귀를 시도했다가 753년 오월 迴紇에게 패배해 복속되었다.

616) 이상의 突厥 降戶가 中國에 귀부한 것은 『新唐書』에 따르면 天寶 元年(743)의 일이다.

617) 『新唐書』에서 天寶 3년(745)의 일이라고 한 것이 정확하다. 天寶 3년에 迴紇이 突厥을 격파한 것을 『新唐書』에서 자세히 다루고 있다. "三載, 拔悉蜜等殺烏蘇米施, 傳首京師, 獻太廟. 其弟白眉特勒鶻隴匐立, 是爲白眉可汗. 於是突厥大亂, 國人推拔悉蜜酋爲可汗, 詔朔方節度使王忠嗣以兵乘其亂, 抵薩河內山, 擊其左阿波達干十一部, 破之, 獨其右未下, 而回紇・葛邏祿殺拔悉蜜可汗, 奉回紇骨力裴羅定其國, 是爲骨咄祿毗伽闕可汗."

618) 『新唐書』에는 毗伽可汗의 骨咄祿婆匐可敦이 투항한 것을 기록하고 있다. "明年, 殺白眉可汗, 傳首獻. 毗伽可汗妻骨咄祿婆匐可敦率衆自歸, 天子御花萼樓宴群臣, 賦詩美其事, 封可敦爲賓國夫人, 歲給粉直二十萬.葛臘哆."

619) 太廟는 帝王의 祖廟를 말하는데, 大廟라고도 한다.

620) 花萼樓: 花萼相輝樓라고도 한다. 唐의 수도 長安 興慶宮의 주요 건축물의 하나이며 宮城의 서남쪽 서쪽 벽 가까이에 있었다. 故址는 지금 西岸 興慶宮公園 일대이다.

잔치를 열어주며 황제가 부(賦)와 시(詩)를 지어 그 일을 기록하게 했다.[621]

西突厥本與北突厥同祖. 初, 木杆與沙鉢略可汗有隙, 因分爲二. 其國卽烏孫之故地, 東至突厥國, 西至雷翥海, 南至疏勒, 北至瀚海, 在長安北七千里. 自焉耆國西北七日行, 至其南庭; 又正北八日行, 至其北庭. 鐵勒·龜茲及西域諸胡國, 皆歸附之. 其人雜有都陸及弩失畢·歌邏祿·處月·處密·伊吾等諸種. 風俗大抵與突厥同, 唯言語微差. 其官有葉護, 有特勤, 常以可汗子弟及宗族爲之; 又有乙斤屈利啜·閻洪達·頡利發·吐屯·俟斤等官, 皆代襲其位.

서돌궐(西突厥)[622]은 본래 북돌궐(北突厥)[623]과 조상이 같았다.[624] [하지만] 이전에 [나라

621) 『新唐書』에는 天寶 3년(743) 突厥이 망한 이후 지배 집단의 투항과 몰락 과정이 기록되어 있다. "[天寶]三載, 拔悉蜜等殺烏蘇米施, 傳首京師, 獻太廟. 其弟白眉特勒鶻隴匐立, 是爲白眉可汗. 於是突厥大亂, 國人推拔悉蜜酋爲可汗, 詔朔方節度使王忠嗣以兵乘其亂, 抵薩河內山, 擊其左阿波達干十一部, 破之, 獨其右未下, 而回紇·葛邏祿殺拔悉蜜可汗, 奉回紇骨力裴羅定其國, 是爲骨咄祿毗伽闕可汗. 明年, 殺白眉可汗, 傳首獻. 毗伽可汗妻骨咄祿婆匐可敦率衆自歸, 天子御花萼樓宴群臣, 賦詩美其事, 封可敦爲賓國夫人, 歲給粉直二十萬. 始突厥國於後魏大統時, 至是滅. 後或朝貢, 皆舊部九姓云, 其地盡入回紇."

622) 일반적으로 알려져 있는 西突厥은 北齊 天統 3년(567)에 突厥 第一帝國을 세운 伊利可汗 土門(Bumïn)의 아우 室點密(Īshtemi)이 서방을 遠征해 挹怛을 멸망시키고 페르시아를 패퇴시킨 후에 자립해 西面可汗이라 칭한 것에서 비롯되었다. 그리고 隋 開皇 2년(582) 室點密의 아들 達頭可汗이 大可汗인 沙鉢略可汗과 반발해 대결을 벌이게 되면서 본격적으로 성립되었다. 하지만 저본에서 다루고 있는 西突厥은 室點密 계통의 西面可汗이 분립한 것이 아니라 大可汗의 계승 분쟁으로 인해 木杆可汗의 장자인 大邏便이 隋 開皇 5년(585)에 阿波可汗이라고 칭하고 이탈해 하나의 독자적인 세력을 형성하면서 일시적으로 성립된 僭主政權을 말한다. 이후 開皇 7년(587)에 阿波可汗이 處羅侯(沙鉢略可汗의 동생) 즉, 莫何可汗에게 패해 隋나라에 송환되면서 몰락했다.
이런 僭主政權의 등장에 이은 東·西突厥의 분립은 突厥 初期 大可汗의 계승이 2대 阿逸可汗으로부터 木杆可汗, 佗鉢可汗까지 계속적으로 兄弟相續이 이루어져 佗鉢可汗 사후에 사촌 간에 大可汗의 승계를 두고 분쟁이 벌어졌던 것과 관련되었다. 突厥 초기 계승 분쟁은 佗鉢可汗이 죽은 후에 木杆可汗의 아들인 大邏便에게 계승하도록 했으나 攝圖가 반대했고, 佗鉢可汗의 아들인 菴羅가 可汗이 되었다. 그러나 大邏便이 이에 不服하고 반대하자 菴羅는 國人會議를 거쳐 可汗의 자리를 攝圖에게 양보하니, 이가 沙鉢略可汗이었다. 沙鉢略可汗은 佗鉢可汗의 아들인 菴羅와 木汗可汗의 아들인 大邏便, 室點密의 아들인 玷闕, 자신의 아우인 處羅侯를 小可汗으로 임명해 국정을 안정시키려고 했다. 하지만 大邏便 즉, 阿波可汗이 하나의 독자적인 세력을 형성함으로써 突厥의 분열이 시작되었다. 그리고 隋 開皇

가] 목간[가한](木杆可汗)[625]과 사발략가한(沙鉢略可汗)[626]의 사이에 틈에 생겼기 때문에 둘

2년(582)에 西面의 達頭可汗이 東突厥의 可汗과 결별해 可汗을 자칭하면서 突厥이 東突厥과 西突厥로 완전히 분열되어 이후에 다시 통일되지 못했다(馬長壽, 2006: 21~29).

西突厥의 강역은 지금 新疆維吾爾自治區와 중앙아시아의 대부분이었다. 그 내부의 종족 구성은 咄陸과 弩失畢의 두 단위 밑에 각각 5개의 部落이 모두 10개였는데, 이를 '十姓' 또는 '十箭'이라 불렀으며, 그 통치자의 관칭을 따서 10設이라고도 했다. 그 땅은 中國과 서방 교통의 요충지에 있었기 때문에 北朝·隋唐과 페르시아, 인도, 동로마 등의 경제와 문화 교류에 중요한 작용을 했다. 顯慶 4년(659)에 唐朝의 공격으로 와해되어 羈縻府州가 설치되었고 昆陵都護府와 濛池都護府를 두어 十姓 部落을 나누어 통할했다. 궁극적으로 安西都護府에 예속되었으나 얼마 지나지 않아 이 지역에 대한 唐朝의 지배력이 급속도로 약화되었다. 이후 唐朝의 영향이 줄면서 독자 세력들이 각자 개별적인 발전을 했다. 751년에 高仙芝가 이곳에 대한 종주권을 찾기 위해 원정을 벌이기도 하나 서방에서 진출한 이슬람 세력과 현지 세력의 연합군에게 탈라스강 연안에서 패배하면서 완전히 唐朝의 영향권 밖으로 벗어나 버렸다(內藤みどり, 1988).

623) 北突厥은 東突厥이라고도 한다. 隋 開皇 2년(582)에 突厥帝國이 분열한 이후 沙鉢略可汗이 알타이산 동쪽을 지배한 후에 생긴 명칭으로 영역이 고비 북쪽[漠北]에 있었기 때문에 北突厥이라고도 했다.

624) 『新唐書』에는 西突厥의 歷史를 간단하게 정리하고 있다. "西突厥, 其先訥都陸之孫吐務, 號大葉護. 長子曰土門伊利可汗, 次子曰室點蜜, 亦曰瑟帝米. 瑟帝米之子曰達頭可汗, 亦曰步迦可汗."

625) 木杆可汗(재위 553~572): 突厥의 제3대 可汗으로 고대 투르크어로 '무칸 카간(Muqan qaghan)'의 음사이다. 『周書』에는 "木汗可汗"이라고 되어 있는데, 이는 'q'의 음이 汗 또는 杆 모두로 음사될 수 있기 때문이다. 원래 이름은 관칭으로 보이는 俟斤(Irkin)이고 다른 이름인 燕都는 고대 투르크어로 '이둑(ïduq)'의 음사로 추정되고 '성스럽다'는 의미이다. 『通典』에는 "燕尹"으로 되어 있다. 그의 공식적인 명칭은 『藝文類聚』 卷76 「京師突厥史記」에 "突厥大伊尼溫木汗可汗"이라고 되어 있다. 이는 고대 투르크어로 '투르크 울룩 일 우란 무칸 카간(Türk ulugh il uran muqan qaghan)'의 음사로 '투르크의 위대한 나라를 다스리는 현명한 카간'이라는 의미로 추정된다.

그는 즉위 이후 몽골 초원을 차지하고 있었던 柔然을 553년에 완전히 격파함으로써 몽골 초원을 통일했다. 이어 동쪽으로는 契丹을 격파하고 북쪽으로는 結骨을 복속했으며 서쪽으로는 오아시스 국가인 高昌과 남쪽으로 河西回廊을 차지하고 있었던 吐谷渾을 제압했다. 아울러 더 서쪽으로 나아가 사산조 페르시아, 동로마와 교섭을 벌이면서 인도 북부지역을 차지하고 있었던 嚈噠(에프탈)마저 무너뜨렸다. 그리고 中國과의 관계에서도 北朝의 분열을 적극적으로 활용해 많은 정치 경제적 이익을 획득했다. 또한 내적으로는 여러 小可汗들을 두어 제국을 분치했다.

626) 沙鉢略可汗(재위 581~587): 突厥 제5대 可汗으로 이름은 攝圖(고대 투르크어로 이둑(Ïduq)의 음사로 추정)이었다. 제2대 阿逸可汗(또는 乙息記可汗)의 아들이었다. 可汗이 되기 이전에 他鉢可汗 시기에 爾伏可汗으로 있다가 可汗 사후에 일어난 계승 분쟁 과정에서 종실 내에서 가장 연장자로서 可汗에 즉위했다. 그의 可汗 칭호는 從天生大突厥天下賢聖天子라고 고대 투르크어로 된 이름이 한자로 번역되어 기록되어 있는데, 이것은 "텡그리데 볼미쉬 텡그리텍 투르크 빌게 카간(Tengride bolmïsh Türk bilge qaghan)" 즉, "하늘에서 생긴 하늘과 같은 투르크의 현명한 카간"로 추정된다. 또한 고대 투르크

로 나뉘었다. 그 나라는 바로 오손(烏孫)의 옛 땅이었는데, 동쪽으로는 돌궐국(突厥國)[627]에 이르고, 서쪽으로는 뇌저해(雷翥海)[628]에 이르고, 남쪽으로는 소륵(疏勒)[629]에 이르고, 북쪽으로는 한해(瀚海)[630]에 이르러 [당나라의 수도] 장안(長安)으로부터 북쪽으로 7천 리 떨어진 곳에 있었다. 언기국(焉耆國)[631]에서 서북쪽으로 이레 동안 가면 그의 남쪽 아정[南庭]에 도착했다. 그로부터 정북쪽으로 여드레 동안 가면 그의 북쪽 아정[北庭]에 이르렀다. 철륵(鐵勒)[632]과 구자(龜玆),[633] 그리고 서역(西域)[634]의 여러 호국(胡國)들이[635] 모두 [서돌궐에]

어를 음차한 이름인 伊利俱盧設莫何始波羅可汗라는 칭호는 고대 투르크어로 "일릭 퀼뤽 샤드 바가 이쉬바라 카간(Ilig küllüg shad bagha ïshbara qaghan)"을 음사한 것으로 그 의미는 "나라의 힘센 샤드이며 고귀한 용맹한 카간"이라고 추정된다.

그는 즉위 이후 北齊와 北周의 대결을 이용해 突厥의 발전을 도모했으며 北齊 멸망 이후에는 北周를 견제하기도 했다. 그는 北周시대에 千金公主를 아내로 삼았고 隋나라가 세워진 후에 40만의 무리를 이끌고 공격해 서북의 郡縣을 모두 점거하자 隋나라 역시 대규모 군대를 투입해 공격했다. 후에 突厥의 別部 阿波可汗과 다툼이 있어 연이어 싸워 그치지 않았다. 이에 隋 文帝에게 화친을 구하며 사신을 보내 北周 千金公主에게 楊氏를 賜姓하고 大義公主로 改封하게 했다.

627) 저본의 突厥國은 東突厥을 지칭하는 것인데, 앞에서 설명한 北突厥을 말한다.

628) 雷翥海: 지금 카자흐스탄에 있는 아랄해[咸海]를 지칭한다. 다르게는 카스피해로 보는 경우도 있는데, 여기에서는 아랄해가 맞다.

629) 疏勒: 타림 분지에 있는 오아시스 국가의 하나로 '疏勒'이라고도 표기되기도 한다. 漢代부터 唐代까지 지금 新疆維吾爾自治區의 카쉬가르(Qashghar, 喀什)를 지칭하는 명칭으로 사용되었다. 前漢 宣帝 神爵 2년(전60) 西域都護에 예속되었고, 後漢 초기에 莎車와 于闐 등에 소속되었다가 자립했다.

630) 瀚海: 翰海라고도 하는데, '항가이(Hangai)'의 음사이다. 이곳은 아마도 방위로 보아 지금 몽골 초원 북쪽에 있는 후룬 호나 바이칼 호로 추정된다. 唐代에는 몽골 초원 고비 以北과 以西 준가르 分地일대의 넓을 지역을 瀚海라고 범칭 했고, 西夏에서는 靈州(治所는 지금 寧夏 靈武縣 서남)의 남쪽 일대 沼澤地를 瀚海라 했다. 元代에는 지금 新疆維吾爾自治區 古爾班通古特沙漠을 瀚海라고 불렀고, 혹자는 알타이산을 瀚海라고 불렀다. 달리 지금 몽골공화국 중앙부에 있는 항가이산맥을 지칭하는 것으로 쓰이기도 한다.

631) 焉耆: 타림 분지에 오아시스 국가의 하나로 '카라 샤르(Qara shahr)'라고 불린다. 달리 烏耆, 烏纏, 烏夷, 阿耆尼 등으로도 불린다. 漢代 西域 36國의 하나였으며, 都城은 圓渠城(지금 新疆維吾爾自治區 焉耆回族自治縣에 해당)이다. 北魏의 萬度歸가 군대를 이끌고 焉耆國을 격파한 후에 都城을 도륙했다. 후에 焉耆國은 都城을 지금 焉耆回族自治縣 서남쪽 四十里城子의 舊城으로 옮겼다. 唐代에는 焉耆都督府가 설치되었고, 唐末에 西州迴鶻에 병합되었다.

632) 鐵勒: 隋唐代에 突厥을 제외하고 그의 지배하에 있었던 투르크계 유목민을 지칭하는 총칭으로 唐 후기에 가면 개별 유목 부락에 대한 이해가 심화되면서 사용되지 않았다. 이전 시대에는 丁零, 丁靈, 丁令, 釘靈, 狄曆, 敕勒, 鐵勒, 庫車라는 다양한 이름을 갖고 있었다. 北魏時代에는 이들이 바퀴가 큰 수레[高輪

귀부했다.[636] 그 사람은 도륙(都陸)[637]과 노실필(弩失畢),[638] 갈라록(葛邏祿),[639] 처월(處

車]를 탄다고 해서 '高車'라고도 불렀다. 주로 몽골 공화국 북방 바이칼호수로부터 서쪽으로 중앙아시아와 몽골 초원 등지에 광범위하게 거주했다. 三國 魏 魚豢의『魏略』에 의하면 丁零은 康居의 북쪽에 있었고, 匈奴의 單于庭 接習水에서 7천리 떨어진 곳에 있었다. 前漢時代 주로 지금 바이칼호수 이남의 지역에 분포했다. 이처럼 北方에 거주하며 유목으로 生業을 영위했고, 통일된 君長이 없었다. 後漢時代 일부가 南遷했다. 兩晉·南北朝時代 지금 山西省과 河北省에 定州丁零과 中山丁零, 北至丁零 등이 있었다. 河南省과 甘肅省 등지에도 丁零이 모여 살았는데, 후에 다른 種族과 융합했다. 漠北에 남아있는 대부분의 丁零은『晉書』에서는 敕勒,『隋書』에서는 鐵勒이라 칭한다. 隋代에는 鐵勒의 각 部가 동쪽으로는 獨洛河(지금 몽골공화국의 톨강) 以北, 서쪽으로는 西海(지금 카스피해)의 광대한 범위에 걸쳐 분포했다. 東突厥과 西突厥에 分屬되었다. 漠北의 15部 가운데 薛延陀와 迴紇이 가장 강력했다. 이들은 고대 투르크 비문에서 "토쿠즈 오구즈(Toquz Oghuz)"로 기록된 집단과 동일한 것으로 추정되고(丁載勳, 1999), 中國에서는 그와 의미가 통하는 '九姓 鐵勒' 또는 '九姓' 등으로 이들을 지칭하기도 했다(段連勤, 2006).

633) 龜茲: 타림 분지에 있는 오아시스 국가로 다른 史書에서는 丘慈, 鳩茲, 屈支, 歸玆 등으로도 음사되는데, 모두 '쿠차(Kucha)'의 음사이다. 漢代에는 西域에 존재했던 36國의 하나였다. 이때의 都城은 延城(지금 新疆維吾爾自治區 庫車縣 동쪽 교외의 皮朗舊城에 해당)에 있었다. 後漢 延光 2년(123)에 西域 長史에 소속되었다. 魏晉時代에 지금 沙雅縣 북쪽 60里 羊達克沁의 廢城에 해당하는 지역으로 옮겼다. 唐代에는 舊址, 즉 延城으로 옮겼으며, 伊羅盧城으로 이름이 바뀌었다. 唐代에는 龜茲都督府의 治所였으며, 후에는 安西都護府의 치소가 되었다.

634) 여기에서 西域은 타림 분지 일대의 오아시스 지역을 비롯해 시르다리야와 아무다리야 유역의 오아시스 도시까지를 포함하는 개념으로 사용되었다.

635) 저본은 "西域諸胡國"인데, 본래 '胡'는 匈奴를 지칭하는 표현으로 사람을 의미하는 쿤(qun) 또는 훈(hun)의 음사로 이해된다. 그 이후에 북방의 종속들과 서방의 오아시스지역에서 온 외국인을 통칭하는 말 즉, 非中國人을 의미했다. 그 다음 4~5세기경부터는 北朝의 안정과 함께 中國에 진출해 교통로 상에 식민취락을 건설하면서 활동한 소그드 인을 지칭하는 표현으로 정착되었다. 胡國은 중앙아시아 오아시스지역인 소그디아나(Soghdina)를 지칭하는데, 달리 昭武九姓이라고 표기하기도 한다(森安孝夫, 2007: 108).

636) 저본은 "鐵勒·龜茲及西域諸胡國, 皆歸附之."인데,『新唐書』에는 이 구절이 없다.

637) 都陸: 달리 咄陸 또는 咄六이라고도 음사된다. 西突厥을 구성하는 十姓 部落이 둘로 나뉘는데, 그 중에서 碎葉(지금 키르기즈스탄의 토크막(Toqmaq)) 동쪽에 거주했던 다섯 부락의 연합체를 지칭한다. 處木昆闕啜, 胡祿屋闕啜, 攝舍提暾啜, 突騎施賀邏施啜, 鼠尼施處半啜 등으로 구성되어 있었는데, 이들의 추장은 모두 啜(초르)의 지위를 갖고 있었다. 따라서 五啜이라고 지칭되기도 했다.

638) 弩失畢: 西突厥을 구성하는 十姓 部落이 둘로 나뉘는데, 그 중에서 碎葉(지금 키르기즈스탄의 토크막 지역) 서쪽에 거주했던 다섯 부락의 연합체를 지칭한다. 阿悉結闕俟斤, 哥舒闕俟斤, 拔塞干暾沙鉢俟斤, 阿悉結泥熟俟斤, 哥舒處半俟斤 등으로 구성되어 있었는데, 이들의 추장은 모두 俟斤(이르킨)의 지위를 갖고 있었다. 따라서 五緣筋이라고 지칭되기도 했다.

月),[640] 처밀(處密),[641] 이오(伊吾)[642] 등 여러 족속들이 섞여 있었다. 풍속은 대개 돌궐과 같았으나 오직 언어만 조금 달랐다. 그의 관직에는 엽호(葉護)와 특근(特勤)이 있었는데, 늘 가한의 아우와 그의 종족(宗族)들을[643] 임명했고, 또한 을근굴리철(乙斤屈利啜),[644] 염홍달(閻洪達),[645] 힐리발(頡利發), 토둔(吐屯), 사근(俟斤) 등의 관직이 있었는데, 모두 대대로 세습했다.

---

639) 葛邏祿: 종족 명칭으로 고대 투르크어로 '카를룩(Qarluq)'의 음사이다. 달리 歌羅祿 또는 葛羅祿 등으로 음사된다. 鐵勒의 하나로서 알타이산지 주변과 서쪽의 카자흐 초원지역에 거주했다. 크게 두 개의 집단으로 구성되어 있었는데, 알타이산맥을 중심으로 동부는 突厥의 지배를 받다가 唐朝의 羈縻支配 아래에서 狼山州가 설치되었다. 서부의 집단은 세 개의 부락으로 구성되어 있었기 때문에 고대 투르크 비문에서는 "위치 카를룩(Üch Qarluq)" 즉, 三姓葛邏祿이라고 기록되었다. 세 부락은 탈라스강과 알타이 산지에서 유목을 하던 謀落(고대 투르크어로 '불락(Bulagh)'의 음사 추정)과 그의 남쪽인 지금 新疆維吾爾自治區 塔城 부근에서 유목을 하던 踏實力, 그리고 알타이산맥 서쪽에 있다가 이후 점차 서쪽으로 이주해 중앙아시아로 옮아간 熾俟 등이었다. 그의 추장을 葉護(야브구)라고 했다. 突厥이 붕괴된 이후 迴紇이 세력을 확대하자 일부는 그에 속했지만 나머지 三姓葛邏祿은 몽골 초원 서부에서 세력을 확대하면서 독자세력을 형성하고 있었다. 그 이후 迴鶻과 대결을 벌이기도 하면서 세력을 형성하다가 迴鶻이 붕괴한 이후 그들과 일부가 결합해 이후 카라한조를 성립시키는데 가담하기도 했다. 13세기 西遼(카라 키타이)와 몽골의 지배를 받으면서 역사에서 사라졌다(薛宗正, 1991).

640) 處月: 종족 명칭으로 '치길(Chigil)' 또는 '칭일(Chingil)'의 음사로 추정된다. 원래 月氏와 관련 있는 사카(Saka) 계통의 종족이 鐵勒과 오랜 동안 동화되어 西突厥의 하나가 된 것으로 추정된다. 부락이 번성했는데, 독자성이 아주 강했다. 주로 北庭과 獨山 이북 지역에서 유목 생활을 했다. 일부가 疏勒 북방, 일리 강 남부 지역에 거주하기도 했다. 이후에 中國에서는 이들을 弓月이라고 했다.

641) 處密: 종족 명칭으로 '쿠밀(Qumïl)' 또는 '퀴밀(Kümil)'의 음사로 추정된다. 西突厥의 동부 지역에 있었던 유력한 부락의 하나로 處月과 늘 연칭이 되었다. 원래는 사카(Saka, 塞)의 일종으로 추정되는데, 漢代에 西域으로 이주해 且彌國을 세우기도 했다. 지금 마나스강 유역에서 유목을 했고, 동으로는 지금 우룸치 일대까지 영향을 미쳤다. 그의 일부가 處月과 같이 서쪽으로 이주하기도 했다.

642) 伊吾: 타림 분지에 있는 오아시스 도시의 하나로 처음에는 伊吾盧라 칭했고 하미(Hami)라고도 했다. 지금 新疆維吾爾自治區 哈密市 서쪽에 위치하고 있었다. 內地에서 西域으로 통하는 門戶로 後漢 永平 16년(73) 宜樂都尉가 설치되기도 했다. 永建 6년(131)에는 伊吾司馬가 설치되어 屯田을 관리했다. 隋代에 新城을 축조하고 지금 哈密市로 옮겼다.

643) 可汗氏族인 阿史那氏族이 지위를 독점했음을 설명하고 있다.

644) 乙斤屈利啜: 西突厥 시기의 官名인데, 東突厥에는 없는 관명이었다. 고대 투르크어로 '이르킨 퀼 초르(Irkin qül chor)'의 음사로 추정되는데, 구체적인 역할과 지위는 알 수 없다.

645) 閻洪達: 西突厥의 官名으로 힐리발(俟發 혹은 俟利發) 등과 함께 國事를 논의했다. 정확한 음사는 알 수 없다. 東突厥의 경우에는 조정 내부에서 可汗과 국사를 논의하는 관직은 '부의룩(buyïruq, 梅錄)'이라고 했는데, 이와 유사한 역할을 했던 것으로 추정된다.

處羅可汗, 隋煬帝大業中與其弟闕達設及特勤大奈入朝. 仍從煬帝征高麗, 賜號爲曷薩那可汗. 遇江都之亂, 從宇文化及至河北. 化及敗, 歸長安, 高祖爲之降榻, 引與同坐, 封歸義郡王. 獻大珠於高祖, 高祖勞之曰:「珠信爲寶, 朕所重者赤心, 珠無所用.」竟不受之. 先與始畢有隙, 及在京師, 始畢遣使請殺之, 高祖不許. 群臣諫曰:「今若不與, 則是存一人而失一國也, 後必爲患.」太宗曰「人窮來歸我, 殺之不義.」驟諫於高祖, 由是遲迴者久之. 不得已, 乃引曷薩那於內殿, 與之縱酒, 旣而送至中書省, 縱北突厥使殺之. 太宗卽位, 令以禮改葬.

[이궐]처라가한(泥橛處羅可汗)[646]은 수양제(隋煬帝) 대업(大業)년간(605~616)에 그의 아우 궐달설(闕達設)[647] 및 특근대내(特勤大奈)[648]와 함께 조정에 들어왔다. [이궐처라가한은]

---

646) 泥橛處羅可汗(?~619): 서돌궐의 제3대 카간이다. 이름은 達漫(?~619)인데, 고대 투르크어로 '튀멘(Tümen)'의 음사로 추정된다. 그는 泥利可汗의 아들이며, 어머니가 본래 中國人 向氏였다. 泥利可汗이 죽은 후에 泥撅處羅可汗 즉, 고대 투르크어로 '일릭 초르 카간(Ilig chor qaghan)'이라 칭했다. 그밖에도 處羅 혹은 處羅可汗(고대 투르크어로 '초르 카간(Chor qaghan)'의 음사이다), 處羅多利可汗이라고도 했다. 그는 大業(605~618) 초에 부락의 내분과 鐵勒과의 공격으로 곤경에 처하자 隋에 귀부했다. 高句麗 원정에 종군해 曷薩那可汗(曷娑那可汗이라고도 하는데, 고대 투르크어로 '가즈나 카간(Ghazna qaghan)'의 음사이다)의 호칭을 받았으며 義成公主와 결혼했다. 煬帝가 사망한 후 宇文化及을 따라 河北으로 이동했다가 이후에 東突厥에게 살해되었다.

647) 闕達設: 『隋書』와 『北史』에는 '達度闕'(『隋書』 卷84 「西突厥傳」: 1879; 『北史』 卷99 「西突厥傳」: 3302)로, 『通典』 「突厥」下 <西突厥>(: 5454)에는 '闕達設'이라고 했다. 『舊唐書』 「李軌傳」에는 이 부분을 曷娑那可汗 즉 본문의 處羅可汗이 아우 闕達度闕設에게 部落을 이끌고 會寧川에 있게 했다고 기록했는데(『舊唐書』 卷55 「李軌傳」: 2249, "初, 突厥曷娑那可汗率衆內屬, 遣弟闕達度闕設領部落在會寧川中"), 이를 통해 그의 정확한 이름이 闕達度設이라는 추정이 가능하다. 이는 고대 투르크어로 '퀼 타르두쉬 샤드(Kül tardush shad)'의 음사인데, 이를 통해 그가 特勤大奈로 추정되는 퇼리스 샤드(Tölis shad) 다음의 지위를 갖고 있는 서부 책임자였다는 추정이 가능하다. 그는 處羅可汗의 둘째 동생으로 그와 함께 隋에 투항해 이후에 河西에 할거하면서 자립해 闕達可汗(퀼 타르두쉬 카간, 『新唐書』에서는 闕可汗(퀼 카간)이라고 칭하고, 隋末唐初에 李軌, 薛擧 등과 공방전을 벌이다가 武德 元年(618)에 唐朝에 투항했다. 그래서 唐朝에서 그를 吐烏過拔闕可汗으로 책봉했지만 얼마 지나지 않아 李軌를 공격하다가 그의 공격을 받아 죽으면서 소멸되었다.

648) 特勤大奈(?~638): 大奈特勤의 잘못된 기록으로 이름은 阿史那大奈였다. 泥橛處羅可汗의 동생으로 그와 함께 隋나라에 투항해 金紫光祿大夫에 책봉되었고, 樓煩郡에 안치되었다. 그는 隋에 투항한 西突厥 세력 중에서 대부분의 군대를 통할하였기 때문에 泥橛處羅可汗 보다 강력한 세력을 갖고 있었다. 이후에

바로 양제의 고[구]려(高句麗) 원정에 따라가서 갈살나가한(曷薩那可汗)[649]이라는 칭호를 하사받았다. [하지만] 강도[현](江都縣)[650]에서 [우문화급이 양제(煬帝)를 살해하고] 반란이 발생하자 우문화급(宇文化及)[651]을 따라 하북(河北)[652]에 이르렀다. [우문]화급이 패배한 이후 장안으로 귀순하자 [무덕 원년에][653] 고조(高祖)가 그를 위해 의자(榻)을 내려 [그를] 이끌어 함께 앉았고, 귀의군왕(歸義郡王)에 책봉했다. [그가] 큰 진주를 고조에게 바치자, 고조가 [이궐]처라가한을 위로하며 말했다. "진주[珠信]는 보물이나 짐이 중요하게 생각하는 것은 본마음[赤心]뿐이니 진주는 쓸 데가 없다." 그리고 끝내 받지 않았다.

예전부터 시필[가한](始畢可汗)과 사이가 좋지 않았는데, 경사(京師)에 머무르게 되자 시필[가한]이 [고조에게] 사신을 보내 [이궐처라가한을] 죽일 것을 청했으나 고조가 허락하지 않았다.[654] 여러 신하들이 간해 말했다. "지금 만약 [허락해] 주지 않으면 한 사람을 살릴 수 있지만 한 나라를 잃을 수 있으니 이후에 반드시 근심거리가 될 것입니다." 태종(太宗)이 말했다. "사람이 궁해 짐에게 귀순해 왔는데 귀순자를 죽여 버리는 것은 올바르지 않다."

唐 高祖를 따라 기병해 光祿大夫가 되었고, 史로 사성되어 이후에 史大奈가 되었다. 右武衛大將軍 檢校豐州都督에 발탁되었고, 竇國公에 봉해졌다. 사후에 輔國大將軍로 추증되었다.

649) 曷薩那可汗: 고대 투르크어로 '가즈나 카간(Ghazna qaghan)'의 음사이다.

650) 江都縣: 前漢 景帝 4년(전153)에 설치되었다. 治所는 지금 江蘇省 揚州 서남쪽에 있었다. 三國時代에 廢置되었다가 西晉 太康 6년(285)에 다시 설치되었다. 南朝 南齊때 다시 廢置되었으나 隋代에 다시 설치되어 治所를 지금 揚州로 옮겼다.

651) 宇文化及(?~619): 隋末唐初의 관리로 代郡 武川 사람이었다. 宇文述의 아들이었다. 隋文帝때 太子僕에 임명되었으나 뇌물수수로 면직되었다가 太子의 비호로 복직되었다. 煬帝 즉위 이후 太僕少卿이 되어 楡林에 行幸했을 때 突厥과 交易을 금지하는 법률을 어겨 奴가 되었다. 아버지가 죽자 右屯衛將軍이 되어 江都 巡幸에 따라갔다. 大業 14년(618) 驍果總領 司馬德戡 등과 江都에서 兵變을 일으켜 煬帝를 죽이고 秦王 丞相이 되어 楊浩를 즉위시키고 북상했다. 東都(洛陽)로 향하던 중 李密의 군대에 패해 魏縣으로 도망가 楊浩를 죽이고 稱帝하면서 國號를 許, 年號를 天壽라 했으나 이듬해 聊城에서 竇建德에게 사로잡혀 죽었다(『隋書』 卷85 「宇文化及傳: 1892).

652) 宇文化及은 黎陽을 돌파해 洛陽을 거쳐 大興城(長安)으로 가려고 했으나 李密에 막혀 黃河 이북에 있는 武陽郡(혹은 魏州)의 魏縣에 갈 수밖에 없었다(『隋書』 卷45 「秦孝王俊傳附子浩傳: 1241, "宇文化及殺逆之始, 立浩爲帝. 化及敗於黎陽, 北走魏縣, 自僭僞號, 因而害之.").

653) 『唐會要』에서는 武德 元年(618) 八月에 西突厥의 曷娑那可汗을 歸義王에 책봉했다고 했다(『唐會要』 卷94 「北突厥」: 2006, "武德 元年八月, 以西突厥曷娑那可汗爲歸義王.").

654) 저본의 處羅可汗을 『新唐書』에서는 曷娑那[可汗]으로, 저본의 始畢可汗을 『新唐書』에는 射匱可汗이라고 기록되어 있다.

그래도 [신하들이] 계속 고조에게 간언했음에도 [시필가한의 요구에 대한 가부 결정이] 이후에도 늦추고 피하려 한 지 오래되었다. [하지만 고조도] 어쩔 수 없어서 갈살나[가한]655)을 내전(內殿)으로 불러 함께 늘어지게 술을 마시다가 중서성(中書省)656)에 보내 [미리 기다리고 있던] 북돌궐의 사자에게 죽이게 했다.657) 태종이 즉위한 후에 예로 다시 장례를 치러주라고 명령했다.

闕達設初居於會寧, 有部落三千餘騎. 至隋末, 自稱闕達可汗. 武德初, 遣使內屬, 拜吐烏過拔闕可汗, 厚加撫慰. 尋爲李軌所滅.

궐달설은 이전에 회녕[군](會寧郡)658)에 살았는데, [거느린] 부락에 3천여 기가 있었다. 수나라 말기가 되자 스스로 궐달가한(闕達可汗)659)이라고 칭했다. 무덕(武德)년간 초기(618)에 사자를 보내 [중국] 안으로 들어와 복속하자 토오과발궐가한(吐烏過拔闕可汗)660)이라고

---

655) 저본은 '曷薩那'인데, 이는 泥橛處羅可汗을 지칭하는 것이다.

656) 中書省: 隋代에는 內史省, 혹은 內書省이라 했다. 武德 3년(620) 中書省으로 고쳤다. 門下省·尙書省과 함께 軍國大政을 관장해 '三省'이라 불렸다. 中書省은 詔敕을 초안해 門下省의 검토를 거쳐 尙書省에 보내 집행했다. 중앙 각 관청과 지방의 州府에서 올리는 각종 문서는 中書省을 거쳐 皇帝에게 전달되었으며, 得失을 參議하고 批答을 작성했다. 高宗이후 宰相이 政事堂(中書門下)에서 정무를 보았는데, 門下省에서 中書省으로 장소가 이전되었다. 장관인 中書令 2명과 中書侍郎 2명이 있었고 中書舍人 6명이 表章을 검토하고 詔敕을 초안했다. 이밖에 右補闕과 右拾遺가 각각 2명이었고, 右散騎常侍·右諫議大夫·起居舍人·通事舍人 등 속관이 있었다. 集賢書院과 史館도 中書省에 예속되었다. 龍朔 2년(662) 西臺로 改稱되었다가 咸亨 元年(670) 복귀되었다. 光宅 元年(684) 鳳閣으로 바뀌었다가 神龍 元年(705) 원래의 명칭으로 돌아갔다. 開元 元年(713) 紫微省으로 改稱되었다가 開元 5년(717) 원래의 명칭으로 환원되었다.

657) 『唐會要』에는 武德 2년(619) 八月의 일로 되어 있다(『唐會要』 卷94 「北突厥」: 2006, "二年八月, 曷娑那在長安, 北突厥遣使請殺之, 不許. 羣臣皆曰: '保一人而失一國, 後必爲患.' 秦王曰: '人窮歸我, 殺之不義.' 久之, 引曷娑那入內殿, 旣而送中書省, 縱北突厥使者殺之.").

658) 會寧郡: 隋 大業년간에 설치되었고, 治所는 涼川縣(지금 甘肅省 靖遠縣 동북쪽)에 있었다. 관할구역은 지금 甘肅省 靖遠·會寧·定西 등 縣에 해당한다. 大業末에 廢置되었다가 天寶初에 會州로 명칭이 바뀌어 復置되었다. 治所는 會寧縣(지금 甘肅省 靖遠縣 동북쪽)에 있었다.

659) 闕達可汗: 고대 투르크어 '퀼 타르두쉬 카간(Kül tardush qaghan)'의 음사로 추정된다. 『新唐書』에는 闕可汗이라고 되어 있다.

배수하고 후하게 위무해주었다. [궐달설은] 얼마 있다가 이궤(李軌)[661]에게 멸망당했다.[662]

特勤大奈, 隋大業中與曷薩那可汗同歸中國. 及從煬帝討遼東, 以功授金紫光祿大夫. 後分其部落於樓煩. 會高祖舉兵, 大奈率其衆以從. 隋將桑顯和襲義軍於飮馬泉, 諸軍多已奔退, 大奈將數百騎出顯和後, 掩其不備, 擊大破之, 諸軍復振. 拜光祿大夫. 及平京城, 以力戰功, 賞物五千段, 賜姓史氏. 武德初, 從太宗破薛擧. 又從平王世充, 破竇建德·劉黑闥, 並有殊功. 賜宮女三人, 雜綵萬餘段. 貞觀三年, 累遷右武衛大將軍·檢校豐州都督, 封竇國公, 實封三百戶. 十二年卒, 贈輔國大將軍. 初, 曷薩那之朝隋也, 爲煬帝所拘, 其國人遂立薩那之叔父, 曰射匱可汗.

특근대내는 수나라 대업년간 중엽(611)에[663] 갈살나가한과 함께 중국에 귀순했다. [그리고] 양제가 요동(遼東)을 토벌할 때에 따라갔다가 공을 세워 금자광록대부(金紫光祿大夫)[664]를 제수 받았다. 다음에 그 부락을 나누어 누번[관](樓煩關)[665]에서 두었다. 마침 [大業 13년(617) 칠월에][666] 고조가 군사를 일으키자 [특근]대내가 그 백성을 이끌고 따라갔다. 수나라의 장군 상현화(桑顯和)가 음마천(飮馬泉)에서 의군(義軍)[667]을 습격하자 여러 부대가 대개

660) 吐烏過拔闕可汗: 고대 투르크어로 '튀르퀴트베르 퀼 카간(Türkürber kül qaghan)'의 음사로 추정된다.

661) 李軌(?~619): 隋末 봉기를 일으켰던 수령의 하나로 武威郡 姑臧縣(지금 甘肅省 武威市) 사람이며 字는 處則이었다. 書籍을 널리 탐독했으며 집안은 부유했다. 隋末 鷹州府司馬를 역임했다. 安修仁 등과 河右에서 擧兵했고 大業 13년(617; 혹은 14년이라고도 함)에 河西大涼王이라 자칭했고 安樂이란 年號를 세웠으며 涼州(姑臧)에 도읍을 정했다. 이듬해에 자립해 皇帝라 칭했다. 張掖과 敦煌 등 河西 5郡을 공격해 점령했다. 이 해 高祖로부터 從弟로 인정받고 涼州總管에 임명되고 涼王에 봉해졌으나 관작을 받지 않았다. 高祖는 은밀히 安修仁의 형 安興貴를 涼州로 보내 반란을 일으키게 했다. 후에 安修仁 형제에게 사로잡혀 長安에서 참수되었다(『隋書』 卷4 「煬帝紀」: 92).

662) 『新唐書』에는 저본에 없는 闕可汗의 몰락 과정을 자세하게 기록하고 있다. "隋西戎使者曹瓊據甘州誘之, 俄與瓊合, 共擊軌, 兵不勝, 走達斗拔谷, 與吐谷渾相輔車, 爲軌所滅."

663) 정확하게 大業 7년(611)에 발생한 일이라고 보았다(Chavannes/馮承鈞, 2004: 27).

664) 金紫光祿大夫: 文散官으로 품계는 正三品이었다. 魏晉이래 光祿大夫 가운데 金章紫綬를 더해지면 金紫光祿大夫라 불렸으며, 加官과 贈官 등에 사용되었다.

665) 樓煩關: 關門으로 지금 山西省 靈武 동북쪽에 위치하고 있다.

666) 『資治通鑑』에 의하면 阿史那大奈가 唐에 歸附한 시기는 大業 13년(617) 七月의 일이었다.

667) 高祖 李淵의 군대를 지칭하는 표현이다.

달아나거나 물러났고, [특근]대내가 수백 기를 이끌고 [상]현화의 뒤로 나가서 방비를 갖추지 않았던 [후방을] 에워싸고 공격해 크게 격파하자 여러 부대가 다시 [기세를] 떨칠 수 있었다. [이로 인해] 광록대부(光祿大夫)[668]로 배수 되었다. 경성(京城)[669]을 평정한 후 힘을 다해 싸움에서 공을 세워 상으로 재물 5천 단과 사씨(史氏)[670]의 성을 받았다.

무덕년간 초기에 태종을 따라 설거(薛擧)를 격파했다. 또 [태종을] 따라 왕세충(王世充)[671]을 평정하고 두건덕(竇建德)과 유흑달(劉黑闥)을 격파했는데, 모두 빼어난 전공을 세웠다. [이에 고조가] 궁녀 세 명과 여러 가지 비단[雜綵] 만여 단을 내려주었다. 정관 3년(629)에 우무위대장군(右武衛大將軍)[672] 검교풍주도독(檢校豐州都督)으로 승진했고, 두국공(竇國公) 실봉(實封) 3백호에 봉해졌다. [그가 정관] 12년(638)에 죽었고 보국대장군(輔國大將軍)[673]으로 추증되었다. 이전에 갈살나[가한]이 수나라 조정에 들어왔을 때 양제에게 억류되자 그 국인들이 드디어 [갈]살나의 숙부를 세워 사궤가한(射匱可汗)[674]이라고 했다.

---

668) 光祿大夫: 文散官이었다. 前漢時代 光祿勳의 屬官에 顧問과 議論을 담당한 中大夫가 있었는데 太初 元年(전104) 光祿大夫로 改稱되었다. 西晉時代에는 左光祿大夫와 右光祿大夫가 설치되었는데 모두 加官이었으며 이후 여러 왕조에서도 모두 설치되었다. 隋代에는 左光祿大夫, 右光祿大夫, 金紫光祿大夫, 銀青光祿大夫가 있었고 모두 散官이었다. 貞觀 11년(637)에 光祿大夫를 從二品, 金紫光祿大夫를 正三品, 銀青光祿大夫를 從三品으로 정했으며, 文散官의 제3등과 제4등, 제5등으로 삼았다.

669) 京城: 隋의 수도 大興城을 지칭한다. 李淵이 大興城을 점령하고 唐을 건국한 이후 長安으로 이름을 바꾸었다.

670) 阿史那氏가 來降하면 唐朝에서 史氏로 사성했다.

671) 王世充(?~621): 隋末 봉기를 일으켰던 수령의 하나로 字는 行滿이고 新豊(지금 陝西省 臨潼縣 동북쪽) 사람이었다. 본래의 姓은 支로 그의 조상은 소그드인[胡人]이었다. 書傳을 읽었고 兵法을 좋아했다. 開皇中 左翊衛가 되고 軍功으로 儀同이 되었으며, 兵部員外郎에 제수되었다. 煬帝때 江都郡丞이 되어 宮監을 거느렸다. 大業 9년(613) 江都에서 渡江해 劉元進·管崇의 난을 진압했다. 또 大業 12년(616) 江都通守가 되어 格謙·盧明月등의 난을 진압했다. 이후 江都로 북상하다가 李密의 군대와 洛口에서 싸워 패배하고 東都로 들어갔다. 宇文化及이 煬帝를 살해하자 元文都 등과 함께 越王 楊侗을 옹립하고 스스로 吏部尙書 鄭國公이 되었다. 이어 元文都등을 살해하고 尙書左僕射가 되고 내외 軍事를 총괄했다. 偃師에서 李密의 군대를 대파하고 太尉 鄭王이 되었다. 武德 2년(619) 楊侗을 폐위하고 稱帝해 國號를 鄭, 연호를 開明이라 했다. 武德 4년(621) 唐軍이 東都를 포위하자 항복해 長安에 이르렀으나 살해되었다(『北史』 卷79 「王世充傳」: 2660).

672) 右武衛大將軍: 右武衛의 長官으로 품계는 正三品이었다. 宮廷의 警衛업무를 관장했다.

673) 輔國大將軍: 武散官으로 품계는 正二品이었다. 輔國將軍은 원래 後漢 獻帝 때에 처음 설치되었고, 西晉時代에 輔國大將軍으로 설치되었으며, 南朝 梁·宋, 北魏·北齊·北周와 隋에서는 輔國將軍이었다.

674) 射匱可汗(재위 610~618경): 西突厥 達頭可汗의 손자로 咄陸葉護(투르크 야브구)의 아들이었다. 그의

射匱可汗者，達頭可汗之孫也．旣立後，始開土宇，東至金山，西至海，自玉門已西諸國皆役屬之．遂與北突厥爲敵，乃建庭於龜茲北三彌山．尋卒．弟統葉護可汗代立．

사궤가한은 달두가한(達頭可汗)675)의 손자였다. [가한으로] 즉위한 후에 비로소 영토를 개척해 동쪽으로 금산(金山)에 이르렀고, 서쪽으로 바다(海)676)에 이르러 옥문[관](玉門關)677)으로부터 그 서쪽의 여러 나라가 모두 속하게 되었다. 드디어 [서돌궐이] 북돌궐에 맞서게 되자 바로 [아]정을 구자 북쪽의 삼미산(三彌山)678)에 두었다. 하지만 얼마 지나지 않아 죽었다. [그의] 아우 통엽호가한(統葉護可汗)679)이 대신 즉위했다.

이름은 고대 투르크어로 '야브구 카간(Yabghu qaghan)'의 음사로 추정되는데, 이는 室點密(이스테미) 이래로 西面可汗들이 葉護(야브구)의 지위를 갖고 있었던 것에 기인한 것이었다(薛宗正, 1992: 283). 즉위 이후에 영토를 확장해 동으로는 알타이 산지를 두고 東突厥과 대결을 벌였고, 서로는 소그디아나의 오아시스까지 지배력을 확대하면서 牙庭을 龜兹(쿠차) 북방에 있는 三彌山에 두었다. 隋나라 말기 中國 지배력의 약화로 인해 玉門關 이서 지역이 모두 그의 지배하에 들어갔다. 그의 사망시점은 618년 내지는 619년으로 추정되나 정확하지 않다.

675) 達頭可汗(재위 576~603): 고대 투르크어로 '타르두쉬 카간(Tardush qaghan)'의 음사인데, 한자로는 西面可汗을 의미한다. 突厥을 建國한 土門의 동생 西面可汗 室點密의 아들로 그 역시 아버지를 이어 西面可汗이 되었다. 이후 突厥의 계승분쟁에 참여하게 되었고, 東西突厥이 분열된 이후에 583년에 西突厥의 可汗이 되자 步迦可汗(빌게 카간)이라고 했다. 그는 東突厥의 都藍可汗과 대결을 벌였을 뿐만 아니라 이후 隋나라와 연결된 染干(啓民可汗)을 공격했고, 都藍可汗이 죽은 이후에는 東突厥까지 차지하고 隋나라를 지속적으로 공격했다. 仁壽 3년(603) 복속되었던 鐵勒이 隋나라에 투항하고 부락이 흩어지게 되자 吐谷渾으로 망명했는데, 그 이후 종적은 알 수 없다.

676) 射匱可汗이 시르다리야 인근의 오아시스까지 영향력을 행사했다는 점에서 바다는 아랄해[咸海]로 추정된다. 다른 기록에는 일반적으로 西海라고 기록되어 있다.

677) 玉門關: 玉關이라고도 한다. 前漢 武帝시기에 설치되었다. 지금 甘肅省 敦煌市 서북쪽 150리 小方盤城이다. 玉門關은 西域의 玉을 수입할 때 이곳을 지났기 때문에 생겨난 이름이었다. 그 남쪽에 있는 陽關과 함께 漢代 西域으로 오가는 중요한 門戶였으며 玉門關을 나서는 것을 北都, 陽關을 나서는 것을 南都라고 불렀다. 魏晉南北朝時代에는 關이 동쪽으로 옮겨졌는데, 지금 甘肅省 安西縣 東雙塔堡 부근에 해당했다. 따라서 漢代의 玉門關을 故玉門關이라 칭했다.

678) 三彌山: 지금 新疆維吾爾自治區 庫車縣 북쪽에 있는 哈爾克山이다.

679) 統葉護可汗(618경~630): 西突厥 射匱可汗의 동생으로 제5대 可汗이다. 고대 투르크어로 '통야브구 카간(Tong yabghu qaghan)'의 음사이다. 射匱可汗을 이어 可汗이 된 이후 동서로 영토를 크게 확장해 이 무렵 西突厥이 가장 발전했지만 그의 지배하에 있는 오아시스 도시들에 대해 가혹한 착취를 하기도 했다. 貞觀 2년(628)에 玄奘이 인도로 가는 길에 그를 碎葉(지금 키르기즈스탄의 토크막(Toqmaq))에

統葉護可汗，勇而有謀，善攻戰．遂北并鐵勒，西拒波斯，南接罽賓，悉歸之，控弦數十萬，霸有西域，據舊烏孫之地．又移庭於石國北之千泉．其西域諸國王悉授頡利發，并遣吐屯一人監統之，督其征賦．西戎之盛，未之有也．

통엽호가한은 용맹하고 지모가 있어 공격을 잘 했다. 마침내 북쪽으로 철륵(鐵勒)을 병합하고 서쪽으로 파사(波斯)[680]를 물리쳤으며, 남쪽으로 계빈(罽賓)[681]과 접하는 [곳의 안에 있는] 모두를 귀부시켰을 뿐만 아니라 기마궁사[控弦]가 수십만으로 서역을 제패했고 오손의 옛 땅을 차지했다. 또한 [아]정을 석국(石國)[682]의 북쪽에 있는 천천(千泉)[683]으로 옮겼다.

방문해 그 당시 西突厥의 상황을 『大唐西域記』에 남겼다. 貞觀 4년(630)에 그가 숙부 莫咄賀에게 살해당하게 된 이후 西突厥은 분열되면서 弩失畢과 咄陸의 두 部落이 대결을 벌였다.

680) 波斯(226~651): 페르시아 즉, '파르스(pars)'의 음사로 지금의 이란을 말한다. 정확하게는 사산(Sasan)朝 페르시아를 지칭한다. 漢代에는 安息이라고 했고, 隋唐代에는 波斯라고 했다. 226년부터 651년까지 페르시아를 지배하던 왕조로 아르다시르 1세가 파르티아 왕조를 넘어뜨리고 세웠으며, 조로아스터교를 국교로, 신권에 의한 전제 정치가 행해지는 독특한 문화가 번성하였다. 서방으로 진출하는 突厥과 서방의 비잔티움과 대결을 벌였고, 사산조 페르시아 말기에 隋 煬帝가 雲騎尉 李昱을 사신으로 보내기도 했다. 唐代에는 양자의 교류가 활발하여 상인들이 적극적으로 활동했을 뿐만 아니라 거주하는 자도 많았다. 호스로 1세 때 비잔티움과 싸워 판도를 넓히며 전성기를 이루다가 이슬람 세력에게 멸망당했다. 멸망 이후에 왕자인 페로스(Peros)가 唐朝에 투항해오기도 했다.

681) 罽賓: 카피사(Kapisa)의 漢譯으로 『續高僧傳』에는 '迦臂施', 『孔雀王經』에서는 '迦毗尸', 『魏書』에는 '伽比沙', 『西域記』에서는 '迦畢試', 『新唐書』 「波斯傳」에는 '訶毗施'이며, 唐代에는 罽賓이라고도 했다. 지금 아프가니스탄에 위치하고 있었다. 어떤 이는 羯師(Kashkar)의 약칭이라고도 보았다. 漕國이라고도 칭해졌는데, 수도는 修鮮城였다. 武德 2년(619)에 처음으로 入貢했고 이후 관계가 긴밀했다. 顯慶 3년(658)에 그 땅에 修鮮都督府를 설치하고 罽賓의 王을 都督으로 삼았다. 修鮮都督府는 11州를 관할했다. 乾元 元年(758)에 사신을 보내 조공했다. 그와 달리 카스미라(Kasmira)의 漢譯으로 보이도 한다. 漢魏時代에 罽賓이라 칭해졌는데, 지금 카쉬미르(Kashmir)이다.

682) 石國: 昭武九姓의 주요한 오아시스 하나로 柘支, 柘折, 赭時라고도 했다. 지금 우즈베키스탄 타쉬켄트(Tashkent)로 國都는 柘折城이었다. 天寶 9년(750)에 高仙芝가 石國을 토벌해 왕이 항복하자 高仙芝는 石國王을 조정으로 보냈는데 唐朝에서 石國王을 죽였다. 이에 石國王의 아들이 大食國(이슬람)으로 가서 원병을 請兵해 탈라스에서 전쟁했다. 이 전투에서 唐나라가 패하자 이후에 大食國에 臣屬했다.

683) 千泉: 지금 키르기즈스탄 북부의 키르기즈산맥 北麓에 있는 추강 서안에 있었던 오아시스 국가였다. 玄奘의 『大唐西域記』에 의하면 千泉은 地方 2百 餘里였으며 남쪽에는 雪山에 면했다고 한다. 水土는 비옥했으며 나무가 무성했고, 泉池가 천 개나 있어 붙여진 이름이라고 한다. 突厥 可汗들이 매년 避暑하기 위해 찾아오는 지역으로 탈라스 성 동쪽에서 150里 정도 떨어져 있었다.

그 서역 여러 나라의 국왕들에게 모두 힐리발(頡利發)을 제수했고, 아울러 토둔(吐屯) 한 명을 [각국에] 보내 살펴서 다스리며 그로부터 부(賦)를 징수하는 것을 감독했다. [이런] 서돌궐[西戎]의 발전은 이제까지 없었던 일이었다.

武德三年, 遣使貢條支巨卵. 時北突厥作患, 高祖厚加撫結, 與之并力以圖北蕃, 統葉護許以五年冬. 大軍將發, 頡利可汗聞之大懼, 復與統葉護通和, 無相征伐. 統葉護尋遣使來請婚, 高祖謂侍臣曰:「西突厥去我懸遠, 急疾不相得力, 今請婚, 其計安在?」封德彝對曰:「當今之務, 莫若遠交而近攻, 正可權許其婚, 以威北狄. 待之數年後, 中國盛全, 徐思其宜.」高祖遂許之婚, 令高平王道立至其國, 統葉護大悅. 遇頡利可汗頻歲入寇, 西蕃路梗, 由是未果爲婚.

무덕 3년(620)에 [통엽호가한이] 사신을 보내 조지[국](條支國)[684]의 큰 알[巨卵]을 토산품으로 바쳤다. 이때 북돌궐이 걱정거리였는데, 고조가 [서돌궐에] 후하게 더 주고 어루만져 연합함으로써 그와 함께 힘을 합쳐 북돌궐[北蕃][685]을 도모하려고 하자 통엽호[가한]이 [무덕] 5년(622) 겨울에 [함께 북돌궐을 공격하기로] 허락했다. [양국이] 대군을 일으키려고 하자 힐리가한(頡利可汗)이 [이 소식을] 듣고 크게 두려워해 다시 통엽호[가한]과 서로 왕래하고 화친하면서 서로 정벌하지 않기로 했다. 통엽호[가한]이 얼마 있지 않아 사신을 보내와 혼인을 청하자 고조가 시신(侍臣)들에게 말했다. "서돌궐은 우리와 매우 멀리 떨어져 있어 급하고 어려울 때 서로 힘이 되지 못하는데, 오늘 혼인을 청하니 그들의 계책을 어떻게 하면 좋겠는가?" 봉덕이(封德彝)[686]가 대답해 말했다. "마땅히 지금 힘써야 할 것은 멀리 있는

684) 條支國: 지금 이라크(Iraq) 혹은 시리아(Syria)를 지칭한다.

685) 北蕃은 北突厥 즉, 東突厥을 지칭한다.

686) 封德彝(568~627): 唐初의 관리로 德州 蓨縣 사람이었다. 이름은 倫, 字는 德彝이었다. 隋에서 內史舍人이 되었으며, 宇文化及이 煬帝를 시해한 후에 內史令이 되었다. 하지만 宇文化及이 패하자 唐에 항복해 內史侍郎이 되었다. 武德 3년(620) 中書令이 되었고 密國公에 봉해졌다. 太宗 즉위 이후에 尙書右僕射가 되었다. 아첨에 능했으며 上奏文을 議決할 때 太宗의 옆에서 太宗의 뜻에 따라 고쳤다. 李世民(太宗)과 李建成이 자리를 다툴 때 밖으로는 李世民에 붙었지만 몰래 李建成을 도왔다가 사후 10여년이 지난 후 폭로되어 封爵을 박탈당했다.

상대와 수교하며 가까운 적을 공격하는 것[遠交近攻] 만한 것이 없습니다. 바로 그와의 혼인을 허락한다면 북돌궐[北狄]을 위협할 수 있을 것입니다. 몇 년을 기다렸다가 중국이 흥성하고 완전하게 되어야 천천히 그 마땅함을 생각하면 될 것입니다." 고조가 마침내 혼인을 허락하고[687] 고평왕(高平王) [이]도립(李道立)[688]에게 그 나라에 가라고 명하자 통엽호[가한]이 [이 소식을 듣고] 크게 기뻐했다. [하지만] 힐리가한이 자주 침입해 들어와 서돌궐[西蕃]로 가는 길이 막혀 혼인이 성사되지 못했다.

貞觀 元年, 遣眞珠統俟斤與高平王道立來獻萬釘寶鈿金帶, 馬五千疋. 時統葉護自負強盛, 無恩於國, 部衆咸怨, 歌邏祿種多叛之. 頡利可汗不悅中國與之和親, 數遣兵入寇, 又遣人謂統葉護曰: 「汝若迎唐家公主, 要須經我國中而過.」 統葉護患之, 未克婚. 爲其伯父所殺而自立, 是爲莫賀咄侯屈利俟毗可汗. 太宗聞統葉護之死, 甚悼之, 遣齎玉帛至其死所祭而焚之. 會其國亂, 不果至而止.

정관 원년(627)에 [통엽호가한이] 진주통사근(眞珠統俟斤)[689]과 고평왕 [이]도립을 보내와 만정보세금대(萬釘寶鈿金帶)와 말 5천 필을 바쳤다. 이때 통엽호[가한]은 자신의 강성함을 믿고 나라에 은혜를 [베풀지] 않아 부락 백성들이 모두 원망했고 가라록(歌邏祿) 족속 대다수가 이반했다. 힐리가한이 중국과의 화친을 기꺼워하지 않았기 때문에 여러 번 군대를 보내 들어와 노략질을 했고 또 사람을 보내 통엽호[가한]에게 말했다. "그대가 만약 당나라[唐家]의 공주를 맞아들인다면 반드시 우리나라의 한 가운데를 거쳐 지나야 할 것이다." 통엽호[가한]이 [이것을] 걱정스러워해 혼인이 이루어지지 않았다. 백부(伯父)가 [통엽호가한을] 살해하고 스스로 즉위했는데, 이가 바로 막하돌후굴리사비가한(莫賀咄侯屈利俟毗可汗)[690]이었다.

---

687) 『唐會要』에는 武德 8년(625) 四月의 일로 되어 있다. 또한 저본에는 封德彝가 대답한 것이라고 했지만 『唐會要』에는 裴矩가 계책을 진언한 것이라고 되어 있다(『唐會要』 卷94 「北突厥」: 2006, "八年夏四月, 統葉護遣使請婚. 帝問裴矩, 矩對曰: '今北寇方強, 國家且當遠交而近攻, 臣謂宜許其婚, 以威頡利. 俟數年之後, 徐思其宜.' 上從之.").

688) 李道立: 唐의 宗室로 高平郡公에 봉해졌다. 永徽初에 陳州刺史를 역임하다가 죽었다.

689) 眞珠統俟斤: 고대 투르크어로 '이두 통 이르킨(Idugh tong irkin)'의 음사이다.

690) 莫賀咄侯屈利俟毗可汗(재위 630~632): 고대 투르크어로 '바가투르 퀼 빌게 카간(Baghatur kül bilge

태종은 통엽호[가한]이 죽었다는 소식을 듣고 몹시 애도하며 옥과 비단을 싣고 가 그가 죽은 곳에서 제사지내고 불사르게 했다. 이때 그 나라가 어지러워져 가지 못해 그만두었다.

莫賀咄侯屈利俟毗可汗, 先分統突厥種類爲小可汗, 及此自稱大可汗, 國人不附. 弩失畢部共推泥孰莫賀設爲可汗, 泥孰不從. 時統葉護之子咥力特勤避莫賀咄之難, 亡在康居, 泥孰遂迎而立之, 是爲乙毗鉢羅肆葉護可汗. 連兵不息, 俱遣使來朝, 各請婚於我. 太宗答之曰: 「汝國擾亂, 君臣未定, 戰爭不息, 何得言婚.」 竟不許. 仍諷令各保所部, 無相征伐. 其西域諸國及鐵勒先役屬於西突厥者, 悉叛之, 國內虛耗.

막하돌후굴리사비가한은 과거에 돌궐의 여러 족속을 나누어 통솔하던 소가한(小可汗)[691]이었고, 이렇게 되자 스스로 대가한(大可汗)[692]을 칭했는데 국인들이 따르지 않았다. 노실필부(弩失畢部)[693]가 이숙막하설(泥孰莫賀設)[694]을 가한으로 삼자 이숙[막하설]이 따르지 않았다. 이때 통엽호[가한]의 아들인 질력특근(咥力特勤)[695]이 막하돌[후굴리사비가한]의 난을 피해 강거(康居)[696]에 도망가 있었는데, 이숙[막하설]이 마침내 그를 맞아들여 가한으로 세우

---

qaghan)'의 음사로 추정된다. 統葉護可汗의 叔父로 小可汗으로 있다가 大可汗으로 즉위했다.

691) 小可汗: 大可汗 이외에 突厥 내부에 각 방향에 따라 東, 西, 南, 北面에 각각 小可汗이 있었다.

692) 大可汗: 突厥帝國 내부의 최고 통치자를 지칭하는데, 東西突厥의 분열 이후 西突厥에서도 大可汗을 칭했다.

693) 弩失畢部: 西突厥 右廂 부락으로 阿悉結闕俟斤, 哥舒闕俟斤, 拔塞干暾沙鉢俟斤, 阿悉結泥熟俟斤, 哥舒處半俟斤 등으로 구성되어 있었다.

694) 泥孰莫賀設: 고대 투르크어로 '이둑 바가 샤드(Iduq bagha shad)'의 음사이다.

695) 咥力特勤: 고대 투르크어로 '일릭 테긴(Ilig tegin)'의 음사로 추정된다.

696) 康居: 소그디아나(Sogdiana)의 漢譯이다. 『希臘古地誌』에는 康居라 칭했으며, 『後漢書』「西域傳」에는 栗弋, 『魏略』에는 屬繇, 『晉書』「西戎傳」에는 粟弋, 『魏書』「西域傳」과 『周書』「異域傳」에는 粟特, 『通典』에는 粟弋, 혹은 粟特이라고 표기되어 있다. 唐代에는 아무다리야와 시르다리야 사이 자라프샨강 유역에 위치한 오아시스인 昭武九姓의 땅을 지칭했다. 산스크리트어에서는 '수리카(Surika)'라고 표기되었다. 漢代에는 동쪽으로 烏孫, 서쪽으로 奄蔡, 남쪽으로 大月, 동남쪽으로 大宛과 접했다. 王燕는 卑闐城이었다. 전43년에 康居는 匈奴의 郅支單于를 받아들여 康居의 동쪽에 살게 하며 힘을 합쳐 烏孫에 대항했다. 전36년에 西域都護 甘延壽와 副校尉 陳湯이 군대를 이끌고 康居로 들어와 郅支單于를 멸했다. 後漢時代에는 栗弋, 嚴, 奄蔡가 康居의 屬國이었다. 西晉 泰始년간 사신을 보내 말을 바쳤다. 南北朝時代에는 에프탈에 役屬했다. 隋唐時代에는 康國이라 불렀다. 원래 祁連山 북쪽 昭武城에서 살았기 때문에

니 이가 을비발라사엽호가한(乙毗鉢羅肆葉護可汗)697)이 되었다.

[정관 4년에]698) 싸움이 그치지 않은 채 모두 사신을 보내와 조공을 하며 각자 우리나라에 혼인을 청했다. 태종이 대답해 말했다. "너희 나라는 시끄럽고 어지러워 임금과 신하가 정해지지 않았고, 다툼이 그치지 않았으니 어찌 혼인을 입에 담을 수 있다는 말인가?" 끝내 허락하지 않았다. [다만] 여전히 완곡하게 각자 통할하는 부락을 지키면서 서로 정벌하지 말라고 당부했다. 과거 서돌궐에 속해 있었던 서역의 여러 나라와 철륵 모두가 반란을 일으켜 나라 안이 텅 비게 되었다.

肆葉護旣是舊主之子, 爲衆心所歸, 其西面都陸可汗及莫賀咄可汗部豪帥, 多來附之. 又興兵以擊莫賀咄, 大敗之. 莫賀咄遁於金山, 尋爲咄陸可汗所害, 國人乃奉肆葉護爲大可汗. 肆葉護可汗立, 大發兵北征鐵勒, 薛延陀逆擊之, 反爲所敗. 肆葉護性猜狠信讒, 無統馭之略. 有乙利可汗者, 於肆葉護功最多, 由是授小可汗, 以非罪族滅之. 群下震駭, 莫能自固. 肆葉護素憚泥孰, 而陰欲圖之, 泥孰遂適焉耆. 其後設卑達干與突厥弩失畢二部豪帥潛謀擊之, 肆葉護以輕騎遁於康居, 尋卒. 國人迎泥孰於焉耆而立之, 是爲咄陸可汗.

[을비발라]사엽호[가한]이 옛 임금의 아들이라 백성들의 마음이 [그에게] 돌아가 있었으며 그 서면(西面)의 [소가한인] 도륙가한(都陸可汗)699)과 막하돌가한(莫賀咄可汗)700) 부락의 호수(豪帥)701)들 역시 대다수 와서 귀부했다. 또한 군대를 일으켜 막하돌[굴리사비가한]을 공격

후에 昭武를 姓으로 삼았다. 武則天은 그 大首領 篤娑鉢提를 康國王으로 봉했다. 그 자손이 사신을 보내 天寶末年까지 朝貢을 했다.

697) 乙毗鉢羅肆葉護可汗(재위 630~632): 고대 투르크어로 '일릭 이쉬바라 야브구 카간(Ilig ïshbara yabghu qaghan)'의 음사이다. 統葉護可汗의 아들로 咥力特勤으로 있다가 堂叔 泥熟莫賀設의 추대로 可汗이 되었다.

698) 『新唐書』에는 貞觀 4년의 일이라고 되어 있다.

699) 都陸可汗: 고대 투르크어로 '둘룩 카간(Duluq qaghan)'의 음사이다. 정확하게 누구인지 확실하지 않다.

700) 莫賀咄可汗: 고대 투르크어로 '바가투르 카간(Baghatur qaghan)'의 음사이다. 정확하게 누구인지 확실하지 않다.

701) 豪帥는 집단의 우두머리, 즉 首領을 지칭하는데, 일반적으로 部族의 酋長이라기 보다는 部族聯合體의

해 크게 패퇴시켰다. 막하돌[굴리사비가한]이 금산으로 달아나 숨었는데, 얼마 지나지 않아 [그가] 돌륙가한(咄陸可汗)[702]에게 살해되니, 국인들이 바로 [을비발라]사엽호[가한]을 대가한으로 삼았다. [을비발라]사엽호가한이 즉위해 대규모로 병사들을 일으켜 북쪽으로 철륵을 정벌했는데, 설연타(薛延陀)가 역습했다가 도리어 패했다. [그런데 을비발라]사엽호[가한]의 성품이 시기심이 많고 마음이 삐뚤어져 참언을 믿었을 뿐만 아니라 통할하고 거느릴 수 있는 지략을 갖추지 못했다.

을리가한(乙利可汗)[703]이란 자는 [이전에 을비발라]사엽호[가한]에게 공을 가장 많이 [세웠]기 때문에 소가한으로 임명되었는데, 죄를 짓지 않았음에도 족속들이 죽임을 당했다. 많은 부하들이 놀라 몸을 벌벌 떨어 자신을 굳건히 지킬 수 없었다. [을비발라]사엽호[가한]이 본래 [돌륙가한] 이숙[막하설]을 꺼려해 몰래 [그를 공격할 것을] 도모했다. 이에 이숙[막하설]이 결국 언기로 달아났다. 그 후 설비달간(設卑達干)[704]과 [서]돌궐의 노실필 두 부락의 호수들이 몰래 [그를] 공격하기로 모의하자 [을비발라]사엽호[가한]이 경무장하고 말을 타 강거로 달아나 숨었다가 바로 죽었다. 국인들이 이숙[막하설]을 언기에서 맞아들여 [가한으로] 세우니 이가 곧 돌륙가한이었다.

咄陸可汗泥孰者, 亦稱大渡可汗. 父莫賀設, 本隸統葉護. 武德中, 嘗至京師. 時太宗居藩, 務加懷輯, 與之結盟爲兄弟. 旣被推爲可汗, 遣使詣闕請降, 太宗遣使賜以名號及鼓纛. 貞觀七年, 遣鴻臚少卿劉善因至其國, 冊授爲呑阿婁拔奚利邲咄陸可汗. 明年, 泥孰卒, 其弟同娥設立, 是爲沙鉢羅咥利失可汗.

돌륙가한(咄陸可汗) 이숙[막하설]은 또한 대도가한(大渡可汗)[705]이라고도 불렸다. 아버지

장을 지칭하는 경우에 쓰인다.

702) 咄陸可汗(재위 632~634): 고대 투르크어로 '둘룩 카간(Duluq qaghan)'의 음사이다. 泥熟莫賀設을 지칭한다.

703) 乙利可汗: 고대 투르크어로 '일릭 카간(Ilig qaghan)'이다.

704) 設卑達干: 고대 투르크어로 '샤비스 타르칸(Shabish tarqan)'의 음사로 추정된다. 『新唐書』에는 "沒卑達干"이라고 되어 있다.

705) 大渡可汗: 고대 투르크어로 '타르두쉬 카간(Tardush qaghan)'의 음사이다.

인 막하설(莫賀設)[706]은 본래 통엽호[가한]에게 예속되었었다. 무덕년간에 일찍이 경사에 갔었다. 이때 태종이 진왕(秦王)이었는데,[707] 힘써 마음을 합쳐 그와 형제가 되기로 약속했다. [돌륙가한이] 추대되어 가한이 되자 사신을 보내 조정을 방문해 항복을 청했고 태종이 사신을 보내 이름과 북, 그리고 독을 주었다. 정관 7년(633)에 홍려소경(鴻臚少卿)[708] 유선인(劉善因)[709]을 보내 그 나라에 와서 돌륙가한을 탄아루발해리필돌륙가한(呑阿婁拔奚利邲咄陸可汗)[710]으로 책봉했다. 이듬해(634)에 이숙[막하설]이 죽고 그의 아우인 동아설(同娥設)[711]이 즉위하니 이가 곧 사발라질리실가한(沙鉢羅咥利失可汗)[712]이 되었다.[713]

沙鉢羅咥利失可汗以貞觀九年上表請婚, 獻馬五百疋. 朝廷唯厚加撫慰, 未許其婚. 俄而其國分爲十部, 每部令一人統之, 號爲十設. 每設賜以一箭, 故稱十箭焉. 又分十箭爲左右廂, 一廂各置五箭. 其左廂號五咄六部落, 置五大啜, 一啜管一箭; 其右廂號爲五弩失畢, 置五大俟斤, 一俟斤管一箭, 都號爲十箭. 其後或稱一箭爲一部落, 大箭頭爲大首領. 五咄六部落居於碎葉已東, 五弩失畢部落居於碎葉已西, 自是都號爲十姓部落.

사발라질리실가한이 정관 9년(635)에 표를 올려 혼인을 청하며 말 5백 필을 바쳤다. 조정에

706) 莫賀設: 고대 투르크어로 '바가 샤드(Bagha shad)'의 음사이다.

707) 저본에는 "太宗居藩"인데, '藩'은 아직 皇帝로 즉위하기 전에 왕으로 봉해졌을 상황을 지칭하므로 太宗이 즉위 전에 秦王으로 봉해졌던 시기를 지칭한다.

708) 鴻臚少卿: 鴻臚寺의 次官으로 品階는 從四品上이었다.

709) 劉善因은 『新唐書』에 "劉善"이라고 되어 있다. 그는 貞觀初에 鴻臚少卿으로 임명되었고 貞觀 7년(633)에 명을 받들어 泥孰을 咄陸可汗으로 책봉하러 突厥에 파견되었다.

710) 呑阿婁拔奚利邲咄陸可汗: 고대 투르크어로 '텡그리데 볼미쉬 일릭 빌게 돌룩 카간(Tengride bolmïsh ilig bilge Duluq qaghan)'의 음사로 추정된다.

711) 同娥設: 고대 투르크어로 '통아 샤드(Tonga shad)'의 음사이다.

712) 沙鉢羅咥利失可汗(재위 634~639): 고대 투르크어로 '이쉬바라 일테리쉬 카간(Ishbara ilterish qaghan)'의 음사이다. 達頭可汗의 아들 莫賀設의 둘째 아들이었다. 同娥設로 있다가 奚利邲咄陸可汗을 이어 可汗이 되었다.

713) 『唐會要』에는 貞觀 8년(634)에 西突厥의 咄陸可汗이 죽고 아우인 沙鉢羅咄咥利失이 즉위했다고 되어 있다(『唐會要』 卷94 「北突厥」: 2006, "貞觀八年十月, 西突厥咄陸可汗死, 其弟沙鉢羅咄咥利失立.").

서는 다만 후하게 [하사품을] 더해주고 위무했으나 혼인을 허락하지는 않았다. 이어 그 나라를 열 개의 부락으로 나눠 부락마다 한 사람이 [그 부락을] 통할하도록 하고, 십설(十設)[714]이라 불렀다. 각각의 설마다 하나의 화살을 하사했기 때문에 십전(十箭)[715]이라고 했다. 또한 십전을 좌상(左廂)과 우상(右廂)으로 나눠 하나의 상 [밑]에는 각각 오전(五箭)을 두었다. 그 좌상을 오돌륙부락(五咄六部落)[716]이라 부르고, 다섯 명의 대철(大啜)[717]을 두었으며, 한 명의 [대]철이 하나의 전을 관리했다. 그 우상을 오노실필(五弩失畢)[718]이라 부르고, 다섯 명의 대사근(大俟斤)[719]을 두었으며, 한 명의 [대]사근이 하나의 전을 관리하니 [좌상과 우상에 속한 다섯 개의 전을] 모두 합쳐 십전이라고 불렀다. 그 이후 혹은 하나의 전을 하나의 부락이라 칭했으며, 대전(大箭)의 우두머리를 대수령(大首領)이라 불렀다. 오돌륙 부락은 쇄엽(碎葉)[720]의 동쪽에 살았고, 오노실필 부락은 쇄엽의 서쪽에 살았다. 이로부터 총칭을 십성부락(十姓部落)이라 했다.

咥利失旣不爲衆所歸, 部衆攜貳, 爲其統吐屯所襲, 麾下亡散. 咥利失以左右百餘騎拒之, 戰數合, 統吐屯不利而去. 咥利失奔其弟步利設, 與保焉耆. 其阿悉吉闕俟斤與統吐屯等召國人, 將立欲谷設爲大可汗, 以咥利失爲小可汗. 統吐屯爲人所殺, 欲

---

714) 十說: 고대 투르크어로 '온 샤드(On shad)'의 음사로 열 명의 샤드를 뜻한다.

715) 十箭: 고대 투르크어로 '온 오크(On Oq)'의 음사로 열 개의 화살을 뜻한다. 위의 十設과 동일한 표현이다.

716) 五咄六部落: 處木昆闕啜, 胡祿屋闕啜, 攝舍提暾啜, 突騎施賀邏施啜, 鼠尼施處半啜 등으로 모두 啜(초르)의 지위를 갖고 있었다.

717) 啜은 고대 투르크어로 초르(chor)의 음사이다. 저본의 大俟斤은 일반적으로 氏族長 정도의 위상을 갖고 있는 啜의 지위를 올려주기 위해 붙인 것으로 고대 투르크어로는 '울룩 초르(Ulugh chor)'의 음사로 추정된다.

718) 五弩失畢部落: 阿悉結闕俟斤, 哥舒闕俟斤, 拔塞干暾沙鉢俟斤, 阿悉結泥熟俟斤, 哥舒處半俟斤 등으로 모두 俟斤(이르킨)의 지위를 갖고 있었다.

719) 俟斤은 고대 투르크어로 이르킨(irkin)의 음사이다. 저본의 大俟斤은 일반적으로 氏族長 정도의 위상을 갖고 있는 俟斤의 지위를 올려주기 위해 붙인 것으로 고대 투르크어로는 '울룩 이르킨(Ulugh irkin)'의 음사로 추정된다.

720) 碎葉: 소그디아나에 있는 오아시스 도시로 『西域記』에서는 素葉, 索虜, 素葉水이라고도 한다. 지금 키르기즈스탄 추(Chu)강가에 있는 토크막(Tokmak) 부근이다. 安西四鎭의 하나가 일시 설치된 곳으로 詩人 李白이 태어난 곳으로도 유명하다.

谷設兵又爲其俟斤所破, 咥利失復得舊地, 弩失畢·處密等並歸咥利失.

[사발라]질리실[가한]이 백성들을 복종시키지 못하자 휘하의 부락 백성들이 배반할 마음을 갖게 되었고, 그의 통토둔(統吐屯)[721]에게 [가한이] 습격당해 휘하 [부하]들이 도망가고 흩어졌다. [사발라]질리실[가한]은 좌우 백여 기를 거느리고 통토둔에게 대항해 몇 합을 싸웠는데, 통토둔이 불리하게 되자 도망가 버렸다. [사발라]질리실[가한]도 아우인 보리설(步利設)[722]에게 달아나 언기를 함께 지켰다. 그 [나라]의 아실길궐사근(阿悉吉闕俟斤)[723]과 통토둔 등이 국인들을 불러 욕곡설(欲谷設)[724]을 대가한으로, [사발라]질리실[가한]을 소가한으로 삼으려고 했다.[725] [그러나] 통토둔이 다른 사람에게 살해되고 욕곡설의 군대가 또한 그의 사근에게 격파되자 [사발라]질리실[가한]이 다시 옛 땅을 되찾았고, 노실필과 처밀 등도 모두 [사발라]질리실[가한]에게로 [다시] 돌아왔다.

十二年, 西部竟立欲谷設爲乙毗咄陸可汗. 乙毗咄陸可汗旣立, 與咥利失大戰, 兩軍多死, 各引去. 因與咥利失中分, 自伊列河已西屬咄陸, 已東屬咥利失. 咄陸可汗又建庭於鏃曷山西, 謂爲北庭. 自厥越失·拔悉彌·駁馬·結骨·火燖·觸木昆諸國皆臣之. 十三年, 咥利失爲其吐屯俟利發與欲谷設通謀作難, 咥利失窮蹙, 奔拔汗那而死. 弩失畢部落酋帥迎咥利失弟伽那之子薄布特勤而立之, 是爲乙毗沙鉢羅葉護可汗.

[정관] 12년(638)에 서부에서 결국 욕곡설을 을비돌륙가한(乙毗咄陸可汗)[726]으로 삼았다.

---

721) 統吐屯: 고대 투르크어로 '통토둔(Tong todun)'의 음사이다.

722) 步利設: 고대 투르크어로 '뵈리 샤드(Böri shad)'의 음사이다.

723) 阿悉吉闕俟斤: 右廂 五弩失畢 부락의 한 酋長이었다.

724) 欲谷設: 고대 투르크어로 '위게 샤드(Üge shad)'의 음사로 추정된다.

725) 『唐會要』에는 貞觀 12년에 西部에서 欲谷設을 乙毗咄陸可汗으로 옹립해 그 땅을 中分했다고 되어 있다(『唐會要』 卷94 「北突厥」: 2007, "至是, 咥利失失衆心, 爲其臣所襲, 遂走焉耆, 尋復得其故地. 西部遂立欲谷設爲乙毗咄陸可汗, 中分其地.").

726) 乙毗咄陸可汗(재위 638~642): 고대 투르크어로 '일릭 빌게 둘룩 카간(Ilig bilge Duluq qaghan)'의 음사이다. 그는 統葉護可汗의 아들인 咀度設과 高昌國王 麴文泰의 여동생 사이에서 태어났다.

을비돌륙가한이 즉위해 [사발라]질리실[가한]과 크게 싸워 양군의 많이 죽게 되자 각자 물러나 가버렸다. 이로 인해 [을비돌륙가한이 사발라]질리실[가한]과 [서돌궐의 영토를] 나누어 이렬하(伊列河)[727]의 서쪽은 [을비]돌륙[가한]에게 속하고, 동쪽은 [사발라]질리실[가한]에게 속하게 되었다. [을비]돌륙가한은 또한 족갈산(鏃曷山)[728]의 서쪽[729]에 [아]정을 세우고, 이를 북쪽 아정[北庭][730]이라 불렀다. 이로부터 궐월실(厥越失),[731] 발실미(拔悉彌),[732] 박마(駮馬),[733] 결골(結骨),[734] 화심(火燖),[735] 촉목곤(觸木昆)[736] 등 여러 나라[737]가 모두 [을비]

---

727) 伊列河: 지금 新疆維吾爾自治區 서북과 카자흐스탄 동북에서 발하쉬 호로 유입되는 일리(泥犁, Ili) 하를 지칭한다. 달리 伊麗河, 혹은 亦列河, 依列河, 帝帝河라고도 한다.

728) 鏃曷山: 지금 카자흐스탄의 알라무트(Alamut) 동북쪽에 있는 산이다.

729) 일리 하가 동쪽에서 서쪽으로 흘러가기 때문에 여기에서 서쪽이라고 한 것은 하천의 서북쪽 지역을 의미한다.

730) 北庭은 북쪽 牙庭을 의미하는데, 일리 하의 북쪽에 위치하고 있었기 때문에 北庭이라고 칭했다. 北庭(베쉬 발릭)과는 상관이 없다.

731) 厥越失: 종족 명칭인데, 鐵勒의 하나로 추정되나 정확한 족속은 알 수 없다.

732) 拔悉彌: 종족 명칭인데, 鐵勒의 하나로 拔悉密라고 기록되기도 한다. 고대 투르크어로 '바스밀(Basmïl)'의 음사이다. 遼代에는 拔思母라고 불리기도 했다. 원주지는 항가이산맥 북사면 지역의 몽골 초원인데, 주로 바이칼 호의 남쪽, 結骨의 동남쪽에 있었다. 突厥이 吐屯을 파견해 이들을 통제했는데, 점차 서쪽으로 이주해 몽골 초원 서부지역에 있었던 乙毗車鼻可汗에게 속하게 되었다. 貞觀 23년(649)에 그 吐屯達官 肥羅察이 부락을 이끌고 唐朝에 항복해 와서 羈縻支配를 받았지만 突厥이 부흥하자 다시 복속되었다. 開元 4년(716)에 突厥第二帝國 默啜의 사망 이후에 내분이 일어나자 北庭都護府 관할 구역으로 이주해 突厥을 공격하다가 開元 7년(719)에 다시 突厥에게 패배해 그에 복속되었다. 開元 29년(741)에 突厥이 내란에 빠지자 阿史那施가 可汗을 칭하고 突厥을 타도하나 그와 연합했던 迴紇에게 패배해 약화되었다. 그 이후에 迴紇에 복속되어 그의 일원이 되었다.

733) 駮馬: 종족의 명칭으로 말의 색이 모두 청백색이었기 때문에 나라 이름이 유래했다. 이름은 弊剌이라고도 하고, 遏羅支라고도 했다. 바이칼 호 남부 삼림 지역에 거주했는데, 結骨과 인접해서 늘 다투었으며 언어적으로는 완전히 달랐다. 땅에는 늘 눈이 쌓여 있고 나무를 장식하지 않았다. 말을 갖고 밭을 갈았으며 비록 말을 기르지만 타지 않고 말의 젖을 발효시켜 먹었다. 모두 머리카락을 자르고 자작나무 껍질을 모자로 썼다. 나무를 엮어 우물 정자 모양의 기둥을 만들고 자작나무를 뒤집어 덮어 방을 만들었다. 각기 작은 군장이 있었으나 서로 신속하지 않았다고 한다.

734) 結骨: 종족 명칭으로 고대 투르크어로 '키르기즈(Qïrghïz)'의 음사이다. 匈奴의 북방에 있었다고 하는 堅昆, 鬲昆이 키르기즈의 가장 오래된 음사로 추정한다. 南北朝時代에는 結骨, 契骨 등으로 唐代에는 黠戛斯, 紇扢斯로도 기록되었다. 고대 투르크 비문에도 "키르기즈"가 등장한다. 주요한 거주 구역은 몽골의 北西 지역으로 예니세이강 상류 지역이라고 한다. 원래의 주민은 주로 사카계통의 종족으로 추정되고 鐵鑛 산지로 발달된 금속 문명을 갖고 있었다. 늦어도 6세기 후반 무렵에 突厥이 등장하면서

돌륙가한에게 신속했다.

[정관] 13년(639)에 [사발라]질리실[가한]은 그의 토둔인 사리발(俟利發)과 욕곡설이 비밀리에 공모해 반란을 일으키자 [사발라]질리실[가한]이 어려움에 빠져 궁핍하게 되었기 때문에 발한나(拔汗那)[738]로 달아났다가 죽었다.[739] 노실필 부락의 추수(酋帥)가 [사발라]질리실[가한]의 아우인 가나[설](伽那設)[740]의 아들 박포특근(薄布特勤)[741]을 맞아들여 추대하니 이 사람이 곧 을비사발라엽호가한(乙毗沙鉢羅葉護可汗)[742]이 되었다.[743]

乙毗沙鉢羅葉護可汗旣立, 建庭於睢合水北, 謂之南庭. 東以伊列河爲界, 自龜兹·鄯善·且末·吐火羅·焉耆·石國·史國·何國·穆國·康國, 皆受其節度. 累遣使朝貢, 太宗降璽書慰勉. 貞觀十五年, 令左領軍將軍張大師往授焉, 賜以鼓纛. 于時咄陸可汗與葉護頻相攻擊. 會咄陸遣使詣闕, 太宗諭以敦睦之道. 咄陸于時兵衆漸強, 西域諸國復來歸附. 未幾, 咄陸遣石國吐屯攻葉護, 擒之, 送於咄陸, 尋爲所殺.

문화적으로 체질적으로 투르크화가 급속히 진행된 것으로 보인다. 唐代에는 이들을 지배하기 위해 일시적으로 堅昆都護府가 명목적으로 설치되기도 했다. 突厥과 回紇時代에 사얀산맥 북방에 존재하면서 그의 지배를 받기도 하고 또한 독자적인 움직임을 보이기도 하다가 840년대 回鶻을 무너뜨렸으나 몽골 초원을 통치하지 않고 다시 예니세이강 유역으로 물러나 그 이후까지 하나의 세력으로 존재했다(薛宗正, 1996).

735) 火燖: 지금 아무다리야 이남의 이란 북부 호레즘(Horesm)을 지칭하는데, 달리 火尋, 貨利習彌, 過利이라고도 했다. 康居 小王 奧鞬城이 위치한 곳이었다.

736) 觸木昆은 處木昆의 다른 음사이다. 處木昆에 대한 자세한 설명을 참조.

737) 이상에 열거한 국가들은 모두 西突厥의 북쪽과 동쪽에 거주한 부락들이었다.

738) 拔汗那: 지금 키르기즈스탄의 페르가나(Ferghana) 지역이다. 이곳은 漢代의 大宛國이었고, 北魏시대에 破洛那라 불렸으며 玄宗시대에는 寧遠國이라고 했다. 아무다리야 상류의 계곡에 위치하고 있었다.

739) 『新唐書』에는 沙鉢羅咥利失可汗이 죽은 다음 아들이 乙屈利失乙毗可汗으로 즉위했다가 바로 죽은 사실이 기록되어 있다. "國人立其子, 是爲乙屈利失乙毗可汗, 踰年死."

740) 『新唐書』에는 "伽那設"이라고 되어 있다.

741) 薄布特勤: 고대 투르크어로 '바가투르 테긴(Baghatur tegin)'의 음사로 추정된다. 『新唐書』에는 畢賀多葉護 즉, 고대 투르크어로 '바가투르 야브구(Baghatur yabghu)'라고 되어 있다.

742) 乙毗沙鉢羅葉護可汗(재위 639~642): 西突厥의 제10대 可汗으로 그의 이름은 고대 투르크어로 '일릭 이쉬바라 야부그 카간(Ilig ïshbara yabghu qaghan)'의 음사이다.

743) 『新唐書』에는 太宗이 책봉해준 내용이 있다. "太宗詔左領軍將軍張大師持節册命, 賜鼓纛."

을비사발라엽호가한이 즉위한 이후에 [아]정을 휴합수(睢合水)[744]의 북쪽에 세우고, 이를 남쪽 아정[南庭][745]이라 불렀다. 동쪽으로는 이렬하를 경계로 구자부터, 선선(鄯善),[746] 차말(且末),[747] 토화라(吐火羅),[748] 언기, 석국, 사국(史國),[749] 하국(何國),[750] 목국(穆國),[751] 강

---

744) 睢合水: 新疆維吾爾自治區에 있는 開都河(율두즈강)로 추정된다. 『新唐書』에는 "雖合水"라고 되어 있다.

745) 南庭의 위치는 지금 新疆維吾爾自治區 巴音郭楞蒙古自治州 巴魯布魯克 인근으로 소율두즈와 대율두즈강이 합류하는 지역으로 추정된다.

746) 鄯善: 타림 분지에 있는 오아시스 국가의 하나로 본래 國名은 樓蘭이었다. 중앙아시아 사람들은 '차르클릭(Charklik)'이라고 불렀는데, 扜泥城(지금 新疆維吾爾自治區 若羌縣)에 도읍이 있었다. 주민들은 유목에 종사했고 兵器의 제조에 능했다. 前漢 元封 3년(전108)에 내부해 이듬해에 尉屠耆가 王으로 봉해졌고, 국명이 樓蘭에서 鄯善으로 바뀌었다. 三國時代 曹魏에 속했고, 西秦은 鄯善의 王을 歸義侯에 봉했다. 東晉時代 前涼에 복속했다가 후에 前秦에 왕이 입조해 봉작을 받았다. 北魏 太延 4년(438) 鄯善王이 아우 素延耆를 보내 入侍했다. 후에 鄯善이 여러 번 北魏가 西域에 파견한 사자들을 공격하자 太武帝가 萬度歸에게 涼州의 군대를 징발해 鄯善을 토벌하자 王 眞達이 항복했다. 太平眞君 9년(448) 北魏가 韓拔을 西戎校尉 鄯善王으로 삼아 鄯善의 땅을 鎭守하게 하자 郡縣의 지위와 같게 되었다.

747) 且末: 타림 분지에 있는 오아시스 국가의 하나로 '차르찬(Charchan)'이라고 했는데, 지금 新疆維吾爾自治區 且末縣이다. 漢代 西域 36國의 하나로 後漢 初에 鄯善에 합병되었다가 다시 독립했다. 北魏 末에 吐谷渾에 兼倂되었다.

748) 吐火羅: 인도 동북부 지역의 명칭으로 '토하라(Toqara)'의 음사이다. 『希臘古地誌』에는 '토차리(Tochari)'라 표기했고, 『景教碑』에서는 '타후리스탄(Tahuristan)'이라 표기했다. 『魏書』에서는 吐呼羅, 『隋書』와 『北史』, 『舊唐書』에서는 吐火羅, 『新唐書』에서는 土豁羅, 『雜阿含經』에서는 兜沙羅로 표기했다. 中國에서는 大月氏라 칭했다. 河西回廊 지역에 있다가 匈奴에 쫓겨 서쪽으로 이주했다. 전130년 후에 大月氏가 大夏를 공격해 臣屬시켰고 후에 大夏를 멸했고 貴霜王朝를 세웠다. 서방에서는 吐火羅(Tuqara)라 표기했다. 5세기 이후 토하라의 땅은 에프탈의 근거지가 되었다가 560년대에는 突厥의 땅이 되었다. 顯慶년간에 이 땅에 月氏都督府가 설치되었다.

749) 史國: 중앙아시아에 있던 소그디아나[昭武九姓]에 있었던 오아시스 국가의 하나로 지금 우즈베키스탄 사마르칸드(Samarkand)의 남쪽 샤흐리 세비즈(Shahri-Sebz)이다. 『隋書』와 『舊唐書』, 『新唐書』에서는 史國, 『西域記』에서는 羯霜那(Kasanna)라 했으며 달리 케쉬(Kesh)라고도 한다. 故地는 隋 大業年間 왕 狄遮가 처음으로 中國과 통교했다. 貞觀 16년(642)에 沙瑟畢이 唐에 들어와 토산품을 바쳤다. 顯慶年間에 佉沙州가 설치되고 그 왕이 刺史로 임명되었다. 天寶年間에 唐朝에서 조서를 내려 來威國으로 이름을 바꾸도록 했다.

750) 何國: 중앙아시아에 있던 소그디아나[昭武九姓]에 있었던 오아시스 국가의 하나로 지금 쿠샤니아(Kushania)이다. 『隋書』와 『舊唐書』, 『新唐書』에서는 何國, 혹은 貴霜匿, 『西域記』에서는 屈霜你迦라고 했다. 貞觀 15년(641)에 사자를 보내 入朝했다. 高宗 永徽年間에 그 땅에 貴霜州이 설치되고 何國의 王 昭武婆達地가 刺史로 임명되었다.

751) 穆國: 중앙아시아에 있던 소그디아나[昭武九姓]에 있었던 오아시스 국가의 하나로 지금 아무다리야

국(康國)[752]까지 모두가 그의 통치를 받았다. [을비사발라엽호가한이] 누차 사신으로 보내 조공하자 태종이 새서(璽書)[753]를 내려 위로하고 격려했다.

[정관] 15년(641)에 [황제가] 조칙을 내려 좌령군[위]장군(左領軍衛將軍)[754] 장대사(張大師)[755]에게 [서돌궐에] 가서 새서를 주고 북과 독을 내려주라고 했다. 이때에 [을비]돌륙가한과 [을비사발라]엽호[가한]이 자주 서로를 공격했다. 마침 [을비]돌륙가한이 사신을 보내 조정에 오자 태종이 정이 두텁게 하며 화목하게 지내는 도리를 말하며 일깨워주었다. [을비]돌륙[가한]이 이때 병사의 수가 늘어나 점점 강성하게 되자 서역의 여러 나라가 다시 와서 귀순하게 되었다. 오래지 않아 [정관 15년(641) 오월에[756] 을비]돌륙[가한]이 석국의 토둔을 보내 [을비사발라]엽호[가한]을 공격해 사로잡아 [을비]돌륙[가한]에게 보낸 얼마 후에 살해되었다.

咄陸可汗旣并其國，弩失畢諸姓心不服咄陸，皆叛之．咄陸復率兵擊吐火羅，破之．

중류 西岸에 있었다. 穆國王의 姓은 昭武이었다.

752) 康國: 중앙아시아에 있던 소그디아나[昭武九姓]에 있었던 오아시스 국가의 하나로 지금 우즈베키스탄의 사마르칸드(Samarkand)이다. 薩末鞬, 혹은 颯秣建라고 달리 표기하기도 하는데, 國都는 阿祿迪城(지금 우즈베키스탄 사마르칸드 북쪽)에 있었다. 康國의 王은 본래 溫氏이며 月氏人이었다. 예전에는 祁連山 북쪽의 昭武城에 거주하다가 匈奴에게 격파되어 서쪽으로 파미르 고원을 넘어 그 땅으로 옮겨왔다. 여러 일파들이 각지의 王이 되었고, 永徽년간에는 康居都督府가 설치되기도 했다. 中國의 기록에 康의 성을 갖고 있는 소그드 인[胡人]은 모두 이 나라 출신이었다.

753) 璽書는 원래는 印信으로 기록을 封한 문서를 지칭했다. 秦 이후 皇帝의 詔令를 지칭했고, 天寶初에는 璽書를 寶書로 고쳤다.

754) 左領軍衛將軍: 左領軍衛의 次官으로 품계는 從三品이었다. 後漢末 曹操가 領軍을 설치했으며, 후에 中領軍으로 改稱되었다. 曹魏가 처음으로 領軍將軍을 설치해 禁軍을 통솔하게 했다. 이후 각 왕조에서도 領軍將軍이 설치되었다. 北齊에서 領軍府가 설치되고 領軍大將軍이 領軍府를 관장하게 해 모든 禁衛官兵을 관할했다. 隋에서는 左右領軍府로 나뉘어 長史를 두어 관리했으며, 12軍의 籍賬과 差科, 詞訟 등을 관장하게 했다. 隋 煬帝는 이를 左右屯衛로 바꾸었는데, 唐代에는 원래의 명칭을 회복하고 별도로 左右領軍衛를 설치해 각각 大將軍 1명과 將軍 2명을 두었다. 翊一府와 翊二府, 萬敵, 萬年 등 60개의 折衝府를 관장했다. 龍朔 2년(622)에는 左右戎衛로 개칭되었다가 咸亨 元年(670)에 환원되었다. 光宅 元年(684)에는 左右玉鈐衛로 개칭되었다가 神龍 元年(705)에 환원되었다.

755) 張大師: 張儉의 형이다. 郡公을 세워 太僕卿, 華州刺史를 역임했으며 武功縣男에 봉해졌다.

756) 『唐會要』에는 貞觀 15년(641) 五月에 咄陸可汗이 沙鉢羅可汗을 살해했다고 되어 있다(『唐會要』 卷94 「北突厥」: 2007, "十五年五月, 咄陸可汗殺沙鉢羅可汗.").

自恃其強，專擅西域．遣兵寇伊州，安西都護郭恪率輕騎二千自烏骨邀擊，敗之．咄陸又遣處月·處密等圍天山縣，郭恪又擊走之．恪乘勝進拔處月俟斤所居之城，追奔及於遏索山，斬首千餘級，降其處密之衆而歸．咄陸初以泥孰啜自擅取所部物，斬之以徇；尋爲泥孰啜部將胡祿居所襲，衆多亡逸，其國大亂．貞觀十五年，部下屋利啜等謀欲廢咄陸，各遣使詣闕，請立可汗．太宗遣使齎璽書立莫賀咄乙毗可汗之子，是爲乙毗射匱可汗．

[을비]돌륙가한이 그 나라를 병합했으나 노실필의 여러 부락[諸姓]이 마음속으로 [을비]돌륙[가한]에게 복종하지 않아 모두 반란을 일으켰다. [하지만 을비]돌륙[가한]이 다시 병사들을 이끌고 토화라(吐火羅)를 공격해 격파했다. [이로 인해 을비돌륙가한이] 스스로 그 [자신]의 강함만을 믿고 서역을 마음대로 다스렸다. [을비돌륙가한이] 군대를 보내 이주(伊州)[757]를 침입하자 안서도호(安西都護)[758] 곽[효]각(郭孝恪)[759]이 경무장한 기병 2천을 거느리고 오골(烏骨)에서 요격해 패퇴시켰다.[760] [을비]돌륙[가한]이 다시 처월, 처밀 등을 보내 천산현(天山縣)[761]을 포위했으나 [곽]효각이 다시 격파해 패주시켰다. [곽효]각이 승리를 기회로 나아가 처월의 사근이 살고 있는 성(城)[762]을 점령했으며, 달아나는 [적군을] 추격해 알색산(遏索山)[763]까지 가서 천여 급을 죽이고 그 처밀의 백성을 항복시키고 돌아왔다.

[을비]돌륙[가한]이 이전에 이숙철(泥孰啜)[764]이 부락의 물자를 자기 마음대로 빼앗자 그

757) 伊州: 貞觀 6년(632)에 西伊州가 改置되어 설치되었다. 治所는 伊吾縣(지금 新疆維吾爾自治區 哈密市)에 있었고, 관할구역은 지금 哈密市 일대였다. 安史의 난 이후 吐蕃의 지배를 받았다. 大中 5년(851)에 沙州刺史 張義潮가 수복했다. 北宋時代에는 伊州라고 했다.

758) 安西都護府의 長官인데, 그에 대해서는 安西都護府에 대한 아래의 설명을 참조.

759) 저본은 "郭恪"인데 『唐會要』에는 "郭孝恪"이라고 되어 있다(『唐會要』 卷94 「北突厥」: 2007).

760) 『唐會要』에서는 貞觀 16년(642)에 발생한 것으로 되어 있다(『唐會要』 卷94 「北突厥」: 2007, "十六年, 咄陸既并沙鉢羅之衆, 自恃強盛, 遣兵寇伊州, 安西都護郭孝恪擊破之.").

761) 天山縣: 貞觀 14년(640)에 설치되어 西州에 소속되었다. 治所가 지금 新疆維吾爾自治區 托克遜縣 동북쪽에 있었다. 주변에 있는 祁連山(天山)에서 그 이름을 따왔다고 한다. 貞元년간에 吐蕃에게 함락되었다.

762) 處月이 살고 있었던 城은 可汗浮圖城 즉, 庭州(지금 新疆維吾爾自治區 吉木薩爾縣)로서 당시에는 베쉬 발릭(Besh balïq)이라고 했다.

763) 遏索山: 지금 新疆維吾爾自治區 烏魯木齊縣 서남쪽에 있는 天山山脈의 한 줄기이다.

764) 泥孰啜: 고대 투르크어로 '이둑 초르(Ïdugh chor)'의 음사이다.

를 죽여 [백성들에게] 보였다. [하지만] 이어 이숙철의 부장인 호록거(胡祿居)[765]의 습격을 받아 백성의 다수가 도망가 숨자 그 나라가 크게 어지럽게 되었다.[766]

정관 15년(641)[767]에 부하 옥리철(屋利啜)[768] 등이 모의해 [을비]돌륙[가한]을 폐위시키려고 각각 사자를 보내 조정에 와 [새로운] 가한을 세워줄 것을 청했다. 태종이 사신[통사사인(通事舍人) 온무은(溫無隱)][769]에게 새서를 휴대하고 가서 막하돌을비가한(莫賀咄乙毗可汗)[770]의 아들을 옹립하게 하니 이가 곧 을비사궤가한(乙毗射匱可汗)[771]이 되었다.

乙毗射匱可汗立, 乃發弩失畢兵就白水擊咄陸. 自知不爲衆所附, 乃西走吐火羅國. 中國使人先爲咄陸所拘者, 射匱悉以禮資送歸長安, 復遣使貢方物, 請賜婚. 太宗許之, 詔令割龜茲·于闐·疏勒·朱俱波·葱嶺等五國爲聘禮. 及太宗崩, 賀魯反叛, 射匱部落爲其所併.

을비사궤가한은 즉위하자 바로 노실필 [부락의] 군대를 징발해 백수[호성](白水胡城)[772]에 가서 [을비]돌륙[가한]을 공격했다. [이 때 을비돌륙가한은] 자신이 백성들을 귀순하게 만들 수 없다는 것을 알고 [싸우지도 않은 채] 바로 서쪽의 토화라국(吐火羅國)으로 달아나버렸다. 중국의 사신이 이전에 [을비]돌륙[가한]에게 억류되어 있었는데, [을비]사궤[가한]이 모두에

---

765) 胡祿居는 胡祿居闕啜을 줄여 표기한 것인데, 西突厥을 구성하는 咄陸 부락의 하나였다.

766) 『新唐書』에는 乙毗咄陸可汗에 대한 胡祿居의 반란이 자세하게 기록되어 있다. "泥孰啜之將胡祿屋擧兵襲咄陸可汗, 多殺士, 國大亂, 將歸保吐火羅, 大臣勸其返國, 不從, 率衆去, 度葉水, 及石國, 左右亡去略盡, 乃保可賀敦城. 自輕出招叛亡, 阿悉吉闕俟斤逆擊之, 咄陸敗, 襲取白水胡城以居."

767) 『唐會要』에 의하면 乙毗射匱可汗의 册立은 貞觀 15년이 아니라 貞觀 16년(642)에 발생한 사건이었다(『唐會要』 卷94 「北突厥」: 2007, "十六年, …… 上遣使立莫賀咄之子爲乙毗射匱可汗, ……").

768) 屋利啜: 고대 투르크어로 '울룩 초르(Ulugh chor)'의 음사이다.

769) 『新唐書』에서는 사신의 이름을 적시하고 있어 보충했다.

770) 莫賀咄乙毗可汗: 고대 투르크어로 '바가투르 일릭 빌게 카간(Baghatur ilig bilge qaghan)'의 음사이다. 『新唐書』에는 "乙屈利失乙毗可汗"이라고 되어 있다.

771) 乙毗射匱可汗(재위 642~653): 西突厥의 제11대 可汗으로 이름은 고대 투르크어로 '일릭 빌게 야브구 카간(Ilig bilge yabghu qaghan)'의 음사이다.

772) 白水胡城: 지금 카자흐스탄 남부 짐켄트(Zimkent)의 동남쪽에 위치하고 있었다. 탈라스로부터 약 200리 정도 떨어져 있었다. 달리 白水城이라고도 했다.

게 예물과 노자를 주어 장안으로 돌려보내며 다시 사신을 보내 토산품을 바치고 청혼을 했다. 태종이 허락하고 조칙을 내려 구자, 우전(于闐),[773] 소륵, 주구파(朱俱波),[774] 총령(葱嶺)[775] 등 다섯 나라를 혼례 예물[聘禮]로 삼으라고 했다.[776] 태종이 붕어한 이후 [아사나]하로(阿史那賀魯)[777]가 반란을 일으키자 [을비]사궤[가한]의 부락이 그에게 병합되었다.

阿史那賀魯者，曳步利設射匱特勤之子也．初，阿史那步眞旣來歸國，咄陸可汗乃立賀魯爲葉護，以繼步眞，居於多邏斯川，在西州直北一千五百里，統處密·處月·姑蘇·歌羅祿·弩失畢五姓之衆．其後，咄陸西走吐火羅國，射匱可汗遣兵迫逐，賀魯不常厥居．貞觀二十二年，乃率其部落內屬，詔居庭州．尋授左驍衛將軍·瑤池都督．

---

773) 于闐: 타림 분지에 있는 오아시스 국가로 지금 新疆維吾爾自治區 和田 일대이다. 于寘, 于遁, 谿丹, 屈丹, 斡丹, 忽炭, 赫探 등으로도 표기된다. 于闐의 문자로는 카타나(Khatana)라고 한다. 漢代에 于闐은 西城(지금 新疆維吾爾自治區 和田縣 境內)을 수도로 삼았다. 居民은 農業과 목축업에 종사했고 桑麻와 美玉의 생산과 鑄銅業, 紡織業이 매우 발달했다. 文字를 가졌으며 佛敎를 신봉했다. 前漢時代 西域都護에 소속되었다. 漢魏 교체기에 戎盧·扜彌·渠勒·皮山 등의 나라를 겸병했다. 전후 西晉과 北魏에 臣屬했으며, 일찍이 사신을 曹魏와 北周에 보내 토산품을 바쳤다.

774) 朱俱波: 타림 분지에 있는 오아시스 국가로 지금 新疆維吾爾自治區 葉城縣 서남 棋盤鄕이다.『西域圖志』에는 哈爾噶里克,『新疆識略』에는 哈爾哈里克,『後漢書』와『佛國記』에는 子合國,『伽藍記』에는 朱駒波國,『魏書』에는 悉居半國 혹은 朱居槃國, 朱居國, 朱俱波國,『續高僧傳』에는 遮拘迦國,『新唐書』에는 朱俱波 혹은 朱俱槃이라고 했다. 달리 카르가릭(Kharghalik)이라도 한다. 漢代의 子合國이었다. 西夜, 蒲犂, 依耐, 得若 4種地가 있었으며, 于闐의 서쪽 1,000里, 파미르 고원 북쪽 300里, 서쪽으로 疏勒까지 900里, 남쪽으로 女國까지 3,000里 떨어져 있었다. 후에 지금 葉城縣으로 옮겼다.

775) 葱嶺: 세계의 지붕이라고 불리는 파미르 고원을 지칭한다. 중국과 서방 사이의 교통의 요지였다. 漢代에는 西域都護府, 唐代에는 安西都護府가 葱嶺守捉을 두었다.

776)『唐會要』에는 貞觀 19년(645) 六月의 일이라고 되어 있다(『唐會要』卷94「北突厥」: 2007, "十九年六月, 乙毗射匱可汗遣使入貢, 且請婚, 許之, 使割龜茲·于闐·疏勒·朱俱波·蔥嶺五國以爲聘禮.").

777) 阿史那賀魯(?~659): 西突厥의 可汗으로 曳步利設 射匱特勤의 아들이었다. 乙毗咄陸可汗이 그를 葉護로 삼아 탈라스강 인근에 거주하게 하자 處月, 處密, 姑蘇, 葛邏祿, 弩失畢 五姓 등을 통솔했다. 貞觀 22년(648) 부락을 이끌고 내부해 左驍衛將軍, 瑤池都督이 되었다. 하지만 그 이듬해 그의 아들과 함께 서쪽으로 도망가서 咄陸 부락의 고지를 차지하고 十姓과 오아시스 도시들을 점거한 다음 沙鉢羅可汗이라고 칭했다. 이후 庭州 등을 공격하나 永徽 4년 弩失畢이 공격을 가해 牙帳을 격파하자 약화되었고 顯慶 2년(657) 唐朝의 蘇定方의 공격을 받아 사로 잡혔다. 그가 포로가 되어 長安으로 이송된 이후 그의 지배 지역에는 羈縻府州가 설치되었다(『舊唐書』卷194下「突厥傳」: 5186).

高宗卽位，進拜左驍衛大將軍，瑤池都督如故．

아사나하로는 예보리설(曳步利設)[778] 사궤특근(射匱特勤)[779] [각월(劫越)][780]의 아들이었다. 예전에 아사나보진(阿史那步眞)[781]이 왔다가 [당]나라로 돌아가자 [을비]돌륙가한이 [아사나]하로를 엽호로 임명해 [아사나]보진의 뒤를 잇게 하고 다라사천(多邏斯川)[782]에 거주하게 했는데, [다라사천은] 서주(西州)[783]에서 정북쪽으로 천 5백 리 떨어진 곳에 있었다. [이때 아사나]하로는 처밀, 처월, 고소(姑蘇), 가라록, 노실필 등 다섯 부락(五姓)의 백성을 거느리고 있었다.

그 후 [을비]돌륙가한이 서쪽의 토화라국으로 달아나자 [을비]사궤가한이 군대를 보내 압박해서 내쫓았고, [아사나]하로 역시 늘 그 곳에 거주할 수 없게 되었다.[784] [아사나하로가] 정관 22년(648)에 바로 그의 부락을 이끌고 귀순하자 [태종이] 조칙을 내려 정주(庭州)[785]

---

778) 曳步利設: 고대 투르크어로 '야브구 샤드(Yabghu shad)'의 음사로 추정된다.

779) 射匱特勤: 고대 투르크어로 '야브구 테긴(Yabghu tegin)'의 음사이다.

780) 『新唐書』에는 그의 이름이 "劫越"이라고 되어 있다.

781) 阿史那步眞(?~666): 東突厥의 葉護로 唐朝에 투항해 將軍으로 활약했다. 步眞은 고대 투르크어로 '바얀(Bayan)'의 음사로 추정된다. 貞觀 13년(639)에 唐朝에 투항해 左屯衛大將軍을 제수 받았고 顯慶 2년(657)에는 蘇定方과 함께 阿史那賀魯를 토벌하는데 참여했다. 그 공으로 繼往絶可汗 겸 右衛大將軍, 蒙池都護로 임명되어 중앙아시아의 弩失畢 부락의 거주지를 통솔했다. 죽고 난 다음에 阿史那斛瑟羅라 그의 관작을 이었다.

782) 多邏斯川: 曳咥河라고도 하고 달리 카라 이르티쉬(Qara Irtysch)라고 한다. 지금 新疆維吾爾自治區 북부에 있으며 카자흐스탄과 러시아 국경의 이르티쉬강에 流入된다.

783) 西州: 貞觀 14년(640)에 麴氏 高昌國을 멸망시킨 후에 설치되었으며 安西都護府의 治所가 되었다. 治所는 高昌縣(지금 新疆維吾爾自治區 吐魯番市 동쪽 30里 高昌故城)에 있었다. 天寶 元年(742)에 交河郡으로, 乾元 元年(748)에 西州로 바뀌었다. 寶應 元年(742)에 高昌縣이 前庭縣으로 바뀌어 西州의 治所가 되었다. 관할구역은 지금 新疆維吾爾自治區 吐魯番市와 鄯善縣 등지였다. 貞元 7년(791)에 吐蕃에 점령되었다.

784) 『新唐書』에는 저본과 달리 阿史那賀魯를 따라 반란을 일으킨 세 부락에 대한 자세한 기록이 있다. "有執舍地·處木昆·婆鼻三種者, 以賀魯無罪, 往請可汗, 可汗怒, 欲誅執舍地等, 三種乃擧所部數千帳, 與賀魯皆內屬, 帝優撫之."

785) 庭州: 貞觀 14년(640)에 설치되었는데, 治所가 金滿縣(지금 新疆維吾爾自治區 吉木薩爾縣 북쪽 25리 떨어진 破城子)에 있었다. 長安 2년(702)에 北庭都護府로 바뀌었다. 그 이후에는 이곳을 北庭이라고 부르게 되었다. 다섯 개의 성으로 이루어졌다고 해 베쉬 발릭(Besh balïq)이라고 불리기도 한다. 北庭節

[막하성(莫賀城)][786]에 살게 했다. 바로 [그에게] 좌효위장군(左驍衛將軍)[787] 요지도독(瑤池都督)[788]을 제수했다.[789] 고종(高宗)이 즉위하자 좌효위대장군(左驍衛大將軍)으로 승진했으며 요지도독은 전과 같[이 유임되었]다.[790]

永徽二年, 與其子咥運率衆西遁, 據咄陸可汗之地, 總有西域諸郡, 建牙于雙河及千泉, 自號沙鉢羅可汗, 統攝咄陸·弩失畢十姓. 其咄陸有五啜: 一曰處木昆律啜; 二曰胡祿居闕啜, 賀魯以女妻之; 三曰攝舍提暾啜; 四曰突騎施賀邏施啜; 五曰鼠尼施處半啜. 弩失畢有五俟斤: 一曰阿悉結闕俟斤, 最爲強盛; 二曰哥舒闕俟斤; 三曰拔塞幹暾沙鉢俟斤; 四曰阿悉結泥孰俟斤; 五曰哥舒處半俟斤. 各有所部, 勝兵數十萬, 並羈屬賀魯. 西域諸國, 亦多附隸焉.

영휘(永徽) 2년(651)에 [아사나하로가] 아들 [아사나]질운(阿史那咥運)[791]과 함께 백성들을 이끌고 서쪽으로 달아나 [을비]돌륙가한의 땅에 웅거해 서역의 여러 군을 모두 차지했으며

度使의 관할 구역은 지금 알타이산맥 이서, 아랄해 이동, 天山 이북, 바르 쿨 주위의 지역이었고, 貞元 6년(790) 吐蕃에게 함락 당한 이후 폐지되었다.

786) 『新唐書』에는 "莫賀城에 거주했다."고 되어 있다.

787) 左驍衛將軍: 左驍衛의 次官로 品階는 從三品이었다.

788) 瑤池都督: 瑤池都督府의 長官이었다. 瑤池都督府는 貞觀 23년(649)에 설치되었고, 安西都護府에 속해 있었다. 治所가 庭州 莫賀城(지금 新疆維吾爾自治區 阜康市 동쪽)에 있었다. 永徽 2년(651)에 治所가 千泉(지금 키르기즈스탄 북부에 있는 키르기즈산맥 북록)으로 옮겨갔다. 관할 영역은 지금 新疆維吾爾自治區 沙灣縣 서쪽, 天山 이북에서 아랄해에 이르는 지역으로 추정되나 정확한 것은 아니다.

789) 『唐會要』에서는 貞觀 22년(648) 四月에 발생한 일로 되어 있다(『唐會要』 卷94 「北突厥」: 2007~2008, "二十二年四月, 葉護賀魯來降. 咄陸旣奔吐火羅, 部落亡散, 其葉護阿史那賀魯帥其餘衆數千帳內屬, 詔以爲瑤池都督.").

790) 『新唐書』에는 阿史那賀魯가 唐朝에 투항해 세력화하는 과정이 자세하게 설명되어 있다. "有執舍地·處木昆·婆鼻三種者, 以賀魯無罪, 往請可汗, 可汗怒, 欲誅執舍地等, 三種乃擧所部數千帳, 與賀魯皆內屬, 帝優撫之. 會討龜玆, 請先馳爲向導, 詔授崑丘道行軍總管, 宴嘉壽殿, 厚賜予, 解衣衣之. 擢累左驍衛將軍·瑤池都督, 處其部於庭州莫賀城, 密招攜散, 廬幕益衆."이라 했다.

791) 阿史那咥運: 阿史那賀魯의 아들로 永徽 2년(651)에 아버지와 함께 서진해 西域을 완전히 장악했고 莫賀咄葉護(바가투르 야브구)가 되었다. 顯慶 2년(657) 蘇定方의 공격을 받아 西突厥이 멸망한 이후에 아버지와 함께 잡혀서 長安에 압송되었다.

쌍하(雙河)[792]와 천천(千泉)에 아[장]을 세우고 스스로를 사발라가한(沙鉢羅可汗)[793]이라 칭하며 돌륙(咄陸)과 노실필(弩失畢)의 십성(十姓)을 맡아 다스렸다.[794] 그 돌륙에는 다섯 명의 철(啜)이 있었다. 첫째는 처목곤률철(處木昆律啜)[795]이라 했다. 둘째는 호록거궐철(胡祿居闕啜)[796]이라 했는데, [아사나]하로가 자기 딸을 호록거궐철에게 시집 보냈다. 셋째는 섭사제돈철(攝舍提暾啜)[797]이라고 했고, 넷째는 돌기시하라시철(突騎施賀邏施啜)[798]이라 했다. 다섯째는 서니시처반철(鼠尼施處半啜)[799]이라 했다. 노실필에는 다섯 명의 사근이 있었다. 첫째를 아실결궐사근(阿悉結闕俟斤)[800]이라 했는데 가장 강성(強盛)했다. 둘째는 가서궐사근(哥舒闕俟斤)[801]이라 했다. 셋째는 발새간돈사발사근(拔塞幹暾沙鉢俟斤)[802]이라 했다. 넷째는 아실결니숙사근(阿悉結泥孰俟斤)[803]이라 했다. 다섯째는 가서처반사근(哥舒處半俟斤)[804]이라 했다. 각각 소속된 부락을 갖고 있었고 정예병사[勝兵][805]가 수십만 [명]으로 모두 [아사나]하로에게 기미(羈縻)[806]되어 속해 있었다. 서역의 여러 나라 역시 대부분 [아사나]하로에게

---

792) 雙河: 지금 新疆維吾爾自治區 博樂市 남쪽의 博爾塔拉河(보르탈라강)이다.

793) 沙鉢羅可汗: 고대 투르크어로 '이쉬바라 카간(Ishbara qaghan)'의 음사이다.

794) 『新唐書』에는 저본과 달리 阿史那賀魯의 세력화 과정이 자세하게 기록되어 있다. "方帝崩, 卽謀取西・庭二州, 刺史駱弘義以聞, 高宗遣通事舍人喬寶明馳撫, 因令賀魯遣子咥運入宿衛. 咥運中悔, 劫於勢, 不得去, 拜右驍衛中郎將. 帝遣還, 咥運卽勸賀魯引而西, 取咄陸可汗故地, 建牙於千泉, 自號沙鉢羅可汗, 遂統咄陸・弩失畢十姓."이라 했다.

795) 處木昆律啜: 고대 투르크어로 '카뭉데눅 초르(Qamungdenuq chor)'의 음사로 추정된다.

796) 胡祿屋闕啜: 고대 투르크어로 '쿨루구 퀼 초르(Qulugu kül chor)'의 음사로 추정된다.

797) 攝舍提暾啜: 고대 투르크어로 '쉬쉬지 톤 초르(Shüshüji ton chor)'의 음사로 추정된다.

798) 突騎施賀邏施啜: 고대 투르크어로 '튀르기쉬 카라쉬 초르(Türgish qarash chor)'의 음사로 추정된다.

799) 鼠尼施處半啜: 고대 투르크어로 '수니쉬 초르반 초르(Sunish chorban chor)'의 음사로 추정된다.

800) 阿悉結闕俟斤: 고대 투르크어로 '앗시킬 퀼 이르킨(Assikil kül irkin)'의 음사로 추정된다.

801) 哥舒闕俟斤: 고대 투르크어로 '카사크 퀼 이리킨(Qasaq kül irkin)'의 음사로 추정된다.

802) 拔塞幹暾沙鉢俟斤: 고대 투르크어로 '바르스칸 톤 이쉬바라 이르킨(Barsqan ton ïshbara irkin)'의 음사로 추정된다.

803) 阿悉結泥孰俟斤: 고대 투르크어로 '앗시킬 이둑 이르킨(Assikil ïduq irkin)'의 음사로 추정된다.

804) 哥舒處半俟斤: 고대 투르크어로 '카사크 초르반 이르킨(Qasaq chorban irkin)'의 음사로 추정된다.

805) 勝兵은 병사에 충당해 전쟁에 참전할 수 있는 정예병사를 지칭한다.

806) 羈縻: 말의 고삐와 소의 코뚜레를 합성해 만든 말이다. 견제하면서 관계를 단절하지 않되 그 이상의 적극적인 조치는 취하지 않는다는 뜻이 함축되어 있다. 그런데 그 용어는 前漢 武帝 때 처음 출현해 昭帝와 宣帝 시기에 일반화된 역사적 개념이었다. 外夷에 대한 중국의 독특한 대응양식을 지칭한 것으로 西漢後期에 구축된 새로운 천하질서의 성격을 표현했다. 또한 外夷와의 관계를 '不絕'한다는 적극적

귀순했다.

賀魯尋立咥運爲莫賀咄葉護, 數侵擾西蕃諸部, 又進寇庭州. 三年, 詔遣左武候大將軍梁建方·右驍衛大將軍契苾何力率燕然都護所部迴紇兵五萬騎討之, 前後斬首五千級, 虜渠帥六十餘人. 四年, 咄陸可汗死, 其子眞珠葉護與五弩失畢請擊賀魯, 破其牙帳, 斬首千餘級.

[아사나]하로가 바로 [아사나]질운을 막하돌엽호(莫賀咄葉護)[807]로 삼아 자주 서돌궐[西蕃]의 여러 부락을 침입해 어지럽혔고, 또한 나아가 정주까지 노략질했다. [영휘] 3년(652)에 [황제가] 조칙을 내려 좌무후[위]대장군 양건방(梁建方)[808]과 우효위대장군(右驍衛大將軍)[809] 계필하력(契苾何力)[810]을 보내 연연도호[부](燕然都護府)[811]에 속한 부락인 회흘의

인 면도 아울러 가지고 있다는 점에서 형식적으로 外夷가 中國을 향해 臣服하되, 실제적으로는 상호 독립적인 관계에 있는 국제 관계를 유지했다. 이처럼 인근의 종족과 국가를 中國化하지도 않지만 동시에 敵國化하지도 않는 국제 관계의 원리는 中國人들이 발견한 최선의 외교 원리로 이해되었다(金翰奎, 1988).

807) 莫賀咄葉護: 고대 투르크어로 '바가투르 야브구(Baghatur yabghu)'의 음사이다.

808) 梁建方: 唐代의 將軍으로 貞觀 말년에 右武侯將軍이 되었다.

809) 右驍衛大將軍: 唐代 右驍衛府의 長官으로 품계는 正三品이었다. 右驍衛府는 光宅 元年(684)에 右武威衛大將軍으로 바뀌었다가 神龍 元年(705)에 환원되었다.

810) 契苾何力(?~676): 唐朝의 蕃將으로 鐵勒의 하나인 契苾部落 출신이었다. 鐵勒 哥論易勿施莫賀可汗의 손자였다. 貞觀 6년(632)에 어머니와 함께 部衆 千餘家를 이끌고 唐에 투항했다. 貞觀 9년(635)에 李靖을 따라 吐谷渾을 정벌해 吐谷渾을 赤水川에서 격파했다. 貞觀 14년(640)에 侯君集을 따라 高昌(지금 新疆維吾爾自治區 吐魯番市)을 토벌해 평정했다. 貞觀 22년(648)에 무리를 이끌고 龜玆(지금 新疆維吾爾自治區 庫車縣)를 멸망시켰다. 永徽년간(650~655) 西突厥 王姓의 반란을 진압했다. 元朔 元年(661)에 鐵勒九姓의 叛變을 討平했다. 乾封 元年(666)에 李勣을 따라 高句麗 원정에 종군해 行左衛大將軍에 임명되었고 涼國公에 봉해졌다. 사후 昭陵에 배장이 되었고, 諡號는 烈이었다(『舊唐書』 卷109 「契苾何力傳」: 3291).

811) 燕然都護府: 貞觀 21년(647)에 설치되었으며 治所가 지금 內蒙古自治區 烏拉特中旗 서남에 해당했다. 鐵勒 諸部의 각 府州를 통할했다. 관할구역은 지금 內蒙古自治區 오르도스 以北, 몽골공화국, 러시아 서시베리아 남부의 지역에 해당한다. 龍朔 3년(663)에 治所를 磧北의 迴紇部落으로 옮겨 翰海都護府라고 改稱했다.

병사 5만 여 기병을 이끌고 [서돌궐 군대를] 토벌하라고 해서 앞뒤로 [적군의] 머리 5천 급[812]을 베었고, 거수(渠帥)[813] 60여 명을 사로잡았다.[814] [영휘] 4년(653)에 [을비]돌륙가한이 죽자 [을비]돌륙가한의 아들 진주엽호(眞珠葉護)[815]와 오노실필이 [아사나]하로의 토벌을 [당조에] 청해 그 아장을 격파하고 머리 천여 급을 베었다.[816]

顯慶二年，遣右屯衛將軍蘇定方，燕然都護任雅相，副都護蕭嗣業，左驍衛大將軍·瀚海都督迴紇婆閏等率師討擊，仍使右武衛大將軍阿史那彌射·左屯衛大將軍阿史那步眞爲安撫大使．定方行至曳咥河西，賀魯率胡祿居闕啜等二萬餘騎列陣而待．定方率副總管任雅相等與之交戰，賊衆大敗，斬大首領都搭達干等二百餘人．賀魯及闕啜輕騎奔竄，渡伊麗河，兵馬溺死者甚衆．嗣業至千泉賀魯下牙之處，彌射進軍至伊麗水，處月·處密等部各率衆來降．彌射又進次雙河，賀魯先使步失達干鳩集散卒，據柵拒戰．彌射·步眞攻之，大潰；又與蘇定方攻賀魯於碎葉水，大破之．

현경(顯慶) 2년(657)에 [황제가] 우둔위장군(右屯衛將軍)[817] 소정방(蘇定方)[818]과 연연도

812) 『新唐書』에는 “五千級”이 아니라 “九千級”을 斬首했다고 기록되어 있다.

813) 渠帥는 氏族 또는 部落 등 古代와 中世에 일정한 세력을 갖고 있던 집단의 首長을 지칭했다.

814) 『新唐書』에는 저본에 없는 唐朝의 阿史那賀魯 원정 과정이 자세하게 기록되어 있다. “詔左武衛大將軍梁建方·右驍衛大將軍契苾何力爲弓月道行軍總管, 右驍衛將軍高德逸·右武衛將軍薩孤吳仁副之, 發府兵三萬, 合回紇騎五萬擊之. 駱弘義獻計曰: ‘安中國以信, 馭夷狄以權, 理有變通也. 賀魯保一城, 方寒積雪, 謂唐兵必不來, 宜乘此一擧滅之. 遷延及春, 且生變, 縱不率連諸國, 必遠迹遁去. 且兵本誅賀魯, 而處蜜·處木昆等亦各欲自免, 若留不進, 彼與賀魯復合矣. 今雖嚴冬風勁, 兵苦皸墮, 又不可久留費邊糧, 使賊得堅黨附·賒死期也. 請寬處月·處蜜等罪, 專誅賀魯, 除禍務本, 不可先治枝葉也. 願發射脾·處月·處蜜·契苾等兵, 齎一月食, 急趨之, 大軍住憑洛水上爲之景助, 此驅戎狄攻豺狼也. 且戎人藉唐兵爲羽翼, 今胡騎出前, 唐兵躡後, 賀魯窮矣.’ 天子然其奏, 詔弘義佐建方等經略之. 處月朱邪孤注者, 引兵附賊, 據牢山, 建方等攻之, 衆潰, 追行五百里, 斬孤注, 上首九千級, 虜其帥六十, 不如弘義所計.”

815) 眞珠葉護: 고대 투르크어로 ‘옌추 야브구(Yenchu yabghu)’의 음사이다.

816) 『新唐書』에는 653년에 있었던 阿史那賀魯에 대한 원정이 자세하게 기록되어 있다. “永徽四年, 罷瑤池都督府, 即處月置金滿州, 又遣左屯衛大將軍程知節爲蔥山道行軍大總管, 率諸將進討. 是歲, 咄陸可汗死, 其子眞珠葉護請討賀魯自效, 爲賀魯所拒, 不得前. 明年, 知節擊歌邏祿·處月, 斬千級, 收馬萬計. 副將周智度擊處木昆城, 拔之, 斬馘三萬. 前軍蘇定方擊賀魯別帳鼠尼施于鷹娑川, 斬首虜獲馬甚衆, 賊棄鎧仗彌野. 會副總管王文度不肯戰, 降怛篤城, 取其財, 屠之, 知節不能制.”

호(燕然都護) 임아상(任雅相),[819] 부도호 소사업, 좌효위대장군 한해도독(瀚海都督) 회흘(迴紇) 파윤(婆閏)[820] 등을 보내 군대를 이끌고 [아사나하로를] 토벌해 격파하게 하고, 바로 우무위대장군 아사나미사(阿史那彌射)[821]와 좌둔위대장군 아사나보진을 안무대사(安撫大使)[822]로 삼도록 [해서 금산도(金山道)에서 나누어 나아가자 사근(俟斤) 눈독록(嫩獨祿) 등 만여 장이 맞이해 항복하게] 했다.[823] [소]정방이 행군해 예질하(曳咥河)[824]의 서쪽에 이르렀

---

817) 右屯衛將軍: 右屯衛의 次官으로 품계는 從三品이었다. 隋初 右領軍府가 설치되었다가 煬帝가 右屯衛로 改稱되었고 大將軍과 將軍 등의 관직을 두었다. 唐代에도 이를 이었고 龍朔 2년(662)에 右威衛로 개칭되었다. 光宅 元年(684)에 右豹韜衛로 바뀌었다가 神龍 元年(705)에 右威衛로 환원되었다. 大將軍 1명과 차관인 將軍 2명이 있었으며, 翊一府와 翊二府, 宣陽 등 50개의 折衝府를 관할하며 나뉘어 宿衛를 했다.

818) 蘇定方(592~667): 唐代 將軍으로 冀州 武邑縣(지금 河北省 武邑縣) 사람이었다. 이름은 烈, 字는 定方이었다. 어려서 아버지를 따라 隋末 농민군을 진압했으며 후에 竇建德에게 항복해 竇建德을 따라 城邑을 공략하는데 공을 세웠다. 貞觀初에 匡道府折衝都尉에 임명되었다. 貞觀 4년(630)에 李靖을 따라 東突厥 頡利可汗을 격파해 左武候中郎將에 제수되었다. 顯慶 2년(657)에는 西突厥의 鼠尼施 등을 應娑川에서 격파했다. 이듬해에 伊麗道行軍大總管에 배수되어 西征했으며 西突厥의 可汗 阿史那賀魯를 사로잡은 功으로 左驍衛大將軍으로 승진하고 邢國公에 봉해졌다. 顯慶 4년(659)에 鐵勒의 思結部 수령 都曼 등이 반란을 일으키자 재차 군대를 이끌고 西征해 都曼에게 투항하게 해 唐의 파미르 以西 지역 통치를 유지했다. 이 공으로 左武衛大將軍에 임명되었다. 이듬해 神丘道大總管이 되어 군대를 이끌고 東征해 百濟王을 사로잡았다. 사후 幽州都督에 추증되었으며 諡號는 '莊'이었다(『舊唐書』 卷83 「蘇定方傳」: 2777).

819) 任雅相(?~662): 高宗 시기의 大臣이었다. 顯慶 4년(659)에 兵部尙書 同中書門下三品에 임명되어 宰相이 되었다. 龍朔 元年(661)에 군대를 이끌고 高句麗를 공격했으나 이듬해에 軍中에서 죽었다.

820) 婆閏: 迴紇의 추장으로 고대 투르크어로 '바얀(Bayan)'의 음사로 추정된다. 아버지 吐迷度를 이어 迴紇을 통솔하면서 몽골 초원에서 세력을 확대하였고, 唐朝의 西突厥 원정에 참가하여 공을 세운 다음 右衛大將軍, 兼瀚海都督이 되었다.

821) 阿史那彌射(?~662): 西突厥을 세운 室點密의 5대손으로 원래 葉護로 있다가 투항해 唐朝의 장군으로 활약했다. 貞觀 6년(632) 奚利邲咄陸可汗으로 책봉되게 됨에 따라 그의 족형인 阿史那步眞과 서로 싸웠다. 13년에 唐朝에 투항해 右監門大將軍을 제수 받고 太宗을 수행해 高句麗 원정에서 공을 세워 平襄縣伯이 되었다. 顯慶 2년(657)에 蘇定方을 따라 阿史那賀魯를 토벌했고, 興昔亡可汗 겸 右衛大將軍, 崑陵都護로 임명되어 西突厥 咄陸 부락의 거주 지역을 통솔했다. 龍朔 2년(662)에 唐軍을 따라 龜玆(쿠차)를 토벌하다 蘇海政의 모함으로 살해되었다(『舊唐書』 卷194下 「阿史那彌射傳」: 5188).

822) 安撫大使: 隋代에 설치되었는데 行軍 총사령관이 겸직했다. 唐 前期에는 大臣을 파견해 전쟁이 발생하는 지역이나 자연재해가 있는 지역을 순시하게 했다. 이를 安撫使 혹은 安撫大使라 칭했다. 반역을 저지른 藩鎭이나 농민반란, 주변 족속들을 征討할 때 파견된 軍事 長官이 늘 이 직책을 겸했다.

823) 『新唐書』에는 "分出金山道, 俟斤嫩獨祿等萬餘帳迎降."라고 되어 있다.

는데, [아사나]하로가 호록거궐철 등 2만여 명의 기병을 이끌고 진을 치고 기다렸다. [소]정방이 부총관 임아상 등을 이끌고 [아사나하로와] 싸움을 벌였는데, 적의 무리를 크게 패배시키고 대수령 도탑달간(都搭達干)[825] 등 2백여 명을 베었다.[826] [아사나]하로와 [호록거]궐철은 경무장한 체 말을 타고 달아나 숨으려고 했는데, 이려하(伊麗河)[827]를 건너다가 물에 빠져 죽은 군사들과 말이 아주 많았다. [소]사업이 천천(千泉)에 있는 [아사나]하로의 아[장]에 이르렀고, [아사나]미사가 군사들을 나아가게 해 이려수(伊麗水)에 도착하자 처월과 처밀 등의 부락이 각각 백성을 이끌고 와서 항복했다.[828] [아사나]미사가 또 나아가 쌍하에 머물렀는데, [이때 아사나]하로가 먼저 보실달간(步失達干)[829]을 시켜 흩어진 병졸들을 끌어 모아 책(栅)을 의지해 항전하게 했다. [아사나]미사와 [아사나]보진이 [아사나]하로를 공격해 크게 무너뜨렸다. 또한 소정방과 함께 [아사나]하로를 쇄엽수(碎葉水)[830]에서 공격해 크게 격파했다.

賀魯與咥運欲投鼠耨設，至石國之蘇咄城傍，人馬飢乏，城主伊涅達干詐將酒食出迎，賀魯信其言入城，遂被拘執．蕭嗣業旣至石國，鼠耨設乃以賀魯屬之．賀魯謂嗣業曰：「我破亡虜耳！先帝厚我，而我背之，今日之敗，天怒我也．舊聞漢法，殺人皆於都市，

---

824) 曳咥河: 多邏斯 또는 里移德建河라고도 하는데, 지금 新疆維吾爾自治區 북부에서 알타이산맥에서 발원하여 카자흐스탄을 거쳐 러시아로 흘러가는 이르티쉬(irtish, 額爾齊斯河)강의 상류를 말한다.

825) 都搭達干: 고대 투르크어로 '투타 타르칸(Tuta tarqan)'의 음사로 추정된다.

826) 『新唐書』에는 저본 보다 전투 과정이 기록되어 있다. "定方以精騎至曳咥河西, 擊處木昆, 破之. 賀魯擧十姓兵十萬騎來拒, 定方以萬人當之, 虜見兵少, 以騎繞唐軍. 定方令步卒據原, 攢矟外注, 自以騎陣於北. 賀魯先擊原上軍, 三犯, 軍不動. 定方縱騎乘之, 虜大潰, 追奔數十里, 俘斬三萬人, 殺其大酋都搭達干等二百人."

827) 伊麗河: 伊麗水와 같고, 伊列水라고도 한다. 지금 新疆維吾爾自治區 西北部와 카자흐스탄 동북으로 흘러가는 伊犁河(일리하)를 지칭한다.

828) 『新唐書』에는 저본보다 전투 과정이 자세히 기록되어 있다. "明日躡北, 五弩失畢皆降. 五咄陸聞賀魯敗, 趨南道降步眞. 定方命嗣業・婆閏趨邪羅斯川追虜, 任雅相提降兵踵後. 會大雪, 軍中請須霽, 定方曰: '今霧晦風冽, 虜謂我不能師, 掩其不虞可也, 緩則遠矣, 省日兼功, 上策也.' 於是晝夜進, 收所過人畜, 至雙河, 與彌射・步眞會, 軍飽氣張, 距賀魯牙二百里, 陣而行, 抵金牙山. 賀魯衆適獵, 定方兵縱破其牙, 俘數萬人, 獲鼓纛器械, 賀魯跳度伊麗水. 嗣業次千泉, 彌射至伊麗, 處月・處蜜諸部皆下."

829) 步失達干: 고대 투르크어로 'Bash tarqan'의 음사로 추정된다.

830) 碎葉水: 지금 키르기즈스탄과 카자흐스탄의 국경을 흐르는 추(Chu) 강으로 달리 素葉水, 細葉川, 答剌速沒輦, 垂河, 吹河, 亦河, 吹沒輦이라고도 한다.

至京殺我，請向昭陵，使得謝罪於先帝，是本願也.」高宗聞而愍之. 及俘賀魯至京師，令獻於昭陵及太廟，詔特免死. 分其種落置崑陵·濛池二都護府，其所役屬諸國，皆分置州府，西盡于波斯，並隸安西都護府. 四年，賀魯卒. 詔葬于頡利墓側，刻石以紀其事.

[아사나]하로와 [아사나]질운은 서누설(鼠耨設)[831]에게 몸을 의지하고자 석국의 소돌성(蘇咄城)[832] 옆까지 왔는데 사람과 말이 모두 허기지고 힘들어 했고, 성주(城主)인 이열달간(伊涅達干)[833]이 술과 음식을 가지고 나와 맞이하는 척하자 [아사나]하로가 그의 말만 믿고 성 안으로 들어갔다가 결국 사로잡혔다. 소사업이 석국에 오자 서누설이 [아사나]하로를 소사업에게 넘겼다.[834] [아사나]하로가 [소]사업에게 말했다. "저는 깨져서 망한 포로에 불과할 뿐입니다. 선제(先帝)[835]께서 저를 후하게 대접해주셨는데 제가 배신했으니 오늘의 패배는 하늘이 저에게 노하셨기 때문입니다. 예전에 중국의 법[漢法][836]에서는 사람을 죽일 때에는 모두 수도의 저자에서 거행한다고 들었는데, 경[사]에 가면 [저를] 죽일 것이니 소릉(昭陵)을 향해 선제께 사죄할 수 있도록 해주실 것을 본래부터 바랄 뿐입니다." 고종이 [이 말을] 듣고 불쌍히 여겼다.[837]

[아사나]하로가 붙잡혀 경사(京師)에 도착하자 소릉과 태묘에 바치게 했으나 특별히 죽임만은 면하게 하라고 명령했다. 서돌궐의 여러 부락을 나누어 곤릉(崑陵)[838]과 몽지(濛池)[839]

831) 鼠耨設: 고대 투르크어로 '치누 샤드(Chinu shad)'의 음사로 추정된다.

832) 蘇咄城: 石國(지금 우즈벡키스탄 타쉬켄트)에 속해 있었던 오아시스 도시인데, 정확한 위치는 알 수 없다.

833) 伊涅達干: 고대 투르크어로 '이날 타르칸(Ïnal tarqan)'의 음사이다.

834) 저본은 "蕭嗣業旣至石國, 鼠耨設乃以賀魯屬之."인데, 『新唐書』에는 "會彌射子元爽與嗣業兵至, 取之."이라고 되어 있다. 그리고 『新唐書』에는 앞의 구절 다음에 "乃悉散諸部兵, 開道置驛, 收露胔, 問人疾苦, 賀魯所掠悉還之民, 西域平."라는 구절이 첨가되었는데, 저본에는 없다.

835) 先帝는 高宗의 아버지인 太宗을 지칭함.

836) 漢法은 唐나라의 법을 지칭한다. 突厥人들은 中國, 즉 唐나라의 사람이나 문물을 지칭할 때 '漢'字를 사용했다.

837) 『新唐書』에는 저본과 달리 高宗과 許敬宗의 대화 내용이 기록되어 있다. "帝曰: 「先帝賜賀魯二千帳主之, 今罪人旣得, 獻昭陵其可乎?」 許敬宗曰: 「古者, 軍凱還則飮至于廟. 若諸侯獻馘天子, 未聞獻于陵. 然陛下奉園寢與宗廟等, 可行不疑.」"

의 두 개 도호부(都護府)를 두고, 서돌궐에게 속해 있었던 [서역의] 여러 나라들을 모두 나누어 [자사]주(刺史州)와 [도독]부(都督府)를 설치하니 서쪽으로는 파사(波斯)까지 이르렀으며, 아울러 [서돌궐의 기미부주를] 안서도호부(安西都護府)[840]에 예속되게 했다.[841] [현경] 4년(659)에 [아사나]하로가 죽었다. [황제가] 조칙을 내려 힐리[가한] 묘 옆에 장사를 지내도록 하고 비석을 새겨 사적을 기록하라고 했다.[842]

阿史那彌射者, 室點密可汗五代孫也. 初, 室點密從單于統領十大首領, 有兵十萬衆,

---

838) 崑陵都護府: 顯慶 2년(657)에 西突厥 阿史那賀魯를 평정한 다음 그의 땅을 둘로 나눠 동쪽에 설치되었고, 安西都護府의 관할 하에 두었다. 주로 西突厥의 五咄陸 部落을 통제하도록 했는데, 관할 구역은 지금 카자흐스탄 발하쉬호 이동에서 新疆維吾爾自治區 준가르 분지와 일리강 하류 일대였다. 垂拱 이후에 폐지되었다. 長安 이후에 北庭都護府의 관할로 바뀌었다.

839) 濛池都護府: 顯慶 2년(657)에 西突厥 阿史那賀魯를 평정하고 그의 땅을 둘로 나눠 서쪽에 설치되었고, 安西都護府의 관할 하에 두었다. 주로 西突厥의 五弩失畢 部落을 통제하도록 했는데, 관할 구역은 지금 카자흐스탄 아랄해 동남, 발하쉬 호와 키르기즈스탄 이식 쿨 이서 지역이었다. 長安 2년(702) 北庭都護府의 관할로 바뀌었다. 垂拱 이후에는 弩失畢 부락이 東突厥의 공격을 받아 흩어지게 되자 天授 元年(690) 都護가 잔여 부락을 이끌고 내지로 들어오게 되자 그 지역은 突騎施의 지배를 받게 되었다. 開元 말기에 다시 阿史那昕이 十姓可汗, 濛池都護가 되어 고지로 돌아가나 天寶 元年(742)에 碎葉城 서쪽 俱蘭城에 이르렀을 때 突騎施 莫賀達干의 공격을 받아 阿史那昕이 죽게 됨에 따라 완전히 폐지되었다.

840) 安西都護府: 貞觀 14년(640)에 侯君集이 高昌을 평정한 다음 설치되었다. 治所가 西州(지금 新疆維吾爾自治區 吐魯番縣 동남 高昌 廢址)에 있었다. 顯慶 3년(658)에 治所가 龜玆鎭(지금 新疆維吾爾自治區 高車 東郊 皮朗 舊城)으로 이동했다. 관할구역은 지금 알타이산맥 已西와 咸海 已東, 아무다리야 유역과 파미르 고원의 동쪽과 서쪽, 타림 분지의 대부분 지역이었다. 咸亨 元年(670)에 龜玆鎭이 吐蕃에 점령되자 治所가 碎葉鎭으로 옮겨갔다. 長壽 2년(693)에 治所가 다시 龜玆鎭으로 바뀌었다. 至德 元年(756)에 鎭西都護府로, 이후에 安西都護府로 개칭되었다. 貞元 3년(787) 이후 龜玆와 交河城을 吐蕃이 점령하자 都護府가 廢置되었다.

841) 『新唐書』에는 羈縻府州의 설치 내용이 자세하게 기록되어 있다. "賀魯已滅, 裂其地爲州縣, 以處諸部. 木昆部爲匐延都督府, 突騎施索葛莫賀部爲嗢鹿都督府, 突騎施阿利施部爲絜山都督府, 胡祿屋闕部爲鹽泊都督府, 攝舍提暾部爲雙河都督府, 鼠尼施處半部爲鷹娑都督府, 又置崑陵·濛池二都護府以統之. 其所役屬諸國皆置州, 西盡波斯, 並隸安西都護府."

842) 『新唐書』에는 阿史那彌射와 阿史那步眞를 都護로 임명해 西突厥을 나누어 다스리게 한 것을 다음과 같이 기록했다. "以阿史那彌射爲興昔亡可汗, 兼驃騎大將軍·崑陵都護, 領五咄陸部, 阿史那步眞爲繼往絕可汗, 兼驃騎大將軍·濛池都護, 領五弩失畢部, 各賜帛十萬, 以光祿卿盧承慶持册命之."

往平西域諸胡國, 自爲可汗, 號十姓部落, 世統其衆. 彌射在本蕃爲莫賀咄葉護. 貞觀六年, 詔遣鴻臚少卿劉善因就蕃立爲奚利邲咄陸可汗, 賜以鼓纛·綵帛萬段. 其族兄步眞欲自立爲可汗, 遂謀殺彌射弟姪二十餘人. 彌射旣與步眞有隙, 以貞觀十三年率所部處月·處密部落入朝, 授右監門大將軍. 其後步眞遂自立爲咄陸葉護, 其部落多不服, 委之遁去. 步眞復攜家屬入朝, 授左屯衛大將軍.

아사나미사는 실점밀가한(室點密可汗)[843]의 5대손이었다. 이전에 실점밀[가한]은 [과거 흉노] 선우(單于)[의 예]를 따라 열 명의 대수령[844]을 통솔했고 병사 10만의 무리를 거느렸으며 과거 서역의 여러 호국(胡國)들을 평정해 스스로 가한이 되어 십성부락(十姓部落)[845]이라 칭하고 대대로 그 백성들을 통솔했다. [아사나]미사는 본래 돌궐[本蕃][846]에서 막하돌엽호(莫賀咄葉護)[847]로 있었다. 정관 6년(632)에 [황제가] 홍려소경 유선인을 돌궐에 보내 [아사나미사를] 해리필돌륙가한(奚利邲咄陸可汗)[848]으로 삼고, 북과 독, 채백(綵帛) 만 단을 내려주라고 명했다.[849] [이 때] 아사나미사의 족형(族兄)인 [아사나]보진이 자립해 가한이 되려고 결국 음모를 꾸며 [아사나]미사의 동생과 조카 20여 명을 죽였다. [이로 인해 아사나]미사와 [아사나]보진은 이미 틈이 벌어졌고, 정관 13년(639)에 [아사나미사가] 휘하의 처월과 처밀 부락을 이끌고 조정에 들어와 우감문[위]대장군(右監門衛大將軍)[850]에 제수되었다. 그 후에 [아사나]

843) 室點密可汗: 突厥을 건국한 伊利可汗의 동생으로 고대 투르크어로 '이스테미 카간(Istemi qaghan)'의 음사이다. 土門의 동생으로 서방으로 遠征해 嚈噠을 멸망시키고 페르시아를 패퇴시킨 후에 자립해 西面可汗이 되었다.

844) 다섯 명의 초르(chor: 啜)와 다섯 명의 이르킨(irkin: 俟斤) 즉, 五咄陸과 五弩失畢로 구성된 西突厥의 부락 구조를 말하는 것이다.

845) 十姓部落: 西突厥의 온 오크(On oq) 즉, 十箭을 지칭한다.

846) 저본은 "本蕃"인데, 突厥을 피하기 위해 쓴 표현이라 번역문에서는 원래의 뜻대로 번역했다.

847) 莫賀咄葉護: 고대 투르크어로 '바가투르 야브구(Baghatur yabghu)'의 음사이다.

848) 奚利邲咄陸可汗: 고대 투르크어로 '일릭 빌게 둘룩 카간(Ilig bilge Duluq qaghan)'의 음사로 추정된다.

849) 저본은 "貞觀六年, 詔遣鴻臚少卿劉善因就蕃立爲奚利邲咄陸可汗, 賜以鼓纛·綵帛萬段."인데, 『新唐書』에서는 "貞觀中, 遣使者持節立彌射爲奚利邲咄陸可汗, 賜鼓纛."이라 했다.

850) 右監門衛大將軍: 右監門衛의 長官이다. 漢魏시대에 城門校尉가 있었는데, 隋初에 右監門府가 설치되었고 長官을 將軍이라 칭했다. 龍朔 2년(662)에 右監門衛로 改稱되었다. 右監門衛에는 長官인 大將軍이 1명과 次官인 將軍이 2명이었다. 宮殿 諸門의 禁衛와 門籍을 관장했으며 9品官이상의 文武官은 매달

보진이 마침내 스스로 즉위해 돌륙엽호[가한](咄陸葉護可汗)[851]이 되었는데, 그 부락 대다수가 복종하지 않자 부락을 맡기고 달아났다. [따라서 아사나]보진 역시 다시 가속들을 이끌고 조정에 들어와 좌둔위대장군에 제수되었다.

彌射後從太宗征高麗有功, 封平襄縣伯. 顯慶二年, 轉右武衛大將軍. 及討平賀魯, 乃冊立彌射爲興昔亡可汗兼右衛大將軍·崑陵都護, 分押賀魯下五咄六部落; 步眞授繼往絕可汗兼右衛大將軍·濛池都護, 仍分押五弩失畢部落. 因下詔曰: 「自西蕃擾亂, 三十餘年. 比者賀魯猖狂, 百姓重被劫掠. 朕君臨四海, 情均養育. 不可使凶狡之虜, 恣行侵漁; 無辜之甿, 久遭塗炭. 故遣右屯衛將軍蘇定方等統率騎勇, 北路討逐; 卿等宣暢朝風, 南道撫育. 遂使凶渠畏威, 夷人慕德, 伐叛柔服, 西域總平. 賀魯父子旣已擒獲, 諸頭部落須有統領. 卿早歸闕庭, 久參宿衛, 深感恩義, 甚知法式, 所以冊立卿等各爲一部可汗. 但諸姓從賀魯, 非其本情, 卿等纔至卽降, 亦是赤心向國. 卿宜與盧承慶等準其部落大小, 位望高下, 節級授刺史以下官.」

[아사나]미사는 이후에 태종을 따라 고구려 원정에 공을 세워 평양현백(平襄縣伯)에 봉해졌다. 현경 2년(657)에는 우무위대장군으로 전임되었다. 그리고 [아사나]하로를 토벌해 평정하자 [황제가 아사나]미사를 흥석망가한(興昔亡可汗) 겸 우위대장군(右衛大將軍)[852] 곤릉도호로 책봉하고 [아사나]하로 휘하의 오돌륙부(五咄陸部)를 나누어 감독하라고 했다. [아사나]보진을 계왕절가한(繼往絶可汗) 겸우위대장군 몽지도호로 책봉하고 바로 오노실필부(五弩失畢部)를 나누어 감독하라고 했다.

[황제가] 이와 관련해 다음과 같이 조서를 내렸다. "서돌궐[西蕃]이 어지럽게 된지 이미 30여 년이나 되었다. 근래에 [아사나]하로가 미쳐 날뛰어 백성들이 거듭해 약탈을 당했다.

監門衛에 籍을 보내야 했고, 監門衛는 表賬을 모아 內門에 전달했다. 官員과 儀仗을 출입할 때 그 수를 검사하며 物貨와 器用을 가지고 入宮할 때 반드시 등기해야 했다. 皇帝가 밖으로 나가 行幸할 때 부하의 軍兵을 거느리고 주둔 지역 門의 禁衛를 담당했다.

851) 咄陸葉護可汗: 고대 투르크어로 '둘룩 야브구 카간(Duluq yabghu qaghan)'의 음사로 추정된다.

852) 저본은 "兼右衛大將軍"인데, 『通典』에는 "左衛大將軍"라고 되어 있다(『通典』 卷199 「突厥」下 <西突厥>: 5460). 兼右衛大將軍은 右衛大將軍을 겸직한다는 뜻이다.

짐은 천하[四海]에서 임금 노릇을 하는데 정으로 [백성을] 균등히 양육하고자 했다. 흉악하고 교활한 돌궐은 부릴 수 없게 되자 제 마음대로 행동하고 침탈해서 허물없는 백성들이 오랫동안 도탄을 빠져 있게 되었다. 때문에 우둔위장군 소정방 등을 보내 기병(騎兵)과 용감한 병사를 통솔해 북쪽 길로 나아가 토벌해 내쫓게 했다. 경들에게는 조정의 분위기를 널리 알리고 남쪽 길[南道]로 어루만져 기르게 했다. 드디어 흉악한 우두머리를 위엄에 떨게 하고 오랑캐[夷人]들이 덕을 흠모해서 배반한 무리를 베고 유순하게 복속함으로써 서역이 모두 평정이 되었다. [아사나]하로 부자가 이미 사로잡혔으니 여러 우두머리 부락에 마땅히 통솔하는 자가 있어야만 한다. 경들은 일찍이 조정에 귀순해 오랫동안 숙위에 참여해서 깊이 은의를 느꼈고 법도을 잘 알았기 때문에 경들을 각자 한 부락의 가한으로 책립했다. 그러나 여러 부락[諸姓]이 [아사나]하로를 따른 것은 그 본래의 정이 아니니니 경들이 바로 도착하면 항복하고 또한 순수한 마음으로 우리나라로 향하게 될 것이다. 경들은 마땅히 노승경(盧承慶)[853] 등과 함께 부락의 크고 작음과 위망(位望)의 높고 낮음을 따져 그 차례에 따라 자사(刺史) 이하의 벼슬을 제수하도록 하라."[854]

龍朔中, 又令彌射·步眞率所部從䢦海道大總管蘇海政討龜茲. 步眞嘗欲并彌射部落, 遂密告海政云:「彌射欲謀反, 請以計誅之.」時海政兵纔數千, 懸師在彌射境內, 遂集軍吏而謀曰:「彌射若反, 我輩卽無噍類. 今宜先擧事, 則可克捷.」乃僞稱有敕, 令大總管齎物數百萬段分賜可汗及諸首領. 由是彌射率其麾下, 隨例請物, 海政盡收

853) 盧承慶(595~670): 唐代의 관리로 幽州 范陽縣(지금 北京市 서남쪽) 사람이었다. 字는 子餘였다. 博學하고 재간이 있었다. 어려 아버지의 작위인 范陽郡公을 襲爵했다. 貞觀初에 秦州都督府의 戶曹參軍에 임명되었고 이에 河西의 군사문제에 관해 상주해 그의 능력을 인정받아 考功員外郎으로 임명되었다. 이어 民部侍郎을 역임했고, 夏와 商부터 北周와 隋에 이르기까지 역대 戶口 數를 능히 암기할 수 있어 太宗의 칭찬을 들었다. 檢校兵部侍郎이 되었으며 5品官의 인선을 겸해 관장했다. 顯慶 4년(659)에 度支尙書 同中書門下三品이 되었다가 후에 潤州刺史와 雍州長史를 역임했다. 總章 2년(669)에 刑部尙書가 되었으나 年老해 致仕했고 이듬해에 병들어 죽었다(『舊唐書』 卷81 「盧承慶傳」: 2748).

854) 『新唐書』에는 西突厥에서 思結都曼이 일으킨 반란 내용이 기록되어 있다. "彌射·步眞無綏御材, 下多怨, 於是思結都曼率疏勒·朱俱波·喝槃陀三國叛, 擊破于闐, 詔左驍衛大將軍蘇定方討之, 都曼兵保馬頭川. 五年, 定方傳其城, 擊降之."

斬之. 其後西蕃盛言彌射非反, 爲步眞所誣, 而海政不能審察, 濫行誅戮.

용삭(龍朔) [2년(662)][855]에 또한 [아사나]미사와 [아사나]보진에게 명해 휘하의 부락을 이끌고 율해도대총관(颶海道大總管) 소해정(蘇海政)[856]을 따라 구자를 토벌하게 했다. [아사나]보진이 일찍부터 [아사나]미사의 부락을 겸병하고자 했기 때문에 결국 [소]해정에게 몰래 고해 말했다. "[아사나]미사는 반란을 모의하려고 하니 계책으로 죽이기를 청합니다." 이때 [소]해정의 병사가 겨우 수천 [명]이었고 [아사나]미사의 영역 내에 있는 군사들과도 멀리 떨어졌기 때문에 결국 군리(軍吏)들을 모아 모의하며 말했다. "[아사나]미사가 만약 반란을 일으킨다면 우리들은 살아남지 못할 것이다. 지금 마땅히 먼저 거사를 일으키면 이길 수도 있을 것이다." 이에 거짓으로 칙서가 있다고 말하며 대총관에게 재물 수백만 단을 갖고 가한과 여러 수령들에게 나누어 주라고 했다. 이에 [아사나]미사가 휘하[의 백성]을 거느리고 법에 따라 재물을 청했으나 [소]해정이 모두 체포해 죽여버렸다.[857] 그 후 서돌궐[西蕃]에서는 [아사나]미사가 반란을 일으킨 것이 아니라 [아사나]보진에게 무고를 당했는데, [소]해정이 제대로 살피지 않고 살육을 남발했다는 이야기가 무성하게 되었다.[858]

則天臨朝, 十姓無主數年, 部落多散失. 垂拱初, 遂擢授彌射子左豹韜衛翊府中郎將

---

855) 『唐會要』에 의하면 龍朔 2년(662) 四月의 일이었다(『唐會要』 卷94 「北突厥」: 2008, "龍朔二年十月, 敕興昔亡·繼往絶二可汗發兵, 與蘇海政討龜茲.").

856) 蘇海政: 唐代 관리로 永徽년간(650~655)에 總管을 역임하면서 변방에서 突厥을 침입을 막아냈다.

857) 『唐會要』에서는 "繼往絶可汗(阿史那步眞)이 興昔亡可汗(阿史那彌射)과 원한이 있어 몰래 蘇海政에게 勅書를 위조해 阿史那彌射를 체포해 참할 것을 청했다. 그 部落이 도망가니 蘇海政은 이를 토벌해 평정했다."라고 했다(『唐會要』 卷94 「北突厥」: 2008, "繼往絶素與興昔亡有怨, 密請海政矯勅收斬之, 其部落亡走, 海政追討平之.").

858) 『新唐書』에는 咸亨 2年(671) 이후 高宗 치세 西突厥의 몰락 과정이 자세히 기록되어 있다. "咸亨二年, 以西突厥部酋阿史那都支爲左驍衛大將軍兼匐延都督, 以安輯其衆. 儀鳳中, 都支自號十姓可汗, 與吐蕃連和, 寇安西, 詔吏部侍郎裴行儉討之. 行儉請毋發兵, 可以計取. 卽詔行儉册送波斯王子, 并安撫大食, 若道兩蕃者. 都支果不疑, 率子弟上謁, 遂禽之, 召執諸部渠長, 降別帥李遮匐以歸, 調露 元年也. 西姓自是益衰, 其後二部人日離散. 遂擢彌射子元慶爲左玉鈴衛將軍, 步眞子步利設斛瑟羅爲右玉鈴衛將軍, 盡襲父所領及可汗號. 元慶累拜鎭國大將軍·行左威衛大將軍."

元慶爲左玉鈴衛將軍兼崑陵都護，令襲興昔亡可汗，押五咄六部落；步眞子斛瑟羅爲右玉鈴衛將軍兼濛池都護，押五弩失畢部落．尋進授元慶左衛大將軍．如意 元年，爲來俊臣誣謀反被害．其子獻，配流崖州．長安三年，召還．累授右驍衛大將軍，襲父興昔亡可汗，充安撫招慰十姓大使．獻本蕃漸爲默啜及烏質勒所侵，遂不敢還國．開元中，累遷右金吾大將軍．卒于長安．

[무]측천이 조정에서 정사를 보는데,[859] 십성에 수년 동안 군주가 없게 되자 부락들이 대다수 흩어지고 없어지게 되었다. 수공(垂拱)년간(685~688) 초기에 드디어 [아사나]미사의 아들을 발탁해 좌표도위익부중랑장(左豹韜衛翊府中郎將)[860] [아사나]원경(元慶)[861]에게 좌옥검위장군 겸 곤릉도호를 제수하고 흥석망가한을 세습해 오돌륙 부락을 거느리게 했다. [아사나]보진의 아들인 [아사나]곡슬라(阿史那斛瑟羅)[862]에게 우옥검위장군(右玉鈴衛將軍)[863] 겸

859) 臨朝는 太后들의 臨朝稱制 즉 垂簾聽政을 지칭하는데, 여기에서는 문맥상 武則天이 皇帝로 즉위해 통치한 치세를 의미한다.

860) 左豹韜衛翊府中郎將: 左豹韜衛翊府의 관리로 品階는 正四品下였다. 光宅 元年(684) 左右威衛가 左右豹韜衛로 改稱되고 左豹韜衛가 관할하는 翊府에 中郎將 1명을 두어 翊府의 長官으로 삼아 翊府軍의 宿衛를 맡았다. 神龍 元年(705)에 左右豹韜衛가 左右威衛의 명칭으로 환원되면서 左豹韜衛翊府中郎將은 左威衛翊府中郎將으로 바뀌었다.

861) 阿史那元慶(?~692): 唐代 蕃將으로 阿史那彌射의 아들이었다. 高宗 말기에 左豹韜衛翊府中郎將이 되었다. 垂拱 초기에 左玉鈴衛將軍 兼崑陵都護가 되었고 아버지의 작을 물려받아 興昔亡可汗으로 咄陸 부락을 통할했다. 鎭國大將軍, 左威衛大將軍을 거듭 제수 받았고 長壽 元年(692)에 모함으로 武則天에게 죽임을 당했다.

862) 阿史那斛瑟羅: 唐代 蕃將으로 阿史那步眞의 아들이었다. 斛瑟羅는 고대 투르크어로 '쿠사라(Qusara)'의 음사로 추정된다. 원래 步利設(뵈리 샤드)이었다. 垂拱初에 右玉鈴衛將軍으로 蒙池都護가 되어 弩失畢 부락을 통어했다. 天授 元年(690)에 竭忠事主可汗으로 봉해졌다. 聖曆 2년(699)에 左衛大將軍 兼西平軍大總管, 蒙池都護로 五弩失畢 부락을 이끌었다. 하지만 突騎施의 烏質勒에게 압박을 받아 그 부락을 이끌고 唐朝로 이주했다가 長安에서 죽었다. 아들 阿史那懷道가 그의 지위를 이었다.

863) 右玉鈴衛將軍: 右玉鈴衛의 次官으로 품계는 從三品이었다. 右玉鈴衛는 본래 左領軍衛였다. 領軍은 後漢末 曹操가 설치했으며, 후에 中領軍으로 改稱되었다. 曹魏가 처음으로 領軍將軍을 설치해 禁軍을 통솔하게 했다. 이후 각 왕조에서도 領軍將軍이 설치되었다. 北齊에서도 領軍府가 설치되었고 領軍大將軍이 領軍府를 지휘해 모든 禁衛官兵을 관할했다. 隋에는 左右領軍府로 나뉘고 長史가 관리를 했으며, 12軍의 籍賬과 差科, 詞訟 등을 관장했다. 隋煬帝는 이를 左右屯衛로 바뀌었다가 唐代에 원래의 명칭이 회복되었다. 별도로 左右領軍衛가 설치되었고 각각 大將軍 1명과 將軍 2명이 관할했다. 翊一府와 翊二

몽지도독을 제수하고 오노실필 부락을 거느리게 했다. 이어 [아사나]원경을 좌위대장군으로 승진시켜 제수했다. [아사나원경은] 여의(如意) 원년(692)에 내준신(來俊臣)[864]이 모반한다고 무고해 죽임을 당했다.[865] 그의 아들인 [아사나]헌(阿史那獻)[866]은 애주(崖州)[867]로 유배되었다.[868]

장안(長安) 3년(703)에 [아사나헌이 다시 조정으로] 소환되었다. 누차 승진해 우효위대장군에 제수되었고, 아버지의 칭호인 흥석망가한의 자리를 이어받아 안무초위십성대사(安撫招慰十姓大使) [북정대도호]에 충임이 되었다.[869] [아사나]헌은 서돌궐[本蕃]이 점차 묵철과 오질륵(烏質勒)[870]의 공격을 받게 되자 결국 나라로 돌아가지 못했다.[871] 개원(開元)년간(713~741)

府, 萬敵, 萬年 등 60개의 折衝府를 관장했다. 龍朔 2년(622)에는 左右戎衛로, 咸亨 元年(670)에 左右領軍衛로 改稱되었다. 光宅 元年(684)에는 左右玉鈐衛로 개칭되었다가 神龍 元年(705)에 원래대로 환원되었다.

864) 來俊臣(651~697): 唐代의 관리로 雍州 萬年縣 사람이었다. 밀고로 武則天의 신임을 얻어 侍御史로 승진했으며, 재판을 모두 武則天의 뜻대로 처리했다. 天水 2년(691) 左臺御史中丞이 되어 수백 인의 無賴를 모아 刑獄을 담당하게 하고 비밀리에 誣告해 죄에 연루시켰으며, 그 방법을 설명한 『告密羅織經』을 저술했다. 심문할 때마다 수십 종의 刑具를 준비해 허위자백을 유도했다. 武則天이 洛陽 麗景門에 推事院을 설치하고 그에게 주지하도록 했다. 전후 수 천여 家를 살해했다. 누차 뇌물수수로 하옥되었으나 武則天의 비호로 다시 등용되어 洛陽令·司僕少卿을 역임했다. 후에 武氏 諸王과 太平公主, 張易之등에게 죄를 얻어 피살되었다(『舊唐書』 卷186 「酷吏傳」: 4837).

865) 저본은 "如意元年, 爲來俊臣誣謀反被害."인데, 『新唐書』에서는 "長壽中, 元慶坐謁皇嗣, 爲來俊臣所誣, 要斬, ……"이라고 되어 있다.

866) 阿史那獻: 唐代 蕃將으로 阿史那元慶의 아들이었다. 如意 元年(692)에 모함으로 崖州에 유배되었다가 長安 3년(703)에 돌아와 右驍衛大將軍이 되었고, 아버지를 이어 興昔亡可汗으로 安撫招慰十姓大使가 되었다. 碎葉 이서지역의 부락들을 내속시켜 定遠道大總管이 되었으나 이후 突騎施 沙葛을 공격했으나 성공하지 못하고 長安으로 돌아와 죽었다.

867) 崖州: 南朝 梁代에 설치되었는데, 治所는 義倫縣(지금 海南省 儋州市 서북쪽)에 있었다. 隋代에 廢置되었다가 武德 4년(621)에 다시 설치되었다. 治所는 舍城縣(지금 海南省 瓊山市 동남쪽)에 있었다. 관할구역은 지금 海南省 海口, 瓊山, 瓊海市와 文昌, 澄邁, 安定 등 縣에 해당한다. 天寶 元年(742)에 珠崖郡으로 改稱되었다가 乾元 元年(758)에 환원되었다. 北宋 開寶 5년(972)에 瓊州로 幷入되었다.

868) 『新唐書』에는 "振州"로 유배되었다고 되어 있다.

869) 『新唐書』에는 저본보다 자세하게 "長安中, 以阿史那獻爲右驍衛大將軍, 襲興昔亡可汗・安撫招慰十姓大使・北庭大都護."라고 되어 있다.

870) 烏質勒: 고대 투르크어로 '우길(Ughïl)'의 음사로 추정된다. 西突厥 突騎施의 酋長으로 莫賀達干(바가타르칸)이라 불렀다. 백성들을 초무해 碎葉城에 牙帳을 두고 阿史那斛瑟羅의 땅을 모두 차지했다. 景龍 2년(708) 唐朝로부터 西河郡王으로 봉해졌다가 얼마 지나지 않아 죽었다.

중엽에 우금오[위]대장군(右金吾衛大將軍)[872]으로 옮겼다. [이후에] 장안에서 죽었다.

阿史那步眞者, 在本蕃授左屯衛大將軍. 與彌射討平賀魯, 加授驃騎大將軍·行右衛大將軍·濛池都護·繼往絕可汗, 押五弩失畢部落. 尋卒. 其子斛瑟羅, 本蕃爲步利設, 垂拱初, 授右玉鈐衛將軍兼濛池都護·襲繼往絕可汗, 押五弩失畢部落. 天授 元年, 拜左衛大將軍, 改封竭忠事主可汗, 仍賜濛池都護. 尋卒. 子懷道, 神龍年累授右屯衛大將軍·光祿卿, 轉太僕卿兼濛池都護·十姓可汗. 自垂拱已後, 十姓部落頻被突厥默啜侵掠, 死散殆盡. 及隨斛瑟羅纔六七萬人, 徙居內地, 西突厥阿史那氏於是遂絕.

[아사나]보진은 서돌궐[本蕃]에서 좌둔위대장군에 제수되었다. [아사나보진은 아사나]미사와 함께 [아사나]하로를 토벌해 평정한 이후 표기대장군(驃騎大將軍)[873] 행우위대장군(行右

871) 『新唐書』에는 十姓部落의 약화 과정이 자세하게 기록되어 있다. "四年, 以懷道爲十姓可汗兼濛池都護. 未幾, 擢獻磧西節度使. 十姓部落都擔叛, 獻擊斬之, 傳首闕下, 收碎葉以西帳落三萬內屬, 璽書嘉慰. 葛邏祿·胡屋·鼠尼施三姓已內屬, 爲默啜侵掠, 以獻爲定遠道大總管, 與北庭都護湯嘉惠等掎角. 於是突騎施陰幸邊隙, 故獻乞益師, 身入朝, 玄宗不許. 詔左武衛中郎將王惠持節安慰. 方冊拜突騎施都督車鼻施啜蘇祿爲順國公, 而突騎施已圍撥換·大石城, 將取四鎮. 會嘉惠拜安西副大都護, 卽發三姓葛邏祿兵與獻共擊之. 帝將詔王惠與相經略, 宰相臣璟·臣頲曰: '突騎施叛, 葛邏祿攻之, 此夷狄自相殘, 非朝廷出也. 大者傷, 小者滅, 皆我之利. 方王惠往撫慰, 不可參以兵事.' 乃止."이라 했다.

872) 右金吾衛大將軍: 右金吾衛의 長官으로 품계는 正三品이었다. 金吾는 漢代 中尉를 改稱한 것이었다. 본래 秦은 中尉를 두어 京師를 방어하게 했는데, 前漢 太初 元年(전104)에 執金吾로 改名되었다. 後漢末 曹操가 다시 中尉로 바꾸었으나 西晉 初에 廢置되었다. 隋代에 左右武候府가 설치되고 각각 大將軍과 將軍을 두었다. 宮禁과 京城의 巡警을 담당했고 天子 車駕의 前驅와 後衛를 담당했다. 煬帝 시기에 左右候衛로 改名되었다. 唐初에 左右武候衛府로 改稱되었다. 龍朔 2년(662)에 左右金吾衛로 개칭되어 각각 大將軍 1명과 將軍 2명을 두었다. 左金吾衛의 職掌은 隋代와 같았다.

873) 驃騎大將軍: 前漢 武帝 元狩 2년(전121)에 驃騎大將軍이 설치되었다. 지위는 丞相과 開府 다음이었고 征伐을 담당했다. 後漢 明帝시기에는 三公(太尉·司徒·司空)의 위에 있었으나 후에 廢置되었다. 曹魏, 兩晉, 南齊에는 驃騎將軍이 있었다. 梁代에는 驃騎將軍이 雜號將軍이 되었으며 지위는 1品이었다. 隋文帝 開皇(581~600)년간에 驃騎府를 두고 驃騎將軍이 長官이 되었다. 煬帝는 驃騎將軍을 鷹揚郎將으로 고쳤다. 武德 元年(618)에 軍頭로 고쳤다가 이후에 驃騎將軍으로 고쳤다. 후에 이를 折衝都尉로 고쳐 折衝府의 長官으로 삼았다. 貞觀 元年(627)에 驃騎大將軍을 武散官으로 삼고 品階는 從一品으로 했다.

衛大將軍)[874] 몽지도호 계왕절가한으로 가관(加官)되어 오노실필 부락을 거느렸다. 얼마 후에 죽었다. [아사나]보진의 아들 [아사나]곡슬라는 서돌궐[本蕃]에서 보리설(步利設)[875]이었는데, 수공년간(685~688) 초기에 우옥검위장군(右玉鈐衛將軍) 몽지도호를 겸하게 되었고, 계왕절가한의 칭호를 세습해서 오노실필 부락을 거느렸다. 천수(天授) 원년(690)에 좌위대장군에 배수되고 갈충사주가한(竭忠事主可汗)으로 개봉(改封)이 되었으나[876] 여전히 몽지도호[의 벼슬]도 내려주었다.[877] 바로 죽었다.

그의 아들인 [아사나]회도(阿史那懷道)[878]는 신룡(神龍)년간(705~706)에 누차 [승진을 거듭해] 우둔위대장군(右屯衛大將軍)[879] 광록경으로 제수되었고, 태복경(太僕卿)[880] 겸 몽지도호 십성가한(十姓可汗)으로 전임되었다.[881] 수공년간(685~688) 이후부터 십성부락이 돌궐 묵철[가한]에게 빈번히 침략을 당해 모두 죽거나 흩어졌다. 그리고 [長壽 2년(693)에 아사나]곡슬라를 따르는 6~7만 명[의 백성]을 내지로 강제로 옮겨 살게 하자[882] 서돌궐[에 대한]

후에 없앴다가 顯慶 元年(656)에 설치되었다.

874) 行右衛大將軍: 右衛大將軍을 겸임하다는 뜻인데, '行'은 職事官보다 散官이 높을 때 사용한다. 漢代에는 官員이 결원이 되어 他官으로 代理하거나 本貫의 官階 高下가 불분명한 경우 일률적으로 다른 관직을 겸직할 때 '行'字가 사용되었다. 唐代의 제도에서 9品이상 職事官은 모두 散位를 지니고 있었는데 이를 本品이라 했다. 官員의 章服과 俸祿은 本品에 따라 결정되었다. 職事官에 임용되었을 때 本品의 高低에 따라 守·行·兼官의 수여가 결정되었다. 번역문에서 驃騎大將軍이 散官 從一品이고, 右衛大將軍은 3品의 職事官이었는데 散官이 職事官보다 品階가 높았으므로 職事官의 명칭 앞에 '行'字를 붙인 것이다.

875) 步利設: 고대 투르크어로 '뵈리 샤드(Böri shad)'의 음사이다.

876) 『唐會要』에 의하면 斛瑟羅가 繼往絶可汗으로 책봉된 시기가 嗣聖 3년, 즉 垂拱 2년(685) 九月이었다(『唐會要』 卷94 「北突厥」: 2009, "嗣聖三年九月, 以突厥斛瑟羅爲繼往絶可汗.").

877) 저본은 "仍賜濛池都護."인데, 번역문의 문맥상 '賜濛池都護'보다 '兼濛池都護'이 적합해 번역문에는 "濛池都督을 겸했다"라고 번역했다.

878) 阿史那懷道: 唐朝의 蕃將으로 阿史那步眞의 손자이고 阿史那斛瑟羅의 아들이었다. 聖曆년간에 일어난 西突厥 十姓의 불화가 長安 初까지 계속 지속되자 唐의 安西大都護 郭元振이 그를 長安 4년(704)에 可汗으로 삼아 十姓을 통제하려 했지만 성공하지 못했다. 開元 3년(715)에 突騎施의 蘇祿이 명성을 떨치자 唐에서는 그에게 장군의 직함을 주어 特勤으로 삼고 可汗으로 삼아 忠順可汗이라 칭했다. 이때 史懷道는 딸 金河公主를 蘇祿에게 시집보냈다. 開元 26년(738)에 蘇祿에게 피살되었다.

879) 右屯衛大將軍: 右屯衛의 長官으로 품계는 正三品이었다.

880) 太僕卿: 太僕寺의 長官으로 品階는 從三品이었다. 西周時代에 太僕下大夫가 있었다.

881) 『唐會要』에서는 "長安 4년(704) 正月에 周나라(武則天이 칭제해 세운 나라)가 阿史那懷道를 西突厥十姓可汗으로 삼았다."고 했다(『唐會要』 卷94 「北突厥」: 2009, "長安四年正月, 周以阿史那懷道爲西突厥十姓可汗.").

아사나씨[의 지배]가 이로부터 마침내 끊어지게 되었다.

突騎施烏質勒者, 西突厥之別種也. 初隸在斛瑟羅下, 號爲莫賀達干. 後以斛瑟羅用刑嚴酷, 衆皆畏之, 尤能撫恤其部落, 由是爲遠近諸胡所歸附. 其下置都督二十員, 各統兵七千人. 嘗屯聚碎葉西北界, 後漸攻陷碎葉, 徙其牙帳居之. 東北與突厥爲鄰, 西南與諸胡相接, 東南至西·庭州. 斛瑟羅以部衆削弱, 自則天時入朝, 不敢還蕃, 其地並爲烏質勒所併. 景龍二年, 詔封爲西河郡王, 令攝御史大夫解琬就加冊立. 未至, 烏質勒卒. 其長子娑葛代統其衆, 詔便立娑葛爲金河郡王, 仍賜以宮女四人.

돌기시(突騎施)의 오질륵(烏質勒)은 서돌궐의 다른 갈래[別種][883]였다. 이전에 [아사나]곡슬라 휘하에 예속되어 막하달간(莫賀達干)[884]이라 불렀다. 이후에 [아사나]곡슬라의 형벌이 엄격하고 가혹하게 적용되자 백성들이 모두 두려워했는데, [오질륵이] 더욱 그의 부락을 다독일 수 있어서 주변의 여러 호국[諸胡]들이 귀순했다. 그 아래에 도독(都督) 20명을 두어 각각 병사 7천 명을 통솔하게 했다. 일찍이 쇄엽의 서북 경계에 모여든 다음에 점차 쇄엽을 공격해 함락하고 그 아장을 옮겨 살았다. 동북쪽으로는 돌궐과 이웃했고, 서남쪽으로는 여러 호국[諸胡]과 서로 접했으며 동남쪽으로는 서주와 정주에 이르렀다. [아사나]곡슬라가 백성이 줄어 약해져 [무]측천[시기]부터 조정에 들어와 감히 서돌궐[蕃]로 돌아가지 못하게 되자 그 땅이 모두 오질륵에게 병합되었다.

경룡(景龍) 2년(708)에 [황제가] 조칙을 내려 [오질륵을] 서하군왕(西河郡王)에 책봉하라고 하고 어사대부 해완(解琬)[885]을 시켜 오질륵을 방문해 책립을 더해주라고 했다. 그러나

882) 『唐會要』에는 "長壽 2년(693) 十月에 西突厥十姓이 垂拱년간 이래 東突厥의 侵掠을 받아 흩어져 달아나 모두 없어졌다. 이에 繼往絶可汗 斛瑟羅는 餘衆을 수습해 內地로 入居했는데, 武后는 그를 竭忠事主可汗으로 삼았다."라고 되어 있다(『唐會要』 卷94 「北突厥」: 2009, "長壽二年十月, 西突厥十姓自垂拱以來, 爲東突厥所侵掠, 散亡略盡, 繼往絶可汗斛瑟羅收其餘衆, 入居內地, 武后以爲竭忠事主可汗.").

883) 別種: 일반적으로 西突厥이라는 정치 세력 내에 속해 있는 다양한 部落을 지칭한다. 이런 범주에 포함되는 족속은 西突厥과의 혈연적인 연계 보다는 그 지배를 받으며 突厥이라는 정체성을 갖게 된 집단을 말한다. 이것은 구체적인 내용을 확인할 수 없는 中國의 관습적이고 추상적인 표현으로 족속의 原流를 확인하는데 장애가 된다는 점에서 정확한 이해가 필요하다.

884) 莫賀達干: 고대 투르크어로 '바가 타르칸(Bagha tarqan)'의 음사이다.

[해완이] 도착하기도 전에 오질륵이 죽었다. 오질륵의 큰 아들 사갈(娑葛)이 대신 그 백성을 거느렸고, [황제가] 조칙을 내려 사갈을 금하군왕(金河郡王)에 봉하고 궁녀 네 명을 내려주라고 했다.886)

初, 娑葛代父統兵, 烏質勒下部將闕啜忠節甚忌之, 以兵部尚書宗楚客當朝任勢, 密遣使齎金七百兩以賂楚客, 請停娑葛統兵. 楚客乃遣御史中丞馮嘉賓充使至其境, 陰與忠節籌其事, 并自致書以申意. 在路爲娑葛遊兵所獲, 遂斬嘉賓, 仍進兵攻陷火燒等城, 遣使上表以索楚客頭. 景龍三年, 娑葛弟遮弩恨所分部落少於其兄, 遂叛入突厥, 請爲鄉導, 以討娑葛. 默啜乃留遮弩, 遣兵二萬人與其左右來討娑葛, 擒之而還. 默啜顧謂遮弩曰:「汝於兄弟尚不和協, 豈能盡心於我.」遂與娑葛俱殺之. 默啜兵還, 娑葛下部將蘇祿鳩集餘衆, 自立爲可汗.

이전에 사갈이 아버지를 대신해 병사를 거느리자 오질륵 휘하의 부장 궐철충절(闕啜忠

885) 解琬(?~718): 唐代의 관리로 魏州 元城縣(지금 河北省 大名縣 북쪽) 사람이었다. 어려서 幽素擧에 응시해 新政尉에 拜授되었으며 成都丞을 역임했다. 奏事로 인정을 받아 監察御史로 임명되었다. 어머니를 모시고 효성이 지극했으며 武則天의 총애를 얻었다. 聖曆初에 侍御史에 임명되어 烏質勒과 十姓部落을 安撫하는 사신이 되었으며 그 공으로 御史中丞으로 승진해 北庭都護 西域安撫使를 겸임했다. 權臣 宗楚客에게 죄를 지어 滄州刺史로 좌천되었다가 景龍년간에 右臺御史大夫로 승진했고 朔方行軍大總管을 겸임했다. 전후 軍에서 20여 년 동안 있었으며 직책에 충실했으며 邊疆을 편안하게 했다. 景雲 2년(711)에 朔方軍大總管에 임명되고 兵募 10만 명을 줄였다. 그 후 右武衛大將軍 檢校晉州刺史에 임명되고 濟南縣男에 봉해졌다. 年老해 致仕하니 金紫光祿大夫에 加官되었다. 그러나 오래지 않아 다시 左散騎常侍에 임명되어 吐蕃과의 국경 문제를 해결하러 사신으로 파견되었으며 九姓降戶 문제도 처리했다. 후에 太子賓客으로 전임되었다. 開元 5년(717) 同州刺史로 임명되었다(『舊唐書』卷100「解琬傳」: 3112).

886)『新唐書』에는 烏質勒의 발전 과정과 이후 唐朝와의 교섭 내용이 저본보다 자세하게 기록되어 있다. “突騎施烏質勒, 西突厥別部也. 自賀魯破滅, 二部可汗皆先入侍, 虜無的君. 烏質勒隸斛瑟羅, 爲莫賀達干. 斛瑟羅政殘, 衆不悅, 而烏質勒能撫下, 有威信, 諸胡順附, 帳落寖盛, 乃置二十都督, 督兵各七千, 屯碎葉西北. 稍攻得碎葉, 卽徙其牙居之, 謂碎葉川爲大牙, 弓月城·伊麗水爲小牙, 其地東鄰北突厥, 西諸胡, 東直西·庭州, 盡并斛瑟羅地. 聖曆二年, 遣子遮弩來朝, 武后厚加尉撫. 神龍中, 封懷德郡王. 是歲, 烏質勒死, 其子嗢鹿州都督娑葛爲左驍衛大將軍, 襲封爵. 是時勝兵三十萬, 詔十姓可汗阿史那懷道持節册命, 賜宮人四. 景龍中, 遣使者入謝, 中宗爲御前殿, 列萬騎羽林二仗, 引見勞賜.

節)[887]이 몹시 [그를] 꺼려했는데, 병부상서(兵部尙書) 종초객(宗楚客)[888]이 조정에서 세력을 떨치고 있었기 때문에 [궐철충절이] 비밀리에 사신을 보내 금 700량을 갖고 [종]초객에게 뇌물로 주며 사갈이 군대를 지휘하는 것을 그만두게 해달라고 청했다. [종]초객은 바로 어사중승 풍가빈(馮嘉賓)[889]을 사신으로 삼아 그 경내에 가게 해 몰래 [궐철]충절과 함께 그 일을 주관하도록 했으며 또한 스스로도 편지를 보내 생각을 알리도록 했다. [그러나] 길을 가던 도중에 사갈의 순찰병에게 사로잡혀 [풍]가빈이 결국 참수되자 [사갈이] 군대를 진군시켜 화소성(火燒城)[890] 등의 성을 함락시키고 사신을 보내 표를 올리고 [종]초객의 머리를 달라고 했다.

경룡 3년(709)에 사갈의 아우인 차노(遮弩)[891]가 자신이 나눠 받은 부락이 형보다 적다고 원망했고, 결국 배반한 다음 돌궐로 들어가 향도가 되어 사갈을 토벌하기를 청했다. 묵철이 이에 차노를 머무르게 하고 병사 2만 명과 그 좌우를 보내 사갈을 토벌하고 사로잡아서 돌아왔다. 묵철이 차노를 돌아보며 말했다. "네가 형제들과도 화목하게 마음을 터놓고 지내지 못하는데 어찌 나에게 마음을 다 바칠 수 있겠느냐?" 결국 사갈과 함께 차노를 죽였다. 묵철의 군대가 돌아오자 사갈 휘하 부락의 장수인 소록(蘇祿)이 나머지 백성을 긁어모아 스스로 즉위해 가한이 되었다.

蘇祿者, 突騎施別種也. 頗善綏撫, 十姓部落漸歸附之, 衆二十萬, 遂雄西域之地, 尋遣使來朝. 開元三年, 制授蘇祿爲左羽林軍大將軍・金方道經略大使, 進爲特勤, 遣侍御史解忠順齎璽書冊立爲忠順可汗. 自是每年遣使朝獻, 上乃立史懷道女爲金河公主以妻之.

---

887) 闕啜忠節: 고대 투르크어로 '퀼 초르 忠節(Kül chor 忠節)'의 음사이다.

888) 宗楚客(?~710): 唐代의 관리로 武則天의 從姊의 아들이었다. 蒲州 汾陰縣 사람으로 字는 叔敖이었다. 進士出身으로 戶部侍郎이 되었으나 후에 뇌물수수로 嶺南으로 유배되었다. 萬歲通天 2년(697) 檢校夏官侍郎同平章事가 되었으나 다시 축출되었다. 神龍初 太僕卿이 되었다가 兵部尙書同平章事에 제수되었다. 韋后에 아부해 中書令이 되었다. 紀處訥과 함께 朋黨을 지어 '宗紀'라 불렸다. 후에 臨淄王 李隆基(玄宗)이 거병해 韋氏와 武氏를 주살할 때 피살되었다(『舊唐書』 卷92 「宗楚客傳」: 2971).

889) 馮嘉賓: 唐代 관리로 武則天 시기에 攝御史中丞, 持節按撫安西四鎭이 되었다. 이후에 突騎施 沙葛에게 죽임을 당했다.

890) 火燒城: 지금 新疆維吾爾自治區 庫車縣 서북에 있었다.

891) 遮弩: 고대 투르크어로 '치누(Chinu)'의 음사로 추정된다.

소록은 돌기시의 다른 갈래[別種][892]였다. [소록이] 자못 [백성들을] 안정시키고 위무하는 것을 잘해 십성의 부락이 점차 그에게 귀부해 백성이 20만이나 되었고, 마침내 서역의 땅에서 우두머리가 되자 바로 사신을 보내 조공하러 왔다.[893] 개원(開元) 3년(715)에 소록을 좌우림군대장군(左羽林軍大將軍)[894] 금방도경략대사(金方道經略大使)[895]로 제수하고 특근(特勤)[896]으로 승진시켰으며, 시어사(侍御史)[897] 해충순(解忠順)을 보내 새서를 갖고 가서 [소록을] 충순가한(忠順可汗)으로 책립하라고 했다. [소록은] 이때부터 해마다 사신을 보내 조공했으며, 황제가 이에 사회도(史懷道)[898]의 딸을 금하공주(金河公主)[899]로 삼아 [소록에게] 시집을 보냈다.

---

892) 蘇祿은 突騎施의 車鼻施 部落 출신인데, 이후에는 黑姓이라고 불리기도 했다.

893) 저본은 "頗善綏撫, 十姓部落漸歸附之, 衆二十萬, 遂雄西域之地, 尋遣使來朝."인데, 『新唐書』에는 "蘇祿善撫循其下, 部種稍合, 衆至二十萬, 於是復雄西域. 開元五年, 始來朝, 授右武衛大將軍·突騎施都督, 並所獻不受."이라 되어 있다.

894) 左羽林軍大將軍: 左羽林軍 혹은 左羽林衛의 長官 혹은 최고 사령관 최고 사령관으로 품계는 正三品이었다. 前漢 武帝 太初 元年(전104)에 建章營騎가 설치되는데 후에 羽林騎로 改名되었다. 宣帝시기에 羽林中郎將과 羽林左右監이 설치되었고 모두 光祿勳에 소속되었다. 西晉時代에는 羽林監만 설치되었으며 이후 각 왕조에서 이를 이어받았다. 隋 煬帝 시기에 左右領軍府가 左右屯衛로 改稱되면서 거느리는 병사들을 羽林이라 칭했다. 唐代에는 左右屯衛가 左右威衛로 바뀌었고 별도로 左右屯營이 설치되었다. 龍朔 2년(662)에 左右屯營이 左右羽林軍으로, 天授 2년(691)에 左右羽林衛로 改稱되었다. 후에 다시 左右羽林軍으로 改稱되었다. 左羽林軍에는 大將軍 1명과 將軍 3명을 두어 長官과 次官으로 삼아 병사들을 통솔하게 했다.

895) 經略大使: 貞觀 2년(628)에 처음으로 經略使가 설치되었다. 주로 변방의 중요 지역에 經略使가 설치되어 軍事를 관장했다. 重臣을 이 직책에 임명할 때에 經略大使라고 칭했다. 節度使를 설치한 이후 節度使보다 지위가 낮아져 中唐 이후의 시기에는 거의 설치되지 않았다.

896) 원래 特勤은 突厥의 支配氏族인 阿史那氏만이 가질 있는 칭호였는데, 唐朝가 이것을 내려주면서 그의 지위를 인정해준 것은 突騎施가 突厥과 대결을 하게 만들고자 한 것과 연결되었다.

897) 侍御史: 隋唐·五代 御史臺의 속관으로 百官의 糾彈과 재판의 판결을 처리했다. 나이가 많고 자격이 있는 사람이 御史臺의 일상 사무를 주관하는데 이를 雜端이라 했고, 상주하는 곳을 臺院이라 했다. 隋代에는 8명, 唐代에는 4명을 두었으며 品階는 從六品下였다. 武則天시기에 侍御史에 內供奉 약간 명을 두었는데, 中唐이후에는 外官이 겸임을 했다.

898) 史懷道는 阿史那懷道를 지칭한다.

899) 金河公主: 阿史那懷道의 딸로 달리 交河公主라고도 했다. 突騎施 忠順可汗 蘇祿에게 시집을 갔다가 開元 26년(738)에 莫賀達干의 공격을 받아 蘇祿이 죽임을 당하자 그가 다른 부락인 都摩支와 전쟁을 벌였다. 이 때 莫賀達干이 安西都護 蓋賀運에게 사정을 알리자 都摩支를 공격해 金河公主를 잡아 귀국하게 했다.

時杜暹爲安西都護, 公主遣牙官齎馬千疋詣安西互市, 使者宣公主教與暹, 暹怒曰:「阿史那氏女, 豈合宣教與吾節度耶!」杖其使者, 留而不遣, 其馬經雪寒, 死並盡. 蘇祿大怒, 發兵分寇四鎮. 會杜暹入知政事, 趙頤貞代爲安西都護, 城守久之, 由是四鎮貯積及人畜並爲蘇祿所掠, 安西僅全. 蘇祿旣聞杜暹入相, 稍引退, 俄又遣使入朝獻方物. 十八年, 蘇祿使至京師, 玄宗御丹鳳樓設宴. 突厥先遣使入朝, 是日亦來預宴, 與蘇祿使爭長. 突厥使曰:「突騎施國小, 本是突厥之臣, 不宜居上.」蘇祿使曰:「今日此宴, 乃爲我設, 不合居下.」於是中書門下及百僚議, 遂於東西幕下兩處分坐, 突厥使在東, 突騎施使在西. 宴訖, 厚賚而遣之.

이때 두섬(杜暹)[900]이 안서도호였는데, [금하]공주가 아관(牙官)[901]에게 말 천 필을 싣고 가서 안서[도호부]를 방문해 호시(互市)를 열고, 사자가 [금하]공주의 명령을 [두]섬에게 전하자 [두]섬이 화를 내며 말했다. "아사나씨(阿史那氏)의 여자가 어찌 절도[사]인 나에게 명령을 하려고 하느냐?" 그리고 공주가 보낸 사자에게 장(杖)을 때려 억류하고 보내지 않았다. 또한 [금하]공주가 보낸 말 역시 눈과 추위로 죽어 다 없어졌다. 소록이 크게 화를 내며 군대를 일으켜 나누어 [안서]사진(安西四鎭)[902]을 침입했다. 이때 두섬은 조정으로 들어가 정사를 관장하고 있었으며[903] 조이정(趙頤貞)[904]이 대신 안서도호가 되어 성채를 지킨 지 오래되었

900) 杜暹: 濮州 濮陽縣(지금 河南省 濮陽縣 북쪽) 사람이었다. 明經科 出身이었으며 大理評事와 同中書門下平章事 등의 직책을 역임했다. 관리가 된 이후에는 청렴했다. 魏縣侯에 봉해졌다(『舊唐書』卷98「杜暹傳」: 3076).

901) 牙官은 본래 武官의 명칭이나 문맥상 金河公主의 측근을 지칭한다.

902) 安西四鎭: 唐代 西域을 지키는 중요한 4개의 軍事重鎭이었다. 貞觀 22년(649)에 처음으로 龜玆(지금 新疆維吾爾自治區 庫車縣), 疏勒(지금 新疆維吾爾自治區 喀什縣), 于闐(지금 新疆維吾爾自治區 和田縣), 焉耆(지금 新疆維吾爾自治區 焉耆縣 서남)의 4鎭을 지칭했다. 永徽 元年(650)에 파했다가 顯慶 3년(658)에 다시 설치되었다. 咸亨 元年(670)에 吐蕃에게 함락되자 焉耆를 버리고 碎葉(지금 키르기즈스탄)을 4鎭의 하나로 삼았다. 長壽 2년(693)에 吐蕃을 격파하고 다시 龜玆·疏勒·于闐·碎葉 4鎭이 설치되었다. 開元 7년(693)에 碎葉城을 西突厥 十姓可汗에게 주고 焉耆를 4鎭의 하나로 삼았다. 安史의 난 이후 吐蕃에게 함락되면서 폐지되었다.

903) 入知政事는 節度使나 都護가 中央政府로 들어가 宰相이 되어 政事를 관장하는 것을 의미했다.

904) 趙頤貞: 唐代 관리로 定州 鼓城縣(지금 河北省 晉縣) 사람이었다. 趙冬曦의 아우였다. 開元 15년(727)에 吐蕃이 安西를 포위하자 副大都護로서 이를 격파했다.

고, 이로부터 사진에 저축하고 있었던 물자와 사람, 가축을 모두 소록에게 노략질 당해 안서[도호부]만 겨우 보전할 수 있었을 뿐이다. 소록은 이미 두섬이 [조정에] 들어가서 재상이 되었다는 소식을 듣고 점차 군대를 이끌고 물러났으나 바로 사신을 보내 조정에 들어와 토산품을 바쳤다.

[개원] 18년(730)에 소록의 사신 [수령 엽지아포사(葉支阿布思)][905]이 경사에 도착하자 현종은 단봉루(丹鳳樓)[906]에 친히 행차해 잔치를 열었다. 돌궐이 이보다 앞서 사신을 보내 조정에 들어와 있었는데 이 날 또 와서 잔치에 참여하게 되자 소록의 사신과 자리를 다투었다.[907] 돌궐의 사신이 말했다. "돌기시는 나라가 작고 본래 돌궐의 신하였으니 마땅히 윗자리(上席)에 앉게 할 수 없습니다." 소록의 사신이 말했다. "오늘의 이 잔치는 우리를 위해 마련되었으니 아랫자리에 앉을 수 없습니다." 이에 [황제가] 중서문하(中書門下)[908]와 백료(百僚)들이 논의해 결국 동쪽과 서쪽의 천막 양쪽에 나누어 앉게 하게 해서 돌궐의 사신은 동쪽에, 돌기시의 사신은 서쪽에 있게 되었다. [조정에서는] 잔치가 끝나자 후한 예물을 주어 [돌려]보냈다.

蘇祿性尤淸儉，每戰伐，有所克獲，盡分與將士及諸部落．其下愛之，甚爲其用，潛又遣使南通吐蕃，東附突厥．突厥及吐蕃亦嫁女與蘇祿．旣以三國女爲可敦，又分立數子爲葉護，費用漸廣，先旣不爲積貯，晩年抄掠所得者，留不分之，又因風病，一手攣縮，其下諸部，心始攜貳．

905) 『新唐書』에는 사신의 이름이 기록되어 있다.

906) 丹鳳樓: 門樓의 이름으로 丹鳳門樓라고도 한다. 長安 大明宮의 正門에 있는 樓閣으로 龍朔 2년(662)에 세워졌다. 丹鳳門은 大明宮의 남쪽 벽 중앙에 있으며 북쪽으로 宮內의 正殿인 含元殿, 남쪽으로 丹鳳門大街와 마주봤다. 위에는 높고 큰 樓觀이 있다. 처음에 丹鳳門이라 칭해졌으나 至德 3년(758)에 明風門으로 개칭되었다가 환원되었다. 丹鳳門은 太極宮의 承天門, 含元殿과 서로 配合해 皇帝가 改元, 登基, 大赦 등 外朝 大典을 거행하는 장소였다. 또 皇帝는 늘 이곳에서 잔치를 열고 각국의 사절들과 조공사절들을 접견했다.

907) 爭長은 상대방보다 윗자리에 앉으려고 실랑이를 벌이는 것을 말한다.

908) 中書門下: 中書省과 門下省의 合稱이었다. 開元 11년(723)에 政事堂을 中書門下로 고치고 政事印을 中書門下의 印으로 고쳤다. 아울러 吏房·樞機房·兵房·刑禮房을 직속기구로 설치해 曹를 나누어 일을 처리하게 했다. 이후 中書門下는 재상이 사무를 처리하는 기구가 되었다.

소록은 성품이 더욱 청렴하고 검소해 전쟁과 정벌을 벌일 때마다 얻은 물건들을 모두 장사(將士)와 여러 부락 [백성들]에게 나누어 주었다. 그 부하들은 소록을 좋아해 더욱 그를 위해 힘을 썼다. 또 몰래 사자를 보내 남쪽으로는 토번과 통했고, 동쪽으로는 돌궐에 붙었다. 돌궐과 토번도 역시 딸을 소록에게 시집보냈다. [소록은] 세 나라 [군주의] 딸[909]을 가돈(可敦)으로 삼았고, 또한 여러 아들은 나누어 엽호로 삼게 되면서 비용이 점차 많이 들게 되어 이전에 저축한 것이 없어졌고, 말년에는 약탈해 얻은 물자들을 자신이 갖고 부하들에게는 나눠주지 않았으며 또한 풍병(風病)으로 한 손에 경련마저 일어나 수축되자[910] 이에 휘하의 여러 부락들이 처음으로 배반할 마음을 갖게 되었다.

有大首領莫賀達干・都摩度兩部落, 最爲強盛. 百姓又分爲黃姓・黑姓兩種, 互相猜阻. 二十六年夏, 莫賀達干勒兵夜攻蘇祿, 殺之. 都摩度初與莫賀達干連謀, 俄又相背, 立蘇祿之子咄火仙爲可汗, 以輯其餘衆, 與莫賀達干自相攻擊. 莫賀達干遣使告安西都護蓋嘉運, 嘉運率兵討之, 大敗都摩度之衆, 臨陣擒咄火仙, 并收得金河公主而還. 又欲立史懷道之子昕爲可汗以鎮撫之, 莫賀達干不肯, 曰「討平蘇祿, 本是我之元謀, 若立史昕爲主, 則國家何以酬賞於我?」 乃不立史昕, 使令莫賀達干統衆. 二十七年二月, 嘉運率將士詣闕獻俘, 玄宗御花萼樓以宴之, 仍令將吐火仙獻于太廟. 俄又黃姓・黑姓自相屠殺, 各遣使降附.

대수령 막하달간과 도마도(都摩度)[911][가 거느린] 두 부락이 가장 강성했다. 백성도 또한 황성(黃姓)[912]과 흑성(黑姓)[913]의 두 종류로 나뉘어 서로 미워했다. [개원] 26년(738) 여름에

909) 唐朝의 羈縻支配를 받던 西突厥의 金河公主 및 突厥의 毗伽可汗의 딸, 吐蕃 君主의 딸을 지칭한다.

910) 攣縮은 근육의 신경이 순간적인 자극을 받아서 근육이 수축되었다가 다시 이완해 본래의 상태로 되돌아오는 과정을 말한다.

911) 都摩度: 고대 투르크어로 '타마치(Tamaqi)'의 음사로 추정되고, 그 의미는 '扈從官'이었다. 『新唐書』에는 "都摩支"라고 되어 있는데, 이것이 정확한 음사로 추정된다.

912) 黃姓: 백인종의 특징을 갖고 있어 머리카락의 색깔이 금빛을 띠는 이란 계통의 후예로 추측된다. 주로 沙葛 출신의 突騎施와 西突厥의 處木昆 부락이 여기에 소속되었다(薛宗正, 1992: 684).

913) 黑姓: 황인종의 특징을 갖고 있어서 머리카락의 색깔이 검은색을 띠는 몽골리안 계통의 후예로 추정된다. 주로 蘇祿 출신의 車鼻施가 여기에 소속되었다.

막하달간이 병사들을 동원해 밤에 소록을 공격해 죽여 버렸다. 도마도도 처음에 막하달간과 함께 [거사를] 모의했으나 바로 다시 서로가 배반을 해 소록의 아들 돌화선(咄火仙)[914]을 가한으로 옹립하고 나머지 백성을 모아 막하달간과 서로 공격을 했다. 막하달간이 사신을 보내 안서도호 개가운(蓋嘉運)에게 [사실을] 아뢰자 [개]가운이 군대를 이끌고 토벌해 도마도의 무리를 크게 패퇴시키고 진영에서 돌화선을 사로잡았을 뿐만 아니라 금하공주마저 잡아서 돌아왔다.[915] [개가운은] 또 사회도의 아들 [사]흔(史昕)[916]을 가한으로 삼아 [그들을] 진무하려 했으나 막하달간이 따르려 하지 않으며 말했다. "소록을 토벌해 평정한 것은 본래 우리들이 모의를 주도했는데, 만약 사흔(史昕)을 군주로 세운다면 당나라에서 우리에게 무슨 상을 줄 수 있습니까?" [개가운은] 이에 사흔을 옹립하지 않고 막하달간에게 백성을 통솔하게 했다.

[개원] 27년(739) 이월에 [개]가운이 장사를 이끌고 대궐을 방문해 포로를 바치자 현종이 화악루(花萼樓)에 친히 행차해 개가운에게 잔치를 열어주었고 돌화선을 잡아다 태묘에 바치라고 명령했다. 바로 또한 황성과 흑성이 서로 죽이면서 각자 사신을 보내 항복하고 귀부했다.[917]

史臣曰: 中原多事, 外國窺邊, 周獫狁·漢匈奴之後, 其類實繁, 前史論之備矣. 突厥自隋文修王道, 肅軍容, 示恩威以羈縻之; 煬帝失政教, 生戎心, 肇亂離以啓發之.

---

914) 咄火仙: 蘇祿의 아들로 骨啜(고대 투르크어로 '쿠틀룩 초르(Qutlugh chor)'의 음사)이었다. 그는 突騎施의 내분 과정에서 패배해 唐朝에 투항했다. 唐朝에서는 그를 骨咄祿王子라고 했다. 『新唐書』에는 "吐火仙"이라고 되었다.

915) 『新唐書』에는 저본보다 突騎施에 대한 원정 과정이 자세하게 기록되어 있다. "帝使磧西節度使蓋嘉運和撫突騎施·拔汗那西方諸國. 莫賀達干與嘉運率石王莫賀咄吐屯·史王斯謹提共擊蘇祿子, 破之碎葉城. 吐火仙棄旗走, 禽之, 幷其弟葉護頓阿波. 疏勒鎭守使夫蒙靈察挾銳兵與拔汗那王掩怛邏斯城, 斬黑姓可汗與其弟撥斯, 入曳建城, 收交河公主及蘇祿可敦·爾微可敦而還, 又料西國散亡數萬人, 悉與拔汗那王."

916) 史昕: 西突厥 可汗으로 원래 이름이 阿史那昕이었다. 右武衛將軍 阿史那懷道의 아들로 十姓可汗, 開府儀同三司, 蒙池都護였다. 부인 涼國婦人 李氏는 交河公主가 되었다. 碎葉 서쪽의 俱蘭城에 갔다가 突騎施의 莫賀達干에게 죽임을 당하자 그의 부인과 아들 阿史那忠孝가 長安으로 도망쳐왔다.

917) 『新唐書』에는 저본 보다 突騎施 黃姓과 黑姓의 대결이 자세히 기록되어 있다. "至德後, 突騎施衰, 黃·黑姓皆立可汗相攻, 中國方多故, 不暇治也. 乾元中, 黑姓可汗阿多裴羅猶能遣使者入朝. 大曆後, 葛邏祿盛, 徙居碎葉川, 二姓微, 至臣役於葛祿, 斛瑟羅餘部附回鶻. 及其破滅, 有特厖勒居焉耆城, 稱葉護, 餘部保金莎領, 衆至二十萬."

高祖借其力而入平京師, 群賊附其強而迭據河朔. 高祖同御榻以延其使, 太宗幸便橋以約其和. 當其時焉, 不其盛矣! 竟滅其族而身死於國者, 何也? 咸謂太宗有馭夷狄之道, 李勣著戡定之功. 殊不知突厥之始也, 賞罰明而將士戮力, 遇煬帝之亂, 亡命蓄怒者旣附之, 其興也宜哉! 頡利之衰也, 兄弟搆隙而部族離心, 當太宗之理, 謀臣猛將討逐之, 其亡也宜哉! 洎武后亂朝, 默啜犯塞, 玄宗纂嗣, 傳首京師, 東封太山, 西戎扈蹕, 開元之代, 繼踵來降. 西突厥諸族, 遇其理, 則衆心悅附而甲兵興焉; 遇其亂, 則族類怨怒而本根破矣! 理亂二道, 華夷一途, 或質言於盛衰倚伏, 未爲確論.

사신은 말한다. 중원(中原)[918]에 [나쁜] 일이 많으면 바깥에 있는 나라들이 변방을 엿보았는데, 주대 험윤(獫狁)[919]과 한대 흉노 이후에 그 종류가 실로 번성했던 것은 이전의 사서가 잘 갖추어 논해 두었다. 돌궐은 수문[제](隋文帝)부터 왕도를 닦고 군용(軍容)[920]을 엄격하게 하며 은혜와 위엄을 드러내보여 그들을 기미(羈縻)하였다. [그러나] [수]양제(隋煬帝)가 정치와 교화를 잃게 되어 침공하고자 하는 마음[戎心][921]을 낳고 사회의 혼란을 초래하여 그들을 부추겼다. [게다가 당] 고조마저 그의 힘을 빌려 경사에 들어가 평정할 수 있었고, 많은 도적떼들도 그의 강함에 빌붙어 번갈아가며 하삭(河朔)에 웅거할 수 있었다.[922] 고조가 황제의 의자[榻]에 함께 앉히며 돌궐의 사신을 끌어들였고, 태종은 편교로 행차해 그와 화친을 약속하기도 했다. 그러한 시절에 [돌궐은] 정말 강하지 않았던가!

[그러나] 결국 그 족속을 멸망시키고, [가한] 자신이 그 나라에서 죽은 것은 무엇 때문인가? [사람들은 이유를] 모두 태종이 이적(夷狄)을 다스리는 방법을 알았고, 이적(李勣)이 전쟁에

918) 中原은 협의로 黃河 중류 洛陽 인근 지역을, 광의로 中國 전체를 지칭한다.

919) 獫狁: 고대 종족 명칭으로 周나라 시기 북방에 있던 유목민 집단이었다. 거주지는 지금 陝西省과 甘肅省 북부와 內蒙古自治區 서부 지역이다. 『漢書』에는 '獫狁'을 '獫允'으로 표기했는데, 中國에서는 匈奴의 선조로 보았다(『史記』 卷110 匈奴列傳: 2879).

920) 軍容은 군대와 軍人의 禮儀와 法度, 風氣, 위엄, 武器裝備 등을 지칭한다.

921) 戎心은 적국을 침입하려는 야심이다.

922) 隋末 북방에 할거했던 劉武周, 梁師都, 郭子和, 薛擧 등을 지칭한다. 당시 群雄들 가운데 馬邑(지금 山西省 馬邑縣)에서 起兵한 劉武周와 朔方(지금 陝西省 榆林縣 서북)에 웅거하고 梁의 皇帝라고 자칭한 梁師都, 榆林(지금 內蒙古自治區 오르도스 지역)에서 자립해 永樂王이라 자칭한 郭子和는 突厥에 稱臣했다.

서 이겨 공을 두드러지게 세웠기 때문이라고만 말할 뿐, 돌궐이 [흥성하기] 시작하였을 때를 잘 모른다. [그때 그들은] 상과 벌이 명확해 장사들이 힘을 다하였는데, [중국은] 양제의 난세를 만나 명령을 어기고 도망간 사람이나 노여움이 쌓인 사람들이 돌궐에 귀부하였으니, 그들의 흥성은 마땅한 일이었도다! [하지만] 힐리[가한]이 쇠퇴하였을 때 형제의 사이가 벌어지고 부족[민]이 딴 마음을 가졌는데, [중국은] 태종의 치세를 만나 꾀 많은 신하[923]와 용맹한 장수들이 돌궐을 토벌해 내쫓으니, 그들이 망하게 된 것도 당연한 일이었도다!

무후가 조정을 어지럽히던 때 묵철이 변방을 침범했으나, 현종이 즉위하자 [716년에 묵철의] 수급이 경사에 전해졌고, [또한 720년에] 동쪽으로 태산(太山)[924]에 봉선하자 토번[西戎]이 뒤따라왔으며, [현종] 개원년간에는 [오랑캐들이] 연이어 항복하기도 했다. 서돌궐의 여러 족속들[諸族]은 다스림을 받게 되면 무리들이 마음으로 기뻐하고 따르며 무력을 증강시켰고, 어지러움에 닥치게 되면 그 구성원[族類]들이 원망하고 노여워해 근본마저 깨뜨려 버렸도다! 다스림[理]과 어지러움[亂]의 [다른] 길은 화(華)와 이(夷)가 한가지이지만, 만약 [다스림과 어지러움의 두 길이 화와 이에게 초래한] 성쇠와 의복[倚伏][925]을 구체적으로 말하려면 확실히 논할 수는 없다.

贊曰：中國失政，邊夷幸災．理亂之道，取鑒將來．

찬하여 말한다. 중국이 정치를 잃게 되면 변방의 오랑캐들[邊夷]은 [그] 재앙을 반긴다. [이런] 다스림[理]과 어지러움[亂]의 도는 앞으로도 거울로 삼아야 할 것이다.

---

923) 謀臣은 슬기와 꾀가 있는 臣下 혹은 謀略에 능한 臣下를 지칭한다.

924) 太山은 저본의 다른 곳에서 泰山이라고 기록되어 있는데, 지금 山東省 泰安市 북쪽에 있다. 달리 東岳, 岱山, 岱岳, 岱宗이라고도 한다. 帝王이 이곳에서 封禪의 大禮를 행했다.

925) 倚伏은 禍와 福이 서로 인연이 되어 일어나고 가라앉음을 뜻한다.

참고문헌

二十五史, 北京: 中華書局, 1959～1977

杜佑,『通典』, 北京: 中華書局, 1988

司馬光, (元) 胡三省 音注,『資治通鑑』, 北京: 中華書局, 1956

新疆社會科學院歷史研究所(編),『新疆地方歷史資料選輯』, 北京: 人民出版社, 1987

楊聖敏,『《資治通鑑》突厥回紇史料校注』, 天津: 天津古籍出版社, 1992

王溥 撰,『唐會要』, 北京: 中華書局, 1990

王欽若 等編,『册府元龜』, 北京: 中華書局, 1982

楊聖敏,『《資治通鑑》突厥回紇史料校注』, 天津: 天津古籍出版社, 1992

岑仲勉,『突厥集史』 上下, 北京: 中華書局, 1958

岑仲勉,『西突厥史料補闕及考證』, 北京: 中華書局, 1958

黃永年 分史 主編,『二十四史全譯 舊唐書』, 上海: 漢語大詞典出版社, 2004

테킨(Tekin, T.), 이용성(譯),『돌궐 비문 연구—퀼티긴 비문 · 빌개 카간 비문 · 투뉴쿠크 비문』, 서울: 제이앤씨, 2008

金翰奎,『古代中國的世界秩序研究』, 서울: 一潮閣, 1982

룩 콴텐 著, 宋基中 譯,『遊牧民族帝國史』, 서울: 民音社, 1988

르네 그루세, 김호동 · 유원수 · 정재훈 역,『유라시아 유목제국사』, 서울: 사계절, 1998

사와다 이사오, 김숙경 옮김,『匈奴: 지금은 사라진 고대 유목국가 이야기』, 서울: 아이필드, 2007 (澤田勳,『匈奴』, 東京: 東方書店, 2004)

杉山正明,『유목민이 본 세계사』, 서울: 학민사, 1999

세호 다쓰이코, 최재영(譯),『장안은 어떻게 세계의 수도가 되었나』, 서울: 황금가지, 2007

李基白 · 李基東,『韓國史講座: 古代篇』, 서울: 一潮閣, 1982

李丙燾 譯註,『國譯 三國史記』, 서울: 乙酉文化社, 1977

李在成,『古代 東蒙古史研究』, 서울: 法仁文化社, 1996

丁載勳,『위구르 遊牧帝國史(744～840)』, 서울: 문학과 지성사, 2005

段連勤,『隋唐時期的薛延陀』, 西安: 三秦出版社, 1988

段連勤,『丁零・高車與鐵勒』, 鶏林: 廣西師範大學出版社, 2006

林幹,『突厥史』, 呼和浩特: 內蒙古人民出版社, 1988

馬長壽,『突厥人和突厥汗國』, 上海: 上海人民出版社, 1957

馬長壽,『北狄與匈奴』, 北京: 三聯書店, 1962(廣西師範大學出版社, 2006)

米文平,『鮮卑史硏究』, 上海: 中州古籍出版社, 1994

薛宗正,『突厥史』, 北京: 中國社會科學出版社, 1992

劉義棠,『突回硏究』, 臺北: 經世書局, 1990

李鴻賓,『唐朝朔方軍硏究－兼論唐庭與西北諸族的關係及其演變』, 長春: 吉林人民出版社, 2000

張久和,『原蒙古人的歷史－室韋・達靼硏究』, 長春: 高等敎育出版社, 1998

周偉洲,『吐谷渾史入門』, 西寧: 青海人民出版社, 1988

蔡鴻生,『唐代九姓胡與突厥文化』, 北京: 中華書局, 1998

江上波夫,『ユウラシア古代北方文化: 匈奴文化論考 上－下』, 東京: 山川出版社, 1948

內藤みどり,『西突厥史の硏究』, 東京: 早大出版部, 1988

內田吟風,『北アジア史硏究 匈奴編』, 京都: 同朋舍, 1975(a)

內田吟風,『北アジア史硏究, 鮮卑柔然突厥編』, 京都: 同朋舍, 1975(b)

森安孝夫,『シルクロードと唐帝國』, 東京: 講談社, 2007

護雅夫,『遊牧騎馬民族國家』, 東京: 講談社, 1967

護雅夫,『古代トルコ民族史硏究』I, 東京: 山川出版社, 1967

Giraud, R., *L'Empire des Turcs Célestes－Les regnes d'elterich, Qapghan et Bilgä* (680～734), Paris, 1960

Kliashtornyi, S. G., *Drevnetiurkskie runicheskie pamiatniki kak istornik po istorii srednei azii*, Moskva, 1954(李佩娟(譯),『古代突厥魯尼文碑銘－中亞細亞原始文獻』, 哈爾濱: 黑龍江敎育出版社, 1991)

金浩東,「唐의 羈縻支配와 北方 遊牧民族의 對應」,『歷史學報』137, 1993

金浩東,「古代遊牧國家의 構造」,『講座 中國史 Ⅱ－門閥社會와 胡·漢의 世界』, 서울: 知識產業社, 1989

禹悳燦,「古代투르크碑文에 傳하는 種族名 타타비(tatabï)에 대한 연구」,『釜山史學』33, 1997

유원적,「唐 前期의 支配層」, 서울大學校東洋史學硏究室 編,『講座中國史』Ⅱ, 서울: 知識產業社, 1989

丁載勳,「唐初의 民族政策과 西北民族의 中國 認識－'羈縻支配體制'의 成立 過程과 관련해」,『서

울大 東洋史學科論輯』 19, 1995
丁載勳, 「突厥 建國 神話 記錄의 再檢討」, 『중앙아시아연구』 12, 2007
丁載勳, 「突厥 初期史의 再構成－建國 神話 研究의 再檢討를 중심으로」, 『중앙아시아연구』 14, 2009
丁載勳, 「隋文帝의 統一指向과 對外政策－西北民族에 대한 對策을 중심으로」, 『中國史研究』 13, 2001
丁載勳, 「隋 煬帝(604～617)의 對外政策과 天下 巡行」, 『中國史研究』 30, 2004
丁載勳, 「위구르 初期(744～755) '九姓回紇'의 部族 構成－'토쿠즈 오구즈(Toquz Oɣuz)' 問題의 再檢討」, 『東洋史學研究』 68, 1999
崔珍烈, 「中國 周邊國이 수용한 '王'의 이미지－北朝의 異姓王 濫封과 百濟・新羅의 複數王출현 현상의 비교사적 이해」, 『中國古中世史研究』 17, 2007
羅新, 「北魏直勤考」, 『歷史研究』 2004-5
徐復, 「閼氏讀音考」, 林幹(編), 『匈奴史論文選集(1919～1979)』, 北京: 中華書局, 1983
額爾敦布和, 「牧區"白災"及防禦對策」, 內蒙古自治區蒙古族經濟史研究組(編), 『蒙古族經濟發展史研究』 第2集, 呼和浩特: 內蒙古人民出版社, 1988
芮傳明, 「Čoɣay 和 Kara qum 方位考」, 『西北民族研究』 1990-2
吳景山, 「突厥的族屬, 發祥地及其社會分期」, 『西北民族研究』 1989-1
王日蔚, 「丁零民族考」, (1936), 林幹(編), 『突厥與回紇歷史論文選集』 上, 北京: 中華書局, 1987
周連寬, 「丁零的人種和語言及其與漠北諸族的關係」, 『中山大學學報』 1957-2(林幹 (編), 『突厥與回紇歷史論文選集』 上, 北京: 中華書局, 1987)
畢檮, 「突厥語民族神話概述」, 『突厥語言與文化研究』 第2輯, 北京: 中央民族大學出版社, 1997
吉田順一, 「ハンガイと陰山」, 『史觀』 102, 1980
石見清裕, 「唐の突厥遺民に對する措置をめぐって」, 『日野開三郎博士頌壽記念 中國社會, 制度, 文化史の諸問題』, 福岡: 中國書店, 1987
松田壽男, 「突厥勃興史論」, 『古代天山の歷史地理學的研究 增補版』, 東京: 早稻田大學出版部, 1970
岩佐精一郎, 「突厥の復興に就いて」, 『岩佐精一郎遺稿』, 東京: 三秀舍, 1936
羽田亨, 「漠北の地と康國人」, 『羽田博士史學論文集』 上(歷史編), 東京: 東洋史研究會, 1957
中野醇子, 「邊境都市唐代前半期雲州」, 『史朋』 22, 1988
澤田勳, 「オンギン碑文東面第四行の解釋について」, 『內陸アジア, 西アジアの社會と文化』, 東京: 山川出版社, 1983

澤田勳, 「オンギン碑文に關する一考察－その設立目的と設立年代を中心として」, 『東洋史研究』 41-4, 1983
片山章雄, 「突厥第二可汗國末期の一考察」, 『史朋』 7, 1984
護雅夫, 「突厥第一帝國におけるsad號硏究」, 『古代トルこ民族史硏究』, 東京: 山川出版社, 1967
Boodberg, Peter A., "The Language of the t'o-Pa Wei", *Harvard Journal of Asiatic Studies*, v.1-2, 1936
Czegledy, K., "Coɣay-quzï, Qara-qum, Kök-öng", Acta Orientalia Hungarica v.15, 1962
Gabain, A. von, "Steppe und Stadt in Leben der ältesten Türken", *Der Islam* 29-1, 1949
Sertkaya, O. F., "Muß "inel Kagan" oder "ini Il Kagan" heißen?", *Materialia Turcica* v.4, 1977
Sertkaya, O. F., "The first line of the Tonyukuk monument," *Central Asiatic Journal* v.23-3・4, 1979
Sinor, D., "Qapqan", *The Asiatic Society of Great Britain & Ireland*, 1954

簡修煒 主編, 『北朝五史辭典』上・下, 濟南: 山東教育出版社, 2000
季德源 主編, 『中華軍事職官大典』, 北京: 解放軍出版社, 1999
高文德 主編, 『中國民族史人物辭典』, 北京: 中國社會科學出版社, 1990
丘樹森 主編, 『中國歷代職官辭典』, 南昌: 江西教育出版社, 1998
紀大椿 主編, 『新疆歷史辭典』, 烏魯木齊: 新疆人民出版社, 1993
譚其驤 主編, 『中國歷史大辭典: 歷史地理』, 上海: 上海辭書出版社, 1997
唐嘉弘 主編, 『中國古代典章制度大辭典』, 鄭州: 中州古籍出版社, 1998
史爲樂 主編, 『中國歷史地名大辭典』, 北京: 中國社會科學出版社, 2005
徐連達 主編, 『中國歷代官制詞典』, 合肥: 安徽教育出版社, 1991
雪犁, 『中國絲綢之路辭典』, 烏魯木齊: 新疆人民出版社, 1994.
翁獨健・劉榮焌 主編, 『中國歷史大辭典: 民族史』, 上海: 上海辭書出版社, 1995
兪鹿年 編著, 『中國官制大詞典』, 哈爾濱: 黑龍江人民出版社, 1992
劉維新 主編, 『西北民族辭典』, 烏魯木齊: 新疆人民出版社, 1998
魏崇山 主編, 『中國歷代地名大辭典』, 廣州: 廣東教育出版社, 1995
李成華 編著, 『中國古代職官辭典』, 臺北: 常春樹書房, 1988
鄭天挺・譚其驤 主編, 『中國歷史大辭典』, 上海: 上海辭書出版社, 2000
趙德義・汪興明 主編, 『中國歷代官稱辭典』, 北京: 團結出版社, 1999
趙文潤・趙吉惠 主編, 『兩唐書辭典』, 濟南: 山東教育出版社, 2002

周偉洲・丁景泰 主編, 『絲綢之路大辭典』, 西安: 陝西人民出版社, 2006

陳永齡 主編, 『民族辭典』, 上海: 上海辭書出版社, 1989

馬承鈞 原編, 陸峻嶺 增訂, 『西域地名』, 北京: 中華書局, 1983

小松久男, 『中央ユーラシアを知る事典』, 東京: 平凡社, 2005

Caferoğlu, A., *Eski Uygur Türkçesi Sözlüğü*, İstanbul, 1968

Clauson, Sir G., *An Etymological Dictionary Pre-Thirteen Century Turkish*, Oxford Uni. Press, 1973

Nadeliaev, D. M., *Drevnetiurkskie Slovari*, Leningrad: Nauka, 1969

구당서(舊唐書) 권195

회흘전(迴紇傳)

- 역주: 정재훈
- 교열: 하원수, 김정희

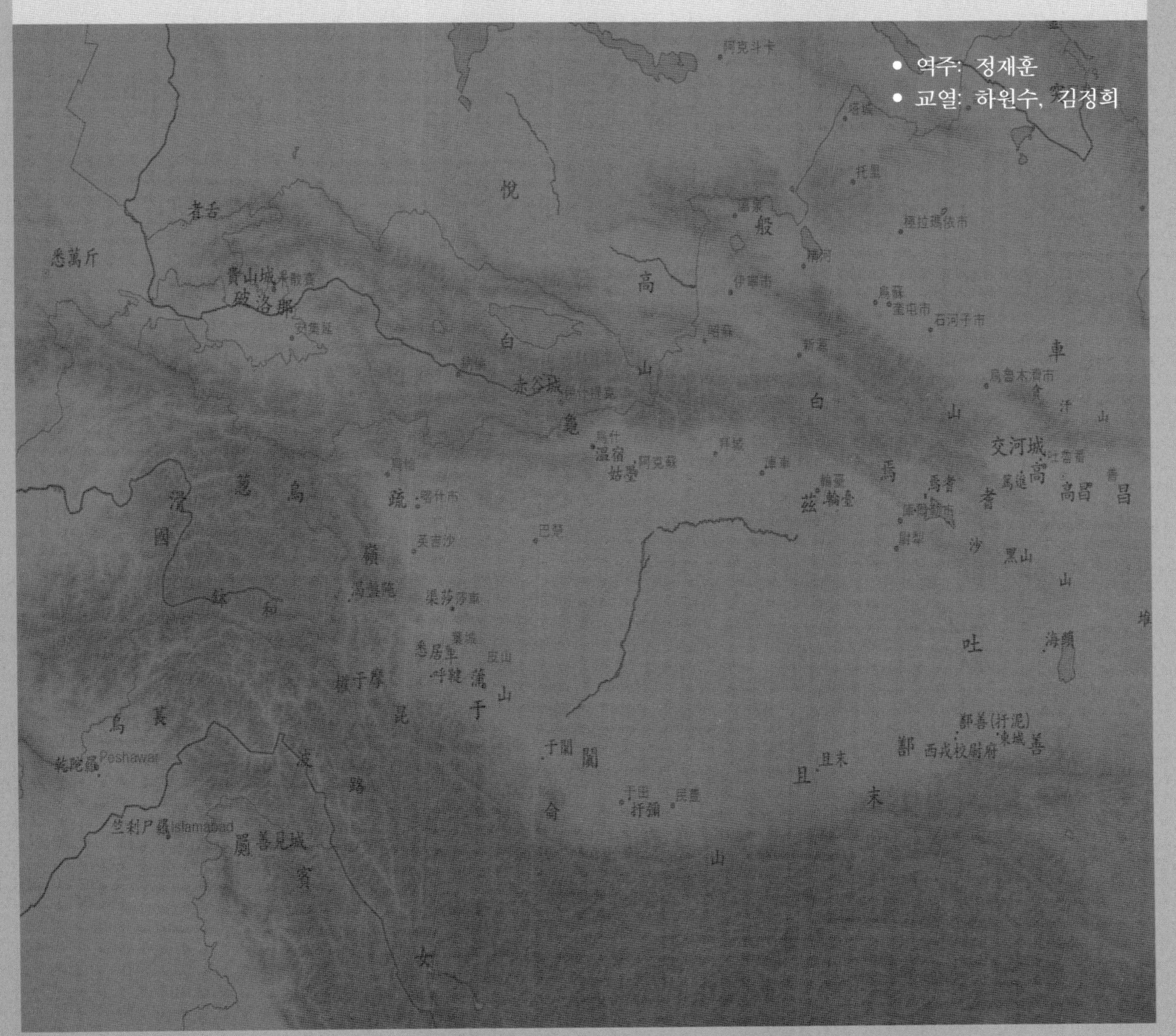

「회흘전(迴紇傳)」 해제

회흘(迴紇)은 중앙아시아 초원에 넓게 퍼져 유목생활을 하는 철륵(鐵勒) 곧 투르크계 종족의 일원으로서 '위구르(Uyghur)'라는 이름으로 우리에게 익숙하다. 이들은 남북조(南北朝)시대부터 독자적 움직임이 중국(中國)에 포착되기 시작했는데, 당시 기록에는 '원흘(袁紇)' 혹은 '위흘(韋紇)'로 음사되었다. 이 시기의 회흘은 독자세력화를 도모한 적도 없지 않으나, 대체로 몽골 초원을 지배하던 유연(柔然)이나 돌궐(突厥)에 복속하여 살았다. 또 630년 동돌궐(東突厥)이 붕괴하자 설연타(薛延陀)의 지배를 받기도 하였는데, 646년 설연타마저 당조(唐朝)에게 무너지고 유목민을 상대로 한 중국의 기미지배(羈縻支配)가 본격화되자 그 아래에서 군사적으로 동원된 이들은 자신들의 세력 확대를 도모할 수 있었다. 이후 7세기 말에 돌궐이 다시 부흥하자 당조에 일시 귀부하였다가 다시 돌궐의 지배를 받았는데, 8세기 중엽 돌궐이 약화되자 반란을 일으켜 성공한 다음 여타 세력을 제압하고 몽골 초원을 차지했다.

그 뒤 회흘은 안사(安史)의 난(755~763) 때 당조를 원조한 덕분에 그 경제적 지원을 받아 세력을 확대할 수 있었다. 이후 당조와의 활발한 견마무역(絹馬貿易)을 통해 경제적 발전이 가속화하다가 당 덕종(德宗, 재위 779~805) 시기 당조와의 관계가 일시 악화되면서 외교적으로 고립되기도 하지만 그 뒤 서방으로 진출하여 오아시스지역의 경영을 본격적으로 추진한 결과 유목제국으로 성장하였다. 이 과정에서 그 명칭을 회골(迴鶻)로 바꾸고 지속적인 발전을 구가하였는데, 830년대 말에 힐알사(黠戛斯: 키르기즈)를 비롯한 북방 유목민들의 공격을 받아 붕괴된 이후 몽골 초원을 떠나 주변의 다양한 지역으로 흩어졌다. 이와 같이 돌궐로부터 회흘로 이어지는 고대 투르크 유목민들의 흥망성쇠는 몽골 초원만이 아니라 이들이 이주하게 되는 중앙아시아의 전반적인 역사의 전개 과정에 큰 영향을 미쳤다는 점에서 세계사적인 중요성이 있다.

본서는 회흘을 입전(立傳)한 최초의 중국 정사이고, 본전은 바로 이 사실만으로도 중요한 사학사적 의의를 갖는다. 물론 『구당서』의 외국 열전에서 회흘보다 더 큰 비중을 갖는 것은 돌궐과 토번(吐蕃)으로 이들에 관한 서술 분량 역시 회흘의 배에 가깝다. 그러나 권195의 한 권(卷) 전체를 차지하는 회흘에 관한 기록 역시 결코 적지 않다는 점은 당 후기 회흘이 갖는 중요성을 단적으로 보여 준다. 실제로 본전은 당대 전반에 걸친 회흘의 성장 과정, 특히 740년대 국가를 건설한 뒤 840년대 붕괴할 때까지 당조와의 관계를 잘 정리하였다. 따라서 회흘 자체에 대한 기록이 상대적으로 소략한 감은 있더라도, 이를 통해 회흘과 당의 관계 그리고 이를 둘러싼 그 내부의 사정을 이해할 수가 있다.

본전의 내용을 좀 더 구체적으로 살펴보면, 대개 여섯 부분 정도로 크게 나눌 수 있다. 첫째, 회흘이 철륵의 하나로 처음 등장하는 북위(北魏)시대부터 당 현종(玄宗) 개원(開元)년간(713~741)까지 회흘의 출현과 그 성장 과정이다. 이것은 회흘의 초기 역사를 이해하는 데 매우 중요한 의미를 갖는다. 둘째, 현종(玄宗) 천보(天寶)년간(742~756) 이후 돌궐을 무너뜨리고 몽골 초원을 차지하기에 이르는 발전 과정이다. 안록산(安祿山)의 난부터 복고회은(僕固懷恩)의 반란(755~765) 시기까지 누차 당조를 군사적으로 원조하면서 맺은 양국 사이의 관계가 특히 자세히 전하는데, 여기에서 중국의 입장에 기반한 본전의 서술 특징이 잘 드러난다고 하겠다. 그러므로 이 내용은 회흘 자체의 시각과는 일정한 거리가 있다는 점에서 사료로 이용할 때 주의할 필요가 있다.

셋째, 대종(代宗, 재위 762~779)부터 덕종까지의 시기를 중심으로 당과 회흘의 관계를 기록하였다. 대종 때 과도한 견마무역으로 인한 무역 역조(逆調) 문제와 덕종의 친토번(親吐蕃) 정책의 결과 고립되어 가는 회흘의 상황 등이 그 주된 내용이다. 넷째, 790년대 초 회흘이 고립을 탈피하기 위한 노력을 전한다. 즉 토번의 하서(河西) 진출로 인해 막힌 교통로를 대체하기 위해 '회골로(迴鶻路)'가 개설되면서, 당조의 서역(西域)에 대한 영향력을 상실해 갔지만 회흘은 이를 계기로 서방으로 진출해 국가의 발전을 도모할 수가 있었다. 다섯째, 830년대 말 회흘의 붕괴 과정과 그 이후 회흘의 중국 내지(內地)로의 이주 상황을 기록하였다. 회흘의 남하는 당조에게 매우 심각한 문제였기 때문에 이 부분에 대한 서술이 아주 상세하다. 그러나 서방이나 동부로 이주한 회흘에 대한 기록은 거의 없어, 이것은 회흘이 망한 뒤 전반적인 동향을 이해하기 데 어려움이 있다. 마지막으로 『구당서』 찬자의 회흘에 대한 평가가 나오는데, 이들이 당조에 미친 공과(功過)를 모두 지적하였다.

이와 같은 본전의 내용은 회흘의 전체 역사를 개괄한 최초의 문헌으로서 중요한 의미를 갖는다. 이러한 서술이 기본적으로 당조의 시각에 따른 것이라는 한계는 있으나, 본서에 보존된 사료의 원형이 당시 회흘의 실상을 밝히는 데 매우 긴요한 것이다. 하지만 정리되지 않은 사료집 같은 문제점 또한 분명하다. 앞뒤가 맞지 않은 내용이나 상이한 표현의 혼용 등이 적지 않기 때문이다. 그러므로 이러한 결함의 극복과 회흘에 대한 보다 정확한 이해를 위해, 본전은 반드시 『신당서(新唐書)』의 내용과 대조해 가며 읽을 필요가 있다. 그리고 이 때 발견되는 두 사서의 차이는 『당회요(唐會要)』, 『통전(通典)』 등과 같은 당대의 문헌은 물론 『자치통감(資治通鑑)』, 『책부원구(册府元龜)』처럼 방대한 전적들을 참조하여 그 시비를 가려야만 한다. 이런 사료의 검토 과정에서 물론 가장 중요한 것은 회흘시대에 그들 자신이 기록한 고대 투르크(돌궐) 문자와 소그드 문자 등으로 된 비한문(非漢文)으로 된 비문 자료와의 대비이다. 이를 통해 중국인의 편견으로부터 벗어난 진정한 회흘의 역사를 복원할 수 있으리라고 기대되는 것이다. 마지막으로 현재까지 몽골 초원에 남아 있는 회흘 시대의 다양한 유물들에 더욱 관심을 갖기를 권하는 것도 바로 이를 위함이다.

「회흘전(迴紇傳)」 역주

迴紇, 其先匈奴之裔也, 在後魏時, 號鐵勒部落. 其衆微小, 其俗驍强, 依託高車, 臣屬突厥, 近謂之特勒. 無君長, 居無恆所, 隨水草流移, 人性凶忍, 善騎射, 貪婪尤甚, 以寇抄爲生. 自突厥有國, 東西征討, 皆資其用, 以制北荒. 隋開皇末, 晉王廣北征突厥, 大破步迦可汗, 特勒於是分散. 大業元年, 突厥處羅可汗擊特勒諸部, 厚斂其物, 又猜忌薛延陀, 恐爲變, 遂集其渠帥數百人盡誅之, 特勒由是叛. 特勒始有僕骨·同羅·迴紇·拔野古·覆羅, 並號俟斤, 後稱迴紇焉. 在薛延陀北境, 居娑陵水側, 去長安六千九百里, 隨逐水草, 勝兵五萬, 人口十萬人.

회흘(迴紇)[1]은 그 선조가 흉노(匈奴)[2]의 후예인데[3], 후위(後魏)[4]시대에 철륵(鐵勒)[5] 부

---

1) 迴紇: 종족 명칭이었다가 이후에 유목국가의 명칭이 되었는데, 일반적으로는 『新唐書』에 따라 回紇로 표기된다. 고대 투르크어로 'Uyghur'의 음사인데, 음운학적으로 '우이구르'로 읽는 것이 타당하지만 관습적으로 '위구르'라고 읽는다. 지금 中國에서는 維吾爾로 음사한다. 이전에는 袁紇, 烏護, 烏紇 등으로 알려져 있었으며 달리 貞元 4년(788) 국호를 변경한 이후부터 迴鶻(回鶻: 『新唐書』)이라는 기록되었는데, 이는 '민첩한 매[鷹]가 송골매[鶻]와 같다'는 의미를 갖고 있다고 설명하고 있다. 그와 달리 기존 연구에서는 迴紇의 의미를 '聯合' 또는 '結合'이라고 해석하기도 하는데(劉義棠, 1977: 3~60), 근거가 충분한 것은 아니다.

迴紇은 중앙아시아 초원에 넓게 퍼져 遊牧生活을 하는 鐵勒(투르크계 부족)의 일원으로 南北朝시대부터 독자적 움직임이 中國에 포착되기 시작되면서, 袁紇 혹은 韋紇이라 기록되었다. 이후 이들은 독자세력화를 도모하기도 하고 몽골 초원을 지배했던 柔然 내지는 突厥에 복속되었다가 630년 東突厥(突厥第一帝國, 552~630) 붕괴 이후 薛延陀의 지배를 받았다. 주로 몽골 초원 북부지역에서 유목을 하면서 거주했는데

락(部落)[6]이라고 불렸다. [원래] 그 무리는 아주 작았으나 그 습속이 용맹하고 강했는데,

646년 薛延陀마저 唐朝에게 무너지고 遊牧民을 상대로 한 中國의 羈縻支配가 본격화되자 唐朝의 지배를 받으면서 세력 확대를 도모할 수 있었다. 이후 突厥第二帝國(682~745)이 다시 부흥하자 그의 지배하에 들어갔다가 740년대 중반 突厥의 약화를 틈타 拔悉密·葛邏祿 등과 반란을 일으켰다. 그 이후 일시 세력을 차지한 拔悉密을 무너뜨리고 몽골 초원을 차지해 유목국가를 건설했다. 安史의 난(755~763)시기에 唐朝를 도운 것을 기회로 경제적 지원을 받았고 서방에 대한 활발한 진출과 오아시스지역의 경영을 본격적으로 추진하면서 발전을 도모할 수 있었다. 9세기 전반까지 발전을 구가하다가 830년대 말에 黠戛斯(키르기즈)의 공격을 받아 붕괴된 이후 몽골 초원을 떠나 주변으로 흩어졌다. 이상과 같이 몽골 초원을 중심으로 突厥로부터 迴鶻로 이어지는 고대 투르크 유목민들의 세계는 중앙아시아의 전반적인 사적 전개 과정에 큰 영향을 미쳤다. 또한 고대 투르크 세계의 전개 특히, 9세기 중반에 발생한 迴鶻 붕괴는 동아시아와 중앙아시아, 그리고 서아시아지역까지 엄청난 정치·사회·문화적 변동을 가져와 현재와 같은 투르키스탄의 형성을 가능하게 했다는 점에서 세계사적인 의미가 있다(丁載勳, 2005).

2) 「突厥傳」 譯註의 '匈奴'에 대한 자세한 설명을 참조.

3) 匈奴의 후예라고 한 것은 북방의 遊牧民族들이 匈奴 붕괴 이후에 대부분 그의 후예임을 자처했던 것과 연결지어볼 수 있다. 이런 설명은 실질적인 혈연적 관계를 설명하는 것이라기보다 그의 권위를 빌어 나름의 세력을 확대하려는 의도와 관련된 것을 中國에서 그대로 기록한 것이라고 추정된다. 『新唐書』에는 저본과 달리 직접적으로 "回紇의 祖上이 匈奴"라고 했다("回紇, 其先匈奴也.").

4) 後魏(386~534): 中國 南北朝時代 華北을 지배했던 北魏를 지칭한다. 또한 다르게는 魏, 元魏, 拓跋魏 등이라고 불리기도 한다. 『新唐書』에는 "元魏"라고 되어 있다. 원래 北魏를 건설한 鮮卑 拓跋部는 大興安嶺 북부에 거주했던 森林民이었다. 그들은 민족 이동의 물결 속에 몽골 초원 동부의 후룬 호수 주변의 하일라르 초원으로 이동해 유목민이 되었다가 3세기 중반에 盛樂을 본거지로 삼아 부족연합을 형성하는 등 발전했다. 그 이후에 魏晉과도 교섭을 시작하면서 여러 번 남진을 꾀했다가 내분과 여러 부족의 배반으로 흥망을 되풀이하기도 했다. 五胡十六國時代가 시작되어 華北의 혼란이 반복되는 과정에서 그를 통일한 前秦이 淝水에서 패배해 와해된 틈을 타 道武帝 拓跋珪가 여러 부족을 통일하고 代國을 세웠다. 그는 이후에 後燕을 격파하고 河北으로 진출한 다음 398년 平城에 천도해 北魏를 건설함으로써 五胡十六國時代를 종식시켰다. 道武帝는 이후 부족을 해산하고, 족장의 통솔권을 빼앗아 부족민을 皇帝에게 직결하는 획기적 개혁을 해 한인 관료를 중용하고, 통일국가의 정비에 힘썼다. 그의 급격한 개혁은 국내에 동요를 가져와 황제는 그의 아들에게 피살되었다. 그의 아들 明元帝를 거쳐 太武帝시대에는 한인 崔浩를 우두머리로 해 주변에 대한 확장을 시도해 夏·北燕·北涼 등을 평정하고 화북 전역을 통일하고 皇帝權을 강화하기 위해 漢文化를 존중하는 등의 정책을 폈다. 그가 죽은 이후 혼란이 계속되었으나 文明太后 馮氏가 사태를 수습하고 실권을 장악해 孝文帝 초기에 均田制, 租庸調制, 三長制, 俸祿制 등의 개혁 정책을 단행 농촌의 재건과 재정의 확립을 도모했다. 그 이후 孝文帝는 親政을 펴면서 皇帝權을 강화하기 위해 洛陽으로 遷都를 하고 강력한 漢化政策을 폈으나 그의 반동으로 이후에 六鎭의 반란이 일어남에 따라 동서로 분열되어 약화되었다.

5) 鐵勒: 隋唐代에 突厥을 제외하고 그의 지배하에 있었던 투르크계 유목민을 지칭하는 총칭으로 唐 후기에 가면 개별 유목 부락에 대한 이해가 심화되면서 사용되지 않았다. 그 이전에는 中國에서 丁零, 高車,

[처음에] 고차(高車)[7]에 의탁했다가[8] [이후에] 돌궐(突厥)[9]에 속하게 되면서 근래에는 특륵

勅勒 등이라고 불렸는데, 隋代의 기록(『隋書』 卷84 「北狄 鐵勒」: 1979~1980)에 따르면, 鐵勒의 각 部落은 동쪽으로 獨洛河(지금 몽골공화국의 톨강) 以北부터 서쪽으로 西海(지금 카스피해)의 광대한 지역에 분포했다("鐵勒之先, 匈奴之苗裔也, 種類最多. 自西海之東, 依據山谷, 往往不絕. 獨洛河北有僕骨·同羅·韋紇·拔也古·覆羅並號俟斤, 蒙陳·吐如紇·斯結·渾·斛薛等諸姓, 勝兵可二萬. 伊吾以西, 焉耆之北, 傍白山, 則有契弊·薄落職·乙咥·蘇婆·那曷·烏讙·紇骨·也咥·於尼讙等, 勝兵可二萬. 金山西南有薛延陀·咥勒兒·十槃·達契等, 一萬餘兵. 康國北, 傍阿得水, 則有訶咥·曷截·撥忽·比干·具海·曷比悉·何嵯蘇·拔也未渴達等, 有三萬許兵. 得嶷海東西有蘇路羯·三索咽·蔑促·隆忽等諸姓, 八千餘. 拂菻東則有恩屈·阿蘭·北褥九離·伏嗢昏等, 近二萬人. 北海南則都波等. 雖姓氏各別, 總謂爲鐵勒"). 이들은 고대 투르크 비문에서 "토쿠즈 오구즈(Toquz Oghuz)"로 기록된 집단과 동일한 것으로 추정되고(丁載勳, 1999), 中國에서는 그와 의미가 통하는 '九姓 鐵勒' 또는 '九姓' 등으로 표현하기도 했다(段連勤, 2006). 아래의 高車에 대한 설명과 비교.

6) 「突厥傳」 譯註의 '部落'에 대한 자세한 설명을 참조.

7) 高車: 고대 투르크계 유목민 집단을 지칭하는 것인데, 北魏時代에 바퀴가 큰 수레[高輪車]를 탄다고 해서 붙여진 이름이다. 族源을 匈奴의 別種이라고도 하나 이것은 과거 匈奴의 통치하에 있었다는 것을 의미한다. 사료에 따라 丁零, 丁靈, 丁令, 釘靈, 狄曆, 敕勒, 鐵勒 등으로 다양하게 기록되었다. 주로 몽골 공화국 북방 바이칼호수로부터 서쪽으로 중앙아시아와 몽골 초원 등지에 광범위하게 거주했다. 三國 曹魏 魚豢의 『魏略』에 의하면 丁零은 康居의 북쪽에 있었고, 匈奴의 單于庭 接習水에서 7천리 떨어진 곳에 있었다. 前漢時代 주로 지금 바이칼호수 이남의 지역에 분포했다. 이처럼 北方에 거주하며 유목으로 生業을 영위했고, 통일된 君長이 없었다. 後漢時代 일부가 南遷했다. 兩晉·南北朝時代 지금 山西省과 河北省에 定州丁零과 中山丁零, 北至丁零 등이 있었다. 河南省과 甘肅省 등지에도 丁零이 모여 살았는데, 후에 다른 種族과 융합했다. 漠北에 남아있는 대부분의 丁零은 『晉書』에서는 敕勒, 『隋書』에서는 鐵勒이라 칭했다. 隋代에는 鐵勒의 각 部가 동쪽으로는 지금 몽골공화국의 톨강 以北, 서쪽으로는 西海(지금 몽골공화국의 홉수굴) 등의 광대한 지역에 분포했다. 突厥 건국 이후에 東突厥과 西突厥에 分屬되었다. 高車에 관련한 기존의 연구는 丁令이나 勅勒을 고찰하거나(段連勤, 2000; 周偉洲, 2006) 혹은 迴紇의 기원을 밝히는 과정에서 부분적으로 다루어졌다. 이와는 별개로 『魏書』 「高車傳」에 대한 註釋 작업도 진행되었다(內田吟風, 2003: 68~78). 위의 鐵勒에 대한 설명과 비교.

8) 迴紇은 원래 五部高車라고 불리는 部族聯合體의 일원으로 이미 北魏時代부터 기록되었고, 그 무렵에는 袁紇이라고 기록되었다(『魏書』 卷103 「高車傳」: 326~327).

9) 突厥: 6세기 중반 柔然을 무너뜨리고 3세기에 걸쳐 중앙아시아 초원 지대를 호령했던 유목제국을 지칭한다. 突厥은 원래 그 국가의 中核集團이었던 阿史那氏가 속한 부락의 명칭에서 연원한 것으로 고대 투르크어로는 '투르크(Türk 또는 Türük)'의 음사이다. 한편 자신들이 제작한 비문에서는 스스로를 "쾩 투르크(Kök Türk)"라고 표현했다. 6세기 중엽 突厥은 알타이 산지를 중심으로 주변의 유목세력인 鐵勒을 병합하고 몽골 초원을 지배하던 유목국가인 柔然마저 격파한 다음에 유목국가를 건설했다(552년). 그 이후에 西魏·北周와 東魏·北齊로 분열된 北中國의 혼란한 상황을 이용해 中國을 압도하면서 동쪽으로 大興安嶺 산맥부터 서쪽로 지금 우즈베키스탄의 초원지대에 있는 鐵門까지 세력을 확대해 遊牧帝國으로 발전할

(特勒)[10]이라고 한다.[11] [그들은] 군장(君長)[12]이 없이 주거가 일정하지 않게 물과 풀을 따라 옮겨 다니는데,[13] 사람들의 성정이 흉악하고 잔인하나 말[14]을 타고 활[15]을 쏘는 것을 잘

수 있었다(突厥第一帝國 또는 突厥第一可汗國, 552~630). 하지만 6세기 말 동서로 분열되어 양자가 대결을 벌이게 됨에 따라 서서히 약화되었고, 그 결과 東突厥은 630년에, 西突厥은 657년에 각각 唐朝의 공격을 받아 붕괴되었다. 그 이후 東突厥 세력은 50여 년 동안 羈縻支配를 받다가 680년대 초에 다시 부흥해 몽골 초원을 차지하고 국가를 재건해 약 60여 년 정도 유지했다. 하지만 740년대 중반 계승 분쟁을 틈탄 투르크계 유목민[鐵勒]인 拔悉密(바스밀), 葛邏祿(카를룩), 迴紇(위구르)의 공격으로 붕괴되었다(突厥第二帝國 또는 突厥第二可汗國, 682~745). 그 다음 일부 세력이 迴紇에게 몽골 초원을 넘겨준 채 中國으로 내려와 살다가 安史의 난 시기(755~763)에 일시 부흥을 시도했으나 실패하고 약화되었다. 그 이후 突厥은 역사의 무대에서 더 이상 주도적인 역할을 하지 못하고 사라졌지만 그럼에도 그들의 움직임은 중앙아시아만이 아니라 그 주변 지역에서 투르크계 유목민들의 활약을 촉발했다는 점에서 큰 역사적 의미를 갖고 있다(薛宗正, 1992).

10) 特勒: 南北朝時代 고대 투르크계 유목민들을 지칭했던 勅勒을 저본에서 다르게 한자 음사한 것이라고 추정된다. 게다가 저본에서는 特勒을 鐵勒과 구분해 迴紇을 지칭하는 명칭으로 사용하고 있으며, 『新唐書』에서도 勅勒이 잘못해서 鐵勒이 되었다고 이해하고 있다. 岑仲勉은 이런 『新唐書』의 기록과 『隋書』와 『北史』의 鐵勒에 대한 기록을 토대로 두 부락 즉, 河西勅勒과 北部勅勒으로 구성된 勅勒을 興安嶺으로부터 러시아 초원까지 광범위하게 존재한 鐵勒의 일부라고 보기도 했다(岑仲勉, 1956: 1060). 또한 저본에서는 『新唐書』와 달리 「鐵勒」을 별도 列傳으로 다루어 迴紇과 鐵勒을 분리해 이해하고 있다. 하지만 이상의 구분만으로는 勅勒과 鐵勒의 실질적인 관계를 설명하기 어렵다. 오히려 양자가 투르크의 동일한 음사로 잘못 전사되면서 勅勒을 鐵勒으로 기록한 것이라고 보는 것이 타당할 것이다.

11) 『新唐書』 卷217下 「回鶻傳」下에서 "回紇의 조상은 匈奴였다. 습속은 대부분 높은 바퀴가 있는 수레를 타고 다녔고, 北魏時期에 또한 高車 부락이라고 불렸고, 혹은 勅勒이라 불렸는데, 잘못되어 鐵勒이 되었다. 그 (鐵勒) 부락은 袁紇·薛延陀·契苾羽·都播·骨利幹·多覽葛·僕骨·拔野古·同羅·渾·思結·斛薛·奚結·阿跌·白霫 [등] 대체적으로 열다섯 종류가 있었는데, 모두 고비 북쪽에 흩어져 살고 있었다. [그 중의 하나인] 袁紇은 달리 烏護라고도 하고, 烏紇라고도 했는데, 隋에 이르러 韋紇이라고 했다(回紇, 其先匈奴也, 俗多乘高輪車, 元魏時亦號高車部, 或曰敕勒, 訛爲鐵勒. 其部落曰袁紇·薛延陀·契苾羽·都播·骨利幹·多覽葛·僕骨·拔野古·同羅·渾·思結·斛薛·奚結·阿跌·白霫, 凡十有五種, 皆散處磧北. 袁紇者, 亦曰烏護, 曰烏紇, 至隋曰韋紇)."라고 기록하고 있다. 이것은 저본에서 별도로 처리한 鐵勒에 대한 기록을 『新唐書』에서는 같은 집단으로 인식하고 있음을 보여준다.

12) 君長: 북방 유목민들의 部落 單位 酋長을 의미하는데, 部落이 여러 개 연합해 하나의 집단을 형성한 경우에는 그 보다 큰 규모의 酋長으로 都統, 大帥, 大酋, 胡酋 등의 칭호를 사용하는 것이 일반적인 용례다. 이와 관련해 앞의 「突厥傳」 譯註에서 설명한 部落의 酋長인 벡(beg)에 대한 설명을 참조.

13) "住居가 일정하지 않게 물과 풀을 따라 옮겨 다닌다."는 묘사는 迴紇이 遊牧民임을 설명하고 있는데, 遊牧은 舊大陸 건조지역 전반에 걸쳐 이루어지는 牧畜의 한 방식으로서 길들인 草食性의 발굽 동물[有蹄類]을 이끌고 계절의 변화에 따라 주기적으로 이동하며 살아가는 생활 방식을 말한다. 遊牧은 거주지를

했으며 탐욕이 아주 심해 도둑질 하는 것을 생업으로 삼았다.[16] 돌궐이 나라를 건국한 이래

완전히 바꾸는 移住와 다르며, 또 일정한 중심지를 가지고 이동한다는 점에서 정처 없는 放浪 내지는 流浪과는 성격을 달리한다. 유목민들이 가축을 이끌고 풀과 물을 찾아 이동을 할 수밖에 없는 이유는 먼저 계절의 변화에 따른 가축들의 기후 적응과 관련되었다. 왜냐하면 혹독한 환경에서 가축들의 생체 리듬과 기후 변화를 맞추어 재생산을 해야만 했고, 그와 동시에 가축들의 먹이를 제공하는 초원의 생태를 파괴시키지 않고 계속적으로 유지하지 않으면 안 되었기 때문이다. 즉, 移動을 통해 초지의 파괴를 막음으로써 이후 다시 그것을 활용하기 위한 '再生産 構造의 確保'가 유목의 이유였다. 초원(steppe)은 강수량이 많지 않고 척박해 한 번 파괴되면 다시 그 초지를 복원하는 데 상당한 시간과 비용이 들었고, 목민들은 제한된 지역을 중심으로 가축을 길러야만 했기 때문에 가축들이 초지를 파괴하는 것을 막고 再生産 構造를 維持해야만 했다. 따라서 유목민들은 초지 보호와 가축들의 생체 리듬에 맞추어 이동을 하는데 가능하면 최소한의 투자를 통해 최대의 효과를 내기 위해 이동하려고 했다. 그리고 그 범위 역시 다른 유목민들과의 중복을 피하는 범위 내에서 제한적으로 이루어졌다. 따라서 하자노프는 일반적으로 遊牧이 다음과 같은 특징을 갖고 있다고 정리했다. ① 목축은 무엇보다도 경제 행위의 한 형태이다. ② 그 광역적 성격은 축사를 갖지 않고 연중 거리의 제한 없이 방목시키는 가축 사육 방법에서 비롯된다. ③ 주기적 이동은 목축 경제의 욕구에 따라 일정한 목지의 범위 내에서 혹은 지역 간을 오가면서 이루어진다. ④ 목축 이동에는 성원의 전부 혹은 대다수가 참여 한다. ⑤ 생산이 기본적으로 생존을 위한 여러 가지 요구를 충족한다(하자노프, 1990: 50).

대체적으로 몽골 초원에 거주하는 목민들은 중앙아시아의 산악지역에서 계절의 변화에 따라 '수직' 이동하는 유목민들과 달리 비교적 평탄한 구릉을 중심으로 '수평' 이동을 했다. 그리고 유목민들은 가축을 길러 얻어지는 생산물의 부족분을 보충하기 위해 사냥 또는 채집을 하거나 약간의 농사를 짓기도 하고, 그와 함께 곡식과 그밖에 다른 물건 등과 같이 생산되지 않는 물품을 얻기 위해 농경민들과 교역을 하기도 했다. 구릉 지역을 계절적으로 순환하는 양상을 보여주는 몽골 초원 유목민들의 경우에도 가축의 종류, 지형, 기후 등에 따라 세세하게는 여러 가지 다른 모습을 띠고 있었다. 즉, 고비 남부의 內蒙古의 경우에는 동부에서 서쪽으로 갈수록 건조 정도가 강해지고, 고비 북부의 몽골공화국의 경우에는 남쪽에서 북쪽으로 갈수록 건조 정도가 완화되면서 삼림지대로 연결되고, 동부에 비해 서부지역의 경우에는 알타이산맥을 비롯한 산지가 발달해 있기 때문에 유목민들의 생활양식이 환경에 따라 다르게 나타났다. 이런 자연 환경의 다양성은 식생과 가축의 구성 등에서 많은 차이를 가져오기 때문에 유목민들의 생활 방식 역시 달랐다(後藤富男, 1967; 張承志, 1993; 松井健, 2001).

14) 몽골에서 주로 사용하는 말은 다리가 가늘고 키가 큰 아라비아종의 말과 달리 체구에 비해 머리가 크고 목이 굵으며 다리가 짧고 둔부가 삼각형의 모양을 띠었으며 노지에서 풀을 먹고 자라기 때문에 뱃가죽이 얇아 축 처져 있는 모양을 하고 있는 것이 특징이었다. 이들은 털이 많아 추위를 잘 견디고 오래 달릴 수 있는 지구력이 강한 알타이계통의 말로 몽골에서 과거 우리나라에 수입된 조랑말이 바로 이 계통의 말이었다. 말무리는 작게 거세하지 않은 수말을 리더로 30마리 정도로 구성되어 있고 이런 작은 여러 개의 무리가 모여서 큰 무리가 되었다. 주로 여름철에 어린 말들을 길들여 승마가 가능할 수 있도록 훈련을 시키는 것이 일반적이었다.

말과 몽골 초원 목민의 관계는 몽골인의 다리가 4개라고 할 정도로 말과 뗄 수 없는 관계를 갖고

동쪽과 서쪽으로 정벌을 할 때 모두 그의 힘을 밑천으로 삼아 북방의 땅[北荒][17]을 제압할

있었다. 이런 말을 탄 스키타이의 모습을 보고 그리스인들이 신화 속에서 켄타우루스의 형상을 만들어 냈을 정도였다. 유목민들은 말과 자신이 분리되지 않는 것처럼 보일 만큼 말을 자유자재로 잘 탔다. 또한 몽골 속언으로 "안장이 없으면 낮에 굶고 아내가 없으면 밤에 굶는다."라고 말을 할 정도로 말은 일상생활에서 아주 중요하게 여기는 대상이었다. 따라서 가축 중에서도 특히 말을 가장 중요하게 여길 뿐만 아니라 사회적인 지위를 상징하는 성격 역시 강하게 갖고 있었다. 몽골 사람들은 駿馬를 과시하며 초원을 질주하는 것을 가장 중요하게 여길 뿐만 아니라 그와 관련한 말에 대한 장식 역시 아주 중요하게 여겼다. 말에 대한 애정 표시는 머리에 행운이 있다고 여기기 때문에 채찍으로 머리를 때리지 않고 애마는 절대로 식용하지 않았다. 식용의 경우에도 모두 먹지 않고 먹은 후에는 오보에서 제사하고 또한 말의 고환도 거세한 후에 먹지 않는 등 대우를 했다. 또한 유목민들의 지혜는 말에 대한 어휘가 연령, 성별, 털의 색깔, 털의 부분적인 특징, 신체 부위의 특징 등으로 다양하게 나타나고 있는 것에서도 확인되었다. 어휘가 풍부하다고 하는 것은 어휘를 필요로 하는 사람의 생활과 지혜가 그곳에 담겨 있었기 때문이다. 이것은 말에 대한 그들의 관심과 애정을 특별하게 반영하는 것이었다.

15) 중앙아시아의 유목민들이 발명해낸 활은 두 개의 판을 풀을 먹여 합치거나 혹은 나무로 된 궁체 뒷면에 동물의 힘줄을 팽팽하게 붙여 만든 合成弓으로 길이가 짧은 短弓의 하나였다. 強化弓의 일종인 合成弓은 탄성이 아주 강하기 때문에 사용 후에 시위를 벗기는 것이 보통이다. 시위를 벗기면 궁체는 시위를 걸었을 때와는 반대의 방향으로 휜다. 시위를 걸었을 때나 벗겼을 때도 궁체는 직선이나 반달 모양으로 되지 않고 彎曲되기 때문에 合成弓을 反曲弓 또는 彎弓이라고 한다. 合成弓은 활 중에서 가장 발달된 구조를 가져 그 힘이 강력했고, 궁체의 길이가 짧아도 긴 單純弓에 못지않은 위력을 발휘하였다. 따라서 중앙아시아의 기마민족들은 이 활을 많이 사용하여 그들의 군사력을 강화하는데 큰 기여를 했다(에릭 힐딩거, 2008: 33).

16) 몽골 초원에 사는 騎馬弓士의 특징에 대한 中國人들의 상투적인 표현은 司馬遷의 『史記』 「匈奴傳」 이래 반복적으로 사용되었다. 원래 유목민이 騎兵이 된 것은 기원전 2,000년경 카스피해 근처에 살던 초원의 주민들이 말을 길들이고 그에 맞는 馬具를 개발하여 직접 올라타게 된 이후였다. 그리고 기원전 7세기경 스키타이 등이 유라시아 초원에서 최초로 유목국가를 건설하면서 이들의 강력한 위력이 증명되기 시작했다. 이런 강력한 전투력을 제공하는 기마 기술은 이후 점차 중앙 유라시아의 초원을 따라 주변 지역으로 전파되었다. 이로 인해 몽골 초원의 주민들도 말을 잘 사용할 수 있게 되었을 뿐만 아니라 이를 기초로 강력한 군사력을 가질 수 있게 했다. 그들의 중요한 기술은 말을 타고 활을 쏘는 독특한 전술은 이후에 농경 정주세계를 위협하는 세력으로 성장하게 하는 가장 기초가 되었다. 왜냐하면 초기에 말을 길들이는 것은 고도의 숙달된 기술을 요구했을 뿐만 아니라 환경적으로 말이 잘 자랄 수 있는 초원에서만 가능했기 때문이다. 하지만 이후 말을 탈 수 있는 馬具의 발달과 함께 정주 농경지역에서도 騎兵을 양성하게 되었고, 中國의 경우에도 魏晉南北朝時代가 되면서 본격적으로 鐙子가 달린 馬具를 사용하는 騎兵이 등장했다. 迴紇이 활동했던 唐代에는 打毬(폴로) 경기가 벌어지는 등 騎兵이 중요한 부대의 하나가 되기도 했다(來村多加史, 2001: 96~108).

17) 北荒은 원래는 북쪽에 있는 荒服의 준말로 북쪽에 있는 황량한 지역을 의미했다. 突厥과 鐵勒이 사는 몽골고원과 시베리아를 포함한 유라시아 초원지대를 汎稱한다.

수 있었다.[18]

수(隋) [문제(文帝)] 개황(開皇) 말기에[19] 진왕(晉王) [양]광(楊廣)[20]이 북쪽으로 돌궐을 정벌해[21] 보가가한(步迦可汗)[22]을 대파하자 특륵이 이로 인해 흩어지게 되었다. [수 양제] 대업(大業) 원년(604) [서]돌궐 [이궐]처라가한(泥橛處羅可汗)[23]이 특륵의 여러 부락을 격파하고 그의 재물을 많이 거두어들였으며, 또한 [그 부락의 하나인] 설연타(薛延陀)[24]를 미워해 변란을 일으킬까 걱정해 결국 그 거수(渠帥)[25] 수백 명마저 모두 모아 [구덩이에 묻어] 죽여 버리자, 특륵이 이에 반란을 일으켰다.[26] [이후] 특륵은 비로소 복골(僕骨),[27] 동라(同羅),[28]

---

18) 『北史』 卷99 「鐵勒傳」에도 "突厥이 나라를 세운 후에 동서로 정벌하는데, 모두 이를 이용해 北荒을 다 차지했다(自突厥有國, 東西征討, 皆資其用, 以制北荒.)."고 되어 있는 것처럼, 鐵勒은 突厥의 중요한 군사적 기반이 되었을 뿐만 아니라 이후 唐朝의 羈縻支配에 들어간 이후에도 중요한 군사적 동원 대상이었다(丁載勳, 1994).

19) 정확하게 開皇 20년(600)의 일이다.

20) 楊廣(569~618)은 隋 煬帝(재위: 604~618)를 지칭한다. 「突厥傳」 譯註의 '隋 煬帝'에 대한 자세한 설명을 참조.

21) 정확하게 開皇 18년(598) 六月의 일이었다.

22) 「突厥傳」 譯註의 '步迦可汗'에 대한 자세한 설명을 참조.

23) 「突厥傳」 譯註의 '泥橛處羅可汗'에 대한 자세한 설명을 참조.

24) 「突厥傳」 譯註의 '薛延陀'에 대한 자세한 설명을 참조.

25) 渠帥: 일반적으로 작은 부락의 酋長을 의미하는 용어라기보다는 部落聯合體의 長으로서 豪酋, 大酋 등과 비슷한 용례로 사용되었다.

26) 이에 대해서는 저본의 권199下 「北狄傳」 <鐵勒>에 자세한 상황이 남아 있다. "初, 大業中, 西突厥處羅可汗始強大, 鐵勒諸部皆臣之, 而處羅徵稅無度, 薛延陀等諸部皆怨, 處羅大怒, 誅其酋帥百餘人. 鐵勒相率而叛, 共推契苾哥楞爲易勿眞莫賀可汗, 居貪汗山北, 又以薛延陀乙失鉢爲也咥小可汗, 居燕末山北. 西突厥射匱可汗強盛, 延陀·契苾二部並去可汗之號以臣之. 迴紇等六部在鬱督軍山者, 東屬于始畢, 乙失鉢所部在金山者, 西臣于葉護."

27) 「突厥傳」 譯註의 '僕骨'에 대한 자세한 설명을 참조.

28) 同羅: 종족 명칭으로 고대 투르크계 유목민인 鐵勒의 하나였다. 고대 투르크어로 '통라(Tongra)'의 음사로 추정된다. 薛延陀의 북쪽으로 지금 몽골공화국 헨티산맥 부근에 있었다. 長安으로부터 17,500里 떨어진 곳에 있었다. 호구는 1만 5천이었으며, 풍속은 突厥과 대략 비슷했다. 처음에는 突厥에 臣屬했으나 頡利可汗 시기 內政이 어지럽히자 唐太宗 시기에 우두머리인 俟利發 時健啜이 사신을 보내 內附하였다. 天寶 초기에 酋帥 阿布思가 萬餘 帳을 거느리고 항복해 同羅部를 朔方 河南의 땅에 거주하게 하고 廩食을 주었으며, 매년 繒과 絮 數十萬 段을 주었다. 天寶 15년(756)에 배반하였고, 諸姓 部落을 약탈하였으며 다시 漠北으로 돌아갔다. 이어 迴紇에게 격파되어 무리가 離散되었다. 阿布思는 葛邏祿으로 도망갔고, 北庭節度使 程千里가 현상금을 걸고 사로잡아 長安에서 戮屍하였다(『通典』 卷199 「鐵勒」 <同羅>:

회흘(迴紇),[29] 발야고(拔野古),[30] 복라(覆羅)[31] 등으로 [갈라지게] 되었을 뿐만 아니라 [각 부락의 추장들이] 모두 [자신을] 사근(俟斤)[32]이라고 불렀는데,[33] [그 중에 하나가] 이후에 회흘(迴紇)이라고 칭했다.[34] [이들은] 설연타의 북쪽 경계에[35] 위치한 사릉수(娑陵水)[36]의 부근에 살고 있었는데, 장안(長安)[37]으로부터는 6,900리가[38] 떨어져 있었고, 물과 풀을 따라 다니며 [생활을 했으며] 정예 병사[勝兵]가 5만, 인구가 10만 명이나 되었다.[39]

5467; 段連勤, 1988: 401).

29) 『北史』에는 "袁紇"로 되어 있는데, 이는 과거 五部高車의 하나였던 袁紇과 迴紇이 동일한 집단임을 보여준다(『北史』 卷99 「鐵勒傳」: 3303).

30) 「突厥傳」 譯註의 '拔野古'에 대한 자세한 설명을 참조.

31) 覆羅: 종족 명칭으로 고대 투르크계 유목민인 鐵勒의 하나였다. 隋代에는 지금 몽골공화국의 톨강 북쪽에 살았다. 용맹하고 騎射에 능했으며 遊牧을 생업으로 삼았다. 唐代에는 內蒙古의 후룬 호(呼倫湖) 부근의 中國과 몽골의 交界지대 일대에 분포했다. 처음에는 突厥의 지배를 받다가 이후에 迴紇에 병합되었던 것으로 추정되는데, 이는 『新唐書』에 "覆羅"의 명칭이 보이지 않기 때문이다. 어떤 학자는 隋末에 다른 鐵勒 부족에 병합되었을 것이라고 추측하기도 한다(段連勤, 2006: 264).

32) 俟斤: 고대 투르크어로는 '이르킨(irkin)'의 음사였다. 奚, 柔然, 鐵勒, 突厥 등에서 작은 부락의 首領을 지칭하는 호칭으로 官名으로도 사용되었다. 이후에는 轉化되어 契丹의 官稱 夷離堇이 되었다. 일반적으로 작은 종족 단위 추장의 명칭으로 氏族長 정도의 위상을 갖고 있었다(護雅夫, 1967: 427).

33) 『北史』에서는 僕骨, 同羅, 迴紇, 拔野古, 覆羅 등의 부락이 鐵勒 중에서도 지금 몽골공화국의 톨강 북부에 거주한 부락이라고 했다(『北史』 卷99 「鐵勒傳」: 3303).

34) 7세기 초 西突厥의 약화된 이후 그동안 그의 지배하에 있었던 迴紇이 이때 비로소 鐵勒 내에서 강한 부락으로 성장했음을 보여준다. 하지만 迴紇이 여전히 鐵勒을 대표할 수 있는 세력으로 성장한 것은 아니었다.

35) 薛延陀의 거주지가 알타이 산지[金山] 서쪽이었다는 점에서 迴紇이 그로부터 떨어져 나와 알타이 산지 동부로 이주했다고 추정해볼 수 있다.

36) 娑陵水: 지금의 몽골공화국 항가이산맥과 흡수 굴 등지에서 발원해 몽골 초원을 가로질러 북쪽 바이칼 호로 흘러 들어가는 가장 중요한 하천인 셀렝게(Selenge)강으로 유역 길이가 1024km 정도로 추정된다.

37) 「突厥傳」 譯註의 '長安'에 대한 자세한 설명을 참조.

38) 『新唐書』에는 "7,000리"라고 되어 있다.

39) 『新唐書』에는 "回紇의 姓은 藥羅葛氏이고, 薛延陀의 북쪽 娑陵水(셀렝게강) 부근에 살고, 京師로부터 七千里나 떨어진 곳에 살았다. 백성은 10만인데, 勝兵이 반이나 되었다. 땅은 황무지였고, 가축은 발이 큰 양이 많았다(回紇姓藥羅葛氏, 居薛延陀北娑陵水上, 距京師七千里. 衆十萬, 勝兵半之. 地磧鹵, 畜多大足羊)."라고 저본보다 자세히 기록되어 있다.

初，有特健俟斤死，有子曰菩薩，部落以爲賢而立之．貞觀初，菩薩與薛延陀侵突厥北邊，突厥頡利可汗遣子欲谷設率十萬騎討之，菩薩領騎五千與戰，破之於馬鬣山，因逐北至於天山，又進擊，大破之，俘其部衆，迴紇由是大振．因率其衆附于薛延陀，號菩薩爲「活頡利發」，仍遣使朝貢．菩薩勁勇，有膽氣，善籌策，每對敵臨陣，必身先士卒，以少制衆，常以戰陣射獵爲務．其母烏羅渾主知爭訟之事，平反嚴明，部內齊肅．迴紇之盛，由菩薩之興焉．

이전에 특건사근(特健俟斤)40)이 죽자 보살(菩薩)41)이라고 하는 아들이 있어, 부락[민들]이 그를 현명하다고42) 하며 [군장으로] 세웠다. 정관(貞觀)년간 초에 보살과 설연타가 돌궐의 북변을 공격하자 돌궐의 힐리가한(頡利可汗)43)이 아들 욕곡설(欲谷設)44)에게 10만의 기병을 거느리고 가서 토벌하게 하자 보살이 기병 5천을 이끌고 싸워 마렵산(馬鬣山)45)에서 [돌궐을] 격파하고 북쪽으로 쫓아 천산(天山)46)까지 이르렀으며, 또 나아가 [돌궐을] 크게 격파하고

---

40) 저본과 『唐會要』에 '特勤俟斤'이라는 기록된 것과 달리 『通典』과 『新唐書』에는 "時健俟斤"이라고 되어 있다. 迴紇 최초 俟斤의 이름인 時健은 고대 투르크어로 '쉬퀸(Sükün)'의 음사이다. 特健은 '테긴(tegin)'의 음사로 추정된다.

41) 菩薩(재위: 618~646): 迴紇의 酋長으로 산스크리트어 '바디사트바(Badhisattva)'의 간칭인 '부사트(Busat)'로 추정되기도 하나 정확하게 알 수 없다. 그가 이런 불교적인 이름을 가졌다는 사실을 통해 이 시기 몽골 초원에 佛教가 수용되었다고 추정할 수 있으나 이것 역시 추정에 불과하다. 그의 이름을 고대 투르크어로 '바수트(Basut)'로 음사할 수도 있는데, 이것은 "도움을 주는 사람"이라는 의미로 해석된다.

42) 遊牧民들은 지도자의 덕목으로 '빌게(bilge: 賢)'와 '알프(alp: 勇)'를 가장 중요하게 여겼다. 왜냐하면 牧地의 분쟁이 빈번하게 발생하는 遊牧世界에서 올바른 판결을 할 수 있는 능력인 현명함과 전투에서 용감하게 싸우는 능력인 용감함이 酋長의 중요한 능력이기 때문이다.

43) 「突厥傳」 譯註의 '頡利可汗'에 대한 자세한 설명을 참조.

44) 「突厥傳」 譯註의 '欲谷設'에 대한 자세한 설명을 참조.

45) 馬鬣山: 『新唐書』에는 "馬獵山"이라고 되어 있는데, 이는 몽골 초원 항가이산맥 부근에 있는 산봉우리 정도로 추정되나 그 정확한 위치는 알 수 없다.

46) 天山: 일반적으로 지금 中國 新疆維吾爾自治區에 있는 天山山脈을 지칭하는 것으로 이해할 수 있으나 여기에서는 몽골 초원에 있는 항가이산맥 북사면에 위치하고 있는 성스러운 산인 '외튀켄(Ötüken)'을 지칭하는 것으로 추정된다. 저본에는 烏德健으로 기록되어 있는데, 이 산은 突厥이 聖山으로 여기는 곳으로 과거부터 유목세계의 중심지역으로 이해되었다. 앞의 烏德健山에 대한 자세한 설명을 참조.

그 부락 백성들을 포로로 잡으니 회흘이 이로 인해 [그 위세를] 크게 떨칠 수 있었다. 그의 백성을 이끌고 설연타에게 귀부한 보살이 활힐리발(活頡利發)[47]이라 불리게 되자 바로 사신을 보내 [당나라에] 조공을 했다.[48] 보살은 용감하고 대담했을 뿐만 아니라 계책을 잘 세웠으며 매번 적과 대치하게 되면 반드시 몸소 병사들보다 앞서 나아가 적은 숫자로도 많은 것을 제압했고, 늘 전투 진용으로 사냥을 하는 것에 힘썼다.[49] 그 어머니 오라혼(烏羅渾)[50]은 쟁송의 사무를 담당했는데, 판결이 엄격하고 분명해 부락 내의 [분위기가] 가지런하고 숙연했다.[51] [이렇게] 회흘이 번성은 보살로 인해 시작되었다.[52]

貞觀中擒降突厥頡利等可汗之後, 北虜唯菩薩·薛延陀爲盛. 太宗冊北突厥莫賀咄爲可汗, 遣統迴紇·僕骨·同羅·思結·阿跌等部. 迴紇酋帥吐迷度與諸部大破薛延陀多彌可汗, 遂併其部曲, 奄有其地. 貞觀二十年, 南過賀蘭山, 臨黃河, 遣使入貢, 以破薛延陀功, 賜宴內殿. 太宗幸靈武, 受其降款, 因請迴鶻已南置郵遞, 通管北方.

47) 活頡利發: 고대 투르크어로 '퀼 일테베르(Kül Ilteber)'의 음사로 추정된다. 菩薩이 活頡利發(퀼 엘테베르)이라고 칭한 것은 씨족장 정도의 위치인 俟斤(이르킨)에서 부족장 정도의 위상을 갖는 일테베르라는 칭호를 갖고 있음에서 확인된다. 이런 호칭의 변화는 迴紇의 발전에 따른 규모 변화를 반영하는 것이다.

48) 『新唐書』에 따르면 貞觀 3년(629)의 일이었다.

49) 『新唐書』에는 그가 "재능이 있고 용감하며 꾀가 있었고 사냥하며 활쏘기를 좋아했으며 싸울 때에는 반드시 몸소 앞서고 향하는 쪽을 바로 부러뜨리고 깨뜨려 버렸기 때문에 부하들이 모두 두려워하며 붙게 되자 時健俟斤에게 쫓겨났다가 時健俟斤이 죽자 부락 사람들이 보살이 어질다고 해 [군장으로] 세웠다("材勇有謀, 嗜獵射, 戰必身先, 所向輒摧破, 故下皆畏附, 爲時健所逐. 時健死, 部人賢菩薩, 立之.")." 고 되어 있어 약간 기록에 시차가 있다.

50) 烏羅渾: 고대 투르크어로 '오르콘(Orqon)'의 음사로 추정된다. 迴紇의 君長인 菩薩의 어머니로 쟁송을 담당할 정도로 뛰어난 능력을 갖고 있었다고 한다.

51) 匈奴時代에도 單于의 姻戚氏族이 爭訟을 담당했다는 기록이 있는데, 이것과 마찬가지로 迴紇의 경우에도 君長의 어머니가 비슷한 역할을 했음을 알 수 있다. 이것은 지배집단에 半族集團이 형성되면서 유목국가가 발전하는 과정을 보여주는 것으로, 부락 내부의 쟁송을 담당할 수 있는 능력을 갖고 있는 집단과 迴紇의 주도 집단이 결합해 세력을 확대하게 될 정도로 성장했음을 보여준다(護雅夫, 1992: 12).

52) 菩薩시기에 迴紇이 발전하게 되었다는 증거는 그가 活頡利發이라고 칭한 다음에 그의 牙帳을 셀렝게강[娑陵水]로부터 남방의 톨강[獨樂江]으로 옮겨 세웠다고 한 『新唐書』의 기록에서 확인할 수 있다("繇是附薛延陀, 相脣齒, 號活頡利發, 樹牙獨樂水上."). 즉, 迴紇이 세력을 키웠기 때문에 몽골 북방에서 남쪽에 있는 초원의 중심으로 이주해 牙帳을 세울 수 있었던 것으로 추정된다.

太宗爲置六府七州, 府置都督, 州置刺史, 府州皆置長史·司馬已下官主之. 以迴紇部爲瀚海府, 拜其俟利發吐迷度爲懷化大將軍兼瀚海都督. 時吐迷度已自稱可汗, 署官號皆如突厥故事. 以多覽爲燕然府, 僕骨爲金微府, 拔野古爲幽陵府, 同羅爲龜林府, 思結爲盧山府, 渾部爲皐蘭州, 斛薩爲高闕州, 阿跌爲雞田州, 契苾爲楡溪州, 跌結爲雞鹿州, 阿布思爲蹛林州, 白霫爲寘顔州; 又以迴紇西北結骨爲堅昆府, 其北骨利幹爲玄闕州, 東北俱羅勃爲燭龍州. 於故單于臺置燕然都護府統之, 以導賓貢.

정관년간 중(630년)에 돌궐 힐리 등의 가한이 [당조에] 잡혀 항복한 이후에 북방의 족속[北虜]들은 오직 [회흘의] 보살과 설연타만이 강성했다.[53] 태종(太宗)[54]이 [639년 돌궐 아사나결사솔(阿史那結社率)의 반란 이후] 북돌궐(北突厥)[55] 막하돌(莫賀咄)[56] [아사나사마(阿史那思摩)]를 [을미니숙사리필]가한(乙彌泥孰俟利苾可汗)[57]으로 삼은 다음 [그를] 보내 회흘, 설연타, 동라, 사결(思結),[58] 아질(阿跌)[59] 등의 부락을 통솔하게 했는데, [보살이 죽은 다음에 즉위한] 회흘의 추장인 토미도(吐迷度)[60]와 각 부락의 수령들이 설연타의 다미가한(多彌可

53) 630년 突厥이 망한 이후 薛延陀의 성장과 발전, 그리고 646년 붕괴 과정에 대해서는 저본 권199下 「北狄傳」下 <鐵勒>에 자세하게 소개 되어 있는데, 여기에서는 迴紇과 관련이 없기 때문에 생략된 것으로 보인다.

54) 「突厥傳」 譯註의 '唐 太宗'에 대한 자세한 설명을 참조.

55) 北突厥은 일반적으로 東突厥을 지칭한다. 「突厥傳」 譯註의 '東突厥'에 대한 자세한 설명을 참조.

56) 莫賀咄: 고대 투르크어로 '바가투르(Baghatur)'의 음사로 '용감한 사람'이라는 의미이다. 唐朝의 羈縻支配를 받고 있었던 阿史那思摩를 지칭한다. 「突厥傳」 譯註의 '阿史那思摩'에 대한 자세한 설명을 참조.

57) 저본 권215上 「突厥傳」에는 "乙彌泥孰俟利苾可汗"이라고 되어 있다. 이는 고대 투르크어로 '일 에트미쉬 이둑 빌게 카간(il etmish ïdugh bilge qaghan)'의 음사로, 그 의미는 '나라를 세운 신성하고 현명한 카간'으로 추정된다.
고대 투르크 문자를 음사하는 기호인 'ï'는 원래 그 음이 '으'인데, '키르키즈(Qïrghïz)'의 예에서 보듯이 관습적으로 '이'로 읽어 왔다. 그러므로 위에서 'ïdugh'을 '이둑'으로 표기하였고, 이하 'ï'는 모두 '이'로 읽는다. 그러나 그 원음은 전사된 'ï'의 표기를 참고해 이해하기 바란다.

58) 思結: 종족 명칭으로 고대 투르크계 유목민인 鐵勒의 하나로 斯結로 기록되어 있기도 하다(段連勤, 2006: 264).

59) 阿跌: 鐵勒의 하나로 訶咥이라고도 한다. 고대 투르크어로 아즈(Az)의 음사로 추정된다. 多藍葛의 서북쪽에 위치했고 정병은 1,700人이었다. 이동하는데 일정한 장소에 머물지 않았다.

60) 吐迷度(재위: 646~648): 迴紇의 酋長으로 646년에 군대를 이끌고 薛延陀의 多彌可汗을 격파해 그 땅을

汗)[61]을 크게 격파하고 마침내 그 부곡(部曲)[62]마저 병합하고 그의 땅을 차지했다. 정관 20년(646) [그들이] 남쪽으로 하란산(賀蘭山)[63]을 넘어 황하(黃河)에 와서 사신을 보내 조공하자 설연타를 격파한 공으로 내전에서 연회를 베풀어 주었다.

태종이 영무[군](靈武郡)[64]까지 나아가[65] 그의 귀순을 받아들이자 회흘이 남쪽에 역참을 설치해 북방과의 교통을 관리해줄 것을 요청했다.[66] 태종이 [647년 회흘이 다시 조공을 하자 이들의 요구를 받아들여] 6부(六府)[67]와 7주(七州)[68]를 설치했는데, 부에는 도독(都督)[69]을

차지함으로써 漠北에서 패권을 장악했다. 그는 아버지 菩薩을 이어 迴紇의 君長으로 胡祿俟利發이라고 불렸는데, 이는 고대 투르크어로 '퀼뤽 일테베르(Külüg Ilteber)'의 음사이다. 그는 즉위한 지 얼마 되지 않아 648년에 조카 烏紇에게 살해당했다.

61) 多彌可汗: 頡利俱利失薛沙多彌可汗의 줄임말로 그의 음사는 정확하게 알 수 없다. 그는 薛延陀 眞珠毗伽可汗(옌취 빌게 카간) 즉, 夷男(이난)의 嫡子로 이름은 拔灼이었다. 西方을 담당하는 肆葉護可汗(야브구 카간)으로 있다가 645년 아버지가 병사하자 이복동생인 曳莽 즉, 突利失可汗(퇼리스 카간)을 죽이고 可汗으로 자립했으나 내적인 분열을 통제하지 못하고 지배를 받던 迴紇 등 유목부족들의 공격을 받고 죽었다. 이로 인해 薛延陀는 646년 高句麗 원정 불참에 대한 응징을 한 唐朝의 공격을 받아 완전히 붕괴되었다.

62) 部曲: 일반적으로 私屬民을 의미하는 것으로 사용되나 여기에서는 薛延陀 可汗에게 복속되어 있었던 部落民들을 지칭하는 용어로 사용된 것으로 보인다.

63) 賀蘭山: 卑移山 또는 阿拉善山이라고도 한다. 지금 寧夏回族自治區 북부와 內蒙古自治區 阿拉善左旗의 경계에 위치하고 있다. 남북으로 약 200km 정도이고 동서로 넓이가 30km 정도 된다. 해발 2000~2500m 정도의 높이를 갖고 있다. 명칭의 유래는 산의 모습이 멀리서 보면 駮馬와 비슷한데, 이곳 사람들이 駮을 賀蘭이라고 불렀기 때문이라고 한다.

64) 靈武郡: 隋 大業 3년(607)에 靈州를 바뀌어 설치되었는데, 治所가 回樂縣(지금 寧夏回族自治區 吳忠市)에 있었다. 관할 구역은 지금 寧夏回族自治區 中衛, 同心縣과 그 이북 지역이었다. 唐 武德 元年(618)에 다시 靈州로 바뀌었다. 開元 9년(721)에 이곳에 朔方節度使가 설치되었고, 天寶 元年(742)에 다시 靈武郡이 되었다. 15년(756) 安祿山이 潼關을 격파하자 玄宗을 이어 肅宗이 이곳에서 즉위를 했다. 乾元 元年(758)에 다시 靈州로 바뀌었다.

65) 『新唐書』에는 646년에 太宗이 靈州에 行幸을 한 다음에 涇陽縣(지금 陝西省 涇陽縣 동남 30里 故縣村)까지 가서 迴紇 등을 만나 그 공을 치하했고, 그들의 요청을 받아들여 6부와 7주를 설치한 것은 647년인데, 저본에서는 다시 조정에 사신이 온 다음의 일로 기록하고 있다.

66) 『新唐書』에는 鐵勒의 11개 부락이 귀순해 唐朝에 관리를 청한 구체적인 내용이 있다("於是鐵勒十一部皆來言: 「延陀不事大國, 以自取亡, 其下麕駭鳥散, 不知所之. 今各有分地, 願歸命天子, 請置唐官.」 有詔張飮高會, 引見渠長等, 以唐官官之, 凡數千人.").

67) 六府: 646년 薛延陀가 唐朝의 공격을 받고 무너진 이후 몽골 초원에 사는 비교적 규모가 큰 부족들을 羈縻支配하기 위해 迴紇에 瀚海府, 多覽에 燕然府, 覆骨에 金微府, 拔野古에 幽陵府, 同羅에 龜林府, 思結

두고 주에는 자사(刺史)[70]를 두었으며, 부주(府州)에는 모두 장사(長史)[71], 사마(司馬)[72] 이하의 관리를 두어 [사무를] 담당하게 했다.[73] 회흘 부락에는 한해부(瀚海府)[74]를 두고 그의 사리발(俟利發)[75] 토미도를 회화대장군(懷化大將軍)[76] 겸 한해도독(瀚海都督)으로 삼았다.

에 盧山府 등 여섯 개의 都督府가 설치되었는데, 이것을 총칭하는 것이다.

68) 七州: 646년 薛延陀가 唐朝의 공격을 받고 무너진 이후 몽골 초원에 사는 비교적 규모가 작은 부족들을 羈縻支配하기 위해 渾에 皐蘭州, 斛薩에 高闕州, 阿跌에 雞田州, 契苾에 楡溪州, 跌結에 雞鹿州, 阿布思에 蹛林州, 白霫에 寘顔州 등 일곱 개의 刺史州가 설치되었는데, 이것을 총칭하는 것이다.

69) 都督: 武官의 官名이다. 曹魏 黃初 3년(222)에 처음으로 설치되었으며 諸州의 軍事를 관장했다. 후에 大都督이 설치되면서 권력과 임무가 더욱 重해졌다. 兩晉南北朝時代에도 여전히 설치되었는데 刺史와 太守가 겸직하면서 지위가 점차 낮아졌다. 北周에는 大都督·都督·帥都督의 지위가 있었는데, 군대를 통솔하는 軍官의 명칭으로 지위가 낮았다. 隋 煬帝 시기에 校尉, 旅帥, 隊正으로 바뀌었다. 唐初에는 大都督府와 都督府를 설치한 다음 上, 中, 下의 三等으로 나누었으며 각자 都督 1명을 두어 諸州의 兵馬와 鎭戍, 양식, 무기 등을 관장하게 했다. 이후에 節度使가 설치되면서 都督의 역할을 대신했다. 이후에 迴紇에서 과거 部族長을 의미했던 일테베르(ilteber)를 대신해 '투툭(tutuq)'이라는 관칭으로 정착되었다.

70) 刺史: 漢代 지방을 감찰하기 위해 만들어졌다가 이후 지방관화 되어 隋唐時代에는 州의 行政長官으로서 軍號를 갖지 않았다. 品秩은 등급에 따라 從三品에서 正四品下까지였다. 그 속관으로는 長史, 司馬, 別駕, 錄事參軍, 司功, 司倉 등등의 속관을 두고 있었다. 이후에 迴紇에서 과거 氏族長을 의미했던 이르킨(irkin)을 대신해 '칙시(chigsi)'라는 관칭으로 정착되었다.

71) 長史: 北周, 隋代 勳官이 幕府를 열 때 그 軍府에서 군무를 담당하는 최고의 관리였다. 隋唐時代에는 지방의 都督府, 都護府, 州府에 설치된 지방 관리로서 역할을 했다. 이 관직이 迴紇시대에 어떤 관칭으로 변화했는가 하는 점은 정확하게 알 수 없다.

72) 司馬: 北周, 隋代 勳官이 幕府를 열 때 그 軍府에서 長史 다음으로 군무를 담당하며 本府의 무직을 관리했다. 隋唐時代에는 지방의 都督府, 都護府, 州府에 설치된 지방 관리로서 역할을 했다. 이 관직이 迴紇시대에 어떤 관칭으로 변화했는가 하는 점은 정확하게 알 수 없다.

73) 『新唐書』에는 都督, 刺史, 長史, 司馬 등의 역할을 部落의 首領들이 담당하게 한다고 정확하게 기록하고 있다("皆以酋領爲都督·刺史·長史·司馬."). 그리고 6府 7州의 구체적인 설치를 저본과 마찬가지로 정리한 다음에 鐵勒이 조공한 내용을 구체적으로 다음과 같이 소개하고 있다. "其都督·刺史給玄金魚符, 黃金爲文, 天子方招寵遠夷, 作絳黃瑞錦文袍·寶刀·珍器賜之. 帝坐秘殿, 陳十部樂, 殿前設高坫, 置朱提瓶其上, 潛泉浮酒, 自左閤通坫趾注之瓶, 轉受百斛鐐盎, 回紇數千人飮畢, 尙不能半. 又詔文武五品官以上祖飮尙書省中. 渠領共言「生荒陋地, 歸身聖化, 天至尊賜官爵, 與爲百姓, 依唐若父母然. 請於回紇·突厥部治大涂, 號『參天至尊道』, 世爲唐臣.」乃詔磧南鸊鵜泉之陽置過郵六十八所, 具群馬·湩·肉待使客, 歲內貂皮爲賦."

74) 瀚海府: 羈縻府인 瀚海都督府를 지칭하는 것으로 唐 貞觀 21년(647)에 迴紇의 거주지에 설치되어 燕然都護府에 소속되었다. 治所가 지금 몽골공화국 서남쪽 오르콘강 상류 西岸 하라 호린(몽골제국시대의 카라코룸)의 서북쪽에 있었다. 세력 범위는 셀렝게강에서 남쪽으로 薛延陀가 牙帳을 세운 항가이산맥 북사면 일대까지 확장되었다.

이 때 토미도가 이미 스스로를 가한(可汗)[77]이라고 칭하고 부서와 관칭 모두를 돌궐의 옛 것과 같게 만들었다.[78]

[당조에서는] 다람[갈](多覽葛)[79]을 연연부(燕然府)[80]로, 복골을 금미부(金微府)[81]로, 발야고를 유릉부(幽陵府)[82]로, 동라를 구림부(龜林府)[83]로, 사결을 노산부(盧山府)[84]로, 혼부(渾部)[85]를 고란주(皐蘭州)[86]로, 곡살(斛薩)[87]을 고궐주(高闕州)[88]로, 아질(阿跌)을 계전주

---

75) 「突厥傳」 譯註의 '俟利發'에 대한 자세한 설명을 참조.

76) 懷化大將軍: 관명으로 唐 顯慶 3년(658)에 처음 시작되었다. 正三品上 武散官으로 오로지 將軍에게만 제수되었으며 宿衛에 소속되었다.

77) 「突厥傳」 譯註의 '可汗'에 대한 자세한 설명을 참조.

78) 『新唐書』에는 迴紇의 酋長이었던 吐迷度가 可汗을 칭하고 突厥과 비슷한 관제를 완비한 내용이 기록되어 있다("乃拜吐迷度爲懷化大將軍·瀚海都督; 然私自號可汗, 署官吏, 壹似突厥, 有外宰相六·內宰相三, 又有都督·將軍·司馬之號.").

79) 多覽葛: 종족 명칭으로 고대 투르크계 유목민인 鐵勒의 하나였다. 고대 투르크어로 '타르칼(Tarqal)'의 음사이다. 달리 多獵葛, 多臘葛, 歹臘葛이라고도 한다. 薛延陀의 동쪽, 톨강 근처에 살고 있었는데, 太宗 貞觀 21년(647)에 薛延陀가 붕괴되자 그의 수령 多覽葛末이 迴紇 수령과 함께 唐朝에 귀부했다. 多覽葛末이 唐朝로부터 燕然都督과 右驍衛大將軍에 제수되었다. 元代의 帖良兀, 明代 帖列因禿 등과 연결된다고 한다(段連勤, 1988: 399~340).

80) 燕然府: 羈縻府인 燕然都督府를 지칭하는 것으로 貞觀 21년(647)에 多覽葛의 거주지에 설치되었으며 燕然都護府에 소속되었다. 그 땅은 同羅水(지금 몽골공화국 셀렝게 아이막 동쪽 할라강) 서남과 울란바토르 북쪽에 있었다. 8세기 이후에 폐지되었다.

81) 金微府: 羈縻府인 金微都督府를 지칭하는 것으로 貞觀 21년(647)에 僕骨의 거주지에 설치되었으며 燕然都護府에 소속되었다. 그 땅은 지금 몽골공화국 헨티 山 以北과 오논강 상류부터 러시아 시베리아 남부 일대에 해당한다. 高宗 總章 2년(669)에 安北都護府에 소속되었다.

82) 幽陵府: 羈縻府인 幽陵都督府를 지칭하는 것으로 貞觀 21년(647)에 拔野古의 거주지에 설치되었다. 幽陵은 원래 幽州 북방에 위치한 산의 명칭으로 이곳은 內蒙古自治區 呼倫貝爾盟에서 몽골공화국에 이르는 지역에 위치하고 있었다. 高宗 말년에 폐지되었다

83) 龜林府: 羈縻府인 龜林都督府를 지칭하는 것으로 貞觀 21년(647)에 同羅의 거주지에 설치되었다. 이곳은 몽골공화국 북방 셀렝게강의 지류인 타미르강 유역에 위치하고 있었다.

84) 盧山府: 羈縻府인 盧山都督府를 지칭하는 것으로 唐 貞觀 21년(647)에 思結의 거주지에 설치되었다. 처음에는 燕然都護府에 소속되어 있다가 總章 2년(668)에 涼州都督府(지금 甘肅省 武威) 지역 내로 관할이 바뀌었다. 이곳은 몽골공화국 항가이산맥 동남쪽에 위치했던 것으로 추정된다.

85) 渾: 종족 명칭으로 고대 투르크계 유목민인 鐵勒의 하나였다. 渾을 '훈이(Qounni)'와 동일한 집단으로 보았다. 渾은 烏羅(Ouar)라고도 하며 한 부족 수령의 이름인데, 이후에 부족의 명칭이 되었다. 또 양자를 합쳐 烏羅渾(Ouarchonites)이라 보기도 한다(Chavannes/馮承鈞, 2004: 206 및 221). 渾은 지금 몽골공화국의 톨강이 만곡하는 남쪽에 살았는데, 용맹하고 騎射에 능했으며 遊牧을 생업으로 삼았다. 특히,

(雞田州)[89]로, 계필(契苾)[90]을 유계주(榆溪州)[91]로, 질결(跌結)[92]을 계록주(雞鹿州)[93]로, 아포사(阿布思)[94]를 대림주(蹛林州)[95]로, 백습(白霫)[96]을 치안주(寘顏州)[97]로 하고, 또한 회

여러 鐵勒 중에서 가장 남쪽에 거주하였다(段連勤, 1988: 400).

86) 皋蘭州: 羈縻州로 唐 貞觀 21년(647)에 渾部의 거주지에 설치되었다. 이곳은 몽골공화국 톨강의 동쪽 변에 위치하고 있었던 것으로 추정된다.

87) 斛薩: 종족의 명칭으로 鐵勒의 하나였다. 斛薛이라고도 한다. 지금 몽골공화국 톨강 북쪽에 거주했다. 『通典』에는 斛薛이 鐵勒의 別部이며, 多藍葛의 北境에 있으며 두 개의 부락이 합쳐졌으며, 精兵 7천이라고 기록했다(『通典·邊防典』 卷199 「鐵勒·斛薛條」: 5468, "斛薛, 亦鐵勒之別部, 在多濫葛北境, 兩姓合居, 勝兵七千."). 段連勤은 이 기록을 바탕으로 薛部와 斛部가 합쳐져서 斛薛[部]가 되었다고 보았다(段連勤, 2006: 270).

88) 高闕州: 羈縻州로 貞觀 21년(647)에 斛薩의 거주지에 설치되었다. 이곳은 몽골공화국 북방 바이칼호수로 들어가는 셀렝게강 하류에 위치하고 있었던 것으로 추정된다.

89) 雞田州: 羈縻州로 貞觀 21년(647)에 阿跌의 거주지에 설치되었다. 이곳은 몽골공화국 오르콘강 동변에 위치하고 있었던 것으로 추정된다.

90) 契苾: 종족 명칭으로 고대 투르크계 유목민인 鐵勒의 하나였다. 달리 契弊 혹은 契苾羽라고도 적는다. 원래 應娑川(지금 新疆維吾爾自治區 焉耆縣 서부의 巴音布魯克 초원에 해당)에서 遊牧을 하며 突厥에 복속되어 있었다. 隋 大業 元年(605)에 鐵勒을 중심으로 국가를 세웠지만 이후에 西突厥의 射匱可汗에게 패해 이식 쿨[熱海]로 이주했다. 唐 太宗 貞觀 6년(632)에 契苾歌楞(契弊歌楞)의 손자 契必何力이 부락을 이끌고 唐朝에 투항해 甘州(지금 甘肅省 張掖市)와 涼州(지금 甘肅省 武威市) 사이의 지역에 안치되었다. 唐 玄宗 開元 15년(727)에 迴紇이 河西節度使를 습격해 살해하자 契苾嵩의 아들인 契苾承明이 모반했다고 모함을 받아 連州로 유배되었고, 契苾 부락은 반란을 일으켜 突厥에 귀부하였다. 몽골 초원에 거주했던 부락은 톨강 북쪽, 渾의 동쪽에 있었는데, 이곳은 지금 몽골공화국의 수도인 울란바토르 주변 지역에 있었다(段連勤, 1988: 400~401).

91) 榆溪州: 羈縻州로 貞觀 21년(647)에 契苾의 거주지에 설치되었다. 이곳은 몽골공화국 울란바토르 남쪽에 있었던 것으로 추정된다.

92) 跌結: 종족 명칭으로 고대 투르크계 유목민인 鐵勒의 하나였다. 고대 투르크어로 '에디즈(Ediz)'의 음사이다. 러시아 바이칼호수 동북방에 거주하고 있었던 유목 부족으로 추정된다.

93) 雞鹿州: 羈縻州로 貞觀 21년(647)에 跌結의 거주지에 설치되었다. 이곳은 러시아 바이칼호수 동북방에 위치하고 있었던 것으로 추정된다.

94) 阿布思: 종족 명칭으로 고대 투르크계 유목민인 鐵勒의 하나였다. 고대 투르크어로 '아부스(Abus)'의 음사로 추정된다. 이들은 원래 河西 지역에 거주했다. 薛延陀가 붕괴한 이후 唐朝의 羈縻支配를 받게 되는데 蹛林州(지금 甘肅省 武威 부근)에서 涼州都督府의 통제를 받았다. 天寶 11년(752) 唐朝에 반란을 일으켰다가 항복했다. 이후 迴紇 지배하에 들어갔다.

95) 蹛林州: 羈縻州로 貞觀 21년(647)에 阿布思의 거주지에 설치되었다. 지금 甘肅省 武威 부근에 위치하고 있었던 것으로 추정된다.

96) 白霫: 霫은 동부 몽골 북부에 거주하던 종족의 하나로 隋代에 潢水(지금 시라무렌) 유역의 북부에 거주

흘의 서북에 있는 결골(結骨)[98]을 견곤부(堅昆府)[99]로, 그 북쪽에 있는 골리간(骨利幹)[100]을 현궐주(玄闕州)[101]로, 동북쪽에 있는 구라발(俱羅勃)[102]을 촉룡주(燭龍州)[103]로 한 다음에 과거 선우대(單于臺)[104]에 연연도호부(燕然都護府)[105]를 두어 [모두를] 통제하게 함으로써 [여러 부락들이 당조에] 조공해 오는 것을 인도하게 했다.[106]

하고 있었는데, 그 중에서 白霫은 白이 일반적으로 남쪽을 지칭한다는 점에서 남쪽에 있는 霫을 의미하는 것으로 추정된다. 이들은 동으로 靺鞨, 서로 突厥, 남으로 契丹, 북으로 烏洛候와 접해 있었는데, 사면으로 산으로 둘러싸인 興安嶺산맥에 사는 종족이었다. 삼림에 거주했기 때문에 狩獵이 주종을 이루었는데, 이후에 남하해 시라무렌을 건너 奚에 속하게 되었다(段連勤, 1988: 404).

97) 寘顏州: 羈縻州로 貞觀 21년(647)에 白霫의 거주지에 설치되었다. 이곳은 지금 內蒙古自治區 綏遠烏剌特旗 경계에 위치하고 있었다.

98) 「突厥傳」 譯註의 '結骨'에 대한 자세한 설명을 참조.

99) 堅昆府: 羈縻府인 堅昆都督府를 지칭하는 것으로 貞觀 21년(647)에 結骨의 거주지에 설치되었다. 이 지역은 몽골에서 샤한산맥을 넘어 예니세이강 상류지역에 있었다.

100) 骨利幹: 종족 명칭으로 고대 투르크계 유목민인 鐵勒의 하나였다. 고대 투르크어로 '쿠리칸(Quriqan)'의 음사이다. 바이칼 북부 삼림 지역에 거주했던 종족이었다. 좋은 말이 생산되는 지역으로 당나라에 사신을 보내 바친 10마리의 말을 太宗이 "十驥"라고 했다. 貞觀 20년(646)에 당나라에 귀부해 했고, 貞觀 22년(648)에 玄厥州가 설치되었다. 龍朔년간에 이를 余吾州로 바꾸어 瀚海都護府에 귀속하도록 했다. 이후 元代의 문헌에 "火里"라고 불리는 것과 연결되고 지금 부리야트(Buriyat) 몽골의 조상으로 추정되기도 한다(段連勤, 1988: 405).

101) 玄闕州: 羈縻州로 貞觀 21년(647)에 骨利幹의 거주지에 설치되었다. 이곳은 바이칼호수 서북방에 위치하고 있었던 것으로 추정된다. 龍朔 중에서 餘吾州로 바뀌어 安北都護府에 소속되었다.

102) 俱羅勃: 종족 명칭으로 掘羅勿이라고도 한다. 貞觀 23년(649)에 일부는 溫池(지금 寧夏回族自治區 若水河 상류)로 일부를 옮겨 靈州都督府에 속하게 했고, 漠北에는 燭龍州를 두어 일부를 안치시켰다.

103) 燭龍州: 羈縻州로 貞觀 21년(647)에 俱羅勃의 거주지에 설치되었다. 이곳은 지금 內蒙古自治區 후룬호수의 동쪽에 위치하고 있었던 것으로 추정된다.

104) 單于臺: 지금 內蒙古自治區 固陽縣 서북쪽에 있는 陰山山脈 속에 위치하고 있다. 이곳은 원래 匈奴時代 君長인 單于의 거처가 있었던 것에서 그 지명이 유래했다.

105) 「突厥傳」 譯註의 '燕然都護府'에 대한 자세한 설명을 참조.

106) 『新唐書』에는 6府와 7州의 설치와 함께 그 이후 후속 조치에 대한 내용도 기록되어 있다("以李素立爲燕然都護. 其都督·刺史給玄金魚符, 黃金爲文, 天子方招寵遠夷, 作絳黃瑞錦文袍·寶刀·珍器賜之. 帝坐祕殿, 陳十部樂, 殿前設高坫, 置朱提瓶其上, 潛泉浮酒, 自左閤通坫趾注之瓶, 轉受百斛鐐盎, 回紇數千人飲畢, 尚不能半. 又詔文武五品官以上祖飲尚書省中. 渠領共言「生荒陋地, 歸身聖化, 天至尊賜官爵, 與爲百姓, 依唐若父母然. 請於回紇·突厥部治大涂, 號『參天至尊道』, 世爲唐臣.」 乃詔磧南鸊鵜泉之陽置過郵六十八所, 具群馬·湩·肉待使客, 歲內貂皮爲賦.").

貞觀二十二年, 吐迷度爲其姪烏紇所殺. 初, 烏紇蒸其叔母, 遂與俱陸莫賀達干俱羅勃潛謀殺吐迷度以歸車鼻. 烏紇·俱羅勃, 並車鼻之婿也, 烏紇遂夜領騎十餘劫吐迷度, 殺之. 燕然副都護元禮臣遣人紿烏紇云:「將奏而爲都督, 替吐迷度也.」烏紇輕騎至禮臣所, 跪拜致謝, 禮臣擒而斬之以聞. 太宗恐迴紇部落攜離, 十月, 遣兵部尚書崔敦禮往安撫之, 仍以敦禮爲金山道副將軍. 贈吐迷度左衛大將軍, 賻物及衣服設祭甚厚. 以吐迷度子前左屯衛大將軍·翊衛左郎將婆閏爲左驍衛大將軍·大俟利發·使持節迴紇部落諸軍事瀚海都督. 後俱羅勃來朝, 太宗留之不遣. 詔西突厥可汗阿史那賀魯統五啜·五俟斤二十餘部, 居多羅斯水南, 去西州馬行十五日程. 迴紇不肯西屬突厥.

정관 22년(648) 토미도가 그의 조카 오흘(烏紇)[107]에게 살해되었다. 이전에 오흘은 그의 숙모와 통간을 했는데, [이 사실이 알려질까 두려워] 마침내 구륙막하달간(俱陸莫賀達干)[108] 구라발(俱羅勃)[109]과 몰래 토미도를 죽이고 [을주]차비[가한](乙注車鼻可汗)[110]에게 귀부할 것을 모의했다. 오흘과 구라발은 모두 [을주]차비[가한]의 사위가 되었다가, 오흘이 마침내 밤에 기병 10여 기를 이끌고 토미도를 습격해 죽여버렸다. 연연부도호(燕然副都護) 원례신(元禮臣)[111]이 사람을 보내 오흘에게 속여 말했다. "[내가 조정에] 아뢰어 [너를] 도독으로 삼아 토미도를 대신하게 할 것이다." 오흘은 가벼운 복장으로 말을 타고 [원]례신에게 와서 무릎을 꿇고 절을 하며 감사해 했는데, [원]례신이 [그를] 잡아 [목을] 벤 다음에 [이 일을 조정에] 알렸다.

태종이 회흘 부락이 배반을 할까 걱정해 시월에 병부상서(兵部尙書)[112] 최돈례(崔敦禮)[113]

107) 烏紇: 고대 투르크어로 '위구르(Uyghur)'의 음사로 추정된다.
108) 俱陸莫賀達干: 고대 투르크어로 '퀼뤽 바가 타르칸(Külüg bagha tarqan)'의 음사이다.
109) 俱羅勃: 고대 투르크어로 '퀼뤽베르(Külügber)'의 음사로 추정되는데, "힘에 세다"는 의미이다.
110) 「突厥傳」 譯註의 '乙注車鼻可汗'에 대한 자세한 설명을 참조.
111) 元禮臣: 唐代 將軍으로 燕然副都護로 지냈다.
112) 「突厥傳」 譯註의 '兵部尙書'에 대한 자세한 설명을 참조.
113) 崔敦禮(593~656): 唐代 宰相으로 雍州 咸陽(지금 陝西省 咸陽) 사람이었다. 隋 禮部尙書 崔仲方의 손자로 대대로 博陵에 살면서 山東著姓이었다가 魏末에 關中으로 옮겨 왔다. 그의 본명은 元禮인데 高祖가 이름을 바꾸었다. 武德년간에 通事舍人이 되었다. 貞觀年間에 左衛郎將, 中書舍人, 兵部侍郎,

를 안무하게 보내면서 바로 [최]돈례를 금산도부장군(金山道副將軍)으로 삼아 토미도를 좌위대장군(左衛大將軍)114)으로 추증하며 물품과 의복을 많이 내려주어 제사를 잘 차리게 했다. 토미도의 아들 전좌둔위대장군(前左屯衛大將軍)115) 익위좌랑장(翊衛左郎將)116) 파윤(婆閏)117)을 좌효위대장군(左驍衛大將軍)118) 대사리발(大俟利發) 사지절회흘부락제군한해도독(使持節迴紇部落諸軍事瀚海都督)으로 삼았다. 이후에 구라발이 조정에 오자 태종이 그를 잡아두고 보내지 않았다. [황제가] 조칙을 내려 서돌궐 가한 아사나하로(阿史那賀魯)119)로 하여금 오철(五啜)120)과 오사근(五俟斤)121)의 20여 부락을 통솔해 탈라스강(多羅斯水)122) 남쪽에 살게 했는데, [이곳은] 서주(西州)123)에서 말로 15일 걸리는 거리였다. 회흘이 서쪽의 [서]돌궐에게 복속하기를 원하지 않았다.

靈州都督, 兵部尙書 등을 역임했다. 여러 번 突厥로 사신을 가서 정황을 살피고 그들을 안정하는 작업에 참여했다. 永徽 4년(653)에 相이 되어 侍中의 역할을 했고, 國史를 편찬하는 일을 맡았다. 그동안의 공으로 固安縣公이 되었다. 永徽 6년(655)에 光祿大夫가 가해지고 다시 中書令 겸 檢校太子詹事가 되었다. 顯慶 元年(656) 太子少師가 되었다가 병사했다. 開府儀同三司, 弁州大都督으로 추증되고 昭陵에 배장 되었다(『舊唐書』 卷81 「崔敦禮傳」: 2747).

114) 「突厥傳」 譯註의 '左衛大將軍'에 대한 자세한 설명을 참조.

115) 「突厥傳」 譯註의 '左屯衛大將軍'에 대한 자세한 설명을 참조.

116) 翊衛左郎將: 唐代 十二衛 관할의 翊衛府 次官의 하나로 각 한 명이 있었다. 正五品上이었다.

117) 婆閏(재위: 648~661): 迴紇의 酋長으로 그의 이름은 고대 투르크어로 '바얀(Bayan)'의 음사로 추정된다. 아버지 吐迷度를 이어 迴紇을 통솔하면서 몽골 초원에서 세력을 확대했고, 唐朝의 西突厥 원정에 참가해 공을 세운 다음 右衛大將軍, 兼瀚海都督이 되었다.

118) 「突厥傳」 譯註의 '左驍衛大將軍'에 대한 자세한 설명을 참조.

119) 「突厥傳」 譯註의 '阿史那賀魯'에 대한 자세한 설명을 참조.

120) 五啜: 西突厥의 十姓 중에서 五部인 五咄陸을 지칭한다. 西突厥의 동부에 위치한 咄陸은 處木昆律啜, 胡祿屋闕啜, 攝舍提暾啜, 突騎施賀邏施啜, 鼠尼施處半啜 등의 부락으로 구성되어 있었다(內藤みどり, 1988).

121) 五俟斤: 西突厥의 十姓 중에서 五部인 五弩失畢을 지칭한다. 西突厥의 서부에 弩失畢은 阿悉結闕俟斤, 哥舒闕俟斤, 拔塞幹暾沙鉢俟斤, 阿悉結泥孰俟斤, 哥舒處半俟斤 등의 부락으로 구성되어 있었다(內藤みどり, 1988).

122) 多羅斯水: 지금 카자흐스탄에 있는 탈라스(Talas)강인데, 曳咥河라고도 한다. 달리 카라 이르티쉬(Qara Irtish)강이라고도 한다. 지금 新疆維吾爾自治區 북부로 흘러 카자흐스탄과 러시아 국경의 이르티쉬강으로 흘러들어간다.

123) 「突厥傳」 譯註의 '西州'에 대한 자세한 설명을 참조.

永徽二年，賀魯破北庭，詔將軍梁建方・契苾何力領兵二萬，取迴紇五萬騎，大破賀魯，收復北庭．顯慶元年，賀魯又犯邊，詔程知節・蘇定方・任雅相・蕭嗣業領兵并迴紇大破賀魯於陰山，再破於金牙山，盡收所據之地，西逐至耶羅川．賀魯西奔石國，婆閏隨蘇定方逐賀魯至石國西北蘇咄城，城主伊涅達干執賀魯送洛陽．以其地置濛池・崑陵府，以阿史那彌射・阿史那步眞爲二府都督，統十姓右廂五弩失畢・左廂五咄陸．以賀魯種落分置州縣，西盡波斯．加婆閏右衛大將軍兼瀚海都督．永徽六年，迴鶻遣兵隨蕭嗣業討高麗．龍朔中，婆閏死，姪比粟毒主領迴鶻，與同羅・僕固犯邊，高宗命鄭仁泰討平僕固等，比粟毒敗走，因以鐵勒本部爲天山縣．永隆中獨解支，嗣聖中伏帝匐，開元中承宗・伏帝難，並繼爲酋長，皆受都督號以統蕃州，左殺右殺分管諸部．

영휘(永徽) 2년(651)에 [아사나]하로가 북정(北庭)[124]을 격파하자 [황제가] 조칙을 내려 장군(將軍)[125] 양건방(梁建方)[126]과 계필하력(契苾何力)[127]에서 병사 2만을 이끌고 회흘 5만의 기병을 징발하도록 하자 [아사나]하로를 대파하고 북정을 되찾았다. 현경(顯慶) 원년(656)에 [아사나]하로가 다시 변경을 침범하자 [황제가] 조칙을 내려 정지절(程知節),[128] 소

124) 北庭: 지금 新疆維吾爾自治區 吉木薩爾縣 25리 떨어진 破城子로 庭州라고 불리다가 長安 2년(702)에 北庭都護府가 설치되면서 北庭이라고 불렸다. 다섯 개의 성으로 이루어졌다고 해 베쉬 발릭(Besh balïq)이라고 불리기도 했다. 北庭節度使의 관할 구역은 지금 알타이산맥 이서, 아랄해 이동, 天山 이북, 바르 쿨 주위의 지역이었고, 貞元 6년(790) 吐蕃에게 함락 당한 이후 폐지되었다.

125) 將軍: 고급 무관의 통칭이다. 고급 문관을 卿이라고 통칭한 것과 비슷하다. 전쟁터에서는 부대의 작전을 지휘 통솔하는 임무를 맡았다.

126) 梁建方: 唐代의 將軍으로 貞觀 말년 右武侯將軍이었다.

127) 「突厥傳」 譯註의 '契苾何力'에 대한 자세한 설명을 참조.

128) 程知節(593~665): 唐代 大將軍으로 隋末唐初의 명장이었다. 그의 本名은 咬金으로 濟州 東阿(지금 山東에 속함)의 사람이었다. 大業末에 사람을 모아 도둑을 막다가 李密에게 의탁해 內軍驃騎가 되었다. 李密이 패배하자 王世充에게 갔다가 唐朝에 투항해 秦王府左三統軍이 되었다. 李世民이 竇建德, 王世充을 격파하는데 공을 세워 宿國公이 되었다. 玄武門의 變에 참가해 太子右衛率, 右武衛大將軍이 되었다. 盧州都督, 左領軍大將軍을 역임해 盧國公으로 봉해졌다. 高宗 때에 西突厥 원정을 하나 공을 세우지 못해 면직되었다. 죽은 이후에 驃騎大將軍, 益州大都督으로 추증되었고 昭陵에 배장 되었다(『舊唐書』 卷68 「程知節傳」: 2503).

정방(蘇定方),[129] 임아상(任雅相),[130] 소사업(蕭嗣業)[131]에게 군대를 이끌고 가게 하니 회흘과 함께 음산(陰山)[132]에서 [아사나]하로를 대파하고 [또] 다시 금아산(金牙山)[133]에서 격파해 그가 다스리던 땅을 다 찾고 서쪽으로 奚아내 야라천(耶羅川)[134]으로 도망가게 만들었다.

[아사나]하로는 서쪽의 석국(石國)[135]으로 도망갔고, 파윤이 소정방을 따라 [아사나]하로를 奚아 석국 서북쪽의 소돌성(蘇咄城)[136]까지 가니 성주 이열달간(伊涅達干)[137]이 [아사나]하로를 잡아 낙양(洛陽)[138]으로 보냈다. 그 땅에 몽지부(蒙池府),[139] 곤릉부(崑陵府)[140]를 두고 아사나미사(阿史那彌射)[141]와 아사나보진(阿史那步眞)[142]을 두 부의 도독으로 삼아 십성(十姓)[143] 즉, 우상(右廂)[144] 오노실필(五弩失畢)과 좌상(左廂)[145] 오돌육(五咄陸)을 통제하게 했다. [아사나]하로의 종족 부락을 나눠 주현을 설치하니 서쪽 면이 파사(波斯)[146]까지

---

129) 「突厥傳」 譯註의 '蘇定方'에 대한 자세한 설명을 참조.

130) 「突厥傳」 譯註의 '任雅相'에 대한 자세한 설명을 참조.

131) 蕭嗣業: 唐初의 관리였다. 어려서 祖姑 隋 煬帝의 皇后를 따라 突厥로 망명했다. 후에 唐에 돌아와 鴻臚卿 兼單于都護府長史를 역임했다. 突厥의 반란을 평정했을 때 군대가 패하자 貴州로 유배되었다.

132) 陰山은 원래 內蒙古에 위치한 것인데, 여기에서 지칭하는 것은 정확히 어디에 있는 것인지 알 수 없다. 원정 경로로 볼 陰山이 아니라 金山을 잘못 기록한 것으로 추정된다.

133) 金牙山: 雙河 즉, 지금 新疆維吾爾自治區 보르탈라강[博爾塔拉河] 근처에 위치한 산이다.

134) 耶羅川: 달리 多羅斯水 또는 曳咥河 내지는 邪羅斯川이라고도 한다. 지금 新疆維吾爾自治區 북부에서 알타이산맥에서 발원하여 카자흐스탄을 거쳐 러시아로 흘러가는 이르티쉬강을 지칭한다.

135) 「突厥傳」 譯註의 '石國'에 대한 자세한 설명을 참조.

136) 「突厥傳」 譯註의 '蘇咄城'에 대한 자세한 설명을 참조.

137) 伊涅達干: 고대 투르크어로 '이날 타르칸(Ïnal tarqan)'의 음사이다.

138) 洛陽: 隋唐代 陪都로서 隋 大業初에 漢魏故城 서쪽 18리 떨어진 곳에 건축된 도성이다. 지금 河南省 洛陽市 洛水 남북, 瀍水 동서에 걸쳐 있었다.

139) 蒙池府는 蒙池都護府를 지칭하는데, 「突厥傳」 譯註의 '蒙池都護府'에 대한 자세한 설명을 참조.

140) 崑陵府는 崑陵都護府를 지칭하는데, 「突厥傳」 譯註의 '崑陵都護府'에 대한 자세한 설명을 참조.

141) 「突厥傳」 譯註의 '阿史那彌射'에 대한 자세한 설명을 참조.

142) 「突厥傳」 譯註의 '阿史那步眞'에 대한 자세한 설명을 참조.

143) 「突厥傳」 譯註의 '十姓'에 대한 자세한 설명을 참조.

144) 右廂: 고대 투르크어로 '타르두쉬 샤드(Tardush shad)'의 음사로 西突厥의 十姓 중에서 서부에 있었던 五部인 弩失畢를 지칭한다. 앞의 '五俟斤'에 대한 설명 참조.

145) 左廂: 고대 투르크어로 '툴리스 샤드(Tölis shad)'의 음사로 西突厥의 十姓 중에서 동부에 있었던 五部인 咄陸을 지칭한다. 앞의 五啜에 대한 설명 참조.

146) 「突厥傳」 譯註의 '波斯'에 대한 자세한 설명을 참조.

이르렀다. 파윤에게는 우위대장군(右衛大將軍)[147] 겸 한해도독(瀚海都督)을 더해주었다. 영휘 6년(655)[148]에 회흘이 군대를 보내 소사업을 따라 고[구]려(高句麗)[149]를 토벌하기도 했다.

용삭(龍朔)년간(661~663)에 파윤이 죽고 그의 조카 비속독(比粟毒)[150]이 회흘을 통솔하게 되자 동라, 복고와 함께 변경을 침범했는데, 고종(高宗)[151]이 정인태(鄭仁泰)[152]에게 복고 등을 평정하라고 명령하자 비속독이 패해 도망가 철륵 본부를 천산현(天山縣)[153]으로 삼았다.[154] 영융(永隆)년간에[155] [비속독의 아들] 독해지(獨解支)[156]가,[157] 사성(嗣聖)년간에[158]

---

147) 「突厥傳」 譯註의 '右衛大將軍'에 대한 자세한 설명을 참조.

148) 迴紇이 永徽年間에 西突厥에 대한 원정에 참여했다는 점에서 高句麗에 대한 원정의 참여 기록은 시점이 잘못된 것으로 보인다. 왜냐하면 迴紇을 비롯한 鐵勒이 唐朝를 위해 高句麗 원정에 참여한 것은 顯慶 5년(660) 이후의 일이기 때문이다. 즉, 顯慶 5년(660)에 唐朝가 百濟를 멸망시킨 다음 十二月에 高句麗에 대한 원정이 시작되는데, 扶餘道行軍總管이 된 鴻臚卿 蕭嗣業의 예하에 迴紇을 비롯한 蕃兵이 많이 참여했다. 燕男生이 이끄는 高句麗 軍隊와 鴨綠水(지금의 鴨綠江)에서 전투를 벌여 九月에 결빙과 함께 도하해 高句麗 군대를 대파했다. 하지만 이 때 마침 迴紇을 비롯한 鐵勒이 반란을 일으켜 唐朝의 東北지역을 공격하게 됨에 따라 平壤城을 포위했던 蘇定方을 비롯한 唐朝 원정군 역시 철수할 수밖에 없었다(段連勤, 2006: 376).

149) 저본은 '高麗'인데, 이는 北魏時代 이후 高句麗를 지칭했다. 『魏書』 이후 中國의 北朝·隋唐 계열의 史書는 高句麗를 高麗라고 표기했다. 이밖에 高夷, 高句驪, 句驪, 高酈, 槀離, 槖離 등으로도 표기되었다. 번역문에서는 이를 모두 高句麗로 표기했다.

150) 比粟毒(재위: 661~680): 迴紇의 酋長으로 比粟이라고도 한다. 婆閏의 아들로 龍朔년간에 迴紇을 통치했는데, 이 때 몽골 초원의 여러 鐵勒 부락들이 그에게 복속되었다. 中國 변경을 공격했는데, 高宗이 이를 격퇴하자 패주했다.

151) 「突厥傳」 譯註의 '唐 高宗'에 대한 자세한 설명을 참조.

152) 鄭仁泰: 唐朝의 將軍으로 龍朔 3년(663)에 左武衛大將軍으로 鐵勒의 나머지를 완전히 소탕했다.

153) 天山縣: 羈縻州로서 몽골공화국 항가이 산지 북사면 오르콘강 유역에 거주하는 鐵勒 즉, 투르크계 유목 부락)을 통제하기 위해 설치되었다. 지금 新疆維吾爾自治區 투르판에 있었던 西州 예하의 天山縣과는 무관하다.

154) 『新唐書』에서는 唐朝에서 燕然都護府를 迴紇이 있는 곳에 설치하고 이름을 瀚海都護府로 바꾼 다음에 고비 이북에 있는 여러 족속들을 모두 관할하게 했다고 되어 있다("龍朔中, 以燕然都護府領回紇, 更號瀚海都護府, 以磧爲限, 大抵北諸蕃悉隸之."). 이것은 『唐會要』의 기록에 따르면 龍朔 3년(663) 이월 15일에 벌어진 일이었다.

155) 정확하게 永隆 원년(680)의 일이었다.

156) 獨解支(재위: 680~715): 迴紇의 酋長으로 漠北을 지배하다가 687년에 突厥이 부흥해 漠北을 회복하자 漠南의 河西로 이주해 大武軍 북방에 거주했다.

[독해지의 아들] 복제복(伏帝匐)[159]이,[160] 개원(開元)년간(713~741)에 [복제복의 아들] 승종(承宗)[161]과 복제난(伏帝難)[162]이 이어 추장이 되어 모두 도독의 칭호를 받고 번주(蕃州)를[163] 통제하게 되었는데, 우살(右殺)[164]과 좌살(左殺)[165]로 여러 부락을 나누어 관리했다.

開元中, 迴鶻漸盛, 殺涼州都督王君㚟, 斷安西諸國入長安路, 玄宗命郭知運等討逐, 退保烏德健山, 南去西城一千七百里, 西城卽漢之高闕塞也. 西城北去磧石口三百里. 有十一都督, 本九姓部落: 一曰藥羅葛, 卽可汗之姓; 二曰胡咄葛; 三曰咄羅勿; 四曰貊歌息訖; 五曰阿勿嘀; 六曰葛薩; 七曰斛嗢素; 八曰藥勿葛; 九曰奚耶勿. 每一部落一都督. 破拔悉密, 收一部落, 破葛邏祿, 收一部落, 各置都督一人, 統號十一部落. 每行止鬥戰, 常以二客部落爲軍鋒.

개원년간(713~741)에[166] 회흘이 점차 번성하게 되어 양주도독(涼州都督) 왕군형(王君

157) 『新唐書』에는 迴紇의 獨解支가 687년 突厥第二帝國의 부흥과 漠北 복귀로 인해 고비를 건너 甘州와 涼州 사이에 거주했다고 되어 있다("武后時, 突厥默啜方彊, 取鐵勒故地, 故回紇與契苾·思結·渾三部度磧, 徙甘·涼間, 然唐常取其壯騎佐赤水軍云.").

158) 정확하게 嗣聖 원년(684)의 일이었다.

159) 伏帝匐(재위: 715~719): 迴紇의 酋長으로 고대 투르크어로 '뵈귀 벡(Bögü beg)'의 음사로 추정된다. 唐朝의 지배하에 있으면서 河西經略副使兼赤水軍使였다.

160) 『新唐書』에서는 迴紇의 伏帝匐이 716년 唐朝를 도와 突厥을 공격하고 이후에 大武軍 북방에 부락이 살게 된 내용을 기록했다("獨解支死, 子伏帝匐立. 明年, 助唐攻殺默啜, 於是別部移健頡利發與同羅·霫等皆來, 詔置其部於大武軍北.").

161) 承宗(재위: 719~727): 迴紇의 酋長으로 伏帝匐을 이어 唐朝의 지배하에 있으면서 都督이 되었다. 이후 開元 15년(727)에 瀼州(지금 廣西壯族自治區 上思)에 유배되자 迴紇은 唐朝의 지배에서 벗어나 突厥에 투항했다.

162) 伏帝難(재위: 727~742): 迴紇의 酋長으로 瀚海大都督이 되었다가 突厥에 투항해 그의 지배를 받았다.

163) 唐代 사료에서 蕃은 일반적으로 突厥을 비롯한 북방 투르크계 유목민들을 지칭한다.

164) 右殺: 右廂의 다른 음사로 고대 투르크어로 '타르두쉬 샤드(Tardush shad)'의 음사이다. 可汗 아래에서 서부 지역의 영역을 담당하는 최고 관리였다.

165) 左殺: 左廂의 다른 음사로 고대 투르크어로 '퇼리스 샤드(Tölis shad)'의 음사이다. 可汗 아래에서 동부 지역의 영역을 담당하는 최고 관리였다.

166) 정확하게 開元 15년(727)년의 일이었다.

敻)[167]을 죽이고[168] 안서(安西)[169]에 있는 여러 나라에서 장안으로 들어가는 길을 막았는데, 현종(玄宗)[170]이 곽지운(郭知運)[171] 등에게 토벌하라고 명령을 하자 [회흘이] 오덕건산(烏德鞬山)[172]으로 물러나 숨었다.[173] [이곳은 회흘의 아장이 위치한 곳으로][174] 남쪽으로 서성(西城)[175]과 1,700리가 떨어져 있었는데, 서성은 한대(漢代) 고궐새(高闕塞)[176]를 말했다.[177]

---

167) 王君敻: 唐代 將軍으로 字는 威明이고, 瓜州 常樂(지금 甘肅省) 사람이었다. 처음에 郭知運의 別奏가 되었다가 戰功으로 右衛副率이 되었다. 郭知運이 죽은 다음에 그를 대신해 河西와 隴右節度使가 되었고 이후 右羽林軍將軍 判涼州都督事가 되었다. 開元 16年(728)에 吐蕃 大將 悉諾邏가 大斗谷과 甘州를 공격하자 그를 방어한 그 공으로 右羽林軍大將軍 攝御史中丞이 되었고 依舊判涼州都督 晉昌伯으로 봉해졌다. 涼州에 주둔하고 있었는데, 그의 인근에 있었던 迴紇 등 部落의 견제로 물러나 죽임을 당했다(『新唐書』 卷133 「王君敻傳」: 4547).

168) 『新唐書』에서는 迴紇 酋長 承宗의 族子 瀚海府 司馬 護輸가 王君敻를 살해한 것으로 되어 있다.

169) 安西는 安西都護府를 지칭하는데, 「突厥傳」 譯註의 '安西都護府'에 대한 자세한 설명을 참조.

170) 「突厥傳」 譯註의 '唐 玄宗'에 대한 자세한 설명을 참조.

171) 郭知運(667~712): 唐朝의 관리로 字는 逢時였고, 瓜州常樂(지금 甘肅省 玉門 서북) 사람이었다. 처음에 秦州三度府果毅가 되었고, 戰功을 쌓아 左驍衛中郎將 瀚海軍經略使가 되었다가 檢校伊州刺史와 伊吾軍使가 되었다. 開元 2年(713) 春에 郭虔瓘을 따라 北庭에서 突厥을 격파해 介休縣公에 봉해졌고 雲麾將軍이 가해지고 右武衛將軍이 되었다. 이후 여러 번 吐蕃과 전투를 벌였고, 그 공으로 左武衛大將軍이 되었고, 죽은 이후에 涼州都督으로 추증되었다(『舊唐書』 卷103 「郭知運傳」: 3189~90).

172) 烏德鞬山은 고대 투르크어로 '외튀켄(Ötüken) 산'의 음사를 지칭하는데, 이에 대해서는 「突厥傳」 譯註의 '鬱督軍山'에 대한 자세한 설명을 참조.

173) 『新唐書』에는 迴紇의 추장 承宗이 涼州都督 王君敻의 巫蠱로 瀼州에 유배되어 죽자 開元 15년(727)에 迴紇이 唐朝에 반기를 들고 涼州都督 王君敻를 살해한 다음에 다시 고비를 넘어 몽골 초원으로 돌아가 突厥에 투항하게 되었다고 기록되어 있다("伏帝匐死, 子承宗立, 涼州都督王君敻誣暴其罪, 流死瀼州. 當此時, 回紇稍不循, 族子瀚海府司馬護輸乘衆怨, 共殺君敻, 梗絶安西諸國朝貢道. 久之, 奔突厥, 死.").

174) 『新唐書』에는 伏帝難의 아들 骨力裴羅가 740년대 拔悉密을 중심으로 葛邏祿과 함께 突厥에 반기를 들었다가 天寶 3년(744)에 拔悉密마저 격파하고 骨咄祿毗伽闕可汗을 칭하면서 건국하게 되는 과정과 건국 이후 국가의 규모에 대한 내용이 기록되어 있다("子骨力裴羅立. 會突厥亂, 天寶初, 裴羅與葛邏祿自稱左右葉護, 助拔悉蜜擊走烏蘇可汗. 後三年, 襲破拔悉蜜, 斬頡跌伊施可汗, 遣使上狀, 自稱骨咄祿毗伽闕可汗, 天子以爲奉義王, 南居突厥故地, 徙牙烏德鞬山·昆河之間, 南距西城千七百里").

175) 西受降城의 약칭으로, 이에 대해서는 「突厥傳」 譯註의 '西城'에 대한 자세한 설명을 참조.

176) 高闕塞: 지금의 內蒙古自治區 杭錦後旗 동북쪽에 위치한 험준한 산 계곡에 설치된 요새였다. 陰山山脈이 여기에서 중단되는데, 그 사이에 생긴 협곡으로 그 입구가 마치 대궐문을 바라보는 것 같다고 해 이름을 갖게 되었다.

177) 『新唐書』에는 骨力裴羅가 承宗을 이어 酋長이 되고, 拔悉密과 함께 突厥을 격파하고 可汗이 되는 과정이 기록되어 있다("子骨力裴羅立. 會突厥亂, 天寶初, 裴羅與葛邏祿自稱左右葉護, 助拔悉蜜擊走烏蘇可汗. 後

[이곳은 북쪽으로 적구(磧口)와 3백 리 떨어져 있었다.][178]

[회흘에는] 11명의 도독(都督)[179]이 있었는데, 본래 구성(九姓)[180]의 부락이었다. [그] 첫

三年, 襲破拔悉蜜, 斬頡跌伊施可汗, 遣使上狀, 自稱骨咄祿毗伽闕可汗, 天子以爲奉義王, 南居突厥故地, 徙牙烏德鞬山·昆河之間, 南距西城千七百里, 西城, 漢高闕塞也, 北盡磧口三百里, 悉有九姓地.").

178) 『新唐書』의 기록에서 보충했다.

179) 迴紇의 관칭인 都督은 고대 투르크어로 '투툭(tutuq)'이라고 표기되는데, 中國의 都督에서 유래한 것이었다. 迴紇에서 突厥시대에 部族長을 칭했던 일테베르(ilteber)를 대신하는 관칭으로 사용되었다(H. Ecsedy, 1965).

180) 九姓: 일반적으로 鐵勒 九姓 또는 迴紇(回紇) 九姓의 준말로 사용되나 관습적으로 突厥과도 연칭이 되면서 투르크 유목민족을 통칭하는 관용적 표현으로 사용되는 용어이다. 하지만 九姓이 어떤 부족들이었는가는 한문사료의 복잡한 기록과 함께 고대 투르크 비문에 기록된 "토쿠즈 오구즈"(Toquz Oghuz: 아홉 개의 오구즈)와 "온 위구르"(On Uyghur: 열 개의 위구르)와의 관계가 문제가 되었다. 일반적으로 토쿠즈 오구즈는 鐵勒 九姓의 대칭으로, 迴紇(回紇) 九姓은 "온 위구르"의 대칭으로 이해되나 양자의 관계에 대해서는 한문사료 기록의 차이로 인해 다양한 논의가 전개되었다.

이들 간의 관계는 『舊唐書』, 『唐會要』, 『新唐書』에 다른 기록이 남아 있다. 저본에는 九姓을 迴紇九姓이라고 보고 그것이 藥羅葛, 胡咄葛, 啒羅勿, 貊歌息訖, 阿勿嘀, 葛薩, 斛嗢素, 藥勿葛, 奚邪勿 등으로 이루어졌고, 그것에 葛邏祿과 拔悉密이 합쳐서 11姓이 되었다고 기록되어 있다. 그에 비해 『唐會要』에는 九姓을 鐵勒 九姓이라고 보고 그것이 迴紇, 僕固, 渾, 拔曳固(卽 拔野古), 同羅, 思結, 契苾, 阿布思, 骨崙屋骨恐 등으로 이루어졌다고 기록되어 있다("十一都督, 九姓部落; 一部落一都督, 于本族中選有人望者爲之. 破拔悉密及葛邏祿, 皆收一部落, 各置都督一人, 每行止戰鬪, 以二客部爲鋒. 其九姓: 一曰回紇; 二曰僕固; 三曰渾; 四曰拔曳固(卽 拔野古); 五曰同羅; 六曰思結; 七曰契苾, 以上七部落, 自國初以來, 著在史傳. 八曰阿布思; 九曰骨崙屋骨恐, 此二姓天寶後始與七姓齊列." 『唐會要』 卷98 「回紇」: 1743~4). 그에 비해 『新唐書』에는 이상의 두 가지 기록을 절충해 迴紇 안에는 九姓이 있고 동시에 그와 동열을 이루는 부락이 여섯 개 있다고 기록해 위의 두 사료 내용이 절충적으로 기록되어 있다("九姓者, 曰藥羅葛, 曰胡咄葛, 曰啒羅勿, 曰貊歌息訖, 曰阿勿嘀, 曰葛薩, 曰斛嗢素, 曰藥勿葛, 曰奚邪勿. 藥羅葛, 回紇姓也, 與僕骨´ 渾´ 拔野古´ 同羅´ 思結´ 契苾六種相等夷, 不列於數, 後破有拔悉蜜´ 葛邏祿, 總十一姓, 並置都督, 號十一部落. 自是, 戰常以二客部爲先鋒." 『新唐書』 卷217上 「回鶻」上: 6114).

따라서 九姓 내용을 『唐會要』에 나오는 부락들의 姓으로 이해하는 입장(倂列說)과 『新唐書』의 기록에 의거해 九姓鐵勒과 九姓迴紇이 중층적으로 존재했다고 이해하는 입장(重層說)이 주장되면서 그와 관련한 많은 논의가 전개되었다. 이런 기록의 차이에 따른 논쟁은 여타 비문 자료 및 기록의 내용을 대조해보면 時代의 변화에 따른 九姓 집단의 변화로 볼 수 있다. 즉, 원래 九姓은 鐵勒九姓(또는 九姓鐵勒)에서 迴紇이 세력을 확대하게 되면서 그것이 迴紇九姓(또는 九姓迴紇)으로 통합되었고 九姓의 의미 역시 迴紇을 중심으로 한 개념으로 바뀐 것으로 이해해볼 수 있다. 따라서 한문사료의 기록 역시 시대의 변화 따라 그 구성 내용 변화를 반영해 다르게 기록된 것이라고 볼 수 있다는 점에서 병렬설이 좀 더 타당성이 있다(丁載勳, 2005: 95~118).

째는 약라갈(藥羅葛)[181] 즉 가한의 성(姓)이었다. 두 번째는 호돌갈(胡咄葛),[182] 세 번째는 돌라물(咄羅勿),[183] 네 번째는 맥가식흘(貊歌息訖),[184] 다섯 번째는 아물적(阿勿嘀),[185] 여섯 번째는 갈살(曷薩),[186] 일곱 번째는 곡올소(斛嗢素),[187] 여덟 번째는 약물갈(藥勿葛),[188] 아

內九姓(九姓迴紇)	外九姓(九姓鐵勒)
藥羅葛	迴紇(九姓迴紇)
胡咄葛	僕固
咄羅勿	渾
貊歌息訖	拔曳固(拔野古)
阿勿嘀	同羅
曷薩	思結
斛嗢素	契苾
藥勿葛	阿布思 / 葛邏祿
奚邪勿	骨崙屋骨 / 拔悉密

重層說을 보여주는 도표

(E. G. Pullyblank, 1956: 39~40에서 인용)

族長의 姓	部族名
藥羅葛(yahädakarä)	迴紇
胡咄葛	僕固(bākū)
咄羅勿(kurabīrä)	渾
貊歌息訖(bāsäkāttä)	拔曳固
阿勿嘀	同羅(ttaugara)
曷薩	思結(sīkarä)
斛嗢素	契苾(kārābarä)
藥勿葛(yabūttäkakä)	阿布思
奚邪勿(ayabīrä)	骨崙屋骨(恐)(思)

倂列說을 보여주는 도표

(片山章雄, 1981: 47에서 인용)

181) 藥羅葛: 迴紇의 可汗을 배출하는 支配集團으로 고대 투르크어로 '야글라카르(Yaghlaqar)'의 음사이다.

182) 胡咄葛: 고대 투르크어로 '우투르카르(Utruqar)'의 음사로 추정된다. 처음에는 藥羅葛과 함께 九姓迴紇 즉, 온 위구르(On Uyghur)를 구성하고 있는 하나의 씨족으로 酋長이 이르킨(irkin) 정도의 위상을 갖고 있었다가 迴紇이 국가로 성장하게 되면서 일테베르(ilteber)의 지위를 갖게 되었다.

183) 咄羅勿: 고대 투르크어로 '퀴레뮈르(Küremür)'의 음사로 추정된다. 처음에는 藥羅葛과 함께 九姓迴紇 즉, 온 위구르(On Uyghur)를 구성하고 있는 하나의 씨족으로 酋長이 이르킨(irkin) 정도의 위상을 갖고 있었다가 迴紇이 국가로 성장하게 되면서 일테베르(ilteber)의 지위를 갖게 되었다.

184) 貊歌息訖: 고대 투르크어로 '베르실(Bersil)'의 음사로 추정된다. 처음에는 藥羅葛과 함께 九姓迴紇 즉, 온 위구르(On Uyghur)를 구성하고 있는 하나의 씨족으로 酋長이 이르킨(irkin) 정도의 위상을 갖고 있었다가 迴紇이 국가로 성장하게 되면서 일테베르(ilteber)의 지위를 갖게 되었다.

185) 阿勿嘀: 고대 투르크어로 '에디즈(Ediz)'의 음사로 추정된다. 처음에는 藥羅葛과 함께 九姓迴紇 즉, 온 위구르(On Uyghur)를 구성하고 있는 하나의 씨족으로 酋長이 이르킨(irkin) 정도의 위상을 갖고 있었다가 迴紇이 국가로 성장하게 되면서 일테베르(ilteber)의 지위를 갖게 되었다.

186) 曷薩: 고대 투르크어로 '카사르(Qasar)'의 음사로 추정된다. 처음에는 藥羅葛과 함께 九姓迴紇 즉, 온 위구르(On Uyghur)를 구성하고 있는 하나의 씨족으로 酋長이 이르킨(irkin) 정도의 위상을 갖고 있었다가 迴紇이 국가로 성장하게 되면서 일테베르(ilteber)의 지위를 갖게 되었다.

187) 斛嗢素: 고대 투르크어로 '오구즈(Oghuz)'의 음사로 추정된다. 처음에는 藥羅葛과 함께 九姓迴紇 즉, 온 위구르(On Uyghur)를 구성하고 있는 하나의 씨족으로 酋長이 이르킨(irkin) 정도의 위상을 갖고 있었다가 迴紇이 국가로 성장하게 되면서 일테베르(ilteber)의 지위를 갖게 되었다.

188) 藥勿葛: 고대 투르크어로 '야그무르카르(Yaghmurqar)'의 음사로 추정된다. 처음에는 藥羅葛과 함께 九姓迴紇 즉, 온 위구르(On Uyghur)를 구성하고 있는 하나의 씨족으로 酋長이 이르킨(irkin) 정도의

홉 번째는 계야물(溪耶勿)189)이었다. 각 하나의 부락에 한 명의 도독이 있었다. [회흘은] 발실밀(拔悉密)190)을 격파하고 난 다음 한 부락을 거두고, 갈라록(葛邏祿)191)을 격파하고 한 부락을 거두어 각각 도독 한 사람을 두니 모두 11부락이라고 불리게 되었다. 매번 군대를 동원에 전투를 하게 되면 늘 두 개의 객부락(客部落)192)이 군대의 선봉이 되었다.

天寶初, 其酋長葉護頡利吐發遣使入朝, 封奉義王. 三載, 擊破拔悉密, 自稱骨咄祿毗伽闕可汗, 又遣使入朝, 因冊爲懷仁可汗. 及至德元載七月, 肅宗於靈武卽位. 遣故邠王男承寀封爲燉煌王, 將軍石定番, 使于迴紇, 以修好徵兵. 及至其牙, 可汗以女嫁於承寀, 遣首領來朝, 請和親, 封迴紇公主爲毗伽公主. 肅宗在彭原, 遇之甚厚. 二載二月, 迴紇又使首領大將軍多攬等十五人入朝. 九月戊寅, 加承寀開府儀同三司, 拜宗正卿, 納迴紇公主爲妃. 迴紇遣其太子葉護領其將帝德等兵馬四千餘衆, 助國討逆, 肅宗宴賜甚厚. 又命元帥廣平王見葉護, 約爲兄弟, 接之頗有恩義. 葉護大喜, 謂王爲兄.

천보(天寶)년간 초기(742년)에 그 추장 [우]엽호(右葉護)193) 힐리토발(頡利吐發)194) [골력

위상을 갖고 있었다가 迴紇이 국가로 성장하게 되면서 일테베르(ilteber)의 지위를 갖게 되었다.

189) 溪耶勿: 고대 투르크어로 '아야무르(Ayamur)'의 음사로 추정된다. 처음에는 藥羅葛과 함께 九姓迴紇 즉, 온 위구르(On Uyghur)를 구성하고 있는 하나의 씨족으로 酋長이 이르킨(irkin) 정도의 위상을 갖고 있었다가 迴紇이 국가로 성장하게 되면서 일테베르(ilteber)의 지위를 갖게 되었다.

190) 「突厥傳」 譯註의 '拔悉密'에 대한 자세한 설명을 참조.

191) 「突厥傳」 譯註의 '葛邏祿'에 대한 자세한 설명을 참조.

192) 客部落: 迴紇은 遊牧國家를 건설하기 이전에 鐵勒九姓을 구성하는 여러 유목부족들과 部族聯合體를 구성하고 있다가 국가를 건설하게 되자 기존의 부족 관계를 극복하고 새로운 '超部族的인 體制' 국가를 건설했다. 그 과정에서 기존의 九姓이었던 "온 위구르(열개의 위구르 부락)"는 그의 聯合集團이 되었고, 그 다음 여타 부락들은 從屬集團이 되었다(O. Pritsak, 1952: 52~53; 金浩東, 1989: 270~271). 漢文史料에서는 從屬集團으로 편제된 부족들을 客部落이라 표현했다. 이들은 주로 軍事的인 역할을 담당했는데, 과거 突厥時代에도 鐵勒을 550년에 병합한 이후 客部落으로 삼아 군사적으로 동원했다.

193) 여기에서 迴紇의 酋長이 右葉護의 칭호를 갖고 되었다는 것은 그가 다음에 나오는 원래 부족장의 칭호였던 일테베르(ilteber)와 함께 일정한 세력을 가질 경우에만 칭할 수 있는 야브구를 칭할 수 있을 정도로 세력이 확대되었음을 반영한다. 迴紇의 추장인 頡利吐發이 葉護라는 칭호를 갖게 된 것은

배라(骨力裴羅)]가 사신을 보내 조정에 들어와 봉의왕(奉義王)으로 책봉되었다.[195] [천보] 3년(744)에 힐리토발이 발실밀을 격파하고[196] 골돌록비가궐가한(骨咄祿毗伽闕可汗)[197]이라고 스스로 칭하며 또 다시 사신을 보내 조정에 들어와 회인가한(懷仁可汗)으로 책봉되었다.[198]

그리고 지덕(知德) 원년(756) 칠월에 숙종(肅宗)[199]이 영무(靈武)에서 즉위했다. 고빈왕(故邠王)의 아들 [이]승채(李承寀)[200]를 돈황왕(燉煌王)으로 삼고 장군 석정번(石定番)을 회흘에 사신으로 보내 우호관계를 확인하고 군사 동원을 [청]했다. 그의 아장(牙帳)[201]에 [사신이] 도착하자 [갈륵]가한(葛勒可汗)[202]은 그의 딸을 [이]승채에게 시집보내면서[203] 수령을

葛邏祿과 拔悉密으로 可汗으로 추대한 다음에 자신이 그 다음에 해당되는 위치에 있다는 점을 보여주기 위해 사용한 명칭이었다. 「突厥傳」 譯註의 '葉護'에 대한 자세한 설명을 참조.

194) 頡利吐發: 고대 투르크어로 '일테베르(ilteber)'의 음사로, 部族長 정도의 위상을 갖는 경우에 칭할 수 있었다. 『新唐書』에서는 그의 이름을 骨力裴羅 즉, '쿠틀룩 보일라(Qutlugh boyla)'로 기록되어 있다는 점에서 頡利吐發은 拔悉密, 葛邏祿과 반란을 일으켜 葉護를 칭하기 이전의 관칭으로 추정된다. 저본에서는 이것을 人名으로 잘못 이해한 것으로 보인다.

195) 『新唐書』에서는 唐朝에서 迴紇의 骨力裴羅가 고비 남쪽으로 내려와 활동하던 突厥의 烏蘇可汗을 격파한 공로로 그를 奉義王으로 봉해주었다고 되어 있다.

196) 骨力裴羅가 拔悉密의 詰趺伊施可汗을 죽이고 몽골 초원의 패권을 장악하게 된 사건을 지칭한다.

197) 骨咄祿毗伽闕可汗: 고대 투르크어로 '쿠틀룩 빌게 퀼 카간(Qutlugh bilge kül qaghan)'의 음사로 "고귀하고 현명하며 강한 군주"라는 의미이다.

198) 『新唐書』에서는 骨力裴羅가 745년 白眉可汗을 죽임으로써 突厥을 완전히 무너뜨린 일부터 그 이후 骨力裴羅의 아들 磨延啜 즉, 2대 葛勒可汗의 즉위 이후 唐朝의 관계에 대한 내용이 있다("明年, 裴羅又攻殺突厥白眉可汗, 遣頓啜羅達干來上功, 拜裴羅左驍衛員外大將軍, 斥地愈廣, 東極室韋, 西金山, 南控大漠, 盡得古匈奴地. 裴羅死, 子磨延啜立, 號葛勒可汗, 剽悍善用兵, 歲遣使者入朝."). 懷仁可汗은 唐朝로부터 册封을 받은 이후 얼마 지나지 않아 747년에 죽고 그의 아들 葛勒可汗(재위: 747~759)이 즉위했다. 그로부터 唐朝의 기록이 시작되는 756년까지 약 10여 년 동안 迴紇의 동향은 그 자체의 비문 기록 내용을 통해서 확인할 수 있다. 葛勒可汗은 여러 개의 碑文을 남긴 것으로 보이는데, 현재까지 세 개가 발견되었다. 定界碑인 ≪테스 비문≫(750년 건립)과 ≪타리아트 비문≫(753년 건립), 그리고 사후에 쓰여진 ≪시네 우수 비문≫(759년 건립)이 그것인데, 모두 고대 투르크 문자로 이루어져 있다. 특히, 753년에 만들어진 ≪타리아트 비문≫을 통해 그 무렵 迴紇이 몽골 초원을 중심으로 유목세계를 통일한 과정과 내부의 분봉 등과 같은 체제 정비 등의 내용을 확인할 수 있다(丁載勳, 2005). 이렇게 비문자료를 통해 迴紇 초기의 역사를 그 나름의 입장에서 복원할 수 있다는 점에서 본 비문들은 크게 주목된다. 그에 대한 소개와 연구는 丁載勳의 소개(丁載勳, 1998(a))와 일본학계의 현지 조사 보고(森安孝夫·オチル, 1999)가 최근의 연구로 가장 대표적이다.

〈《시네 우수 비문》의 현재 모습〉

〈《타리아트 비문》 발굴 당시 모습〉

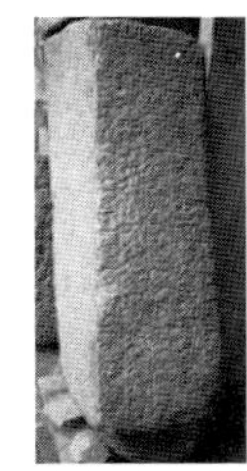
〈창고에 보관되어 있는 《테스 비문》 모습〉

199) 唐 肅宗(711～762; 재위: 756～762): 唐朝의 제7대 황제로 이름은 李亨이었다. 玄宗의 세 번째 아들로 母后는 元獻皇后 楊氏였다. 開元 26년(738)에 太子가 되었고, 天寶 15년(756)에 安祿山이 반란을 일으키자 七月에 靈武에서 즉위했다. 迴紇을 끌어들여 반란을 진압했으나 宦官 魚朝恩과 李輔國이 張皇后와 함께 권력을 장악했다. 寶應 元年(762)에 張皇后가 李輔國을 죽이려는 과정에서 계획이 누설되어 피살되었다. 建陵(지금 陝西省 禮泉 동북쪽)에 묻혔고, 謚號를 文明武德大聖大宣孝皇帝라고 했다.

200) 李承寀: 唐朝의 宗室로 武則天의 둘째 아들인 章懷太子 李賢의 아들이었다. 安祿山의 난을 일어나자 敦煌王으로 봉해진 다음 迴紇에 파견되었고, 迴紇의 원군을 이끌고 와서 兩京을 수복하는데 참여했다.

201) 牙帳: 可汗이 머무는 천막으로 突厥의 조정을 의미한다. 고대 투르크어로는 '오르두(Ordu)'라고 했는데, 迴紇의 경우에는 주로 몽골 초원의 중심지인 외튀켄 즉, 항가이산맥 북사면 오르콘강 유역의 초원 지역에 설치되었다. 특히, 中國의 공주가 시집온 이후에 지금 몽골공화국 하라호린(몽골제국시기의 카라코룸) 인근에 있는 카라 발가순에 도성을 건설하고 그 주위에 牙帳을 설치했다. 이로 인해 이 도시 이름이 牙帳이 있는 도시라는 의미를 갖고 있는 오르두 발릭(Ordu balïgh)이라고 불렀다(丁載勳, 2003(a)).

202) 여기에서 지칭하는 可汗은 迴紇의 2대 葛勒可汗(재위: 747～759)이다. 그의 이름은 고대 투르크어로 '카를륵 카간(Qarlïq qaghan)'의 음사로 추정된다. 기존의 연구에서는 葛勒을 행운을 의미하는 Qutlugh 또는 Qutlïgh으로 본 경우(山田信夫, 1989: 108)와 白雪 또는 純潔을 의미하는 Qarlïq으로 보는 경우, 또는 용감하다는 의미를 갖고 있는 kürlig=kürlüg 등으로 본 경우(劉義棠, 1990: 135)와 같이 다양하게 음사하거나 아니면 정확한 음사를 확인할 수 없다고 보았다. 왜냐하면 碑文資料에서도 葛勒에 해당하는 음사를 찾을 수 없기 때문이다. 그 외의 다른 이름에 대해 다양한 기록이 존재하는데, 즉위하기 이전에는 '바얀 초르(Bayan chor: 磨延啜)'였고, 唐朝에서 乾元 元年(758) 和蕃公主와 결혼하면서 英武威遠毗伽可汗(『新唐書』, 『舊唐書』, 『册府元龜』 등) 또는 英武威遠毗伽闕可汗(『資治通鑑』, 『册府元龜』 등)이라고 책봉되었다. 碑文資料에는 그를 登里羅沒蜜施頡翳德蜜施毗伽可汗(≪九姓回鶻愛登里羅汨沒蜜施合毗伽可汗聖文神武碑≫)과 하늘에서 태어나고 나라를 모은 현명한 카간(Tengride bolmïsh il etmish bilge qaghan)(≪시네 우수 비문≫)이라고 기록되어 있다. 葛勒可汗 자체에 대한 연구는 劉義棠의 연구(1990: 127～172)가 대표적이고, 그 외에 ≪시네 우수 비문≫에 대한 王靜如의 역주(1987: 669～705)와 인물의 활동을 기록한 葉新民의 연구(1993: 88～96) 등이 참고할 만하다.

203) 『新唐書』에는 葛勒可汗이 承寀에게 딸을 주었을 뿐만 아니라 그를 葉護로 봉하고 그의 아들 葉護와 같이 군대를 거느리게 했다고 기록되어 있다("可汗亦封承寀爲葉護, 給四節, 令與其葉護共將."). 하지만

보내 조정에 들어와 화친을 청하자 회흘공주를 비가공주(毗伽公主)[204)]라고 책봉했다.[205)] 숙종이 팽원[군](彭原郡)[206)]에 있었는데, [회흘에서 온 사자 갈라지(葛羅支)를][207)] 아주 후하게 대우했다.

[지덕] 2년(766) 이월에 회흘이 또한 수령 대장군(大將軍) 다람[갈](多覽葛)[208)] 등 15명을 [보내] 조정에 들어오게 했다. 구월 무인일에 [이]승채에게 개부의동삼사(開府儀同三司)[209)]를 가하고 종정경(宗正卿)[210)]으로 임명하며 회흘 공주를 비(妃)로 삼게 했다. 회흘이 그의 태자인 엽호(葉護)[211)]를 그 장군 제덕(帝德)[212)] 등과 병마 4천 명의 무리를 거느리고 [당]나라를 도와 역당을 토벌하게 하자 숙종이 연회를 아주 융숭하게 베풀어주었다. 또한 원수(元帥) 광평왕(廣平王)[213)]에게 엽호를 만나 형제 관계를 약속하게 했는데, [광평왕의] 접대가 바르고 은혜로웠다. 엽호가 크게 기뻐하면서 [광평]왕을 형이라고 불렀다.

이 내용은 여타 기록에서 葛勒可汗이 원정을 왔다는 기록이 없다는 점에서 맞지 않는 것으로 보인다. 오히려 생략된 저본의 기록이 정확한 것으로 보인다.

204) 毗伽公主: 迴紇 제2대 葛勒可汗의 딸로 원병을 청하러 온 李承寀에게 시집을 갔다. 고대 투르크어의 "현명하다"는 의미를 갖고 있는 '빌게(bilge)'의 음사이다.

205) 『新唐書』에는 葛勒可汗이 郭子儀와 만나 同羅를 격파한 내용을 기록하고 있다("於是可汗自將, 與朔方節度使郭子儀合討同羅諸蕃, 破之河上. 與子儀會呼延谷, 可汗恃其彊, 陳兵引子儀拜狼纛而後見.")

206) 彭原郡: 天寶 元年(742) 寧州가 바뀌어 설치되었다. 治所가 定安縣(지금 甘肅省 寧縣)에 있었다. 관할 구역은 지금 甘肅省 西峰市와 寧縣, 正寧縣 등지였다. 乾元 元年(758)에 다시 寧州가 되었다.

207) 『新唐書』의 기록에서 보충했다.

208) 多攬葛: 鐵勒의 종족 명칭인데, 여기에서는 인명으로 사용된 것으로 추정된다. 그의 지위가 大將軍 즉, 고대 투르크어로 '타이셍귄(Tai sengün)'이었다는 점에서 異族 출신으로 고위직에 올랐던 인물로 보인다. 일반적으로 部族長 정도의 지위에 있었던 것으로 추정된다.

209) 開府儀同三司: 北魏時期에 설치한 무관직명이다. 孝文帝 太和 17년(493)에 第1品下로 정했다가 23년에 從1品으로 바뀌었다. 北齊에서도 그것을 이었으나 지위는 내려갔고 제수가 남발되었다. 北周에서는 府兵機關統兵官으로 설치되었는데, 府兵 24군에 각각 1명씩 2천명을 통솔하게 했다. 隋代에는 左右衞, 武衞, 武侯, 領軍府 등에 1명씩 설치되었는데, 斥候의 임무를 맡았다. 開府라는 약칭을 썼는데, 그 의미는 大臣들의 加號로서 三司와 동일하게 대우를 받고 관부를 개설할 수 있었기 때문이다.

210) 「突厥傳」 譯註의 '宗正卿'에 대한 자세한 설명을 참조.

211) 葉護: 可汗 다음의 지위인 '야브구(Yabghu)'를 음사한 것으로 추정된다. 唐朝에서는 이를 迴紇 太子의 이름이라고 기록했으나 관칭으로 보는 것이 타당하다. 하지만 그의 정확한 이름은 확인할 수 없다.

212) 帝德: 고대 투르크어로 '이둑(Idugh)'의 음사로 추정되나 정확한 것은 아니다.

213) 廣平王: 肅宗의 長子로 어머니는 章敬皇太后 吳氏였다. 初名이 俶이었고, 이후에 代宗으로 즉위했다.

戊子，迴紇大首領達干等一十三人先至扶風，與朔方將士見僕射郭子儀，留之，宴設三日．葉護太子曰："國家有難，遠來相助，何暇食爲．" 子儀固留之，宴畢便發．其軍每日給羊二百口・牛二十頭・米四十石．及元帥廣平王率郭子儀等至香積寺東二十里，西臨灃水．賊埋精騎於大營東，將襲我軍之背．朔方左廂兵馬使僕固懷恩指迴紇馳救之，匹馬不歸，因收西京．十月，廣平王・副元帥郭子儀領迴紇兵馬，與賊戰於陝西．初次于曲沃，葉護使其將軍車鼻施吐撥裴羅等旁南山而東，遇賊伏兵于谷中，盡殪之．子儀至新店，遇賊戰，軍卻數里．迴紇望見，踰山西嶺上曳白旗而趨擊之，直出其後，賊衆大敗，軍而北坑，逐北二十餘里，人馬相枕藉，蹂踐而死者不可勝數，斬首十餘萬，伏屍三十里．賊黨嚴莊馳告安慶緒，率其黨背東京北走渡河，而葉護從廣平王・僕射郭子儀入東京．

무자일에 회흘 대수령(大首領) 달간(達干)[214] 등 13명이 먼저 부풍[현](扶風縣)[215]에 도착해 삭방[군](朔方軍)[216]의 장사(長史)와 함께 복야(僕射)[217] 곽자의(郭子儀)[218]를 만나 머무

214) 達干: 고대 투르크어로 '타르칸(Tarqan)'의 음사로 주로 異性 출신의 將軍을 의미했다.

215) 扶風縣: 貞觀 8년(634)에 湋州가 바뀌어 설치되었다. 岐州에 소속되었는데, 治所가 지금 陝西省 扶風縣에 있었다. 至德년간에 鳳翔府에 소속되었다.

216) 朔方軍: 唐代 方鎭의 하나였다. 靈鹽・靈武・靈州 등이라고도 했다. 開元 9년(721)에 설치되었으며 玄宗 시기의 邊防 10節度使의 하나였다. 治所가 靈州(지금 寧夏回族自治區 吳忠市 북쪽)에 있었다. 처음의 관할 구역은 넓었으나 후에 점차 축소되어 오랫동안 지금의 寧夏回族自治區 일대를 관할했다. 光啓 3년(887) 후에 韓遵・韓遜 등이 할거했다. 五代 後唐 天成 4년(929)에 後唐에게 합병되었다.

217) 僕射: 尙書僕射의 약칭이다. 唐代 尙書省의 주무를 담당했고, 龍朔 2년(662)에 폐지된 尙書令을 대신해 長官의 역할을 했다. 中書省, 門下省 長官과 함께 宰相이 되었다. 六部의 업무를 감독하고 전국 행정 사무를 담당했다.

218) 郭子儀(697~781): 唐代의 宰相으로 華州 鄭縣(지금 陝西省 華縣)사람이었다. 아버지 敬之는 綏, 渭, 桂, 壽, 泗 등 다섯 州의 刺史가 되었고, 太保, 祁國公으로 추증되었다. 子儀는 키가 六尺이 넘고 풍채가 좋았다. 누차에 걸쳐 軍使를 맡았고, 天寶 8년(749)에 木剌山에 橫塞軍과 安北都護府가 설치되자 그 節度使가 되어 左衛大將軍이 되었다. 天寶 13년(753)에 橫塞軍과 安北都護府를 永淸柵의 북쪽에 城을 쌓았고, 改橫塞를 天德軍로 바꾸어 節度使가 되었고, 九原太守와 朔方節度右兵馬使를 겸했다. 안사의 난이 일어나자 반란군을 진압했는데, 肅宗이 즉위한 이후 兵部尙書 겸 宰相으로 關內河東副元帥로 迴紇과 연합해 兩京을 탈환했다. 그로 인해 中書令이 되었고, 이후에 汾陽郡王이 되었다. 代宗이 僕固懷恩의 반란이 일어나자 진압했고, 德宗이 즉위한 이후에 尙父가 되어 병권을 놓았다가 建中 2년(781)에

르자 사흘 동안이나 연회를 베풀어주었다. 엽호 태자가 말했다. "나라가 어려움에 빠져 있어 멀리서 와 서로 돕고자 하는데 어찌 먹을 여유가 있겠습니까?" [곽]자의가 억지로 머무르게 하며 연회가 끝나면 바로 출발하라고 했다. 그 군대에게 매일 양 200마리, 소 20마리, 쌀 40석이 공급되었다.[219] 그리고 원수 광평왕이 곽자의 등을 이끌고 향적사(香積寺)[220] 동쪽 20리 떨어진 곳에 오니 서쪽으로 풍수(灃水)[221]가 맞닿았다. 적이 정예 기병을 큰 진영의 동쪽에 매복해 우리 군대의 뒤쪽을 습격하려고 했다. 삭방좌상병마사(朔方左廂兵馬使) 복고회은(僕固懷恩)[222]이 회흘을 지휘해 구원하려 달려오니 [적의] 필마가 돌아가지 못하게 되어 서경(西京)[223]을 다시 되찾을 수 있었다.

시월에 광평왕과 부원수 곽자의가 회흘의 병마를 이끌고 섬서(陝西)[224]에서 적과 싸웠다. 이전에 곡옥[현](曲沃縣)[225]에 머무르고 있던 엽호가 그의 장군 차비시토발배라(車鼻施吐撥裴羅)[226] 등을 보내 남산(南山)을 끼고 동쪽으로 가게 했는데, 계곡 안에서 적의 복병을 만나 모두 죽였다. [곽]자의가 신점(新店)[227]에 와서 적과 만나 싸우다가 군대를 몇 리 물렸다.

죽었다(『舊唐書』 卷120 「郭子儀傳」: 3449).

219) 『新唐書』에는 "日賜牛四十角·羊八百蹄·米四十斛."라고 다르게 표현되어 있다.

220) 香積寺: 지금 陝西省 長安縣 서남쪽 香積村에 위치한 사찰로 永隆 2년(682)에 창건되었다. 北宋 太平興國 3년(978)에 開利寺로 개명되었다.

221) 灃水: 달리 豊水라고도 하는데, 지금 陝西省에 있는 灃河이다. 秦嶺 豊浴에서 시작해 북쪽으로 長安縣의 서쪽을 지나 咸陽市의 동남쪽에 이르러 渭水에 합류한다. 下流는 시대에 따라 변화했다.

222) 僕固懷恩: 鐵勒 僕固部落의 酋長으로 대대로 唐朝의 지배 하에서 都督府의 都督을 세습했다. 安祿山이 반란을 일으키자 朔方節度使 郭子儀를 따라 원정에 참가했다. 迴紇과 함께 兩京을 수복해 그 공으로 豊國公에 봉해졌다. 그 과정에서 두 딸을 迴紇 可汗에게 시집을 보냈다. 그리고 다시 史思明, 史朝義의 반란을 진압하나 兎死狗烹 당하게 되자 廣德 元年(763)에 반란을 일으켜 迴紇을 비롯해 吐蕃 등을 끌어들이나 성공하지 못하고 바로 병으로 죽었다(『舊唐書』 卷121 「僕固懷恩傳」: 3477).

223) 西京은 長安을 지칭한다. 西魏, 北周 이래 隋唐時代의 수도였다. 西都라고도 불렸다. 長安에 대한 설명을 참조.

224) 陝西: 唐 方鎭 명칭으로 陝虢華節度가 바뀌어 설치되었다. 治所가 陝州(지금 河南省 三門陝市 서쪽 陝縣)에 있었다. 관할 구역은 지금 河南省 三門陝市, 陝縣, 靈寶, 盧氏縣과 山西省 平陸, 芮城 등지였다. 大曆 14년(779)에 폐지되었다가 建中 2년(781)에 다시 설치되었고 興元 元年(784)에 폐지되었다.

225) 曲沃縣: 北魏 太和 11년(487)에 설치되었는데, 원래 正平郡에 소속되었다. 治所가 지금 山西省 曲沃縣 동남쪽 10리 떨어진 곳에 있었다. 北周시기에 치소를 지금 曲沃縣 남쪽 3리 떨어진 安吉村으로 옮겼다. 隋 開皇 10년(590)에 치소를 지금 曲沃縣으로 옮겼고 大業 3년(607)에는 絳州에 속하게 되었다.

226) 車鼻施吐撥裴羅: 고대 투르크어로 '차비쉬 토둔바르 보일라(Chabish todunbar boyla)'의 음사로 추정된다.

회흘이 멀리서 보다가 산의 서쪽 고개를 넘어 백기를 흔들며 [적군을] 추격해 바로 그 뒤쪽으로 나아가 적군을 대파했고, [관]군이 북갱(北坑)을 [지나] 마침내 북쪽으로 20여 리를 쫓아갔는데, [적군의] 사람과 말이 누워 있다가 서로 밟혀 죽은 자가 셀 수 없었고 10여만이 참수되니 시체가 30리를 덮었다. 적당인 엄장(嚴莊)이 말을 달려가 안경서(安慶緖)[228]에게 [이 사실을] 고하며 그 무리를 이끌고 동경(東京)[229]을 버린 다음 북쪽으로 [황]하를 건너가자 엽호는 광평왕과 복야 곽자의를 따라 동경에 들어갈 수 있었다.

初收西京, 迴紇欲入城劫掠, 廣平王固止之. 及收東京, 迴紇遂入府庫收財帛, 於市井村坊剽掠三日而止, 財物不可勝計, 廣平王又賚之以錦罽寶貝, 葉護大喜. 及肅宗還西京, 十一月癸酉, 葉護自東京至. 敕百官於長樂驛迎, 上御宣政殿宴勞之. 葉護升殿, 其餘酋長列於階下, 賜錦繡繒綵金銀器皿. 及辭歸蕃, 上謂曰: 「能爲國家就大事成義勇者, 卿等力也.」 葉護奏曰: 「迴紇戰兵, 留在沙苑, 今且須歸靈夏取馬, 更收范陽, 討除殘賊.」 己丑, 詔曰: 「功濟艱難, 義存邦國, 萬里絕域, 一德同心, 求之古今, 所未聞也. 迴紇葉護, 特稟英姿, 挺生奇略, 言必忠信, 行表溫良, 才爲萬人之敵, 位列諸蕃之長. 屬凶醜亂常, 中原未靖, 以可汗有兄弟之約, 與國家興父子之軍, 奮其智謀, 討彼凶逆, 一鼓作氣, 萬里摧鋒, 二旬之間, 兩京克定. 力拔山岳, 精貫風雲, 蒙犯不以辭其勞, 急難無以踰其分. 固可懸之日月, 傳之子孫, 豈惟裂土之封, 誓河之賞而已矣. 夫位之崇者, 司空第一; 名之大者, 封王最高. 可司空·仍封忠義王, 每載送絹二萬匹至朔方軍, 宜差使受領.」

---

227) 新店: 달리 新集이라고도 했는데, 지금 河南省 新縣이다.

228) 安慶緖(?~759): 安祿山의 둘째 아들로 원래 이름은 人執이었다. 騎射에 능했다. 아버지가 玄宗의 총애를 받아 鴻臚卿이 되었다. 아버지가 황제를 칭하게 되자 左相에 임명되었고 晉王에 봉해졌다. 至德 2년(757) 봄에 아버지를 죽이고 황제가 되어 載初라고 개원했다. 唐軍이 兩京을 회복하자 鄴(지금 河北省 臨漳縣 서남쪽)으로 물러나 天合이라고 개원했다. 乾元 元年(758) 郭子儀에게 격파당해 鄴에 있다가 史思明에게 구원을 요청했으나 오히려 그에게 죽음을 당했다(『舊唐書』 卷200 「安慶緖傳」: 5372).

229) 東京: 洛陽을 지칭하는데, 隋 煬帝가 北魏 말에 파괴된 洛陽을 즉위 이후에 재건해 새로운 수도로 삼았고, 唐代에도 陪都로 이용되었는데, 武則天時代에 크게 발전했다. 東都라고도 불렸다.

처음에 서경을 수복하자 회흘이 성에 들어가 약탈을 하고자 했으나 광평왕이 극구 제지했다. 그래서 동경을 수복하자[230] 회흘이 마침내 정부의 창고에 들어가 재물과 비단을 거두어들였고, 시내와 마을을 사흘이나 약탈하고 나서 그치니 재물이 셀 수 없을 정도였고, 광평왕이 또한 비단, 융단, 보패를 내려주자 엽호가 크게 기뻐했다. 숙종이 서경으로 돌아왔고, 십일월 계유일에 엽호가 동경에서 [서경으로] 왔다. [황제가] 조칙을 내려 백관에게 장락역(長樂驛)[231]에서 [그들을] 맞이하게 했고, 황제가 선정전(宣政殿)[232]에서 직접 연회를 베풀며 위로를 했다. 엽호가 [선정]전에 올라가고 그의 나머지 추장이 계단 아래에 도열하자 비단, 수놓은 비단, 무늬 있는 비단, 금은 그릇 등을 내려주었다. 그리고 [회흘이] 나라로 돌아간다고 말하자 황제가 말했다. “나라를 위해 능히 큰일에 나아가 의롭고 용감하게 성취할 수 있었던 것은 경 등의 공로다.” 엽호가 아뢰어 말했다. “회흘의 전사들이 사원(沙苑)[233]에 머무르고 있는데, 지금 모름지기 영하(靈夏)로 돌아가 말을 얻은 다음에 다시 범양(范陽)[234]을 수복하고 남은 적을 토벌하겠습니다.”

기축일에 [황제가] 조칙을 내려 말했다. “[그대의] 공으로 어려움을 구했고, [그대의] 바른 마음이 나라를 있을 수 있게 했으며 [그대처럼] 만 리 떨어진 곳에 살아도 한 가지 덕으로 한결같은 마음을 품는 것은 고금을 따져보아도 들어본 바가 없다. 회흘 엽호는 멋진 모습을 특별하게 갖추고 뛰어난 책략을 빼어나게 갖고 태어나 말은 모두 충성스럽고 믿음직스러우며 행동은 온후하며 선량할 뿐만 아니라 그 재능은 만 명을 감당할 만하니 그 지위가 여러 족속[諸蕃]의 임금이 될 만하다. 흉악한 놈들이 기강을 어지럽혀 중원이 안정되지 않으니 가한으로 하여금 형제의 약속을 하고, 우리나라로 하여금 부자(父子)의 군대를 일으켜 그 지식과 계획을 떨쳐 저 흉악한 역당을 토벌하려고 하니 북소리 한 번에도 기운이 나서 만리 떨어진 적도 꺾어버릴 수 있어 20일 만에 두 도성(都城)도 회복했다. 힘은 산을 뽑고 정성은 풍운을 꿰뚫을

230) 東京 洛陽을 수복한 것은 정확하게 至德 2년(757) 十月 18일이었다.

231) 長樂驛: 聖曆 元年(698)에 설치되었다. 지금 陝西省 西安市 동쪽으로 15리 떨어진 長樂坡에 있었다.

232) 宣政殿: 唐代 長安城 大明宮에서 두 번째로 큰 궁전으로 高宗 龍朔 2년(662)에 건설되었다. 含元殿의 정북쪽 龍首原高臺 위에 있었다. 皇帝가 大明宮에서 聽政을 하는 곳으로 그 遺址는 지금 西安市 北郊 大明宮址에 남아 있다.

233) 沙苑: 지금 陝西省 大荔縣 동남쪽 40여 리 떨어진 곳에 있었는데, 지금의 이름은 馬坊頭이다. 다르게는 沙阜라고도 한다. 이곳에 沙苑監이 설치되어 말을 키웠다.

234) 范陽縣: 武德 7년(624)에 涿縣이 바뀌어 설치되었는데, 幽州에 소속되었다. 治所가 지금 河北省 涿州市에 있었다. 大曆년간에 涿州를 치소로 삼았다. 여기에서는 安慶緖의 본거지를 의미한다.

수 있는데, 공격을 당하고도 그의 노고를 말하지 않고 난리가 급한데도 그 본분을 넘어선 것이 없었다. 진실로 해와 달처럼 빛[나는 그의 공로]를 자손들에게 전하고자 하니 어찌 땅을 쪼개 분봉을 하면서 황하를 경계로 하는 것 정도로 상을 줄 수 있을 뿐이겠는가! 무릇 관직 중에서 가장 높은 것은 사공(司空)235)이 첫 번째이고, 이름 중에서 가장 큰 것은 봉왕(封王)이 가장 높으니 사공을 가하고 또한 충의왕(忠義王)으로 봉하노라. 매년 비단 2만 필을 삭방군(朔方軍)에 보내면 [엽호가] 사신을 보내 [이를] 받아가도록 하라."

乾元元年五月壬申朔, 迴紇使多亥阿波八十人, 黑衣大食酋長閣之等六人並朝見, 至閤門爭長, 通事舍人乃分爲左右, 從東西門並入. 六月戊戌, 宴迴紇使於紫宸殿前.

건원(乾元) 원년(758) 오월 임신일에 회흘 사신 다해아파(多亥阿波)236) 등 80명이 흑의대식(黑衣大食)237) 추장 각지(閣之) 등 6명과 함께 황제를 알현하는데, 궁문에 와서 서로 높은 자리를 차지하려고 다투자 통사사인(通事舍人)238)이 바로 이들을 좌우로 나누어 동문과 서문으로 동시에 들어오게 했다. 유월 무술일에 회흘 사신을 위해 자신전(紫宸殿)239) 앞에서 연회

235) 司空: 三公의 하나로 魏晉南北朝時代이래로 명예 宰相이었고, 大臣 加官의 명예직으로 사용되었는데, 唐代에도 大臣加官으로 正一品의 지위를 갖고 있었다.

236) 多亥阿波: 고대 투르크어로 '탈루이 아파(Talui apa)'의 음사로 추정된다. 『新唐書』에는 "多彦阿波"라고 되어 있는데, 이는 고대 투르크어로 '바얀 아파(Bayan apa)'의 음사로 추정된다. 둘 중에 어떤 것이 정확한지 여부는 알 수 없다.

237) 黑衣大食(750~1258): 바그다드(Baghdad)를 수도로 성립된 이슬람 왕국인 압바스조(Abbasids)를 지칭한다. 흑색을 중요하게 여겼기 때문에 이런 명칭을 갖게 되었다고 한다. 肅宗 至德년간 초기에 사신을 보내 中國과 교류를 했고, 德宗 貞元 14년(798)에 다시 사신을 보내 관계를 맺었다.

238) 通事舍人: 內史省(中書省의 개칭)의 속관으로 16명이 정원이었다가 이후 開皇 3년(583) 24명으로 늘어났다. 大業 3년(607) 通事謁者로 이름이 바뀌고 품계가 從六品이 되었으며 謁者臺에 속해 있었다. 武德 4년(621)에 다시 通事舍人으로 이름이 환원된 다음 정원은 16명, 품계는 從六品上이었다. 朝見引納, 殿廷通奏, 承旨宣勞 등의 역할을 했다. 四方館에 속해 있었는데, 명의상으로는 中書省에 속하는 것으로 되어 있었다.

239) 紫宸殿: 唐代 長安城 大明宮 內朝 正殿으로 大明宮의 중앙부에 위치하고 있었다. 紫宸門 안으로 60미터 떨어진 곳에 위치하고 있었다. 皇帝가 일상적인 업무를 보고 신하들의 의론을 듣는 곳이었다. 지금 西安市 北郊 含元殿村 서쪽 大明宮 遺址 내에 있다.

를 베풀어주었다.

秋七月丁亥, 詔以幼女封爲寧國公主出降. 其降蕃日, 仍以堂弟漢中郡王瑀爲特進·試太常卿·攝御史大夫, 充冊命英武威遠毗伽可汗使; 以堂姪左司郎中巽爲兵部郎中·攝御史中丞·鴻臚卿, 副之, 兼充寧國公主禮會使. 特差重臣開府儀同三司·行尚書右僕射·冀國公裴冕送至界首. 癸巳, 以冊立迴紇英武威遠毗伽可汗, 上御宣政殿, 漢中王瑀受冊命. 甲午, 肅宗送寧國公主至咸陽石+慈門驛, 公主泣而言曰: 「國家事重, 死且無恨.」 上流涕而還. 及瑀至其牙帳, 毗伽闕可汗衣赭黃袍, 胡帽, 坐於帳中榻上, 儀衛甚盛, 引瑀立於帳外, 謂瑀曰: 「王是天可汗何親?」 瑀曰: 「是唐天子堂弟.」 又問 「於王上立者爲誰?」 瑀曰: 「中使雷盧俊.」 可汗又報曰: 「中使是奴, 何得向郎君上立?」 雷盧俊竦懼, 跳身向下立定. 瑀不拜而立, 可汗報曰: 「兩國主君臣有禮, 何得不拜?」 瑀曰: 「唐天子以可汗有功, 故將女嫁與可汗結姻好. 比者中國與外蕃親, 皆宗室子女, 名爲公主. 今寧國公主, 天子眞女, 又有才貌, 萬里嫁與可汗. 可汗是唐家天子女婿, 合有禮數, 豈得坐於榻上受詔命耶!」 可汗乃起奉詔, 便受冊命. 翼日, 冊公主爲可敦, 蕃酋歡欣曰: 「唐國天子貴重, 將眞女來.」 瑀所送國信繒綵衣服金銀器皿, 可汗盡分與衙官·酋長等. 及瑀回, 可汗獻馬五百匹·貂裘·白氎. 八月, 迴紇使王子骨啜特勤及宰相帝德等驍將三千人助國討逆. 肅宗嘉其遠至, 賜宴, 命隨朔方行營使僕固懷恩押之. 九月甲申, 迴紇使大首領蓋將等謝公主下降, 兼奏破堅昆五萬人, 宴於紫宸殿, 賜物有差. 十二月甲午, 迴紇使三婦人, 謝寧國公主之聘也, 賜宴紫宸殿.

가을 칠월 정해일에 조칙을 내려 어린 딸을 영국공주(寧國公主)240)로 봉해 시집보내기로

240) 寧國公主: 唐 肅宗의 차녀로 寧國公主로 봉해져 처음에는 鄭巽에게 시집을 갔다. 乾元 元年(758)에 迴紇에 시집갔다가 그 이듬해에 葛勒可汗이 죽자 殉葬을 강요받았으나 얼굴에 자해를 해 그것을 면한 다음 귀국했다. 이후에 薛康衡에게 재가했고 蕭國公主로 봉해졌다.

이후 唐朝에서 迴紇로 지속적으로 和蕃公主를 시집보냈는데, 이를 정리해보면 다음과 같다(崔明德, 2007).

했다. 회흘로 시집보내는 날 바로 종실의 동생인 한중군왕(漢中郡王) [이]우(李瑀)[241]를 특진(特進)[242] 시태상경(試太常卿)[243] 섭어사대부(攝御史大夫)[244]로 삼아 영무위원비가가한사(英武威遠毗伽可汗使)로 책명을 했고, 종실의 조카 좌사랑중(左司郎中)[245] [이]손(李巽)[246]을 병부랑중(兵部郎中)[247] 섭어사중승(攝御史中丞)[248] 홍려경(鴻臚卿)[249]으로 그의 부사로

時點	出嫁者	出嫁者 身分	出嫁 對象
758년	寧國公主	肅宗의 女	2대 葛勒可汗
758년	小寧國公主	榮王의 女	2대 葛勒可汗
758년	公主(?)	大臣 僕固懷恩의 女	3대 牟羽可汗
768년	永徽公主	大臣 僕固懷恩의 女	3대 牟羽可汗
788년	咸安公主	德宗의 女	4대 武義成功可汗 5대 忠節可汗 8대 懷信可汗
821년	太和公主	穆宗의 11번째妹	11대 崇德可汗

241) 李瑀: 唐朝의 종실로 叡宗의 아들이었다. 漢中王으로 봉해졌다. 都水使者, 衛尉員外卿, 恒王府司馬를 역임했으며 隴西郡王으로 봉해졌다. 일찍이 玄宗과 함께 四川으로 갔다가 이후에 寧國公主를 모시고 迴紇에 갔다(『舊唐書』 卷95 「睿宗諸子 讓皇帝憲」: 3015).

242) 特進: 前漢 말기에 시작되어 列侯에게 주는 특수 지위였다. 諸侯王에게도 제수되기도 했다가 그 이후에 정식의 加官 관호가 되었다. 北魏 孝文帝 太和 17년(493)에 품계가 一品下에서 23년에 二品이 되었다. 隋代에 최초로 正二品 散官이 되었다가 大業 3년(607)에 폐지되었다. 그 이후 唐代부터 宋代 前期까지는 正二品文散官이었다.

243) 試太常卿: 試는 관제 용어로 관리에게 임기 1년으로 급료를 반만 주는 관리에게 붙이는 칭호였다. 만약 이런 명칭을 갖고 있다가 1년이 경과하면 급료를 모두 주었다. 太常卿은 太常寺의 長官으로서 품계가 正三品이었다.

244) 攝御史大夫: 攝은 관제 용어로 대리 또는 겸직을 의미하는데, 하급 관리가 고급 관리의 역할을 하는 경우에 붙였다. 이것은 御史大夫의 역할을 대신한다는 의미였다. 御史大夫는 隋唐時代 御史臺의 長官으로 백관을 감찰 탄핵하는 일을 맡고 있었는데, 과거에 비해 御史中丞 정도의 직에 불과했다. 隋代에는 품계가 從四品, 唐初에는 從三品이다가 會昌 2년(842)에 正三品이 되었다.

245) 『新唐書』에는 "右司郎中"이라고 되어 있다.

246) 李巽(738~809): 高宗의 曾孫으로 兵部郎中에 이르렀고, 汝南郡公에 봉해졌다. 肅宗이 즉위하자 右司郎中에 봉해졌고, 乾元 元年(758)에 御史中丞이 되어 迴紇에 사신으로 파견되었다.

247) 「突厥傳」 譯註 '兵部郎中'에 대한 자세한 설명 참조.

248) 攝御史中丞: 이것은 御史中丞의 역할을 대신한다는 의미였다. 御史中丞은 唐代 2명으로 御史大夫를 보좌해 百官을 탄핵 감찰하고 淸要를 선발하는 역할을 했다. 처음에는 품계가 正五品上이었다가 會昌 2년(842)에 正四品下로 올랐다. 中唐 이후 御史大夫가 없어져 御史中丞이 중요한 역할을 담당했다.

249) 「突厥傳」 譯註의 '鴻臚卿'에 대한 자세한 설명을 참조.

삼아 영국공주례회사(寧國公主禮會使)로 임명했다. [조정에서] 특별하게 파견된 중신인 개부의동삼사 행상서우복야(行尙書右僕射)[250] 기국공(冀國公) 배면(裴冕)[251]을 양국의 경계까지 보냈다. 계사일에 회흘영무위원비가가한을 책립하기 위해 황제가 선정전에서 한중왕 [이]우에게 책명을 주었다. 갑오일에 숙종이 영국공주를 보내기 위해 함양(咸陽)[252] 자문역(磁門驛)에 도착하자 [영국]공주가 울면서 말했다. "나라의 일이 중요하니 죽어도 또한 아무런 한이 없습니다." 황제도 울면서 돌아왔다.

[이]우가 그 아장에 도착하니 비가궐가한(毗伽闕可汗)[253]이 적황색의 포를 입고 호모(胡帽)[254]를 쓰고 천막 안에 있는 의자에 앉아 의장을 심히 성대하게 하면서 [이]우를 데려다 천막 밖에 세워두고 [이]우에게 물었다. "왕은 천가한(天可汗)[255]과 어떤 관계의 친척인가?" [이]우가 말했다. "[저는] 당나라 천자의 집안 동생이오." 또한 물었다. "왕 보다 앞에 서있는 사람은 누구요?" [이]우가 말했다. "중사(中使) 뇌로준(雷盧俊)이오." 가한이 다시 반문해 말했다. "중사는 노복인데 어찌 그대보다 위에 있을 수 있소?" 뇌로준이 두려워하며 몸을 아래로 향해 뛰어가 바로 섰다. [이]우가 절하지 않고 서있자 가한이 반문을 하며 물었다. "두 나라의 군주에게는 군신의 예가 있는데 어찌 [그대는] 절을 하지 않고 있는가?" [이]우가 말했다. "당나라 천자께서는 가한이 공을 세웠기 때문에 장차 딸을 시집보내 가한과 혼인을 해 화친하

250) 行尙書右僕射: 行은 관제 용어로 관리가 없을 때 다른 관리가 임시로 그 직무를 대신해 보충하는 것을 말한다. 즉, 尙書右僕射의 일을 임시로 대리하는 관직이었다.

251) 裴冕(?~769): 唐代의 宰相으로 字는 章甫이고, 河東(지금 山東省 永濟 서남쪽) 사람이었다. 天寶 초기에 門蔭으로 다시 渭南縣尉로 천거되었고, 御史中丞 王鉷이 京畿採訪使가 되면서 천거되어 判官이 되었으며 이후에 監察御史을 거쳐 殿中侍御史가 되었다. 河東節度使 哥舒翰의 行軍司馬가 되었다. 天寶 15년(756)에 肅宗이 靈武에서 즉위하도록 해 中書侍郞, 同中書門下平章事가 되었다. 兩京을 평정한 다음에 冀國公이 되었다가 얼마 되지 않아 御史大夫 成都尹을 가하고 劍南西川節度使가 되었다. 그 이후에 右僕射가 되었다(『舊唐書』 卷113 「裴冕傳」: 3353).

252) 咸陽縣: 秦代에 설치되었고, 이후 폐지되었다가 武德 元年(618)에 다시 설치되어 雍州에 소속되었다. 治所가 杜郵亭(지금 咸陽市 동북쪽 5리 떨어진 곳)에 있었고 이후에 京兆府에 소속되었다.

253) 毗伽闕可汗: 骨咄祿毗伽闕可汗의 약칭인데, 이는 고대 투르크어로 '빌게 퀼 카간(Bilge kül qaghan)'의 음사이다.

254) 胡帽는 遊牧民들이 일반적으로 썼던 고깔 모양의 모자로 추정된다.

255) 天可汗: 북방 유목민족들이 中國의 皇帝를 지칭하는 용어로 고대 투르크어로 '텡그리 카간(Tengri qaghan)'의 음사이다. 太宗이 東突厥을 630년에 무너뜨린 이후에 太宗을 불렀던 칭호로 이후에 관습적으로 굳어졌다. 隋代에는 聖人可汗이라고도 했다.

고자 하셨습니다. 과거에 중국과 외국의 족속들이 화친을 할 때에는 모두 종실의 자손을 공주라고 이름을 붙였습니다. 지금 영국공주는 천자의 친 따님일 뿐만 아니라 재능과 미모를 갖추고도 멀리 가한에게로 시집을 왔습니다. 가한은 당나라 천자의 사위이니 합당한 예의를 갖추어야 하는데, 어찌 의자에 앉아 황제의 조칙을 받으실 수 있단 말입니까!" 가한이 바로 일어나 조칙을 받들며 책명을 받았다.

다음 날 공주를 가돈(可敦)[256]으로 책봉하자 회흘의 추장들이 기뻐하면서 말했다. "당나라 천자가 [회흘을] 귀하게 여겨 진짜 공주가 왔습니다." [이]우가 가지고온 [당]나라의 서신, 비단 의복, 금은 그릇을 가한이 모두 관리들과 추장 등에게 나누어 주었다. [이]우가 돌아갈 때 가한이 말 5백 필, 가죽, 흰 모포를 바쳤다. 팔월에 회흘이 왕자와 골철특근(骨啜特勤)[257] 그리고 재상(宰相)[258] 제덕(帝德) 등 용감한 장수와 3천 명을 시켜 나라를 도와 역당을 토벌하게 했는데, 숙종이 그들이 멀리서 온 것을 기뻐해 연회를 베풀고 삭방행영사(朔方行營使) 복고회은에게 그들을 관리하게 했다. 구월 갑신일에 회흘이 대수령 개장[군](蓋將軍)[259] 등을 보내 공주를 시집보내준 것에 감사하면서 견곤(堅昆)[260] 5만 명을 격파한 사실을 알렸는데, [숙종이] 자신전에서 연회를 베풀며 물자를 등급에 따라 나누어주었다. 십이월 갑오일에 회흘이 세 명의 부인을 시켜 영국공주가 시집온 것을 감사하게 하니 자신전에서 연회를 베풀어 주었다.

乾元二年, 迴紇骨啜特勤等率衆從郭子儀與九節度於相州城下戰, 不利. 三月壬子, 迴紇王子骨啜特勤及宰相帝德等十五人自相州奔于西京, 肅宗宴之于紫宸殿, 賞物有差. 其月庚寅, 迴紇特勤辭還行營, 上宴之于紫宸殿, 賜物有差. 乙未, 以迴紇王子

---

256) 可敦: 고대 투르크어 '카툰(qatun)'의 음사로 遊牧君主의 부인을 의미했다. 可賀敦이라고도 표기되기도 하는데, 그 용례는 이미 拓跋 鮮卑의 조상이 살았던 嘎仙洞 石壁 銘文에서도 확인된다(米文平, 1994: 52). 匈奴시대에는 閼氏라고 했다.

257) 骨啜特勤: 고대 투르크어로 '퀼 초르 테긴(Kül chor tegin)'의 음사이다.

258) 宰相: 迴紇의 관직인 부의룩(buyïruq)를 지칭한다. 부의룩은 內, 外宰相으로 다양하게 존재했는데, 그 중의 하나로 추정된다.

259) 『新唐書』에는 "蓋將軍"이라고로 되어 있는데, 이는 고대 투르크어로 '타이셍권(Taisengün)'의 음사로 大將軍을 잘못 음사한 것으로 추정된다.

260) 堅昆는 저본의 앞에서 "結骨"이라고 했는데, 그에 대한 자세한 설명을 참조.

新除左羽林軍大將軍員外置骨啜特勤爲銀青光祿大夫·鴻臚卿員外置.

건원 2년(759)에 회흘 골철특근 등이 무리를 이끌고 곽자의와 아홉 절도사(節度使)[261]와 함께 상주성(相州城)[262] 아래에서 전투를 했는데 불리했다. 삼월 임자일에 회흘 왕자 골철특근과 재상 제덕 등 15명이 상주에서 서경으로 도망쳐오자 숙종이 자신전에서 연회를 베풀어 주었고, 등급에 따라 물자를 상으로 주었다. 그 달 경인일에 회흘 특근이 진영으로 돌아간다고 말하자 황제가 자신전에서 연회를 베풀어 주고 물자를 등급에 따라 내려주었다. 을미일에 회흘 왕자에게 새롭게 좌우림대장군 원외치(左羽林軍大將軍員外置)[263]를 제수하며 골철특륵을 은청광록대부(銀青光祿大夫)[264] 홍려경원외치(鴻臚卿員外置)로 삼았다.

夏四月, 迴紇毗伽闕可汗死. 長子葉護先被殺, 乃立其少子登里可汗, 其妻爲可敦.

---

261) 節度使: 武德 6년(623)에는 諸州總管加號使持節이었다가 永徽 이후에 都督帶使持節이 그 임무를 맡았다. 景雲 2년(711) 賀拔延嗣가 河西節度使가 되면서 처음을 節度使라는 칭호가 생겼다. 군대를 통솔하고 民政까지 맡아 외직 중에서 이보다 높은 것은 없었다. 관할 지역 내 刺史들이 모두 그의 속관이 되었으며 중앙 관아도 둘 수 있었다.

262) 相州: 北魏 天興 4년(401)에 冀州가 나뉘어 설치되었고, 治所가 鄴縣(지금 河北省 臨漳縣 서남쪽 鄴鎭)에 있었다. 이후 司州로 바뀌었다가 隋 大業初에 魏縣이 되었고 치소가 지금 安陽市로 이동했다. 武德 元年(618)에 다시 相州가 되었다가 天寶 元年(742)에 鄴郡으로 바뀌었다. 乾元 元年(758)에 다시 相州가 되었다. 관할 구역은 지금 河北 磁縣, 成安縣 이남, 河北省 內黃縣 이서, 湯陽縣 이북, 林州市 이동 지역이었다.

263) 左羽林軍大將軍: 唐代 北衙禁軍인 左羽林軍을 지휘하는 將軍이었다. 龍朔 2년(662)에 설치되었고 1명이며 품계는 正三品이었다. 武則天 시기에는 더욱 지위가 높아지고 玄宗시대에는 皇帝의 총애를 받아 禁軍의 總兵官이 되었다. 대부분 환관이 차지했는데, 乾元 2년(759)에 정원이 1명을 더 늘어났다. 員外置는 관제 용어로 정원 외로 부여되는 관직을 의미했다. 처음에 설치된 南北朝時代에는 閑職 내지는 퇴직한 관원에게 주어졌고, 隋代에도 동일하게 시행되었다. 唐 高宗과 中宗 시기에 인원수가 크게 늘어나고 俸祿도 주어졌으며 일까지 담당하게 되면서 定員과 갈등을 빚기도 해 玄宗이 폐지했다. 하지만 皇親이나 戰功을 세운 경우에 주어졌다.

264) 銀青光祿大夫: 銀青이라고 약칭되기도 한다. 원래는 東晉시기에 설치되었을 때 光祿大夫였다. 그 이후 左右光祿大夫와 光祿大夫가 모두 銀章青綬였기 때문에 유래되었다. 이 보다 중한 경우에는 金章紫綬를 받아 金紫光祿大夫라고 했다. 隋初에는 正三品 散官이었고, 煬帝가 이것의 품계를 從三品으로 바꾸었는데, 唐代에도 그대로 따랐다.

六月丙午，以左金吾衛將軍李通爲試鴻臚卿・攝御史中丞，充弔祭迴紇使．毗伽闕可汗初死，其牙官・都督等欲以寧國公主殉葬，公主曰：「我中國法，婿死，卽持喪，朝夕哭臨，三年行服．今迴紇娶婦，須慕中國禮．若今依本國法，何須萬里結婚．」然公主亦依迴紇法，剺面大哭，竟以無子得歸．秋八月，寧國公主自迴紇還，詔百官於明鳳門外迎之．上元元年九月己丑，迴紇九姓可汗使大臣俱陸莫達干等入朝奉表起居．乙卯，迴紇使二十人於延英殿通謁，賜物有差．十一月戊辰，迴紇使延支伽羅等十人於延英殿謁見，賜物有差．

여름 사월에 회흘 비가궐가한이 죽었다. 장자 엽호가 먼저 죽임을 당해 바로 그의 작은 아들인 등리가한(登利可汗)[265]이 즉위해 그 아내를 가돈으로 삼았다. 유월 병오일에 좌금오위장군(左金吾衛將軍)[266] 이통(李通)을 시홍려경(試鴻臚卿) 섭어사중승으로 삼아 조제회흘사(弔祭迴紇使)를 맡게 했다. 비가궐가한이 죽은 지 얼마 되지 않았을 때 그의 관리와 도독 등이 영국공주를 순장시키려고 하자 공주가 말했다. "우리 중국의 법도대로라면 남편이 죽으면 상복을 입고 아침과 저녁으로 곡을 하다가 삼년이 지나면 상복을 벗으면 된다. 지금 회흘에 시집을 왔으나 반드시 중국의 예법에 따라야 할 것이다. 만약 지금 이 나라의 법도를 따라야 한다면 어찌 만 리까지 결혼을 하러 왔겠느냐?" 그럼에도 공주 역시 회흘의 법도에 따라 얼굴을 [칼로] 그으며 크게 울었는데, 마침 자식이 없어 [중국으로] 돌아갈 수 있었다.

가을 팔월에 영국공주가 회흘에서 돌아오자 [숙종이] 조칙을 내려 백관들이 명봉문(明鳳

265) 登利可汗: 고대 투르크어로 '텡그리 카간(Tengri qaghan)'의 음사이다. 迴紇 可汗의 경우에 대부분 "텡그리"로 시작되는 명칭을 갖고 있는 것이 일반적인데, 그것을 압축해 지칭한 것으로 보인다. 여기에서는 3대 可汗인 牟羽可汗(재위: 759~780)을 지칭한다. 뒤에서는 한자식 축약 표현인 九姓可汗이라고 달리 표현하기도 했다. 그의 이름은 『新唐書』에 따르면 移地健 즉, 고대 투르크어로 '이르킨(Irkin)'의 음사로 추정된다.

266) 左金吾衛將軍: 金吾는 漢代 中尉를 改稱한 것이다. 본래 秦代에 中尉를 두어 京師를 방어하게 했는데, 前漢 太初 元年(전104)에 執金吾로 改名되었다. 後漢末 曹操가 다시 中尉로 바꾸었으나 西晉初에 廢置되었다. 隋代에 左右武候府가 설치되었고 각각 大將軍과 將軍을 두어 宮禁과 京城의 巡警을 담당하게 했고 天子 車駕의 前驅와 後衛를 담당하게 했다. 隋煬帝 시기에 左右候衛로 改名되었다가 唐初 또 左右武候衛府로 改稱되었다. 龍朔 2년(662)에 左右金吾衛로 개칭해 각각 大將軍 1명과 將軍 2명을 두었다. 左金吾衛의 직장은 隋代와 같았다.

門)[267] 밖에서 맞이하게 했다. 상원(上元) 원년(760) 구월 기축일에 회흘 구성가한(九姓可汗)[268]이 대신(大臣) 구륙막달간(俱陸莫達干)[269] 등을 사신으로 보내 조정에 들어와 표를 받들고 머물렀다. 을묘일에 회흘 사신 20명이 연영전(延英殿)[270]에서 [숙종을] 알현하자 등급에 따라 물자를 내려주었다. 십일월 무진일에 회흘 사신 연지가라(延支伽羅)[271] 등 10명이 연영전에서 알현을 하자 [숙종이] 등급에 따라 물자를 주었다.

寶應元年, 代宗初卽位, 以史朝義尚在河洛, 遣中使劉清潭徵兵於迴紇, 又修舊好. 其秋, 清潭入迴紇庭, 迴紇已爲史朝義所誘, 云唐家天子頻有大喪, 國亂無主, 請發兵來收府庫. 可汗乃領衆而南, 已八月矣. 清潭賫敕書國信至, 可汗曰:「我聞唐家已無主, 何爲更有敕書?」中使對曰:「我唐家天子雖棄萬國, 嗣天子廣平王天生英武, 往年與迴紇葉護兵馬同收兩京, 破安慶緒, 與可汗有故. 又每年與可汗繒絹數萬匹, 可汗豈忘之耶?」然迴紇業已發至三城北, 見荒城無戍卒, 州縣盡爲空壘, 有輕唐色, 乃遣使北收單于兵馬食糧, 又大辱清潭. 清潭發使來奏云:「迴紇登里可汗傾國自來, 有衆十萬, 羊馬不知其數.」京師大駭. 上使殿中監藥子昂馳勞之, 及於太原北忻州南, 子昂密數其丁壯, 得四千人, 老小婦人相兼萬餘人, 戰馬四萬匹, 牛羊不紀.

보응(寶應) 원년(762) 대종(代宗)[272]이 즉위한 지 얼마 되지 않았고, 사조의(史朝義)[273]가

267) 明鳳門: 원래 이름은 丹鳳門으로, 唐 長安 大明宮의 정문이다. 大明宮 宮城 남벽의 가운데 있고, 북쪽으로는 正殿인 含元殿이 위치하고 있었고, 남쪽으로는 外郭城 丹鳳門街와 연결되었다. 지금 西安市 北郊 含元殿村 서북쪽 大明宮 遺址 안에 위치하고 있다. 丹鳳門은 高宗 龍朔 2년(662)에 건축되었고, 문 위에는 높은 누각이 세워졌다. 肅宗 至德 3년(758) 正月 明鳳門으로 바뀌었다가 다시 원래의 이름으로 환원되었다.

268) 九姓可汗: 迴紇 可汗을 지칭하는 표현으로 九姓은 일반적으로 迴紇九姓의 약칭으로 사용되었다. 여기에서는 3대 可汗인 牟羽可汗(재위: 759~780)을 지칭한다. 앞에서는 登利可汗이라고 기록하기도 했다.

269) 俱陸莫達干: 고대 투르크어로 '퀼뤽 바가 타르칸(Külüg bagha tarqan)'의 음사이다. 『新唐書』에는 "句錄莫賀達干"이라고 되어 있는데 동일한 음사이다.

270) 延英殿: 唐代 長安城 大明宮 便殿의 하나로 貞觀年間에 건설되었다. 僖宗 乾符년간(874~879)에 靈芝殿으로 바뀌었다가 원래의 이름으로 환원되었다. 紫宸殿의 서쪽에, 麟德殿의 동쪽에 위치하고 있었다. 代宗 大曆 14년(779) 이래로 皇帝가 宰臣들과 만나 정사를 논의하는 가장 중요한 전각으로 활용되었다.

271) 延支伽羅: 고대 투르크어로 '옌취 카라(Yenchü qara)'의 음사로 추정된다.

여전히 하락(河洛)[274]에 있었기 때문에 중사(中使) 유청담(劉淸潭)을 병력 동원을 위해 회흘에 보내면서 다시 과거의 우호관계를 회복하고자 했다. 그 해 가을에 [유]청담이 회흘의 아정에 들어갔는데, 회흘이 이미 사조의의 꼬임에 빠져 당나라의 천자가 붕어해 나라가 어지럽고 주인이 없으니 군대를 일으켜 와서 나라의 창고를 거두어가기를 바란다고 말했다고 한다. 가한이 이에 무리를 이끌고 남하하니 이미 팔월이었다.

[유]청담이 조칙 담긴 편지를 갖고 오자 가한이 말했다. "나는 당나라에 이미 주인이 없다고 들었는데 어찌 다시 칙서를 갖고 왔는가?" 중사 [유청감]이 대답해 말했다. "우리 당나라 천자께서는 비록 세상을 떠나셨지만 천자를 물려받으신 광평왕께서는 뛰어남과 용맹함을 타고 나셨고, 지난 해 회흘 엽호의 병마와 함께 두 수도[兩京]를 탈환하고 안경서를 격파해 가한과 사귀신 바가 있었습니다. 또한 매년 가한에게 비단[繒絹]을 수만 필이나 주었는데 가한은 어찌 [이런 과거의 일을] 잊어버리셨단 말입니까?"

그러나 회흘이 이미 출병해서 삼성(三城)[275]의 북쪽에 이르렀는데, 황량한 성에는 지키는 병졸이 없고 주현(州縣)이 모두 비어있는 것을 보고 당조를 가벼이 여기는 마음을 갖게 되어 바로 북쪽에 사신을 보내 선우[도호부]의 병마와 식량을 모두 거두어들이며 또한 [유]청담을 크게 욕보였다. [유]청담이 사자를 보내 아뢰어 말했다. "회흘의 등리가한이 나라의 힘을 기울여 몸소 왔는데, 무리가 10만이고 양과 말은 그 수를 헤아릴 수 없을 정도입니다." 경사(京師)[276]에서 크게 놀랐다. 황제가 전중감(殿中監)[277] 약자앙(藥子昂)을 시켜 빨리 달려가 [그

---

272) 唐 代宗(727~779, 재위: 762~779): 唐朝의 제8대 황제로 이름은 李豫였다. 肅宗의 장자로 처음에 이름은 俶이었다. 15세에 廣平王에 봉해졌다. 756년 肅宗이 즉위하자 天下兵馬元帥가 되어 郭子儀와 함께 兩京을 수복했고 安史의 난을 평정했다. 寶應 元年(762)에 다시 史朝義의 반란을 진압함으로써 반란을 종결지었으나 藩鎭 節度使들의 할거로 혼란을 겪었다. 779년에 죽어 元陵에 묻혔고, 시호는 文孝武皇帝였다.

273) 史朝義(?~763): 唐代의 蕃將으로 營州 寧夷州 突厥 雜胡였다. 史思明의 장자로 늘 史思明과 함께 전투에 참가했다. 冀州와 相州 등지에서 군대를 거느리고 지켰다. 그의 아버지가 칭제하자 懷王으로 봉해졌다. 하지만 총애를 잃자 上元 2년(761)에 아버지와 동생 史朝淸을 죽이고 자립해 황제가 되고 顯聖이라고 개원했다. 그의 부하들은 安祿山의 옛 신하들이라 그에 따르지 않아서 세력을 확대하지 못했다. 寶應 元年(762)에 唐朝가 迴紇과 연합해 洛陽을 수복하자 幽州로 물러났다가 이듬해 契丹과 奚에게 도망가나 부장 李懷仙이 唐朝에 투항한 이후 공격을 받아 죽었다(『舊唐書』 卷200上 「史朝義傳」: 5382).

274) 河洛: 黃河와 洛水가 합류하는 지역과 그 부근을 땅을 말한다.

275) 三城은 中宗시기에 설치된 세 곳의 요새인 三受降城 즉, 東受降城, 中受降城, 西受降城을 말한다. 그에 대해서는 「突厥傳」 譯註의 '三受降城'에 대한 자세한 설명을 참조.

들을] 위무하게 했는데, [회흘의 가한 일행은] 이미 태원(太原)[278]의 북쪽 흔주(忻州)[279]의 남쪽에 와있었다. [약]자앙이 몰래 그 장정의 숫자를 헤아려보니 4천 명이고 늙은이와 아이, 그리고 부녀자를 합친 것이 만여 명 정도였으며 전마가 4만 필, 양과 소의 수를 셀 수 없었다.

先是, 毗伽闕可汗請以子婚, 肅宗以僕固懷恩女嫁之. 及是爲可敦, 與可汗同來, 請懷恩及懷恩母相見. 上敕懷恩自汾州見之於太原, 懷恩又諫國家恩信不可違背. 初欲自蒲關入, 取沙苑路, 由潼關東向破賊, 子昂說之云:「國家頻遭寇逆, 州縣虛乏, 難爲供擬, 恐可汗失望. 不如取土門路入, 直取邢·洺·衛·懷. 賊中兵馬盡在東京, 可汗收其財帛, 束裝南向, 最爲上策.」可汗不從. 又說「取懷州太行路, 南據河陰之險, 直扼賊之喉, 亦上策也.」 可汗又不從. 又說 「取陝州太陽津路, 食太原倉粟而東, 與澤路·河南·懷鄭節度同入, 亦上策也.」可汗從之. 子昂因入奏, 上以雍王适爲兵馬元帥, 加懷恩同中書門下平章事. 又以子昂兼御史中丞, 與前潞府兼御史中丞魏琚爲左右廂兵馬使, 以中書舍人韋少華充元帥判官兼掌書記, 給事中李進兼御史中丞, 充元帥行軍司馬, 東會迴紇登里可汗營於陝州黄河北.

먼저 비가궐가한이 아들의 결혼을 청하자 숙종이 복고회은의 딸을 시집보내 주었었다. 그리

276) 京師는 首都 長安을 지칭한다.

277) 殿中監: 三國 曹魏에서 皇帝의 衣食住 등의 일을 담당하는 관리로 설치되었고, 그 이후에도 계속되었다. 北齊時代에는 門下省 내에 殿中局을 두어 監 4명을 두었고, 隋代에는 殿內局에 2명의 監을 두어 長官으로 삼고 품계를 正六品下로 했다. 煬帝가 이를 殿內省으로 개칭하고 監 1명을 두고 正四品, 少監 1명을 두고 從四品, 丞 1명을 두고 從五品이라고 했다. 唐代에는 殿中省으로 바뀌었다. 龍朔 2년(662)에 監, 少監, 丞 등을 中御大監, 中御少監, 中御大夫로 삼았으나 咸亨 元年(670)에 다시 환원되었다.

278) 太原府: 開元 11년(723)에 并州가 改稱되어 설치되었다. 治所가 太原縣(지금 山西省 太原市 서남 晉源鎭에 해당)에 있었다. 관할 구역은 지금의 山西省 暘谷 이남과 文水 북쪽의 分數 중류와 陽泉市·平定·壽陽·昔陽·盂縣 등의 지역이었다.

279) 忻州: 隋 開皇 18년(598)에 설치되었다. 治所가 秀容縣(지금 山西省 忻州市)에 있었다. 『元和郡縣圖志』에 의하면 州 경계에 忻川口가 있어 붙여진 이름이다. 大業 2년(606)에 廢置되었고 武德 元年(618)에 다시 忻州가 설치되었다. 관할 구역은 지금 山西省 忻州市와 定襄縣에 해당한다. 天寶 元年(742)에 定襄郡으로 改稱되었다가 乾元 元年(758)에 다시 忻州로 환원되었다. 관할 구역은 지금 忻州市와 定襄·靜樂 두 縣의 땅에 해당한다.

고 이 [딸]이 가돈이 되어 가한과 함께 와서 [아비인 복고]회은과 [복고]회은의 어머니를 만나기를 청했다. 황제가 [복고]회은에게 분주(汾州)[280]에 가서 태원에서 [회흘 일행을] 만나게 했는데, [복고]회은은 또한 [가한에게] 당나라에 입은 은혜와 신의를 배반하지 말라고 [설득]했다. 당초에 [가한은] 포관(蒲關)[281]에서 들어가고자 사원(沙苑)으로 가는 길을 취해 동관(潼關)[282]을 거쳐 동쪽을 향해 갔다가 적을 격파하게 되자 [약]자앙이 [가한에게] 말했다. "나라가 여러 번 역당의 침입을 당해 주현이 텅텅 비어 [물자] 공급을 해주기 어려울 것이나 가한은 실망하지 마십시오. 토문(土門)[283]으로 통하는 길을 취해 들어가는 것은 바로 형[주](邢州),[284] 명[주](洺州),[285] 위[주](衞州),[286] 회[주](懷州)[287]를 취하는 것만 못합니다. 적군의 병마가 모두 동경에 있으니 가한이 그들의 재물과 비단을 얻으려면 속히 무장하고 남쪽으

---

280) 「突厥傳」 譯註의 '汾州'에 대한 자세한 설명을 참조.

281) 蒲關: 蒲津關을 말하는데, 지금 陝西省 大荔縣 朝邑鎭 동쪽 黃河 西岸이다.

282) 潼關: 지금 陝西省 潼關縣 동북쪽에 위치한 요새로 後漢時代 建安년간에 설치되었다. 과거 유지는 지금 潼關縣 동북 港口鎭 동남쪽 4리 떨어진 楊家莊 부근에 있었다. 唐 天授 2년(691)에 북쪽으로 이동해 지금 潼關縣 동북 港口鎭에 위치했다.

283) 土門: 土門關을 지칭하는데, 달리 井陘關이라고도 한다. 지금 河北省 井陘縣 북쪽 井陘山 위에 위치한 요새였다. 『新唐書』에는 "井陘"이라고 되어 있다.

284) 邢州: 隋 開皇 16년(596)에 설치되었고, 治所가 龍風縣(지금 河北省 邢臺市)에 있었다. 大業 3년(607)에 襄國郡이 되었다가 武德 元年(618)에 다시 邢州가 되었다. 天寶 元年(742)에 다시 巨鹿郡으로 바뀌었다가 乾元 元年(758)에 환원되었다. 唐代 관할 구역은 지금 河北省 巨鹿, 廣宗縣 이서와 泜河 이남, 沙河 이북지역이었다.

285) 洺州: 北周 宣政 元年(578)에 설치되었고, 治所가 永年縣(지금 河北省 永年縣 동남쪽 城關鎭)에 있었다. 이후에 洺水라고 불렀다. 隋 大業 초기에 武安郡으로 바뀌었다. 武德 초기에 다시 洺州가 되었다. 관할 구역은 지금 河北省 邯鄲, 鷄澤, 永年, 曲周, 丘縣, 肥鄕, 武安 등지였다. 天寶 元年(742) 廣平郡으로 바뀌었다가 乾元 元年(758)에 환원되었다.

286) 衞州: 北周 宣政 元年(578)에 설치되었고, 治所가 汲郡(지금 河南省 浚縣 서남쪽 淇門渡)에 있었다. 隋 開皇 말기에 폐지되었다가 武德 元年(618)에 다시 衞州가 설치되었다. 貞觀 元年(627)에 치소를 汲縣(지금 衞輝市)로 옮겼다. 天寶 元年(742)에 汲郡으로 바뀌었다가 乾元 元年(758)에 환원되었다. 관할 구역은 지금 河南省 新鄕, 衞輝, 輝縣, 浚縣, 淇縣, 滑縣, 新鄕 등지였다.

287) 懷州: 北魏 天安 2년(467)에 설치되었고, 治所가 野王縣(지금 河南省 沁陽市)에 있었다. 太和 18년(494)에 폐지되었다. 東魏 天平 초기에 다시 설치되었다가 隋 開皇 16년(596)에 치소를 野王縣에 두고 이름이 河內縣으로, 大業 초기에 河內郡으로 바뀌었다. 武德 2년(619)에 다시 懷州로 바뀌고 치소가 柏崖城(지금 河南省 濟源市 서남쪽)에 있었다. 天寶 元年(742)에 河內郡으로 바뀌었다가 乾元 元年(758)에 다시 懷州로 환원되었다. 관할 구역은 지금 河南省 焦作, 沁陽, 武陟, 獲嘉, 修武, 博愛 등지였다.

로 향하는 것이 최고의 상책입니다." 가한이 따르지 않았다. 다시 [약자앙이] 말했다. "회주 태행[현](太行縣)[288]을 경유하는 길을 취해 남쪽으로 하음(河陰)[289]의 요새에 차지함으로써 바로 적의 목을 누르는 것 또한 상책입니다." 가한이 또한 따르지 않았다. [그러자 약자앙이] 다시 말했다. "섬주(陝州)[290] 태양진(太陽津)을 경유하는 길을 취해 태원에 있는 창고의 곡식을 군량으로 삼고 동진해 택로(澤潞),[291] 하남(河南),[292] 회정절도사(懷鄭節度使)[293]와 같이 공격해 들어가는 것 역시 상책입니다." 가한이 [이 의견에] 따랐다.

[약]자앙이 이로 인해 조정에 들어와 [그동안의 사정을] 아뢰자 황제가 옹왕(雍王)[294] [이]괄(李适)을 병마원수로 삼고 [복고]회은에게는 동중서문하평장사(同中書門下平章事)[295]를

288) 太行縣: 武德 3년(621)에 설치되었고, 懷州에 소속되었다. 治所가 지금 河南省 博愛縣에 있었는데, 武德 4년(621)에 폐지했다. 여기에서는 문맥상 폐지되었다고 하나 太行山을 지칭하는 것이 아니라 太行縣으로 보는 것이 타당할 것이다. 『新唐書』에는 "太行道"라고 되어 있다.

289) 河陰: 開元 22년(734)에 설치되었는데, 河南府에 소속되었다. 治所가 지금 河南省 鄭州市 서북 70리 떨어진 任莊이었다. 會昌 3년(843)에 바뀌어 孟州에 소속되었다. 『新唐書』에는 "河陽"이라고 되어 있다.

290) 陝州: 北魏 太和 11년(487)에 설치되었는데, 治所가 陝縣(지금 河南省 三門陝市 서쪽 陝縣)에 있었다. 관할 구역은 河南省 三門陝, 夾縣, 洛寧, 澠池, 靈寶 등지와 山西省 運城, 平陸, 芮城 등지였다. 太和 18년(494)에 폐지되었다가 東魏 天平 초기에 다시 설치되었다. 隋 大業初에 폐지되었다가 武德 元年(618)에 다시 설치되었다. 天寶 元年(742)에는 陝郡이 되었다가 乾元 元年(758)에 환원되었다.

291) 澤潞節度使: 唐代 方鎭의 명칭으로 至德 元年(756)에 설치되었다. 治所가 潞州(지금 山西省長治市)에 있었다. 潞州, 澤州, 邢州, 洺州, 磁州 등 5개의 주를 관할했는데, 그 지역은 지금 山西省 沁縣 沁水 이동지역과 河北省 巨鹿, 丘縣 이서에서 太行山에 이르는 지역이었다. 大曆년간 이후에 昭義軍으로 개칭되었다.

292) 河南節度使: 唐代 方鎭의 명칭으로 天寶 14년(755)에 설치되었다. 治所가 留郡(지금 河南省 開封市)에 있었다. 관할 구역은 지금 河南省 黃河 이남, 淮河 이북, 그리고 동쪽으로는 바다에 이르렀다. 乾元 元年(758)에 폐지되었다가 寶應 元年(762)에 다시 설치되었다. 治所가 汴州(지금 河南省 開封市)에 있었다. 汴州, 宋州, 徐州, 袞州 등 여덟 주를 관할했다. 이후에 汴宋節度使로 바뀌었다가 大曆 11년(776)에 폐지되었으나 곧 부활되어 汴宋이라 불렸다.

293) 懷鄭節度使는 懷州와 鄭州의 절도사를 지칭한다.

294) 雍王: 代宗의 長子로 魯王 李适이었다. 762년 九月에 雍王으로 봉해졌고, 이후에 德宗으로 즉위했다. 아래의 德宗에 대한 설명을 참조.

295) 同中書門下平章事: 中書門下는 관서의 명칭으로 中書省과 門下省의 合稱이었다. 開元 11년(723)에 政事堂을 中書門下로 고치고 政事印을 中書門下의 印으로 고쳤으며 아울러 吏房·樞機房·兵房·刑禮房을 직속기구로 설치되어 曹를 나누어 일을 처리했다. 이로써 中書門下는 宰相이 사무를 처리하는 기구가 되었다. 平章事는 永淳 元年(682)에 시작되었는데, 外司 四品 이하 知政事에 가하는 칭호였다. 同中書門

가했다. 또한 [약]자앙에게 어사중승을 겸하게 하고, 전에 노부(潞府) 겸 어사중승 위거(魏琚)를 좌우상병마사(左右廂兵馬使)로 삼고, 중서사인(中書舍人)[296] 위소화(韋少華)를 원수판관(元帥判官) 겸 장서기(掌書記)[297]로 삼고, 급사중(給事中)[298] 이진(李進)[299]을 어사중승을 겸하게 해 원수행군사마(元帥行軍司馬)[300]를 맡게 한 다음 동쪽으로 진군해 섬주의 황하 이북에서 회흘의 등리가한과 만나게 했다.

元帥雍王領子昂等從而見之, 可汗責雍王不於帳前舞蹈, 禮倨. 子昂辭以元帥是嫡孫, 兩宮在殯, 不合有舞蹈. 迴紇宰相及車鼻將軍庭詰曰: 「唐天子與登里可汗約爲兄弟, 今可汗卽雍王叔, 叔姪有禮數, 何得不舞蹈?」 子昂苦辭以身有喪禮, 不合. 又報云: 「元帥卽唐太子也, 太子卽儲君也, 豈有中國儲君向外國可汗前舞蹈.」 相拒久之, 車鼻遂引子昂·李進·少華·魏琚各搒捶一百, 少華·琚因搒捶, 一宿而死. 以王少年未諳事, 放歸本營. 而懷恩與迴紇右殺爲先鋒, 及諸節度同攻賊, 破之, 史朝義率殘

下平章事, 中書門下平章事 등의 칭호로 사용되었다.

296) 中書舍人: 三國 曹魏에서 中書省의 속관으로 皇帝의 명칭을 수납하는 일을 맡기 위해 설치되었고, 隋代에는 內史舍人, 內書舍人이라고 불렸다가 武德 3년(620)에 다시 환원되었다. 정원 6명이었고, 품계는 正五品上이었다. 조회를 시종하고 정무 논의에 참여했으며 皇帝의 명령을 작성해 전달하는 일을 맡았다. 정원 6명으로 尙書省의 각 부를 하나씩 맡았다. 이후 조칙의 작성이 玄宗 이후 翰林學士가 맡게 됨에 따라 閑職이 되었다.

297) 掌書記: 景龍 元年(707) 行軍總管府에 설치된 관직이었다. 開元 元年(713) 方鎭 節度使府의 막료로 설치되어 문장을 작성하는 일을 담당했다.

298) 給事中: 秦漢時代에는 加官으로 설치되었다가 北魏時期에 來朝官이 되어 정무에 참여하고 감찰하는 등의 역할을 했다. 隋 大業 3년(607)에 門下省에 給事郞이 설치되었고, 黃門侍郞 아래에서 상주문을 살피는 역할을 했다. 唐 高祖 武德 3년(620)에 給事中으로 바뀌었고, 正五品上에 해당했다. 門下省의 중요한 직책의 하나로 일상 업무와 함께 조칙 문장을 심의하는 등의 역할을 담당했다. 高宗 龍朔 2년(662)에 東臺舍人이라고 했다.

299) 李進: 唐代 관리로 肅宗 시기 左金吾衛大將軍이 되었다. 乾元 2년(759)에 試鴻臚卿, 攝御史中丞이 되어 弔祭迴紇使가 되었다. 建中 元年(780)에 黔州刺史가 되어 黔中經略招討觀察鹽鐵等使 등을 겸임했다. "涇師之變" 이후에 반란을 일으킨 朱泚의 관직을 받아들였고, 그의 반란이 평정된 이후에 죽임을 당했다.

300) 元帥行軍司馬: 일상적인 관제는 아니고 원정 시기에 軍務를 통솔하는 元帥를 보조하기 위해 설치된 직위였다.

寇而走. 元帥雍王退歸靈寶. 迴紇可汗繼進於河陽, 列營而止數月. 去營百餘里, 人被剽劫逼辱, 不勝其弊. 懷恩常爲軍殿. 及諸節度收河北州縣, 僕固瑒與迴紇之衆追躡二千餘里, 至平州石城縣, 梟朝義首而歸, 河北悉平. 懷恩自相州西出崞口路而西, 可汗自河陽北出澤·潞與懷恩會, 歷太原, 遣使拔賀那上表賀收東京, 并進逆賊史朝義旌旗等物. 辭還蕃, 代宗引見於內殿, 賜綵二百段.

원수 옹왕이 [약]자앙 등의 수하를 거느리고 [등리가한을] 만났는데, [등리]가한이 옹왕이 천막 앞에서 춤을 추지 않자 예절이 오만하다고 책망했다. [약]자앙이 원수는 황제의 적손이고, 두 황제[兩宮][301]의 장례가 아직 끝나지 않았기 때문에 춤을 추는 것은 합당하지 않는다고 말했다. 회흘 재상과 차비장군(車鼻將軍)[302] 정힐(庭詰)이 말했다. "당나라 천자와 등리가한이 형제가 되기로 약속했으니 지금 가한은 바로 옹왕의 숙부가 되고, 숙부와 조카 사이에는 예의를 지켜야 하는 것인데 어찌 춤을 출 수 없단 말인가?" [약]자앙이 [옹왕이] 상중이기 때문에 [춤추는 것이] 합당하지 않다고 어렵게 말했다. 또한 대답해 말했다. "원수는 당나라의 태자이고 태자는 저군(儲君)인데 어찌 중국의 저군이 외국 가한 앞에서 춤을 출 수 없단 말입니까?" 서로 오래 버티자 차비[장군]이 마침내 [약]자앙, 이진, [위]소화, 위거 등을 잡아다 각각 채찍으로 백 대를 치자 [위]소화와 [위]거가 채찍에 맞아 하루를 넘기지 못하고 죽어 버렸다. [회흘은 옹]왕이 나이가 어려 일에 잘 이해하지 못한다고 생각하고 본영으로 돌아가라고 했다.

그리고 [복고]회은과 회흘 우살(右殺)[303]을 선봉으로 삼아 여러 절도[사]들과 같이 적을 공격해 격파하자 사조의가 잔당을 이끌고 도망갔다. [이에] 원수 옹왕도 물러나 영보[현](靈寶縣)[304]으로 돌아갔다. 회흘 [등리]가한이 이어 하양(河陽)[305]으로 나아가 진영을 펼친 다음에

---

301) 玄宗과 肅宗을 말한다.

302) 車鼻將軍: 고대 투르크어로 '차비쉬 셍귄(Chabïsh sengün)'의 음사이다.

303) 『新唐書』에는 "左殺"이라고 되어 있다.

304) 靈寶縣: 天寶 元年(742)에 桃林縣이 바뀌어 설치되었다. 원래 弘農郡에 속했는데, 治所가 지금 河南省 靈寶市 동북쪽으로 38리 떨어진 곳에 있었다. 乾元 元年(758) 陝州에 소속되었다.

305) 河陽縣: 前漢시대에 설치되어 河內郡에 속했고, 治所가 지금 河南省 孟縣 서쪽 35리 떨어진 治成鎭에 있었다. 西晉 말에 폐지되었다가 北魏 孝昌년간에 다시 설치되었다가 北齊시대에 폐지되었다. 隋 開皇

수개월 동안 머물렀다. 진영에서 백여 리 떨어진 곳까지 백성들이 약탈당하고 욕을 보아 그 폐해를 감당할 수 없었다. [복고]회은이 군전(軍殿)을 만들었다. 그리고 여러 절도사들이 하북(河北)[306]의 주현을 회복하자 복고창(僕固瑒)[307]과 회흘의 무리가가 2천여 리를 추격해 평주(平州)[308] 석성현(石城縣)[309]에 이르러 [사조의]의 머리를 잘라 걸고 돌아옴으로써 하북이 모두 평정되었다. [복고]회은이 상주로부터 서쪽의 곽구(崞口)[310]로 나아가자 가한은 하양에서 북쪽으로 택[주]((澤)州)[311]와 노[주](潞州)[312]을 거쳐 나아가 [복고]회은과 만나 태원을 거쳐서 발하나(拔賀那)[313]를 보내 표를 올려 동경을 회복한 것을 축하했고, 역적 사조의의 기치 등의 물자를 바쳤다. [그리고] 고국으로 돌아간다고 말하자 대종이 내전으로 불러 보고

16년(596)에 다시 설치되어 懷州에 소속되었다. 治所가 北中府城(지금 孟縣 남쪽 15리)에 있었다. 大業 초기에 河內郡에 속했고, 唐에서는 孟州에 속했다.

306) 河北: 黃河가 彎曲한 以北의 땅을 지칭하는데, 지금 內蒙古自治區 중앙부에 위치한 초원지역을 말한다. 그 남쪽 오르도스(河套)를 河南이라고 했다.

307) 僕固瑒: 唐代의 蕃將으로 僕固懷恩의 아들이었다. 上元 2년(761)에 僕固懷恩이 반란을 일으키자 迴紇, 吐蕃 등을 끌어들여 長安을 향해 공격을 하다가 郭子儀에게 막혀 부대가 흩어지게 되자 부하에게 죽임을 당했다.

308) 平州: 北魏 天賜 4년(407)에 설치되었는데, 治所가 肥如城(지금 河北省 盧龍縣 북쪽 潘莊鎮 沈莊 일대)에 있었다. 武德 초기에 치소를 盧龍縣(지금 盧龍縣)으로 옮겼고 관할 구역은 지금 河北省 陡河 이동과 長城 이남지역이었다.

309) 石城縣: 萬歲通天 2년(697)에 臨楡縣이 바뀌어 설치되었다. 平州에 속해 있었고, 治所가 지금 河北省 灤縣 서북쪽에 있는 棒子鎮에 있었다.

310) 崞口: 지금 河南省 安陽市 서쪽(다르게는 지금 河北省 邯鄲市 서쪽)에 위치하고 있었다.

311) 澤州: 隋 開皇 初에 建州가 바뀌어 설치되었다. 治所가 高都縣(開皇 18년에 丹川縣으로 바뀌었는데, 지금 山西省 晉城市 동북 30리 떨어진 高都鎮)에 있었다. 武德 元年(618)에 달리 澤州가 설치되어 치소가 濩澤縣(지금 山西省 陽城縣)에 있었다. 8년(625)에 치소가 端氏縣(지금 山西省 沁水縣 동쪽 60리 떨어진 端氏鎮)으로 옮겨졌다가 貞觀 元年(627)에 다시 치소를 晉城縣(지금 晉城市)으로 옮겼다. 天寶初에 高平郡으로 바뀌었다가 乾元 元年(758)에 환원되었다.

312) 潞州: 北周 宣政 元年(578)에 설치되었고 治所가 襄垣縣(지금 山西省 襄垣縣 북쪽)에 있었다. 이후 隋 開皇년간에 치소를 壺關縣(지금 山西省 壺關縣 동남)으로 옮겼고, 大業初에 上黨郡으로 바뀌었다. 武德 元年(618)에 다시 潞州로 바뀌고 치소가 上黨縣(지금 山西省 長治市)에 있었다. 관할 구역은 지금 山西省 長治市와 武鄕, 沁縣, 襄垣, 黎城, 屯留, 潞城, 平順, 長子, 壺關, 그리고 河北省 涉縣 등지였다. 天寶初에 다시 上黨郡으로 바뀌었고 乾元 元年에 환원되었다.

313) 拔賀那: 지금 키르기즈스탄의 페르가나(Ferghana)지역을 말하는데, 그의 이름으로 볼 때 이 지역 출신의 인물이라는 추정이 가능하다.

서 비단[綵] 200단을 내려주었다.[314)]

初, 迴紇至東京, 以賊平, 恣行殘忍, 士女懼之, 皆登聖善寺及白馬寺二閣以避之. 迴紇縱火焚二閣, 傷死者萬計, 累旬火焰不止. 及是朝賀, 又縱橫大辱官吏. 以陝州節度使郭英乂權知東都留守. 時東都再經賊亂, 朔方軍及郭英乂·魚朝恩等軍不能禁暴, 與迴紇縱掠坊市及汝·鄭等州, 比屋蕩盡, 人悉以紙爲衣, 或有衣經者.

이전에 회흘이 동경에 와서 적을 평정했다고 마음대로 행동하며 잔인하게 굴자 백성들이 두려워하며 모두 성선사(聖善寺)[315)]와 백마사(白馬寺)[316)]의 두 전각[317)]에 올라가 대피했다. 회흘이 마음대로 두 전각에 불을 질러 다치고 죽은 사람이 만을 헤아렸고, 열흘이 지나도록 불이 꺼지지 않았다. 그리고 조정에 들어와 축하하며 또한 마음대로 관리들을 크게 욕보였다. 섬주절도사(陝州節度使) 곽영예(郭英乂)[318)]가 임시로 지동도유수(知東都留守)[319)]가 되었다. 이 때 동도(東都)[320)]가 다시 적의 공격을 받았는데, 삭방군과 곽영예, 어조은(魚朝恩)의 군대가 포악하게 행동하는 것을 제압하지 못했고, 회흘과 함께 마음대로 마을과 시장, 그리고

314) 迴紇이 귀환한 정확한 시점은 저본의 「代宗本紀」에 따르면 "二月 甲午日"이었다.

315) 聖善寺: 지금 河南省 洛陽市에 위치한 사찰이다.

316) 白馬寺: 지금 河南省 洛陽市 東郊에 위치한 사찰이다. 後漢 明帝가 밤에 金人의 꿈을 꾸었는데 정수리에 흰 빛이 있어 사자 蔡愔과 秦景 등에게 佛法을 구하도록 西行했게 했고, 月氏에서 天竺에서 온 迦葉摩騰과 竺法蘭을 만나 鶯平 10년(67)에 함께 洛陽으로 돌아왔다. 돌아올 때에 白馬를 타고 佛經과 佛像을 싣고 와서 인도식 건축물을 모방해 白馬寺를 당시 洛陽城 서쪽에 세웠는데, 이것이 中國 佛寺의 효시였다.

317) 『新唐書』에는 "浮屠"라고 되어 있다.

318) 郭英乂: 唐代 將軍이자 大臣으로 隴右節度使 左羽林大將軍 郭知運의 아들이었다. 어려서 무예를 익혀 河隴에서 종군했다. 至德 초기에 隴右節度使 兼御史中丞이 되었다. 두 수도를 수복한 이후에 禁軍을 장악하고 羽林大將軍이 되었다. 史思明을 토벌할 때 陝西節度와 潼關防禦使가 되었다. 공으로 尙書左僕射가 되었고, 定襄郡王으로 봉해졌다. 사치를 좋아해 劍南節度使가 되었을 때 백성들의 원한이 쌓여 西山兵馬使 崔旰 등의 공격을 받아 죽었다.

319) 知東都留守: 知는 관제 용어로 처음에 兼官 형식의 하나로서 다른 관이 잠시 다른 관리부서의 사무를 담당하는 것을 말한다. 唐代에는 佐官代理長官 또한 이런 칭호를 사용했다. 東都留守의 역할을 잠시 맡았다는 의미이다.

320) 東都: 洛陽을 지칭하는데, 隋 煬帝가 北魏 말에 파괴된 洛陽을 즉위 이후에 재건해 새로운 首都로 삼았다. 唐代에도 陪都로 이용되었는데, 武則天時代에 크게 발전했다. 東京이라고 불렸다.

여주(汝州)[321]와 정주(鄭州)[322] 등을 약탈해 가옥들이 모두 불타버렸고 사람들은 종이로 옷을 해 입거나 혹은 경(經)으로 옷을 해 입기도 했다.

代宗御宣政殿, 出冊文, 加冊可汗爲登里頡咄登密施含俱錄英義建功毗伽可汗, 可敦加冊爲婆墨光親麗華毗伽可敦.「頡咄」, 華言「社稷法用」;「登密施」, 華言「封竟」;「含俱錄」, 華言「婁羅」;「毗伽」, 華言「足意智」;「婆墨」, 華言「得憐」. 以散騎常侍兼御史大夫王翊充使, 就可汗行營行冊命焉. 可汗·可敦及左右殺·諸都督·內外宰相已下, 共加實封二千戶, 令王翊就牙帳前禮冊. 左殺封爲雄朔王, 右殺封爲寧朔王, 胡祿都督封金河王, 拔覽將軍封爲靜漠王, 諸都督一十一人並封國公.

대종이 선정전에[323] 가서 책문을 내려 가한을 등리힐돌등밀시함구록영의건국비가가한(登里頡咄登密施含俱錄英義建功毗伽可汗)[324]으로, 가돈을 파묵광친려화비가가돈(婆墨光親麗華毗伽可敦)[325]으로 더 책봉주었다. "힐돌(頡咄)"[326]은 중국어로 "사직법용(社稷法用)"을, "등밀시(登密施)"[327]는 중국어로 "봉경(封竟)"을, "함구록(含俱錄)"[328]은 중국어로 "누라(婁

321) 汝州: 隋 大業 2년(606)에 伊州가 바뀌어 설치되었다. 治所가 汝原縣(지금 河南省 汝州市)에 있었다. 3년(607)에 다시 襄城郡으로 바뀌었다가 貞觀 8년(634)에 伊州로 다시 바뀌었다. 治所가 梁縣(지금 汝州市)에 있었고, 관할 구역은 지금 河南省 汝州, 平頂山과 汝陽, 郟縣, 寶豊, 襄城, 葉縣, 魯山 등지였다.

322) 鄭州: 隋 開皇 3년(583)에 滎州가 바뀌어 설치되었다. 治所가 成皐縣(지금 河南省 滎陽市 서남 汎水鎭)에 있었다. 大業 2년(606)에 치소를 管城縣(지금 河南省 鄭州市)로 옮겼다. 3년(607)에 滎陽郡으로 바뀌었다. 武德 4년(621)에 鄭州로 다시 바뀌고 치소가 虎牽(지금 滎陽市 서북 氾水鎭)으로, 貞觀 7년(633) 다시 管城縣으로 치소가 바뀌었다. 관할 지역은 지금 河南省 鄭州, 滎陽, 新鄭과 中牟, 原陽 등지였다.

323) 『新唐書』에는 代宗이 韋少華의 죽음을 애도하며 벼슬을 내리는 내용이 기록되어 있다("帝念少華等死, 故贈少華左散騎常侍, 据揚州大都督, 賜一子六品官.").

324) 登里頡咄登密施含俱錄英義建功毗伽可汗: 고대 투르크어로 '텡그리 일테리쉬 텡그리데 볼미쉬 알프 퀼릭 英義建功 빌게 카간(Tengri ilterish tengride bolmish alp külüg 英義建功 bilge qaghan)'의 음사로 추정된다. 『新唐書』에는 "頡咄登里骨啜蜜施合俱錄英義建功毗伽可汗"이라고 되어 있는데, 음사로 볼 때 저본의 기록이 정확하다.

325) 婆墨光親麗華毗伽可敦: 고대 투르크어로 '파묵 光親麗華 빌게 카툰(Pamuq 光親麗華 bilge qatun)'의 음사로 추정된다.

326) 頡咄: 고대 투르크어로 '일테리쉬ilterish)'의 음사로 추정되는데, "나라를 세웠다" 또는 "나라를 모았다"는 의미이다.

羅)"을, "비가(毗伽)"[329]는 중국어로 "족의지(足意智)"를, "파묵(婆墨)"[330]은 중국어로 "득린(得憐)"을 뜻했다. [좌]산기산시(左散騎常侍)[331] 겸 어사대부(御史大夫) 왕익(王翊)을 사신으로 삼아 바로 가한의 행영(行營)에 가서 책봉을 행하게 했다. 가한과 가돈, 그리고 좌·우살, 여러 도독, 내·외재상(內·外宰相)[332] 이하에게 모두 실봉(實封) 2천 호를 더해주고 왕익을 시켜 아장 앞에 가서 책봉의 예를 하게 했다. 좌살(左殺)을 책봉해 웅삭왕(雄朔王)으로 삼고, 우살(右殺)을 책봉해 영삭왕(寧朔王)으로 삼고, 호록도독(胡祿都督)[333]을 책봉해 금하왕(金河王)으로 삼고, 발람장군(拔覽將軍)[334]을 책봉해 정막왕(靜漠王)으로 삼았으며 여러 도독 11명을[335] 모두 국공(國公)으로 책봉했다.[336]

尋而懷恩叛，投靈武，有朔方舊將任敷·張韶等，收合餘燼，衆至數萬．廣德二年秋，乃引吐蕃之衆數萬人至奉天縣，朔方節度郭子儀率衆拒之而退．永泰元年秋，懷恩遣

327) 登密施: 고대 투르크어로 '텡그리데 볼미쉬(tengride bolmish)'의 음사로 추정되는데 "하늘에서 만들어졌다"는 의미이다.

328) 含俱錄: 고대 투르크어로 '알프 퀼뤽(alp külüg)'의 음사로 추정되는데, "용감하고 강건하다"는 의미이다.

329) 毗伽: 고대 투르크어로 '빌게(bilge)'의 음사인데, "현명하다"는 의미로 足意智의 해석과 일치한다.

330) 婆墨: 고대 투르크어로 '파묵(Pamuq)'의 음사로 추정되나 "得憐"의 해석과 합치하는 것은 아니다.

331) 左散騎常侍: 唐初의 散官으로 품계가 正三品이었다. 門下省에 속해 있다가 이후 職事官으로 설치되었다. 정원이 2명이었는데, 顯慶 2년(657)에 좌우로 나뉘었다. 左散騎常侍는 門下省에 속해 있었는데, 실제로 직무가 있었다기보다는 퇴임한 대신들의 虛職이었다. 高宗시기에는 左常侍로 바뀌었다가 원래로 환원되었다. 廣德 2년(764)에 품계가 正三品으로 승급되었다. 右散騎常侍는 中書省에 속했는데, 직위가 동일했다.

332) 內宰相은 주로 牙帳 안에서 可汗의 일을 보좌하는 최고급의 관리였고, 外宰相은 주로 牙帳 밖에서 可汗의 일을 보좌하는 최고급의 관리였던 것으로 추정된다. 宰相은 모두 고대 투르크어로 '부의룩(buyïruq: 梅錄)'를 지칭했다.

333) 胡祿都督: 고대 투르크어로 '퀼뤽 투툭(Külüg tutuq)'의 음사이다.

334) 拔覽將軍: 고대 투르크어로 '바얀 셍귄(Bayan sengün)'의 음사로 추정된다.

335) 『新唐書』에는 "10명"이라고 되어 있는데, 11개 부락을 客部落으로 삼았다는 점에 비추어볼 때 저본의 기록이 정확하다.

336) 이상의 책봉 내용을 통해 牟羽可汗과 함께 迴紇의 지배 집단 내에 가장 핵심적인 존재로 可汗을 보좌하던 宰相들과 함께 可汗 다음의 親王으로 보이는 左殺, 右殺과 胡祿都督과 拔覽將軍, 그리고 10명의 都督이 있었음을 확인할 수 있다.

兵馬使范至誠·任敷將兵，又誘迴紇·吐蕃·吐谷渾·党項·奴剌之衆二十餘萬，以犯奉天·醴泉·鳳翔·同州等處，被其逆命．先以郭子儀屯涇陽，渾日進屯奉天，數摧其鋒．又聞懷恩死，吐蕃將馬重英等十月初引退，取邠州舊路而歸．迴紇首領羅達干等率其衆二千餘騎，詣涇陽請降，子儀許之，率衆被甲持滿數千人．迴紇譯曰：「此來非惡心，要見令公.」子儀曰：「我令公也.」迴紇曰：「請去甲.」子儀便脫兜鍪槍甲，策馬挺身而前，迴紇酋長相顧曰：「是也.」時太子太保李光進·兼御史大夫路嗣恭戎裝介馬在子儀之側，子儀指視迴紇曰：「此是渭北節度李太保.」又曰：「此是朔方軍糧使路大夫.」迴紇便下馬羅拜，子儀亦下馬，迴紇之衆爲左右翼，各數百人，漸進，子儀麾下亦馳而至，子儀麾退之．子儀命酒與之飮，贈之纏頭綵三千匹．子儀執迴紇大將 可汗弟合胡祿都督藥羅葛等手，責讓之曰：「我國家知汝迴紇有功，報汝大厚，汝何背約負信，犯我王畿？我須與汝戰，何乃降爲！我一身挺入汝營，任汝拘縶，我麾下將士，須與汝戰.」迴紇又譯曰「懷恩負心，來報可汗，云唐國天子今已向江淮，令公亦不主兵，我是以敢來．今知天可汗見在上都，令公爲將，懷恩天又殺之．今請追殺吐蕃，收其羊馬，以報國恩．然懷恩子，可敦兄弟，請勿殺之.」合胡祿都督等與宰相磨咄莫賀達干·宰相揔莫賀達干·宰相護都毗伽將軍·宰相揭拉裴羅達干·宰相梅錄大將軍羅達干·平章事海盈闕達干等，子儀先執杯，合胡祿都督請咒，子儀咒曰：「大唐天子萬萬歲！迴紇可汗亦萬歲！兩國將相亦萬歲！若起負心違背盟約者，身死陣前，家口屠戮.」合胡祿都督等失色，及杯至，卽譯曰：「如令公盟約.」皆喜曰：「初發本部來日，將巫師兩人來，云：「此行大安穩，然不與唐家兵馬鬥，見一大人卽歸.」今日領兵見令公，令公不爲疑，脫去衣甲，單騎相見，誰有此心膽！是不戰鬥見一大人，巫師有徵矣.」歡躍久之．子儀撫其背，首領等分纏頭綵以賞巫師，請諸將同擊吐蕃，子儀如其約．翌日，使領迴紇首領開府石野那等六人入京朝見．

얼마 지나지 않아 [복고]회은이 반란을 일으켜 영무(靈武)로 도망가자 삭방[군]에 속해 있었던 장군인 임부(任敷)와 장소(張韶) 등이 나머지를 모두 거두어 무리가 수만에 이르렀다. 광덕(廣德) 2년(764) 가을 [복고회은이] 바로 토번(吐蕃)[337]의 무리 수만 명을 끌어들여 봉천현(奉天縣)[338]에 도착했는데,[339] 삭방절도사(朔方節度使) 곽자의가 무리를 통솔해 막자 물러났다.

영태(永泰) 원년(765) 가을에 [복고]회은이 병마사(兵馬使) 범지성(范志誠)[340]과 임부를 보내 군대를 통솔하게 했고, 회흘·토번·토욕혼(吐谷渾)[341]·당항(党項)[342]·노자(奴剌)[343]의 무리 20여 만을 끌어들여 봉천[현]·염천[현](鹽泉縣)[344]·봉상[현](鳳翔縣)[345]·동주(同州)[346] 등지를 범하게 함으로써 그의 역명(逆命)을 받게 했다.

먼저 [당조에서는] 곽자의를 경양(涇陽)[347]에 머무르게 하고, 혼일진(渾日進)을 봉천에 머무르게 하며 몇 차례 그의 선봉을 격파했다. 또한 [복고]회은이 죽었다는 소식을 듣고[348]

---

337) 「突厥傳」 譯註의 '吐蕃'에 대한 자세한 설명을 참조.

338) 奉天縣: 文明 元年(684)에 醴泉, 始平, 好畤, 武功, 水壽 등의 다섯 개 縣에 설치되었다. 雍州에 속해 있었다. 治所가 지금 陝西省 乾縣에 있었다. 乾寧 元年(894)에 乾州가 치소가 되었다.

339) 『資治通鑑』에 따르면 정확하게 廣德 2년(764) 시월의 일이었다.

340) 范志誠: 唐代 將軍으로 僕固懷恩의 副將이었다. 僕固懷恩이 安史의 난을 평정하는데 참여했다. 廣德 元年(763) 구월에 代宗이 僕固懷恩에게 조정에 들어올 것을 명하자 그를 극렬하게 말렸다. 永泰 원년(765)에 京師를 僕固懷恩과 함께 공격했다가 패퇴한 다음 僕固懷恩이 구월 9일에 靈武에서 죽자 나머지 무리를 이끌고 대항했다.

341) 「突厥傳」 譯註의 '吐谷渾'에 대한 자세한 설명을 참조.

342) 党項: 종족 명칭으로 탕구트(Tangut)라고 한다. 党項羌이라고도 한다. 원래 青海省 河曲과 四川省 松潘 이서 계곡 지역에 거주했다. 唐代에 吐蕃의 지배를 받다가 甘肅, 寧夏, 陝西 북부로 이주했다. 일부는 한인의 거주 지역으로 들어와 동화되기도 해서 漢人들에게 熟戶라고 불리기도 했다. 夏州(지금 陝西省 靖邊 변경)에 거주하는 党項羌 部落을 平夏部라고 했고, 수령은 拓跋氏였다. 唐代에 李氏로 사성되었고, 河西靜難軍節度使로 봉해졌다. 1038년 그의 후예 李元昊가 興慶府(지금 寧夏回族自治區 銀川)에서 나라를 세워 大夏(西夏)라고 했다. 1227년에 몽골의 공격을 받아 멸망했다(白濱, 1989).

343) 奴剌: 突厥의 한 부락으로 오르도스 남쪽에 党項과 함께 잡거하고 있었다.

344) 鹽泉縣: 武德 9년(626)에 설치되었는데, 秦州에 소속되었다. 治所가 지금 甘肅省 甘谷縣 서쪽 20리 떨어진 곳에 있었다. 貞觀 元年(627)에 夷賓縣으로 바뀌었다.

345) 鳳翔縣: 唐 至德 2년(757)에 雍州가 바뀌어 설치되었다. 天興縣과 함께 鳳翔府에 속했다. 治所가 지금 陝西省 鳳翔縣에 있었다. 寶應 元年(762)에 줄어서 天興縣에 편입되었다.

346) 同州: 西魏 廢帝 3년(554)에 華州가 바뀌어 설치되었고, 治所가 武鄕縣(지금 陝西省 大荔縣)에 있었다. 隋 大業 3년(607)에 폐지되었다가 唐 武德 元年(618)에 다시 설치되었는데, 치소가 馮翊縣(지금 陝西省 大荔縣)에 있었다. 관할 구역은 지금 陝西省 大荔, 合陽, 韓城, 澄城, 白水 등지였다.

347) 涇陽縣: 五胡十六國 前秦의 皇始 2년(352)에 池陽縣이 나뉘어 설치되었으며, 扶風郡의 屬縣이었다. 治所가 지금 陝西省 涇陽縣 동남 30里 故縣村에 있었다. 北魏時代에는 咸陽郡의 屬縣이었다. 太平眞君 7년(446)에 廢置되었고, 宣武帝 景明 初에 다시 설치되었다. 隋 開皇 3년(583)에 治所를 지금 涇陽縣으로 옮겼으며, 雍州에 속하게 되었다. 大業初에 京兆郡에, 唐代에는 京兆府에 속했다.

토번의 장군 마중영(馬重英)349) 등이 시월 초에 물러나 분주를 경유하는 옛 길을 통해 돌아갔다. 회흘 수령 나달간(羅達干)350)이 그 무리 2천여 명의 기병을 이끌고 경양에 와서 항복하기를 청하자 [곽]자의가 허락했는데, 이끈 무리는 갑옷을 입고 활을 갖춘 사람이 수천 명이었다. 회흘이 변명해 말했다. "이번에 온 것은 나쁜 마음이 있어 그런 것이 아니라 영공(令公)을 만나려고 온 것입니다." [곽]자의가 말했다. "내가 영공(令公)이다." 회흘이 말했다. "갑옷을 벗어주십시오." [곽]자의가 투구와 갑옷을 벗고 말을 채찍질하며 몸을 드러내면서 앞으로 나아가자 회흘 추장들이 서로 돌아보면서 말했다. "맞다." 이 때 태자태보(太子太保) 이광진(李光進)351)과 겸어사대부(兼御史大夫) 노사공(路嗣恭)352)이 무장하고 갑옷을 씌운 말을 타고 [곽]자의 옆에 있었는데, [곽]자의가 회흘[에게 그들]을 가리키며 말했다. "이 사람이 위북절도[사](渭北節度使) 이태보(李太保)이다." 또 말했다. "이 사람이 삭방군량사(朔方軍糧使) 노대부(路大夫)이다." 회흘이 바로 말을 내려 절을 하자 [곽]자의 역시 말에서 내렸고, 회흘의 군대가 좌우 양 날개를 펼쳐 각각 수백 명의 사람을 조금씩 앞으로 나아가게 하자 [곽]자의의 부하들도 앞으로 말을 달려왔는데, [곽]자의가 뒤로 물러나라고 명령했다.

[곽]자의가 술을 [회흘에게] 주어 마시게 하고 그들에게 머리 묶는 비단[纏頭綵] 3천 필을

348) 僕固懷恩이 죽은 것은 『資治通鑑』에 따르면 永泰 元年(765) 九月 초8일 丁酉日인데, 저본의 「僕固懷恩傳」에는 九月 9일 靈武에서 죽자 화장을 해서 묻었다고 되어 있다.

349) 馬重英: 吐蕃의 大將으로 代宗 廣德 元年(763)에 長安에 쳐들어와 李承宏을 皇帝로 추대했다.

350) 羅達干: 고대 투르크어로 '라 타르칸(-la tarqan)'의 음사로 추정되는데, 이것은 보일라 타르칸(Boyla tarqan)을 잘못 축약해 기록한 것으로 보인다. 達干은 일반적으로 將軍과 대응하는 고대 투르크 단어이다.

351) 李光進(?~815): 唐代 番將으로 河曲 部落 稽阿跌 출신이었다. 아버지를 이어 雞田州刺史가 되었는데, 그는 朔方軍에 속해 있었다. 그의 누이가 太原의 舍利葛旃에게 시집을 가자 어려서 太原으로 집이 이주를 해 舍利葛旃에 종사했다. 이후에 御史大夫, 代州刺史이 되었다. 元和 4년(809) 步都虞候가 되어 반란을 일으킨 王承宗과 싸워 6년 銀靑光祿大夫, 檢校工部尙書를 제수 받고 單于大都護, 振武節度使로 충임이 되었다. 李氏로 사성을 받았다. 죽은 다음에 尙書左僕射로 추증되었다(『舊唐書』 卷161 「李光進傳」: 4217).

352) 路嗣恭: 唐代의 관리로 京兆府 三原사람이었다. 처음에 이름이 劍客이었다. 郡縣에서 일을 해 유명해져 神烏令에 이르러 이름을 嗣恭이라고 받았다. 工部尙書, 兼御史大夫, 靈州大都督府長史 등을 역임했고, 關內 副元帥 郭子儀의 副使, 知朔方節度營田押諸蕃部落等使 등을 맡았다. 大曆 8년(773)에 嶺南節度觀察使로 반란을 진압했다. 五嶺을 평정한 이후에 檢校兵部尙書, 知省事가 되었다. 德宗 즉위 이후에 兵部尙書, 東都留守가 되었다가 얼마 지나지 않아 懷鄭汝陜四州, 河陽三城節度及東都畿觀察使가 가해졌다. 사후에 左僕射로 추증되었다(『舊唐書』 卷122 「路嗣恭傳」: 3500).

주라고 명령했다. [곽]자의가 회흘의 대장으로 가한의 동생인 합호록도독(合胡祿都督)[353] 약라갈(藥羅葛) 등의 손을 잡고 책망하면서 말했다. "우리나라는 너희 회흘이 공을 세운 것을 알고 있어 너희에게 아주 후한 보답을 했는데 너희가 어찌 약속을 어기고 신뢰를 무너뜨리면서 우리나라 경기지역까지 침범할 수 있었단 말이냐? 내가 모름지기 너희와 싸울 것인데, 어찌 바로 투항하지 않겠을 수 있겠느냐! 내가 한 몸을 던져 너의 진영에 들어왔는데, 너희가 마음대로 [나를] 잡는다면 내 부하 장졸들이 너희와 반드시 싸울 것이다."

회흘이 또 변명하며 말했다. "[복고]회은이 배반할 마음으로 가한에게 와서 말하기를, 당나라 천자는 지금 이미 강회(江淮)로 도망갔고 영공 역시 군사들을 장악하지 못하고 있다고 말해서 우리가 감히 들어올 수 있었던 것입니다. 지금 천가한이 상도(上都)에 계신다는 사실과 영공도 장군으로 계신다는 것, 그리고 [복고]회은을 하늘이 죽였다는 사실을 알았습니다. 지금 토번을 추격해 죽이고 그 양과 말을 거두어 [당]나라의 은혜에 보답하기를 청합니다. 그리고 [복고]회은의 아들은 가돈의 형제이니 죽이시지 말기를 청하옵니다."

합호록도독과 재상 마돌막하달간(磨咄莫賀達干),[354] 재상 게막하달간(憩莫賀達干),[355] 재상 호도비가장군(護都毗伽將軍),[356] 재상 게랍배라달간(揭拉裴羅達干),[357] 재상 매록대장군[358] 라달간(梅錄大將軍羅達干),[359] 평장사해영궐달간(平章事海盈闕達干)[360] 등이 [곽]자의가 먼저 잔을 잡자 합호록도독이 축원했고, [이어 곽]자의가 축원하며 말했다. "대당천자 만만세! 회흘 가한 역시 만세! 양국 장상 역시 만세! 만약 나쁜 마음을 먹고 약속을 거슬릴 자가 있다면

353) 合胡祿都督: 고대 투르크어로 '알프 퀼뤽 투툭(Alp külüg tutuq)'의 음사로 추정된다.

354) 磨咄莫賀達干: 고대 투르크어로 '바가투르 바가 타르칸(Baghatur bagha tarqan)'의 음사로 추정된다.

355) 憩莫賀達干: 고대 투르크어로 '퀼 바가 타르칸(Kül bagha tarqan)'의 음사로 추정된다.

356) 護都毗伽將軍: 고대 투르크어로 '쿠트 빌게 셍귄(Qut bilge sengün)'의 음사로 추정된다.

357) 揭拉裴羅達干: 고대 투르크어로 '카라 보일라 타르칸(Qara boyla tarqan)'의 음사로 추정된다.

358) 梅錄大將軍: 고대 투르크어로 '부의룩 타이셍귄(Buyiruq taisengün)'의 음사로 추정된다. 부의룩은 일반적으로 조정 내에서 업무를 담당하는 것으로 앞에 붙어 있는 宰相에 해당되는 관직이라는 점에서 中國의 번역과 고유의 관직이 병렬되어 기록된 것으로 보인다. 타이 셍귄은 군사적인 업무를 보는 가장 높은 관직이었다. 이 두 가지의 명칭을 갖고 있는 것으로 보아 카간의 측근에서 일하던 고위 관리로 추정된다.

359) 羅達干: 고대 투르크어로 '라 타르칸(-la tarqan)'의 음사로 추정되는데, 이것은 '보일라 타르칸(Boyla tarqan)'을 잘못 축약해 기록한 것으로 보인다. 達干은 일반적으로 將軍과 대응하는 고대 투르크 단어이다.

360) 平章事海盈闕達干: 고대 투르크어로 '平章事 카닌추 퀼 타르칸(平章事 Qanïnchu kül tarqan)'의 음사로 추정된다.

진영 앞에서 죽이고 그 가족 역시 도륙을 내버릴 것이다." 합호록도독 등이 낯빛을 잃고, 술을 다 마신 다음 변명해 말했다. "영공의 약속과 같습니다." 모두 웃으면서 말했다. "이전에 본부(本部)가 군대를 일으켜 왔을 때 두 명의 무당이 같이 왔는데, [그들이] '이번 원정은 아주 평안할 것이지만 당나라 군대와 싸우지 않게 되면 한 분의 큰 인물을 만난 다음에 돌아올 것이오.'라고 예언을 했고, 오늘 군대를 이끌고 와서 영공을 만나니 영공이 의심을 하지 않고 갑옷을 벗어던지고 단기로 서로 만나게 되는데, 이처럼 마음이 담대할 수 있겠습니까! 이렇게 싸우지도 않고 대인을 만나게 되니 무당의 말이 맞았습니다." 기뻐서 오랫동안 뛰었다. [곽]자의가 그들의 등을 어루만지고 수령 등에게 머리 묶는 비단을 나누어주며 무당에게 상을 주고 여러 장수가 함께 토번을 공격할 것을 청하자 [곽]자의가 그들과의 약속처럼 했다. 다음날 회흘 수령 개부 석야나 등 여섯 사람이 수도에 들어와 황제를 알현했다.

又五日, 朔方先鋒兵馬使·開府·南陽郡王白元光與迴紇兵馬合於涇州靈臺縣西五十里赤山嶺, 共破吐蕃等十餘萬衆, 斬首五萬餘級, 生擒一萬餘人, 駝馬牛羊凡百里相繼, 不可勝紀, 收得蕃落五千餘人. 初白元光等到靈臺縣西, 探知賊勢, 爲月明, 思少陰晦, 迴紇使巫師便致風雪. 及遲明戰, 吐蕃盡寒凍, 弓矢皆廢, 披氈徐進, 元光與迴紇隨而殺之蔽野. 僕固名臣, 懷恩之姪, 尤爲驍將, 亦領千餘騎來降. 尋而子儀又使迴紇宰相護地毗伽將軍, 宰相梅錄大將軍·開府儀同三司·試太常卿羅達干等一百九十六人來見, 上賜宴於延英殿, 錫賚甚厚. 閏月, 子儀自涇陽領僕固名臣入奏, 迴紇進馬, 及宴別, 前後賚繒綵十萬匹而還. 時帑藏空虛, 朝官無祿俸, 隨月給手力, 謂之資課錢. 稅朝官閏十月·十一月·十二月課以供之.

또 오일이 [지나] 삭방선봉병마사(朔方先鋒兵馬使) 개부(開府)[361] 남양군왕(南陽郡王) 백

361) 開府: 北魏時期에 설치한 武官의 직명이었다. 孝文帝 太和 17년(493)에 一品下로 정했다가 23년에 從1品으로 바뀌었다. 北齊에서도 그것을 이었으나 지위는 내려갔고 제수가 남발되었다. 北周에서는 府兵機關統兵官으로 설치되었는데, 府兵 24군에 각각 1명씩 2천 명을 통솔했다. 隋代에는 左右衛, 武衛, 武侯, 領軍府 등에 1명씩 설치되었는데, 斥候의 임무를 맡았다. 이와 다르게는 일반적으로 開府는 開府儀同三司의 약칭을 의미하는 것으로 많이 쓰이는데, 이것은 大臣들의 加號로서 의미는 三司와 동일하게 대우를 받고 관부를 개설할 수 있다는 것이었다. 여기에서는 전자로 해석하는 것이 타당할 것으로

원광(白元光)[362]이 회흘 병마와 경주(涇州)[363] 영대현(靈臺縣)[364] 서쪽 50리 떨어진 적산령(赤山嶺)[365]에서 만나 토번 등 10여만을 격파하고 5만여 급을 참수했는데, 사로잡은 것이 만여 명이 되었고 낙타, 말, 소, 양떼가 5리에 걸쳐 이어져 셀 수 없었으며 번락(蕃落) 5천 명도 획득했다. 이전에 백원광 등이 영대현 서쪽에 도착했을 때, 적의 기세를 탐지하는데 달빛이 밝아 조금 어두워졌으면 하자 회흘의 무당이 바로 바람과 불을 불렀다. 날이 밝기를 기다려 싸우자 토번이 모두 추워서 얼어붙고 활과 화살이 모두 못쓰게 되어 펠트를 덮고 천천히 나아갔는데, [백]원광과 회흘은 [그를] 따라가 죽여 [시체가] 들을 덮었다. 복고명신(僕固名臣)은 [복고]회은의 조카로 아주 용감한 장수였는데, [그] 역시 천여 기를 이끌고 와서 항복했다.[366]

얼마 있다가 [곽]자의가 또 회흘 재상 호지비가장군(護地毗伽將軍),[367] 재상 매록대장군 개부의동삼사 시태상경 나달간 등 196명을 시켜 알현하게 하자 황제가 연영전에서 연회를 베풀어주고 물품을 아주 후하게 내려주었다. 윤달에 [곽]자의가 경양으로부터 복고명신을 시켜 [조정에] 들어와 상주하게 했는데 회흘이 말을 바치자 연회를 벌였고, 떠날 때 그를 전후해서 비단 10만 필을 주어 돌아가게 했다. 이 때 국고가 비게 되어 조정의 관리들이 봉록을 받지 못하게 되자 달마다 잡일을 하는 사람[手力]을 주니 이를 자과전(資課錢)[368]이라

보인다.

362) 白元光(?~786): 唐代 관리로 조상이 突厥 사람이었다. 李光弼을 따라 安祿山의 난을 진압하는데 참가해 太子詹事를 제수 받고 南陽郡王으로 책봉되었다. 兩都游奕使가 되었다. 長安을 수복하는데 큰 공을 세웠고, 衛尉卿이 되었다. 靈武留后, 定遠城使를 역임했다(『舊唐書』 卷136 「白元光傳」: 4594).

363) 涇州: 北魏 神䴥 3년(430)에 설치되었고, 치소가 臨涇縣(지금 甘肅省 鎭原縣 동남쪽)에 있다가 이후에 安定郡 安定縣(지금 甘肅省 涇川縣 북쪽 5리)으로 바뀌었다. 관할 구역은 지금 甘肅省 涇川, 崇信, 平凉, 華亭, 靈臺와 陝西省 彬縣, 旬邑, 永壽, 그리고 寧夏回族自治區 涇源 등지였다. 隋 開皇初에 安定郡으로 바뀌었다가 唐代에 다시 환원되었다. 天寶 元年(742) 安定郡이 되었다가 至德 元年(756)에는 保定郡으로 이름을 바꾸었다가 保定縣이 되었다. 乾元 元年(758)에 다시 涇州로 환원되었다.

364) 靈臺縣: 隋 大業 초기에 鶉觚縣이 나뉘어 설치되었고, 安定郡에 소속되었다. 治所가 지금 甘肅省 靈臺縣 동남쪽 50리 떨어진 곳에 있었다. 606년에 폐지되었다가 義寧 2년(618)에 다시 설치되었다. 唐初에는 涇州에 속해 있다가 貞觀 元年(627)에 麟游郡에 줄어서 편입되었다.

365) 赤山嶺: 지금 甘肅省 乾縣의 경계에 있는 고개이다.

366) 저본의 「僕固懷恩傳」에 따르면 僕固名臣이 천여 기를 이끌고 唐朝에 투항한 것은 永泰 원년(765) 閏十月이었다.

367) 護地毗伽將軍: 고대 투르크어로 '쿠트 빌게 셍귄(Qut bilge sengün)'의 음사로 추정된다.

368) 資課錢: 賦稅의 명칭으로 唐代에 代役錢의 하나로 色役을 담당해야 하는데 그것을 하지 못할 때 대신

고 했다. 세를 걷는 관리가 윤 시월, 십일월, 십이월에 과(課)를 거두어들여 주었다.[369]

大曆六年正月, 迴紇於鴻臚寺擅出坊市, 掠人子女, 所在官奪返, 毆怒, 以三百騎犯金光門·朱雀門. 是日, 皇城諸門盡閉, 上使中使劉清潭宣慰, 乃止. 七年七月, 迴紇出鴻臚寺, 入坊市強暴, 逐長安令邵說於含光門之街, 奪說所乘馬將去. 說脫身避走, 有司不能禁. 八年十一月, 迴紇一百四十人還蕃, 以信物一千餘乘. 迴紇恃功, 自乾元之後, 屢遣使以馬和市繒帛, 仍歲來市, 以馬一匹易絹四十匹, 動至數萬馬. 其使候遣繼留於鴻臚寺者非一, 蕃得帛無厭, 我得馬無用, 朝廷甚苦之. 是時特詔厚賜遣之, 示以廣恩, 且俾知愧也. 是月, 迴紇使使赤心領馬一萬匹來求市, 代宗以馬價出於租賦, 不欲重困於民, 命有司量入計許市六千匹.

대력 6년(771) 정월에 홍려시(鴻臚寺)[370]에 있었던 회흘[사람]이 마음대로 방(坊)[371]의 저자로 나가 백성의 자녀들을 잡아갔는데, 담당 관리가 [그를] 되찾아 돌아오려고 하자 [회흘이] 화를 내며 [관리를] 구타하고 3백 명의 기병을 이끌고 금광문(金光門)[372]과 주작문(朱雀

납부한 것을 말한다. 이후에 관부에서 色役을 징발할 수 없게 되자 돈을 징수하는 것으로 바뀌게 되었다. 이로 인해 色役이 賦稅로 바뀌게 되었다.

369) 『新唐書』에는 大曆 3년(768) 光親可敦이 죽자 조문을 한 것과 大曆 4년(769) 僕固懷恩의 딸을 崇徽公主로 可敦으로 삼았던 일에 대해 기록되어 있다("大曆三年, 光親可敦卒, 帝遣右散騎常侍蕭昕持節弔祠. 明年, 以懷恩幼女爲崇徽公主繼室, 兵部侍郎李涵持節册拜可敦, 賜繒綵二萬. 是時, 財用屈, 稅公卿騾·橐它給行, 宰相餞中渭橋.").

370) 鴻臚寺: 北齊시대에 처음 설치된 관청으로 九寺의 하나였다. 이전의 大鴻臚의 직권을 이어받아 賓客의 대접과 朝禮, 吉凶弔祭의 의례를 관장했다. 주요 관리에는 長官인 鴻臚卿과 次官인 鴻臚少卿, 鴻臚寺令과 鴻臚寺丞, 京邑薩甫, 奉禮郎 등이 있다. 隋唐代에도 鴻臚寺의 명칭을 계승했다.

371) 坊: 隋唐時代 兩京 및 郡城 내에 있는 주택 구역이다. 과거 漢代의 里市 분리 제도에 따라 만들어졌는데, 각 방은 주변에 높은 담으로 둘러쳐져 있고 문이 있었고 성 내의 가장 기층 관리 단위였다. 각각 이름을 갖고 있었으며 坊正이 그 내부의 관리를 담당했다. 長安城 내에는 114개의 방이 있었고, 실제적으로는 108개였다. 그의 모양은 방형인데, 크기는 일정하지 않았고 동서남북으로 네 개의 문이 있는 것이 일반적이었다. 내부에는 십자의 길이 나 있었다. 唐 後期가 되면서 방 내부에 시장 등이 생기면서 市坊의 구분이 점차 없어지게 되었다.

372) 金光門은 含光門으로 잘못된 기록으로 『新唐書』에는 "含光門"이라고 되어 있다.

門)[373]을 범하기도 했다. 이 날 황성의 여러 대문들은 모두 닫고 황제가 중사 유청담을 시켜 [회흘을] 위무하게 하자 멈추었다. [대력] 7년(772) 칠월에 회흘이 홍려시를 나아가 방의 저자에서 난동을 부려 장안령(長安令)[374] 소열(邵說)[375]을 함광문(含光門)[376]이 있는 거리에서 쫓아냈고, [소]열이 타던 말마저 빼앗아 가버렸다. [소]열은 몸만 빠져 도망 왔고 관리들도 제지할 수 없었다.

[대력] 8년(773) 십일월에 회흘 140명이 자기 나라로 돌아가는데, 재물이 천여 대의 수레나 되었다. 회흘이 [자신들의] 공적을 믿고 건원년간(758~759) 이후 여러 번 사신을 보내 말과 비단을 바꾸었고, 매년 와서 거래를 하는데 말 한 필에 비단[絹][377] 44필[378]을 바꾸었고 거래되는 말이 수만 필에 이르렀다.[379] 그 사자가 홍려시에 계속 머물면서 돌보는 사람이 한둘이 아니었고, 회흘은 비단을 얻어도 만족하지 않았으며 우리도 산 말이 쓸모가 없어 조정에서 몹시 고통스러워했다. 이 때 [황제가] 특별히 조칙을 내려 후사해 보내 넓은 은혜를 보여주면서 또한 [그들로 하여금] 부끄러워하게 하고자 했다. 이 달에 회흘이 사자 적심(赤心)[380]을 시켜 말 1만 필을 이끌고 와 거래하기를 원했는데, 대종이 말 값이 조부(租賦)에서 나오니 백성들에게 가중한 부담을 주지 않으려고 관리에게 수입을 따져 6천 필만 거래하게 했다.

---

373) 朱雀門: 唐 長安 皇城 正南門이었다. 隋初에 만들어졌는데, 위치는 皇城 남쪽 중앙부에서 약간 서쪽에 위치했다. 門 앞으로 朱雀大路와 연결되고, 문 위에는 누각이 있었다. 唐代에 皇帝는 이곳에서 慶典 활동을 했다. 유지는 지금 西安城 남단 保吉巷南口 朱雀門의 동쪽에 있다.

374) 長安令: 長安縣의 長官이었다. 令은 일반적으로 隋唐時代 縣의 長官을 의미했다.

375) 邵說: 唐代 大臣으로 相州 安陽(지금 河南省 安陽) 사람이었다. 進士출신으로 처음에 史思明의 判官으로 병무를 담당했다. 史朝義가 패배한 이후에 항복해 長安令, 秘書少監이 되었고, 다시 吏部侍郎, 太子詹事가 되었다. 建中 3년(782)에 모함을 받아 歸州(지금 湖北省 秭歸)刺史로 좌천되었다가 죽었다(『舊唐書』 卷137 「邵說傳」: 3765).

376) 含光門: 唐 長安 皇城 南面 偏西門이었다. 隋初에 만들어졌는데, 문 위에는 누각이, 아래에는 세 개의 출입구가 있었다. 문 안으로 동쪽에는 鴻臚寺와 鴻臚客館이 위치하고 있었고, 서쪽으로는 土地五穀神에 제사를 지내는 大社와 郊祀署가 있었다. 앞쪽으로는 궁성 앞에 있는 南北通衢大街가 있었다. 유지는 지금 西安市 南城牆甛水井街에 있는데, 지금도 西安城의 含光門이 그 위치에 있다.

377) 『新唐書』에는 "絹"이 아니라 "縑"으로 되어 있다.

378) 『新唐書』에는 "44"라고 되어 있다.

379) 『新唐書』 「食貨志」에 따르면 "매년 말 10만 필에 縑帛 100만 필이 소모되었다."고 되어 있다.

380) 赤心: 고대 투르크어로 '칙시(Chigsi)'의 음사로 추정된다. 칙시는 中國의 刺史를 음사한 것으로 突厥의 이르킨(irkin)과 동급의 관리였다(H, Ecsedy, 1965).

十年九月，迴紇白晝刺人於東市，市人執之，拘於萬年縣．其首領赤心聞之，自鴻臚寺馳入縣獄，劫囚而出，斫傷獄吏．十三年正月，迴紇寇太原，過楡次·太谷，河東節度留後·太原尹·兼御史大夫鮑防與迴紇戰于陽曲，我師敗績，死者千餘人．代州都督張光晟與迴紇戰于羊武谷，破之，迴紇引退．先是辛雲京守太原，迴紇懼雲京，不敢窺并·代，知鮑防無武略，乃敢凌逼，賴光晟邀戰勝之，北人乃安．德宗初卽位，使中官梁文秀告哀於迴紇，且修舊好，可汗移地健不爲禮．而九姓胡素屬於迴紇者，又陳中國便利以誘其心，可汗乃擧國南下，將乘我喪．其宰相頓莫賀達干諫曰：「唐，大國也，且無負於我．前年入太原，獲羊馬數萬計，可謂大捷矣．以道途艱阻，比及國，傷耗殆盡．今若擧而不捷，將安歸乎?」可汗不聽．頓莫賀乘人之心，因擊殺之，并殺其親信及九姓胡所誘來者凡二千人．

[대력] 10년(775) 구월 회흘이 대낮에 동시(東市)[381]에서 사람을 죽이자 시장 사람들이[382] [그를] 잡아 만년현(萬年縣)[383][의 옥사]에 잡아두었다. 그 수령 적심이 [이 소식을] 듣고 홍려시에서 말을 달려 [만년]현의 옥사로 들어가 죄인을 빼앗아 나가며 옥을 지키던 관리를 상하게 했다. [대력] 13년(778)[384] 정월에 회흘이 태원에 쳐들어와 유차(楡次)[385]와 태곡(太

381) 東市: 長安城 내에 있었던 두 곳의 상업 구역의 하나로 지금 西安市 交通大學 구역이 그 故址이다. 西로는 平康과 宣陽坊, 東으로 道政과 常樂坊, 北으로 勝業坊, 南으로 安邑坊과 접해 있었다. 東西南北各으로 600보였고, 사면에 각각 두 곳의 문이 있었는데, 定四面의 거리가 각각 100보였다. 北街는 皇城의 남쪽 大街와 연결되었고, 東으로는 春明門과 연결되었다. 시장 내에는 220개의 行이 있었다.

382) 『新唐書』에는 "京朝尹 黎幹이 回紇 범인을 체포"한 것으로 되어 있다.

383) 萬年縣: 漢代에 설치되었고, 지금 陝西省 西安市 東北 閻良區 武屯鄕 古城村이었다. 北周 明帝 2년(538)에 치소를 長安城으로 옮겼고, 長安縣과 함께 京兆郡의 관할 하에 있었다. 隋 開皇 3년(583)에 치소를 지금 西安市로 옮겨 大興縣이라고 했다. 武德 元年(618)에 다시 萬年縣이라고 하고 雍州에 소속되었다. 開元 元年(713)에 京兆府에 소속되었다가 天寶 7년(748)에 咸寧縣으로 바뀌었다. 乾元 元年(758)에 환원되었다.

384) 『新唐書』에 의하면 大曆 13년(778)에 迴紇이 振武軍을 습격하고 東陘을 공격했다("十三年, 回紇襲振武, 攻東陘.")고 되어 있는데, 이것은 太原에 들어오기 이전의 경로를 설명한 것이다.

385) 楡次縣: 秦代에 설치되어 太原郡에 소속되었다. 治所가 지금 山西省 楡次市에 있었다. 이후 北魏 太平眞君 9년(448)에 폐지되었다가 景明 元年(500)에 다시 설치되었다. 北齊 시기에 폐지되면서 中都縣에서 이곳을 관할했다. 隋 開皇 10년(590)에 中都縣이 바뀌어 설치되어 幷州에 소속되었다. 大業初에는

谷)[386]을 지나자 하동절도류후(河東節度留後) 태원윤(太原尹) 겸 어사대부(御史大夫)[387] 포방(鮑防)[388]이 회흘과 양곡[현](陽曲縣)[389]에서 싸웠는데, 우리 군대가 패배해 죽은 사람이 천여 명이었다. 대주도독(代州都督) 장광성(張光晟)[390]이 회흘과 양무곡(羊武谷)[391]에서 싸워 [그들을] 격파하자 회흘이 물러났다. 이전에 신운경(辛雲京)[392]이 태원을 지키고 있었는데 회흘이 [신]운경을 무서워해 감히 병주(幷州)[393]와 대주(代州)[394]를 엿보지 못했으나 포방이

太原郡에, 唐代에는 太原府에 소속되었다.

386) 太谷縣: 隋 開皇 18년(598)에 陽邑縣이 바뀌어 설치되었고 幷州에 소속되었다. 治所가 지금 山西省 太谷縣에 있었다. 大業 초기에 太原郡에 속했다가 唐 초기에 幷州에 속하게 되었다. 武德 3년(620)에 太州의 관할 하에 두었다가 6년(623)에 다시 幷州에 속하게 했다. 이후에는 太原府에 소속되었다.

387) 『新唐書』에는 鮑防의 관직이 "河東節度使"라고 되어 있다.

388) 鮑防: 唐代 大臣으로 襄州(지금 湖北省 襄陽) 사람이었다. 어려서 고아로 빈한했으나 학문에 열중해 屬文에 뛰어났다. 天寶 말에 進士가 되어 浙東觀察使 薛兼의 訓從事가 되었고 殿中侍御史에 이르렀다. 조정 내에서 職方員外郎이 되었고, 이후에 太原少尹이었다가 御史大夫가 되었다. 福建과 江西觀察使가 되었고, 左散騎常侍가 되었다. 德宗시기에 禮部侍郎이 되었다가 工部尙書로 물러났다(『舊唐書』 卷146 「鮑防傳」: 3956).

389) 陽曲縣: 前漢 시기에 설치되었고, 太原郡에 소속되었다. 治所가 지금 山西省 定襄縣 동남쪽 侍陽에 있었다. 後漢 말에는 치소를 지금 山西省 太原市 북쪽 陽曲鎭으로 옮겼다. 北魏시대에는 永安郡에 속했는데, 치소를 지금 陽曲鎭 남쪽으로 옮겼다. 隋 開皇 6년(586)에 陽直縣으로 바꾸었다가 16년(596)에 汾陽縣으로 바뀌었다. 武德 7년(624)에 다시 陽曲縣으로 환원되었고 幷州에 소속되었다. 治所가 지금 陽曲鎭에 있다.

390) 張光晟: 唐代 將軍으로 京兆 盩厔사람이었다. 代州都督으로 있다가 建中년간에 涇原左將軍에 임명되었다. 4년(783)에 朱泚의 반란이 일어나자 친분이 있었던 柳晟이 그를 설득해 투항을 권유하나 응하지 않았다(『舊唐書』 卷127 「張光晟傳」: 3573).

391) 羊武谷: 揚武谷 또는 陽武谷이라고도 불리는데, 지금 山西省 原平市 서북쪽 35리 떨어진 곳에 있었던 峽谷이다. 『新唐書』에는 "羊虎谷"이라고 되어 있다.

392) 辛雲京(713~768): 唐代의 將軍으로 蘭州 金城(지금 甘肅省 蘭州) 사람으로 河西大族 출신이었다. 대대로 군무로 종사해 兄弟 여러 명이 장수로 유명했다. 공이 쌓여 관이 北京都知兵馬使, 代州刺史에 이르렀다. 史思明이 相州(지금 河南省 安陽)에 주둔했을 때 滏陽(지금 河北省 磁縣)에서 습격하고 격파해 浪井(지금 北京 昌平 서북쪽)까지 추격했다. 그 공으로 開府儀同三司를 제수 받고, 代州都督, 鎭北兵馬使가 가해졌다. 이후에 太原尹으로 있으면서 迴紇이 함부로 도발하지 못하게 했다. 檢校尙書右僕射, 同中書門下平章事가 가해졌다. 大曆 3년(768)에 檢校右僕射로 있다가 죽었다. 代宗이 그를 太尉로 추증했다(『舊唐書』 卷111 「辛雲京傳」: 3313).

393) 幷州: 前漢 武帝 시대에 설치된 13刺史部의 하나였는데, 관할 구역은 지금 山西省 대부분과 內蒙古自治區, 河北 일대였다. 이후 영역이 확대되나 三國時代에 축소되었고, 唐代에는 지금 山西省 陽曲 이남, 文水 이북의 汾水 중류지역이었다. 開元 11년(723) 太原府로 바뀌었다.

군사 지략에 없다는 것을 알고 바로 능멸하고 핍박함에도 [장]광성이 의지해 싸워 이겨 북쪽 사람들이 비로소 안정될 수 있었다.

덕종(德宗)[395]이 즉위한 지 얼마 되지 않아[396] 중관(中官) 양문수(梁文秀)를 시켜 회흘에 [대종의 붕어] 소식을 알리고, 다시 과거의 우호 관계를 회복하려고 했으나 가한 이지건(移地健)[397]이 예로서 대하지 않았다. 게다가 평소에 회흘에 속해 있었던 구성호(九姓胡)[398]도 또한 중국이 이익이 될 것이라고 아뢰며 [가한의] 마음을 유혹하자 가한이 바로 거국적으로 남하해 우리의 상사를 빌미로 장차 도모를 하고자 했다. 그 재상 돈막하달간(頓莫賀達干)[399]이 간하며 말했다. "당은 큰 나라입니다. 또한 우리에게 잘못을 하지도 않았습니다. 이전에 [우리가] 태원에 쳐들어가 양과 말을 만여 마리 잡아온 것은 큰 승리라고 할 수 있습니다. [하지만] 길이 아주 험해 나라에 도착해보니 상해서 못쓰게 된 것이 거의 대부분이었습니다. 지금 만약 [다시 군사를] 일으켜 이기지 못한다면 장차 어찌 돌아올 수 있겠습니까?" 가한이 들으려고 하지 않았다. 돈막하[달간]은 백성들의 마음을 빌어 [가한을] 공격해 죽이고 그 친신(親信)과 구성호(九姓胡)로서 [가한을] 꼬인 자들을 대저 2천 명이나 죽였다.[400]

---

394) 代州: 隋 開皇 5년(585)에 肆州가 바뀌어 설치되었다. 治所가 廣武縣(開皇 18년에 雁門縣으로 改名되었는데, 지금 山西省 代縣)에 있었다. 大業 3년(607)에 雁門郡으로 改稱되었고, 高祖 武德 元年(618)에 다시 代州로 改稱되었다. 이후 玄宗 天寶 初에 다시 雁門郡으로 바뀌었다가 肅宗 乾元 元年(758)에 환원되었다. 관할 구역은 지금 山西省 代縣과 繁峙, 原平, 五臺 등의 縣 지역이었다.

395) 唐 德宗(742~805, 재위: 779~805): 唐朝의 8대 황제로 이름은 李适이었다. 代宗의 장자로 天下兵馬元帥로 임명되어 史朝義를 토벌했고 河北을 평정한 다음 尙書令이 되었다. 大曆 14년(779) 오월에 즉위했고 建中 元年(780)에 楊炎의 건의를 받아 兩稅法을 실시했다. 재위 기간 내내 藩鎭의 힘을 약화시키기 위해 노력해서 반란에 직면하기도 했다. 貞元 21년(805) 正月에 죽어 崇陵에 묻혔다. 시호는 神武孝文皇帝였다.

396) 大曆 14년(779) 五月에 德宗이 즉위했다.

397) 移地健: 고대 투르크어로 '이르킨(Irkin)'의 음사로 추정되는데, 迴紇의 3대 可汗인 牟羽可汗이다.

398) 九姓胡: 昭武九姓의 줄임말로 쓰인 九姓과 胡가 결합한 것으로 소그드 인을 지칭한다. 중앙아시아를 비롯한 中國 내지에 있었던 이들의 거점과 네트워크에 대해서는 다음의 연구를 참조(E.G., Pullyblank, 1952). 일반적으로 昭武九姓을 中國에서는 大安 또는 安國(부하라), 東安國(라르간), 曹國(東曹(사마르칸드와 코젠트 사이에 있는 우쉬), 西曹(사마르칸드 서북쪽), 中曹(사마르칸드 북쪽) 등으로 나뉨), 石國(타쉬켄트), 米國(사마르칸드 서남), 何國(타쉬쿠르간), 火尋國(호레즘), 戊地國(부하라 서남쪽의 베티흐), 史國(사마르칸드 남쪽 샤흐리 세브즈) 등이라고 했다(森安孝夫, 2007).

399) 頓莫賀達干: 고대 투르크어 '톤바가 타르칸(Ton bagha tarqan)'의 음사이다.

400) 頓莫賀達干이 牟羽可汗에 반대해 일으킨 780년의 정변에 대해서는 迴紇 遊牧社會 내부에 정주적인

頓莫賀自立號爲合骨咄祿毗伽可汗，使其酋長建達干隨文秀來朝．命京兆尹源休持節冊爲武義成功可汗．貞元三年八月，迴紇可汗遣首領墨啜達干・多覽將軍合闕達干等來貢方物，且請和親．四年十月，迴紇公主及使至自蕃，德宗御延喜門見之．時迴紇可汗喜於和親，其禮甚恭，上言：「昔爲兄弟，今爲子婿，半子也.」又詈辱吐蕃使者，及使大首領等妻妾凡五十六婦人來迎可敦，凡遣人千餘，納聘馬二千．德宗令朔州・太原分留七百人，其宰相首領皆至，分館鴻臚・將作．癸巳，見於宣政殿．乙未，德宗召迴紇公主・出使者對於麟德殿，各有頒賜．庚子，詔咸安公主降迴紇可汗，仍置府官屬視親王例．以殿中監・嗣滕王湛然爲咸安公主婚禮使，關播檢校右僕射・送咸安公主及冊迴紇可汗使．貞元五年十二月，迴紇汨咄祿長壽天親毗伽可汗薨，廢朝三日，文武三品已上就鴻臚寺弔其來使．

돈막하[달간]은 스스로 즉위해 합골돌록비가가한(合骨咄祿毗伽可汗)[401]이라고 부르고 그 추장 [장]건달간(長建達干)[402]을 시켜 [양]문수를 따라 조정에 [들어]오게 했다. [황제가] 경조윤(京朝尹)[403] 원휴(源休)[404]에게 부절(符節)[405]을 갖고 가 무의성공가한(武義成功可

요소가 등장하고, 소그드 상인(胡人)들이 可汗과 결탁해 발호했기 때문에 그에 대항해 일으킨 것이라고 이해한 것이 일반적이었다. 따라서 그 성격을 '親中國, 반소그드, 國粹的'이었다고 규정하기도 했다(田坂興道, 1940(b): 223~32; C. Mackerras, 1990: 318). 하지만 실제 정변 이후 頓莫賀達干이 可汗으로 즉위한 이후에 보인 모습을 볼 때 국수적인 정책 또는 반마니교적인 입장을 취했다는 점을 명쾌하게 설명할 근거가 없다는 점에서 기존 연구에서 '親中國的, 반소그드인적, 反摩尼敎的'이었기 때문에 그 이후 頓莫賀政權의 성격이 '國粹的 反動'이라고 한 규정은 좀 더 신중한 이해가 필요하다(丁載勳, 2005: 244).

401) 合骨咄祿毗伽可汗: 고대 투르크어로 '알프 쿠틀룩 빌게 카간(Alp qutlugh bilge qaghan)'의 음사로 "용감하고 축복을 받은 현명한 군주"라는 의미이다.

402) 長建達干: 고대 투르크어로 '셍귄 타르칸(Irkin tarqan)'의 음사로 추정된다. 『新唐書』에는 "長建達干"이라고 되어 있다.

403) 京兆尹: 秦代에 內史로 설치되었고, 京師를 담당했다. 前漢 景帝시기에는 左右內史로 나뉘었다. 前漢 武帝 太初 원년(전104)에 右內史를 京兆尹으로 바뀌어 右內史의 동반부를 맡았다. 左馮翊과 右扶風과 합쳐 三輔라고 했다. 三國 曹魏에서 京兆郡太守로 바꾸었고, 西魏 北周 隋代에 京畿지역이 郡으로 바뀌면서 太守를 尹이라고 했다. 開元 원년(713)에 雍州가 京兆府라고 불렸고, 親王이 雍州牧이 되면서 雍州長史를 京兆尹이라고 불렀다. 少尹을 두어 府의 일을 담당하도록 했다. 『新唐書』에는 "京兆少尹"이라고 되어 있다.

汗)으로 책봉하게 했다.[406]

정원(貞元) 3년(787) 팔월에 회흘 가한이 수령 묵철달간(墨啜達干)과[407] 다람장군(多覽將軍)[408] 합궐달간(合闕達干)[409] 등을 보내 와서 토산품을 바치며 다시 화친을 청했다.[410]

---

404) 源休: 唐代 관리로 相州 臨漳(지금 河北省 臨漳 서남쪽) 사람이었고, 京兆尹 光輿의 아들이었다. 監察御史, 殿中侍御史, 靑苗使判官 등을 역임하고 虞部員外郎으로 옮겼다. 외직으로 나아가 潭州刺史가 되었다가 다시 들어와 主客郎中, 遷給事中, 御史中丞, 左庶子 등이 되었다. 京兆尹으로 迴紇에 사신으로 파견되었다. 建中 4년(783)에 涇原에서 반란이 일어나자 朱泚를 섬겼다. 朱泚가 칭제를 하자 宰相으로 임명되었다. 朱泚가 패전해 죽은 다음에 鳳翔(지금 陝西省)으로 도망갔다가 부하들에게 피살되었다(『舊唐書』 卷127 「源休傳」: 3574).

405) 符節: 符는 符信, 節은 節符이다. 세 가지로 나뉜다. 첫째, 조정에서 명령을 전달하거나 군대를 징발할 때 사용하는 물건으로 金·銅·玉·木으로 만드는데, 두 개로 나누어 朝廷과 節을 지닌 자가 각각 하나씩 가지고 있다가 두 개를 합쳐 맞으면 효력이 발생했다. 둘째, 使者가 지닌 일종의 통행증도 符節이라고 한다. 대나무를 두 개로 쪼개 使者와 京師에서 하나씩 갖고 이를 합쳐 보아 진위 여부를 확인해 신빙성을 입증했다. 이 제도는 先秦時代에 시작해 역대 왕조에서 계속 사용되었다. 周代에는 門關用 符節, 貨賂用 璽節, 道路用 旌節 등이 있었다. 셋째, 조정과 외국의 왕래를 보증하는 증빙서류이다. 양방이 이를 신표로 삼아 符節의 오른쪽 절반은 朝廷에 남기고 왼쪽의 반은 外官에게 주었다. 朝廷에 일이 생기면 사자를 보내 半符를 지니고 갔고 外官은 다시 半符를 꺼내 맞춰본 후 진위를 판별했다.

406) 『新唐書』에는 迴紇에서 合骨咄祿毗伽可汗이 즉위한 이후 唐朝에 남아 있었던 九姓胡를 귀국시키는 과정에서 振武軍 節度使 張光晟이 이들을 모두 살해한 사건에 대한 기록이 남아 있다. 迴紇의 사신이었던 突董을 비롯한 九姓胡의 살해 사건은 德宗時期에 唐朝가 迴紇과 관계를 끊고 吐蕃과 연합하려는 외교 노선을 단적으로 보여준 사건이었다(“始回紇至中國, 常參以九姓胡, 往往留京師, 至千人, 居貲殖産甚厚. 會酋長突董·翳蜜施·大小梅錄等還國, 裝橐係道, 留振武三月, 供擬珍豐, 費不貲. 軍使張光晟陰伺之, 皆盛女子以橐, 光晟使驛吏刺以長錐, 然後知之. 已而聞頓莫賀新立, 多殺九姓胡人, 懼不敢歸, 往往亡去, 突董察視嚴亟. 群胡獻計於光晟, 請悉斬回紇, 光晟許之, 卽上言: 「回紇非素彊, 助之者九胡爾. 今其國亂, 兵方相加, 而虜利則往, 財則合, 無財與利, 一亂不振. 不以此時乘之, 復歸人與幣, 是謂借賊兵, 資盜糧也.」 乃使裨校陽不禮, 突董果怒, 鞭之. 光晟因勒兵盡殺回紇群胡, 收橐它·馬數千, 繒錦十萬, 且告曰: 「回紇扶大將, 謀取振武, 謹先誅之.」 部送女子還長安. 帝召光晟還, 以彭令方代之, 遣中人與回紇使聿達干往言其端, 因欲與虜絕. 敕源休俟命太原. 明年, 乃行, 因歸突董等四喪. 突董, 可汗諸父也. 源休至, 可汗令大臣具車馬出迎, 其大相頡干迦斯踞坐責休等殺突董事, 休言: 「彼自與張光晟鬥死, 非天子命.」 又曰: 「使者皆負死罪, 唐不自戮, 何假手于我邪?」 良久罷去, 休等幾死. 留五旬, 卒不見可汗. 可汗傳謂休曰: 「國人皆欲爾死, 我獨不然. 突董等已亡, 今又殺爾, 猶以血濯血, 徒益汙. 吾以水濯血, 不亦善乎? 爲我言有司, 所負馬直一百八十萬, 可速償我.」 遣散支將軍康赤心等隨休來朝. 帝隱忍, 賜以金繒.”).

407) 墨啜達干: 고대 투르크어로 ‘뵉 초르 타르칸(Bög chor tarqan)’의 음사로 추정된다.

408) 多覽將軍: 鐵勒의 부족 명칭인데, 여기에서는 인명으로 사용된 것으로 보인다. 고대 투르크어로 ‘타르칼 셍귄(Tarqal sengün)’의 음사로 추정된다.

[정원] 4년(788) 시월에 회흘 공주와 사신이[411] 회흘에서 오자 덕종이 연희문(延喜門)[412]

---

409) 合闕達干: 고대 투르크어로 '알프 퀼 타르칸(Alp kül tarqan)'의 음사로 추정된다.

410) 迴紇은 780년대 초 支配集團의 내분과 唐朝와의 관계 단절, 그리고 주변으로부터의 도전 등으로 취약한 상태에 빠져 있었을 뿐만 아니라 소그드 상인[胡商]들의 활동마저 크게 위축되어 경제적 어려움이 심화되었다. 이로 인해 정변 이후 合骨咄祿毗伽可汗(780~789) 즉, 頓莫賀可汗은 唐朝와의 관계를 회복해 내적인 안정을 도모하려고 했으나 德宗의 화친 거부로 소기의 목적을 거두지 못했다. 이런 어려움에 빠져 있었던 迴紇은 787년 唐朝가 內地 藩鎭의 반란을 진정시키고 군사 도발을 했던 吐蕃에 대해 적극 대응하려 하자 적극적으로 화의를 청해 외교적 고립에서 벗어나려고 했다. 迴紇의 요청을 받은 唐朝 역시 吐蕃과의 관계 악화로 인해 고립된 北庭과의 교통 문제를 해소하기 위해 그와의 관계 개선을 고려했다. 이와 관련해 唐朝는 迴紇을 경유하는 迴鶻路를 이용해 고립된 安西와 北庭으로 가는 交通路를 확보하고자 했다(丁載勳, 2007).
저본에는 迴紇과 唐朝의 화친이 성사되는 배경에 대해서 전혀 기록이 남아 있지 않지만『新唐書』(6163)와『資治通鑑』(7506)에는 宰相 李泌이 和親에 부정적인 태도를 갖고 있었던 德宗을 설득하는 내용이 자세하게 소개되어 있다. 德宗은 迴紇이 화친을 위해 ① 唐朝에 稱臣, ② 德宗에게 可汗이 稱子, ③ 매번 파견되는 사신의 숫자 200명으로 제한, ④ 互市에서 말의 수량 제한, ⑤ 中國人 내지는 소그드 상인과 함께 迴紇의 출경 금지 등의 조건을 제시한 것을 받아들여 和親을 맺었다("謂宰相李泌曰:「和親待子孫圖之, 朕不能已.」泌曰:「陛下豈以陝州故憾乎?」帝曰:「然. 朕方天下多難, 未能報, 且毋議和.」泌曰:「辱少華等乃牟羽可汗也, 知陛下卽位必償怨, 乃謀先苦邊, 然兵未出, 爲今可汗所殺矣. 今可汗初立, 遣使來告, 垂髮不翦, 待天子命. 而張光晟殺突董等. 雖幽止使人, 然卒完歸, 則爲無罪矣.」帝曰:「卿言則然, 顧朕不可負少華等, 奈何?」泌曰:「臣謂陛下不負少華, 少華負陛下. 且北虜君長身赴難, 陛下在藩, 春秋未壯, 而輕度河入其營, 所謂冒豺虎之場也. 爲少華等計, 當先定會見禮, 臣猶危之, 奈何孑然赴哉? 臣昔爲先帝行軍司馬, 方葉護來, 先帝祇使宴於府. 及議征討, 則不見也. 葉護邀臣至營, 帝不許, 使好謂曰:『主當勞客, 客返勞主邪?』東收京師, 約曰:『土地·人衆歸我, 玉帛·子女予回紇.』戰勝, 葉護欲大掠, 代宗下馬拜之, 回紇乃東向洛. 臣猶恨以元帥拜葉護於馬前, 爲左右過, 然先帝曰:『王仁孝, 足辦朕事.』下詔慰勉. 葉護乃牟羽諸父也, 牟羽之來, 陛下以元子不拜於帳下, 而可汗不敢少有失於陛下, 則陛下未嘗屈矣. 先帝拜葉護, 全京城, 陛下乃不拜可汗, 固伸威於虜, 何恨焉? 然計香積·陝州事, 以屈己爲是乎? 伸威爲是乎? 藉令少華等以陛下見可汗, 閉壁五日, 與陛下張飮, 天下豈不寒心哉? 而天助威神, 使豺狼馴服, 牟羽母捧陛下以貂裘, 叱左右促命騎, 躬送出營. 此少華等負陛下也. 假令牟羽爲有罪, 則今可汗已殺之, 立者乃牟羽從父兄, 是爲有功, 渠可忘之邪? 且回紇可汗銘石立國門曰:『唐使來, 當使知我前後功』云. 今請和, 必擧部南望, 陛下不之答, 其怨必深. 願聽昏而約用開元故事, 如突厥可汗稱臣, 使來者不過二百, 市馬不過千, 不以唐人出塞, 亦無不可者.」帝曰:「善.」乃許降公主, 回紇亦請如約. 詔咸安公主下嫁, 又詔使者合闕達干見公主於麟德殿, 使中謁者齎公主畫圖賜可汗.").

411)『新唐書』에는 사신단의 구성 내용이 구체적으로 기록되어 있다("可汗遣宰相跌跌都督等衆千餘, 并遣其妹骨咄祿毗伽公主率大酋之妻五十人逆主, 且納聘.").

412) 延喜門: 唐 長安 皇城 동쪽 벽에 있는 두 개의 성문 중에서 北段에 있는 문이었다. 그 遺址는 지금 西安市 新城廣場 동편에 위치하고 있다.

에서 그들을 친히 만났다. 이 때 회흘 가한이 화친을 기뻐하면서 그에게 아주 공손한 예로 올려 말했다. "이전에 형제였고, 지금은 사위가 되었으니 반은 아들이나 마찬가지입니다.[413]" 또한 토번의 사자에게 욕을 하면서 대수령 등의 부인 56명을[414] 보내 가돈을 맞이하게 했는데, 보낸 사람이 천여 명에 이르고 바친 말이 2천 마리였다. 덕종이 삭주(朔州)[415]와 태원에 나누어 7백 명씩 머무르게 했는데, 그 재상과 수령들이 모두 오자 나누어 홍려[시]와 장작[감](將作監)[416]에 머무르게 했다. 계사일에 선정전에서 [회흘 일행을] 만났다. 을미일에 덕종이 회흘공주와 사신으로 나가는 사람들을 불러 인덕전(麟德殿)[417]에 만나면서 각각 물자를 내려주었다.[418] 경자일에 [황제가] 조칙을 내려 함안공주(咸安公主)[419]를 회흘 가한에게 시집보내는데, 바로 친왕의 예에 따라 부의 관속을 두게 했다. 전중감 사등왕(嗣滕王) [이]담연

---

413) 『新唐書』에는 迴紇의 상주 내용 중에 빠진 "陛下若患西戎, 子請以兵除之."이라는 내용이 있다. 또한 그 다음에 迴紇이 국호 변경을 청했음을 알 수 있다("又請易回紇曰回鶻, 言捷鷙猶鶻然.").

414) 『新唐書』에는 "50명"이라고 되어 있다.

415) 朔州: 北齊 天保 6년(555)에 설치되었고 治所가 新城縣(지금 山西省 朔州市 서남쪽)에 있었다. 8년(557)에 치소를 招遠縣(隋代에 善陽縣으로 개칭되었는데, 지금의 朔州市)으로 옮겼다. 隋 大業 3년(607)에 馬邑郡으로 바뀌었다. 武德 4년(621)에 다시 朔州로, 天寶 元年(742)에 馬邑郡으로 바꾸었다가 乾元 元年(758)에 환원되었다. 관할 구역은 지금 山西省 朔州市와 應縣, 山陽, 神池, 五寨, 偏關, 河曲縣 등지였다.

416) 將作監: 관서의 명칭으로 隋 開皇 20년(600)에 將作寺를 바꾸어 설치되었다. 궁궐 및 중앙 관서 건물의 의 수리 및 건축을 담당했다.

417) 麟德殿: 唐代 長安城 大明宮 서북부 고지에 위치한 전각의 이름이다. 麟德(664~665)년간에 건축되어 이름이 명명되었다. 남향으로 전, 중, 후의 세 전각으로 이루어져 있고, 앞 뒤 전각을 毗連이라고 하고, 가운데 전각을 主殿이라고 했다. 後殿의 동서에는 각각 하나의 樓가 있었는데, 동쪽에 있는 것을 郁儀樓, 서쪽에 있는 것을 結鄰樓라고 했다. 두 樓 사이에는 또 하나의 亭이 있어 東亭, 西亭이라고 했다. 황제가 이곳에서 대신들을 접견하거나 외국을 사신을 맞이했다

418) 『新唐書』에는 迴紇公主 禮遇에 대한 李泌의 의견이 있다("帝欲饗回鶻公主, 問禮於李泌, 對曰: 「肅宗於燉煌王爲從祖兄, 回鶻妻以女, 見帝於彭原, 獨拜廷下, 帝呼曰『婦』而不名『嫂』也. 當艱虞時, 方藉其用, 猶以臣之, 況今日乎?」於是引回鶻公主入銀臺門, 長公主三人候諸內, 譯史傳導, 拜必答, 揖與進. 帝御祕殿, 長公主先入侍, 回鶻公主入拜謁已, 內司賓導至長公主所, 又譯史傳問, 乃與俱入. 至宴所, 賢妃降階俟, 回鶻公主拜, 賢妃答拜. 又拜召已, 由西階升, 乃坐. 有賜則降拜, 非帝賜則避席拜, 妃·公主皆答拜. 訖歸, 凡再饗.").

419) 咸安公主(?~806): 德宗의 딸로 貞元 4년(788)에 迴鶻로 시집을 갔다. 이후 合骨咄祿毗伽可汗이 죽자 그의 아들 多邏斯(탈라스)와 결혼했고, 그 이후 다시 손자 阿啜(奉誠可汗)과 결혼했다. 迴鶻에서 죽었고, 燕國襄穆公主로 改封되었다.

(李湛然)을 함안공주 혼례사로 삼고 관파(關播)[420]를 검교우복야(檢校右僕射)[421] 송함안공주급책회흘가한사(送咸安公主及册迴紇可汗使)로 임명했다.[422]

정원 5년(789) 십이월에 회흘 골돌록장수천친비가가한(汨咄祿長壽天親毗伽可汗)[423]이 죽자 조정의 일을 사흘 동안 멈추고 문무 3품 이상의 관리가 홍려시에 가서 그 사자에게 문상을 했다.[424]

貞元六年六月，迴紇使移職伽達干歸蕃，賜馬價絹三十萬匹．以鴻臚卿郭鋒兼御史大夫，充册迴紇忠貞可汗使．是歲四月，忠貞可汗爲其弟所殺而簒立．時迴紇大將頡干迦斯西擊吐蕃未回，其次相率國人縱殺簒者而立忠貞之子爲可汗，年方十六七．及六月，頡干迦斯西討回，將至牙帳，次相等懼其後有廢立，不欲漢使知之，留鋒數月而回．頡干迦斯之至也，可汗等出迎郊野，陳郭鋒所送國信器幣，可汗與次將相等皆俯伏自說廢立之由，且請命曰：「惟大相生死之.」悉以所陳器幣贈頡干迦斯以悅之．可

420) 關播(718～797): 唐代 宰相으로 字는 務元이고 衛州 汲縣(지금 河南省 汲縣) 사람이었다. 天寶 말에 進士가 되어 淮南節度使 鄧景山에게 종사했고, 衛佐評事로 제수되었다가 右補闕이 되었다. 代宗 大曆년간에 河南府兵曹로 좇겨났다가 다시 陳少游에 의해 判官으로 추천되었다. 이후 德宗 시기에 河中少尹이 되었고, 建中 2년(781)에 給事中이 되었다가 刑部侍郞, 吏部侍郞이 되었다. 建中 3년(782)에 中書侍郞, 同中書門下平章事가 되었다. 貞元 4년(788)에 咸安公主를 모시고 迴鶻에 갔다가 돌아와 兵部尙書가 되었고 이후 병을 물러났다가 太子少師로 그만두었다. 貞元 13년(797) 정월에 죽었다. 太子太補로 추증되었다(『舊唐書』 卷130 「關播傳」: 3627).

421) 檢校: 관제 용어로 詔書로 除授했지만 정식으로 임명하지 않는 상태를 지칭한다. 東晉時代에 처음으로 지방을 감찰하는 檢校御史가 설치되었다. 唐初에는 임시적으로 某官을 대리하는 성질을 지녔다. 唐中期 이후 中書令과 侍中 등 宰相의 虛銜을 지방의 節度使에게 하사하며 恩寵을 과시했는데, 조정에서 임직하는 진짜 宰相과 구분하기 위해 관명 앞에 '檢校' 2字를 붙였다. 檢校는 玄宗 이후 실제로 加官이 되었으며 實權이 없었다. 右僕射는 尙書右僕射를 지칭한다.

422) 『新唐書』에는 可汗과 公主를 책봉하는 내용이 있다("且將册書拜可汗爲汨咄祿長壽天親毗伽可汗, 公主爲智惠端正長壽孝順可敦.").

423) 汨咄祿長壽天親毗伽可汗: 고대 투르크어로 '쿠틀룩 長壽天親 빌게 카간(Qutlugh 長壽天親 bilge qaghan)'의 음사이다.

424) 『新唐書』에는 天親可汗을 이어 그의 아들 多邏斯가 즉위하고 唐朝로부터 책봉을 받은 내용이 기록되어 있다("貞元五年, 可汗死, 子多邏斯立, 國人號「泮官特勒」, 以鴻臚卿郭鋒持節册拜愛登里邏汨沒蜜施俱錄毗伽忠貞可汗.").

汗又拜泣曰:「兒愚幼無知, 今幸得立, 惟仰食於阿爹.」可汗以子事之, 頡干迦斯以卑遜興感, 乃相持號哭, 遂執臣子之禮焉. 盡以所陳器幣頒賜左右諸從行將士, 己無所取. 自是其國稍安, 乃遣達比特勤梅錄將軍告忠貞可汗之哀於我, 且請冊新君. 使至, 廢朝三日, 仍令三品已上官就鴻臚寺弔其使. 是歲, 吐蕃陷北庭都護府.

정원 6년(790) 유월에 회흘 사자 이직가달간(移職伽達干)[425]이 회흘로 돌아가는데, 말 값으로 비단[絹] 30만 필을 주었다. 홍려경 곽봉(郭鋒)을 어사대부를 겸직시켜 책회흘충정가한사(冊迴紇忠貞可汗使)로 삼았다. 이 해 사월에 충정가한(忠貞可汗)이 그 동생에게 살해당하고 자리를 빼앗겼다.[426] 이때가 회흘 대장군 힐간가사(頡干迦斯)[427]가 서쪽으로 토번을 공격하러 갔다가 돌아오지 않았을 때였는데, 그 차상(次相)이 국인들을 이끌고 찬탈한 자를 죽이고[428] 충정가한의 아들을 가한으로 세우니 나이가 겨우 16~17세에 불과했다. 그리고 유월에 힐간가사가 서쪽에 대한 토벌에서 돌아와 아장에 이를 즈음에 차상 등이 그 이후에 폐립이 벌어질 것을 걱정하고 중국 사신에게 알려지지 않게 하기 위해 [곽]봉을 몇 달 동안 잡아두었다가 돌려보냈다.

힐간가사가 돌아오자 가한 등이 교외의 초원까지 나아가 그를 맞이하며 곽봉이 보낸 당의 편지와 재물을 바치고 가한과 차상 등이 모두 엎드려 [가한을] 폐하고 [다시] 세운 까닭에 대해 아뢰면서 목숨을 살려달라고 [사정해] 말했다. "오직 대상(大相)이 살리고 죽이실 수 있을 뿐입니다." 모두 진열한 병기와 물자를 모두 힐간가사에게 주어 그를 기쁘게 했다. 가한 역시 절하고 울면서 말했다. "아이라 어리석고 아는 것이 없는데 지금 어찌하다가 즉위하게 되었으니 전적으로 아버지[阿爹]에게 목숨을 부지할 뿐입니다." 가한이 아들로서 섬긴다고

425) 移職伽達干: 고대 투르크어로 '이둑 카라 타르칸(Iduq qara tarqan)'의 음사로 추정된다.

426) 『新唐書』에는 僕固懷恩의 손녀로 迴紇 葉護의 딸인 葉公主가 可汗을 독살했다고 되어 있다.

427) 頡干迦斯: 頡于迦斯의 잘못된 표기이다. 고대 투르크어로 '일 위게시(Il ügesi)'의 음사로 國相 또는 大相을 의미했다. 頡干迦斯의 기록은 관칭을 인칭으로 착각해 기록하면서 于를 干으로 오기했기 때문이다. 따라서 저본에서 '힐간가사'라고 기록되어 있는 것은 '힐우가사'라고 읽는 것이 타당하다. 이런 기록상의 차이는 이미 기존 연구에서 지적된 바가 있고(H. Escedy, 1964: 97~99; C. Mackerras, 1972: 155), 또한 그가 이후 795년에 可汗으로 즉위하는 骨咄祿 즉, 懷信可汗과 동일인이라는 점 역시 논증되었다(丁載勳, 1998(b)).

428) 忠貞可汗의 동생이 형을 살해하고 可汗으로 있었던 것은 단지 790년 三月에서 四月까지 2개월 정도였다.

하니 힐우가사가 예의바름에 감동해 바로 서로 잡고 울었으며 마침내 [힐간가사가] 신하의 예를 갖추었다. 모두 진열된 병기와 물자를 좌우의 시종했던 장수와 병사들에게 나누어주고, 자신은 하나도 취하지 않았다.

이로부터 그 나라가 조금 안정되자 바로 달비특근(達比特勤)[429] 매록장군(梅錄將軍)[430]을 보내 충정가한의 죽음을 우리나라에 알리고 새로운 군주를 책봉해줄 것을 청했다. 사자가 오자 사흘 동안 조정의 일을 보지 않으며 3품 이상의 관리들이 홍려시에 가서 그 사자에게 조문하게 했다. 이 해(790)에 토번이 북정도호부(北庭都護府)[431]를 함락했다.

初，北庭·安西旣假道於迴紇以朝奏，因附庸焉．迴紇徵求無厭，北庭差近，凡生事之資，必強取之．又有沙陀部落六千餘帳，與北庭相依，亦屬於迴紇，肆行抄奪，尤所厭苦．其先葛祿部落及白服突厥素與迴紇通和，亦憾其侵掠．因吐蕃厚賂見誘，遂附之．於是吐蕃率葛祿·白服之衆去冬寇北庭，迴紇大相頡干迦斯率衆援之，頻敗．吐蕃急攻之，北庭之人旣苦迴紇，乃擧城降焉，沙陀部落亦降．節度使·檢校工部尚書楊襲古將麾下二千餘衆出奔西州，頡干利亦還．六年秋，悉其國丁壯五萬人，召襲古，將復焉，俄爲所敗，死者大半．頡干利收合餘燼，晨夜奔還．襲古餘衆僅百六十，將復入西州，頡干迦斯紿之曰：「第與我同至牙帳，當送君歸本朝.」旣及牙帳，留而不遣，竟殺之．自是安西阻絕，莫知存亡，唯西州之人，猶固守焉．頡干迦斯敗，葛祿乘勝取迴紇之浮圖川，迴紇震恐，悉遷西北部落羊馬於牙帳之南以避之．

이전에 북정과 안서[도호부]가 이미 회흘에 길을 빌려[432] 조정에 소식을 전했기 때문에

429) 達比特勤: 고대 투르크어로 '토르피 테긴(Torpi tegin)'의 음사로 추정된다. 『新唐書』에는 "達北特勤"이라고 되어 있다.

430) 梅錄將軍: 고대 투르크어로 '부의룩 셍귄(Buyruq sengün)'의 음사이다.

431) 北庭都護府: 貞觀 14년(640) 斜月에 西突厥 泥伏沙鉢羅葉護 阿史那賀魯가 무리를 거느리고 귀부하자 그 땅에 庭州를 설치하고 部衆을 안치시켰다. 하지만 바로 廢置되었다가 顯慶 3년(658)에 다시 설치되었다. 武則天 長安 2년(702)에 庭州城에 北庭都護府가 설치되어 突騎施·堅昆·斬啜 등 西突厥의 부락을 통솔하게 했다. 昆陵都護府와 濛池都護府, 그리고 羈縻府 6개와 羈縻州 10개, 그리고 瀚海·天山·伊吾 등의 3軍을 거느렸다. 관할 구역은 남쪽으로는 天山, 북쪽으로는 金山, 동쪽으로는 蒲類海, 서쪽으로는 西海(지금 威海)에 이르렀다. 上元 元年(760)에 吐蕃에게 함락되었다.

[회흘에] 부속되게 되었다.[433] 회흘은 [조세를] 징수하는데 한도가 없었고, 북정의 비교적 가까운 곳에 있어서 생활에 필요한 물자를 반드시 강제로 얻어냈다. 또한 사타(沙陀)[434] 부락

432) 安西와 北庭에서 迴鶻을 경유해서 唐 長安으로 이어지는 교통로를 迴鶻路라고도 하고 달리 天德軍路라고도 했다. 이 길은 長安에서 夏州를 거쳐 天德軍까지 간 다음 그곳에 200리 떨어진 西受降城을 거쳐 북으로 300리에 위치한 鸊鵜泉으로 가거나 中受降城에서 정북쪽으로 80리 떨어진 呼延谷을 거쳐 500리 떨어진 鸊鵜泉으로 간 다음에 그로부터 서북쪽으로 1500리 떨어져 있는 迴鶻 牙帳에 가는데, 鸊鵜泉에서 10리를 가면 바로 고비로 접어들고 그로부터 麛鹿山, 鹿耳山, 錯甲山을 지나 800리를 가면 있는 山燕子井을 거쳐 다시 서북쪽으로 密栗山, 達旦泊, 野馬泊, 可汗泉, 横嶺, 綿泉, 鏡泊을 지나 700리를 가면 迴鶻의 牙帳에 도착했다(『新唐書』 卷43 「地理志」下: 1148). 다시 그로부터 몽골 초원을 횡단해서 北庭에 갔다가 安西로 이어졌는데, 먼저 迴鶻 牙帳에서 北庭까지는 약 3000리 정도로 그 노선은 牙帳이 있는 몽골공화국의 카라 발가순에서 몽골 초원을 가로 질러 알타이산맥을 넘어 서남쪽으로 元湖驛을 지나 將軍戈壁을 넘어 남쪽으로 黃草湖驛에 갔다가 郝遮鎭(지금 新疆維吾爾自治區 奇臺縣의 北橋)을 거쳐 北庭故城(지금 新疆維吾爾自治區 濟木薩爾 북쪽 護保子 故城)에 이르렀다. 그 다음에는 北庭에서 서쪽으로 약 420리를 가면 輪臺(지금 新疆維吾爾自治區 烏魯木齊市 남쪽에 있는 烏拉泊古城)이고, 그로부터 天山으로 넘어서 540리를 가면 西州이고, 그로부터 다시 서쪽으로 약 720리를 가면 焉耆鎭이고, 다시 서쪽으로 900리를 가면 安西都護府의 치소(지금 龜玆 동쪽에 있었던 皮朗古城)에 도착했다(孟凡人, 1985).

433) 『新唐書』에는 天寶 말기 北庭과 安西와의 교통 두절 이후 迴紇의 협조로 그 지역과 연락이 재개된 기록이 있다("初, 安西·北庭自天寶末失關·隴, 朝貢道隔. 伊西北庭節度使李元忠·四鎭節度留後郭昕數遣使奉表, 皆不至. 貞元二年, 元忠等所遣假道回鶻, 乃得至長安. 帝進元忠爲北庭大都護, 昕爲安西大都護. 自是, 道雖通, 而虜求取無涘.").

434) 沙陀: 종족 명칭으로 沙陀突厥이라고도 한다. 西突厥의 하나인 處月에서 유래했다. 金娑山(지금 新疆維吾爾自治區 보그드 산) 남쪽, 蒲類海(지금 新疆維吾爾自治區 바르 쿨)의 동쪽에 거주했다. 그들이 살고 있는 곳에 큰 사막이 있었기 때문에 沙陀라고 불리게 되었다고 한다. 貞觀년간에 太宗을 따라 高句麗와 薛延陀 원정에 참가해 공을 세우기도 했다. 高宗시대에 薛仁貴를 따라 鐵勒 토벌에도 참가했다. 이후 吐蕃의 공세를 피해 北庭(지금 新疆維吾爾自治區 吉木薩爾縣)으로 이주했다. 安祿山의 난이 평정된 이후에 貞元년간에 甘州로 7000여락이 이주해 吐蕃에 복속되었다. 吐蕃이 唐朝를 공격할 때 매번 선봉에 섰다. 元和 3년(808) 吐蕃을 배신하고 唐朝에 투항을 하나 吐蕃이 추적하자 그의 酋長 朱邪執宜이 靈州(지금 寧夏回族自治區 靈武 서쪽)로 도망쳐 들어왔다. 唐朝에서 이들을 鹽州(지금 陝西省 定邊)에 안치시켰고, 酋長을 府兵馬使로 삼았다. 이후에 太原으로 이주해 定襄川(지금 山西省 牧馬河 일대)에 살면서 陰山北沙陀라고 불렸다. 朱邪執宜의 아들 赤心이 咸通 중에 龐勛을 토벌하는데 공을 세워 李氏로 사성을 받고 이름을 國昌이라고 했다. 國昌의 아들 李克用이 이후에 黃巢를 토벌하고 京師를 수복하는데 큰 공을 세웠다. 河東節度使가 되었다가 이후에 太師, 中書令에 이르렀고, 晉王으로 책봉되었다. 唐末에 李茂貞, 朱溫 등과 계속 전투를 벌였고, 五代時期에 李克用의 아들 李存勗이 後梁을 멸망시키고 後唐을 건국했다. 이후에 後晉의 石敬瑭과 後漢의 劉知遠 등이 모두 沙陀에서 나왔다.

이 6천여 장으로 북정과 서로 의지하면서 회흘에 복속되어 있었는데, [회흘이] 마음대로 행동하고 빼앗자 [사타가] 더욱 고통을 참지 못했다. 그 전에 [삼성]갈[라]록(三姓葛邏祿)[435] 부락과 백복돌궐(白服突厥)[436]이 평소에 회흘과 평화롭게 교통했으나 역시 그의 침입과 약탈에 원한을 품고 있었다. 때문에 토번이 [그들에게] 많은 뇌물을 주면서 유인하자 결국 그에게 붙어버렸다. 이에 토번이 갈[라]록과 백복[돌궐]의 무리를 이끌고 겨울에 북정을 노략질하자 회흘 대상 힐우가사가 무리를 이끌고 도우러 왔다가 여러 번 패했다. 토번이 급히 공격을 하자 북정 사람들이 이미 회흘에게 고통을 받고 있었기 때문에 성을 들어 항복을 했고, 사타부락 역시 항복해버렸다. 절도사(節度使) 검교공부상서(檢校工部尙書)[437] 양습고(楊襲古)[438]가 휘하의 2천여 명을 이끌고 서주로 도망하자 힐간리(頡干利)[439] 역시 [본국으로] 돌아갈 수밖에 없었다.

[정원] 6년(790) 가을 [힐간리는] 그 나라의 장정 모두 5만 명을 징발하고 [양]습고마저 불러 다시 [북정을] 회복하려고 했으나 패배해 죽은 사람이 절반이나 되었다. 힐간리도 나머지를 모두 수습해 밤낮으로 도망쳐 돌아갔다. [양]습고의 남은 무리가 겨우 160명 정도였는데 다시 서주로 들어가려고 하자 힐간가사가 속여 말했다. "그대가 나와 같이 아장으로 간다면 그대를 조정으로 돌아가게 해주겠소이다." 아장에 도착한 이후 잡아두고 보내지 않다가 마침내 죽여 버렸다. 이로부터 안서(安西)와 끊어지게 되어 그의 존망을 알 수 없게 되었으며 오직 서주의 사람들만이 여전히 지키고 있었을 뿐이었다. 힐간가사가 패배하고 갈[라]록이 승리를 틈타 회흘의 부도천(浮圖川)[440]마저 빼앗자 회흘이 놀라 모두 서북 부락의 양과 말 전부를 아장의 남쪽으로 이동시켜 피했다.

---

435) 葛祿: 葛邏祿를 약칭한 것이다. 『新唐書』에는 "三[姓]葛[邏]祿"이라고 되어 있다.

436) 白服突厥: 몽골 초원 서부지역에 거주했던 突厥의 한 갈래이다. 『新唐書』에서 "白眼突厥"이라고 되어 있는데, 여타 용례로 볼 때 저본 보다는 『新唐書』의 기록이 정확한 것으로 추정된다.

437) 工部尙書: 隋 文帝시기에 처음 尙書省 工部의 長官으로 설치되었다. 정원은 1명으로 正三品에 해당했다. 唐代에도 계속 설치되었으나 중엽을 지나면서 점차 侍郎이 그의 업무를 대신했다.

438) 『新唐書』에는 楊襲古가 "安西都護"였다고 되어 있다.

439) 頡干利: 頡干迦斯의 잘못된 표기로 보인다. 또한 頡干迦斯 역시 頡于迦斯의 오기라는 점에서 수정이 필요하다.

440) 浮圖川: 지금 新疆維吾爾自治區 吉木薩爾縣 北庭 故址 부근에 있는 하천이다. 일설에는 지금 新疆維吾爾自治區 烏魯木齊市 동쪽에 있는 平原이라고도 한다. 『新唐書』에는 "深圖川"라고 되어 있는데, 저본의 기록이 정확하다.

貞元七年五月庚申朔, 以鴻臚少卿庾鋋兼御史大夫, 冊迴紇可汗及弔祭使. 是月, 迴紇遣使律支達干等來朝, 告小寧國公主薨, 廢朝三日. 故, 肅宗以寧國公主降迴紇, 又以榮王女媵之; 及寧國來歸, 榮王女爲可敦, 迴紇號爲小寧國公主, 歷配英武·英義二可汗. 及天親可汗立, 出居於外, 生英武二子, 爲天親可汗所殺. 無幾薨. 七年八月, 迴紇遣使獻敗吐蕃·葛祿於北庭所捷及其俘畜. 先是, 吐蕃入靈州, 爲迴紇所敗, 夜以火攻, 駭而退. 十二月, 迴紇遣殺支將軍獻吐蕃俘大首領結心, 德宗御延喜門觀之. 八年七月, 以迴紇藥羅葛靈檢校右僕射. 靈本唐人, 姓呂氏, 因入迴紇, 爲可汗養子, 遂以可汗姓爲藥羅葛靈, 在國用事. 因來朝, 寵賚甚厚, 仍給市馬絹七萬匹. 九年九月, 遣使來朝貢.

정원 7년(791) 오월 경신삭에 홍려소경 유연(庾鋋)을 어사대부(御史大夫)를 겸직시켜 책회흘가한급조제사(冊迴紇可汗及弔祭使)로 임명했다. 이 달에 회흘이 율지달간(律支達干)[441] 등을 사신으로 보내 조정에 들어와 소영국공주(小寧國公主)[442]가 돌아갔다고 하니 사흘 동안 조정의 일을 보지 않았다. 예전에 숙종이 영국공주를 회흘에 시집보내면서 또한 영왕(榮王)의 딸 역시 시집을 보냈는데 영국[공주]가 돌아오자 영왕의 딸을 가돈으로 삼고 회흘에서 소영국공주라고 불렀고, [그가] 영무(英武)[443]와 영의(英義)[444] 두 명의 가한과 계속 결혼했다가 천친가한(天親可汗)[445]이 즉위하자 나와서 밖에서 살았다. 영무[가한]과의 사이에서 낳은 두 아들은 천친가한에게 살해되었다. 얼마 지나지 않아 [그 역시] 죽었다.

[정원] 7년(791) 팔월[446]에 회흘이 사신을 보내 북정에서 토번과 갈[라]록을 격파하고 승리해 얻은 가축을 바쳤다.[447] 먼저 토번이 영주(靈州)[448]에 쳐들어와 회흘에게 패배했다가 밤에

---

441) 律支達干: 고대 투르크어로 '위즈(Yüz tarqan)'의 음사로 추정된다.

442) 小寧國公主(?~791): 唐의 공주로 宗室 榮王 李琬의 딸이었다. 寧國公主가 迴紇에 시집갈 때 따라갔다. 이후에 寧國公主가 귀국하자 迴紇 可汗의 可敦이 되었기 때문에 小寧國公主라고 불렀다.

443) 英武可汗: 迴紇의 제2대 可汗인 葛勒可汗의 책봉명인 英武威遠毗伽可汗의 약칭이다.

444) 英義可汗: 迴紇의 제3대 可汗인 牟羽可汗의 책봉명인 登里頡咄登密施含俱錄英義建功毗伽可汗의 약칭이다.

445) 天親可汗: 迴紇의 제4대 可汗인 合骨咄祿毗伽可汗의 책봉명인 汨咄祿長壽天親毗伽可汗의 약칭이다.

446) 『唐會要』에서는 迴鶻이 吐蕃을 北庭에서 격파한 사건을 貞元 7년(791) 9월의 일이라 하고, 『冊府元龜』에서는 貞元 8년(792) 正月의 일이라고 기록해 혼란스럽다.

화공을 하자 놀라서 물러났다. 십이월에 회흘이 살지장군(殺支將軍)을 보내 사로잡은 토번 대수령 [상]결심(尙結心)을 보내자 덕종이 연희문까지 직접 가서 보았다.

[정원] 8년(792) 칠월에 회흘 약라갈령(藥羅葛靈)[449]을 검교[상서]우복야(檢校尙書右僕射)로 임명했는데, [약라갈]령은 본래 당나라 사람으로 성이 여씨(呂氏)로 회흘에 들어가 가한의 양자가 되어 가한의 성을 따서 약라갈령이 되어 나라에서 일을 보았다. [그가] 조정에 들어오게 되자 은사를 심히 후하게 주며 바로 말 값으로 비단 7만 단을 주었다.[450] [정원] 9년(793) 구월에 사신을 보내 조공을 했다.

貞元十一年六月庚寅, 冊拜迴紇騰里邏羽錄沒密施合祿胡毗伽懷信可汗. 元和四年, 藹德曷里祿沒弭施合密毗迦可汗遣使改爲迴鶻, 義取迴旋輕捷如鶻也. 八年四月, 迴鶻請和親, 使伊難珠還蕃, 宴于三殿, 賜以銀器繒帛. 是歲, 迴鶻數千騎至鸊鵜泉, 邊軍戒嚴. 十二月二日, 宴歸國迴鶻摩尼八人, 令至中書見宰臣. 先是, 迴鶻請和親,

447) 迴鶻이 吐蕃으로부터 北庭에 대한 지배권을 빼앗은 사건에 대해서는 기록의 혼란으로 인해 많은 논의가 있었다. 迴鶻이 北庭을 790년대 이후 지배하지 못했다는 기존 일본학계의 田坂興道(1940(a)), 佐藤長(1973), 伊瀨仙太郎(1955)의 입장에 대해, 森安孝夫는 羽田亨(1957)과 安部建夫의 학설(1958)을 이어서 迴鶻의 北庭 지배와 이 지역으로의 移住가 연결된다는 점을 논증하며 에세디(H. Ecsedy, 1964)의 吐蕃 점령설의 근거 역시 百衲本 『舊唐書』의 오류에 불과하다고 지적했다(森安孝夫, 1979: 209~231). 이것 역시 迴鶻의 北庭 진출 과정에서 唐朝와의 관계가 악화되나 궁극적으로 국가 발전의 계기가 되었다는 지적에도 불구하고 中國과의 관계에 초점을 맞추었을 뿐 迴鶻 내부의 변화에 대해서는 언급이 없는 편이다. 실제 迴鶻은 北庭으로의 진출과 함께 얼마 지나지 않아 내적으로 可汗을 배출하는 씨족이 藥羅葛氏에서 跌跌氏로 교체되는 중대한 변화가 나타났을 뿐만 아니라 서부로의 진출을 가속화했다(丁載勳, 1998(b)).

448) 靈州: 北魏 孝昌년간에 설치되었고 治所가 舊薄骨律鎭에 있었다. 北周 시기에 回樂縣이 설치되어 州의 치소가 되었다. 隋 大業 3년(607)에 靈武郡으로 바뀌어 설치되었다. 武德 元年(618)에 靈州로 바뀌었다. 관할 구역은 지금 寧夏回族自治區 中衛, 中寧縣 이북 지역이었다. 開元 이후에 朔方節度使의 관할 하에 있었다. 天寶 元年(742)에 다시 靈武郡이 되었고 乾元 元年(758)에 환원되었다.

449) 『新唐書』에는 "藥羅葛灵"이라고 되어 있다.

450) 『冊府元龜』 卷976에는 7만이 아니라 "十萬"이라고 되어 있는데, 이것은 기록 과정의 착오로 보인다. 또한 『冊府元龜』의 기록을 통해 貞元 7년(791)부터 12년(796)까지 唐朝와 迴鶻의 絹馬貿易 관계를 확인할 수 있는데, 저본에는 이에 대한 기록이 많이 남아 있지 않다.

憲宗使有司計之, 禮費約五百萬貫, 方內有誅討, 未任其親, 以摩尼爲迴鶻信奉, 故使宰臣言其不可. 乃詔宗正少卿李孝誠使于迴鶻, 太常博士殷侑副之, 諭其來請之意.

정원 11년(795) 유월 경인일에 [봉성가한 사후에 국인들의 추대로 즉위한 골돌록(骨咄祿)을][451] 회흘등리라우록몰밀시합록호비가회신가한(迴紇騰里邏羽錄沒密施合祿胡毗伽懷信可汗)[452]으로 책봉했다.[453] 원화(元和) 4년(809) 애덕갈리록몰이시합밀비가가한(藹德曷里祿沒弭施合密毗迦可汗)[454]이 사신을 보내 [국호를] 회골(迴鶻)로 바꾸겠다고 했는데,[455] 그 의미는 돌고 가볍게 뛰어 오르는 것이 송골매와 같다는 것에서 취했다. [원화] 8년(813) 회골이

451) 『新唐書』에는 790년 頡于迦斯였던 骨咄祿이 奉誠可汗이 사망하고 후사가 없자 즉위하게 되었던 사실이 기록되어 있다("十一年, 可汗死, 無子, 國人立其相骨咄祿爲可汗, 以使者來, 詔祕書監張薦持節册拜愛滕里邏羽錄沒蜜施合胡祿毗伽懷信可汗. 骨咄祿本䟫跌氏, 少孤, 爲大首領所養, 辯敏材武, 當天親時數主兵, 諸酋尊畏. 至是, 以藥羅葛氏世有功, 不敢自名其族, 而盡取可汗子孫內之朝廷.").

452) 騰里邏羽錄沒密施合胡祿毗伽懷信可汗(재위: 795~805): 고대 투르크어로 '텡그리데 울룩 볼미쉬 알프 퀼뤽 빌게 懷信 카간(Tengride ulugh bolmïsh alp külüg bilge 懷信 qaghan)'의 음사이다. 그는 迴鶻의 8대 可汗이다. 이 시기에는 唐朝와 迴鶻 사이에 별다른 교섭에 대한 내용이 없는데, 이것은 䟫跌氏이었던 카간이 즉위 초기에 기존의 可汗氏族이었던 藥羅葛氏가 唐朝에 투항한 이후 양국 사이에 우호적인 관계를 유지하지 못했기 때문이라고 추정된다. 그에 비해 현존하는 ≪九姓回鶻愛登里羅汨沒蜜施合毗伽可汗聖文神武碑文≫에는 이 시기 迴鶻이 주로 서방 오아시스지역에 대한 진출에 노력했다는 점을 보여주고 있다. 이것은 懷信可汗이 唐朝와의 관계 보다는 서방으로의 진출을 통한 遊牧帝國의 발전에 노력하고 있었음을 반영한다.

453) 『新唐書』에는 元和 초기 唐朝와 迴鶻의 교섭 내용 중에서 摩尼의 파견과 咸安公主의 사망에 대한 기록이 남아 있다("元和初, 再朝獻, 始以摩尼至. 其法日晏食, 飲水茹葷, 屏湩酪, 可汗常與共國者也. 摩尼至京師, 歲往來西市, 商賈頗與囊橐爲姦. 三年, 來告咸安公主喪. 主歷四可汗, 居回鶻凡二十一歲. 無幾, 可汗亦死, 憲宗使宗正少卿李孝誠册拜愛登里羅汨蜜施合毗伽保義可汗.").

454) 藹德曷里祿沒弭施合密毗迦可汗(805~808): 고대 투르크어로 '아이 텡그리데 볼미쉬 알프 빌게 카간(Ay tengride bolmïsh alp bilge qaghan)'의 음사이다. 迴鶻의 9대 可汗으로 唐朝로부터 保義可汗(재위: 809~821)으로 책봉을 받았다. 『新唐書』에는 그가 永貞 元年(805)에 滕里野合俱錄毗伽可汗으로 책봉되었다고 기록되어 있다("永貞元年, 可汗死, 詔鴻臚少卿孫杲臨弔, 册所嗣爲滕里野合俱錄毗伽可汗.").

455) 사료의 혼란으로 迴紇이라는 국호를 迴鶻로 바꾼 연대에 대해서는 논의가 많았다. 저본에는 809년에 이름을 바꿀 것을 청한 것으로 되어 있으나 『資治通鑑』, 『新唐書』, 『册府元龜』 등에서 貞元 4년(788)으로 기록했을 뿐만 아니라 특히, 『資治通鑑』의 注에서 崔鉉이 『續會要』 "貞元五年七月, 公主至衙帳, 回紇使李義進請改'紇'字爲'鶻'"의 기록을 인용해 변경이 貞元 4년(788)에 있었음을 증명한 것에 의거해볼 때 迴紇에서 迴鶻로 개칭된 것은 貞元 4년(788)이 타당하다.

화친을 청했는데, 사자 이난주(伊難珠)[456]가 회골로 돌아갈 때 삼전에서 연회를 베풀고 은으로 된 그릇과 비단[繒帛]을 내려주었다. 이 해에 회골 수천 기가 벽제천(鸊鵜泉)[457]에 오자 변경의 군대가 대비를 했다.[458] 십이월 2일 귀국하는 회골 마니(摩尼)[459] 여덟 명에게 연회를

---

456) 伊難珠: 고대 투르크어로 '이난추(Inanchu)'의 음사이다.

457) 鸊鵜泉: 달리 拂梯泉이라고 한다. 지금 內蒙古自治區 烏拉特後旗 서북쪽에 위치하고 있는데, 당시 西受降城에서 북쪽으로 300여 리 떨어진 곳에 위치하고 있었다.

458) 『新唐書』에는 元和 8년(813) 唐朝와 迴鶻의 긴장이 고조된 상황에 대한 李絳의 대책이 기록되어 있다(於是振武以兵屯黑山, 治天德城備虜. 禮部尚書李絳奏言: "回鶻盛彊, 北邊空虛, 一爲風塵, 則弱卒非抗敵之夫, 孤城爲不守之地. 儻陛下懷此, 增甲兵, 飭城壘, 中夏長策, 生人大幸也. 臣觀今日處置, 未得其要. 夫邊憂有五, 請歷言之. 北狄貪沒, 唯利是視, 比進馬規直, 再歲不至, 豈厭繒帛利哉? 殆欲風高馬肥, 而肆侵軼. 故外攘內備, 必煩朝廷. 一可憂. 兵力未完, 斥候未明, 戈甲未備, 城池未固, 飾天德則虜必疑, 虛西城則磧道無倚. 二可憂. 夫城保要害, 攻守險易, 當謀之邊將. 今乃規河塞之外, 裁廟堂之上, 虜猝犯塞, 應接失便. 三可憂. 自脩好以來, 山川形勝, 兵戍滿虛, 虜皆悉之. 賊掠諸州, 調發在旬朔外, 其係纍人畜在旦夕內, 比王師至則虜已歸, 寇能久留, 役亦轉廣. 四可憂. 北狄西戎, 素相攻討, 故邊無虞. 今回鶻不市馬, 若與吐蕃結約解仇, 則將臣閉壁憚戰, 邊人拱手受禍. 五可憂. 又淮西吳少陽垂死, 可乘其變, 諸道興發, 役且十倍. 臣謂宜聽其婚, 使守蕃禮, 所謂三利也. 和親則烽燧不驚, 城堞可治, 盛兵以畜力, 積粟以固軍, 一也. 既無北顧憂, 可南事淮右, 申令於垂盡之寇, 二也. 北虜恃我戚, 則西戎怨愈深, 內不得寧, 國家坐受其安, 寇掠長息, 三也. 今捨三利, 取五憂, 甚非計. 或曰降主費多, 臣謂不然. 我三分天下賦, 以一事邊. 今東南大縣賦歲二十萬緡, 以一縣賦爲婚貲, 非損寡得大乎? 今惜婚費不與, 假如王師北征, 兵非三萬·騎五千不能扞且馳也. 又如保十全之勝, 一歲輒罷, 其饋餉供儗, 豈止一縣賦哉?" 帝不聽).

459) 摩尼: 摩尼敎徒 또는 摩尼僧을 지칭한다. 摩尼敎는 3세기에 '빛의 사도' 또는 최고의 '빛을 비추는 자'로 알려진 예언자 마니(Mani: 210?~276)가 사산조 페르시아에서 창시한 이원론적 종교였다. 처음에는 그리스도교, 조로아스터교, 佛敎의 여러 요소를 가미한 이단으로 여겨지기도 했으나, 일관된 교리, 엄격한 제도, 조직을 갖춘 하나의 종교로 자리 잡았다. 그 교의는 광명·선과 암흑·악의 二元論과 진리에 대한 영적인 지식을 통해 구원에 이른다는 靈智主義(Gnoticism)를 근본으로 하고 있다. 다른 모든 형태의 靈智主義처럼 摩尼敎는 기본적으로 인간의 영혼은 타락해서 악의 물질과 섞여 있지만, 영혼 또는 지혜가 이를 해방시킨다고 설명하고 있다. 摩尼敎 공동체는 교리에서 주장하는 엄격한 금욕생활을 따를 수 있는 '선별된 자'와 노동과 기부를 통해 그들을 돕는 '듣는 자'로 나눈다. 그 성례의식의 요소는 기도·자선·단식이며, 죄의 고백과 찬미도 공동체 생활에서 중요하게 여겼다. 처음에 사산조 페르시아로부터 각지에 전파되었는데, 동부로는 조로아스터교의 심한 박해에도 불구하고 교세를 크게 확장해 隋唐時代 중앙아시아지역에 대한 지배력의 확보와 함께 동서교역로를 따라 인도를 거쳐 中國까지 전파되었다. 694년에는 中國 황실에 선교 사절단이 파견되어 732년에는 드디어

〈摩尼敎徒의 집회를 묘사한 벽화〉

베풀고 그들에게 중서[성](中書省)에 가서 재신(宰臣)을 만나게 했다.

이전에도 회골이 화친을 청하면 헌종(憲宗)[460]이 관리들에게 계산해보게 했는데, 예식 비용이 5백만 관이었고 마침 내적으로 토벌할 일이 있어 그 화친의 비용을 감당할 수 없을 뿐만 아니라 회골이 마니[교]를 신봉하고 있기 때문에 재신들이 그들과 화친할 수 없다고 말했다. 이에 조칙을 내려 종정소경(宗正少卿)[461] 이효성(李孝誠)[462]을 회골 사신으로 보내면서 태상박사(太常博士)[463] 은유(殷侑)[464]를 부사로 삼아 그들이 와서 청한 뜻[을 이루지

中國에서 종교의 자유를 허락받았다. 이후 迴紇에 760년대에 전파가 되어 국교로 존숭되었을 뿐만 아니라 迴鶻의 영역 확대와 함께 크게 발전했다. 이후 迴鶻이 붕괴한 이후 동투르키스탄으로 이주하게 되자 이곳에서도 지속적으로 신앙되면서 발전했으나 10세기가 되면서 이 지역에서 佛教가 발전하게 됨에 따라 약화되어 소멸되었다.

迴鶻에 摩尼教가 전파된 것은 中國의 기록에는 남아 있지 않고 현지 몽골에 남아 있는 비문을 통해 그 실상을 파악할 수 있다. 현존하는 ≪九姓回鶻愛登里羅汨沒蜜施合毗伽可汗聖文神武碑≫에는 3대 可汗인 牟羽可汗이 摩尼教徒와 최초로 접촉한 것이 762년에 史朝義의 반란 진압을 위해 직접 원정을 해 洛陽을 함락했을 무렵이라고 기록되어 있다. 그에 따르면 "睿息 등 네 명의 摩尼教 승려가 可汗을 따라서 나라에 들어왔는데, 二祀를 널리 떨쳤고 三際를 통달했다. 하물며 법사는 明門의 道에 妙達했고, 七部에 정통했다. 재능이 바다와 산 같이 높았으며 언변은 흐르는 물과 같았다. 이런 이유로 迴鶻에 正教[摩尼教]를 전파할 수 있었다."라고 되어 있다. 이상의 기록 내용을 통해 迴紇에 대한 摩尼教 전파와 그 역할을 담당했던 소그드 상인들의 존재를 확인할 수 있다(丁載勳, 2000).

460) 唐 憲宗(778~820): 唐代 제11대 皇帝로 이름은 李純으로 처음의 이름은 淳이었다. 順宗의 장자로 貞元 21년(805) 4월에 太子로 책봉되었다. 8월에 宦官 俱文珍 등이 옹립해 황제가 되었다. 杜黃裳, 李吉甫 등을 宰相으로 삼아 律令을 개정하고 科擧制度를 정비하면서 藩鎭을 약화시키려는 노력을 했다. 西川과 江東 등지를 평정하고 裴度를 재상으로 삼아 淮西의 정벌을 시작으로 여타 번진을 약화시켰다. 元和 14년(819)에 淄青 12주를 회복함으로써 代宗 廣德년간 이래 확대되었던 藩鎭의 힘이 이를 통해 약화되어 "元和中興"이라고 했다. 만년에 장생을 꿈꿔 方士를 믿고 金丹을 복용하기도 했고 환관을 많이 죽였다. 元和 15년(820) 正月 환관 陳弘志 등에게 암살당했다. 景陵(지금 陝西省 浦城 서북쪽)에 묻혔고, 시호가 聖神章武孝皇帝였다.

461) 宗正少卿: 北魏, 北齊시기에 大宗正少卿의 준말로 사용되었다. 그 이후부터 唐代에는 宗正寺의 次官이었다. 宗正寺少卿이라고 불리기도 했다. 원래 설치될 때에는 1명이었으나 2명으로 증원되었다. 從四品上에 해당했다. 開元 20년(732)부터는 宗室의 업무를 전담하는 역할을 했다.

462) 李孝誠: 唐代 관리로 元和년간에 宗正少卿에 임명되었고, 8년(813)에 殷侑와 함께 迴鶻에 파견되었다.

463) 太常博士: 원래 朝政과 禮意制度에 참여하고 고문하는 역할을 하는 관리로 秦代에 설치되어 漢代에는 경학전수를 담당했다. 北魏時代에는 제사를 맡았다. 隋唐時代에는 太常寺에 속했고, 정원은 4명이었으며 隋代에는 품계가 從七品, 唐代에는 從七品上이었다.

464) 殷侑(767~838): 唐代 관리로 陳郡(지금 河南省 淮陽) 사람이었다. 明經科 출신으로 역대 禮制의 연혁

못한 이유]를 설명해 주었다.

長慶元年, 毗伽保義可汗薨, 輟朝三日, 仍令諸司三品已上官就鴻臚寺弔其使者. 四月, 正衙冊迴鶻君長爲登羅羽錄沒密施句主錄毗伽可汗, 以少府監裴通爲檢校左散騎常侍·兼御史大夫, 持節冊立·兼弔祭使. 五月, 迴鶻宰相·都督·公主·摩尼等五百七十三人入朝迎公主, 於鴻臚寺安置. 敕: 太和公主出降迴鶻爲可敦, 宜令中書舍人王起赴鴻臚寺宣示; 以左金吾衛大將軍胡証檢校戶部尙書, 持節充送公主入迴鶻及冊可汗使; 光祿卿李憲加兼御史中丞, 充副使; 太常博士殷侑改殿中侍御史, 充判官. 吐蕃犯青塞堡, 以迴紇和親故也. 鹽州刺史李文悅發兵擊退之. 迴鶻奏: 「以一萬騎出北庭, 一萬騎出安西, 拓吐蕃以迎太和公主歸國.” 其月敕: “太和公主出降迴紇, 宜特置府, 其官屬宜視親王例.」

장경(長慶) 원년(821) 비가보의가한(毗伽保義可汗)[465]이 죽자 사흘 동안 조정의 일을 보지 않고 관리 3품 이상 관리에게 홍려시에 가서 그 사자에게 조문을 하게 했다. 사월에 [황제가] 전정에서 회골 군장을 등라우록몰밀시구주록비가가한(登羅羽錄沒密施句主錄毗伽可汗)[466]으로 책봉해 주고, 소부감(少府監)[467] 배통(裴通)을 검교좌산기상시(檢校左散騎常侍) 겸 어사

에 정통했다. 元和년간에 太常博士가 되어 迴紇에 화친 사절로 파견되었다. 寶曆년간에는 외직으로 나가 洪州(지금 江西省 南昌)刺史 등을 역임했다. 大和 원년(827)에 李同捷이 반란을 일으키자 그를 토벌했다. 大和 3년(829)에 滄州行軍司馬가 되었다. 얼마 후 滄, 齊, 德州(지금 河北省 滄州 동남쪽) 三州觀察使가 되어 지역을 안정시키는데 노력해 큰 성과를 거두었다. 大和 6년(832) 鄆州(지금 山西省 東平)刺史, 天平軍節度使가 되어 중앙에 兩稅와 榷酒 등과 관련된 세금을 15만 관, 粟 5만 석을 조달했다. 大和 9년(835)에 刑部尙書가 되었다(『舊唐書』卷165「殷侑傳」: 4320).

465) 毗伽保義可汗(재위: 808~821): 迴鶻의 제10대 可汗으로 고대 투르크어로 '텡그리데 쿠트 볼미쉬 알프 빌게 카간(Tengride qut bolmïsh alp bilge qaghan: 登里羅沒蜜施合毗伽可汗)'의 약칭이었다.

466) 登羅羽錄沒密施句主錄毗伽可汗(재위: 821~824): 迴鶻의 제11대 可汗으로 고대 투르크어로 '텡그리데 울룩 볼미쉬 쿠틀룩 빌게 카간(Tengride ulugh bolmïsh qutlugh bilge qaghan)'의 음사이다. 唐朝로부터 821년에 崇德可汗(재위: 821~824)로 책봉되었다.

467) 少府監: 少府 즉, 手工業과 制度를 담당하는 부서의 장관으로 隋 大業 3년(67)에 설치되었고, 少府監監이라고도 한다. 1명으로 從三品이었고, 이후에 少府令으로 바뀌었다가 貞觀 元年(627)에 다시 설치되었다. 高宗 이후 이름이 바뀌었다가 본래로 돌아왔다.

대부로 삼아 부절을 갖고 책립하면서 조문하는 사신을 맡게 했다. 오월에 회골 재상, 도독, 공주, 마니 등 573명이 공주를 맞이하기 위해 조정에 들어오자 홍려시에 안치시켰다. [그리고] 조칙을 내려 말했다. "태화공주(太和公主)[468]가 회골에 시집을 가서 가돈이 되니 마땅히 중서사인 왕기(王起)[469]를 홍려시에 보내 알리게 하고, 좌금오위대장군(左金吾衛大將軍)[470] 호증(胡証)[471]을 검교호부상서(檢校戶部尙書),[472] 지절충송공주입회골급책가한사(持節充送公主入迴鶻及册可汗使)로 삼으라. 광록경(光祿卿)[473] 이헌(李憲)[474]을 어사중승(御史中丞)을 더해 부사(副使)로 삼으라. 태상박사 은유를 전중시어사(殿中侍御史)[475]로 바꾸어 판관(判官)[476]을 맡도록 하라. 토번이 청새보(青塞堡)[477]를 공격한 것은 [당조가] 회흘과 화친했기

468) 太和公主: 憲宗의 딸로 定安公主였다. 그는 迴鶻로 시집가서 可敦이 되었다.

469) 王起(760~847): 唐代 宰相으로 字는 擧之였다. 貞元년간에 進士가 되어 宰相 李吉甫가 淮南에 진주하고 있을 때 監察充掌書記가 되었다가 조정에 들어와 殿中이 되었다. 穆宗 長慶년간에 禮部侍郎이 되었고, 武宗시기에 吏部侍郎, 兵部尙書 兼太子侍讀을 역임했고, 山南節度使에 충임이 되었다. 會昌 초기에는 興元尹 兼同平章事로 충임이 되었다.

470) 「突厥傳」 譯註의 '左金吾衛大將軍'에 대한 자세한 설명을 참조.

471) 胡証(754~825): 唐代의 大臣으로 字는 啓中이고, 河中 河東(지금 山西省 永濟)사람이었다. 元和년간에 進士가 되어 戶部郎中이 되었고, 諫議大夫, 振武軍節度使가 되었다가 金吾大將軍으로 발탁되었다. 太和公主를 모시고 迴鶻에 갔고, 이후 寶曆(825~827)년간에 嶺南節度使가 되었다(『舊唐書』 卷163 「胡証傳」: 4259).

472) 戶部尙書: 尙書省 戶部의 長官으로 정원은 1명 正三品에 해당했다. 土地戶籍, 財稅錢穀, 倉廩庫藏 등의 업무를 담당했다. 점차 使職이 등장하면서 그 역할이 약화되었다. 따라서 점차 侍郎이 그 업무를 담당하게 되었다.

473) 光祿卿: 北齊에서 光祿寺의 長官으로 설치되었고, 주로 궁전의 문, 장막기물, 百官朝會膳食 등을 담당했다. 품계는 三品에 해당되었는데, 隋唐時代에는 從三品이었다. 高宗, 武則天 시기에 司宰正卿, 司膳卿 등으로 불리기도 했다.

474) 李憲(767~829): 唐代 관리로 太原府 參軍, 鹽泉(지금 陝西省 禮泉)縣尉, 衛州(지금 河南省 新鄕)刺史, 宗正少卿, 檢校散騎常侍, 兼太府卿, 洪州(지금 江西省 南昌)刺史, 江西觀察使, 嶺南節度使 등을 역임했다. 穆宗시대에 太和公主를 모시고 迴鶻에 갔다가 돌아와 『入蕃道里記』를 저술해 바쳤다.

475) 殿中侍御史: 달리 殿中御史라고도 한다. 三國時代 불법을 규찰하는 일로 시작되어 北魏時代에는 宿衛禁兵을 맡았다. 이후 隋代에는 殿內侍御史가 되었다가 다시 원래대로 바뀌었다. 정원은 6명, 從七品下에 해당했다.

476) 判官: 唐代 使府에 설치한 幕職이었다. 採訪·節度·觀察·招討·經略·防禦·團練·支度·營田·監軍 등 使職에 설치되었다. 使府의 일상적인 사무를 처리했다. 권력과 임무가 중해 幕府에서 上佐의 지위에 있었고, 심지어 留後로 충임 되기도 했다. 五代때 判官이 州郡의 일을 처리해 州府의 職官이 되었다.

477) 青塞堡: 지금 寧夏回族自治區 靈武 서남쪽에 위치하고 있다.

때문이었다. 염주[478]자사(鹽州刺史) 이문열(李文悅)[479]이 군대를 내서 격퇴하게 하도록 하라." 회골이 아뢰었다. "1만 기로 북정에서 출동하고, 1만 기로 안서에서 출동해서 토번을 꺾고 태화공주를 맞이해 귀국하겠습니다." 그 달에 조칙을 내려 말했다. "태화공주가 회골로 시집을 가니 마땅히 특별한 부서를 설치하는데, 그 관속은 반드시 친왕의 예에 따르게 하여라."

迴紇自咸安公主歿後, 屢歸款請繼前好, 久未之許. 至元和末, 其請彌切, 憲宗以北虜有勳勞於王室, 又西戎比歲爲邊患, 遂許以妻之. 旣許而憲宗崩. 穆宗卽位, 踰年乃封第十妹爲太和公主, 將出降, 迴紇登邏骨沒密施合毗伽可汗遣使伊難珠·句錄都督思結并外宰相·駙馬·梅錄司馬, 兼公主一人·葉護公主一人, 及達干并駝馬千餘來迎. 太和公主發赴迴紇國, 穆宗御通化門左个臨送, 使百僚章敬寺前立班, 儀衛甚盛, 士女傾城觀焉. 十一月, 振武節度張惟清奏「準詔發兵三千赴蔚州, 數內已發一千人訖, 餘二千人, 待太和公主出界卽發遣.」又奏:「天德轉牒云: 迴鶻七百六十人將駝馬及車, 相次至黃蘆泉迎候公主.」豐州刺史李祐奏:「迎太和公主迴鶻三千於柳泉下營拓吐蕃.」

회흘은 함안공주가 죽은 이후 여러 번 귀부해 과거의 우호 관계를 이어가기를 청했으나 오래 동안 허락을 받아내지 못했다. 원화년간 말에 이르러 그 요청이 더욱 간곡하게 되자 헌종이 회골[北虜]이 왕실에 공을 세운 바가 있고, 또한 토번[西戎]이 매년 변경의 걱정거리가 된다고 하면서 마침내 시집보낼 것을 허락했다. 이미 허락했으나 헌종이 붕어해버렸다. 목종(穆宗)[480]이 즉위해 해를 넘겨 열 번째 누이를 태화공주로 삼아 장차 시집을 보내려고 하자

478) 鹽州: 西魏 廢帝 3년(554)에 西安州가 바뀌어 설치되었다. 治所가 五原縣(지금 陝西省 定邊縣)에 있었다. 隋 大業 3년(607)에 鹽川郡으로 바뀌었다가 唐初에 다시 원래의 鹽州로 환원되었다. 天寶 元年(742)에 다시 五原郡으로 바뀌었다가 乾元 元年(758)에 다시 鹽州가 되었다. 建中 이후 吐蕃에 속했다가 建元년간에 회복했다.

479) 李文悅: 唐代 藩鎭의 將軍으로, 劉辟의 부장이었다. 憲宗 元和 元年(806)에 반란을 일으켰으나 神策軍使 高崇文이 蜀을 평정하자 3천의 군사를 이끌고 투항했다. 이후에 鹽州刺史로 역할을 했다.

480) 唐 穆宗(795~824, 재위 820~824): 唐朝 제12대 황제로 이름은 李恒, 憲宗의 세 번째 아들이었다.

회흘 등라골몰밀시합비가가한(登邏骨沒密施合毗伽可汗)[481]이 사신으로 이난주(伊難珠) 구록도독사결병외재상(句錄都督思結并外宰相) 부마(駙馬) 매록사마(梅錄司馬),[482] 그리고 공주 한 사람, 엽호공주(葉護公主) 한 사람, 그리고 달간과 낙타와 말 천여 마리를 보내 맞이하게 했다. 태화공주가 회흘 나라로 떠나려고 할 때 목종이 친히 통화문(通化門)[483] 좌측까지 와서 환송하면서 백관을 장경사(章敬寺)[484] 앞에 도열하게 했는데, 그 의장이 심히 성대해 남녀 백성들이 모두 와서 구경을 했다.

십일월 진무절도[사] 장유청이 아뢰어 말했다. "조칙에 따라 군사 3천 명을 울주(蔚州)[485]로 보내야 하는데, 여러 번 내부에서 이미 천여 명을 징발했으니 나머지 2천 명은 태화공주가 국경을 빠져 나가기를 기다려 징발해 보내겠나이다." 또한 아뢰었다. "천덕[군](天德軍)[486]에

처음에 이름을 宥라고 하고 建安郡王이 되었다가 이후에 왕으로 책봉되었다. 元和 7년(812)에 태자가 되면서 이름을 恒으로 바꾸었다. 憲宗이 죽은 다음 환관 王守澄 등의 추대로 황제가 되었다. 국사에 관심이 없어 藩鎭의 할거가 더욱 가속화되었다. 長慶 원년(821)에 吐蕃과 회맹을 했고, 그 다음에 十一月에 擊鞠을 하다가 병이 나자 王守澄과 宰相 李逢結 등이 권력을 장악하였고 4년 正月에 독살되었다. 사후에 光陵(지금 陝西省 浦城 북쪽)에 묻혔다. 시호는 睿聖文惠孝皇帝였다.

481) 登邏骨沒密施合毗伽可汗: 迴鶻의 제12대 可汗으로 고대 투르크어로 '텡그리데 쿠트 볼미쉬 알프 빌게 카간(Tengride qut bolmïsh alp bilge qaghan)'의 음사이다. 唐朝로부터 825년에 昭禮可汗(재위: 824~833)으로 책봉을 받았다.

482) 伊難珠 句錄都督思結并外宰相 駙馬 梅錄司馬: 迴鶻과 中國의 관칭이 혼용되어 있는데, 관칭으로 고대 투르크어로 '이난추 퀼룩 투툭(Inanchu külüg tutuq) 思結并外宰相 駙馬 부의룩(buyïruq) 司馬'의 음사이다. 『新唐書』에는 "伊難珠句錄都督思結"라고 되어 있다.

483) 通化門: 唐 長安外郭城 東面 偏北門이다. 隋初에 만들어졌는데, 至德 2년(757)에 達禮門으로 이름이 바뀌었고 이후에 다시 원래의 이름으로 바뀌었다. 문 위에는 누각이 있고 세 개의 통로가 있었다. 遺址는 지금 西安市 長樂西路 陝西省 火電公司 동남쪽 귀퉁이에 있다.

484) 章敬寺: 지금 陝西省 西安市 동쪽 唐代 通化門 밖에 있는 사찰이다.

485) 蔚州: 北魏 永安년간에 懷荒(지금 河北省 張北縣)과 御夷(지금 河北省 赤城縣 북쪽) 두 곳의 鎭에 설치되었고, 그 다음에 치소가 지금의 山西省 平遙縣 서북쪽으로 이동했고, 北周시대에는 靈丘縣(지금 山西省 靈丘縣)으로 옮겼다. 隋 大業년간에 폐지되었다. 唐 武德 6년(623)에 다시 설치되어 치소가 陽曲縣(지금 山西省 太原市 북쪽 陽曲鎭)에 있었다가 이듬해 繁畤縣(지금 繁畤縣 서쪽)으로 이동했다가 8년(625)에 秀容縣 북쪽 恒州城(지금 忻州市 서북쪽)으로 치소가 이동했다. 貞觀 5년(631)에 다시 치소를 靈丘縣으로 옮겼고 開元 초기에 다시 安邊縣(지금 河北省 蔚縣)으로 옮겼다.

486) 天德軍: 唐代 屯防 단위의 명칭으로 武德 3년(620)에 大同川(지금 內蒙古自治區 烏拉特前旗 동북쪽)에 설치되었는데, 豊州에 있는 三受降城을 방어하기 위함이었다. 이후에 水濟柵(지금 內蒙古自治區 烏拉特前旗 동북쪽)으로 옮겼다가 다시 西受降城(지금 內蒙古自治區 烏拉特前旗 서남쪽)으로 이동했다. 元和

서 보내온 편지에서 '회골 760명이 낙타와 말, 그리고 수레를 끌고 이어 황로천(黃蘆泉)[487]에 이르러 공주를 맞기를 기다리고 있습니다.'라고 말했습니다." 풍주자사(豐州刺史)[488] 이우(李祐)가 아뢰었다. "태화공주를 맞이하기 위해 회골 3천 명이 유천(柳泉)[489]에서 군영을 짓고 토번과 대결하고 있습니다."

二年二月, 賜迴紇馬價絹五萬匹. 三月, 又賜馬價絹七萬匹. 是月, 裴度招討幽·鎮之亂, 迴鶻請以兵從度討伐. 朝議以實應初迴紇收復兩京, 恃功驕恣難制, 咸以爲不可, 遂命中使止迴紇令歸. 會其已上豐州北界, 不從止. 詔發繒帛七萬匹賜之, 方還. 五月, 命使冊立登囉骨沒密施合毗伽昭禮可汗, 遣品官田務豐領國信十二車使迴鶻, 賜可汗及太和公主.

[장경] 2년(822) 이월 회흘에 말 값으로 비단 5만 필을 내려주었다. 삼월에 또 말 값으로 비단 7만 필을 내려주었다. 이 달에 배도(裴度)[490]가 유[주](幽州)[491]와 진[주](鎭州)[492]의

9년(814)에 大同川으로 다시 이동했다.

487) 黃蘆泉: 지금 山西省 聞喜縣 동쪽에 위치하고 있는 우물이다.

488) 豐州: 隋 開皇 5년(585)에 永豐鎭이 승격되어 설치되었으며, 治所가 九原縣(지금 內蒙古自治區 烏拉前旗 서북 小召鄕 土城村의 古城이며 혹자는 五原縣 서남쪽 黃河의 北岸이라고도 한다)에 있었다. 관할 구역은 지금 內蒙古自治區 오르도스 서북부와 이북 일대에 해당한다. 大業 初 五原郡으로 改稱되었다가 후에 폐치되었다. 唐 貞觀 4년(630)에 다시 설치되었으나 貞觀 11년(637)에 廢置되었고, 貞觀 23년(649)에 다시 설치되었다. 永徽 4년(653)에는 九原縣이 州의 治所가 되었다. 天寶 元年(742)에 九原郡으로 改稱되었다가 乾元 元年(758)에 환원되었다.

489) 柳泉: 지금 甘肅省 鎭原縣에 위치한 곳으로 추정된다.

490) 裴度(765~839): 唐代 宰相으로 字는 中立이고, 河東 聞喜(지금 山西省 聞喜 동북쪽) 사람이었다. 貞元 년간에 進士가 되어 河陰縣尉를 제수 받았다. 監察御史로 옮겨갔다가 御史中丞으로 승진했다. 憲宗시대에 削藩에 노력해 宰相이 되었다. 元和 12년(817)에 군대를 거느리고 蔡州를 격파해 吳元濟를 사로잡음으로써 河北 藩鎭을 정부에 복종하게 만들었다. 이로 인해 藩鎭의 할거 국면이 일시 소강상태가 되었다. 만년에 宦官들이 정권을 장악하게 됨에 따라 관직에서 물러나 洛陽에서 거주했다(『舊唐書』 卷170 「裴度傳」: 4413).

491) 幽州: 隋 大業初에 涿郡이라 개칭되었다가 武德 元年(618)에 다시 幽州로 바뀌었다. 관할 구역은 지금 北京市와 通縣, 房山區, 大興縣, 天津市 武淸縣, 河北省 易縣, 永淸縣, 安次縣 등에 해당한다. 唐後期에는 方鎭의 명칭으로 사용되었다. 開元 2년(713)에 幽州節度經略鎭守使를 설치하고 治所를 幽州에 두었다.

반란을 진압하려고 했는데, 회골이 군대를 이끌고 [배]도와 함께 토벌하기를 청했다. 조정의 의론에서 보응년간 초기에 회흘이 양경을 수복한 공을 믿고 교만하게 굴어 행동을 제지하기 어려웠기 때문에 모두가 불가하다고 하자 결국 사신에게 명령해 회흘에게 멈추고 돌아가라고 명령을 했다. [회흘이] 마침 이미 풍주 북쪽 경계에 와있어서 멈추라는 지시에 따르지 않았다. [황제가] 조칙을 내려 비단을 7만 필 징발해 주라고 하자 비로소 돌아갔다.

[경종(敬宗)[493]이 즉위한 해(824년)에 가한이 죽자] 오월에 사자를 보내 등라골몰밀시합비가소례가한(登囉骨沒密施合毗伽昭禮可汗)[494]으로 책봉해주면서 품관(品官) 전무풍(田務豐)에게 나라의 서신과 12[495] 수레를 회골에 보내 가한과 태화공주에게 주라고 명령했다.

長慶二年閏十月, 金吾大將軍胡証·副使光祿卿李憲·婚禮使衛尉卿李銳·副使宗正少卿李子鴻·判官虞部郎中張敏·太常博士殷侑送太和公主至自迴紇, 皆云: 初, 公主去迴紇牙帳尚可信宿, 可汗遣數百騎來請與公主先從他道去. 胡証曰: 「不可.」 虜使曰: 「前咸安公主來時, 去花門數百里卽先去, 今何獨拒我?」 証曰: 「我天子詔送公主以授可汗, 今未見可汗, 豈宜先往!」 虜使乃止. 旣至虜庭, 乃擇吉日, 冊公主爲迴鶻可敦. 可汗先升樓東向坐, 設氈幄於樓下以居公主, 使群胡主教公主以胡法. 公主始解唐服而衣胡服, 以一嫗侍, 出樓前西向拜. 可汗坐而視, 公主再俯拜訖, 復入氈幄中, 解前所服而披可敦服, 通裾大襦, 皆茜色, 金飾冠如角前指, 後出樓俯拜可

天寶 元年(742)에 范陽節度使로 고쳤다. 寶應 元年(762)에 다시 幽州로 바뀌고 盧龍節度使가 겸했다.

492) 鎭州: 元和 15년(820)에 穆宗 李恒의 이름을 忌諱해 恒州로 바뀌어 설치되었고, 治所가 眞定縣(지금 河北省 正定縣)에 있었다. 관할 구역은 지금 河北省 石家莊市와 正定, 藁城, 靈壽, 行唐, 井陘, 阜平, 栾城, 平山縣 등지였다.

493) 唐 敬宗(809~827, 재위 824~827): 唐朝 제13대 황제로 이름은 李湛이었다. 穆宗의 장자로 처음에 景王으로 봉해졌다. 長庆 2년(822)에 태자가 되었고, 4년(824) 正月에 즉위했다. 노는 것을 좋아했는데, 寶歷 2년(826에 환관에게 살해되었다. 莊陵(지금 陝西省 三原 서북쪽)에 묻혔다. 시호는 睿武昭愍孝皇帝였다.

494) 登囉骨沒密施合毗伽昭禮可汗(재위: 824~832): 고대투르크어로 '텡그리데 볼미쉬 알프 빌게 昭禮 카간(Tengride qut bolmïsh alp bilge)qaghan)'의 음사이다. 일반적으로 줄여서 昭禮可汗이라고 칭한다. 迴鶻의 제12대 可汗이다.

495) 『新唐書』에는 "二十"이라고 되어 있다.

汗如初禮. 虜先設大輿曲扆, 前設小座, 相者引公主升輿, 迴紇九姓相分負其輿, 隨日右轉於庭者九, 公主乃降輿升樓, 與可汗俱東向坐. 自此臣下朝謁, 并拜可敦. 可敦自有牙帳, 命二相出入帳中. 証等將歸, 可敦宴之帳中, 留連號啼者竟日, 可汗因贈漢使以厚貺.

장경 2년(822) 윤시월 [좌]금오[위]대장군(左金吾衛大將軍) 호증, 부사 광록경 이헌(李憲), 혼례사(婚禮使) 위위경(衛尉卿)[496] 이예(李銳), 부사 종정소경 이자홍, 판관우부랑중(判官虞部郎中) 장민(張敏), 태상박사 은유가 태화공주를 보내드리고 회흘에서 돌아와 모두 말했다. "이전에 공주가 회흘 아장에서 여전히 몇 일 더 가야할 만큼 떨어져 있을 때 가한이 수백 기를 보내 공주와 먼저 다른 길을 가겠다고 청했습니다. 호증이 '그렇게 할 수 없다.'라고 말했습니다. 회흘사신이 '이전에 함안공주가 왔을 때에도 화문(花門)에서 수백 리나 떨어진 곳에서 먼저 갔는데, 지금 어찌 홀로 나의 말에 거부하는가?'라고 했습니다. [호]증이 '우리 천자께서 조칙을 내려 공주를 가한에게 보내드리라고 말씀하셨는데, 어찌 가한을 만나지도 않고 먼저 갈 수 있겠는가?'라고 했습니다. 이에 회흘 사자가 멈추었습니다. 이미 [공주가] 회흘의 아장에 도착하자 바로 좋은 날을 골라 공주를 회골 가돈으로 책봉했습니다. 가한이 먼저 누대의 동쪽에 올라 앉아 누대 아래에 펠트로 된 천막을 설치하고 공주를 살게 한 다음에 여러 호인의 추장[群胡主]을 시켜 공주에게 회골의 법도[胡法]를 가르쳐주었습니다. 공주가 비로소 당나라 옷을 벗고 돌궐의 옷을 입고 한 명의 부인이 시봉을 받아 누대 앞으로 나아가 서쪽을 향해 절을 했습니다. 가한이 앉아서 보다가 공주가 다시 서쪽으로 향해 절을 한 다음에 다시 펠트 천막 안으로 들어가 이전의 옷을 벗고 가돈의 옷을 입었는데 넓은 소매와 큰 상의가 모두 붉은 색이고 금으로 장식한 관은 마치 뿔이 앞을 가리켰고, 그 다음에 펠트 천막에서 나와 가한을 향해 처음의 예처럼 절했습니다. 회흘이 먼저 큰 수레를 구부려 전면에 작은 자리를 마련하고, 돕는 사람이 공주를 끌어와서 수레에 태우고 회흘 구성이 서로 그 수레

496) 衛尉卿: 衛尉寺의 長官으로 품계가 從三品이었다. 後漢, 魏晉時代에 衛尉의 존칭이었다가 南朝 梁代에 비로소 정식 관칭이 되었다. 北齊시대에 비로소 衛尉寺의 長官이 되었다. 지위가 九卿의 하나였다. 開皇 12년(592)에 다시 설치되었다. 煬帝가 從三品으로 지위로 바꾸었는데, 唐代에도 그대로 유지되었다. 의장과 무기 창고 등의 사무와 병부에 명령을 전달하는 일을 담당했다.

끄는 것을 맡아 해를 따라 아장에서 오른쪽으로 아홉 바퀴를 돈[497] 다음 공주가 바로 수레를 내려 누대에 올라 가한과 함께 동쪽을 보고 앉았습니다. 이로부터 신하들로부터 알현을 받고 또한 가돈에게 절을 했습니다. 가돈이 자기의 아장을 갖고 두 명의 상(相)[498]을 아장 안으로 출입하게 했습니다. [호]증 등이 장차 돌아오려고 할 때 가돈이 아장 안에서 연회를 베풀어주니 머무르면서 하루도 넘게 울었는데, 때문에 가한이 당나라 사신에게 많은 예물을 주었습니다."

大和元年，命中使以絹二十萬匹付鴻臚寺宣賜迴鶻充馬價．三年正月，中使以絹二十三萬匹賜迴紇充馬價．七年三月，迴紇李義節等將駝馬到，且報可汗三月二十七日薨，已冊親弟薩特勤．廢朝三日，仍令諸司文武三品·尚書省四品以上官就鴻臚寺弔其使者．以左驍衛將軍·皇城留守唐弘實爲金吾將軍兼御史大夫，持節充入迴鶻弔祭冊立使．九年六月，入朝迴鶻進太和公主所獻馬射女子七人，沙陀小兒二人．開成初，其相有安允合者，與特勤柴革欲簒薩特勤可汗，薩特勤可汗覺，殺柴革及安允合．又有迴鶻相掘羅勿者，擁兵在外，怨誅柴革·安允合，又殺薩特勤可汗，以㕎馺特勤爲可汗．有將軍句錄末賀恨掘羅勿，走引黠戛斯領十萬騎破迴鶻城，殺㕎馺，斬掘羅勿，燒蕩殆盡，迴鶻散奔諸蕃．有迴鶻相馺職者，擁外甥龐特勤及男鹿并遏粉等兄弟五人·一十五部西奔葛邏祿，一支投吐蕃，一支投安西．又有近可汗牙十三部，以特勤烏介爲可汗，南來附漢．

대화(大和) 원년(827) 사신에게 명령해 비단 20만 필을 홍려시에 운반시켜 회골에게 주어 말 값으로 충당하게 했다. [대화] 3년(829) 정월 사신이 비단 23만 필을 회흘에게 주어 말 값[499]으로 충당하게 했다. [대화] 7년(833) 삼월 회흘의 [사자] 이의절(李義節) 등이 낙타와

497) 突厥의 경우에도 可汗이 즉위할 때 아홉 바퀴를 도는 의식을 했는데, 迴鶻 可敦의 즉위 의식에서도 이상과 같은 동일한 의례가 행해졌다(護雅夫, 1992: 387~89; 『周書』 卷50 「異域傳」 "其主初立, 近侍重臣等輿之以氈, 隨日轉九回, 每一回, 臣下皆拜. 拜訖, 乃扶令乘馬, 以帛絞其頸, 使纔不至絕, 然後釋而急問之曰: "你能作幾年可汗?" 其主旣神情瞀亂, 不能詳定多少.").

498) 相: 迴鶻의 관칭인 '부의룩(Buyïruq)'의 중국식 표현이다.

499) 唐朝와 迴鶻의 絹馬貿易에 관한 기존 연구에서 가장 중요한 논쟁거리는 말과 비단의 교환 比價 계산 방식이었다. 연구자 간에 입장 차이가 나타나게 된 이유는 750년대 양국 간의 공식 교환 비율이었던

말을 갖고 와서 또한 가한이 삼월 27일에 죽어 이미 친동생 살특근(薩特勤)[500]이 책립되었다고 보고했다. 사흘 동안 조정의 일을 보지 않고 바로 제사(諸司)의 문무 3품 이상과 상서성(尙書省)[501] 4품 이상 관리에게 홍려시에 가서 그 사자에게 조문하라고 명령했다. 좌효위장군(左驍衛將軍)[502] 황성유수(皇城留守)[503] 당홍실(唐弘實)[504]을 금오장군 겸 어사대부로 하여 지절충입회골조제책립사(持節充入迴鶻弔祭册立使)로 삼았다.[505] [대화] 9년(835) 유월에 조정에 들어온 회골이 태화공주가 바친 말을 타고 활을 쏘는 여인 7명과 사타의 어린이 2명을 바쳤다.

개성(開成) 초년(839)에 [회골] 재상 안윤합(安允合)[506]이 특근시혁(特勤柴革)과[507] 살특

말 1필: 비단 40필의 비율이 元和年間 즉, 9세기에 들어오면서 바뀌었기 때문이다. 『白氏長慶集』卷40에 실려 있는 「與回鶻可汗書」의 내용에서 말 2만 필에 비단 55만 필이 교환되었다는 기록을 해석하면서, 陳寅恪은 44필로 계산했고, 岑仲勉은 교환비가보다는 기록 자체에 문제를 제기하면서 55만 필이 아니라 25만 필로 기록되어야 마땅하다고 지적했다. 한편 이 문제에 대해 馬俊民은 교환 비율이 50필로 상승했다는 입장을 취했는데(馬俊民, 1984: 71~73), 벡크위드(Beckwith)는 그와 달리 唐朝 내내 평균이 비단 38필 정도라고 추정했다(Beckwith, 1991: 192) 또한 絹馬貿易의 문제 중에서 중요하게 다루어진 것은 唐朝의 재정에 끼친 영향이었다. 벡크위드의 계산에 따르면, 전체 財政에서 말 구입비용이 차지한 비중이 天寶年間에 4.6%에서 839년이 되면 14.09%로 증가했다고 했다(Beckwith, 1991: 195). 唐朝와 迴鶻의 絹馬貿易 내용을 표로 정리한 것은 橫山貞裕(1971: 170~171)의 연구를 참조할 수 있다.

500) 薩特勤(재위: 832~839): 『新唐書』에 "胡特勤"이라고 기록되기도 하는데, 이는 고대 투르크어로 '퀼 테긴(Kül tegin)'의 음사로 추정된다. 그는 833년에 즉위해 唐朝로부터 彰信可汗이라고 책봉을 받았는데, 그 자신은 고대 투르크어로 '아이 텡그리데 쿠트 볼미쉬 알프 퀴췰뤽 빌게 카간(Ay tengride qut bolmïsh alp küčlüg bilge qaghan: 登里羅沒蜜施合句主錄毗伽可汗)'이라고 했다.

501) 尙書省: 官署의 명칭으로 後漢시대에 처음 禁中에 설치되었다가 政務를 담당했다. 中臺라고 불렸다가 三國 曹魏에서 비로소 尙書省이라고 바뀌었고, 중앙의 정무를 집행하는 外朝 기관이 되었다. 이후에도 이어지다가 唐代에 文昌臺, 都臺, 中臺 등으로 이름이 바뀌었다가 다시 환원되었다. 長官이 尙書令이었고, 副長官이 左右僕射였다. 그 예하에 六部가 설치되었다.

502) 左驍衛將軍: 左驍衛의 次官으로 品階는 從三品이었다.

503) 皇城留守: 留守는 원래 隋代 陪都였던 太原에 설치되었는데, 宮闕을 지키는 역할을 했다. 唐 貞觀 19년(645)에 太宗이 遼東으로 원정을 할 때 房玄齡이 京城을 留守하도록 했는데, 그 이후 皇帝가 皇城에 없을 때 설치되었다. 開元 11년(723)에는 北都 太原 太原尹으로 하여금 이 직을 맡게 하고 三都留守라고 했다. 京城과 陪都의 軍政大事를 담당했다. 皇城留守는 그의 하나였다.

504) 唐弘實: 唐代 大臣으로 文宗 시기에 右金吾衛大將軍이었고, 大和 7년(833)에 명을 받아 迴鶻에 사신으로 파견되어 可汗을 책봉했다.

505) 『新唐書』에는 "遣左驍衛將軍唐弘實與嗣澤王溶持節册爲愛登里囉汨沒蜜施合句錄毗伽彰信可汗"이라고 하여 迴鶻의 胡特勤 책봉 기록이 조금 다르다.

근가한(薩特勤可汗)을[508] 찬탈하려고 했으나 살특근가한이 [이를] 깨닫고 시혁과 안윤합을 죽여 버렸다. 또한 회골 상(相) 굴라물(掘羅勿)[509]이 군대를 이끌고 밖에 있다가 시혁과 안윤합을 죽인 것에 원한을 품고 살특근가한을 죽이고 개삽특근(㕎馺特勤)[510]을 가한으로 삼았다. 장군(將軍)[511] 구록말하(句錄末賀)[512]가 굴라물에게 원한을 품고 도망가 힐알사(黠戛斯)[513]가 이끄는 10만 기를 끌어들여 회골성(迴鶻城)[514]을 격파한 다음 개삽[특근]을 죽이고

506) 安允合: 安이라는 성을 갖고 있다는 점에서 소그디아나[昭武九姓]의 오아시스인 부하라(Bukhara) 출신으로 추정된다. 당시 조정 내에 정무를 담당하는 소그드 인들이 많았다는 점에서 그 역시 그런 일을 담당하고 있었던 인물의 하나로 추정된다.

507) 特勤柴革: 고대 투르크어로 '테긴 칙시(Tegin chigsi)'의 음사로 추정된다.

508) 彰信可汗(833~839)이다.

509) 掘羅勿: 고대 투르크어로 '퀴레뮈르(Küremür)'의 음사로 추정된다. 九姓迴鶻을 이루는 掘羅勿 부락 출신으로 추정된다.

510) 㕎馺特勤: 고대 투르크어로 '카사르 테긴(Qasar tegin)'의 음사이다.

511) 『新唐書』에는 "渠長"이라고 되어 있다.

512) 將軍句錄末賀: 고대 투르크어로 '셍귄 퀼뤽 바가(Sengün külüg bagha)'의 음사이다. 『新唐書』에는 "句錄莫賀"라고 되어 있는데, 이것이 보다 정확한 음사이다.

513) 黠戛斯: 종족 명칭으로 堅昆, 結骨 즉, '키르기즈(Qïrghïz)'의 음사이다.

514) 迴鶻城: 迴鶻의 수도였던 카라 발가순(Qara balghasun)으로 可汗의 천막이 있는 도시라는 의미인 오르두 발릭(Ordu balïq)으로 불리기도 했다. 이곳은 오르콘강을 끼고 있는 突厥의 중심지였던 호쇼 차이담과 몽골제국의 수도였던 카라코룸과 인접해 있는 몽골 초원의 중심지, 즉 외튀켄 산지(항가이산맥의 북사면) 남쪽에 위치해 있다. 迴鶻의 수도에 대해서는 아랍 여행가인 타민 이븐 바흐르(Tamïn ibn Bahr)의 여행기에 그 모습이 묘사된 바 있다. 그는 여행기에서 '토쿠즈구즈(Toquzghuz)' 可汗을 방문한 내용을 남겼는데, 미노르스키(V. Minorsky)가 이것을 迴鶻이 몽골 초원을 지배했을 때 방문한 것임을 증명했다. 그의 연구에 따르면, 이 시기 迴鶻의 수도에는 12개의 큰 鐵門으로 둘러싸인 성곽 안에 상점이 즐비하고 사람들로 넘쳐 났으며, 가장자리에는 백여 명이 올라갈 수 있을 정도의 거대한 可汗의 牙帳(Ordu)이 있었다고 한다(Minorsky, 1948: 275~278). 기존 발굴 조사에 따르면, 도시 전체 시가 구역은 반경 25㎢의 광대한 면적에 걸쳐 있다. 도시 구역은 오르콘강 서안에 위치하는데, 그 중 시가 구역은 주로 궁성으로부터 남서 방향으로 난 길을 따라 늘어서 있다. 하지만 도시의 외곽을 싸고 있는 전체 성곽의 규모와

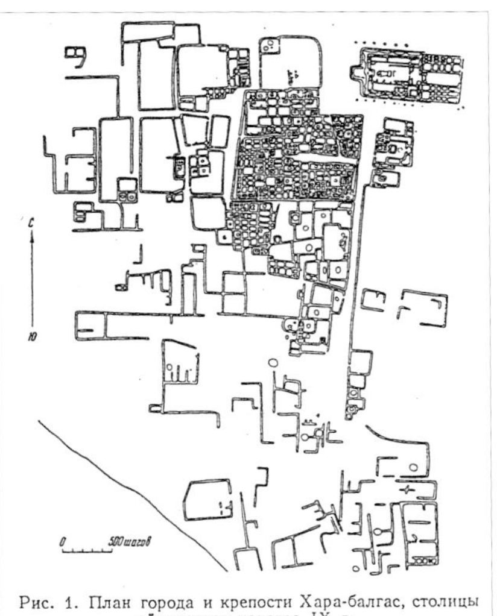
Рис. 1. План города и крепости Хара-балгас, столицы уйгурского ханства IX в.

〈키실료프(S. V. Kiselev)의 발굴 평면도〉

굴라물을 베며 [그 땅을] 태워 모두 없어지게 되니 회골이 여러 족속에게로 도망갔다. 회골의 상 삽직(馺職)이 외조카 방특근(龐特勤)[515]과 그의 아들 녹병갈분(鹿并遏粉) 등 형제 5명과 15부를 이끌고 서쪽의 갈라록에게 도망갔고, 한 갈래는 토번으로, 한 갈래는 안서로 투항했다.[516] 또한 가한의 아장 가까이 있던 서른 개의 부락[517]은 특근오개(特勤烏介)[518]를 가한으로 삼고 남쪽으로 내려와[519] 중국[漢]에 내부했다.[520]

初, 黠戛斯破迴鶻, 得太和公主. 黠戛斯自稱李陵之後, 與國同姓, 遂令達干十人送公主至塞上. 烏介途遇黠戛斯使, 達干等並被殺, 太和公主卻歸烏介可汗, 乃質公主同行, 南渡大磧, 至天德界, 奏請天德城與太和公主居. 有迴鶻相赤心者, 與連位相姓僕固者, 與特勤那頡啜擁部衆, 不賓烏介. 赤心欲犯塞, 烏介遣其屬嗢沒斯先布誠於天德軍使田牟, 然後誘赤心宰相同謁烏介可汗, 戮赤心於可汗帳下并僕固二人. 那頡戰勝, 全占赤心下七千帳, 東瞰振武·大同, 據室韋·黑沙·榆林, 東南入幽州雄

내용은 아직 전체적인 발굴이 이루어지지 않아 분명하지 않다(丁載勳, 2003(a)).

계절 이동을 하는 遊牧民들은 여름철에 피서를 위해 북방으로 이동을 했다가 다시 원래의 冬營地로 복귀했다. 迴鶻 可汗들도 이런 계절 이동을 했는데, 주로 夏營地는 셀렝게 강가에 위치한 바이 발릭(Bay balïq)이었고, 冬營地의 하나가 바로 카라 발가순 인근이었던 것으로 추정된다(丁載勳, 2006).

515) 龐特勤: 迴鶻 龐俱遮 部落의 酋長이었다. 龐特勒이라고도 하나 이것은 잘못된 음사이다. 會昌 말년에 迴鶻의 烏介可汗이 李思忠(嗢沒斯), 石雄 등에게 격파당하고 黑車子에게 살해당한 이후에 자립해 847년에 可汗을 칭했다. 甘州(지금 甘肅省 張掖)에서 서부로 세력을 확대해 오아시스지역을 지배했으며 이후 唐朝와 宣宗 시기에 사신 왕래를 하면서 교류해 可汗으로 책봉되었다.

516) 迴鶻의 서천과 이후 역사 전개과정에 대해서는 安部建夫(1958)와 華濤(2000)의 연구를 참조.

517) 『新唐書』에 "十三部"라고 되어 있는데, 이것이 정확하다.

518) 特勤烏介: 고대 투르크어로 '테긴 위게(Tegin üge)'의 음사로 추정된다. 이후에 烏介可汗이 되어 漠南에서 활동하다가 唐朝에게 진압을 당했다.

519) 『新唐書』에는 "錯子山"이라고 되어 있는데, 이곳은 고비 남부 鸊鵜泉 인근으로 추정된다.

520) 저본에는 迴鶻이 내부의 권력 다툼과 黠戛斯의 공격으로 붕괴된 다음에 中國으로 이주하게 되었다고만 기록되어 있으나 『新唐書』, 『唐會要』, 『資治通鑑』 등에서는 饑饉과 傳染病, 暴雪 등의 自然災害가 몰아닥쳐 약화되었다는 기록이 있다. 自然災害가 국가의 붕괴를 가져올 수도 있는 원인의 하나라는 점에서 내적인 권력 투쟁과 黠戛斯의 공격 등의 원인과 함께 같이 검토해볼 필요가 있다(丁載勳, 2001). 몽골 초원의 '自然災害'에 대해서는 「突厥傳」 譯註의 자세한 설명을 참조.

武軍西北界. 幽州節度使張仲武遣弟仲至率兵大破那頡之衆, 全收七千帳, 殺戮收擒老小近九萬人. 那頡中箭, 透駝群潛脫, 烏介獲而殺之.

이전에 힐알사가 회골을 격파하고 태화공주를 사로잡았다. 힐알사는 이릉(李陵)[521]의 후예임을 자처하고 중국과 같은 성이라고 했으며 마침내 달간 열 명을 시켜 공주를 보내려고 장성 근처까지 왔다. 오개[가한]이 도중에 힐알사 사신과 마주쳐 달간 등이 모두 죽임을 당하고, 태화공주가 오히려 오개가한(烏介可汗)[522]에게 되돌아오니 바로 [가한이 태화]공주를 인질로 삼아 [그녀와] 동행을 했고, 남쪽으로 고비[大磧]을 넘어 천덕[군] 경계까지 와서 천덕성(天德城)[523]을 태화공주의 거주지로 줄 것을 주청했다.[524]

[그런데] 회골에는 상 적심(赤心)[525]이란 자가 있어 그와 지위가 같은 상(相)이었고, 복고(僕固)[526]라는 성을 가진 자와 특근나힐철(特勤那頡啜)이[527] 부락 백성을 이끌면서 오개[가

521) 李陵(?~전74): 前漢代의 將軍으로 字는 小卿이었다. 隴西 成紀(지금의 甘肅城 秦安縣)사람으로 名將 李廣의 손자였다. 병사 800기를 이끌고 匈奴로 쳐들어가 2천 리를 들어가 지형을 살피고 돌아와 騎都尉가 되었다. 하지만 소수의 5천 명의 步兵으로 匈奴를 공격하다가 잡혔다. 그 이후 가족이 배신자로 낙인찍혀 죽임을 당하자 匈奴에 투항했다(『史記』 卷109 「李將軍傳」: 2877~2878). 司馬遷은 그를 변호하다가 궁형을 당하는 비운을 맞았다. 그가 이후 蘇武에게 보낸 편지가 『文選』에 남아 있다(도미야 이타루, 2003: 11~19).

522) 烏介可汗: 고대 투르크어로 '위게 카간(Üge qaghan)'의 음사이다.

523) 天德城: 天德軍이 위치하고 있었던 大同川의 성채이다. 지금 內蒙古自治區 烏拉特前旗 서남쪽에 위치하고 있었다.

524) 『新唐書』에는 烏介可汗의 도발 움직임에 대해 李德裕를 비롯한 여러 대신들의 논의 내용이 기록되어 있다(進攻天德城, 振武節度使劉沔屯雲伽關拒卻之. 宰相李德裕建言: 「回鶻曩有功, 今飢且亂, 可汗無歸, 不可擊, 宜遣使者瞻安之.」 帝用兵部郎中李拭行邊刺狀. 於是, 其相赤心與王子嗢沒斯·特勒那頡啜將其部欲自歸, 而公主亦遣使者來言烏介已立, 因請命. 又大臣頡干伽思等表假振武居公主·可汗. 帝乃詔右金吾衞大將軍王會持節慰撫其衆, 輸糧二萬斛, 不許借振武, 令中人好語開諭; 又詔使者持册往, 潛稽其行, 須變. 明年, 回鶻奉主至漠南, 入雲·朔, 剽橫水, 殺掠甚衆, 轉側天德·振武間, 盜畜牧自如. 乃召諸道兵合討.).

525) 赤心은 刺史 즉, 고대 투르크어로 '칙시(Chigsi)'의 음사로 추정되는데, 中國의 刺史를 음사한 것으로 突厥의 이르킨(irkin)과 동급의 관리였다(H, Ecsedy, 1965).

526) 僕固: 고대 투르크어로 '뵈귀(Bögü)'의 음사로 추정되는데, 僕固 部落 출신의 인물로 추정되나 이름이 생략된 것으로 보인다.

527) 特勤那頡啜: 고대 투르크어로 '테긴 나일 초르(Tegin nail chor)'의 음사로 추정된다.

한]을 따르지 않았다. 적심이 장성을 범하려고 하자 오개[가한]이 그 예하의 온몰사(嗢沒斯)[528]를 먼저 보내 천덕군사(天德軍使) 전모(田牟)[529]에게 성의를 표한 다음에 적심 재상을 오개가한에게 알현하도록 유인해 적심과 복고 두 사람을 가한의 아장 아래에서 죽였다. [하지만 특근]나힐[철]은 싸움에서 이겨 적심 예하의 7천 장(帳)을 모두 점유하고 동쪽으로 진무[군](振武軍),[530] 대동[군](大同軍)[531]을 엿보며 실위(室韋),[532] 흑사[적](黑沙磧),[533] 유림(楡林)[534]을 근거로 동남쪽으로 유주(幽州) 웅무군(雄武軍)[535]의 서북쪽 경계까지 쳐들어왔다. 유주절도사 장중무(張仲武)[536]가 동생 [장]중지(張仲至)[537]를 보내 군사를 이끌고 [특근]

528) 嗢沒斯: 고대 투르크어로 '욀뮈쉬(Ölmüsh)'의 음사이다.

529) 田牟: 武宗年間 天德軍防禦使로 북방 방어를 담당하고 있었다.

530) 振武軍: 唐代 屯防 단위의 명칭으로 주둔지는 東受降城(지금 內蒙古自治區 托克托 남쪽)에 있었다. 龍朔 元年(661)에 이곳에 雲中都護府가 설치되었고, 이후에 單于大都護府로 개칭되었다.

531) 大同軍: 唐代 方鎭의 명칭으로 大同년간에 河東節度使가 나뉘어 설치되었다. 治所가 雲州(지금 山西省 大同縣)에 있었다. 雲州와 朔州, 그리고 蔚州 등을 거느렸다. 관할 구역은 지금 山西省 朔縣 이북과 內蒙古自治區 동남부지역이었다. 달리 雲中節度使라고 하기도 했으나 이후에 防禦使로 바뀌었다. 명칭이 여러 번 바뀌어 일정하지 않았다. 中和년간에 河東節度使에 병합되었다가 五代時代에 다시 大同節度使로 설치되었고, 後晉代에 遼에 병합되었다.

532) 室韋: 종족 명칭으로『魏書』에는 "失韋"라고 되어 있다. 北魏 시기부터 그 기록이 나오며, 5部로 나뉘어 興安嶺에서 발원하는 嫩江 및 黑龍江 남북 연안에 분포했다. 唐代에는 20部를 포함했고, 그 중에서도 에르귀네 큰[額爾古納河] 일대에 있었던 蒙兀室韋가 蒙古의 선조로 추정된다. 각 부락의 발전은 불균등하게 이루어졌다. 부락은 千戶 또는 몇 개의 千戶로 이루어졌으며, 首領은 莫賀咄(바가투르)이라 불렸다. 北朝時代 이래로 중원지역과 긴밀한 관계에 있었고, 이후에 突厥에 복속되었다. 契丹이 遼를 건국하는 과정에서 室韋의 일부가 遼에 병합되었다.

533) 黑沙磧: 지금 內蒙古自治區 托克托縣 북방에 위치한 사막이다.

534) 楡林: 隋 大業 3년(607)에 勝州가 바뀌어 설치되었다. 治所가 楡林縣(지금 內蒙古自治區 準格爾旗 동북 黃河 남안 十二連城)에 있었다. 관할 구역은 지금 內蒙古自治區 伊克昭盟 동북부, 呼和浩特市 서부와 托克托縣 지역이었다. 唐 貞觀 3년(629) 勝州로 바뀌었다가 天寶 元年(742)에 다시 楡林郡이 되었고, 乾元 元年(758)에 다시 勝州가 되었다.

535) 雄武軍: 屯防의 명칭으로 지금 山西省 靈丘와 河北省 蔚縣, 淶縣 사이에 위치하고 있었다. 이곳에는 安祿山이 雄武 성채를 쌓았는데, 교통의 요충지로 천연의 요새였다.

536) 張仲武(791?~?): 唐代의 宰相으로 范陽(지금 北京市 서남쪽) 사람이었다. 어려 左氏春秋를 익혀 薊北雄武軍使가 되었다가 會昌 초기(841년)에 雄武軍使가 되었는데, 幽州 반란이 일어나자 幽州節度副大使, 檢校工部尙書 兼 御史大夫, 蘭陵郡王이 되었다. 迴鶻를 격파하고 檢校兵部尙書 兼 東西招撫迴鶻使가 되었다. 그 이후 宣宗 大中(847~859) 초기에 奚北部落과 山奚을 격파해 司徒, 同中書門下平章事가 되었다. 大中年間에 죽으니 시호를 莊이라고 했다(『舊唐書』 卷180 「張仲武傳」: 4677).

나힐[철]의 무리를 격파하고 7천 장 모두를 거두어들인 다음에 잡힌 사람들 중에서 노약자 9만 명 가까이를 살육했다. [특근]나힐[철]도 화살에 맞아 낙타 무리 속에 뛰어들어 잠시 [위기를] 벗어났으나 오개[가한]에게 잡혀 죽었다.

烏介諸部猶稱十萬衆, 駐牙大同軍北閭門山, 時會昌二年秋, 頻劫東陝已北, 天德·振武·雲朔, 比罹俘戮. 詔諸道兵悉至防捍, 以河東節度使劉沔充南面招控迴鶻使; 以幽州節度使張仲武充東面招控迴鶻使. 二年冬·三年春, 迴鶻特勤龐俱遮·阿敦寧二部, 迴鶻公主密羯可敦一部, 外相諸洛固阿跌一部, 及牙帳大將曹磨你等七部, 共三萬衆, 相次降於幽州, 詔配諸道. 有特勤嗢沒斯·阿歷支·習勿啜三部, 迴鶻相愛耶勿弘順·迴鶻尚書呂衡等諸部降振武, 三部首領皆賜姓李氏, 及名思忠·思貞·思惠·思恩, 充歸義使. 有特勤葉被沽兄李二部南奔吐蕃, 有特勤可質力二部東北奔大室韋, 有特勤荷勿啜東討契丹, 戰死.

오개[가한]의 여러 부락이 여전히 10만 명이라고 칭하며 아장을 대동군 북쪽의 여문산(閭門山)538)에 두었는데, 이때가 회창(會昌) 2년(842) 가을로 [그들이] 빈번히 동섬(東陝)의 이북을 위협하자 천덕[군], 진무[군], 운삭[군](雲朔軍)이 늘 빈번하게 [포로로] 잡히고 죽임을 당하는 고통을 당했다. [황제가] 조칙을 내려 여러 도의 병사들 모두를 방어에 참가하게 하면서 하동절도사 유면(劉沔)539)을 남면초공회골사(南面招控迴鶻使)로 임명하고, 유주절도사 장중무를 동면초공회골사(東面招控迴鶻使)로 임명했다.

회창 2년(842) 겨울과 [회창] 3년(843) 봄에 회골 특근방구차(特勤龐俱遮)와 아돈녕(阿敦

537) 張仲至: 張仲武의 동생으로 그의 휘하에서 전투에 참가했다.

538) 閭門山: 지금 遼寧省 北鎮滿族自治縣 서쪽에 위치하고 있었던 산으로 추정된다.

539) 劉沔(780~845): 唐代 將軍으로 字는 子汪이고, 左驍衛大將軍 廷珍의 아들이었다. 徐州 彭城(지금 江蘇省 徐州) 사람이었다. 어려서 范希朝 牙將이었다가 神策將이 되었다. 大和(827~835) 말기에 大將軍으로 涇原節度使가 되었다가 振武節度使가 되었다. 開成 3년(838) 党項을 대파해 그 공으로 檢校戶部尙書가 가해졌다. 武宗 즉위하자 檢校尙書右僕射가 되었다. 會昌初(841)에 幽州節度使 張仲武와 함께 迴鶻의 격파에 참여해 太和公主를 모시고 환궁했다. 그 공으로 檢校司空이 되었고, 다시 滑州刺史 義成郡節度使가 가해졌다. 會昌 5년(845) 太子太保로 있다가 물러나 죽었다(『舊唐書』 卷161 「劉沔傳」: 4233).

寧)의 두 부락,[540] 회골의 공주 밀갈가돈(密羯可敦)의[541] 한 부락, 외상(外相)[542] 제락고아질(諸洛固阿跌)의[543] 한 부락, 그리고 아장대장(牙帳大將)[544] 조마니(曹磨你)[545] 등의 일곱 부락 등 모두 3만 명이 차례로 유주에 항복을 하자 [황제가] 조칙을 내려 여러 도에 배치하게 했다. 특근올몰사, 아력지(阿歷支), 습물철(習勿啜)의 세 부락, 회골 상 애야물홍순(愛耶勿弘順),[546] 회골 상서(尙書) 여형(呂衡) 등 여러 부락이 진무[군]에 항복하자 세 부락 수령에게 이씨 성을 내려주고 이름을 사충(思忠), 사정(思貞), 사혜(思惠), 사정(思恩)이라고 하며[547] 귀의사(歸義使)[548]로 임명했다. 특근엽피고형이(特勤葉被沽兄李)의 두 부락이 남쪽으로 토번에게로 도망갔고, 특륵가질력(特勒可質力)의 두 부락은 동북쪽으로 대실위(大室韋)[549]에게로 도망갔으며 특륵하물철(特勒荷勿啜)이 동쪽으로 거란(契丹)[550]을 토벌하다가 전사했다.[551]

---

540) 阿敦寧: 迴鶻 내에 있었던 龐俱遮과 阿敦寧의 두 부락으로 추정된다.

541) 密羯可敦: 고대 투르크어로 '빌게 카툰(Bilge qatun)'의 음사로 추정된다.

542) 外相: 外宰相의 준말로 고대 투르크어로는 '부의룩(buyïruq)'의 음사로 추정된다.

543) 諸洛固 阿跌: 諸洛固은 인명이고, 阿跌 즉, 아즈(Az)는 부락의 명칭이다.

544) 牙帳大將: 迴鶻 可汗이 거주하는 牙帳을 호위하는 親衞部隊의 장이다. 고대 투르크어로는 '警備'를 의미하는 '투르각(Turghaq)'의 장으로 300명의 세 부대를 통솔하는 '九百人長'의 의미를 갖고 있는 '토구즈 위즈 에르 바쉬(Toquz yüz er bash)'라고 불렸다. 『新唐書』에는 "將軍"이라고 되어 있다.

545) 曹磨你: 소그디아나에 있는 曹國 출신의 摩尼敎徒로 추정된다.

546) 愛耶勿弘順은 愛耶勿가 이름이고, 弘順은 唐朝에서 賜名한 것의 연칭이다.

547) 『新唐書』에는 투항한 迴鶻에 대한 사성 내용이 구체적으로 기록되어 있다(嗢沒斯等旣朝, 皆賜李氏, 名嗢沒斯曰思忠, 阿歷支曰思貞, 習勿啜曰思義, 烏羅思曰思禮; 愛邪勿曰弘順, 卽拜歸義軍副使). 思惠와 思恩은 잘못된 기록으로 추정되고, 『新唐書』의 기록이 정확하다.
그와 함께 투항한 迴鶻에 대한 論功行賞 내용 역시 기록되어 있다(嗢沒斯率三部及特勒·大酋二千騎詣振武降. 詔拜嗢沒斯爲右金吾衞大將軍, 爵懷化郡王, 以天德爲歸義軍, 卽拜歸義軍使; 阿歷支寧邊郡公, 習勿啜昌化郡公, 烏羅思寧朔郡公, 並爲冠軍大將軍·左威衞大將軍; 愛邪勿寧塞郡公, 爲右領軍大將軍. 加賜嗢沒斯牙旗·豹尾·刀器諸物, 給其屬冠帶. 詔宰相德裕采秦·漢以來興殊俗·忠效卓異者凡三十人, 爲異域歸忠傳寵賜之. 嗢沒斯請留族太原, 率昆弟爲天子扞邊, 帝命劉沔爲列舍雲·朔間處其家. 可汗遣使者藉兵欲還故廷, 且假天德城, 帝不許. 可汗恚, 進略大同川, 轉戰攻雲州, 刺史閉壁不敢出. 詔益發諸鎭兵屯太原以北.).

548) 『新唐書』에는 "歸義軍副節度使"라고 되어 있다.

549) 大室韋: 종족 명칭으로 室韋의 하나였다. 室韋는 본래 契丹과 같은 종류로 분류되었는데, 주로 大興安嶺을 중심으로 거주하는 森林民이었다. 大室韋는 그 중에서도 가장 동북쪽에 위치하고 있었던 것으로 추정되는 소규모 부락의 하나였다.

550) 契丹: 종족 명칭으로 음은 '거란'인데 4세기 이래 몽골 초원 동부지역을 본거지로 하고 있던 유목민족이었다. 東胡의 후예로서 몽골과 퉁구스의 混血이라고도 추정되기도 하나 대체적으로 몽골계에 속한다고 보는 것이 일반적이다. 5세기 중엽부터 大興安嶺 남부 遼河 상류인 시라무렌[黃江] 유역에서 遊牧生活

會昌三年，迴鶻尙書僕固繹到幽州，約以太和公主歸幽州，烏介去幽州界八十里下營，其親信骨肉及摩尼志淨等四人已先入振武軍．是夜，河東劉沔率兵奄至烏介營，烏介驚走東北約四百里外，依和解室韋下營，不及將太和公主同走．豐州刺史石雄兵遇太和公主帳，因迎歸國．烏介部衆至大中元年詣幽州降，留者漂流餓凍，衆十萬，所存止三千已下．烏介嫁妹與室韋，託附之．爲迴鶻相美權者逸隱啜逼諸迴鶻殺烏介於金山，以其弟特勤遏捻爲可汗，復有衆五千以上，其食用糧羊皆取給於奚王碩舍朗．

회창 3년(843) 회골 상서 복고역(僕固繹)이 유주에 와서 태화공주를 유주로 돌려보내줄 것이라고 약속했는데, 오개[가한]은 유주 경계로부터 80리 떨어진 곳에 영지를 지은 다음 그 친신 골육과 마니 지정(志淨) 등 네 명을 먼저 진무군에 들어가게 했다. 이날 밤 하동[절도사] 유면이 군대를 이끌고 오개[가한]의 영지에 몰래 [쳐들어]가자 오개[가한]이 놀라 동북쪽으로 약 4백 리나 밖으로 도망가 화해실위(和解室韋)[552]에 의지해 영지를 지었는데, 태화공주를 데리고 가지 못했다. 풍주자사 석웅(石雄)[553]의 군대가 태화공주의 천막과 만날 수 있어 맞이해서 나라로 돌아갈 수 있었다.[554]

을 하고 있던 8개의 부족으로 이루어진 종족이었다(李在成, 1996). 고대 투르크 비문에서는 이를 키탄(Qïtan)으로 기록하고 있는데, 비문에서는 타타비(Tatabï)와 연칭이 되고, 漢文史料에서는 奚와 인접하고 있었던 것으로 기록하고 있다(禹悳燦, 1997).

551) 『新唐書』에는 迴鶻 降戶의 운용 관련 내용이 있다(於是, 詔劉沔爲回鶻南面招撫使, 張仲武東面招撫使, 思忠爲河西党項都將·西南面招討使, 沔營鴈門. 又詔銀州刺史何清朝·蔚州刺史契苾通, 以蕃·渾兵出振武, 與沔·仲武合, 稍逼回鶻. 思忠數深入諭降其下. 沔分沙陀兵益思忠, 河中軍以騎五百益弘順. 沔進次雲州, 思忠屯保大柵率河中·陳許兵與回鶻戰, 敗之.).

552) 和解室韋: 종족 명칭으로 室韋의 20여 가지 부락 중에 하나였다. 啜河(지금 할하강)의 동쪽에 거주했다. 여기에서는 부락 首領 이름으로 사용되었다. 『新唐書』에 따르면 그의 추장이 黑車子였던 것으로 추정된다. 이들은 車帳을 만드는 것에 뛰어났다고 한다.

553) 石雄: 唐代 관리로 徐州 牙校(지금 江蘇省 徐州) 사람이었다. 寒門 출신으로 어려서 牙校가 되었고, 싸움을 잘 했다. 王智興이 李同捷을 토벌할 때 右廂捉生兵馬使가 되었다. 迴鶻을 대파해 豊州防禦使로 진급했다. 이후에 行營節度使, 神武統軍이 되었다(『舊唐書』 卷161 「石雄傳」: 4235).

554) 『新唐書』에는 烏介可汗이 몰락해가는 과정과 降戶들의 움직임이 기록되어 있다(明年, 又爲弘順所破. 沔與天德行營副使石雄料勁騎及沙陀·契苾等雜虜, 夜出雲州, 走馬邑, 抵安衆塞逢虜, 與戰破之. 烏介方薄振武, 雄馳入, 夜穴壘出鑿兵, 烏介驚, 引去, 雄追北至殺胡山, 烏介被創走. 雄遇公主, 奉主還, 降特勒以下衆數萬, 盡收輜帑及所賜詔書. 可汗收所餘往依黑車子, 詔弘順·清朝窮躡. 弘順厚啗黑車子以利, 募殺烏介. 初,

오개[가한]의 부락 백성들이 대중(大中) 원년(847)에 유주에 가서 항복을 하자 남아 있었던 사람들도 떠돌다가 굶어 죽는 백성이 10만이라 남아 있는 것이 [겨우] 3천 명 이하에 그치게 되었다. 오개[가한]이 누이를 실위 [군장]에게 시집보내고 의탁하고자 했다. [하지만] 권력을 잡은 회골 상 일은철(逸隱啜)[555]이 여러 회골[부락]을 핍박해 오개[가한]을 금산(金山)[556]에서 죽이고 그 동생 특근알념(特勤遏捻)[557]을 가한으로 삼았다가 다시 백성이 5천 명 이상이나 되었는데, 그들이 먹을 양식과 양을 모두 해왕(奚王)[558] 석사랑(碩舍朗)에게 얻어 주었다.

大中元年春，張仲武大破奚衆，其迴鶻無所取給，日有耗散．至二年春，唯存名王貴臣五百人已下，依室韋．張仲武因賀正室韋經過幽州，仲武卻令還蕃，遣送遏捻等來向幽州．遏捻等懼，是夜與妻葛祿·子特勤毒斯等九騎西走，餘衆奔之不及，迴鶻諸相達官老幼大哭．室韋分迴鶻餘衆爲七分，七姓室韋各占一分．經三宿，黠戛斯相阿播領諸蕃兵稱七萬，從西南天德北界來取遏捻及諸迴鶻，大敗室韋．迴鶻在室韋者，阿播皆收歸磧北．在外猶數帳，散藏諸山深林，盜劫諸蕃，皆西向傾心望安西龐勒之到．龐勒已自稱可汗，有磧西諸城．其後嗣君弱臣強，居甘州，無復昔時之盛．到今時遣使入朝，進玉馬二物及本土所產，交易而返．

대중(大中) 원년(847) 봄에 장중무가 해(奚) 백성들을 크게 격파하면서 회골이 공급을 받을 수 없게 되자 날로 줄어들어 흩어지게 되었다. [대중] 2년(848) 봄에 남아 있던 명왕(名王), 귀신(貴臣) 5백 명 이하만이 실위에 의지했다. 장중무가 정월을 쇠기 위해 실위가 유주를

從可汗亡者既不能軍, 往往詣幽州降, 留者皆飢寒痍夷, 裁數千. 黑車子幸其殘, 卽殺烏介. 其下又奉其弟遏捻特勒爲可汗. 帝詔德裕紀功銘石于幽州, 以夸後世. 思忠等以國亡, 皆願入朝, 見聽, 遂罷歸義軍, 擢思忠左監門衛上將軍兼撫王傅, 兩稟其奉, 賜第永樂坊, 分其兵賜諸節度. 虜人憚隸食諸道, 據滹沱河叛, 劉沔阬殺三千人. 詔回鶻營功德使在二京者, 悉冠帶之. 有司收摩尼書若象燒于道, 產貲入之官.).

555) 逸隱啜: 고대 투르크어로 '이인 초르(Yiyin chor)'의 음사로 추정된다.

556) 金山은 본래 알타이산맥을 지칭하는데, 남하한 迴鶻의 유민들이 활동이 지역이 동몽골지역이었다는 점에서 정확한 위치를 알기 어렵다.

557) 特勤遏捻: 고대 투르크어로 '테긴 오윤(Tegin oyun)'의 음사로 추정된다. 그는 可汗으로 추대되어 遏捻可汗이라고 불렸다.

558) 奚王: 奚의 왕을 의미하는데, 종족 명칭인 '奚'에 대해서는 「突厥傳」 譯註의 자세한 설명을 참조.

통과하려고 할 때 오히려 [그들에게] 본국으로 돌아갈 것으로 명령해 [특근]알념 등을 유주로 오게 했다. [특근]알념 등이 두려워하며 그 밤에 아내 갈록(葛祿),[559] 아들 특근독사(特勤毒斯)[560] 등 아홉 기와 함께 서쪽으로 도망갔는데, 나머지 백성들도 도망하다 따라가지 못하게 되자 회골 여러 명의 상과 달관, 그리고 노약자들이 크게 울었다. [이에] 실위가 회골의 나머지 백성을 일곱으로 나누어 일곱 개의 실위 부락으로 하여금 각각 하나씩 나누어 갖게 했다. 사흘 밤이 지나 힐알사 상(相) 아파(阿播)[561]가 여러 종족의 병사 7만을 이끌고 서남쪽으로 천덕[군]의 북쪽 경계까지 와서 [특근]알념과 여러 회골의 [백성들을] 거두고 실위를 크게 격파했다. 회골 중에서 실위에 있었던 사람들을 아파가 모두 잡아 고비 북쪽으로 돌아 가버렸다.

그 밖에도 아직 여러 장이 남아서 여러 산 깊은 숲 속에 흩어져 숨어 다른 종족들을 도둑질하고 있다가 모두 서쪽으로 안서[에 있는] 방[특]륵(龐特勒)[562]에게 가고자 했다. [이 때] 방[특]륵은 이미 가한을 자칭하고 고비 서쪽의 여러 오아시스를 차지하고 있었다.[563] 그의 후사는 임금이 약하고 신하들이 강하게 되어 감주(甘州)[564]에 살았지만 다시 옛날과 같은 번성함을 되찾지 못했다.[565] 지금에 이르러서도 [그들이] 사신을 보내 조정에 들어와 옥과 말과 같은

559) 葛祿은 葛邏祿의 잘못된 음사로, 그 여인이 葛邏祿 부락 출신임을 보여준다.

560) 特勤毒斯: 고대 투르크어로 '테긴 투스(Tegin tus)'의 음사로 추정된다.

561) 阿播: 고대 투르크어로 '아파(Apa)'의 음사로 추정된다.

562) 龐特勒: 龐特勤의 잘못된 기록이다.

563) 『新唐書』에는 宣宗부터 昭宗시기까지 迴鶻과 唐朝의 관계에 대한 내용이 기록되어 있다("宣宗務綏柔荒遠, 遣使者抵靈州省其酋長, 回鶻因遣人隨使者來京師, 帝卽册拜嗢祿登里邏汨沒蜜施合俱錄毗伽懷建可汗. 後十餘年, 一再獻方物. 懿宗時, 大酋僕固俊自北庭擊吐蕃, 斬論尙熱盡取西州·輪臺等城, 使達干米懷玉朝, 且獻俘, 因請命, 詔可. 其後王室亂, 貢會不常, 史亡其傳. 昭宗幸鳳翔, 靈州節度使韓遜表回鶻請率兵赴難, 翰林學士韓偓曰:「虜爲國仇舊矣. 自會昌時伺邊, 羽翼未成, 不得逞. 今乘我危以冀幸, 不可開也.」遂格不報."). 저본에서 아래에 다룬 내용은 그 이후 상황에 대한 내용이다. 따라서 위의 내용이 보충되지 않으면 문맥상 내용 이해가 불가능하다.

564) 甘州: 隋代에는 張掖郡이었다. 武德 2년(619)에 甘州가 설치되었고 치소가 張掖(지금 甘肅省 張掖)에 있었다. 天寶 元年(742)에 張掖郡으로 바뀌었다가 乾元 元年(758)에 다시 甘州가 되었다. 관할 구역은 지금 甘肅省 山丹, 民樂, 張掖, 肅南, 臨澤, 高臺 등의 지역과 함께 內蒙古自治區 額濟那旗 동부지역이었다.

565) 이를 역사에서는 甘州迴鶻이라고 하고, 달리 河西迴鶻이라고도 한다. 몽골 초원의 迴鶻이 9세기 중반 붕괴된 이후 서쪽의 甘州 주변으로 이주해서 성립된 왕국이다. 河西에 이주한 초기에는 吐蕃과 唐의 歸義軍 張義潮에게 복속되어 있다가 이후에 甘州城(지금 甘肅省 張掖)을 점령하고 정권을 성립시켰다. 10세기 중반 吐蕃이 약화되자 동쪽으로 河州와 蘭州 등을 지배하게 됨에 따라 동서 교역로를 확보했다. 주요 범위는 甘州를 중심으로 肅州(지금 甘肅省 酒泉), 涼州(지금 甘肅省 武威), 瓜州(지금 甘肅省 安西),

두 가지 종류와 그 땅에서 생산된 물품을 바치고 교역을 하고 돌아갔다.[566]

史臣曰: 自三代以前, 兩漢之後, 西羌·北狄, 互興部族, 其名不同, 爲患一也. 蔡邕云: 「邊陲之患, 爲手足之疥; 中國之困, 爲胸背之疽.」 突厥爲煬帝之患深矣, 隋竟滅, 中國之困, 其理昭然. 自太宗平突厥, 破延陀, 而迴紇興焉. 太宗幸靈武以降之, 置州府以安之, 以名爵玉帛以恩之. 其義何哉? 蓋以狄可盡, 而以威惠羈縻之. 開元中, 三綱正, 百姓足, 四夷八蠻, 翕然向化, 要荒之外, 畏威懷惠, 不其盛矣! 天寶末, 奸臣弄權於內, 逆臣跋扈於外, 內外結釁而車駕遽遷, 華夷生心而神器將墜. 肅宗誘迴紇以復京畿, 代宗誘迴紇以平河朔, 戡難中興之功, 大卽大矣! 然生靈之膏血已乾, 不能供其求取; 朝廷之法令並弛, 無以抑其憑陵. 忍恥和親, 姑息不暇. 僕固懷恩爲叛, 尤甚阽危; 郭子儀之能軍, 終免侵軼. 比昔諸戎, 於國之功最大, 爲民之害亦深. 乃勢利日隆, 盛衰時變, 冰消瓦解, 如存若亡, 竟爲手足之疥焉. 僖·昭之世, 黃·朱迭興, 竟爲胸背之疽焉. 手疥背疽, 誠爲確論.

사신(史臣)은 말한다. 삼대(三代)[567] 이전으로부터 양한(兩漢) 이후까지 서강(西羌)과 북적(北狄)이 서로 일어났는데, 그들의 이름은 [비록] 달랐지만 [중국의] 걱정거리였다는 점에서는 같았다. [이에 대해] 채옹(蔡邕)[568]이 [다음과 같이] 말했다. "변경의 걱정은 수족의

沙州(지금 敦煌), 合羅川(지금 內蒙古自治區 額濟納), 秦州(지금 甘肅省 天水)와 賀蘭山 등지였다. 중원의 왕조만이 아니라 중앙아시아 나아가 서아시아까지 교역을 했고, 11세기 西夏에게 복속되면서 소멸되었다(華濤, 2000).

566) 『新唐書』에는 宣宗, 懿宗, 昭宗 시기 迴鶻과의 교섭 내용이 기록되어 있다("宣宗務綏柔荒遠, 遣使者抵靈州省其酋長, 回鶻因遣人隨使者來京師, 帝卽册拜嗢祿登里邏汨沒蜜施合俱錄毗伽懷建可汗. 後十餘年, 一再獻方物. 懿宗時, 大酋僕固俊自北庭擊吐蕃, 斬論尙熱盡取西州·輪臺等城, 使達干米懷玉朝, 且獻俘, 因請命, 詔可. 其後王室亂, 貢會不常, 史亡其傳. 昭宗幸鳳翔, 靈州節度使韓遜表回鶻請率兵赴難, 翰林學士韓偓曰: 「虜爲國仇舊矣. 自會昌時伺邊, 羽翼未成, 不得逞. 今乘我危以冀幸, 不可開也.」 遂格不報. 然其國卒不振, 時時以玉·馬與邊州相市云.").

567) 三代: 夏, 商, 周 세 왕조를 지칭한다.

568) 蔡邕(133~192): 後漢 陳留圉(지금 河南省 杞縣 서남쪽) 사람으로 자는 伯喈였다. 술수를 좋아했고 음률에 뛰었다. 靈帝 때에 六經을 감정하는 일에 참여해 熹平石經을 만들었다. 이후 모함을 받아 朔方으로 유배를 갔고, 또한 宦官에게 박해를 받아 江海로 망명했다가 董卓에게 불려 祭酒, 尙書, 左中侍郎을

옴이고, 중국 [내지]의 어려움은 가슴과 등에 난 종기와 같다." 돌궐이 [수]양제(隋煬帝)[569]의 근심거리로서 그것이 깊어져 수나라가 끝내 망하게 된 것은 중국을 어렵게 한 그 이유를 잘 보여준다. 태종(太宗) 때 돌궐을 평정하고 [설]연타를 격파한 뒤부터 회흘이 일어났다. 태종이 영무에 가서 [회흘을 비롯한 철륵의] 항복을 받고 [기미]부주를 두어 안정시키며 관작과 예의[玉帛]로써 은혜를 베풀었다. 그렇게 한 뜻은 어디에 있었겠는가? 대개 [이]적(夷狄) 탓에 [국력을] 소진해버릴 수 있기 때문에 위엄과 은혜로서 [그들을] 기미(羈縻)하고자[570] 한 것이었다. [현종] 개원년간(713~741)에 삼강(三綱)[571]이 바로 서고 백성들이 풍족하게 되자 사이(四夷)와 팔만(八蠻)들이 모두 교화로 향했고 요황(要荒)[572]의 밖이 [황제의] 위업을 두려워하고 은혜를 고맙게 여겼으니 [중국이] 융성하지 않았던가!

천보 말기(755년)에 간신(奸臣)[573]이 조정 내에서 권력을 마음대로 휘두르고 역신(逆臣)[574]이 밖에서 일어나니 안팎에서 싸움을 벌여 임금은 몽진을 갔으며 화이(華夷)가 다른 마음을 먹게 되어 사직이 장차 망할 지경까지 이르렀다. 숙종(肅宗)이 회흘을 끌어들여 경기(京畿)[575]를 다시 찾고, 대종(代宗) [역시] 회흘을 끌어들여 하삭(河朔)[576]을 평정했으니, 난리를 평정하고 [나라를] 중흥한 [그들의] 공이 컸기는 하였다. 그러나 백성들의 기름과

역임하다가 董卓의 몰락과 함께 옥사했다. 그의 『蔡中郎集』은 輯佚本으로 남아 있다(『後漢書』 卷60下 「蔡邕傳」: 1979).

569) 「突厥傳」 譯註의 '隋 煬帝'에 대한 자세한 설명을 참조.

570) 「突厥傳」 譯註의 '羈縻'에 대한 자세한 설명을 참조.

571) 三綱은 君爲臣綱, 父爲子綱, 夫爲妻綱을 말한다.

572) 要荒: 要服, 荒服을 지칭한다. 이것은 邊疆의 외진 지역이면서도 능히 帝王에게 복종할 수 있는 땅을 뜻한다. 王畿로부터의 거리에 따라 五服을 둔 제도로부터 나온 것으로 周代에 每 500리를 1服이라고 하고 그 순서를 甸服, 侯服, 绥服, 要服, 荒服이라고 했다.

573) 奸臣은 宰相이었던 楊國忠을 지칭한다.

574) 安祿山(?~757)을 지칭한다. 唐代 蕃將으로 營州 柳城(지금 遼寧省 朝陽市 남쪽) 출신이었다. 족속은 突厥로 추정된다. 처음 이름은 軋荦山이라고 했는데, 어머니가 소그드 상인으로 추정되는 安延偃에게 개가하면서 성이 安氏가 되었다. 幽州節度使 張守珪의 양자가 되었다가 이후에 승진해서 平盧兵馬使가 되었다. 楊貴妃의 양자가 되어 玄宗의 총애를 받아 平盧, 汎陽, 河東의 節度使를 겸하게 되었다. 天寶 14년(755) 范陽에서 군대를 일으켜 洛陽을 함락시킨 다음에 비로소 雄武皇帝라고 칭했다. 國號를 燕이라고 하고 聖武라고 건원했다. 또한 군대를 보내 潼關을 격파하고 長安을 함락했으나 至元 2년(757)에 부장인 嚴莊에게 피살되었다

575) 洛陽과 長安 등 兩京의 수복을 의미한다.

576) 河朔: 黃河 이북의 땅을 의미하는데, 여기에서는 史朝義의 반란을 진압한 것을 의미한다.

피가 이미 말라버려 그들이 구해 얻고자 하는 바를 채워줄 수가 없게 되었고, 조정의 법령도 느슨해져버려 그 침탈을 제지할 수도 없게 되었다. [그래서] 치욕을 참고 화친을 했으나 숨을 돌릴 틈도 없이 복고회은이 반란을 일으켜 더욱 위태롭게 되었는데, 곽자의가 군대를 잘 부려 겨우 그 공격을 면할 수 있었다.

[회흘을] 과거 여러 융[諸戎]들과 비교해보면, 나라에 세운 공이 가장 컸으나 백성들에게 끼친 해악 역시 또한 깊다고 할 수 있다. 그런데 [회흘의] 세력이 날로 융성했다고 해도 성하고 쇠하는 것이 시시각각으로 변해 얼음과 같아 녹아 없어져 버려서 있는 듯 없는 듯하였으니 결국 수족의 옴에 불과하였다. [하지만] 희[종](僖宗)[577]과 소[종](昭宗)[578]의 시대에 황[소](黃巢)[579]와 주[전충](朱全忠)[580]이 교대로 일어난 것은 정말로 가슴과 등에 난 종기였다.

---

577) 唐 僖宗(862~888, 재위: 873~888): 唐朝의 19대 황제로 이름은 李儇이었다. 懿宗의 다섯 번째 아들로 처음 이름은 儼이고, 晉王으로 책봉되었다. 咸通 14년(873) 七月 懿宗이 죽자 환관 劉行深 등이 옹립했다. 어린 나이에 황제가 되자 환관들이 정권을 장악했다. 乾符 元年(880) 王仙芝, 2년에 黃巢의 난이 일어났고, 黃巢가 長安을 함락하자 蜀으로 몽진을 가기도 했다. 中和 5년(885)에 長安으로 귀환을 하나 河東節度使 李克用이 京畿를 압박을 하자 다시 도망 나갔다. 이후에도 藩鎭 간의 전쟁이 격화되어 황실이 약화되었다. 文德 元年(888) 삼월에 죽어 靖陵에 묻혔다.

578) 唐 昭宗(867~904, 재위: 888~904): 唐朝의 20대 皇帝로 이름은 李曄이었다. 懿宗의 일곱 번째 아들로 僖宗의 同母弟였다. 처음에는 이름이 傑이었다가 이후에 敏으로 바뀌었다. 壽王으로 봉해졌다. 僖宗이 사망한 이후 환관 楊復恭 등이 옹립했다. 宦官이 발호를 막기 위해 朱溫을 끌어들이나 반대로 朱溫에게 정권을 빼앗기고 洛陽으로 遷都하게 되었다. 天祐 4년(904)에 피살당해 和陵에 묻혔다.

579) 黃巢: 唐末 鹽商으로 唐朝에 대해 반란을 일으켰다. 그는 曹州 冤句(지금 山東省 曹縣 서북) 사람으로 과거에 응시했으나 합격하지 못했다. 원래 乾符 2년(875)에 王仙芝의 반란에 참여했고, 3년(876) 王仙芝가 唐朝에 항복하려는 것을 막고 5년(878)에 그를 패배시키고 난 다음에 두령으로 추대되었다. 黃王이라고 칭하고 沖天大將軍이라고 불렀다. 북방 공격에 실패한 이후에 長江을 건너 江西, 浙西, 浙東을 거쳐 福建으로 들어갔다. 6년(879)에 廣州를 점령하고 조정에 安南都護, 廣州節度를 요구하나 받아들여지지 않았다. 이후 桂林으로 이동했다가 북벌을 시작해 湖南, 湖北을 거쳐 江西에서 唐軍을 격파했고, 이후에 강을 건너 淮北으로 진군했다. 廣明 元年(880) 洛陽을 공격했고, 潼關을 지나 長安으로 진군해 함락하고 大齊라는 국호를 걸고 황제에 즉위했다. 부장인 朱溫이 반란을 일으키자 長安에서 나왔다가 내부의 반란으로 약화되어 中和 4년(884)에 泰山에 이르러 죽었다.

580) 朱全忠(852~912, 재위: 907~912): 後粱의 太祖로 이름은 朱溫인데, 唐 僖宗이 이름을 全忠이라고 내려주었다. 즉위한 다음에는 이름을 晃으로 바꾸었다. 宋州 碭山(지금 安徽省 碭山) 사람이었다. 乾符 4년(877)에 黃巢가 반란을 일으키자 義軍同州防禦使가 되었다가 中和 2년(882)에 唐朝에 항복해 河中行營招討副使가 되었고 이듬해에 宣武節度使가 되었다. 中和 4년(884) 李克用과 함께 黃巢의 세력을 격파하고 四鎭節度使가 되고 粱王으로 봉해졌다. 李克用과 오래 싸워 黃河 중하류 지역을 차지한 다음

[이를 통해] 손등의 옴과 등의 종기가 정말로 [다르다는 것을] 확실히 논할 수 있다.

贊曰: 土德初隆, 比屋可封. 朝綱中否, 邊鄙興戎. 安·史亂國, 迴紇恃功. 恃功伊何? 咸議姑息. 民不聊生, 國殫其力. 華夷有截, 盛衰如織. 彼旣長惡, 我乃修德. 疽疥之義, 百代可則.

찬하여 말한다. 토덕(土德)이 처음에 융성하자 교화가 크게 이루어졌다. [하지만] 조정의 기강이 중간에 쇠하자 변경에서 전쟁이 일어나게 되었다. 안·사(安·史) 등이 나라를 어지럽혔고[581] 회흘이 [그들을 진압한] 공에 의지하[여 또 나라를 어지럽게 하]였다. [회흘의] 공을 믿고 어떻게 하였던가? 모두 고식책만을 주장하였다. 백성들은 살기 어려워졌고, 나라도 그 힘을 잃었다. 화이(華夷)는 구별이 있고 [서로] 성하고 쇠하는 것이 갈마드니, 그들이 악을 키우고 나면 우리는 덕을 닦는다. [이런 까닭에] 옴과 종기의 [고통이 서로 다르다는] 교훈은 영원히 지킬만한 것이다.

天佑 4년(907)에 唐朝를 대신해 皇帝를 칭했다. 開封에 수도를 세웠고 국호를 梁이라고 했다. 이후에 洛陽으로 천도를 했으니 乾化 2년(912) 그의 아들인 朱友珪에게 살해당했다.

581) 安祿山과 安慶緖, 그리고 史思明과 史朝義로 이어지는 반란(755~763)을 말한다.

| 참고문헌 |

二十五史, 北京: 中華書局, 1959~1977

杜佑, 『通典』, 北京: 中華書局, 1988

司馬光, (元) 胡三省 音注, 『資治通鑑』, 北京: 中華書局, 1956

新疆社會科學院歷史硏究所(編), 『新疆地方歷史資料選輯』, 北京: 人民出版社, 1987

楊聖敏, 『《資治通鑑》突厥回紇史料校注』, 天津: 天津古籍出版社, 1992

王溥 撰, 『唐會要』, 北京: 中華書局, 1990

王欽若 等編, 『册府元龜』, 北京: 中華書局, 1982

劉美崧(中國邊疆史地硏究所 主編), 『兩唐書回紇傳回鶻傳疏證』, 北京: 中央民族學院出版社, 1989

劉義棠, 「新唐書回鶻傳考註」, 『邊政硏究所年報』 8, 1978

岑仲勉, 『西突厥史料補闕及考證』, 北京: 中華書局, 1958

鍾侃, 『寧夏古代歷史紀年』, 銀釧: 寧夏人民出版社, 1988

馮家升・程溯洛・穆廣文(編著), 『維吾爾族史料簡編』 上, 北京: 民族出版社, 1981

馮志文・吳平凡, 『回鶻史編年』, 烏魯木齊: 新疆大學出版社, 1992

黃永年 分史 主編, 『二十四史全譯 舊唐書』, 上海: 漢語大詞典出版社, 2004

護雅夫・佐口透・山田信夫(編), 『騎馬民族史-正史北狄傳』 2, 東京: 平凡社, 1972

Mackerras, C., *The Uighur empire according to the T'ang dynastic histories, A study in Sino-Uighur relations 744-840*, 2nd ed., Columbia: Univ. of South Caroline Press, 1972

金翰奎, 『古代中國的世界秩序硏究』, 서울: 一潮閣, 1982

도미야 이타루, 李在成(譯), 『나는 이제 오랑캐의 옷을 입었소: 이릉과 소무』, 서울: 시공사, 2003.

룩콴텐, 宋基中(역), 『遊牧民族帝國史』, 서울: 民音社, 1984

르네 그루쎄, 金浩東・柳元秀・丁載勳(譯), 『유라시아 유목제국사』, 서울: 사계절, 1998

사와다 이사오, 김숙경 옮김, 『匈奴: 지금은 사라진 고대 유목국가 이야기』, 서울: 아이필드, 2007 (澤田勳, 『匈奴』, 東方書店, 2004)

세호 다쓰이코, 최재영(譯), 『장안은 어떻게 세계의 수도가 되었나』, 서울: 황금가지, 2007

에릭 힐딩거, 채만식(譯), 『초원의 전사들』, 서울: 일조각, 2008

李在成,『古代 東蒙古史研究』, 서울: 法仁文化社, 1996
丁載勳,『위구르 遊牧帝國史(744～840)』, 서울: 문학과 지성사, 2005
하자노프, 金浩東(譯),『유목사회의 구조』, 서울: 知識產業社, 1990
段連勤,『丁零・高車與鐵勒』, 鷄林: 廣西師範大學出版社, 2006
段連勤,『隋唐時期的薛延陀』, 西安: 三秦出版社, 1988
孟凡人,『北庭史地研究』, 烏魯木齊: 新疆人民出版社, 1985
白濱,『党項史研究』, 長春: 吉林教育出版社, 1989
葉新民,『中國古代北方少數民族歷史人物』, 呼和浩特: 內蒙古人民出版社, 1993
楊聖敏,「回紇史」, 長春: 吉林教育出版社, 1991
王小甫,『唐・吐蕃大食政治關係史』, 北京: 北京大學出版社, 1992
劉義棠,『維吾爾研究』, 臺北: 正中書局, 1977
劉志霄,『維吾爾族歷史』 上, 北京: 民族出版社, 1985
李符桐,『回鶻史』, 臺北: 文風出版社, 1964
林幹(編),『突厥與回紇歷史論文選集』 上・下, 北京: 中華書局, 1987
林幹・高自厚,「回紇史」, 呼和浩特: 內蒙古人民出版社, 1994
周偉洲,『吐谷渾史』, 桂林: 廣西師範大學出版社, 2006
崔明德,『中國古代和親通史』, 北京: 人民出版社, 2007
華濤,『西域歷史研究』, 上海: 上海古籍出版社, 2000
內藤みどり,『西突厥史の研究』, 東京: 早大出版部, 1988
內田吟風 等(共著), 余大鈞(譯),『北方民族史與蒙古史譯文集』, 昆明: 雲南人民出版社, 2003
來村多加史,『前略 戰術 兵器 辭典: 中國編』, 東京: 學習研究社, 2001
山田信夫,『北アジア遊牧民族史研究』, 東京: 東京大學出版會, 1989
森安孝夫・オチル(編),『現存モンゴル國現存遺蹟・碑文調查研究報告』, 東京: 中央ユーラシア學研究會, 1999
森安孝夫,『シルクロードと唐帝國』, 東京: 講談社, 2007
安部建夫,『西ウイグル史の研究』, 京都: 彙文堂書店, 1958
伊瀨仙太郎,『中國西域經營史研究』, 東京: 巖南堂書店, 1955
佐藤長,『古代チベット史研究』 上・下, 京都: 東洋史研究會, 1973
護雅夫,『古代トルコ民族史研究』 I, 東京: 山川出版社, 1967
護雅夫,『古代トルコ民族史研究』 II, 東京: 山川出版社, 1992
護雅夫・神田信夫 編,『北アジア史』(新版), 東京: 山川出版社, 1981

Beckwith, C.I., *The Tibetian Empire in Central Asia:A history of the Struggle for Great Power among Tibetians, Turks, Arabs, and Chinese during the Early Middle Ages*, Princeton U.P., 1987

Kliashtornyi, S. G., *Drevnetiurkskie runicheskie pamiatniki kak istornik po istorii srednei azii*, Moskva, 1954(李佩娟(譯), 『古代突厥魯尼文碑銘－中亞細亞原始文獻』, 哈爾濱: 黑龍江敎育出版社, 1991)

Sinor, D., *The Cambridge history of Early Inner Asia*, Cambridge Univ. Press, 1987

丁載勳, 「突厥第二帝國時期(682～745) 톤유쿠크의 役割과 그 位相－≪톤유쿠크 碑文≫의 分析을 中心으로」, 『東洋史學硏究』 第44輯, 1994

丁載勳, 「위구르 遊牧帝國時期 古代 튀르크 碑文의 硏究와 展望」, 『歷史學報』 160, 1998(a)

丁載勳, 「위구르의 北庭地域 進出과 에디즈 위구르(795～840)의 成立」, 『東洋史學硏究』 64, 1998(b)

丁載勳, 「위구르 初期(744～755) '九姓回紇'의 部族 構成－'토쿠즈 오구즈(Toquz Oγuz)' 問題의 再檢討」, 『東洋史學硏究』 68, 1999

丁載勳, 「위구르의 摩尼敎 受容과 그 性格」, 『歷史學報』 168, 2000

丁載勳, 「위구르 遊牧帝國(744～840)의 崩壞와 遊牧世界의 再編」, 『東洋史學硏究』 76, 2001

丁載勳, 「유목 세계 속의 도시－위구르 유목제국(744～840)과 카라 발가순」, 『東洋史學硏究』 84, 2003(a)

丁載勳, 「古代遊牧國家의 社會構造」, 駕洛國史蹟開發硏究院 (編), 『韓國古代史講座 제3권 古代國家의 構造와 社會』, 2003(b)

丁載勳, 「隋 煬帝(604～617)의 對外政策과 天下 巡行」, 『中國史硏究』 30, 2004

丁載勳, 「위구르 카를륵 카간(747～759)의 季節的 移動과 그 性格」, 『중앙아시아연구』 11, 2006

丁載勳, 「唐 德宗時期(780～805)의 對外政策과 西北民族의 對應」, 『中國古中世史硏究』 18, 2007

馬俊民, 「唐與回紇的絹馬貿易」, 『中國史硏究』 1984-1

王靜如, 「突厥文回紇英武威遠毗伽可汗碑譯釋」, (1938), 林幹(編), 『突厥與回紇歷史論文集』 下, 北京: 中華書局, 1987

劉義棠, 「漠北回鶻可汗世系 名號考」, 『維吾爾硏究』, 臺灣: 正中書局, 1977

劉義棠, 「回紇葛勒可汗硏究」, 『突回硏究』, 臺灣: 經世書局, 1990

吉田順一, 「ハンガイと陰山」, 『史觀』 102, 1980

山田信夫, 「九姓回鶻可汗の系譜－漠北時代ウイグル史覺書1」, 『北アジア遊牧民族史硏究』, 1989

羽田亨,「唐代回鶻史の研究」,『羽田博士史學論文集』上(歷史編), 京都: 京都大學文學部內東洋史研究會, 1957

田坂興道,「中唐に於ける西北邊疆の政勢に就いて」,『東方學報』11-2, 1940(a)

田坂興道,「回紇に於ける摩尼教迫害運動」,『東方學報』11-2, 1940(b)

片山章雄,「Toquz Oghuzと『九姓』の諸問題について」,『史學雜誌』90-12, 1981

護雅夫,「突厥の即位儀禮」,『古代トルコ民族史硏究』Ⅱ, 東京: 山川出版社, 1992

橫山貞裕,「唐代の馬政」,『國士館大學人文學會紀要』3, 1971

Beckwith, C.I., "The Impact of Horse and Silk Trade On the Economics of T'ang China and Uighur Empire: On the Important of International Commerce in the Early Middle Ages", *Journal of the Economic and Social History of the Orient* 34, 1991

Ecsedy, H., "Uigurs and Tibetians in Pei-t'ing(790～791 A.D.)", *Acta Orientalica Hungarica* v.17, 1964

Ecsedy, H., "Old Turkic titles of Chinese origin", Acta Orientalica Hungarica v.18, 1965

Kiselev, S. V., "Drevnii gorod Mongolii", *Sovetskaia Arheologiia* 1957-2

Mackerras, C., "The Uyghurs", *The Cambridge History of Early Inner Asia*, Cambridge Univ. Press, 1990

Minorsky, V., "Tamïn ibn Bahr's Journey to the Uyghurs", *Bulletin of the School of Oriental and African Studies* v.12-2, 1948

Pritsak, O., "Von den Karluk zu den Karachaniden", *Zeitschrift der Deutschen Morgenländischen Gesellschaft(ZDMG)* 101, 1951

Pullyblank, E.G., "Some remarks on the Toghuz Oghuz problem", *UAJb* 1956-1

Pullyblank, E.G., "A Sogdian colony in inner Mongolia", T'oung Pao v.91-4・5, 1952

Senga, T., "The Toquz Oghuz Problem and the Origin of the Kazars", *Journal of Asian History* v.24-1, 1990

簡修煒 主編,『北朝五史辭典』上・下, 濟南: 山東教育出版社, 2000

季德源 主編,『中華軍事職官大典』, 北京: 解放軍出版社, 1999

高文德 主編,『中國民族史人物辭典』, 北京: 中國社會科學出版社, 1990

丘樹森 主編,『中國歷代職官辭典』, 南昌: 江西教育出版社, 1998

紀大椿 主編,『新疆歷史辭典』, 烏魯木齊: 新疆人民出版社, 1993

譚其驤 主編,『中國歷史大辭典: 歷史地理』, 上海: 上海辭書出版社, 1997

唐嘉弘 主編,『中國古代典章制度大辭典』, 鄭州: 中州古籍出版社, 1998
史爲樂 主編,『中國歷史地名大辭典』, 北京: 中國社會科學出版社, 2005
徐連達 主編,『中國歷代官制詞典』, 合肥: 安徽教育出版社, 1991
雪犁,『中國絲綢之路辭典』, 烏魯木齊: 新疆人民出版社, 1994
翁獨健・劉榮焌 主編,『中國歷史大辭典: 民族史』, 上海: 上海辭書出版社, 1995
兪鹿年 編著,『中國官制大詞典』, 哈爾濱: 黑龍江人民出版社, 1992
劉維新 主編,『西北民族辭典』, 烏魯木齊: 新疆人民出版社, 1998
魏崇山 主編,『中國歷代地名大辭典』, 廣州: 廣東教育出版社, 1995
李成華 編著,『中國古代職官辭典』, 臺北: 常春樹書房, 1988
鄭天挺・譚其驤 主編,『中國歷史大辭典』, 上海: 上海辭書出版社, 2000
趙德義・汪興明 主編,『中國歷代官稱辭典』, 北京: 團結出版社, 1999
趙文潤・趙吉惠 主編,『兩唐書辭典』, 濟南: 山東教育出版社, 2002
周偉洲・丁景泰 主編,『絲綢之路大辭典』, 西安: 陝西人民出版社, 2006
陳永齡 主編,『民族辭典』, 上海: 上海辭書出版社, 1989
馬承鈞 原編, 陸峻嶺 增訂,『西域地名』, 北京: 中華書局, 1983
小松久男,『中央ユーラシアを知る事典』, 東京: 平凡社, 2005
Caferoğlu, A., *Eski Uygur Türkçesi Sözlüğü*, İstanbul, 1968
Clauson, Sir G., *An Etymological Dictionary Pre-Thirteen Century Turkish*, Oxford Uni. Press, 1973
Nadeliaev, D. M., *Drevnetiurkskie Slovari*, Leningrad: Nauka, 1969

동북아역사 자료총서 30

譯註 中國 正史 外國傳 10

舊唐書 外國傳 譯註 上

초판 1쇄 발행 2011년 5월 30일
초판 2쇄 발행 2015년 12월 7일

엮은이 동북아역사재단
펴낸이 김호섭
펴낸곳 동북아역사재단

등록 제312-2004-050호(2004년 10월 18일)
주소 서울시 서대문구 통일로 81 임광빌딩
전화 02-2012-6065
팩스 02-2012-6189
e-mail book@nahf.or.kr

ISBN 978-89-6187-227-0 94910